Comprendiendo las Parábolas de Jesús

Una guía completa

KLYNE SNODGRASS

EDITORIAL PATMOS

Comprendiendo las Parábolas de Jesús

Publicado por Editorial Patmos, Miami, FL EUA 33169

Publicado originalmente en inglés por Wm. B. Eerdmans Publishing Co., 2140 Oak Industrial Drive N.E., Grand Rapids, Michigan 49505 con el título *Stories With Intent: A Comprehensive Guide to the Parables of Jesus.*

A menos que se indique lo contrario, las citas bíblicas se toman de la Nueva Versión Internacional.

Traducido por Abigail Bogarín
Diseño de portada por Leonardo Francia

ISBN: 9781588027054

Categoría: Estudio bíblico

Impreso en Brasil
Printed in Brazil

Contenido

Para el apéndice, notas, bibliografía, índice de autores e índice de obras antiguas de este libro visite el sitio: http://issuu.com/patmos08/docs/parabolas. También puede solicitar escribiendo a info@editorialpatmos.com.

Prefacio

Este es un libro motivado por el egoísmo sin disculpas y muy consciente. Esto deseo cuando me preparo para enseñar o predicar sobre las parábolas. Espero que otros aprecien útil el material que he recopilado. Este no es un libro devocional, ni debe leerse en una sola sesión. Es el recurso para entender las parábolas.

¿Son las parábolas tan complicadas que requieran una guía general? Creo que un lector promedio puede entender las parábolas de Jesús sin necesidad de ayuda ni instrucciones especiales. Las parábolas no son rompecabezas. Algunas son enigmáticas como la del Mayordomo infiel, pero muchas son claras y persuasivas; de no ser así, no serían tan amadas. Al mismo tiempo, las parábolas fueron pronunciadas en un contexto complejo, enriquecido por muchos textos paralelos, y suponen que el lector está familiarizado con una cultura antigua. Tratan de cuestiones relacionadas a diferentes temas, como: antiguas suposiciones sobre la agricultura, costumbres nupciales, relaciones entre amos y esclavos, y el judaísmo en general y su historia, sólo para nombrar los más obvios. Los especialistas han colocado las parábolas en un contexto de escrutinio, que envuelve de nuevo una variedad de temas. Cualquiera que desea captar la luz que ofrece el contexto del primer siglo y seguir las discusiones especializadas, necesita una guía como ésta. Cualquier persona que predicará o enseñará sobre las parábolas debe estar bien informada sobre el mundo de las parábolas, del propósito del relator, y las discusiones sobre las parábolas en la literatura moderna. He tratado de transmitir la complejidad de las discusiones que sostienen los eruditos del NT porque creo que las personas deben estar bien informadas y porque tales discusiones se convierten en plataformas para la reflexión. Estoy consciente de cuán fácil es malentender a alguien y, si lo he hecho, pido disculpas por adelantado.

En la época que vivimos se puede producir las bibliografías electrónicamente y actualizarlas con facilidad, por tanto decidí citar una lista de recursos en las notas e incluir una bibliografía completa para todo el libro, en vez de una bibliografía exhaustiva para cada parábola. En la sección "lecturas recomendadas" de cada parábola no incluyo obras obvias sobre las parábolas ni los comentarios, a menos que sean de gran ayuda. No escogí las contribuciones por creer que sean las más correctas, sino aquellas que son de mayor ayuda para entender los temas y la discusión de cada parábola.

El periodo de gestación de este libro ha sido bastante largo, y he recibido un apoyo extraordinario. Doy gracias por la donación otorgada por el programa Pew Evangelical Scholars. Estoy sumamente agradecido por el apoyo inigualable que me ha brindado la institución donde sirvo, el Seminario Teológico North Park. En todo momento, el rector, Jay Phelan, el decano de la facultad, Stephen Graham, y mis colegas de la facultad han respaldado mi trabajo. Sus joviales conversaciones han sido de gran ayuda. He tenido varios colaboradores, algunos por más de un año, que no solo han contribuido grandemente sino que también se convirtieron en buenos amigos. Todos ellos son sal para las personas en la tierra: Nathan Pawl, Cindy Reinhart, John Madvig, Sarah Frisk Eix, Rebekah Ecklund, James Amadon, Lars Stromber, Chris Nelson y Nathanael Putnam. Además, Chris Nelson hizo una gran contribución al preparar los índices. El personal de la biblioteca de la Universidad North Park fue muy solícito y de gran ayuda. Otros buenos amigos han leído y comentado uno o más capítulos: Bruce Chilton, Jan DuRand, John Painter, Roger Aus, Stephen Chester, Glenn Palmberg y Mark Fitzgerald. La contribución de cada uno es de gran valor, pero cualquier falta en el libro es, por supuesto, mía.

Sofija Burton, una buena amiga, ayudó significativamente en la lectura del alemán. Bernice Brandel ha sido de gran apoyo y una buena amiga por muchos años; su mente investigadora y su compromiso con la vida de la iglesia son un aliento siempre. El personal de Eerdmans ha sido muy útil y paciente; y mi agradecimiento especial a Jon Pott, John Simpson y Reinder Van Til. Ha sido un placer trabajar con amigos en la preparación de este libro. El apoyo más importante ha sido el de mi esposa, Phyllis, cuya paciencia, tolerancia, y asistencia son un don divino.

Semana Santa, 2007

ABREVIATURAS

AB	Anchor Bible
ABD	D.N. Freedman, ed., *Anchor Bible Dictionary* (6 vols.; New York: Doubleday, 1992)
AFLNW	*Arbeitsgemeinschaft fur Forschung des Landes NordRhein-Westfalen*
AGJU	*Arbeiten Zur Geschichte des Judentums und des Urchris tentums*
AJT	*American Journal of Theology*
AnBib	*Analecta biblica*
ANET	J.B. Pritchard, ed., *Ancient Near Eastern Texts Relating to the Old Testament* (3d ed.; Princeton: Princeton University Press, 1969)
ANF	*Ante-Nicene Fathers*
ANRW	*Aufstieg und Niedergang der römischen Welt*
Ant	Josefo, *Jewish Antiquities*
Ant. Rom.	Dionysius of Halicarnassus, *Antiquitates Romanae*
Apoc. Jas.	*Apocryphon of James*
Apoc. Zeph.	*Apocalypse of Zephaniah*
As. Mos.	*Assumption of Moses*
ASCE	*The Annual of the Society of Christian Ethics*
ASTI	*Annual of the Swedish Theological Institute*
AThRSS	*Anglican Theological Review Supplementary Series*
ATR	*Australian Theological Review*
AusBR	*Australian Biblical Review*
AUSS	*Andrews University Seminary Studies*
b.	*Babylonian Talmud*
BAR	*Biblical Archaeology Review*
2-3 Bar.	*2-3 Baruch*
Barn.	*Epistle of Barnabas*
BBB	Bonner biblische Beiträge

BBR	*Bulletin for Biblical Research*
BDAG	W. F. Bauer, F. W. Danker, W. F. Arndt, y F. W. Gin grich, *Greek-English Lexicon of the New Testament and other Early Christian Literature* (3rd ed.; Chicago: University of Chicago Press, 1999)
BETL	Biblioteca ephemeridum theologicarum lovaniensium
BEvT	Beiträge zur evangelischen Theologie
BGU	*Aegyptische Urkunden aus den Königlichen Staatlichen Museen zu Berlin. Griechische Urkunden* (Berlin: 1895-1983)
Bib	*Biblica*
BibInt	*Biblical Interpretation*
Bibleb	*Bibel und Leben*
BiblScRel	Biblioteca di scienze religiose
BJRL	*Bulletin of the John Rylands University Library of Manchester*
BL	*Bibel und Liturgie*
BN	*Biblische Notizen*
BNTC	Black's New Testament Commentaries
BO	*Bibliotheca orientalis*
BR	*Biblical Research*
BSac	*Bibliotheca Sacra*
BT	*The Bible Translator*
BTB	*Biblical Theology Bulletin*
BVB	Beiträge zum Verstehen der Bibel
BZ	*Biblische Zeitschrift*
BZNW	Beihefte zur *Zeitschrift für die neutestamentliche Wissenschaft*
CahRB	Cahiers de la *Revue biblique*
CBQ	*Catholic Biblical Quarterly*
CBQMS	*Catholic Biblical Quarterly* Monograph Series
Cher.	Philo, *De Cherubim*
1-2 Clem	*1 Clement*
ConBNT	Coniectanea neotestamentica/Coniectanea biblica: New Testament Series
Conf.	Philo, *De Confusione Linguarum*
Congr.	Philo, *De Congressu Eruditionis Gratia*
CRINT	Compendia rerum iudaicarum ad Novum Testamentum

CSR	*Christian Scholar's Review*
CTQ	*Concordia Theological Quarterly*
Det.	Philo, *Quod Deterius Potiori Insidiari Soleat*
Diatr.	Epictetus, *Diatribai* (*Dissertationes*)
DJD	Discoveries in the Judaean Desert
DSD	Dead Sea Discoveries
EgT	Église et théologie
EKKNT	Evangelisch-katholischer Kommentar zum Neuen Testament
1-2 *En.*	*1-2 Enoch*
Enc	*Encounter*
Ench.	Epictetus, *Enchiridion*
ETL	*Ephemerides theologicae lovanienses*
ETR	Études théologiques et religieuses
EvQ	*Evangelical Quarterly*
EvT	*Evangelische Theologie*
ExpTim	*Expository Times*
FB	*Forschung zur Bibel*
FFF	*Foundations and Facets Forum*
FRLANT	*Forschungen zur Religion und Literatur des Alten und Neuen Testaments*
Fug.	Philo, *De Fuga et Inventione*
Gos. Thom.	*Gospel of Thomas*
Haer.	Irenaeus, *Adversus Haereses*
HBT	*Horizons in Biblical Theology*
HeyJ	*Heytyhrop Journal*
HibJ	*Hibbert Journal*
HTKNT	*Herders theologischer Kommentar zum Neuen Testament*
HTR	*Harvard Theological Review*
IBS	*Irish Biblical Studies*
ICC	*International Critical Commentary*
Inst.	Quintilian, *Institutio Oratoria*
Int	*Interpretation*
ITQ	*Irish Theological Quarterly*
J.W.	Josephus, *Jewish War*
JAAR	*Journal of the American Academy of Religion*
JBL	*Journal of Biblical Literature*
JBLMS	*Journal of Biblical Literature* Monograph Series
JCS	*Journal of Cuneiform Studies*

JES	*Journal of Ecumenical Studies*
JETS	*Journal of the Evangelical Theological Society*
JJS	*Journal of Jewish Studies*
Jos. Asen.	*Joseph and Aseneth*
JPFC	S. Safrai and M. Stern, eds., *The Jewish People in the First Century: Historical Geography, Political History, Social, Cultural and Religious Life and Institutions* (2 vols.; CRINT 1; Philadelphia: Fortress, 1974, 1976)
JQR	*Jewish Quarterly Review*
JSJ	*Journal for the Study of Judaism in the Persian, Hellenistic, and Roman Periods*
JSNT	*Journal for the Study of the New Testament*
JSNTSup	*Journal for the Study of the New Testament Supplement Series*
JSOT	*Journal for the Study of the Old Testament*
JSOTSup	*Journal for the Study of the Old Testament Supplement Series*
JSP	*Journal for the Study of the Pseudepigrapha*
JTS	*Journal of Theological Studies*
JTSA	*Journal of Theology for Southern Africa*
J.W.	Josephus, *Jewish War*
Jub.	*Jubilees*
KEK	Kritisch-exegetischer Kommentar über das Neue Testament
KJV	King James Version
L.A.B.	Pseudo-Philo, *Liber Antiquitatum Biblicarum*
L.A.E.	*Life of Adam and Eve*
LB	*Lingüística Bíblica*
LCL	Loeb Classical Library
Leg	Philo, *Legum Allegoriae*
LSJ	H. G. Liddell, R. Scott and H. S. Jones, *A Greek-English Lexicon* (9th ed.; Oxford: Oxford University Press, 1996)
LTPM	Louvain Theological and Pastoral Monographs
LUÅ	Lunds universitets årsskrift
m.	*Mishnah*
4 Macc.	*4 Maccabees*
Mand.	Hermas, *Mandates*
Midr.	*Midrash*

Mor.	Plutarch, *Moralia*
MTZ	*Münchener Theologische Zeitschrift*
Mut.	Philo, *De Mutatione Nominum*
NAC	New American Commentary
NEB	New English Bible
Neot	*Neotestamentica*
NewDocs	G. H. R. Horsley and S. Llewelyn, eds.,*New Documents Illustrating Early Christianity* (Grand Rapids: Eardmans, 1981-)
NICNT	New International Commentary on the New Testament
NIGTC	New International Greek Testament Commentary
NIV	New International Version
NLT	New Living Translation
NovT	*Novum Testamentum*
NovTSup	*Novum Testamentum* Supplements
NPNF1	*Nicene and Post-Nicene Fathers*, Series 1
NRSV	New Revised Standard Version
NRTh	*La nouvelle revue théologique*
NSBT	New Studies in Biblical Theology
NTAbh	Neutestamentliche Abhandlungen
NTL	New Testament Library
NTOA	Novum Testamentum et Orbis Antiquus
NTS	*New Testament Studies*
Opif.	Philo, *De Opificio Mundi*
OTP	J. H. Charlesworth, ed.,*Old Testament Pseudepigrapha* (2 vols.; New York: Doubleday, 1983)
P. Cair. Zenon	Zenon Papyri
P. Flor	*Papiri Florentini*
P. Mich.	Michigan Papyri
P. Oxy.	Oxyrhynchus Papyri
PL	Patrologia Latina
Plant.	Philo, *De Plantatione*
Praem.	Philo, *De Praemiis et Poenis*
Prov.	Philo, *De Providentia*
PRSt	*Perspectives in Religious Studies*
Pss. Sol.	*Psalms of Solomon*
PW	A. F. Pauly and G. Wissowa, eds.,*Paulys Realencyclopädie der classischen Altertumswissenschaft* (new ed.; 49 vols.; Munich, 1980)

Q.E.	Philo, *Quaestiones et Solutiones in Exodum*
QG	Philo, Quaestiones et Solutiones in Genesin
Quaest. Ev.	Augustine, *Quaestiones Evangelicarum*
Rab.	*Rabbah*
RB	*Revue Biblique*
ResQ	*Restoration Quarterly*
RevExp	*Review and Expositor*
RevQ	*Revue de Qumran*
Rhet.	*Aristotle, Rhetorica*
Rhet.Her.	*Rhetorica ad Herennium*
RHPR	*Revue d'histoire et de philosophie religieuses*
RSR	*Recherches de science religieuse*
RSV	Revised Standard Version
Sacr.	Philo, *De Sacrificiis Abelis et Caini*
SANT	Studien zum Alten und Neuen Testaments
SBET	*Scottish Bulletin of Evangelical Theology*
SBLDS	Society of Biblical Literature Dissertation Series
SBT	Studies in Biblical Theology
ScEccl	*Sciences Ecclésiastiques*
SE	*Studia evangelica*
SEÅ	*Svensk exegetisk årsbok*
SecCent	Second Century
Sib. Or.	*Sibylline Oracles*
Sim.	Hermas, *Similitudes*
SJT	Scottish Journal of Theology
SNTSMS	Society for New Testament Studies Monograph Series
SO	*Symbolae osloenses*
Spec. Leg.	Philo, *De Specialibus Legibus*
ST	*Studia theologica*
Str-B	H. L. Strack and P. Billerbeck, *Kommentar zum Neuen Testament aus Talmud und Midrasch* (6 vols.; Munich, 1922-61)
SUNT	Studien zur Umwelt des Neuen Testaments
SwJT	*Southwestern Journal of Theology*
t.	*Tosefta*
T. Ab	*Testamento de Abraham*
T. Benj.	*Testamento de Benjamin*
T. Dan	*Testamento de Dan*
T. Gad	*Testamento de Gad*

T. iss.	*Testamento de Isacar*
T. Job	*Testamento de Job*
T. Jos.	*Testamento de José*
T. Levi	*Testamento de Leví*
T. sal.	*Testamento de Salomón*
T. Zab.	*Testamento de Zabulón*
T. Bei	*Theologische Beiträge*
TD	*Theology Digest*
TDNT	G. Kittel and G. Friedrich, *Theological Dictionary of the New Testament* (trans. G. W. Bromiley; 10 vols.; Grand Rapids: Eerdmans, 1964-76)
TGW	*Theologie der Gegenwart*
TJ	*Trinity Journal*
TJT	*Toronto Journal of Theology*
TLG	*Thesaurus Linguae Graecae*
TLZ	*Theologische Literaturzeitung*
TS	*Theological Studies*
TU	*Texte und Untersuchungen*
TynBul	*Tyndale Bulletin*
TZ	*Theologische Zeitschrift*
USAR	*Union Seminary Quarterly Review*
VC	*Vigiliae christianae*
Vis.	Hermas, *Visions*
WBC	*Word Biblical Commentary*
WD	*Wort und Dienst*
WTJ	*Westminster Theological Journal*
WUNT	*Wissenschaftliche Untersuchungen zum Neuen Testament*
y.	*Jerusalem Talmud*
ZDPV	*Zeitschrift für die neutestamentliche Wissenschaft und die Kunde der älteren Kirche*
ZTK	*Zwitschrift für Theologie und Kirche*

Informacion online para notas

A mis estudiantes
del Seminario Teológico North Park,
del pasado, presente, y futuro

y

a Gabriel y Caeden,
que son prodigios para admirar

Capítulo 1
Introducción a las parábolas de Jesús

Las parábolas de Jesús están entre las historias mejor conocidas y de mayor influencia en el mundo. Aún si las personas nada conocen sobre Jesús, al menos conocen de sus historias o han sentido su impacto en expresiones como "pródigo" o "buen samaritano". La importancia de las parábolas de Jesús no se puede subestimar. La vitalidad, importancia y utilidad de la enseñanza de Jesús se destacan de manera especial en sus parábolas. Jesús era el maestro creador de historias, y nada atrae más ni es tan persuasivo como un buen relato. Los niños (y los adultos) no dicen: "Cuéntame los hechos"; ellos quieren un relato. Los relatos son inherentemente interesantes. Toleramos los discursos, pero prestamos atención a los relatos. Los relatos entretienen, informan, incluyen, motivan, autentican, y reflejan existencia. Al crear un mundo narrativo, los relatos crean un universículo irreal y controlado. El autor nos cautiva, y, casi como un dios, nos traslada a su mundo y cuenta la realidad que existe en este mundo narrativo, y qué y por qué sucede.

Los relatos nos permiten ver la realidad, por lo menos la que el autor crea. Allí, en un grado que no podemos imitar en la vida real, podemos discernir motivos, anotar resultados, saber quién ganó y comprender qué es la victoria y el fracaso. La vida fuera de ese mundo prácticamente se detiene; la historia nos cautiva. El relator está en control, de modo que necesariamente hace que consideremos las cosas desde nuevos ángulos, a fin de que no se pueda evadir el mensaje fácilmente. Los oyentes se vuelven cómplices voluntarios, aun si el mensaje es hostil. Desde este "otro mundo" se nos invita a entender, evaluar y, posiblemente, a redirigir nuestra vida. Aparte de la experiencia personal, los relatos son la forma más rápida para aprender. Aprendemos mejor en lo concreto pero, como no podemos recordar fácilmente cientos de hechos concretos, nuestra mente almacena fácilmente lo abstracto. El método al enseñar y predicar está en la repetición de la idea abstracta que ya sabemos, olvidando que otros todavía necesitan aprender lo concreto. Haríamos las cosas mejor, al menos frecuentemente, si vistiéramos lo abstracto con historia y experiencia concretas, como lo hizo Jesús.

El relato nos atrae hacia el mundo narrativo donde hay desarrollo, trama *y* resolución. Sin la resolución (que con frecuencia es cómo la erudición del NT trata de interpretar las parábolas) nos frustramos y preguntamos: "¿Por qué existe esta historia?" Esperamos algo interesante y perspicaz, quizá único, y por cierto, que valga el tiempo que nos pide el relator. Este tiene una agenda, una intención, y piensa que su relato es importante. De no ser así, nunca se contaría la historia. La intención puede que sea sencillamente el entretenimiento o, enseñar con propósito una verdad, convencer y motivar. Las parábolas no son inherentemente cristianas y no transmiten automáticamente una verdad. Se las puede usar para comunicar una religión, ideología y aun una mentira. Desafortunadamente, aun las buenas historias pueden ser, y son, utilizadas para promover el mal. Entender la verdad en una parábola depende de la verdad propia al contexto que refiere y el grado en que ella se relacione con la verdad y la revele creativamente.

Sin embargo, una parábola no es simplemente una historia. "Parábola", en su más amplio sentido, refiere una analogía ampliada.[1] Por ejemplo, Dios perdona y recibe a los pecadores como un padre amoroso perdona y recibe a un hijo descarriado. Tales analogías, más que nada, son comparaciones o contrastes *usados para explicar o convencer*. Las parábolas, por su naturaleza, buscan hacer un punto retórico.[2] Más aún, algunas parábolas no son del todo historias. Mientras que en castellano "parábola" por lo general es una referencia a una narración corta con dos niveles de significado, las palabras griega y hebrea para "parábola", como veremos, tienen un significado más amplio y cubren una variedad de formas o géneros literarios.

Las parábolas de Jesús presuponen el reino que buscan revelar.[3] Imagine que tengamos solamente los relatos de Jesús, pero ningún sentido de qué refieren. La parábola del pródigo y su hermano mayor nos mueve solo porque sabemos que la narrativa refleja la aceptación divina de los pecadores, y contrasta este recibimiento divino con el frecuente desdén que algunos manifiestan contra los pecadores.

Las parábolas de Jesús se describen como obras de arte y armas en conflictos contra los opositores. Son ambas cosas, y aún más. Desde el día de su relato y hasta el presente, ellas han deleitado e instruido muchas personas, igualmente otras las han considerado un insulto. Con mucha frecuencia, Jesús empleabaparábolas para explicar el reino de Dios, mostrar el carácter divino y señalar las expectativas de Dios respecto de los seres humanos. Con frecuencia, se ha rebatido este mensaje. Se abusaron las parábolas de Jesús y se emplearon con propósitos diversículos (propósitos teológicos antiguos, ideológicos modernos y pastorales). Algunos intérpretes tratan las parábolas como barro que moldean a su antojo. Otros intentan domesticar las parábolas para que siempre sigan reglas prescritas y den significados que podamos tolerar. Ambos métodos están destinados al fracaso. La intención del relator, Jesús mismo, con todo el poder y la creatividad de su enseñanza, debe ser la meta de nuestro trabajo de interpretación. Estas son historias *con propósito*; el propósito comunicativo de Jesús.[4] Hacer algo diferente equivale a reescribir las parábolas de Jesús. La iglesia antigua y moderna con frecuencia vuelve a escribirlas, tratando de crear un nuevo propósito. No trato de encontrar el propósito eclesiástico, psicológico, sociológico, feminista o de cualquier otro tipo de reescritura, sin importar cuán común sea. Mi intención es percibir el propósito de Jesús con sus contemporáneos: sus discípulos y sus asociados judíos.

Sin embargo, estas "simples" narrativas de Jesús, estas gemas de expresión sobre la vida y Dios, han mostrado ser cualquier cosa menos simple, y su propósito no puede percibirse limitadamente. El trabajo de descifrar el propósito de Jesús es a veces difícil. Tenemos las parábolas de Jesús *sólo* como la iglesia primitiva las recuerda y conforme las comunicaron los evangelistas. Por otro lado, la labor no es tan imposible como algunos sugieren y, a veces, nada difícil. Las parábolas no se deben reducir, reescribir, domesticar, psicoanalizar, hacer teología con contribuciones de cristología o de expiación, descontextualizar o controlar. Hay que dejarlas hablar, y se las debe oír. Algunas parábolas son tan claras como campanas y, aunque podamos discutir matices y trasfondos en largos ensayos, ellas no necesitan tanta explicación sino que se las ponga en práctica. En efecto, ellas dicen: "Deja de resistir y hazlo", o "créelo". No necesitamos mucha aclaración para entender el propósito de la parábola del Buen Samaritano. A pesar de numerosos estudios sobre esta parábola, que trataremos en este libro, la parábola llama a vivir el mensaje, no a resistirlo.

Por buscar el propósito comunicativo, o sea, la función de la parábola, no sugiero que podemos hacer un sicoanálisis de Jesús. De hecho, la teoría del acto de hablar es parte de las suposiciones de mi método. La comunicación no tiene solo un sentido abstracto, sino que actúa y busca cambiar las cosas. La pregunta para cada parábola es: "¿Cómo trató Jesús de cambiar las actitudes y los comportamientos mediante esta parábola?"[5]

Las parábolas de Jesús merecen una nueva audiencia de parte de personas que están listas para aprender y seguir su instrucción. Hay muchos estudios sobre las parábolas, como evidencian aquí las notas y la bibliografía. Pero si hay un área en los estudios del Nuevo Testamento que necesita mayor publicación, aunque sea sorprendente, ésa es las parábolas de Jesús. A pesar de la voluminosa cantidad de material escrito sobre las parábolas, poco hay que relativamente ofrezca a pastores y maestros ayuda buena y comprensiva.[6] Muchos solo estudian parábolas escogidas relativas con sus propias necesidades. Considerable cantidad de los estudios disponibles son tan esotéricos o tergiversados por suposiciones de metodología y filosofía que su empleo resulta difícil para los que tratan de encontrar el sentido a las enseñanzas de Jesús. Se ha dado mucha información útil y hay mucho entendimiento pero, al final de cuentas, el juicio respecto de la interpretación moderna de las parábolas de Jesús lo encuentra deficiente. Veremos cada vez más que este es el caso con el análisis de las distintas parábolas.

Historia necesaria

Conocer la historia de la interpretación implícitamente es un requisito previo para estudiar las parábolas de Jesús. Esa historia se ha contado muchas veces y no necesita que se repita aquí.[7] Sin embargo, debemos mencionar dos partes esenciales de la historia, pues ellas determinan de una forma u otra casi toda la interpretación moderna de las parábolas. Primero, la tendencia casi universal de los intérpretes hasta finales del siglo diecinueve era *alegorizar* las parábolas.[8] Alegorizar es la práctica interpretativa de hacer una alegoría lo que *no* es alegoría. O sea, las personas han leído *en* las parábolas elementos de la teología eclesiástica que tienen poco que ver con las intenciones de Jesús. Un ejemplo revelador, y citado muchas veces, de alegorización es la interpretación de Agustín de la parábola del Buen samaritano (Lc 10.30-37), en la cual da una interpretación teológica casi a cada elemento de la parábola: el hombre es Adán; Jerusalén es la ciudad celestial; Jericó es la luna, que representa nuestra mortalidad; los ladrones son el diablo y sus ángeles que despojan al hombre de su inmortalidad y lo hieren persuadiéndolo a pecar; el sacerdote y el levita son el sacerdocio y el ministerio del Antiguo Testamento; el buen samaritano es Cristo; la curación de las heridas es la restricción del pecado; el aceite y el vino son el consuelo de la esperanza y el ánimo a trabajar; el burro es la encarnación; la posada es la iglesia; el día siguiente es la resurrección de Cristo; el dueño de la posada es el apóstol Pablo; y los dos denarios son los dos mandamientos de amor o la promesade esta vida y en el mundo venidero.[9] ¡Con esta interpretación muy poco reflejamos el propósito de Jesús al contar esta parábola! Otro ejemplo es la interpretación de Gregorio el Grande de la parábola de la higuera estéril (Lc 13.6-9): las tres veces que el dueño viene a buscar fruto en la higuera se interpreta como la venida de Dios al mundo antes de la ley, su venida al escribirse la ley, y su venida en gracia y misericordia en Cristo. El viñador representa a los que gobiernan la iglesia, mientras que cavar y abonar refieren la reprensión de los infieles y la memoria del pecado.[10]

La práctica de alegorizar no empezó con la iglesia; aparece en algunos escritos de Qumrán, como 1QpHab 12.2-20 (interpretando Hab 2.17), su uso es frecuente en los escritos de Filón y por los intérpretes helénicos de Homero y Platón. La alegorización posterior de la iglesia se basó en la hipótesis que la Escritura podría tener cuatro niveles de significado: el sentido literal, el sentido alegórico-teológico, el sentido ético y el sentido celestial que refleja la bienaventuranza del futuro.[11] Era aceptable tener varias interpretaciones alegóricas de un mismo texto. Las quejas contra las alegorizaciones,[12] aun de personas que la practicaban, surgieron a principios en la historia de la iglesia pero, conforme notaremos implícitamente en todas las parábolas, se suponía que la alegorización era la clave para la interpretación de las parábolas.

Alegorizar es más una meditación del texto que su interpretación, por tanto se debe tener cuidado al evaluar a los que alegorizan. Personas como Agustín no son ignorantes, y quienes alegorizaban disfrutaban una relación viva con el texto y estaban convencidos que el texto tenía poder para dirigir sus vidas. Es más, ellos *no* basaban su doctrina en la exégesis alegórica, sino que establecieron controles para prevenir excesos como limitar a los que puedan participar de ese método interpretativo y términos dentro de los cuales debían trabajar.[13] Además, alegorizar *no* es una forma legítima de interpretación. Confunde el mensaje de Jesús, reemplazándolo con la enseñanza de la iglesia o de alguna ideología. Tal procedimiento interpretativo supone que uno conoce la verdad antes de leer el texto y encuentra la verdad en paralelo con el texto que se lee, aún si el texto tratara otro tema. No es necesario ser genio para percatarse que los eruditos actuales rechazarían la alegoría con venganza; sin embargo, aun con tal oposición, la alegoría siempre encuentra su camino de vuelta en la interpretación.

Nadie ha rechazado la alegoría y la alegorización tanto como Adolf Jülicher, erudito alemán del NT, cuya influencia es la segunda pieza elemental para entender la historia de la interpretación de las parábolas. La obra de dos volúmenes de Jülicher sobre las parábolas a fines del siglo diecinueve, ha dominado el estudio de las parábolas aunque no haya sido traducida.[14] En su guerra contra la alegorización, Jülicher rechazó completamente la alegorización *y* la alegoría como género literario. Negaba que Jesús empleara la alegoría, la cual él definía como una serie de metáforas relacionadas, o características alegóricas, donde un punto de una historia "significa" en realidad algo diferente. Aunque él sabía que el AT tenía alegorías, argüía que la alegoría era muy compleja para Jesús, un predicador galileo simple. Al contrario, Jülicher decía que las parábolas de Jesús eran comparaciones *simples* y evidentes, *sin necesidad de interpretación*. Por tanto, rechazó completamente las interpretaciones de sentido alegórico que hacía la iglesia. Más aún, donde aparecen alegorías o rasgos alegóricos, como la parábola del Sembrador y la de los Labradores malvados, se debe culpar a los evangelistas. Debido a la influencia de las perspectivas de judíos helenistas de las parábolas, los evangelistas, según la opinión de Jülicher, malinterpretaron las parábolas de Jesús y supusieron que éstas tenían una función encubierta (Mr 4.10-12), y las cambiaron en dichos oscuros y misteriosos.[15] Jülicher consideró que las parábolas eran símiles extensos, mientras que las alegorías eran metáforas extendidas. Consideraba el símil y la parábola como un discurso literal fácil de entender, mientras que la metáfora y la alegoría eran discursos inexactos,[16] que expresan una cosa y significan otra. Además, opinaba que la metáfora y la alegoría era discurso indirecto, oculto, que necesita ser decodificado, y él no permitía la combinación entre parábola y alegoría, rechazaba las "formas mezcladas". No podía haber duda sobre algunos puntos de contacto entre la imagen (*Bild*, en alemán) y el objeto (*Sache*) reflejados, como sucede con la alegoría, ya que las parábolas de Jesús podían tener solo *un* punto de contacto (un *tertium comparationis*) entre la imagen y el objeto. Ese único punto normalmente es una máxima religiosa general. El propósito de Jesús no era ocultar y, por lo tanto, sus parábolas no se pueden considerar como alegorías. Conforme este método, se reduce la enseñanza de Jesús a un moralismo piadoso concerniente a Dios y el mundo. Además, mediante el argumento de que los evangelistas habían alterado las parábolas de Jesús, Jülicher abrió la puerta a los intentos de reconstruir la versión original de las parábolas.[17]

Los ataques al enfoque de Jülicher empezaron poco después de la publicación de su obra, y han seguido hasta hoy. Por décadas se rechazaron argumentos válidos contra Jülicher, pero eso fue como disminuir el agua de un barco en naufragio. En la actualidad, se han desechado la mayoría de los argumentos de Jülicher. Casi nadie sigue hoy a Jülicher, aunque afirmen o parezcan afirmar sus esfuerzos. Desde el principio, Paul Fiebig razonó que Jülicher obtuvo su entendimiento de las parábolas de la retórica griega en vez del mundo hebreo, donde las parábolas alegóricas y las "formas mezcladas" eran comunes.[18] Mientras más atención se preste a las parábolas judías, uno menos se impresionacon las explicaciones de Jülicher. Las parábolas no necesariamente son *sencillas* y *ninguna literatura se explica por sí misma.* Muchos eruditos reconocen que Jülicher había rechazado la *alegoría*, un género literario, mientras que el problema radicaba en la *alegorización*, el método interpretativo para comprender de las parábolas una teología que Jesús no proponía.[19] Algunos arguyen que la alegoría no es un género literario sino una forma de pensar que se encuentra en varios géneros literarios.[20] Otros arguyen abiertamente a favor de la alegoría, y algunos son culpables de su propia alegorización y, como veremos, aun Jülicher no pudo evitar encontrar múltiples correspondencias en algunas parábolas.[21] Pocos aceptarían hoy la definición de metáfora que ofrece Jülicher, pues la mayoría considera las parábolas como una expansión de las metáforas, no de los símiles.[22] Prácticamente nadie acepta el argumento de Jülicher que las parábolas dan máximas religiosas generales.

A pesar de que los argumentos de Jülicher son inadecuados, el marco de referencia para la interpretación de las parábolas surgió por el conflicto entre la alegorización por parte de la iglesia y el rechazo de Jülicher tanto de la alegorización *como* de la alegoría. Este marco de referencia se utiliza aún hoy, a pesar de que muchos nunca han oído de Adolf Jülicher. La pregunta clave es, y siempre ha sido, cuánto se necesita para entender una parábola. "¿Representan" todos los elementos de la parábola algo en la realidad? Si hubiera alguna "correspondencia" entre la imagen y la realidad, ¿se debería asignar esa correspondencia a los evangelistas? El temor de caer en la alegoría muchas veces a llevado a que se reescriban las parábolas, que con frecuencia resulta en la eliminación de las introducciones y las conclusiones de la parábola. Tal reconstrucción de parte de los eruditos es común en la actualidad, aún cuando los que la realizan se quejan de su naturaleza hipotética.[23]

El análisis de cada parábola en los próximos capítulos mostrará partes de esta historia de la interpretación de la parábola pero, sin que importe el método que uno tome, las parábolas se encuentran entre las historias de más abuso y maltrato que se hayan relatado. Por siglos, tanto pastores como eruditos las han tergiversado, abreviado, alterado, reformado y analizado psicológicamente. Si es cierto que Jesús es la fuente en el cual cada teólogo vierte sus ideas, entonces las parábolas son el recipiente que éste usa con frecuencia para exponer esas ideas. La iglesia hizo que ellas reflejen teologías que no eran el propósito de Jesús. Los eruditos las han reescrito para obtener supuestamente un original, una forma más compatible y comprensible de las comunidades evangélicas. Eruditos y pastores las apartaron de su propósito original para promover agendas de sociología u homilías. Las parábolas son, si no frágiles, por los menos vulnerables y han sido manipuladas por todo tipo de propósitos teológicos, políticos, sociales y personales. Pero las parábolas de Jesús no desaparecen calladamente en la noche; son poderosas y tercamente demandan nueva atención en la expresión de su mensaje. En última instancia son resistentes, y dicen: "Vuélveme a leer."

¿Qué es una parábola?

Cualquier cosa que se diga sobre las parábolas, ya sea por definir o explicar sus características, es cierto. Por esta razón, se debe tratar cada parábola individualmente, conforme a su propia función, y no suponer que se parece o funciona como otras. Con frecuencia se define a la parábola como una ilustración, debido a una "falacia etimológica" que obtiene el significado de la raíz griega *paraballō*, que literalmente significa "arrojar al lado" o "arrojar juntamente con". Por esto las personas consideran las parábolas comohistorias terrenales con mensajes celestiales. Aunque hay cierta verdad en esta afirmación, esta *no* es una buena forma de entender las parábolas del NT. Las parábolas son más que ilustraciones y, aunque algunas de ellas aluden a la escatología futura, no se refieren al cielo. Ellas enfocan a la vida terrenal.

Por cierto, es posible que ninguna definición de parábola sea suficiente, porque cualquier definición que por ser tan amplia cubre todas las formas de las parábolas, no será precisa y por ende tampoco útil. Debemos mencionar algunas definiciones famosas. En el libro *The Teaching of Jesus*, T. W. Manson dijo que "Una parábola es una creación literaria en forma de narrativa diseñada para describir un tipo de carácter a modo de advertencia o ejemplo, o para encarnar un principio del gobierno de Dios en el mundo y sobre los hombres [sic]".[24] Las parábolas disertan de Dios y el mundo, pero no todas son narrativas. C. H. Dodd afirma que las parábolas "son la expresión natural de la mente que considera la verdad en ilustraciones concretas en vez de concebirlas como abstractas",[25] y su definición se repite con frecuencia. "En su forma más simple, la parábola es una metáfora o símil que se obtiene de la naturaleza o de la vida cotidiana, que capta la atención del oyente por su vivacidad o su peculiaridad, y deja suficiente duda sobre su aplicación precisa para provocar el pensamiento activo."[26] En sentidotécnico, una parábola es mucho más que una metáfora o un símil y, aunque esta definición es útil para entender muchas de éstas, para otras no funciona. Algunas parábolas no son ni vívidas ni raras (Mc 13.28). Otras son claras de cómo aplicarlas. Paul Ricoeur describió las parábolas como "la unión de una forma narrativa con un proceso metafórico".[27] Esta es una definición útil, pero algunas parábolas, debido a la forma que el NT emplea la palabra *parabolē*, no son narrativas, y algunas no son metafóricas o, por lo menos, se debate si lo son o no. La definición de fábula (*mythos)*, el género al que pertenece la parábola, de Zeno (primer siglo d.C.), es mucho mejor, y dice: "un dicho ficticio que describe una verdad."[28] O, mejor aún, según las palabras de un poeta moderno, las parábolas son jardines imaginarios con sapos de verdad.[29] Ellas crean un mundo imaginario que reflejan la realidad. Se ha dicho que las fábulas son maniobras tácticas para incitar una nueva forma de pensar y que su autor las usa para manipular.[30] Este es el caso con las parábolas. Relativo es la definición de *mashal* (palabra hebrea que corresponde al griego *parabolē*) como "un relato sugerente con un propósito ulterior".[31] Las parábolas son una forma de comunicación indirecta con la intención de "engañar al oyente hacia la verdad".[32] Los rabinos afirmaban que las parábolas eran como muletas para entender la Torá; antes de las parábolas, nadie entendía la Torá, pero cuando

Salomón y otros inventaron las parábolas, la gente comprendió.[33] Así también, podemos decir que las parábolas de Jesús sirven para entender sus enseñanzas sobre el Reino.

Debemos reflexionar con diligencia el trato de Søren Kierkegaard sobre la comunicación indirecta.[34] Kierkegaard nos ayuda a entender que la comunicación directa es importante para transmitir la información, pero el aprendizaje es más que la información, en particular cuando la gente piensa que ya han entendido. Las personas levantan sus defensas contra la comunicación directa y aprenden a conformar el mensaje a los canales de la realidad de su entendimiento. La comunicación indirecta es como abrir camino a través de una ventana en la parte posterior de la casa y confronta lo que pensamos con la realidad. Las parábolas son comunicación indirecta.

Si el significado es el valor que se asigna a un conjunto de relaciones, entonces las parábolas proveen un nuevo conjunto de relaciones que nos permite (o fuerza a) entender de forma fresca. Las parábolas funcionan como un lente que nos permite ver la verdad y corregir la visión distorsionada. Nos permiten ver lo que de otra forma no veríamos, y suponen que *deberíamos* observar, y ver una realidad *específica*. No son pruebas de Rorschach; son narrativas que tienen intención, analogías que nos capacita para percibir la verdad. Excepto cinco parábolas de Jesús… ellas son historias con dos niveles de significado: el nivel de la narrativa, mediante la cual percibimos y el nivel de la verdad, que muestra la realidad que representa.[35]

La meta inmediata de una parábola es cautivar el interés y, por ser interesante, cautiva la atención y desarma al oyente. El objetivo primordial de una parábola es despertar el entendimiento, estimular la conciencia *y* mover a la acción. La razón fundamental que las parábolas de Jesús son narrativas con intención, como veremos, se debe a que son instrumentos proféticos, especialmente para aquellos que tienen un mensaje de Dios. No aparecen en secciones de la Biblia centradas en la Torá, la historia o en los escritos de la iglesia primitiva.[36] Las emplean aquellos que tratan que el pueblo de Dios se detenga, reconsidere sus caminos y cambie su comportamiento. Las parábolas de la Biblia revelan qué tipo de Dios es Dios y cómo obra, muestran qué es la humanidad, y qué ella puede y debe ser.[37] Las parábolas no son meramente informativas. Al igual que los profetas antes de él, Jesús empleó las parábolas para provocar el pensamiento *y estimular una respuesta* en relación con Dios.[38] Por lo general, las parábolas incluyen los oyentes, llevan a la reflexión y promueven la acción.Ellas son argumentos decisivos dirigidos a un auditorio lento o testarudo.[39] Ellas tratan de impulsar a la acción que el Evangelio merece y que el Reino demanda. Uno de los mayores problemas de las iglesias cristianas, y del cristianismo occidental en particular, es nuestra inflexible pasividad. ¡Las parábolas nos constriñen, literalmente por amor de Cristo, a hacer algo! Las parábolas no buscan la "moralidad fácil" por la que Kierkegaard lamenta, más bien que seamos cargadores radicales de la cruz, una respuesta que imita a Dios digna de llamarse "conversión".

Entonces, en la mayoría de los casos, *una parábola es una analogía ampliada que se emplea para convencer y persuadir*. Como veremos, esta es la forma que antiguamente los griegos también emplearon el término, y es bastante amplia para cubrir la mayoría de las formas que los evangelistas aplicaron la palabra. La lógica de las parábolas de Jesús es analogía proporcional.[40] En relación con los vocablos alemanes *Sache* y *Bild*, en castellano usamos los términos *tenor* y *vehículo* para explicar cómo funciona una analogía. *Tenor* refiere al tema que se compara, el asunto que se trata de entender; *vehículo* refiere a la imagen gráfica, la parábola, el instrumento por el cual se comprende la idea. Una analogía explícitamente o implícitamente busca uno o *más* puntos de semejanza. Por ejemplo, un discípulo es para Dios (*tenor*) como un esclavo es para su maestro (*vehículo*) con respecto a una obligación insuperable (*punto de semejanza*).[41] Según John Sider, cada parábola conocida como tal en los Evangelios tiene más de un punto de semejanza, exactamente lo opuesto de Jülicher.[42] La analogía, por su misma naturaleza, fácilmente se puede convertir en "alegórica".

¿Cómo se deben clasificar las parábolas?

No todas las parábolas son iguales. El ordenamiento de las parábolas en diferentes categorías no es un ejercicio vano,[43] ni una imposición de formas helenísticas en las parábolas judías si se reconoce que hay distintos tipos de parábolas. Las clasificaciones pueden meternos en problemas, puesto que las parábolas no necesitan conformarse a nuestra clasificación; aun dentro de una misma categoría, las parábolas son tan variadas como el lenguaje mismo. Por otro lado, el ordenamiento provee entendimiento conforme encontramos las pistas de parábolas relacionadas, para saber qué cambios interpretativos deberíamos hacer. El ordenamiento es nuestro, y no de Jesúsni de los evangelistas. Sin embargo, cuanto más comprendamos las similitudes o las disparidades que hay entre parábolas,mejor entenderemos su funcionamiento y mayor percepción tendremos de sus características. Ningún esquema de ordenamiento es perfecto y otras descripciones se pueden usar además de la mía.[44] Lamentablemente, aún cuando las personas emplean las mismas palabras, ellas no siempre indican lo mismo.

Antes de describir el ordenamiento de las parábolas, necesitamos comprender que la palabra griega *parabolē* tiene un significado más amplio que la palabra castellana "parábola". Consecuentemente, en los estudios bíblicos la palabra "parábola" tiene, por lo menos, tres significados diferentes. Primero, *parabolēs* se puede usar para casi cualquier dicho comparativo que intenta provocar reflexión. Se emplea para describir un proverbio como: "Médico, cúrate a ti mismo" (Lc 4.23);[45] un acertijo: "¿Cómo puede Satanás echar fuera a Satanás?" (Mc 3.23); una comparación (Mt 13.33), un contraste (Lc 18.1-8), e historias simples (Lc 13.6-9) y complejas (Mt 22.1-14). Si "alegoría" es un género, entonces *parabolē* está también llena de alegorías completas (Mr 4.3-9). (Para una lista de las cincuenta veces que el NT usa la palabra *parabolē*, véase el Apéndice 1.) Todos estos significados derivan del sustantivo hebreo *mashal*, que generalmente se traduce *parabolē*en la LXX (veintiocho de las cuarenta veces) y es aún más amplio que *parabolē*. Además, *mashal* puede referir una burla, un oráculo profético o un sobrenombre. Cualquier dicho oscuro que provoque la reflexión es un *mashal*. (Véase el Apéndice 2, respecto del empleo del sustantivo y las formas verbales de *mashal* en el AT, y el Apéndice 3, sobre el uso de *parabolē* en la LXX.) En efecto, G. Gerhardsson clasifica casi todos los dichos de Jesús como *meshalim* (plural de *mashal*) y los divide en *meshalim* aforísticos y *meshalim* narrativos.[46] Pero, como el mismo Gerhardsson admite, necesitaremos mayor precisión que ésta.

Segundo, también se puede emplear "parábola" en un sentido más restringido para aludir a cualquier analogía (ya sea una historia con doble significado o no), una definición que puede prescindir proverbios, acertijos y formas no narrativas. Tercero, un significado de "parábola" incluso más restringido proviene de la obra de Adolf Jülicher que distingue las parábolas (*Gleichniserzählungen*,en alemán) de las similitudes (*Gleichnisse*), narrativas de ejemplo (*Beispielerzählungen*), y alegorías (*Allegorien*), estas últimas, por supuesto, fueron rechazadas por Jülicher. De modo que, las similitudes, las narrativas de ejemplo y las alegorías son todas parábolas bajo la definición mencionada, técnicamente y bajo esta definición más restringida, hay una diferencia. Estas cuatro categorías todavía se utilizan, pero hay bastante confusión. Hay debate considerable sobre si la alegoría y las narrativas de ejemplo son categorías legítimas, respecto a qué califica como una similitud y si se puede o no distinguir siempre las similitudes y las parábolas.

Si dejamos de lado por el momento los debates de las categorías de narrativas de ejemplo y alegorías, solo queda las similitudes y las parábolas narrativas, y algunos se contentan en emplear solamente estas dos categorías.[47] La sencillez es atractiva, pero no hace justicia a la variedad de formas. Incluso con la palabra "similitud" hay confusión. Jülicher usó el alemán *Gleichnis* que, por lo general, se traduce "similitud", para cubrir dichos parabólicos (como, ciegos guía de ciegos en Mt 15.14 / Lc 6.39),[48] el proverbio: "Médico, cúrate a ti mismo" (Lc 4.23) y las parábolas del constructor de la torre y el rey que va a la guerra (Lc 14.28-32).[49] La mayoría hoy emplea correctamente el término "similitud" con un sentido mucho más limitado, y refieren a los dichos parabólicos o aforísticos como una categoría separada.[50] Estos dichos aforísticos breves son generalmente comparaciones simples, como: "Ninguno puede servir a dos señores" (Mt 6.24 / Lc 16.13), y no trataremos en este libro.

Según argüía Kierkegaard, si las parábolas son medios indirectos de comunicación,[51] entonces la mayoría de las parábolas de Jesús son *comunicación indirecta doble*, ya sean similitudes o parábolas narrativas. La comunicación directa se dirige al oyente sobre el tema a disposición. Por ejemplo, la comunicación directa sobre el Reino puede decir: "El reino es de valor supremo y vale todo lo que tú puedas dar." La parábola del tesoro en el campo es comunicación indirecta doble porque no habla al oyente/lector sobre el tema a mano. Ella usa otra persona (la que halla) y otro tema (el tesoro) para dirigirse indirectamente al oyente. La parábola del hijo pródigo y el hermano mayor es comunicación indirecta doble. Esta trata sobre un hombre y sus hijos, no los oyentes/lectores, pero emplea otras personas y otro tema (sus relaciones) para hablar de Dios, de la relación con Dios y la de seres humanos entre sí. Una y otra vez notaremos esta doble falta de dirección.

Sugiero la siguiente clasificación, que es menos confusa y de mayor ayuda, para tratar las parábolas:

- dichos aforísticos
- similitudes (doble indirecta)

- parábolas interrogativas (doble indirecta)
- parábolas narrativas, de las cuales hay tres distinciones adicionales:
- parábolas narrativas de doble indirecta
- parábolas jurídicas, un tipo particular de parábola narrativa de doble indirecta
- parábolas narrativas de indirecta simple
- parábolas "cuánto más"

Debido a que no trataremos los dichos aforísticos, por razones prácticas emplearemos seis designaciones para las parábolas: similitudes, parábolas interrogativas, parábolas narrativas de doble indirecta, parábolas jurídicas, parábolas indirectas simples y parábolas "cuánto más". Estas categorías se han determinado tanto por su forma como por su función. Con excepción de las parábolas "cuánto más" y las jurídicas, las categorías son mutuamente exclusivas. Las parábolas jurídicas son un tipo de parábolas de doble indirecta, y la lógica de "cuánto más" se puede usar con otras categorías. Estos seis tipos de parábolas merecen ser distinguidas, y ahora explicaremos sus características.

1. Similitudes. Si un símil es una comparación explícita que usa el comparativo "como" (en "Son como ovejas sin pastor"), las similitudes son símiles extensos. Con frecuencia se dice que ellas relatan un evento *típico* o recurrente o un proceso en la vida real, y que se expresan en el tiempo presente, pero ni lo uno ni lo otro es cierto. El tiempo *no* es un factor válido para distinguir formas. Algunos textos tienen dos o más tiempos verbales, y algunos usan el aoristo (como la parábola de la levadura en Mt 13.33).[52] La similitud tampoco es necesariamente un evento típico o recurrente. ¿Encontrar un tesoro es algo típico o recurrente? La pauta de qué es una similitud se observa en la extensión de una analogía que *carece de desarrollo de la trama*. Es más que una comparación simple y puede incluir varias acciones o un período de tiempo. Por ejemplo, el Reino es como una mujer que tomó levadura y la escondió en tres medidas de harina hasta que todo fue leudado. Hay acción pero no trama, no se observa un problema que necesite solución o desarrollo de una situación de modo que haya una historia.[53] Las similitudes, en ocasiones llamadas parábolas en sentido estricto, por lo general son más directas, menos afrentadoras y representativas que otras formas más desarrolladas. O sea, no dependen de las correspondencias entre las características individuales y la realidad para determinar el punto. (P.ej., el hombre en la parábola del crecimiento de la semilla, que duerme y se levanta y no entiende cómo crece, no corresponde a Dios ni a otra persona específica.)

2. Parábolas interrogativas.[54] Su forma es diferente, incluso cuando estas parábolas son como las similitudes, pues no tienen desarrollo de una trama y muchas funcionan lógicamente como las similitudes. Las interrogaciones son una de las principales formas que las parábolas provocan interés y cautivan. Algunas comienzan con interrogantes, como: "Mas ¿a qué compararé esta generación?" (Mt 11.16 / Lc 7.31) o "Pero ¿qué os parece?" (Mt 21.28). Algunas incluyen interrogantes dentro de su narrativa, y otras concluyen con preguntas, en particular las parábolas jurídicas. Sin embargo, la *categoría* de las parábolas interrogativas concierne más que solamente preguntas de introducción e internas; más bien, agrupa todas las parábolas que se presentan *enteramente como interrogantes.* Un número de estas parábolas son: "¿Quién de vosotros?" (*tis ex hymōn*), la forma es muy común y diferente y merece que se la reconozca.Ejemplos obvios son las parábolas de la Oveja perdida y El amigo necesitado. Con frecuencia, la pregunta "¿quién de vosotros?" se pierde en la traducción. En otras versiones como la NVI, y la RV95 leen así: "Supongamos que uno de ustedes", lo cual es lamentable (véase Lc 11.5). Las parábolas interrogativas no difieren mucho de las judiciales, porque ambas establecen situaciones hipotéticas, apremian al lector/oyente que responda a la interrogante y le obliga a que transfiera esa respuesta a otra situación. (Además, las parábolas judiciales tienen un elemento de acusación.) La pregunta: "¿Quién de vosotros?" siempre espera una respuesta negativa: nadie actuaría como la persona que describe la parábola.[55]

3. Parábolas narrativas de doble directa. Las parábolas narrativas, en sentido restringido, son *metáforas* (*contra* Jülicher) extendidas en analogías *con tramas.* Si una metáfora es una comparación implícita que no emplea "semejante a" o "como" (p.ej., "Vosotros sois la sal de la tierra"), una parábola es una historia ficticia que narra un evento *particular*, que por lo general se emplea en tiempo *pasado,* con la intención de comunicar una verdad moral o espiritual (p.ej., el hijo pródigo). Los tres tipos de parábolas narrativas tienen *desarrollo de la trama.*[56] Algo sucede en la narrativa que crea un problema o una posibilidad, y entonces otros hechos suceden que pueden, o al menos potencialmente, manifestar el propósito o la conclusión. La parábola de la gran cena (Lc 14.15-24) es un ejemplo obvio. Si hay propósito, a menudo el diálogo en la parábola indica dónde empieza la solución. Algunas parábolas son intencionalmente abiertas (o sea, no terminan), y obligan a los oyentes o lectores a pensar qué debería suceder, como en el caso de la parábola de la higuera estéril (Lc 13.6-9). Algunas personas piensan que la distinción entre similitudes y parábolas no es muy clara,[57] pero la presencia o ausencia del desarrollo de la trama es base fiable para la distinción. Sin embargo, la distancia entre la parábola y la realidad varía drásticamente de una parábola y otra.

4. Parábolas jurídicas. Como un compartimiento de las parábolas narrativas de doble directa,[58] éstas se encuentran entre las más conocidas y eficaces. Por esconder su referente, las parábolas jurídicas producen la autocondenación del oyente o auditorio mediante la ayuda de una imagen. Impone al oyente a juzgar las circunstancias de la parábola, y corrido el velo, el oyente percibe que ha juzgado a sí mismo.[59] Kierkegaard describió la comunicación indirecta como "pensamientos que hieren por la espalda",[60] que es una descripción especialmente apta para las parábolas jurídicas. La parábola jurídica más conocida trata de la corderita, que el profeta Natán relató al rey David (2 S 12.1-14).[61]Además, argüiré que son jurídicas las parábolas de Jesús sobre los dos hijos (Mt 21.28-32), los labradores malvados (Mt 21.33-45 / Mc 12.1-12 / Lc 20.9-19) y el prestamista (Lc 7.40-47). Este tipo de parábola casi siempre y por necesidad requiere explicaciones de cierre, algo que apunte el dedo acusador hacia el oyente y que explícitamente indique el error de la persona. La parábola del buen samaritano es sencilla e indirecta, pero está muy cerca de ser una parábola jurídica. La interrogante final de Jesús al escriba requiere una respuesta que resulta en una autocondenación.[62] Lo mismo podemos decir de la parábola del fariseo y el publicano (Lc 18.9-14).

5. Parábolas indirectas simples. La mayoría de estas parábolas tradicionalmente se han llamado *historias ejemplo*. La explicación usual es que el propósito primordial de estas parábolas es presentar un personaje positivo o negativo (o ambos) que sirva como ejemplo para imitar o cuyas características y acciones se deban evitar. Ya sea explícitamente o de forma implícita, la historia dice: "Ve, y haz tú (o no hagas) lo mismo" (cf. Lc 10.37). Particularmente sólo cuatro parábolas, todas en el Evangelio de Lucas, se identifican como historias ejemplos: el buen samaritano, el rico insensato, el rico y Lázaro, y el fariseo y el publicano.[63] Varios eruditos rechazan esta categoría y no les impresiona porque consideran que es una enseñanza moralista, porque otras parábolas también dan ejemplos que imitar o evitar, y especialmente porque suponen que todas las parábolas deben ser metafóricas. Ellos consideran que estos cuatro relatos fueron también metafóricos en un principio, o de lo contrario no son parábolas, y si fueron originalmente historias metafóricas, entonces los evangelistas las transformaron en relatos moralistas. D. Via excluye estas cuatro narrativas de la categoría de parábolas.[64] J. D. Crossan piensa que las cuatro fueron originalmente parábolas de reposición enfatizando que evidentemente el Reino produce un cambio, pero la tradición las ha transformado en mandatos morales.[65] Por ejemplo, Crossan opina que el Buen samaritano, a nivel literal, causa un desorden en el mundo de los oyentes, y que el tema metafórico es el Reino que irrumpe repentinamente en la consciencia y demanda que se revierta el orden común de las cosas.

Confieso que, por un tiempo, traté de mantener la categoría de historias ejemplo, pero al final este título es tan inadecuado como inapropiado. Otras parábolas claramente dan ejemplos de los comportamientos que se deben imitar o evitar. Inmediatamente pensamos en la parábola de los dos deudores, el prudente y el insensato, y el siervo fiel y el siervo malo, el tesoro escondido, los dos hijos, los labradores malvados. Ninguna característica de su forma o contenido distingue las así llamadas historias ejemplo de otras parábolas.[66]

Aun así, no es suficiente el intento por demostrar que ellas eran originalmente imágenes metafóricas del restablecimiento del Reino. Obviamente, esta explicación no es específica ni convincente. ¿Podrían acaso los oyentes percibir verdaderamente en el samaritano una reposición de valores y llegar a la conclusión *implícita* de que *el Reino* debe tener esa reversión, y especialmente cuando la parábola no menciona el Reino? La reversión de valores puede entrar en vigor fácilmente con una historia indirecta simple al igual que con una parábola de doble indirecta o metafórica.

Estas cuatro parábolas *funcionan* en forma diferente; yo agregaría una quinta parábola, la del mayordomo infiel. Estas historias tienen argumentos desarrollados, pero no son metafóricas en la misma forma que son otras parábolas. Otras parábolas son analogías que tratan con dos ámbitos diferentes y con dos niveles de significado: son historias de doble indirecta. A través de ellas percibimos un tema diferente del que está en la narrativa; o sea, en realidad no se trata de semillas, tesoros, señores y siervos, sino de Dios, el Reino, y el pueblo de Dios. La interpretación de otras parábolas incluye una transferencia del tema de la narrativa a algún otro tema. Estas cinco historias no asocian ámbitos diferentes; ellas tratan los temas que narran: la ayuda del samaritano, la riqueza de un rico insensato, y otros. No se requiere una transferencia a otro ámbito y, por lo tanto, nos justificamos al hablar de "peculiaridad relativa".[67] Ellas se dirigen al lector indirectamente al hablar de otra persona, pero también directamente, al tratar *el tema en cuestión*. La parábola del rico insensato se dirige indirectamente al lector a través del rico, pero refiere directamente el tema de la riqueza. Son ilustraciones de la realidad misma.[68] Estas cinco parábolas necesitan un título diferente, y la mejor alternativa es llamarlas por lo que son: parábolas narrativas indirectas simples.[69] Hay más detalles respecto del debate de las "historias ejemplo" en conexión con la discusión sobre la parábola del buen samaritano,[70] pero el título"historia ejemplo" es tanto inadecuado como inapropiado.

6. Parábolas "cuánto más".[71] Esta categoría no se determina por la forma sino por la función, y las parábolas "cuánto más", por carecer de un término mejor, pertenecen también a otras clasificaciones. Algunas son parábolas interrogativas sin desarrollo de trama, mientras que otras son narrativas con desarrollo de trama. La mayoría de ellas ya sea tácita o explícita contrastan la acción humana con la de Dios. La lógica, bien conocida en los escritos rabínicos,[72] es la que se encuentra en Mt 7.11 / Lc 11.13: si un padre humano sabe dar buenas cosas a sus hijos, ¿cuánto más el Padre que está en los cielos dará buenas cosas? El contraste entre dos personas o entidades es una característica de muchas parábolas,[73] pero la función de la parábolas "cuánto más" es resaltar que la acción de Dios excede mucho más o que en nada se compara con la persona que ilustra la parábola.[74] Quizá no haya señales explícitas que adviertan al lector que la parábola funciona para contrastar la conducta humana con la divina, pero el contexto, la conclusión, o la naturaleza de la parábola por lo general dejan poca duda. Un ejemplo obvio es la parábola de la viuda y el juez injusto, este magistrado no se parece en nada a Dios. También es posible que el contraste sea entre la acción humana y la que se espera del pueblo de Dios.

Referente a las alegorías

No he incluido la cuarta categoría de Jülicher, la *alegoría*, como un tipo de parábola distinto. Este es el término que ha causado tremendo debate. Típicamente, se define una alegoría como una serie de metáforas relacionadas,[75] y la parábola del Sembrador sería un ejemplo obvio. Sin embargo, el asunto no es tan simple y Jülicher pensó, además, que las alegorías son obscuras y necesitan descodificación. Supuestamente ellas confunden más de lo que revelan. Consecuentemente, en los estudios bíblicos (pero también en los estudios literarios de los siglos dieciocho y diecinueve) frecuentemente se consideraba la alegoría con desdén y sospecha. La alegación era que la alegoría dice algo más de lo que significa el texto mediante el empleo de figuras frente a la realidad, pero la *parábola hace lo mismo*. Ambas tienen su marco en la realidad que representan. Es absurda la afirmación de que otras formas realzan el entendimiento mientras que la alegoría supone el entendimiento. Cuando la gente habla de alegoría, con frecuencia se refieren a ejemplos extremos como *El progreso del Peregrino* por Juan Bunyan, pero las alegorías pueden ser tan variadas como las parábolas. Pocos están conscientes que *El Mago de Oz* es una alegoría política sobre las condiciones en los Estados Unidos a principios del siglo veinte, donde "Oz" (abreviatura de "onza") y el camino de ladrillo amarillo se refieren al modelo de oro (debatido en aquella época), el espantapájaros que representa los granjeros, el hombre de hojalata a los trabajadores industriales, y el león cobarde a los reformadores, en particular a William Jennings Bryan. Es una historia comprensible por sí misma, pero también placentera y poderosa cuando el objetivo de su intención está en lugar.

Se ha puesto mucho empeño en distinguir entre parábola y alegoría, pero debemos reconocer que los esfuerzos han sido un *completo* fracaso, a pesar de los galones de tinta que se han gastado. Entre las distinciones que se repiten con más frecuencia está la afirmación de Paul Ricoeur, que la alegoría es un procedimiento retórico que se puede eliminar después de haber logrado su propósito, mientras que la metáfora (y la parábola) no se pueden reducir a un lenguaje abstracto.[76] Y Dan Via afirma que las características de las alegorías están directamente relacionadas con ideas externas y levemente la una con la otra, mientras que las características de las parábolas principalmente se relacionan internamente entre sí y no se determinan por eventos o ideas externas.[77] Tales declaraciones parecen impresionantes hasta que uno reflexiona. Es discutible si se puede interpretar las parábolas,[78] pero que se las pueda explicar es incuestionable, y la alegoría no está más expuesta a una eliminación después de cumplir su objetivo que la parábola. Tampoco se puede demostrar que la alegoría se relaciona más con lo externo mientras que la parábola con lo interno, o que la alegoría es necesariamente más oscura. Un vistazo a *El Mago de Oz* o cualquier otra "alegoría" prueba cuán poco creíbles son tales declaraciones. Lo mismo sucede con otros intentos de distinguir ambas formas.[79] El método de Jülicher fue rechazado,[80] pero su desdén por la alegoría permanece.[81] Jesús no necesita protegerse de las alegorías. Las parábolas son alegóricas, algunas más que otras. Las parábolas refieren temas fuera de sí mismas, con excepción de las historias indirectas simples, o de lo contrario no son parábolas. Si se piensa que algo proviene de la iglesia primitiva, entonces se debe determinar bajo otro fundamento, y no solo bajo el pretexto de que cierta característica es alegórica.

Algunos eruditos no dudan en describir como alegóricas las parábolas de Jesús,[82] y es posible mantener la alegoría como una categoría de las parábolas, si uno así lo desea, incluso si la categoría es confusa. Por otro lado, los teóricos intelectuales arguyen que la alegoría no es un género literario, sino una forma de pensar.[83] Como no se puede establecer una clara diferencia entre alegoría y parábola, y debido a que todas las parábolas menos las historias ejemplo son alegóricas en diversículos grados,[84] no considero la alegoría como una categoría de las parábolas.

Sin embargo, las características alegóricas de las parábolas *no es una licencia para alegorizar*. Debemos resistir la tendencia de la práctica de cambiarparábolas en alegorías, lo cual nunca fue el propósito de Jesús. Buscamos la intención del relator de la parábola y el propósito explícito de lo que comunica. Cómo hacer esto se discute a continuación.

En resumen, las parábolas se pueden clasificar como *similitudes, parábolas interrogativas, parábolas narrativas de doble directa, parábolas jurídicas (como un tipo específico de parábolas narrativas de doble directa), parábolas "cuanto más", y parábolas indirectas simples* (véase el Apéndice 5). Todas las parábolas, excepto las indirectas simples, son metafóricas/alegóricas pues reflejan la realidad externa a ellas mismas. Las similitudes y las parábolas interrogativas no tienen una trama desarrollada; las parábolas narrativas de doble directa, las parábolas jurídicas y las parábolas indirectas simples tienen una trama desarrollada. Las parábolas "cuánto más" pueden tener o no una trama desarrollada.

Características de las parábolas de Jesús

Las parábolas de Jesús principalmente son breves, aun lacónicas. Las parábolas emplean solo palabras necesarias. Son sencillamente directas. B. Gerhardsson identifica cincuenta y cinco *mashālim* narrativas, de las cuales treinta y tres (el 60 por ciento) tienen solo cuatro versículos o menos y solo nueve de las cincuenta y cinco (el 16 por ciento) tienen diez versículos o más.[85] Las parábolas tienen una extensión de uno a veintidós versículos. *Por lo general*, su brevedad excluye detalles innecesarios. Se omiten personajes y descripciones no necesarios, y pocas veces trata sobre los motivos. Se ignoran las interrogantes que consideramos importantes. Los detalles de las personas son "descripciones superficiales", en el lenguaje de los expertos en relatos. O sea, se da pocas particularidades de los personajes como apariencia, historia o psicología, de modo que uno pueda efectivamente imaginar la persona. A excepción de Lázaro yAbraham en la parábola El rico y Lázaro (Lc 16.19-31), todos los *personajes son anónimos*. Debido a esta brevedad, no es válido preguntar dónde está la madre en la parábola del hijo pródigo. Esta brevedad también significa que se omiten o reducen las acciones, y deja que el lector complete lo obvio. Nótese en la parábola de la gran cena (Lc 14.16-24) cómo ésta se reduce en los versículos 21 y 22; el oyente o lector debe suponer que el siervo cumple el mandato dado en el v. 21b de invitar a los rechazados de la sociedad, y en el v. 22 éste afirma que está listo para el siguiente paso.

Las parábolas se destacan por su simplicidad y simetría. Nunca hay juntas dos o más personas o grupos en una misma escena.[86] No vemos una relación simultánea del padre con su hijo pródigo y el hermano mayor, sino con cada uno de ellos por separado. La simplicidad y la simetría de las parábolas es evidente, como en el folclore de otros lugares, porque centran en dos o tres personajes (o grupos), aun si se menciona un número mayor. Nótese de nuevo la parábola de la gran cena, que habla de un hombre que invitó a muchos a un banquete, pero se mencionan sólo tres personas y habla de ellas como si fueran la lista completa de los invitados. Las descripciones de los personajes y las acciones en las parábolas a menudo usan estructuras balanceadas, contrastes, repeticiones y paralelismos de tal forma que los patrones de simetría resultan obvios. Nótese, por ejemplo, la simetría en las parábolas de los dos deudores (Mt 18.23-35) y de los talentos (Mt 25.14-30). Prestar atención a la simetría es clave en la interpretación, pero no se debe forzar la simetría en las parábolas.

Las parábolas de Jesús centran mayormente en los seres humanos. Con excepción de la versión de Marcos de la parábola de la semilla de mostaza (4.30-32), aun las parábolas que comparan el Reino con una semilla incluye un sembrador humano de la semilla. En apariencia, las parábolas de Jesús no son narrativas que describen a Dios o el mundo animal o la naturaleza. Son "narrativas de costumbre"[87] y reflejan lo que tenían en común las personas de la Palestina del primer siglo, la vida de agricultores, pastores, señores y siervos, mujeres, padres e hijos y ocasionalmente la de reyes. Su humanidad las hace interesantes en sí mismas, pero mediante el reflejo, ellas tratan de cambiar el comportamiento y hacer discípulos. *Su propósito principal es motivar una respuesta en las personas.*

Las parábolas son descripciones ficticias de la vida cotidiana, pero *no* necesariamente representan eventos cotidianos. Es todo lo contrario. Algunas son realistas y otras no.[88] Algunas pueden referir eventos históricos, pero no describen historias verdaderas. Debido a las hipérboles y los elementos de sorpresa o casualidad, las parábolas con frecuencia son *pseudorealistas* y contienen elementos que impresionan.[89] Por ejemplo, es poco probable que alguien de la Palestina del primer siglo tuviera una deuda de diez mil talentos (equivalente a millones de dólares), como sucede en la parábola de los dos deudores (Mt 18.23-35). Además, los eventos en la parábola de los obreros de la viña, donde el dueño de la viña sale cinco veces a contratar obreros, es imposible, a menos que el viñedo estuviera al lado de la plaza. Sin embargo, se ha enfatizado demás el elemento sorpresa en las parábolas de modo que se supone que todas las parábolas no son lo que se espera y que "trastorna el mundo".[90] Es cierto que algunas parábolas desordenan el mundo, pero muchas no. No se debe forzar a que todas las parábolas funcionen de la misma manera.

Las parábolas son atractivas; se narran para crear interés, y con el empleo de varias tramas atrae oyentes y les obliga a tratar con los temas de la parábola. Ya se han mencionado los elementos de sorpresa y turbación. Las parábolas también usa el soliloquio (en particular en Lucas), el diálogo, la exageración y los detalles concretos. Las parábolas urgen a la introspección y requieren una decisión. A menudo demanda que el oyente o lector juzgue los eventos de la historia y entonces requiere que este dicte un juicio similar sobre temas religiosos. Veintidós parábolas empiezan con una *interrogante* como "¿Cuál de vosotros…?", "¿Qué pensáis…?" o "¿Cómo…?"[91] Otras parábolas usan interrogantes al final del relato. Aun cuando no haya preguntas explícitas, las parábolas tienen la intención de responderlas. *Encontrar la interrogante implícita que la parábola trata de responder es clave para la interpretación.* A menudo las parábolas de Jesús llegan como una respuesta a la afirmación de otro. La intención de las parábolas es causar un pensamiento, usualmente un pensamiento nuevo e inesperado, a fin de entender para dar una respuesta. Un número de parábolas termina con la afirmación: "El que tiene oídos para oír, oiga" o algo similar, lo cual es un llamado a discernir más allá del pensamiento superficial, a entender el impacto de la parábola. Muchas parábolas objetan implícitamente la opinión de Jesús con la de sus oyentes. No es sorprendente que las parábolas con frecuencia generen interrogantes sin dar indicios de las respuestas. ¿Qué habría hecho el buen samaritano si hubiera pasado mientras los ladrones herían a la víctima? En esta manera las parábolas, más allá de su propósito comunicativo, son medios para la reflexión y la teología. Sin embargo, se debe tener sumo cuidado, porque en este punto también se pueden distorsionar las parábolas.[92]

Debido a que las parábolas con frecuencia tratan de reorientar el pensamiento y la conducta, al repetirse la enseñanza de Jesús en otros lugares, *las parábolas con frecuencia contienen elementos de contrariedad.*[93] No todas las parábolas emplean una oposición pero, si las pone en práctica, se vuelven instrumentos poderosos de cambio que Jesús empleó. Cuando las parábolas causan cambios, entonces obligan la toma inesperada de decisiones y asociaciones. El Publicano es justo, no el Fariseo; el Samaritano es el vecino, no la élite judía; David es el culpable, no alguna persona terrible que cualquiera condenaría.

Con el propósito de producir una respuesta y elementos como la contrariedad, generalmente *el asunto crucial de las parábolas está al final,* donde funciona como la nota resaltante de un chiste. Los intérpretes, con legítimo derecho, invocan la "regla de la tensión final", la cual requiere que la interpretación centre en el desenlace de las parábolas. Por supuesto, algunas parábolas son tan breves que esta pauta resulta irrelevante, pero eso no significa que se debe ignorar el resto de la parábola. La regla es relevante, pero solo a nivel secundario, para las parábolas que establecen contrastes (como la del prudente y el insensato en Mt 7.24-27 / Lc 6.47-49), y es menos pertinente para otras (como las parábolas interrogativas). Cada parábola se debe interpretar por sí misma. De todas formas, la regla de la tensión final es una buena práctica.

El enfoque al final de la parábola plantea la interrogante sobre la legitimidad de las explicaciones con palabras de conclusión de las parábolas, y que a menudo los estudiosos del Nuevo Testamento suprimen. Aunque algunas parábolas carecen de explicación, muchas sí las tienen. Las explicaciones son naturales y muchas veces necesarias porque, en muchos casos, la analogía no es completa o clara hasta que se da alguna indicación sobre el referente. Por lo general, esto se logra con afirmaciones como "Así también…". *Todas* las historias con parábolas en el Antiguo Testamento tienen explicaciones antes o después, y tales conclusiones son características regulares en las parábolas rabínicas. A menos que se piense que Jesús era un relator de enigmas, también se debe hacer justicia a las explicaciones. En particular con las parábolas polémicas, la historia carece de afrentas hirientes hasta que se aclara el referente. La única ocasión que uno podría relatar una parábola polémica sin emplear la observación aguda es cuando el relator consideraba que la intención es obvia o si la confrontación es tan amenazante para ser explícita.

Las parábolas se relatan en un contexto. Contrariamente a las fábulas de Esopo, las parábolas de Jesús no son historias generales con una verdad universal. Por lo menos, parcialmente ellas se basan en la realidad que tratan de mostrar, de lo contrario no podrían determinar su punto.[94] Las parábolas hablan de contextos específicos en el ministerio de Jesús. Lo cual también sucede con la mayoría de las parábolas rabínicas y greco-romanas. Las parábolas no sirven para sí mismas; no se relata una parábola para provecho propio, sino que sirven para un propósito didáctico específico que produzca cambios en las creencias y las acciones.[95] Este es uno de los puntos más significativos y debatidos sobre la interpretación de las parábolas. ¿En qué medida es el contexto que dan los evangelistas el marco apropiado para la interpretación? Es claro que no se preservó el contexto específico de muchas parábolas, según evidencia el orden temático (como atestigua Mt 13) y el trabajo de redacción de los evangelistas. Pero, en otras parábolas se han preservado contextos específicos (como atestigua la parábola de los labradores malvados). Discutiremos este problema más adelante y también en conexión con cada parábola individual, pero mi preocupación mayor aquí es resaltar el contexto *general* del ministerio de Jesús en la Palestina del primer siglo. No sería legítimo separar las parábolas de Jesús de ese contexto y reubicarlas en otro.[96] Cambiarlas de contexto no permitirá la interpretación de las parábolas *de Jesús*, y tampoco que la escuchemos, sino que *haría de uno el creador de una parábola con materiales ambiguos*.

Las parábolas de Jesús son teocéntricas. He mencionado que las parábolas proponen cambiar el comportamiento y hacer discípulos, mediante relatos acerca de Dios y su reino, la nueva realidad que Dios busca establecer en la tierra. Los intentos de negar las referencias en las parábolas respecto al Reino no tienen base válida. Cuánto refleja la propia vida y obra de Jesús en sus parábolas es tema de debate entre los exégetas, y trataremos al respecto en las parábolas individualmente.[97] Aunque algunas parábolas como la de los labradores malvados, pueden tener referencias de cristologías, *la mayoría no tratan directamente sobre Jesús*. Ellas tratan de Dios, el reino de Dios, y lo que Dios espera de las personas. Muchas parábolas son "monárquicas"; o sea, la figura dominante es la de un padre, amo, o rey, que por lo general es un arquetipo de Dios. Algunos niegan que esas figuras de soberanía se refieran a Dios,[98] pero estos intentos malinterpretan cómo funcionan las parábolas, fracasan en mostrar la realidad del contexto del Antiguo Testamento y de los judíos donde se dio las parábolas, y por ende deja las parábolas de Jesús vacías y sin eficacia. Las figuras de monarquía, con facilidad se pueden distorsionar, si olvidamos que ellas aparecen en las *parábolas*, sin embargo no cambia el hecho de que señalan a Dios.

Con frecuencia las parábolas aluden a textos del Antiguo Testamento. Aunque las parábolas de Jesús no son exegéticas como las parábolas rabínicas, algunas de ellas adaptan temas del Antiguo Testamento y, más de lo que se reconoce, algunas aplican textos e ideas específicamente del Antiguo Testamento.[99]

La mayoría de las parábolas aparecen en colecciones más extensas de parábolas. Además, a veces están organizadas en dobles (p.ej., las parábolas de la semilla de mostaza y de la levadura) y triples (las parábolas de perdidos en Lucas 15 o las que tratan de Israel en Mt 21.28—22.14). Las dobles y las de combinaciones más extensas fortalecen y exploran un tema mediante el uso de dos o más imágenes para determinar el mismo punto o puntos parecidos. Por ejemplo, la sal y la luz se usan para explicar el carácter del discipulado (Mt 5.13-16). A menudo, tales colecciones tienen paralelos en los escritos rabínicos. Con frecuencia, parece que la organización es la obra redactora de los evangelistas, pero algunos pares probablemente provienen de Jesús mismo. En Lucas, un número de parábolas están organizadas en una convergencia paralela conforme a la forma de la "narrativa de viaje" (o sea, el amigo necesitado en 11.5-8 y la viuda y el juez injusto en 18.1-8).

A parte de esta lista de características generales, debemos reconocer también que hay características específicas de cada uno de los evangelistas. Claro que las tendencias de redacción de cada evangelista se extienden a sus parábolas, de modo que el tema que interesa a cada uno (como el interés de Lucas por el dinero) se evidencia en las parábolas. Las características de las parábolas en Marcos son más difíciles de identificar porque son muy pocas. Las características de las parábolas en Lucas son las más fáciles de identificar. Lucas evidencia una preferencia por el soliloquio, por las parábolas que empiezan con *anthrōpos tis* ("cierto hombre"), y por las parábolas *tis ex hymōn* ("quien de vosotros"). Goulder arguye que las parábolas de Lucas son primariamente imperativas, mientras que las de Mateo tienden a ser indicativas, una distinción que es exagerada, puesto que varias parábolas de Mateo tienen un énfasis absoluto.[100] Goulder y otros juzgan las parábolas de Mateo más alegóricas, pero en realidad se debe a la imposición de la alegoría en Mateo, lo cual probablemente nunca fue su propósito.[101] Mateo tiende a operar en mayor escala respecto al número y la condición social de sus personajes, pero ofrece menos descripciones específicas de las que Lucas provee de sus personajes. La referencia específica al Reino es menos frecuente en las parábolas de Lucas que en las de Marcos y, especialmente en las de Mateo.[102]

Una buena parábola crea distancia, provoca y apela.[103] Al crear distancia provee espacio al oyente/lector para reconsiderar; uno no siente que debe defender su espacio. Mediante la provocación, la parábola requiere nuevos canales de pensamiento, y mediante la apelación busca decisiones que conformen el comportamiento del oyente con el propósito del relator.

Sin embargo, no todas las parábolas operan de la misma manera. Las parábolas tienen niveles diferentes de opacidad; o sea, la facilidad que uno tiene para ver los personajes varía de parábola en parábola. Algunas son diáfanas y el oyente/lector sabe con facilidad que una historia en particular lleva un propósito, y la realidad que muestra es obvia desde el principio. Principalmente este es el caso cuando el relator y los oyentes comparten un considerable acuerdo o cuando la parábola es una acusación profética.[104] Cuanto más uno intente determinar un punto fuerte, más probable es que se evidencie la realidad. En cuarenta y nueve versículos (Cap. 23), Ezequiel condena la prostitución de las dos hermanas Ahola y Aholiba, pero ya en el v. 4 explícitamente se las identifica como Israel y Judá. En Oseas 2, Gomer, la esposa del profeta es un velo fino para el Israel servidor de Baal.[105] Obviamente, tales ejemplos hacen absurdo cualquier deseo de borrar cualquier cosa en una parábola con referencia externa. Cuanto más sea la parábola un instrumento *profético*, más se espera que se manifieste la realidad. Un ejemplo en Mateo (22.1-14) de parábola diáfana es la fiesta de bodas. Uno sabe rápidamente que esta no puede ser una historia de una boda verdadera; más bien muestra el fracaso de Israel. Tratar la parábola como un evento real sería una gran distorsión. Otras parábolas son inescrutables; no revelan su objetivo sino hasta que se haya hecho los juicios de auto imputación. Entonces, se añade un *nimshal*, una explicación que evidencia la intención de la parábola. Unos ejemplos clásicos son la parábola de Natán a David (2 S 12.1-12) y la de los labradores malvados (Mt 21.33-46 y sus paralelos). De todas formas otras parábolas ni son diáfanas ni subrepticias; ellas simplemente presentan una analogía que quizás sea o no clara sino hasta que se complete la narrativa. Algunas ya no son claras en su forma actual y se las debate fuertemente. Por ejemplo, los obreros de la viña (Mt 20.1-16), no es fácil de explicar. Está claro que se debe analizar cada parábola por sí misma para determinar cómo funciona.

Distribución de las parábolas

Las parábolas constituyen casi el treinta y cinco por ciento de las enseñanzas de Jesús en los Evangelios sinópticos. Si uno acepta la teoría de las cuatro fuentes del origen de los sinópticos, entonces en Marcos las parábolas constituyen casi el dieciséis por ciento, veintinueve por ciento de Q, cuarenta y tres por ciento de M, y cincuenta y dos por ciento de L. Hay poco consenso sobre el número de parábolas, y se estima que está entre treinta y siete y sesenta y cinco. La determinación depende cómo uno define el término "parábola", con juicios sobre formas específicas y si las parábolas similares (como la de los talentos y la de los denarios) son una parábola o dos.[106] Mi compilación incluye treinta y tres parábolas (y enumero separadamente la parábola de los talentos y la de los denarios, de igual modo hago con los convidados a la boda y la fiesta de bodas). Obviamente, hay otros dichos parabólicos y parábolas breves que decidí no tratar[107] (como el deber del siervo en Lc 17.7-10), debido a que son muy obvias y en parte por el espacio.

En el sentido técnico no hay parábolas en el evangelio de Juan. Hay *meshalim*, como la puerta de las ovejas o el buen pastor, pero nada como las similitudes en los sinópticos, narrativas indirectas simples o de doble directa, parábolas jurídicas y parábolas interrogativas. Juan no emplea el término *parabolē*, pero sí *paroimia*, que a menudo se traduce como "proverbio" o "dicho oscuro", en 10.6 y 16.25 (dos veces) y 29. Efectivamente, el término *parabolē* no se menciona en el NT fuera de los evangelios sinópticos, a excepción de Hebreos 9.9 y 11.19, donde denota "ilustración" y "figura", respectivamente.

Hay, relativamente, pocas parábolas en Marcos. Él solamente registró cuatro parábolas narrativas, de las cuales las tres primeras concuerdan en una colección de parábolas en el capítulo 4; el sembrador, el crecimiento de la semilla (exclusivo de Marcos) y el grano de mostaza. Después en el capítulo 12 Marcos incluye la parábola de los labradores malvados. Algunos incluyen la parábola de los siervos vigilantes en 13.34-37 y la higuera en 13.28-29.

De las parábolas de Marcos, Mateo y Lucas incluyen la del sembrador, el grano de mostaza, los labradores malvados y la higuera. Mateo y Lucas también tienen pocas parábolas en común pero Marcos no las menciona. Mateo y Lucas refieren las parábolas de la levadura, la oveja perdida, el prudente y el insensato, el siervo fiel y el siervo malo, el ladrón y los niños en el mercado. Ambos incluyen también las parábolas del rechazo de las invitaciones al banquete y deadministradores de dinero, pero se debate si estos relatos son paralelos o son sencillamente historias similares.

Para el resto de las parábolas, diez son exclusivas de Mateo y dieciocho propias de Lucas. Aproximadamente dos tercios de las parábolas están en Lucas. Las parábolas en Mateo se presentan principalmente en los capítulos 13, 18, 20 al 22 y 24 al 25 y por orden de temas. La mayoría de las parábolas en Lucas se publican en los capítulos 10 al 20 y también están ordenadas por temas dentro de la narrativa del viaje. Se puede elaborar un buen caso de un arreglo de convergenciaen la narrativa del viaje en Lucas, y muchos aceptan que Lucas tenía una fuente de la parábola de la cual adaptó su material.[108]

El *Evangelio de Tomás* tiene paralelos de once de las parábolas sinópticas, nueve de los cuales no se disputan: el sembrador (*logia* 9), el grano de mostaza (*logia* 20), la cizaña (*logia* 57), el rico (*logia* 63), la gran cena (*logia* 64), los labradores malvados (*logia* 65), la perla (*logia* 76), la levadura (*logia* 96) y la oveja perdida (*logia* 107). El pescador sabio (*logia* 8) y el tesoro escondido (*logia* 109) probablemente sean paralelos a sus equivalentes sinópticas, pero divergen bastante que algunos las consideran como parábolas independientes y no conocidas previamente. La versión de estas once parábolas en el *Evangelio de Tomás* se da en la discusión de las parábolas individuales, y cada una será evaluada en el contexto apropiado. Además, el *Evangelio de Tomás* tiene tres parábolas previamente desconocidas: Los niños en el campo (*logia* 21a); Una mujer con un recipiente de alimento (*logia* 97); Y la prueba de un asesino (*logia* 98).[109] Nótese que el *Evangelio de Tomás* 1 y 2 como el *Apócrifo de Santiago* 1.9—2.39 destaca la naturaleza secreta y esotérica del contenido de sus tratados. El *Apócrifo de Santiago* también revela dichos supuestamente del Cristo resucitado, menciona siete (o posiblemente seis) parábolas por nombre, probablemente todas conocidas por los evangelios sinópticos,[110] y registra tres parábolas previamente desconocidas: la palma de dátiles (7.24-35), el grano de trigo (8.16-28), y la espiga de grano (12.22-30).[111]

Para toda determinación y propósito, la iglesia primitiva no contó parábolas, ni en los materiales canónicos ni en los primeros o posteriores escritos después del período apostólico. Las narraciones similares más cercanas a las parábolas son los tratados alegóricos del *Pastor de Hermas*, pero no son cercanas a las parábolas de Jesús, aunque ellas emplean el término *parabolē* y tienen similitudes casuales. Después de la resurrección de Jesús, el modo de las parábolas, que es un modo profético, parece haber caído en desuso a favor de formas más directas de proclamar el mensaje del Evangelio.

¿Cómo se deben interpretar las parábolas?

Algunos dicen que las parábolas no necesitan o no se pueden interpretar.[112] Estas mismas personas, por supuesto, escriben libros que explican las parábolas. Jülicher arguyó que las parábolas no necesitan interpretación porque usan lenguaje literal[113] y dicen lo que significan. Pero ninguna comunicación es de interpretación propia, y los comentarios de Jülicher son, a lo más, una exageración. Aquellos que arguyen que las parábolas no se pueden interpretar las consideran a veces como "eventos del lenguaje"[114] y fueron impresionados por métodos modernos centrados en el lector. Es válido enfocarse en las parábolas como eventos del lenguaje que crean nuevas situaciones, y es cierto que las parábolas no se resumen a significado y se deben experimentar. No pueden ser abstractas y luego de conocer el significado, rechazarlas. Sin embargo, nadie que explique las parábolas quiere dejarlas. Más bien procuramos hacerla plenamente efectiva. R. Stein señala que todo lenguaje tiene ambas dimensiones tanto de referencia como de comisión/afectiva.[115] Todo lenguaje, incluido las parábolas, *debe* ser interpretado, y los aspectos de referencia de las parábolas especialmente se pueden explicar de otras formas, pero los aspectos afectivos, aunque se puedan describir, es necesario que se los experimente.[116]

La principal actitud en la interpretación es la buena disposición *de escuchar y responder apropiadamente*, un punto explícito en la parábola del sembrador, pero incluso la buena disposición de escuchar no garantiza ecuanimidad ni consideración correcta. Soy el primero en decir que es difícil tener objetividad cuando se interpretan las parábolas. Ellas no son listas de información; son historias, pero quizás no sean las historias que suponemos. Se debe tratar a cada parábola conforme a sus propios méritos, y no tener una idea preconcebida cómo debe ser y qué desempeño tener. Las historias crean mundos. Al leer una historia, al menos temporalmente, habitamos ese mundo. Si ponemos mucho de nosotros mismos en ese mundo, reformamos y cambiamos su panorama. Y si hacemos eso, creamos un mundo diferente que describe la historia. Además, las parábolas reflejan piezas de la realidad y a veces también la vida y la historia del oyente. Puede tener una trama que ya hayamos vivido. Ellas revelan y llaman para que acojamos la trama a fin de que participemos en ella (o, si es negativa, para que escojamos otra trama). Pide que no seamos objetivos y distantes sino que personifiquemos la intención de la parábola.

Después de este énfasis respecto de la función de percibir, debemos afirmar el hecho obvio que todas las prácticas regulares para la buena interpretación de los textos entran en vigor cuando se interpreta las parábolas:

Analice a fondo cada parábola. Para afirmar lo obvio, si la parábola aparece en más de un Evangelio, haga un análisis comparativo de las diferentes narrativas. Preste particular atención a la estructura de la parábola y al desarrollo de la idea. Examine la simetría o el paralelismo entre los diversículos componentes.

Escuche la parábola sin suponer su forma o significado. No se debe tratar de forzar la simetría en la parábola o suponer que ésta se debe conformar a cierta teoría de parábolas o que debe enseñar una teología particular.

Recuerde que las parábolas de Jesús eran instrumentos verbales en una cultura mayormente oral. La mayoría de ellas habrían sido dichas muchas veces, en diversículos contextos, y con pocas o ninguna variación. Todos admiten esto, pero pocos le hacen justicia. Las parábolas posiblemente tenían una construcción con características, temas y formatos similares. Y es posible también que se las repetía frecuentemente entre los cristianos, con nuevas variaciones. Por tanto, cualquier intento de reconstruir la versión original de una parábola es desacertado. Cualquier idea de dependencia literaria incondicional como la única forma de suponer la relación entre los evangelios sinópticos es falsa.[117] Por ejemplo, es difícil creer que la primera vez que Mateo leyó la parábola del sembrador fue en el evangelio de Marcos, si es que usó Marcos.

Si buscamos la intención de Jesús, debemos tratar de oír una parábola como un oyente palestino de Jesús.[118]Cualquier interpretación que no sea del ambiente del primer siglo no puede ser correcta. Esto requiere que oigamos en un contexto diferente del nuestro y supone cierta familiaridad con ese contexto. No podemos ser arcaicos, pero podemos ser muy sensibles con la cultura bíblica para entender lo que leemos. Por este motivo, el análisis de cada parábola en este libro incluirá el tratamiento de factores culturales pertinentes para entenderla. Especialmente importante serán las ideas y las metáforas del Antiguo Testamento y la vida religiosa judía. Jesús no fue el primer judío que relató parábolas. Él pudo haber sacado de una fuente común de parábolas que usaban los maestros judíos. Aunque hay problemas significativos en usar materiales rabínicos, las parábolas rabínicas pueden proveer tanto el conocimiento cultural como la comprensión del funcionamiento de las parábolas (véase el capítulo siguiente).

Nótese cómo cada parábola y su forma de redacción es afín con el propósito y plan de cada evangelista. Esto incluirá la búsqueda de ayuda en el contexto que aparece la parábola, y el reconocimiento de que no se ha preservado el contexto específico de muchas de las parábolas. Ellas son historias utilizadas dos veces, una vez por Jesús y otra por los evangelistas. Historias incluidas en narrativas mayores, parábolas tejidas en las narrativas evangélicas. Las narrativas proveen un campo interpretativo en el cual la parábola como la narrativa mayor se iluminan mutuamente.[119] Se recuerdan las parábolas por su relevancia para entender la historia mayor. Debemos leerlas en doble dimensión, por la intención de Jesús y la de los evangelistas. Estos propósitos no son idénticos, pero si no se los coordina o que al menos sean compatibles, no tenemos esperanza de entender a Jesús.

Tales prácticas se dan por sentado y se aplican a cualquier texto en los evangelios, pero las normas específicas para las parábolas son más instructivas y más críticas:

Determine específicamente la función de la historia en la enseñanza de Jesús. Este es uno de los puntos cruciales del asunto, y es necesario que tratemos algunos asuntos. Empiezo con la frase "en la enseñanza de Jesús", el contexto de las parábolas. Si sacamos las parábolas del contexto de la enseñanza de Jesús, podemos hacer que ellas signifiquen cualquier cosa, que es precisamente lo que ha pasado con varios estudios.[120]Aunque no se ha preservado el contexto específico de muchas parábolas, sí se ha preservado el contexto general en la enseñanza de Jesús. Creo que debemos insistir en el contexto *general* de Jesús, no en el pensamiento existencial, ni en la situación de los pobres, aunque me cause mucho dolor esta tragedia, ni la psicología de Freud, o cualquiera de otros muchos contextos en que se ha puesto las parábolas de Jesús. El contexto es factor determinante de significado, en realidad es el único que determina el significado, porque las palabras por sí mismas solamente tienen probables significados aparte de su contexto. Si la meta es oír la voz de Jesús, ningún otro contexto podrá funcionar. Si ponemos las parábolas en contextos de nuestra elección, la apartamos del propósito comunicativo de Jesús. Si no podemos confiar en el contexto general de las parábolas de Jesús, entonces no habría esperanza de entenderlas.

Debemos interpretar cada parábola como un todo para determinar *cómo funciona la analogía*. Si el significado es la determinación de, y el valor otorgado a, un conjunto de relaciones,[121] las parábolas proveen una imagen que permite, y a veces fuerza, un entendimiento de las relaciones en cuestión, o sea, las relaciones de Jesús y sus contemporáneos con Dios y los propósitos divinos. A través de esas relaciones comprendemos las realidades relativas a nuestra relación con Dios y sus propósitos. El asunto crucial es cuánto de la parábola es pertinente. Puede que haya más de un clímax y más de un punto de comparación. Los límites de Jülicher no funcionan.[122]

Sin embargo, el reconocimiento de múltiples características relevantes *no* es una licencia para alegorizar. Hay que dejar de buscar consonancias alegóricas. El asunto en la interpretación de las parábolas no es responder a las preguntas, "¿qué simboliza este elemento?" o "¿cuántas concordancias hay aquí?", aunque haya consonancias y se las puedan identificar. Tratar de encontrar las concordancias con algunas parábolas sería un fracaso (p.ej., el mayordomo infiel en Lc 16.1-9).[123] La única razón de identificar las concordancias es para saber a qué se refiere la analogía. Sin embargo, las parábolas *no* son analogías donde la interpretación de una sirva para todas. Ellas reflejan *parcialmente* realidades verdaderas, con el propósito de que las personas piensen y cuestionen y con frecuencia emplean hipérboles, sorpresas y no tienen *precisión.*[124] Puede que el asunto de la parábola lleve a un propósito, que *no* sea precisamente reflejar realidades teológicas sino que fuerza a la reflexión y el análisis. Por ejemplo, Dios no tiene verdugos (Mt 18.34), ni debemos suponer que Dios es duro y recoge donde no esparció (Mt 25.24 / Lc 19.21). Ambas afirmaciones sirven como advertencias hiperbólicas. Algunas veces hay disparidad entre la parábola y la realidad, con las parábolas de Jesús y con las de los rabinos.Algunas veces la realidad se oculta tras la parábola, y a veces la realidad parece estar casi al frente de la parábola. Se debe esperar tales diferencias. Puede que las concordancias combinen exactamente, o pueden ser parte del misterio de la parábola para hacernos buscar y encontrar la verdad. En la parábola de Natán a David, el rico corresponde a David, el pobre a Urías, y la oveja a Betsabé, pero el que muere es Urías, y no Betsabé.[125]

Las analogías tienen concordancias por necesidad. La comprensión de las parábolas resulta usualmente de condiciones obvias en la analogía o por captar una revelación de una afirmación (como la de Natán: "¡Tú eres aquel hombre!"), y no por deducir las concordancias. Cuanto más procure deducir las concordancias, más probable es que no capte la fuerza de la parábola. El poder de una parábola está en el momento que las situaciones obvias de la analogía o la comprensión de ella produce una transferencia. Es en ese momento que las concordancias son obvias. David no dedujo las coincidencias con la parábola de Natán sino hasta que éste forzó la comprensión. Lo mismo sucede aun con parábolas que no son jurídicas o las que no tienen explicaciones explícitas.

Las parábolas tienen correspondencias, pero igualmente tienen muchas otras cosas. De igual forma tienen características con significados, aunque no "representen algo en particular". Los cerdos en la parábola del hijo pródigo no indican un "asunto" en la vida, pero se los menciona para expresar la baja condición del pródigo. Algunas características de una parábola, debido a las asociaciones metafóricas comunes, activan efectos que pueden clarificar *o* encubrir, según el propósito de la narrativa. Las parábolas sobre viñedos aumenta la expectativa de que el tema es Dios y su pueblo, pero el resultado con frecuencia es diferente de lo que se espera.

John Sider acertadamente afirma que la habilidad para determinar un significado simbólico en las parábolas es la perspicacia que va más allá de las reglas, pero también ofrece criterios para tomar decisiones respecto del significado de las características en las parábolas. Sin embargo, una discusión de tales criterios se aplica en la mayoría de los casos solamente a las parábolas de narrativa de doble directa, y no a las similitudes, parábolas interrogativas y parábolas indirectas simples. Los criterios de Sider son:[126]

> El criterio de la proporción: Por lo general, cuanto más central es una característica, más probable es que sea simbólica; mientras más marginal, menos probable es que sea simbólica.
>
> El criterio de la similitud: Si el criterio de la disparidad busca lo que es único de Jesús, el criterio de la similitud centra en las posibilidades simbólicas que no se pueden negar fácilmente que pertenecen a Jesús porque son muy características de su mensaje.
>
> El criterio de la indispensabilidad: ¿Se requiere tal elemento para que la narrativa funcione, o es simplemente "parte de la maquinaria" de la historia? ¿Es el elemento muy central o inusual que debe tener significado simbólico?
>
> El criterio de la analogía: El conocimiento de un detalle de la analogía ayuda a la comprensión de otros elementos de la analogía. Si la Última Cena es escatológica, la coherencia de la imagen da noción sobre la identidad de los personajes de la historia.

Solamente advierto que se puede abusar de estos criterios fácilmente. Para determinar cómo funciona una analogía no es cuestión de seguir algunas fórmulas o una lista de reglas. Requiere entendimiento e intuición para discernir cómo funciona el lenguaje en un contexto determinado, o sea, cómo las parábolas transmiten el significado al conjunto de relaciones que se describen. No creo que podamos afirmar, como C. Blomberg, que una parábola tiene un asunto por cada personaje.[127] Más bien, se debe permitir que cada parábola funcione a voluntad y que exponga muchos puntos según se desee en su propio contexto.

Constantemente encontraremos la interrogante de cuántos detalles de una parábola tiene significado metafórico. *La clave es saber cuándo dejar de interpretar*. Con la metáfora, *la interpretación de la parábola es entender los límites y el significado de la analogía*. Wendell

Berry comenta respecto de la metáfora: "Pero la legitimidad de una metáfora depende de nuestro entendimiento de sus límites.... Cuando se construye una metáfora como una ecuación, está fuera de control; cuando se construye como una identidad, es absurda."[128] Este es precisamente el caso con las parábolas, pero los intérpretes quieren que sean semejanzas teológicas; imágenes teológicas completas. Vez tras vez se ha forzado a las parábolas a tratar ideas que nos les competen, o se las critica porque no las tratan. Ninguna parábola trata todo, ni siquiera completamente un tema específico. Esta indiferencia por los límites de la analogía, irreversiblemente conduce al fracaso del entendimiento. Las parábolas no tienen signos de equidad que las hacen idénticas a la realidad que reflejan. Las parábolas solo parcialmente tienen puntos en común con las realidades que pretenden revelar.

Debemos hacer justicia a las fortalezas y a las limitaciones de las metáforas y las parábolas.[129] Las metáforas transmiten imágenes que el leguaje abstracto no puede igualar. Por su fuerza, con frecuencia se las usa para hipérbole. No son invitaciones para que pensemos todos los significados posibles que se pueden aplicar (como es el caso con la frase "Vosotros sois la sal de la tierra"). Son invitaciones para entenderlas dentro de su conjunto de relaciones. Algunas ideas metafóricas están en el centro mismo de las parábolas (como la relación entre el señor y el siervo); otras son periféricas y se las emplea como efecto en vez de transmitir información teológica específica. Por ejemplo, no debemos pensar que, en el Reino, los cristianos literalmente recibirán un lugar de autoridad sobre ciudades (Lc 19.17 y 19) o que Dios divide en grupos las personas (Mt 24.51/ Lc 12.46).

Determinar la función de las parábolas también implica percibir que las introducciones como "El Reino es como un hombre" (o una mujer o un grano, y otros) en realidad no compara el Reino con los personajes u objetos, sino *con todo el proceso de la narrativa*. De modo que el Reino no se compara con el grano de mostaza sino con todo el proceso de esta "semilla más pequeña" que, sembrada, crece, y se hace la mayor de las hortalizas. Veremos una y otra vez que la observación está en todo el proceso de la narrativa, y no solamente en el primer asunto que se menciona.[130]

En resumen, algunas parábolas resaltan un punto y otras parábolas varios puntos. Un método formulista para la interpretación de parábolas, así como para todos los estudios bíblicos, simplemente no funciona. Uno debe discernir del contexto mismo la intención de la analogía.

Interprete lo que se da, no lo que se omite. Cualquier intento de interpretar una parábola con base en lo que se omite es incorrecto. Todas las parábolas, como todo material escrito, tienen discontinuidades; también hay omisiones que el autor decide hacer sin que se pierda el entendimiento de la narrativa. Cuanto más se considere lo que se omite en la parábola, mayor será la equivocación, a menos que haya evidencia de que es propósito del autor sacar una conclusión del material ausente. Nótese la omisión entre Lucas 15.21 y 22. El padre corrió a encontrarse con el hijo y, luego del reconocimiento del hijo, dio orden a los siervos. ¿Corrieron los siervos con el padre, o fue la orden del padre antes de que regresara con su hijo a la casa? Desde la perspectiva del relator, este detalle no tiene importancia; atender este tipo de detalle sería vano y disminuiría el drama. Lo importante es el encuentro y la orden del padre de empezar la celebración.

No imponga tiempo real en el tiempo de la parábola. El tiempo en la narrativa de las parábolas no es una cronología real, y esforzarse porque así sea resultará en una distorsión. Note la parábola de la fiesta de bodas en Mateo 22.1-14 o de la gran cena en Lucas 14.15-24. La primera tiene una extensa cronología que permite una guerra durante la fiesta, aparentemente sin que la comida se enfríe, mientras que la segunda tiene una cronología que se omite, en la que se supone que el siervo sale, cumple la orden y regresa. El intento de poner una cronología real en Jesús o la misión de la iglesia en cualquiera de estas parábolas crea grandes problemas, por ejemplo cuando se sugiere que la invitación a los marginados sólo ocurre después que los pudientes rechazaran la invitación.[131] Además, no hay "tiempo lógico" que se extienda más allá del tiempo narrativo de la parábola. Cuando la parábola termina, el tiempo narrativo también concluye. De modo que preguntar sobre eventos fuera del tiempo de la narrativa, como querer saber qué hizo el mercader de perlas después de haber vendido todo lo que tenía y comprar la perla,[132] anula la parábola y señala una incomprensión de cómo funcionan las analogías y las parábolas.

Preste particular atención a la regla del énfasis final. Algunas parábolas tienen material decisivo que se propaga en toda la parábola, como sucede con la del sembrador y los labradores malvados. Incluso en estas parábolas el material más importante está al final. Algunas parábolas son tan breves que no tiene sentido mencionar la regla del énfasis final, aunque es una buena guía que se debe considerar. Para la mayoría de las parábolas, lo que está al final es el claro indicador de la intención. Más adelante se trata cómo esto tiene relación con las inquietudes críticas sobre la autenticidad de las conclusiones de las parábolas.

Note dónde las enseñanzas de las parábolas se cruzan con la enseñanza de Jesús en otros lugares. Esta regla sumamente importante es simplemente una variación del *criterio de atestación múltiple y coherencia*, pero ayudará a prevenir errores de interpretación. Si uno no puede validar la enseñanza que supone hay en la parábola de materiales no parabólicos en otros lugares de los evangelios, lo más probable es que esté equivocado.[133] Algunos aspectos de la enseñanza de Jesús no aparecen en las parábolas. Ellas no tratan de guardar el sábado, la ley sobre los alimentos, los milagros, los exorcismos, el sufrimiento que los discípulos puedan esperar,[134] la cruz (aunque esto se puede observar en la parábola de los labradores malvados), o la resurrección. Las parábolas no muestran la enseñanza de Jesús sobre la venganza, el divorcio, los juramentos, o la fe (por lo menos en forma directa), pero parece que todos los temas que se tratan en las parábolas, en alguna medida, se tratan también en los materiales no parabólicos.

Determine el propósito teológico y el significado de la parábola. Esto *no* supone que las parábolas o metáforas se deban reducir a un discurso literal sin que haya pérdidas de contenido cognitivo o fuerza afectiva. Ella supone que la misma enseñanza se puede presentar en diversas formas y especialmente que las parábolas no son el centro de su propia narrativa. Se las narra para enseñar y convencer respecto de otra realidad más importante. Son de referencia, y no sirven si no determinamos a qué aluden, qué enseñan y qué debemos hacer con tal conocimiento. Aunque algunos han tratado de negar que las parábolas son de referencia, otros han tratado de limitar su relevancia teológica, afirmando a veces explícitamente que no podemos hacer teología de las parábolas,[135] la cual si se toma de modo absoluto sería una conclusión intolerable. Las parábolas son una forma diferente de argumentos teológicos de las que encontramos en la epístola a los Romanos, pero son de *igual relevancia teológica*. Sin ellas, seríamos teológicamente faltos. He argüido contra la consideración de las parábolas como imágenes de líneas rectas de realidad teológica. Son reflejos de la realidad, con ángulos de diferentes grados, diseñadas con frecuencia para impresionar, cautivar y provocar una respuesta del oyente. Por ejemplo, la dureza de algunas parábolas de juicio (como Mt 18.34 o 24.51) para algunos es ofensiva y problemática, pero éstas no son descripciones realistas del juicio. Más bien, ellas advierten sobre la realidad y seriedad del juicio. De ningún modo las parábolas de Jesús revelan toda la teología cristiana. Sin la cruz y la resurrección, la teología cristiana no existiría. Sin embargo, las parábolas proveen material para una imagen poderosa y convincente de la enseñanza de Jesús sobre el reino, su comprensión de Dios, y el tipo de vida que se espera de sus discípulos, sea los del siglo primero o los del siglo presente. La teología de estas historias merece nuestra dedicación. Una cosa es preguntar qué significa dada característica en una parábola, como si tuviera que ser alegorizada, pero es muy diferente preguntar qué significan los elementos de la parábola para el narrador. Por ejemplo, el país lejano u otras características en la parábola del hijo pródigo no representan alguna realidad teológica, pero son relevantes para determinar si un elemento tiene importancia teológica. Eso se podrá determinar tanto de la totalidad de la parábola como de la enseñanza de Jesús.

Crítica del NT: Suposiciones, dudas, métodos y procedimientos

No propongo una nueva teoría de interpretación de parábolas, pero mi método es diferente al que se emplea en estudios recientes de parábolas. Varios comentarios, de asuntos respecto a los estudios técnicos del Nuevo Testamento, pueden servir para entender el análisis individual de las parábolas a continuación.

Respecto a la autenticidad de las parábolas, prácticamente todos garantizan que son el fundamento más seguro que tenemos sobre la enseñanza de Jesús.[136] De todas maneras, la autenticidad será un asunto en varias parábolas debidas a las suposiciones de algunos respecto de la naturaleza del material de los Evangelios, de la forma de las parábolas, o por desagradarles la teología de ciertas parábolas. Se discutirá donde la autenticidad sea un asunto relevante en una parábola específica. Estoy convencido, sin embargo, que las parábolas son en realidad el lugar más indicado para encontrar la enseñanza de Jesús. Como se indicó anteriormente, la iglesia primitiva casi nunca relató parábolas.[137]

Más problemático es el intento de algunos estudiosos de reconstruir simples versiones prístinas de las parábolas que aquellas que los evangelistas preservaron. Sin duda, los evangelistas han organizado su material, lo cual fácilmente observamos en las comparaciones de relatos paralelos. Ellos han dispuesto las parábolas en sus narrativas para lograr efectos teológicos y retóricos. Han editado la redacción para ayudar al lector en la comprensión del propósito de Jesús o para enfatizar la relevancia de su enseñanza. A veces no se ha preservado el contexto original. Lamentablemente, sin embargo, la reconstrucción de las parábolas que ofrecen los eruditos del Nuevo Testamento *nunca* ha tenido base suficiente para inspirar confianza. Sólo han convencido a unos pocos y nunca han alcanzado suficiente influencia para volverse la base del pensamiento ético o la autoridad para instruir la iglesia o aquellos que procuran entender a Jesús. Estas reconstrucciones no son interpretaciones de parábolas sino escrituras editadas conforme el editor piensa que ellas debían ser desde un principio, y de esta manera las parábolas revelan más sobre los proponentes que las parábolas de Jesús. Las reconstrucciones permiten lograr cualquier conclusión que se desee. Según comenta U. Luz: "¡Es sorprendente lo que se puede conjeturar con un texto de Jesús hipotéticamente reconstruido!"[138] Algunos eruditos con muy diversículos puntos de vista han obviado los intentos de reconstrucción y buscan entender la imagen completa que ilustra los Evangelios.[139]

Hay varias suposiciones cuestionables detrás de los intentos de reconstrucción:

- que había una forma "original",
- que probablemente se añadieron datos con significado alegórico,
- que el manejo de material tradicional sigue ciertas "leyes", de tal forma que el más breve es más prístino, el más detallado es posterior, etc.,
- que los trazos de estilo de los evangelistas demuestran el origen del material[140]
- que las parábolas se pueden leer como reflejos de espejo de los sucesos en las comunidades de los evangelistas, o sea, comunicación indirecta que reflejan la iglesia en vez de comunicación directa de Jesús, yque se pueden desechar el contexto de los evangelistas, y las introducciones, conclusiones e interpretaciones de las parábolas.

Estas suposiciones requieren algún comentario, pero no es una base válida para reconstruir parábolas. Hay algunas parábolas tan precisas en su contexto (como la de los labradores malvados y la de los dos deudores) que *quizás* se relataron una vez, pero la mayoría de las parábolas se habrían relatado muchas veces con mínimas variaciones. La idea de reconstruir un original ni siquiera es un objetivo legítimo, y mientras más tomemos en serio la naturaleza de la tradición oral, menos podemos pensar en reconstruir un original. No es útil pensar solo en la reconstrucción de la estructura original,[141] porque las mismas suposiciones ilegítimas están en juego, y las versiones que se ofrecen son subjetivas, omitidas y, opacas, muy contrarias a todo lo que Jesús probablemente contó, al menos según indica la evidencia.

He dicho lo suficiente acerca de que las parábolas tienen correspondencia y características alegóricas y está bien claro que nadie debe rechazar una característica de las parábolas de Jesús por tener relevancia alegórica. Si las imágenes de Jesús no tuvieran una relación con la realidad, entonces no habría razón para que él las empleara. Las parábolas funcionan como lentes de otra realidad, y sin dudas puede haber más que un punto de comparación entre la historia y la realidad. Muchas de las ilustraciones de Jesús eran metáforas del Antiguo Testamento y del judaísmo (como el viñedo, los siervos, los señores y otros). No debe haber inquietudes respecto a las características alegóricas, a menos que Jesús no haya empleado la mencionada característica. Además, aquellos deseosos de rechazar las características alegóricas con frecuencia las vuelven a incluir en la interpretación.[142]

Hace tiempo, E. P. Sanders propagó la noción de que había leyes fijas de tradición a fin de que se pudiera descubrir las formas más antiguas.[143] Respecto de las parábolas, se debate mucho los "diez principios de transformación" de Jeremías.[144] Solamente la traducción de las parábolas del arameo al griego, la adaptación a veces a la cultura helenista, y hasta cierto grado la colección de parábolas por temas es obvio y significativo, pero estos son necesarios para la comunicación. Sin embargo, aunque se incluyan estos, hay debates sobre específicos.

La evidencia del estilo del evangelista *no* determina el origen o la validez y, de hecho, sería sorprendente si no fuera obvio el estilo de un evangelista. Algunas parábolas revelan más la escritura de un evangelista que otras, pero eso no es indicativo de que éste haya o no suministrado fielmente el contenido y el propósito del relato de Jesús. Si, como virtualmente acceden todos los que estudian los Evangelios, no tenemos la *ipsissima verba*, las palabras precisas citadas por Jesús, ¿por qué sorprendernos de la evidencia de la configuración del material? La estructura del material no significa necesariamente su tergiversación.

Afirmar que las parábolas reflejan la situación de las comunidades de los evangelistas es una suposición infundada. Creo difícil que cualquiera de los evangelios se haya escrito para una comunidad local específica o que sirva *primordialmente* para tratar los problemas de dicha comunidad. Los Evangelios no son historias encubiertas de las iglesias cristianas o comunicaciones indirectas para tratar los problemas de una comunidad local. Son comunicaciones directas escritas para un público grande[145] a fin de proveer material sobre la enseñanza y la vida de Jesús para hacer discípulos. Enfocarnos de nuevo en la tradición oral, es poner más énfasis en la tradición oral, y centrar menos en los Evangelios como ventanas a las comunidades cristianas. Por supuesto, las inquietudes teológicas y parenéticas de los evangelistas son reales, pero no hay evidencia de que esas inquietudes se dictaron debido a las condiciones de las iglesias a nivel local o incluso regional.

Más relevante que todo es el asunto relativo a las introducciones, conclusiones e interpretaciones de las parábolas. Es inaceptable la tendencia de algunos eruditos de omitir las introducciones, conclusiones y explicaciones como procedimiento de operación común. Los eruditos han reducido reiteradamente las interesantes historias de los Evangelios a estructuras de tramas opacas con significados banales que uno se pregunta la razón de su relato.[146] Las parábolas de Jesús no son como las fábulas de Esopo, que se compilaron sin ningún orden y se relataron para entretenimiento e instrucción general en sabiduría. Las parábolas de Jesús sirven para un propósito mayor y profético dentro del esquema comprensivo de la narrativa para envolver a las personas con el reino de Dios. Debido a que las parábolas de Jesús se relataron en un contexto, es natural y justo que los evangelistas las aplicaran dentro de ese contexto general y mostraran cómo ellas se relacionan con ese contexto. Las introducciones, ya sea que tengan su base en un comentario de Jesús o sean parte de la narrativa, proveen una estructura para que entendamos la parábola. Muchas de las introducciones son convencionales y tienen paralelos exactos en los materiales rabínicos. Se debe analizar cada parábola para determinar si la introducción y también la conclusión e interpretación, expresan la intención de Jesús o revelan una aplicación desacertada de los evangelistas. Debido a que los evangelistas organizaron por temas el material, es posible que haya un cambio en el énfasis o en el auditorio, lo cual se arguye con las parábolas como los obreros de la viña (Mt 20.1-16) o del juez injusto (Lc 18.1-8). Ambas son parábolas difíciles. Sin embargo, al menos para la mayoría de las parábolas, el contexto que dan los evangelistas no es una distorsión, sino una ayuda necesaria para comprenderlas. Mi aprensión *no* es por un contexto histórico *específico*, sino por el marco de referencia adecuado dentro del ministerio de Jesús para comprender la parábola específica.

Solo tres parábolas proveen una explicación en detalle donde se asigna relevancia alegórica a las características del relato: el sembrador, el trigo y la cizaña, y la red. Algunas parábolas no tienen conclusión explicativa, un *nimshal* que hace explícita la naturaleza de la analogía. Ellas son bien claras sin el *nimshal* o pretenden provocar el pensamiento para que el lector efectivamente provea el *nimshal* (p.ej., la parábola del hijo pródigo; Lc 15.32). Otras parábolas –siguiendo las formas o los géneros del Antiguo Testamento, la apocalíptica, y rabínica– incluyen un *nimshal*, que generalmente inicia con "Así también" (*houtōs*, Mt 18.35) u "Os digo" (como en la parábola de la oveja perdida, Lc 15.7). Las parábolas jurídicas, por su naturaleza, expresamente requieren un *nimshal.* Bien podría darse el caso de que una parábola no precisara un *nimshal* con el relato original de Jesús, pero fue necesaria cuando el evangelista la incluyó en su narrativa (o viceversa). Si se ha provisto un *nimshal*, quizá fue para enfatizar el propósito de Jesús, pero la única interrogante prudente respecto de cualquier *nimshal* sería si está conforme con el propósito de la parábola. Lo importante es que muchas parábolas *necesitan* una conclusión y una explicación para establecer su punto.[147] Todas las parábolas del Antiguo Testamento tienen una explicación de conclusión, o una introducción que explica la analogía al principio. Las parábolas apocalípticas con frecuencia se presentan como misterios hasta que se da una explicación.[148]

Las parábolas greco-romanas tienen explicaciones, y las rabínicas con frecuencia tienen largas explicaciones que detallan la intención de la analogía, como incluso se evidencia con un vistazo ocasional. Argüir que las parábolas de Jesús no necesitan de interpretación, o que las interpretaciones son agregados posteriores, evidencia un prejuicio contra la realidad y argumenta contra todo lo comprendido sobre las parábolas en otros lugares.[149]

No contamos con la *ipsissima verba* de Jesús, ni deberíamos esperarlo, y los intentos de reconstrucción no podrán proveernos. James Dunn tiene razón, el único Jesús al que tenemos acceso, es el Jesús que se recuerda, y su impacto con sus discípulos.[150] La posición de Dunn es una evocación de Martín Kähler: el único Jesús que existe es el Cristo histórico, bíblico.[151] Cualquier otra cosa es un invento de la imaginación. Esto no quiere decir que uno defienda la posición de aquellos que omiten el énfasis del análisis histórico de Jesús, sino que es un reconocimiento de la naturaleza de nuestros documentos.

Ninguno de estos comentarios tiene la intención de sintetizar la investigación. Cada parábola se tiene que analizar respecto a su forma, contenido, estilo de redacción, conformidad con su contexto, o cualquier otra interrogante crítica que surja en el transcurso de la investigación. Las páginas a continuación tienen el propósito de prestar atención a cada parábola. Las teorías de cuál de los relatos es la más prístina de las parábola se debe determinar por el análisis de los relatos, y no de cualquier teoría de las relaciones sinópticas, y por supuesto de ninguna teoría de fecha temprana del *Evangelio de Tomás*. La hipótesis de las "dos fuentes" puede ser correcta, pero yo no estoy convencido, y no quiero que una teoría sobre el texto determine el análisis del texto.Los lugares que algunos arguyen que Mateo y Lucas emplearon versiones diferentes de Marcos y Q, o una versión de Marcos que no tenemos[152] no infunden confianza. La imagen puede ser, y creo que así es, mucho más complicada de lo que implica las introducciones al estudio del Nuevo Testamento. Estoy convencido de que el *Evangelio de Tomás* se originó en el siglo segundo como un resultado oral secundario. No depende directamente de ninguno de los evangelios canónicos, pero sí de la tradición de los evangelios canónicos, que en gran parte habrían circulado oralmente.[153] Sin embargo, una teoría de orígenes no resuelve el asunto. Cualquier Evangelio, sin que importe cuán tardío, concebiblemente podría preservar un relato prístino de una parábola, y la única solución es el análisis de cada parábola y sus temas. Ese análisis viene a continuación de una investigación de las parábolas en el mundo antiguo.

Capítulo 2
Parábolas en el mundo antiguo

Jesús no fue la primera persona en contar parábolas y, a pesar de su originalidad y creatividad, las formas que empleó no eran nuevas.[1] Las parábolas de diversículos tipos se conocen casi en todas las culturas y aparecen en varias clases de literatura. El material más antiguo semejante a la parábola o parabólico que conozco data del siglo veinticuatro a.C.,[2] pero puede haber otras más antiguas. Hasta cierto punto, los eruditos cristianos y judíos han sido culpables de provincialismo e imperialismo cultural cuando estudian las parábolas, porque con frecuencia han ignorado o despreciado las de otros contextos. Sin restar importancia a las parábolas rabínicas, necesitamos una visión más amplia cuando analizamos parábolas similares a las de Jesús. La expresión parabólica es una forma común del pensamiento humano, conocida en todas las culturas. Especialmente las parábolas budistas y chinas tuvieron gran influencia. Las fábulas de Esopo en el mundo griego son claramente similares, incluso si su relato tuvo propósitos diferentes y a pesar de que *usualmente* referían plantas y animales. De hecho, Jülicher clasificó las parábolas narrativas de Jesús como fábulas.[3] Aunque las diferencias son obvias, uno trata con el mismo proceso de pensamiento. Estas historias tampoco crecieron repentinamente en suelo griego, como sabían los colectores de las fábulas de Esopo, porque ellos mismos han propuesto un origen "sirio".[4] Algunos eruditos sugieren que hay influencia de historias budistas en las fábulas de Esopo y en las parábolas rabínicas.[5]

Pero, si el pensamiento parabólico es preponderante en todas las culturas, hasta donde sabemos, nadie antes de Jesús empleó las parábolas en forma tan consistente, creativa y eficaz como él. Tampoco nadie las utilizó así después de él. De todas maneras, ello no significa que se debe ignorar o descalificar el valioso aporte de otros que aplicaron el método parabólico, sea este Ahiqar, los rabinos judíos, Epicteto, Blaise Pascal, Søren Kierkegaard, o muchos otros de diversas culturas y épocas. No podemos lidiar con las parábolas en general, pero necesitamos examinar el contexto religioso y cultural pertinente para el estudio de las parábolas de Jesús, que incluye el Antiguo Testamento, los escritos judíos primitivos, el contexto grecorromano, la iglesia primitiva, y los escritos judíos postreros.

El Antiguo Testamento

El Antiguo Testamento es la principal influencia en el uso que hace Jesús de las parábolas. El género de las parábolas de Jesús, la forma de pensar parabólica, las imágenes, y el uso de las parábolas en la literatura sapiencial y especialmente como instrumentos proféticos, indican esa dirección.[6] Se ha subestimado esta influencia obvia en las parábolas de Jesús,[7] sin embargo, no tenemos evidencia de que otras fuentes influenciaran a Jesús, o de otras parábolas anteriores a él que demuestren nada semejante al uso que Jesús les da. Veremos que hay formas relacionadas, pero fuera del Antiguo Testamento no hay mucho material semejante a la forma de las parábolas de Jesús. No hay parábolas narrativas en los manuscritos del Mar Muerto, tampoco aparecen en la literatura apócrifa o en los escritos pseudoepigráficos que preceden al ministerio de Jesús. Si seguimos a Jacob Neusner, en afirmar que "no sabemos lo que no podemos mostrar", debemos ser muy cautos de tomar simplemente las parábolas rabínicas como la clave para entender las parábolas de Jesús,[8] aunque ellas sean muy importantes. Además, centrarnos simplemente en los escritos rabínicos es ignorar la cuestión principal de la relación de las parábolas de Jesús y de los rabinos con los tipos similares de discurso en casi cada cultura. ¿De dónde desarrollaron los rabinos el procedimiento? También para ellos, además de cualquier otro elemento que conlleve, el Antiguo Testamento fue una fuente principal.

Sin desechar los escritos judíos posteriores y la cultura del primer siglo, y sin disminuir la creatividad y la singularidad en la didáctica de Jesús, la única influencia directa segura en él fue el Antiguo Testamento. Si se considera elpensamiento y la evidencia que su predicación provienen del Antiguo Testamento, no debería sorprender que su método y forma de pensar también fueran influenciadas por ese cuerpo literario. Un análisis detallado del *mashal* y de las formas parabólicas del Antiguo Testamento ofrece una perspectiva crucial para entender las parábolas de Jesús.

Ya hemos señalado la amplitud de significados de la palabra hebrea *mashal.*[9] La versión antigua del léxico Brown-Driver-Briggs presenta una lista de tres verbos diferentes que se escriben *mashal*: "parecerse", "usar un proverbio o parábola" y "regir".[10] Algunos encuentran el origen de las tres palabras en una palabra común, pero la mayoría nota dos verbos distintos y sin relación común, que casualmente se escriben de la misma forma. El primero significa "parecerse", el cual fue adaptado para referir el habla proverbial y el segundo significa "regir".[11]

Incluso si excluimos "regir" como palabra sin relación común, no obstante, *mashal* cubre un amplio campo semántico. Las diecisiete veces que ocurre la forma verbal todas obviamente pertenecen a dos categorías: siete de ellas (todas en los Salmos, Job, e Isaías) incluyen una comparación como Salmos 28.1 ("para que no sea yo, dejándome tú, semejante a los que descienden al sepulcro"), y diez (Números 21.27; Job 17.6;[12] y ocho en Ezequiel) que refieren a hablar en parábolas o proverbios, como en Ezequiel 16.44 ("He aquí, todo el que usa de refranes te aplicará a ti el refrán...."). La forma del substantivo ocurre cuarenta y una veces, y aquí proliferan los significados. La referencia más frecuente es a un proverbio como "¿Saúl también entre los profetas?" (1 S 10.12) o "De los impíos saldrá la impiedad" (1 S 24.13 [14]). El título del libro de los Proverbios (*mishle Shelomoh*) usa la forma plural de *mashal.* Proverbios 1.6, dice que el hombre sabio puede entender un proverbio (*mashal*), una figura, un dicho de los sabios y sus acertijos.[13]

Mashal puede referir también una "burla" o "sobrenombre", como la burla contra el rey de Babilonia: "¡Cómo paró el opresor, cómo acabó la ciudad codiciosa de oro!" (Is 14.4), o la burla acusadora "¡Ay del que multiplicó lo que no era suyo!" (Hab 2.6).[14] En relación hay referencias a un "lamento", como "Del todo fuimos destruidos" (Mi 2.4). En Ezequiel 14.8, el castigo de Dios a los idólatras hace de tales personas un *mashal* y una "señal", símbolos del error de sus caminos. Inesperadamente, *mashal* puede referirse a los oráculos de Balaam (Nm 23.7)[15] o a los discursos extensos de Job (27.1 y 29.1). En Salmos 49.4 [5]; 78.2; y Ezequiel 17.2 *mashal* parece en paralelismo opuesto a "enigma" (*hidah*). Sin embargo, *mashal no* se usa en las narrativas más similares a las parábolas de Jesús, como la de Natán a David (2 S 12.1-

7). Por otro lado, Ezequiel emplea las de formas más largas, como una elaborada alegoría (17.2-10, un gran águila y la vid), una profecía (20.44-49 [21.1-5], el fuego devorador), y de una comparación extensa (24.3-5, la olla hirviente).

Es obvio porqué no se puede indicar tanta variedad de significados con una sola palabra. Aparentemente, la idea de la comparación es la dominante, pero al final, tenemos que deducir que un *mashal* es cualquier dicho que tenga la intención de estimular el pensamiento y producir entendimiento.

En la Septuaginta, *parabolē* se usa con frecuencia para traducir todos estos diferentes matices,[16] y no para traducir alguna otra palabra hebrea. De hecho, en algunas formas es sorprendente que *parabolē* fue escogida para cubrir este rango de significados, pues su principal significado era en griego "comparación", y no era una palabra particularmente común a finales del primer siglo d.C. Josefo usa *parabolē* solamente dos veces, y Filón en tres ocasiones. Platón la emplea exclusivamente dos veces, y Aristóteles catorce veces. Otras palabras como *ainos* ("cuento" o "historia", pero también "enigma" y "proverbio") se pudo haber empleado para cubrir el amplio rango de la palabra hebrea *mashal*. Al escoger *parabolē*, los traductores de la Septuaginta pusieron en prominencia una palabra que los evangelistas difundirían a la fama. Vale la pena repetir que el amplio rango de *mashal* en el Antiguo Testamento se refleja por *parabolē* en el Nuevo Testamento.

No existen muchos precursores del Antiguo Testamento de las parábolas narrativas extensas que empleó Jesús, y no hay conformidad entre los eruditos de qué se las deban incluir. Birger Gerhardsson identifica sólo cinco parábolas de las Escrituras hebreas, pero también cita diez casos afines.[17]

T. W. Manson cita nueve parábolas y dos fábulas[18] algunas de las cuales no están en las dos categorías de Gerhardsson. Por otro lado, Claus Westermann examina, no sólo las parábolas sino también las comparaciones, que pueden ser una palabra, una frase o una narrativa extensa, y solamente las últimas podrían llamarse parábolas.[19]Westermann enfatiza que el lenguaje parabólico ocasionalmente aparece en textos legales y narrativas históricas, pero abunda en la literatura profética, los salmos y los proverbios. La mayoría de las comparaciones y parábolas ocurren en contextos de juicio y acusación formal.[20] Los dichos identificados como parábolas en las variadas listas aparecen principalmente en la boca y en los escritos de los profetas.

Varios pasajes del Antiguo Testamento son equivalentes obvios de las parábolas de Jesús. Dos son las parábolas jurídicas que fuerzan al oyente a emitir un juicio en el mundo de la parábola que al final es una condena de sí mismo: *la parábola de la corderita*, que Natán cuenta a David (2 S 12.1-14), y la *parábola de la viña* (Is 5.1-7), que expresa el juicio sobre la casa de Israel y el pueblo de Judá por no ser productiva.[21] Hay otros dos pasajes que son dramas parabólicos judiciales: *la parábola de la viuda y el vengador*, que Joab dispone que una mujer de Tecoa cuente a David (2 S 14.1-20),[22] y *la parábola de la herida,* mediante la cual un profeta anónimo confronta al rey Acab (1 R 20.35-42).

El Antiguo Testamento tiene dos fábulas políticas respecto de árboles y plantas (Jue 9.7-15 y 2 R 14.9-10), pero el Nuevo Testamento no tiene paralelos de tales narrativas. El énfasis en el Nuevo Testamento está en los seres humanos y su relación con Dios y su reino.

Todas las otras parábolas en forma de historia aparecen en Ezequiel, que usa formas parabólicas más que ningún otro libro del Antiguo Testamento. Al menos seis pasajes en Ezequiel son narrativas, algunos los llaman alegorías,[23] que presentan la historia de Israel en forma figurativa: *Jerusalén la prostituta* (16.1-54), *el águila y la vid* y su explicación (17.2-24);[24] *la leona y sus cachorros* (19.2-9), *la vid trasplantada* (19.10-14); *las dos hermanas* y su explicación (23.1-49), y *el caldero* y su explicación (24.3-14). Los eruditos del Nuevo Testamento, y probablemente con razón, no hacen conexión entre la expresión respecto a Ezequiel como hijo de hombre y el empleo de Jesús de hijo de hombre (que proviene de Daniel 7.13), pero uno debe reflexionar sobre Ezequiel 20.49 [21.5]: "Y dije: ¡Ah, Señor Jehová! ellos dicen de mí: ¿No profiere éste parábolas?"

Estas doce parábolas del Antiguo Testamento tienen interpretaciones explícitas,[25] que se dan a continuación pero en algunas ocasiones preceden a la parábola. Las narrativas no son historias generales, sino que son específicas para el contexto. Se relatan para reflejar realidades específicas. Son historias con propósito, como es el caso con las parábolas de Jesús.

Otros textos también se deben considerar parabólicos, aunque sean diferentes a los que encontramos con Jesús. Son parabólicos Ezequiel 34 (una narrativa extensa sobre el fracaso de los pastores de Israel y la promesa que Dios pastorearía Israel) y Ezequiel 37 (el valle de los huesos secos). Jeremías 23.1-4 emplea las imágenes de los pastores que dispersan las ovejas y la de Dios que trae de vuelta su rebaño al redil y los protege.[26] Isaías 28.23-29 tiene una parábola interrogativa del que ara para sembrar, que enseña sobre el juicio venidero de Dios. Isaías 59.16-17 presenta a Dios como un guerrero que viste su armadura para traer salvación. Jeremías 13.12-14, mediante una similitud de una tinaja de vino, representa la borrachera y la destrucción de todo el pueblo. Este ejemplo virtualmente es una parábola jurídica. Jeremías 18.2-13 emplea la imagen de un alfarero para mostrar la soberanía de Dios. El libro de Oseas principalmente es una parábola sobre la relación de Dios con Israel que se describe bajo la apariencia de la relación de Oseas con su esposa. Salmos 80.8-17 describe la historia de Israel como una vid arrancada de Egipto que fue plantada, luego destrozada y quemada. Habacuc 1.13-17 describe la captura babilónica del pueblo comparando el pescador que atrapa los peces y que luego ofrece sacrificios a su red. Eclesiastés 9.14-18 lamenta el fracaso del pueblo para atender la sabiduría a través de una narrativa indirecta simple y breve sobre un hombre pobre y sabio que libra la pequeña ciudad del asedio de un poderoso rey, pero nadie se acuerda de aquel hombre.

Podemos señalar otrasanalogías,[27] como las parábolas de actuación o actos simbólicos. Se puede relatar como una parábola pero en vez es un acto simbólico que luego se explica conforme a su relevancia a la vida del pueblo. Probablemente se conoce mejor a Jeremías por emplear parábolas de actos simbólicos como la del cinto podrido (Jer 13.1-11),[28] aunque encontramos otros ejemplos en Isaías, Ezequiel y Nehemías.[29]

También son importantes las visiones simbólicas y los sueños en el Antiguo Testamento. En las visiones y los sueños, que los profetas reciben (o alguna persona que necesitará la ayuda del profeta para interpretar la visión o el sueño) se revelan imágenes que describen la realidad de la relación de la nación con Dios o una perspectiva de eventos futuros.[30]

Casi todos los pasajes mencionados anteriormente están en libros proféticos o salen de la boca de los profetas. El lenguaje parabólico es un instrumento de los profetas en su conflicto con Israel y sus líderes.[31] Estos textos proféticos son reflejo de la nación, de su rey y del destino que le espera. Los profetas emplearon parábolas para confrontar a la nación, advertirle del juicio y producir un cambio. Estos ejemplos del Antiguo Testamento son importantes en sí mismos, pero también son relevantes porque proveen a Jesús y a otros relatores de parábolas de un género, las imágenes y unas formas para construir las parábolas. Todo es indicativo que Jesús aprendió el método parabólico de las Escrituras hebreas, especialmente de los profetas. Algunas veces empleó parábolas como los profetas, para confrontar a la nación, pero, a diferencia de los profetas, Jesús además las empleó para representar al reino de Dios, para confrontar a individuos y para enseñar sobre el comportamiento, la compasión, el uso del dinero y temas relativos con el discipulado.

Mateo, por lo menos, estaba consciente de la conexión del uso de Jesús de las parábolas y su enfoque profético, porque considera las expresiones de Jesús en parábolas como el cumplimiento de lo dicho por el "profeta" en Salmos 78.2 "Abriré *mi* boca en proverbios, hablaré cosas escondidas desde tiempos antiguos" (Mt 13.35). En la enseñanza de Jesús, los temas parabólicos de la dureza del corazón y el juicio se entienden mejor cuando tomamos las parábolas como un discurso profético preferido. Este es el contexto en que debemos entender a Jesús.

Escritos judíos tempranos

Con propósito he separado el material parabólico judío temprano del material parabólico rabínico para resaltar la consciencia del problema de poner fecha al empleo de los materiales rabínicos. No podemos simplemente agrupar todas las parábolas judías con las de Jesús e ignorar los *siglos* que pueden separar sus orígenes.

Jesús no creó el método parabólico; lo perfeccionó y lo empleó con maestría. Era obvio que otros emplearon las parábolas en la Palestina del primer siglo, como atestiguan los dichos de Juan el Bautista (Mt 3.10). Uno se sorprendería si este no fuera el caso, debido a la popularidad de formas similares en el mundo greco-romano. A pesar de todo, la evidencia de las parábolas en el judaísmo temprano es, cuando mucho, incompleto, en parte debido al carácter de los documentos que poseemos. Si incluimos solamente lo que *sabemos* que es anterior o contemporáneo de Jesús,[32] encontramos importante material parabólico, pero poco que tiene el carácter, la forma o la perspicacia de las parábolas narrativas de Jesús. Hasta donde sabemos, *nadie* empleó las parábolas con tanta frecuencia o fuerza como Jesús en los evangelios sinópticos. Pero cuando aparece el material parabólico, con frecuencia refleja el enfoque profético y antagónico de las parábolas del Antiguo Testamento.

Al evaluar el material parabólico antiguo, la *Historia de Ahiqar* merece la primera mención. Existen varias versiones de esta historia, era muy popular entre los judíos, e influenció las fábulas de Esopo. Las versiones posteriores tienen algún material parabólico, pero la versión más primitiva (encontrada en Elefantina) es inconclusa y contiene solamente algunos dichos que la califican para su consideración.[33] Es difícil fechar las versiones más tempranas, y uno debe emplearlas con cautela. No se sabe si los dichos en las versiones posteriores que son muy semejantes a las parábolas de Jesús se incluyeron en la versión elefantina. Aún así, no se debe ignorar la influencia de las tradiciones de *Ahiqar* en la producción de las parábolas[34] y probablemente también en Jesús.[35] La *Historia de Ahiqar* es material sapiencial utilizado en un escenario de confrontación.

Hay poco en los materiales de Qumrán que pueda contribuir a nuestro análisis. No hay relatos similares a las parábolas de Jesús. La evidencia muestra que todavía había una amplia gama de significados para *mashal.*[36] Por lo menos cuatro narrativas parabólicas se deben considerar. Primero, el *Génesis Apócrifo* 19.14-21 (entre los años 50 a.C. y 50 d.C.) relata el sueño de Abraham acerca de un árbol de cedro y una palmera, y que unos hombres cortarían y desarraigarían el cedro, pero la palmera objetó que ambos tenían la misma raíz y así salvó al cedro. La interpretación explica que los árboles refieren a Abraham y Sara. Segundo, el texto de 4Q302 es fragmentario, pero se clasifica como una parábola de admonición. El fragmento 2, columna 2 de este documento cuenta de un buen árbol muy bien cuidado, pero la siguiente columna indica que jabalís salvajes lo roerían y sería cortado. Probablemente esta es una parábola del juicio de Dios a su pueblo similar a la que encontramos en Isaías 5.1-7 y en Salmos 80.8-19. En tercer lugar, el fragmento 3, líneas 4 y 5 de 4Q424 tiene un *mashal* comparativo: "Como aquel que avienta en el viento [grano] que no se separa, así es el que habla a un oído que no oye o el que relata [algo] a uno que duerme....". Cuarto, 4Q Cuatro Reinos[a,b] (4Q552 y 553) es fragmentario en ambos manuscritos, pero está claro que se interpreta cuatro árboles como cuatro reinos. Las analogías, incluso las extensas, se emplean en los documentos de Qumrán,[37] pero hay pocas semejantes a las formas que empleó Jesús.

Es problemático la cuestión de asignar fechas a varios documentos de la literatura apócrifa y la pseudoepígrafa,[38] en particular las *Similitudes de Enoc* (1 E 37—71), y sería mejor citar algunos de estos detalles con los escritos judíos posteriores y no aquí con los escritos judíos tempranos. Si se puede usar la primera parte del segundo siglo como el límite para los escritos tempranos, entonces los siguientes documentos merecen atención para tratar de entender el pensamiento parabólico anterior e inmediatamente después de las enseñanzas de Jesús.

Jubileos 37.20-23 emplea varias analogías para mostrar que no era intención de Esaú perdonar a Jacob (o sea, "Y si el león se convierte en amigo del buey,... entonces haré las paces contigo"). Tales analogías aparecen en varios documentos pero no contribuyen mucho al estudio de las parábolas.

1 Enoc 1.2-3 identifica todo el documento como una parábola (*mĕtal*, en arameo, *parabolē* en griego; cf. 93.1 y 3). Esta no es la forma que empleamos la palabra "parábola", pero está en consonancia con la amplitud de significados del hebreo *mashal*, que se usa en los oráculos de Balaam y en los discursos de Job. Las *Similitudes* son de una época posterior, del primero o posiblemente del tercer siglo d.C. Esta sección tiene una serie de visiones que se refieren como "parábolas" (37.5; 38.1; 43.4; 45.1; 57.3; 58.1; 60.1; 68.1; 69.29).[39] En las secciones finales de *1 Enoc*, que son precristianas, los capítulos 85 al 90 presentan un apocalipsis de los animales, el cual, aunque no se llame parábola, es una alegoría extensa de la historia del mundo bajo la apariencia de animales, que J. T. Milik llama una historia "zoomórfica".[40] En el capítulo 89 la historia de Israel se presenta como una historia de ovejas. En *1 Enoc 101.4-9* hay una analogía extensa de marineros que, con razón, temen al mar, que está controlado por Dios, pero, aunque los marineros temen al mar, los pecadores no temen a Dios.

4 Macabeos 1.28-30 es más cercana a una similitud, porque considera el placer y el dolor como dos plantas que crecen del cuerpo y del alma, con causa del cultivador maestro que arranca las hierbas, poda, etc., para disciplinar los hábitos y las emociones.

En *José y Asenet* 12.8 se encuentra una analogía similar de algunas de Jesús:

> Pues (así) como un niño pequeño que tiene miedo corre hacia su padre, y el padre, extendiendo sus manos, levanta al niño y lo abraza a la altura del pecho, y el niño une sus manos alrededor del cuello de su padre, vuelve a obtener aliento después de su temor, y descansa en el pecho de su padre, el padre, sin embargo, sonríe ante la confusión de su mente infantil, así también tú, Señor, extiende tus manos alrededor de mí como un padre que ama a su hijo, y levántame de la tierra.

En 15.7 y 19.5-6 se cambia el nombre Asenet por "Ciudad de Refugio" y alegóricamente se interpreta que sus murallas sirven de refugio a muchos que se allegan al Dios Altísimo.[41]

El *Testamento de Naftalí* 2.2-4 tiene una analogía extensa: Como un alfarero conoce la vasija, cuánto le cabe, etc., así el Señor forma el cuerpo en correspondencia con el espíritu, etc., y como el alfarero conoce cada vasija, así el Señor conoce el cuerpo y sabe si éste perseverará en la bondad o será dominado por el mal.[42]

El *Testamento de Job* 18.6-8 se acerca más a lo que encontramos en los Evangelios. El autor, como uno en un barco dispuesto a sacrificar todo a fin de entrar en una ciudad, considera sus bienes como nada en comparación con la ciudad de la cual un ángel le ha informado.[43]

4 Esdras, que probablemente proviene de finales del siglo primero,[44] tiene varios pasajes semejantes a las parábolas de los Evangelios:

> 4.13-21 es una parábola jurídica de un conflicto entre el bosque y el mar.
>
> 4.28-32 es una parábola sobre la siembra del mal y su cosecha.
>
> 4.38-43 es una parábola que compara el embarazo de una mujer que cumplido los nueve meses, no puede atrasar el parto, con la realidad de que no se puede atrasar el fin de los tiempos.
>
> 4.49-61 es una parábola de juicio que compara el mayor valor de los metales preciosos con el mayor valor de los pocos que son salvos.
>
> 8.1-3 vuelve a contar, en forma más breve, la parábola de los metales.
>
> 8.41-45 es una parábola sobre un agricultor que siembra semillas de las cuales no todas crecen, para demostrar que no todo lo que se siembra se salvará.
>
> 9.30-37 es una parábola de contraste para mostrar que todo aquel que no guarde la ley muere, a diferencia de la tierra (u otros objetos) que permanecen aunque lo sembrado o puesto en ella se destruye.[45]

La similitud de algunas de estas parábolas es obvia con la parábola de Jesús del sembrador. En este documento, las parábolas siempre provienen de un relator divino, y no de Esdras. Las parábolas expresan secretos divinos, pero por sí mismas no son reveladoras. *Ellas requieren interpretación para que se conozca su significado.*[46] Con frecuencia, este es el caso con otras parábolas en otras fuentes.

Pseudo Filón, en las *Antigüedades Bíblicas* 37.1-5, relata la fábula de los árboles y los arbustos de zarza de Jueces 9.1-21. Considerando más, 47.1-10 cuenta una fábula de animales que soportan los errores del león hasta que muchos animales son destruidos. Esta fábula refleja los errores del pueblo que sería provocado por Miqueas hasta que muchos de ellos sean destruidos (describiendo Jueces 20.1-48).

2 Baruc 22—23 nos recuerda las parábolas interrogativas, donde hay una serie de interrogantes a Baruc (p. ej., "¿Quién empieza un viaje y no lo termina?"), que se responden con negaciones, y luego se le pregunta por qué está turbado acerca de lo que no puede saber. Los capítulos 36—40 contienen una descripción alegórica detallada del bosque, la vid, la fuente (el Mesías) y el cedro, y también una interpretación detallada. Los capítulos 53—74 son un apocalipsis de las aguas, con una explicación histórica-escatológica detallada. Estos capítulos son más semejantes a las revelaciones apocalípticas que las parábolas, parecidas como las visiones del *Pastor* de Hermas, pero no se puede ignorar su carácter alegórico.

4 Baruc 7.26-27 es una similitud que Jeremías ofrece a Baruc: "Porque (es) así como (cuando) un padre tiene un hijo único y que es entregado para castigo; aquellos que...(lo) consuelan cubren su rostro para que no vea mientras castigan a su hijo... Así también Dios tuvo misericordia de ti y no permitió que vinieras a Babilonia para que no vieras la opresión del pueblo."

Probablemente algunas parábolas rabínicas datan desde el siglo primero, pero es difícil probarlo con casos específicos. David Instone-Brewer sugiere que el tratado *Pe'ah* 3.8 es una parábola de una época cuando todavía existía el Templo, porque en ella un hombre pide a su hijo que haga dos sacrificios de animales en nombre suyo.[47] Esta no es una parábola, sino conforme a su designación un *ma'aseh*, es un caso o precedente. Tiene algo de semejanza con un *paradeigme* griego, un ejemplo, pero los precedentes y los ejemplos no pertenecen al mismo género. Esta es simplemente la historia de un hombre devoto y sumamente estricto en guardar la Ley. Se presenta esta historia como un precedente histórico, que en nada se parece a las historias de Jesús, ninguna de las cuales pretende ser histórica. D. Flusser afirmó que el tratado midrásico *'Abot* 1.3, una parábola sobre el trabajo que se atribuye a Antígona de Socho (alrededor del año 180 a.C.), es la evidencia más antigua de una parábola judía.[48] Él, por supuesto, consiente la atribución de este dicho a este rabino. Las parábolas se atribuyen a otros rabinos de la época temprana del judaísmo, como Hillel el Anciano (alrededor del 30 a.C.; véase *Levítico Rabá* 34.3),[49] Johanan ben Zakkai (alrededor del año 80 d.C.), o Gamaliel el Anciano (cerca del año 40 d.C.; véase el *'Abot de Rabbí Natán* 40.10) que probablemente data del primer siglo; de nuevo, la incertidumbre de las atribuciones invalida cualquier conocimiento seguro sobre las fechas.[50] Lo sorprendente de este material del judaísmo temprano es que poco tiene en semejanza a las parábolas de Jesús, aunque haya formas claras que emplea maneras de pensar parabólicamente.

Escritos greco – romanos

Se han escrito muchos libros sobre parábolas judías y rabínicas, pero pocos sobre parábolas greco–romanas. Esto es desafortunado, porque los griegos y los romanos empleaban analogías, parábolas y dichos semejantes al igual que otras culturas. Varios retóricos discuten la forma y el uso de las parábolas y otros géneros literarios relacionados. Además, es un hecho que la cultura judía y la gentil se mezclaron en el primer siglo de nuestra era. Aunque el material parabólico greco–romano tiene diferencias importantes de las parábolas de Jesús, es claro que al menos parte es del mismo patrón. Los que afirman que las parábolas de Jesús son algo totalmente nuevo, pueden aprender algo si examinan los materiales greco–romanos. Los detalles semejantes a las parábolas de Jesús vienen de los filósofos u otros que confrontan a las personas por sus fallos, una afinidad obvia con el uso profético de las parábolas en el Antiguo Testamento y por Jesús.

El campo semántico de la palabra *parabolē* en este contexto no es tan amplio como el del hebreo *mashal* o *parabolē* en el Nuevo Testamento. Con mucha frecuencia se refiere a una simple comparación, en ocasiones a una forma más desarrollada, o quizá tenga un significado sin relación a lo que nos interesa.[51] *Parabolē* no ocurre con mucha frecuencia, y además otras palabras se emplean para las comparaciones y las formas de parábolas: *eikōn*, *ainos*, *mythos*, *logos* y *paradeigma*. Una interrogante importante es por qué los traductores de la Septuaginta (LXX) escogieron *parabolē*, que principalmente se refiere a una simple comparación, para traducir *mashal* cuando esta palabra se refería a formas más extensas, y además por qué la tradición del Evangelio emplea *parabolē* para formas narrativas más extensas, del cual hay poco precedente.

No podemos hacer justicia aquí a las parábolas greco–romanas,[52] pero la frecuencia de tales formas se debe reconocer. En ocasiones, las personas hablan de parábolas en Homero, pero los ejemplos que se mencionan no son como las parábolas de Jesús. Más bien, esos ejemplos son narrativas simbólicas o alegóricas como las de Polifemo el cíclope (*Odisea* 9.166-566), o de los remadores y las sirenas (12.37-200), o las descripciones de las oraciones de las hijas de Zeus (*Ilíada* 9.502-514).[53] A menudo se encuentran símiles extensos en los escritos de Homero,[54] pero más que todo son descripciones poéticas que símiles parecidos a los empleados por Jesús. Como ejemplo de parábolas más pertinentes cito las siguientes narrativas obtenidas de diversas fuentes.

Con frecuencia se presenta como el primer testigo en los manuales de retórica una parábola de Herodoto (*Historias* 1.141, del siglo quinto a.C.) que habla del fallido intento de Ciro por reunir las ciudades Jónicas y Eolias en una revuelta contra Creso. Después de la derrota de Creso, estas ciudades enviaron mensajeros a Ciro, con la propuesta de someterse a Ciro conforme a los mismos términos que habían servido a Creso. Ciro rechazó la oferta con esta historia:[55]

> Una vez, dijo Ciro, había un flautista que vio peces en el mar. Tocó la flauta, pensando que así los peces vendrían a tierra seca. Al ver su esperanza defraudada, tomó una red, los atrapó y sacó una gran multitud de peces. Al verlos saltando, les dijo: "Deben parar ahora su baile; ustedes no quisieron salir y danzar cuando les toqué la flauta."

La parábola era una expresión de enojo que no necesita explicación. Al recibir este mensaje, las ciudades se fortificaron para la guerra. Las correspondencias con la analogía son obvias: Ciro es el flautista, las ciudades son los peces, el rechazo a bailar equivale negarse a una revuelta contra Ciro, y los saltos dentro de la red se entiende como sus intentos de ahora agradar a Ciro; pero nadie necesitaba deducir o que le explicaran estas correspondencias. Eran parábolas obvias porque al igual que las de Jesús, esta historia se relató en un contexto. Luego, Esopo (*Babrius* 9), tomó esta parábola, pero sin el contexto ni la intención original, y le dio una aplicación simple y genérica.[56] Esta parábola tiene poco valor sin su contexto histórico. Su verdadera fuerza depende de ese contexto.

Livy (del 50 a.C. al 17 d.C.) cuenta que Agripa Menenio, un gran orador, fue enviado a suprimir una rebelión en el año 494 a.C. (*Ab Urbe Condita* 2.32):

> Al ser admitido en el campamento, se dice que Agripa simplemente relató la siguiente apología, en el estilo pintoresco y descortés de aquella época: En los días cuando los miembros del cuerpo del hombre no estaban de acuerdo entre sí, como es el caso ahora, sino que cada uno tenía sus propias ideas y su propia voz, los otros miembros pensaban que era injusto que tuvieran que afanarse y pasar la molestia de proveer todo al estómago mientras éste permanecía perezoso en medio de ellos y disfrutando de las buenas cosas que los demás proveían. Entonces puestos de acuerdo todos, decidieron que las manos no llevarían comida a la boca, ni la boca aceptaría nada, ni los dientes masticarían lo que recibieran. Mientras los miembros muy enojados procuraban someter al estómago mediante el hambre, los miembros mismos y todo el cuerpo se debilitaron grandemente. De esta manera aprendieron que el estómago no es ocioso ni inútil, y que no estaba más alimentado que los demás miembros, porque daba a todos los miembros del cuerpo lo necesario para vivir y prosperar, repartiendo por igual por las venas la sangre enriquecida. Agripa hizo un paralelo de este relato para mostrar la semejanza de la disensión interna de los miembros del cuerpo con el enojo de la plebe contra los Padres, él prevaleció en la mente de los oyentes.

Ente los muchos ejemplos de Séneca (4 a.C. al 65 d.C.), encontramos una parábola interrogativa con una explicación:

> De modo que no hay razón para que pienses que cualquier hombre ha vivido por mucho tiempo solo porque tiene canas o arrugas; él no ha vivido mucho, ha existido mucho. Acaso ¿se debe pensar que aquel hombre que tuvo un largo viaje, si en realidad su barco fue acosado por una feroz tormenta tan pronto zarpó del puerto y, empujado de un lado a otro por los vientos que soplaban de diferentes direcciones, fue llevado en círculo por el mismo curso? En realidad él no

> viajó mucho, sino que fue sacudido mucho (*De la brevedad de la vida 7.10)*.

Séneca también pregunta: "¿Quién quiere apuñalar un enemigo con tanta fuerza que deja su propia mano dentro de la herida y no puede recuperarse del golpe? El enojo es como esa arma; es muy difícil sacarlo" (*Sobre la ira* 2.35.1). Semejante al dicho de Jesús de mirar la paja en el ojo del hermano, Séneca escribe: "Ustedes ven los granos en los demás cuando ustedes mismos están cubierto con una masa de llagas" (*Sobre la vida beata* 27.4).[57]

Plutarco (46 d.C. hasta principios del 120 d.C.) con frecuencia emplea las comparaciones y las formas parabólicas. Él relata la historia del sol que derrotó al viento del norte al hacer que un hombre se quitara el abrigo. La inclemencia del viento hizo que el hombre apretara más su abrigo a su cuerpo, pero el calor del sol hizo que se lo quitara. La historia se aplica a las mujeres cuyos esposos tratan que ellas dejen sus extravagancias. Si los esposos emplean la fuerza, las esposas pelearán continuamente, pero si recurren a la razón, las esposas practicarán la moderación (*Moralia* 139 D-E, "Consejos a la novia y al novio"). El mismo documento cuenta de un esclavo que se había escapado y que se lo encontró escondido en un molino, lugar de trabajo de los esclavos, y cuyo amo dijo: "¿En qué otro lugar hubiera yo deseado encontrarte que no fuera este?" La aplicación es una advertencia a la mujer que, debido a sus celos, pide el divorcio, ya que su rival no desearía otra cosa (144 A). Plutarco, también refiere a la gallina de Esopo en una situación que los enemigos inquieren sobre el conflicto de un hombre con su hermano. La gallina responde al gato que averigua sobre el bienestar de un ave enferma: "Estará bien, si te mantienes alejado." Plutarco añade –muy semejante al *nimshal* en el Nuevo Testamento o a una parábola judía–"así (*houtōs*) uno podría decir del tipo de persona que saca a colación el tema de un pleito y hace averiguaciones y trata de conocer algún secreto" (*Moralia* 490 C, "Sobre el amor de hermanos").[58]

Los *Discursos* y el *Enquiridion* de Epicteto (55 -135 a.C.), están llenos de comparaciones y de dichos semejantes a las parábolas. Al igual que varios otros escritores, Epicteto tiene parábolas interrogativas similares a las formas de las parábolas interrogativas de Jesús (p. ej., *Diatriba* 1.27.19: "¿Quién de vosotros, que necesita ir al baño, va más bien al molino?").[59] Epicteto compara las personas que fallan en obtener la excelencia porque están satisfechas de sus logros con alguien que sale de viaje pero se queda en un cómodo hotel y nunca alcanza su objetivo (2.23.36-41). En una parábola alusiva al relato de Jesús sobre el hombre fuerte, Epicteto compara al que investiga el cinismo con un intruso que dice ser el dueño de la casa, y ofrece una explicación de la analogía comenzando con la palabra "así" (*houtōs*) (3.22.1-5). Los deberes de la vida se comparan con las tareas en una barca o con los deberes de un soldado (3.24.32-37). Se compara al cuerpo con un pobre burro sobrecargado y se detallan numerosas correspondencias sobre el burro y sus pequeñas bridas, bolsitas de carga, y otros (4.1.78-80). Se urge a las personas que mantengan por un tiempo su filosofía para sí mismas, porque así también el fruto brota en las plantas, con la semilla enterrada y escondida, que le permite crecer lentamente. La imagen se extiende hasta describir el florecimiento prematuro y las inestabilidades del clima, y las correspondencias sirven como advertencias de lo que puede acontecer a las personas (4.8.36-40). La vida se compara a un viaje en barca cuando se permite que uno baje a tierra un momento. Hay varias correspondencias de lo que uno puede encontrar en tierra y lo que uno tiene en la vida (*Enquiridion* 7).[60]

Las fábulas de Esopo tienen una obvia, aunque distante, relación con las parábolas bíblicas, pero también con otras fábulas.[61] De hecho, "Esopo" es tanto un término genérico como una referencia a una persona. Por lo general pensamos que una fábula es un cuento moralista sobre plantas y animales que hablan y actúan como seres humanos. Son moralistas, pero no todas refieren plantas y animales. Muchas reseñan las acciones de los humanos, y algunas de los dioses.[62] Aunque debidamente relacionadas en términos de estructura, las fábulas de Esopo en muchas formas *no son como* las parábolas de Jesús. La diferencia primordial atañe al contenido y el contexto. Las fábulas se escribieron y coleccionaron esencialmente para entretenimiento y segundo para enseñar consejos sabios, con frecuencia de manera ingeniosa y satírica. Se relataban por su propio interés y no servían a una narrativa más extensa o un contexto específico.[63] Esto es muy distinto a las parábolas de Jesús, que se relataron en el contexto de su propio ministerio y servían para explicar su mensaje. A veces las parábolas de Jesús eran humorísticas, pero la intención primordial era provocar más que entretener.

Los prólogos de varios libros de *Fedro* y *Babrio*, las dos colecciones donde se preservaron las fábulas de Esopo, son especialmente instructivas, pero uno debe recordar que las colecciones son *cientos* de años posteriores al mismo Esopo. *Fredo* y *Babrio* son del principio y finales del siglo primero respectivamente, pero se cree que Esopo vivió a principios del siglo sexto a.C. Ambas colecciones indican que emplean la forma de Esopo para sus propias contribuciones, y "Fedro" asegura a sus lectores que él trata de preservar el espíritu del "famoso viejo", incluso si él agregara algo de su propia cosecha. Después afirma que con sus propias contribuciones ha construido una avenida donde Esopo solamente abrió un sendero.[64] Promythia (introducciones), identificaciones del tema, se agregaron al principio de las fábulas, aparentemente para tener un índice, y las epimythia (conclusiones), moralejas y aplicaciones, van a continuación de la fábula para manifestar la intención. Algunas conclusiones no calzan muy bien, pero se supone que la mayoría son adiciones secundarias. Esto no se debería suponer, porque algunos afirman que son del autor mismo (*Fedro* 4.11; 5.10), y en tales ocasiones las explicaciones son necesarias (p. ej., *Babrio* 74).[65]

Más importantes que las fábulas de Esopo es el *progymnasmata* de Teón por lo que estos ejercicios revelan acerca de la atención al género de las fábulas/parábolas. Probablemente Teón data del primer siglo d.C., y los *progymnasmata* eran libros de textos con ejercicios preliminares para instruir retórica. Se diseñaron discusiones de fábulas, chrías y otras formas como ayuda para que los estudiantes entiendan estos géneros y su empleo en la argumentación a fin de que se vuelvan adeptos de la composición. Además de recitar fábulas, de combinarlas con una narrativa, de expandirlas y resumirlas, los estudiantes modificaban la parábola. O sea, se requería que relataran una parábola empleando varios casos y números de la lengua griega.[66]

También se debe atender las chrías y sus elaboraciones. Una *chría* (palabra griega que significa "necesidad" o "lo que se debe suplir") es un dicho conciso que se presenta mediante una descripción específica de la situación y que supuestamente fue pronunciado por una figura histórica reconocida. Por ejemplo, Isócrates dijo: "La raíz de la educación es amarga, pero su fruto es dulce." Colecciones como "dichos útiles" datan desde muy temprano como el siglo cuarto a.C. La educación por lo regular incluía ejercicios de retórica (*progymnasmata*) para elaborar y defender las chrías y, aunque habían varios esquemas para tales elaboraciones, al menos desde el siglo segundo d.C., la analogía (*ektouparabolēs* [sic]) es parte regular de la elaboración, por lo general el quinto paso, al que le sigue un ejemplo histórico específico (*paradeigma*).[67] Esta forma de argumentación es más antigua que el siglo segundo,[68] y solamente resalta cuán importantes eran las parábolas y las fábulas para el antiguo mundo greco-romano.

También son importantes las descripciones tempranas de las parábolas y su función retórica para entender su función en el mundo antiguo. Las obras en retórica son manuales de argumentación y persuasión, y detallan los componentes de la persuasión. Por lo general se considera los ejemplos y las parábolas como formas de argumentación. En su libro *El "arte" de la retórica*, Aristóteles distinguió dos tipos de ejemplos (*paradeigmata*): el histórico y el ficticio,[69] y el último subdividido en comparaciones (*parabolē*) y fábulas (*logoi*). Su ejemplo de *parabolē* es el argumento de Sócrates que no se deben escoger los magistrados por azar más que los atletas o escoger el timonel de un barco por azar.[70] Luego añade que es más fácil inventar ejemplos que encontrar ejemplos históricos, pero el último es más útil.[71]

No todos seguían la explicación de Aristóteles. Más descripciones y comparaciones detalladas e instructivas (con ejemplos) aparecen en *Rhetorica ad Herennium* y en la *Institutio Oratoria* de Quintiliano. El primero cita cuatro objetivos de la comparación y cuatro formas de presentación correspondientes.[72] El autor reconoce los múltiples puntos de comparación y que la semejanza no necesita aplicarse a través de toda la comparación.[73] Quintiliano ofrece una extensa discusión de prueba por comparación en *Inst.* 5.11.1-44. Aunque los escritores romanos preferían el latín *similitudo* ("comparación") para traducir el griego *parabolē*, y *exemplum* ("ejemplo") para traducir el griego *paradeigma*, Quintiliano optó, como muchos griegos, por emplear *paradeigma* ("ejemplo"),[74] para todas las comparaciones. Él consideró los ejemplos, reales o supuestos, como las pruebas más importantes por comparación. Él sabía que los paralelos pueden ser parciales o completos, y que las parábolas comparan cosas cuyo parecido o afinidad no son obvios.[75] Quintiliano apreciaba menos las fábulas debido a que eran especialmente atractivas para las mentes rudas y no educadas (5.11.19).[76] De manera extensa, él discute la metáfora, el ornamento supremo de la oratoria (8.2.6 y 8.6.4-18) y, aunque los teóricos modernos rechazan su teoría de sustitución de la metáfora, su método todavía es valioso. A diferencia de muchos eruditos modernos, Quintiliano consideraba la alegoría como una forma legítima de argumentar que se emplea con frecuencia en la oratoria y es muy habitual incluso para aquellos con poca habilidad. Sus ejemplos no son narrativas extensas como las parábolas alegóricas de los Evangelios, pero indican que él no se habría sorprendido de la forma de las parábolas de Jesús. Quintiliano anticipa otras partes del debate moderno sobre las parábolas del Nuevo Testamento. Distinguió entre alegorías puras y formas mixtas (parcialmente metafórica y parcialmente literal), advirtió contra la ambigüedad de las parábolas y denunció los debates cuestionando si sus ejemplos eran alegorías o si las alegorías necesariamente envolvían oscuridad. También arguyó que la alegoría podía ser una forma de disimular burlas amargas con palabras gentiles mediante el ingenio.

La importancia del material de los retóricos se debe solo en parte a su propósito de clasificar e instruir sobre la función de las diferentes formas. Este material también muestra la popularidad de las parábolas y de los dichos parabólicos en el mundo greco–romano, y que con seriedad se investigaba su eficacia. Las parábolas de Jesús no habrían sido ajenas a los gentiles.[77]

La iglesia primitiva

Relativamente poco se puede decir sobre las parábolas en la Iglesia primitiva, porque difícilmente aparecen. Encontramos analogías en las cartas del Nuevo Testamento (p.ej., 1 Cor 9.26-27), y Pablo hace una lectura alegórica de la historia de Sara y Agar (Ga 4.21-31), pero nada semejante a las parábolas en los evangelios sinópticos. Encontramos la palabra *parabolē* en Hebreos 9.9, que indica que el día de la expiación era un *símbolo* o *ilustración* de la ineficacia del antiguo orden) y en 11.19, donde *figurativamente* Abraham recupera a Isaac de la muerte).

1 Clemente 23.4-5 y *2 Clemente* 11.2-3 usan la analogía de las etapas de desarrollo de una viña como argumento contra los que dicen que todas las cosas continúan como antes. *1Clemente* 24.1-5 alude a la parábola de Jesús sobre el sembrador, pero emplea la siembra de las semillas y su descomposición y luego su crecimiento como un argumento a favor de la resurrección.

La palabra *parabolē* aparece treinta y cuatro veces en los Padres Apostólicos, todas menos dos aparecen en el *Pastor* de Hermas (véase el Apéndice 5). *Barnabás* 6.10-17dice, respecto de la expresión "tierra que fluye leche y miel" (Ex 33.3), que "el profeta habla una parábola del Señor [*parabolēn kyriou*]". Entonces, algunos textos del Antiguo Testamento se entienden alegóricamente respecto de la nueva creación en Cristo, y que los cristianos son los que entran en la buena tierra, y que la "leche y miel" representan los nutrientes de la fe mediante la promesa y por la Palabra. *Barnabás* 17.2 usa el plural *parabolai* para indicar que si él escribe respecto al presente y el futuro, el lector no las entenderá, porque están escondidas en las parábolas.

Las muchas expresiones de *parabolē* en el *Pastor* de Hermas refieren a descripciones alegóricas elaboradas. La *Visión* 3.2.4 - 3.8.11 tiene una extensa descripción de una torre de piedras construida en el agua, que específicamente se llama "las parábolas de la torre" [*tas parabolas tou purgou*] (3.3.2). La torre se interpreta como la iglesia, construida en el agua porque Hermas fue salvo por agua. Los seis jóvenes constructores y otros que acarrean las piedras se interpretan como ángeles, y las diversas piedras en detalle representan las distintas personas en relación con la iglesia, ya sean apóstoles, líderes de la iglesia, los justos, los pecadores para quienes el arrepentimiento todavía es una opción válida, los malvados, y otros. Las siete mujeres alrededor de la torre representan la fe, la abstinencia y otras virtudes. *Parabolē* también se usa en formas más breves. En la *Visión* 3.12.1–3 encontramos una parábola de un viejo que rejuvenece debido a una herencia, la cual Hermas interpreta como la renovación que viene por el oír de la revelación.[78] *Mandato* 11.28–20 usa *parabolē* con referencia a la imposibilidad de tirar algo hacia el cielo (expresamente un acertijo) para resaltar que las cosas en la tierra tienen poco poder, ya que las cosas pequeñas de arriba (como el granizo o el agua) tienen gran poder, precisamente como el Espíritu.

La tercera sección importante del *Pastor de Hermas,* generalmente se llama *símiles*, y la palabra *parabolē* aparece como título de las subdivisiones de esta parte del libro.[79] En esta sección hay diez parábolas, pero son más como imágenes o visiones que parábolas, similares a las explicaciones de las visiones apocalípticas, que son aclaraciones más extensas que las vinculadas a las parábolas en los Evangelios o en el material rabínico. Hay dos parábolas que merecen mención: la parábola del olmo y la vid (*Sim.* 2.1-10) y la parábola del campo y el siervo (*Sim.* 5.2.1–5.7.3). Representa la dependencia que tiene la vid del olmo para producir buen fruto con la relación dependiente del rico con el pobre para ser verdaderamente productivo. La parábola del campo y el siervo, influenciada por las parábola de Jesús sobre los labradores malvados (Mt 21.33-45/Mr 12.1-2; Lc 20.9-19), habla de un siervo que hace más de lo que su señor le ordena en el cuidado de la viña. En la explicación, extensa y detallada, el siervo es el Hijo de

Dios, la viña es el pueblo de Dios, las cercas son los ángeles, las malezas son las iniquidades, y se da significado teológico a otros detalles que aparecen en la parábola. La parábola novena presenta la imagen de doce montañas, y la explicación regresa a las imágenes de la torre y las piedras de la *Visión* 3.2.4–3.8.11, para dar una explicación alegórica más detallada de la iglesia y la evaluación divina de la validez de los componentes de la iglesia. Varios textos señalan la relevancia que las parábolas se deben interpretar.[80]

Para ser completos, debemos añadir los *Hechos de Felipe* 135, que tiene una colección de parábolas interrogativas,[81] y los *Hechos de Juan* 67, que ofrece cuatro analogías para mostrar que la validez de la fe es obvia solamente al final de la vida.

Antes de terminar con este material, es necesaria una evaluación. Ninguno de los detalles que ella contiene es semejante a las parábolas de los Evangelios Sinópticos. Los escritores consideran que las parábolas necesitan explicación, y suponen que tenga detalles de correspondencias entre imagen y realidad. Pero, al menos con la evidencia que tenemos, ningún cristiano imita a Jesús en el relato de parábolas.

Escritos judíos tardíos

Los escritos judíos tardíos son materiales que datan de los siglos segundo y séptimo después de Cristo, o aún posteriores. Es posible que algún material de los escritos judíos tempranos encajen aquí, pero el enfoque en esta sección está en los escritos rabínicos.

Con las parábolas rabínicas de repente la discusión cambia. Aquí hay abundante material,[82] y parte de ella es idéntica o muy similar a las parábolas de Jesús en cuanto a estructura, fórmulas de introducción,[83] imágenes utilizadas (amos, siervos, y otros), argumentos, interpretaciones y fórmulas usadas como transición a las interpretaciones.[84] Las semejanzas son tan fuertes que a menudo los eruditos suponen que Jesús empleó un inventario de parábolas rabínicas. Esto es posible, incluso probable, pero no se puede probar, porque no se sabe con certeza que existían estas parábolas rabínicas tardías antes del ministerio de Jesús. Además, la Mishná, el documento más antiguo entre los materiales rabínicos, no tiene *ninguna* parábola narrativa. Se debe tener sumo cuidado porque, aunque haya semejanzas, también habrá diferencias significativas entre las parábolas de Jesús y las de los rabinos, principalmente respecto a los motivos y la teología. Las parábolas rabínicas por lo general se proponen interpretar los textos de las Escrituras o los reglamentos halákicos a fin de aplicarlas a la vida cotidiana, mientras que las parábolas de Jesús explican o proclaman el Reino.[85]

R. M. Johnston sugiere que muchas de las parábolas de Jesús aparentan tener la intención de cambiar los valores convencionales, mientras que las parábolas rabínicas tenían la intención de reforzarlos, lo cual merece reflexión aunque sea cierto solo parcialmente, como el mismo Johnston reconoce.[86] Las parábolas rabínicas con frecuencia no tienen el carácter profético de las parábolas del Antiguo Testamento o de las de Jesús, y son menos antagónicas. Independientemente de las diferencias, las semejanzas de las parábolas rabínicas a los dichos de Jesús excluye la idea de ignorar este material.

Debemos tratar una cuestión preliminar, la interrogante del idioma original de las parábolas rabínicas. David Flusser señala que las parábolas rabínicas por lo general provienen del judaísmo palestino, no de la diáspora babilónica, de la cual proviene el Talmud de Babilonia, y asegura que sólo hay parábolas en hebreo, no en arameo.[87] Aunque un rabí hablara arameo, cambiaba al hebreo cuando decía una parábola. Flusser sabía que ocasionalmente encontramos expresiones y diálogos en arameo, pero consideraba que los marcos de las parábolas siempre estaban en hebreo. Por esto, expresa que también Jesús enseñó sus parábolas en hebreo.[88] C. Thoma y S. Lauer tienen una perspectiva un tanto diferente. Ellos indican que, de las ciento treinta y tres parábolas en la *Pesiqta de Raba Kahana*, treinta y seis tienen frases o expresiones en arameo, principalmente en discursos o conversaciones, y que dos parábolas son casi completamente en arameo y otra en una serie de parábolas en arameo.[89] Ellos sugieren que el arameo se emplea en discursos o conversaciones para que la parábola (o a veces, el *nimshal*, la explicación) sea en lenguaje popular, pero no reconocen todo el arameo al lenguaje popular. Sugieren que hubo un renacimiento hebreo alrededor del año 500 d.C. y que en ese tiempo las parábolas arameas volvieron al hebreo.[90] Sin lugar a dudas, el debate sobre por qué las parábolas aparecen principalmente en hebreo continuará,[91]pero no creo que el idioma de las parábolas rabínicas nos dé alguna información de qué idioma Jesús enseñó sus parábolas. Para todos los efectos, la Palestina del primer siglo era trilingüe,[92] y puede que Jesús haya enseñado en hebreo. Aun así, supongo que Jesús empleó más el arameo para enseñar y también relató sus parábolas en arameo.

Los siguientes capítulos proveen fuentes primarias de varios sectores que son paralelos y que arrojan luz sobre las parábolas de Jesús. Con frecuencia, esos paralelos vienen de las parábolas rabínicas. Algunas veces, una parábola judía es tan similar a una de Jesús que se sugiere una dependencia de la una sobre la otra. Sin embargo, no presento un material principal porque crea que haya dependencia en cualquier dirección o que exista alguna relación genética.[93] Excepto por las Escrituras hebreas y algunos lugares donde una parábola de Jesús pueda aludir a un escrito judío, mi interés está en mostrar una forma de pensar y cómo funcionan las parábolas, y no en alguna teoría de dependencia. Además, lo tardío de algún material nos urge a usarlo con suma precaución. No se puede trazar una línea recta de una parábola rabínica específica, o de las parábolas rabínicas en general, hacia las parábolas de Jesús. Sin embargo, podemos aprender mucho de las parábolas rabínicas sobre las formas y funciones parabólicas, sobre el proceso del pensamiento analógico y sobre la cultura judía. Mayor atención a estas parábolas habrían prevenido las exageraciones que Jülicher y otros popularizaron. En este punto, se podría considerar una inmensa cantidad de material, pero sólo mencionaré el más importante y representativo, y se dará otro material relevante en la discusión de las parábolas individuales.

Hay que recordar que Aristóteles distinguió dos tipos de ejemplos (el histórico y el ficticio), el material rabínico usa dos tipos de pruebas: el *ma'aseh* (precedente) y el *mashal* (analogía/parábola). Sin embargo, hay una gran diferencia entre la argumentación de Aristóteles y la de los rabinos, debido a la cosmovisión y lo que compete a ambos grupos. Uno puede estar tentado a considerar las llamadas "historias ejemplo" y similitudes/parábolas detrás del *ma'aseh* y el *mashal* respectivamente, pero eso sería una equivocación. Existen semejanzas, pero con las llamadas "historias ejemplo", mejor llamadas narrativas simples indirectas, Jesús no daba precedentes de la misma forma que los rabinos convenían para los dictámenes halákicos, y tampoco especulaba sobre sucesos históricos. Solo hay que verificar dónde se usa *ma'aseh* para notar cuán diferentes son las historias de Jesús.[94] Un discurso indirecto de Jesús respecto a un tema de interés no equivale a dar un precedente para una decisión rabínica.

Además, y de vital importancia, es reconocer que *ma'aseh* y *mashal* tienen diferente significado en distintos documentos rabínicos. En un análisis detallado de parábolas y precedentes rabínicos, Jacob Neusner ha documentado el desarrollo de ambas palabras y ha mostrado que no podemos hablar genéricamente de parábolas rabínicas.[95] El significado de *mashal* comprende desde un simple símil a un símil extendido hasta una narrativa con trama desarrollada. Como en las parábolas de Jesús, un *mashal* en los escritos rabínicos no menciona personas específicas, o contenidos específicos, ni apela a textos autoritativos, contrariamente a los *ma'aseh* en textos tempranos.[96] *Ma'aseh* se usa en contextos halákicos, mientras que el *mashal* en contextos hagadicos. En documentos tardíos, el *ma'aseh* pierde sus características distintivas y es semejante al *mashal* en función.[97]

Neusner señala algunos otros puntos importantes. Él encuentra poco apoyo a la idea de que se difundió un cuerpo de parábolas autónomas que se adaptaron a diferentes situaciones. Estas no fueron parábolas "listas para usar"; más bien, la mayoría de las parábolas se generaron por el texto al que sirven. Son de contexto específicos y desarrolladas en relación con sus *nimshalim*, las explicaciones interpretativas que siguen a la mayoría de las parábolas rabínicas. Algunas tienen disparidad entre *mashal* y *nimshal*, pero la mayoría muestra una correlación directa, incluso alegórica.[98] Si uno arguye que las parábolas de Jesús tienen un final abierto, no tienen interpretación y no están íntimamente ligadas al contexto específico, o sea, no fueron creadas para el contexto donde aparecen, entonces al menos es necesario dar evidencia que valide dicho método, y también explique por qué las parábolas de Jesús son tan diferentes de sus análogos del Antiguo Testamento y las rabínicas.

Si empezamos con los documentos rabínicos más tempranos, la Mishná (del siglo segundo, d.C.), exceptuando el tratado *'Abot* ("Dichos de los padres"), poco hay que sea parabólico. Sólo tres pasajes merecen atención: el tratado *Sukkah* 2.9;[99] el tratado *Niddah* 2.5;[100] y 5.7.[101] Todas estas parábolas son más bien rudimentarias y más semejantes a similitudes. No aparecen parábolas narrativas con trama. El tratado mishnáico *Sotah* 9.15 añade, como exageración honrosa, que al morir Rabí Meir, ya no había más creadores de parábolas, pero no queda claro qué quiere decir con "parábolas" (*meshalim*).[102] Dada la naturaleza halákica de la Mishná, la escasez de parábolas no es sorprendente, pues las parábolas ocurren mayormente en la hagádica.

Si incluimos *'Abot*, encontramos otros textos instructivos, incluso cuando *'Abot* no usa el marcador *mashal* y no contiene parábolas narrativas con tramas desarrollados.[103] Ya hemos mencionado la parábola que se atribuye a Antígono de Socho (1.3) (p. XX). Hay seis textos adicionales semejantes a las similitudes de Jesús. *'Abot* 2.15 tiene cierto enfoque escatológico: "El día es corto y mucho el trabajo y los obreros ociosos, la paga es abundante y el amo tiene apremio." Es obvia la semejanza con la parábola de Jesús de los obreros de la viña. La tendencia escatológica también se observa en 3.17, con una analogía de un comerciante que da crédito y los recaudadores que demandan el pago, todos alistándose para un banquete. Semejante a la parábola del prudente y el insensato, dos analogías en *'Abot* 3.17 refieren la relación entre la sabiduría y las obras: un árbol de ramas abundantes pero pocas raíces, el cual el viento derriba, y un árbol de pocas ramas pero de muchas raíces, el cual el viento no puede derribar. Otra parábola con enfoque escatológico aparece en 4.16: "El mundo es como un vestíbulo antes que el mundo fuera: prepárate en el vestíbulo para que puedas entrar al salón del banquete." En 4.20, con la pregunta: "¿A qué se parece?", se compara al joven que aprende y al anciano que estudia respectivamente, con tinta escrita en un papel nuevo y con tinta escrita en un papel manchado, y aquellos que aprenden del joven o del viejo se comparan respectivamente, con uno que come uvas verdes y bebe vino nuevo, y uno que come uvas maduras y bebe vino añejado, por lo cual otro rabí advierte que no se debe mirar sólo el recipiente sino su contenido. En 5.15, una analogía cuádruple aparece para describir cuatro tipos de personas que se sientan ante los sabios: la esponja, el embudo, el filtro, y el colador. Es obvia la semejanza con los cuatro tipos de suelos, en la parábola del sembrador.

Después de la Mishná, las parábolas proliferan. Las primeras parábolas *narrativas* que encontramos en los materiales rabínicos están en la Tosefta (alrededor del año 300 d.C.), y posteriormente aparecen en casi todos los materiales: ambos Talmuds, los diversículos escritos midrásicos y las colecciones de dichos. La misma parábola puede aparecer en varios documentos con variaciones. En *Cantar de los cantares Rabbá* 1.8 se dan seis diferentes parábolas para indicar que ellas son maneras para entender la Torá. Antes que Salomón dijera parábolas, las personas no entendían la Torá pero, al crear *meshalim*, posibilitó el entendimiento.

En las parábolas rabínicas, por lo general se sigue una estructura uniforme: (1) el asunto que se ilustrará, (2) una fórmula introductoria, (3) la parábola, (4) la aplicación, a la que usualmente precede "así" o "de esta forma", y (5) una cita de las Escrituras, que con frecuencia comienza "como está escrito".[104] En ocasiones, falta uno o más de estos ítems.

No se puede hacer justicia al voluminoso número de parábolas que encontramos en los varios documentos rabínicos. En este punto algunos ejemplos serán suficientes para tener una idea de lo que veremos en el análisis individual de las parábolas a continuación.

Tosefta, tratado *Berakot* 1.11:

> No os acordéis de las cosas pasadas ni traigáis a memoria las cosas antiguas (Isaías 43.18)…. Ellos sacaron una parábola, ¿a qué se puede comparar esto? A uno que andando por el camino, un lobo lo atacó, pero se libró. Y entonces contará continuamente el incidente con el lobo. Después, un león le atacó y también se salvó. Y olvidando el incidente con el lobo, relatará el episodio con el león. Luego, incluso una serpiente lo atacó y también se salvó. Y olvidando los inconvenientes anteriores, repetidamente relatará el episodio con la serpiente. Así también es Israel: el sufrimiento reciente hace que olviden los sufrimientos antiguos.

Talmud de Jerusalén, tratado *Berakot* 2.7:

> Al morir el rabí Bun bar Hiyya [siendo joven], rabí Zeira surgió y le alabó [exponiendo Eclesiastés 5.12]…. ¿A qué [historia] se puede comparar [la vida del] rabí Bun bar Hiyya? [A esta historia.] Un rey contrató muchos obreros. Uno de los obreros sobresalió en su trabajo. ¿Qué hizo el rey? Lo llamó y caminó con él alrededor [de las filas de los cultivos y no le permitió terminar con su trabajo del día]. Al anochecer, cuando todos los obreros vinieron a recibir su paga, el rey dio a este obrero el salario completo del día juntamente con los [demás] obreros. Los [otros] obreros se quejaron y dijeron: "Trabajamos todo el día. Este trabajó sólo dos horas, ¡y el rey le dio la paga de todo un día! El rey les respondió: "Este hombre trabajó [y logró] más en dos horas que ustedes [trabajando] todo el día." De esta forma, el rabí Bun trabajó en el estudio de la Torá por veintiocho años [y aprendió] más que un estudiante maduro aprendería en cien años.

Talmud de Babilonia, tratado *Haššanah* 17b (respecto a la pregunta de una mujer a Rabban Gamaliel sobre la aparente contradicción entre Deuteronomio 10.17 y Números 6.26):

> El sacerdote rabí José, se unió a la conversación y le dijo: Te daré una parábola que ilustrará el asunto. Un hombre prestó a su vecino un *maneh* y fijó un tiempo para el pago en presencia del rey, y el otro juró por la vida del rey que pagaría la deuda. Cumplido el tiempo que acordaron, éste no pagó la deuda, y fue a disculparse con el rey. El rey, sin embargo, le dijo: Te perdono el mal contra mí, pero ve y pide el perdón de tu vecino. Así sucede aquí: un texto habla de las ofensas de una persona contra Dios, mientras que el otro alude a las ofensas de una persona contra la otra.

Mekiltá Bashalla §4 (sobre Éxodo 14.15):

> Rabí Absalom, el anciano, dio una parábola, diciendo: ¿A qué se parece esto? A un hombre que enojado con su hijo lo echó de la casa. El amigo del padre vino a pedirle que permitiera al hijo volver a casa. Respondiendo a su amigo, dijo: Tú solo pides a favor de mi hijo. Yo ya estoy reconciliado con mi hijo. Así también dijo el Santo a Moisés: ¿Por qué clamas a Mí? ¿No es a favor de mis hijos? Yo ya estoy reconciliado con mis hijos.

Sifrá Behuqotai 262.9 (sobre Levítico 26.9):

> Hay una parábola: ¿A qué se compara este asunto? Se compara al caso de un rey que contrató una gran fuerza laboral, y en ella había un cierto obrero, que trabajó para el rey por un largo tiempo. Los obreros vinieron a recibir sus pagas, y ese obrero vino con ellos. El rey le dijo: "Hijo mío, me volveré hacia ti [y te daré atención especial]. Estos jóvenes obreros que han trabajado para mí han laborado bien, por esto les daré una paga honesta; pero contigo haré un arreglo final importante." Así son los israelitas en este mundo: Buscan su recompensa ante el Omnipresente, y las naciones del mundo buscan su recompensa ante el Omnipresente. El

> Omnipresente dice a los israelitas: "Hijos míos, les prestaré atención. Las naciones del mundo que han trabajado para mi han laborado bien, por esto les daré una paga honesta; pero contigo haré un arreglo final importante".

De nuestro estudio de las parábolas en el mundo antiguo, varios puntos deben ser claros. Jesús no fue el primero ni el único que usó las parábolas; las parábolas son, y casi siempre han sido una forma humana de persuadir e iluminar. Al mismo tiempo, exceptuando las formas del Antiguo Testamento y un grupo limitado de ejemplos tomados de otros lugares, no son evidentes muchos precursores de las parábolas narrativas de Jesús. Algunos ejemplos rabínicos pueden ser del primer siglo de nuestra era, pero esto es incierto. Las enseñanzas parabólicas de Jesús no son exclusivas, pero no tenemos evidencia que ninguno antes de él usara las parábolas tan frecuentemente y con tanta fuerza como Jesús.

Podemos obtener otros conocimientos sin sobrepasar la evidencia. Exceptuando las colecciones de fábulas como las de Esopo, las parábolas se refieren a un contexto específico y son eficaces *debido a sus contextos. Las parábolas por lo general tienen su interpretación.* Algunas veces, el contexto en el cual están colocadas hace que la intención de la comunicación sea obvia, sin que sea necesaria la interpretación, pero la mayoría de las parábolas tienen interpretaciones. Además, las parábolas por lo general tienen múltiples puntos de contacto, algunas veces con muchos detalles de la realidad que reflejan. A veces las correspondencias pueden ser exactas y a veces no. Pero, otra vez, aunque las interpretaciones rabínicas por lo general detallan las correspondencias, la interpretación de las parábolas no es tanto asignar las correspondencias sino entender cómo funcionan las analogías.

Capítulo 3
Gracia y responsabilidad

Las dos parábolas que estudiaremos en este capítulo, especialmente la del siervo implacable, son las más reveladoras y convincentes de Jesús. Ellas revelan la naturaleza de las parábolas y la esencia del mensaje de Jesús sobre el reino. Ellas centran fundamentalmente en la gracia y la responsabilidad, pero se pueden clasificar con las parábolas del Reino presente o con las del discipulado.

El siervo implacable (Mateo 18.23-35)

Adolf Jülicher consideraba que esta era una de las parábolas más simples y precisas que Jesús relató.[1]

Otros desprecian esta parábola debido a la contradictoria y poca favorable imagen que ofrece de Dios, y en consecuencia lo que Jülicher consideraba sencillo inútilmente se ha convertido en un rompecabezas teológico.[2] El enfoque en el juicio en esta parábola se debe comparar con otras parábolas de juicio, especialmente la del trigo y la cizaña, la del rico y Lázaro, y las de escatología futura.

1. Tipo de parábola

Esta parábola, que se menciona sólo en Mateo, es una narrativa doble indirecta[3] con desarrollo de una trama de cuatro componentes. Tiene una estructura triple bien balanceada, que presenta tres escenas de la narración seguidas por un *nimshal* (una explicación): vv. 23-27: la misericordiosa decisión del rey; vv. 28-30: la despiadada decisión del primer siervo; vv. 31-34: la respuesta del rey; y el v. 35 es el *nimshal* explicativo. Los vv. 23-27 podrían funcionar como una parábola por sí mismos. Nótese cómo se desarrollan las tres escenas:

	Escena 1	Escena 2	Escena 3
Introducción	vv. 23-25	v. 28	v. 31
Palabras	v. 26	v. 29	vv. 32-33
Acción	v. 27	v. 30	v. 34
Explicación	v. 35[4]		

2. Asuntos que merecen atención[5]

1. La relación de la parábola con su contexto, en particular los vv. 15-20 y 21-22.
2. ¿Cuánto son los "diez mil talentos"? ¿Es esta cantidad una hipérbole de Mateo?
3. ¿Se presenta a los personajes como gentiles y, si es así, qué importancia tiene esto? ¿Ha enaltecido Mateo al maestro al darle el título de "rey"?
4. ¿Termina la parábola en el v. 33, o son los vv. 34-35 parte integral de la narración original?
5. ¿Qué enseña la parábola? ¿Se parece Dios o no al rey de la parábola?
6. ¿Enseña esta parábola una forma de "obras de justicia" que arguye que nuestro perdón de otros es una condición previa para que experimentemos el perdón divino?
7. ¿Cuánta cristología tiene esta parábola?
8. ¿Está Dios obligado por el perdón ilimitado de los vv. 21 y 22?

3. Material importante de fuentes primarias

Véase también las fuentes primarias que se citan bajo la parábola de los dos deudores.

a) Material canónico

- Antiguo Testamento: Génesis 4.24; 2 Reyes 4.1; Nehemías 5.5; Salmos 103.8-13.

- Nuevo Testamento: Mateo 5.7, 25-26 / Lucas 12.57-59; Mateo 6.12 / Lucas 11.4; Mateo 6.14-15; 7.1-2; 10.8; Marcos 11.25; Lucas 7.36-50; 17.3-4; Efesios 4.32.

b) Escritos judíos tempranos

- *Eclesiástico* 28.2-4: "Perdona las ofensas de tu prójimo, y Dios perdonará tus pecados cuando se lo pidas. Si uno guarda rencor a su prójimo, ¿cómo puede esperar sanidad de Dios? Si uno no tiene compasión de su semejante, ¿puede entonces él pedir perdón a Dios de sus pecados?"
- *Eclesiástico* 33.26: "… para el siervo malo hay tormentos y torturas."
- *Sabiduría* 2.19, habla de los impíos probando a los justos con insultos y torturas.
- *Sabiduría* 11.9 señala que los israelitas conocieron "como el injusto es atormentado (*ebasanizonto*) cuando juzgado con ira".
- *Sabiduría* 12.23 dice que Dios atormenta (*ebasanisas*) a los injustos a través de sus propias abominaciones.
- *2 Macabeos* 7.17: Se advierte a un rey extranjero que el gran poder de Dios atormentará (*basaniei*) a él y a sus descendientes.
- *Testamento de Zabulón* 5.1-3: Todo el *Testamento de Zabulón* trata de la compasión y la misericordia, que se promueven en este pasaje, pues "todo lo que uno hace a su prójimo, también Dios hará con él".
- El *Testamento de Gad* 6.3 promueve el amor de corazón y el perdón.
- *Antigüedades Judías* 12.155-185 (de Josefo), relata cómo las personas adineradas compraron el derecho de los impuestos de las fincas y cómo José, hijo de Tobías, rescató al pueblo de la dificultad al prometer pagar el doble de los ocho mil talentos por tener el derecho de recaudar impuestos en Coele-Siria, Fenicia, Judea, y Samaria.
- *Testamento de Abrahán* 12.18 describe la escena de un juicio en la que ni se entrega una persona a los torturadores ni se encuentra entre los salvos.

c) Material greco-romano

- Diógenes Laertios, *Bion* 4.46, narra que el padre de Bion había engañado en los impuestos y a consecuencia él y toda su familia fueronvendidos como esclavos.
- Quintilio, *Instituciones* 6.3.96: "De nuevo, cuando su mayordomo [de Afer], no pudiendo dar cuentas de cierta suma de dinero, decía: 'No lo he comido: vivo de pan y agua', y replicó, 'maestro Gorrión, pague lo que usted debe'."
- Juvenal, *Sátira* 14.274, hace una queja sobre un mercader que corre riesgos por causa de mil talentos o cien mansiones.

d) Escritos judíos tardíos

- *Mishná, tratado So*n*a* 3.8: "... se podría vender un hombre [para hacer restitución] por lo que ha robado, pero no se puede vender una mujer [para hacer restitución] por lo que ella haya robado."
- *Mishná, tratado Gi*nn*in* 4.9: "Si un hombre se vende a sí mismo y a sus hijos a un gentil, ellos no pueden redimirlo..."
- *Mishná, tratado Baba Batra* 10.8: "Si un hombre toma a su deudor por la garganta cuando lo encuentra en la calle..."
- *Tosefta, tratado Yoma* 4.13: "[Si] un hombre peca dos o tres veces, ellos le perdonan. [Pero en la] cuarta [vez], ellos no le perdonan." Basándose en Amós 2.6 y Job 33.28-29, se supone que este es el procedimiento que Dios también sigue. (Cf. *'Abot de Rabí Natan* 40: "Pero el que dice: "Voy a pecar y luego me arrepentiré", sólo se le perdonará hasta tres veces y no más"; tratado *Yomá* 86b (del Tárgum de Babilonia): "Si un hombre comete una transgresión, se le perdonará la primera, la segunda y la tercera vez; la cuarta vez no será perdonado". El tema es el perdón de Dios.)
- *Tosefta, tratado So*n*a* 2.9: "Un hombre es vendido como esclavo hebreo, pero una mujer no puede ser vendida como esclava hebrea".
- *Sifré Deuteronomio* 26: "Una parábola: Un hombre pidió prestado del rey mil *kor* de trigo por año. Todos dijeron: "¿Acaso puede este hombre sortear el préstamo de mil *kor* de trigo en un año? ¡Debe ser que el rey le hizo un regalo y le dio

un recibo!" Una vez al hombre nada le quedaba y no podía pagar al rey, entonces el rey entrando en la casa de éste, tomó a sus hijos e hijas y los ubicó en la sección de subastas, y todos notaron que el hombre no había recibido el perdón del rey. Así también todos los castigos que vinieron sobre David se multiplicaron…"

- *Targum de Babilonia, tratado Roš Haššaná* 17b describe un juramento por la vida del rey para pagar una deuda a un vecino y, por no poder pagar éste la deuda, el rey perdona la infracción, pero le reconviene a buscar el perdón de su vecino (véase arriba).
- *Targum de Babilonia, tratado Ketubbot* 102a: "He aquí", replicó, "esto es como si [un acreedor] estuviera [en el acto de] asfixiando a un deudor en la calle…" (véase también el tárgum de Babilonia, tratado *Baba Batra* 175b-176a).
- La *Mishná, tratado Tanhumah Mishpatim* 6.7 indica que Dios no es como los humanos, que demandan lo que se le debe.
- La *Mishná, tratado Tanhumah Emor* 8.30 (Sobre Lv 23.39-40) tiene una parábola extensa de una provincia que debía impuestos al rey. La gente no pagó, incluso cuando el rey envió reiteradamente sus emisarios. El rey mismo y sus cortesanos fueron a la provincia. Y acercándose el rey, vinieron a su encuentro tres delegaciones de la provincia pidiendo que la cantidad le fuera perdonada. Él perdonó la mitad, una mitad más y luego toda la deuda. La explicación es que el rey es el Santo y el pueblo de la provincia es Israel, cuyos pecados son perdonados en las festividades a lo largo del año. Las múltiples correspondencias entre la parábola y la explicación son obvias.
- *Éxodo Rabá* 31.1: "No hay persona que no esté en deuda con Dios, pero por ser lleno de gracia y misericordia, perdona todas las faltas pasadas, como dice *No recuerdes contra nosotros las iniquidades de nuestros antepasados* (Sal 79.8). Esto se puede comparar a deudor que pide prestado y luego se olvida. Pasado un tiempo, vuelve junto a su acreedor y dice: 'Sé que soy tu deudor'. El otro replica: '¿Por qué me recuerdas la primera deuda? Hace tiempo que la olvidé completamente.' Así es con el Soberano del Universículo. Las personas pecan ante Él; y viendo Él que no se arrepienten, les perdona pecado tras pecado; cuando van a Dios y le recuerdan la deuda que tienen con él,

dice Dios: 'No recuerden sus pecados pasados'." Se considera a Dios como acreedor y los pecados como deudas, véanse también la *Mishná*, tratado *'Abot* 3.16 y *Génesis Rabá* 85.2; 92.9.

- *Midrás* sobre *Salmos* 79.5, sin embargo, compara la persona a la que se debe dinero y que no puede cobrarlo porque el amigo deudor no tiene dinero, mientras que Dios hace que el alma pague.

4. Características del texto que merecen atención

Las características estilísticas de Mateo son cuantiosas, como empezar una oración con un participio y el uso de "entonces" (*tote*), "ser como" (homoioō), "adorar" / "hacer reverencia a" (*proskyneō*) y "extremadamente" (*sphodra*). Mateo tiene un enfoque retórico en la "misericordia" (*eleos* y palabras relacionadas): *eleos* en 9.13; 12.7 (citas de Os 6.6); 23.23; *eleeō* en 5.7; 9.27; 15.22; 17.15; 18.33 (dos); 20.30, 31; *eleēmosynē* en 6.2-4; y *eleēmōn* en 5.7. También enfatiza la importancia del corazón (*kardia* aparece dieciséis veces, como en 5.8, 28; 13.15; 22.37) y del perdón (el verbo *aphiēmi* aparece quince veces con el significado de "perdonar", pero el sustantivo *aphesis* solo aparece en 26.28).[6] Algunos sugieren que Mateo fue el primero en poner esta parábola en forma escrita.[7]

Mateo 5.7; 6.12, 14-15 son directamente relevantes para esta parábola. Mateo 5.7 enfatiza la misericordia, mientras que 6.12, 14-15 enfatiza la conexión entre perdón y ser perdonado. Véase también 5.23-26 / Lucas 12.57-59; Mateo 5.48 y 7.1-2.

El "discurso eclesiástico" de Mateo, en el capítulo 18, está cuidadosamente organizado. Los vv. 1-5 enfatizan la pregunta: "¿Quién es [será] el más grande en el reino?" (o sea, ¿en qué consiste la grandeza?), con el resultante enfoque en la humildad; vv. 6-9 centran en las tentaciones a pecar; vv. 10-14 presentan la parábola de la oveja perdida; vv. 15–20 son instrucciones para tratar con el pecado en la comunidad; vv. 21-22 introduce la interrogante de los límites del perdón, y los vv. 23-35 refiere la parábola de los dos deudores. Los vv. 15-20 trata el tema central, y el resto del discurso se da como comentario y balance al tratar con el tema.

Las peticiones de los dos deudores por paciencia (vv. 26 y 29), son casi idénticas.

La compasión (*splanchnistheis* en el v. 27) tiene una función importante en el ministerio de Jesús.[8] Considero que esta es una de las cuatro características principales del mensaje de Jesús.[9] También se menciona explícitamente en las parábolas del buen samaritano y el hijo pródigo (Lucas 10.33 y 15.20).

Todos los cinco "discursos" de Mateo terminan con un enfoque del juicio, la mayoría en forma de parábola.

5. Información cultural

La mayoría de los dichos de Jesús respecto de los siervos visualiza que estos desempeñan labores administrativas, no labores serviles.[10]

Se nos dice que, al menos en teoría, en el contexto judío no se podía vender una esposa, que no existía la institución de la esclavitud por deudas, y que no se permitía la tortura.[11] Sin embargo, aunque con frecuencia se repetía, no hay clara evidencia. El tratado *Sona* 3.8, de la *mishná*, trata de la venta de una mujer en restitución por un *robo*. El tratado *Sona* 2.9 de la *Tosefta* es más explícito pero breve. Además, el Antiguo Testamento registra la venta de personas para pagar sus deudas (2 Reyes 4.1; Nehemías 5.5; Isaías 50.1; Amós 2.6), una práctica común en el mundo Mediterráneo. Las leyes, por supuesto, se escribieron debido a las infracciones. Herodes el Grande era conocido por tener torturadores.[12] Claramente, en el mundo de la Palestina del primer siglo se vendían familias enteras o se las encarcelaba por sus deudas y sufrían torturas en manos de varios opresores.

Un "talento" es una medida de peso de oro, plata u cobre. Su peso variaba, entre las sesenta y noventa libras aproximadamente. Diez mil talentos habrían sido como doscientas cuatro toneladas métricas.[13] Según el metal utilizado, un talento era el equivalente de seis mil denarios, entonces la deuda del primer siervo sería como sesenta millones de denarios y, a un denario por día (como en Mateo 20.2). ¡Para que un jornalero pudiera pagarla habría requerido más de ciento sesenta y cuatro mil años![14] El salario anual de Herodes el Grande era, según algunos reportes, novecientos talentos: doscientos talentos por la renta de los impuestos a Galilea y Pera, cien talentos de los impuestos de las regiones asignadas a su hijo Felipe y seiscientos talentos de los impuestos a las áreas controladas por Arquelao (véase Josefo, *Antigüedades judías* 17.318-320).

El precio de un esclavo por lo general estaba en el rango de quinientos a dos mil denarios.[15]

6. Explicación de la parábola

a) Opciones de interpretación.

La parábola ilustra el perdón de Dios, la necesidad de los seres humanos de perdonar porque Dios perdona, y la advertencia de juicio para aquellos que noperdonan.

La iglesia alegorizó esta parábola menos que las otras, pero algunos tuvieron dilemas con sus dificultades. Agustín entendió las deudas como pecados contra la Ley, mientras que la esposa del deudor era la avaricia (deseo excesivo) y sus hijos las obras. Algunos consideraban que los mayores deudores eran los judíos y los menores los gentiles respectivamente.[16]

B. Scott sugiere que la parábola tiene el propósito de rechazar las nociones judías de superioridad y además señala el conocimiento de que el enredo con el mal es parte del reino y lleva al arrepentimiento.[17]

Debido a la imagen poco atractiva de Dios que sugiere la parábola, algunos tratan de leerla como una confrontación con la opresión y la violencia de este mundo. Por ejemplo, W. Herzog interpreta esta parábola como que ella muestra la incompetencia de la esperanza mesiánica y del reinado. Las personas deben buscar en otros lugares para poder remodelar su mundo.[18]

b) Decisiones que atañen

1. La relación de la parábola con su contexto, en especial los versículos 15-20 y 21-22.

La importancia de esta parábola no se debe subestimar, porque su posición peculiar al final del discurso eclesiástico la marca como la llave hermenéutica para todo el capítulo.[19] Jesús se dirige a sus seguidores que han experimentado el reino, no a los judíos en general,[20] y Mateo ha estructurado esta sección para enfatizar lo que significa seguir a Jesús en relación con el pecado y el perdón.

Algunos intérpretes se quejan de que la parábola, que trata de la necesidad de perdonar, no es un ejemplo adecuado de los versículos 21 y 22, lo cuales rechazan los límites para el perdón.[21] Con frecuencia, los versículos 21 y 22 se borran de las consideraciones sobre la parábola, y con razón, porque ella *no* es una ilustración del perdón ilimitado. Sin embargo, claramente Davies y Allison tienen razón al afirmar que

Mateo vinculó la parábola a los versículos 21 y 22, no porque ambas unidades enseñan lo mismo, sino porque ambas tratan con el perdón, aunque tengan un énfasis diferente.[22] Como indican ellos, la estructura del discurso eclesiástico revela la intención de Mateo en los versículos 21-35. Mateo buscó proveer un cerco de protección contra la rigidez y el absolutismo, y equilibrar la dura enseñanza del párrafo previo sobre la disciplina en la iglesia. Además, buscó evadir la contabilidad estadística y causar la actitud correcta al corregir a otros (cf. 7.1-5).[23] La parábola *no* es, y *nunca trató de ser* una ilustración de Mateo 18.21-22. Al mantener el uso de Mateo, *dia touto* ("debido a esto") en el versículo 23 se indica una conexión en vez de un ejemplo o una prueba. Este es el caso en siete de las diez veces que emplea la frase.[24] Resalta sólo una parte del tema del perdón, la necesidad de perdonar.

2. *¿Cuánto se quiere indicar con los "diez mil talentos"? ¿Es esta cantidad una hipérbole de Mateo?*

La cantidad de dinero que debía el primer siervo es tan grande que algunas personas piensan que se trata de una hipérbole de Mateo.[25] Ciertamente, la deuda es cuantiosa que compele la credulidad, pero las parábolas con frecuencia incluyen hipérboles y tienden a ser *pseudorealistas*. Sin embargo, los números no son impensables. Ester 3.9 relata la promesa de Amán de pagar diez mil talentos al tesoro para ejecutarla destrucción de los judíos. Otros textos reportan también números tan grandes, como las *Antigüedades Judías* de Josefo, quien informa que Pompeyo extrajo más de diez mil talentos de los tesoros judíos después de conquistarlos.[26] Es probable que la hipérbole sea de Jesús como de Mateo. El punto primordial es que la deuda es tan grande que no hay posibilidad de que el siervo alguna vez la pague.

La parábola no especifica las circunstancias, pero el escenario más probable es que el siervo sea un "granjero de impuestos". O sea, él fue contratado para recoger los impuestos de una región específica.[27] ¿Es el siervo un esclavo o un "oficial", un ministro de impuestos? La palabra en cuestión es *doulos*, regularmente se emplea para aludir los esclavos pero también para los ministros de impuestos u otros oficiales.[28] Con frecuencia, los esclavos que mostraban alguna habilidad recibían la responsabilidad de la supervisión financiera, y bien podría ser el caso aquí.[29] Por otro lado, el hombre y su familia fueron vendidos como *esclavos* (v. 25). ¿Hay algún castigo en vender a un esclavo otra vez a la esclavitud? Al final, las conclusiones sobre la parábola no dependen que el hombre sea literalmente un esclavo sino más probable es que se trate de un agente contratado.

La palabra "préstamo" (*daneion*) parece extraña para algunos, pero no requiere que el rey convierta la deuda en un préstamo y luego la perdonara.[30] Incluso si la palabra *daneion* aparece inesperadamente, se la emplea para describir deudas. Su empleo por Josefo es de mucha relevancia (*Antigüedades Judías* 3.282) para referir *deudas perdonadas en la época del Jubileo*; vuelve a aparecer en 4 Macabeos 2.8 para aludir el perdón de las deudas al final de los siete años.La idea de la parábola con la descripción de la primera deuda es alcanzar el máximo efecto al acentuar el gran acto de perdón del rey.[31] Mateo 6.12 usa "deudas" (*opheilēmata*) y "deudores" (*opheilētēs*) para referir pecados y pecadores respectivamente, en conformidad con otras fuentes judías.[32] Ninguno debe sorprenderse que haya una evidencia de referencia de propósito de Dios y el perdón de pecados. Las parábolas se construyen sobre la realidad que tratan de reflejar (p. ej., la parábola de Natán a David). Esto no significa que cada característica tiene que concordar, pero la analogía tiene que corresponder adecuadamente para que pueda funcionar.

3. *¿Se describen a los personajes como gentiles y, de ser así, cuál es la importancia? ¿Ha elevado Mateo al maestro al darle el título de: "rey"?*

Varios intérpretes creen que la descripción indica que se trata de un rey gentil.[33] Esta suposición hace que B. Scott considere que la parábola se relató en el contexto de actitudes relacionadas con la superioridad judía y atrapa al lector en una situación caótica que anula el perdón y donde el comportamiento de los otros siervos es semejante al primero cuando rehúsan otorgarle el perdón. Para Scott, la parábola lleva a una experiencia parabólica del mal y enseña que la habilidad de reconocer el propio enredo en el pecado es parte de la experiencia del reino. Es una imitación de la petición en el Padrenuestro: "y no nos metas en tentación", y requiere que el lector judío se rinda ante la superioridad judía.[34]

No existe un puente entre la parábola y el punto de vista de Scott. Tal lectura es una distorsión de la parábola, espera demasiado de los lectores y, con toda certeza, no es una lectura convincente, incluso si uno supone que el rey es un gentil, lo cual no está del todo claro.[35] Que se use la palabra *proskynei* (traducida con frecuencia por "adoración") no indica un contexto gentil, como muestra una rápida mirada del empleo de esta palabra en la Septuaginta.[36] La palabra se usa habitualmente para indicar la reverencia de uno de rango inferior por su superior. Además, que un miembro de la familia sea vendida como esclava y la mención de torturadores tampoco indican un contexto gentil. *Sifré Deuteronomio* 26, que se cita previamente, es similar a nuestra parábola, pues los niños se vendían para saldar una deuda, pero no supone un rey gentil o por lo menos no es relevante. Tal brutalidad era bien conocida en la antigua Palestina y sus alrededores.[37] Pensar que los antiguos judíos estaban por encima de las torturas es una opinión romántica, que olvida que muchos judíos eran considerados como "impíos", y que el celo por la Torá llevó a la circuncisión forzada y la destrucción de los impíos.[38]

Algunos sugieren que Mateo resaltó la parábola al cambiar un enfoque original en un maestro por un rey, pero si era originalmente una parábola del Reino, el uso de la metáfora del rey es natural, aunque sea poco frecuente.[39] La comprensión de Dios como un rey es un tema común en el Antiguo Testamento y en el judaísmo.[40] Además, la cantidad de la deuda es más apropiada para un rey y sus ministros y por poco es una invitación a percibir más de la mera lectura superficial. El cambio de "rey" a "maestro" (*kyrios*) en los versículos 25-34 es natural en que "maestro" corresponde a la mención de los siervos. Las parábolas rabínicas con frecuencia comparan a Dios con un rey,[41] incluso cuando cualquier rey en la historia reciente habría sido gentil, pero eso no entorpece las analogías. Dudo que un rey gentil esté implicado en esta parábola pero, si ese fuera el caso, ninguna diferencia hace en la parábola. Sin embargo, deberíamos recordar que el reino de los cielos no es solamente como un rey, sino como toda la secuencia de acciones de los versículos 23-34.

4. *¿Termina la parábola en el versículo 33, o los versículos 34 y 35 son parte integral de la narración original?*

La sugerencia que la parábola debe terminar en el versículo 33, o aun antes,[42] tiene poco a su favor. Si ella terminara en el versículo 33, el lector en vez del relator deberá dar una sentencia, que haría de ésta una parábola jurídica, pero no todas las parábolas dejan la decisión al oyente. La estructura paralela de las tres escenas demuestra que el versículo 34 pertenece a la escena tercera,[43] y el "así también" (*houtōs*) del versículo 35 sigue la típica práctica judía en la aplicación de la parábola. En el nivel narrativo, la pregunta retórica del amo (v. 33) requiere una respuesta, y cada lector quiere saber qué pasará con el siervo.[44] El *nimshal* en el versículo 35 simplemente explica el referente de la parábola. El lenguaje puede subrayar las preocupaciones de Mateo, como los temas del juicio y la integridad de las obras hecha de corazón, pero la parábola, conformada por Mateo, queda incompleta sin esta sección conclusiva. Los intentos de reconstruir la parábola sin los versículos concluyentes parecen ser un claro intento de separar a Jesús de la idea del juicio.[45]

5. *¿Qué enseña la parábola? ¿Se parece Dios o no al rey de la parábola?*

El problema con esta parábola es que el rey es muy atractivo como figura magnánima y, al mismo tiempo, problemático porque puede retirar su perdón y enviar su siervo a los torturadores. La incomodidad con las acciones del rey en la parábola no solo surgen por la preocupación moderna de lo políticamente correcto. Por lo menos desde la Edad Media, las personas han discutido la interrogante de la parábola si el mismo Dios que perdona es también el que juzga, si el juicio puede negar la gracia.[46] Esta incertidumbre es de suma importancia en esta parábola, pero está presente a través del Nuevo Testamento, y no menos en el enfoque del juicio conforme a las obras, incluso cuando la salvación sea por *gracia* (p.e., Romanos 2.6; 14.10-12).

La dificultad de esta pregunta y la disconformidad con cualquier idea de un Dios que juzga han causado que varios intérpretes arguyan que el rey en la parábola se propone describir lo que Dios *no* es. Luise Schottroff arguye que los oyentes sabrían que no se puede igualar a Dios con un rey humano opresor, y que sería una blasfemia identificar a Dios con el rey de la parábola. Para evitar cualquier analogía directa con Dios, ella traduce *houtōs* ("así") en el versículo 35 como "¿Cómo, entonces, se puede comparar esto con el reino de Dios?" Como Jülicher, ella limita la parábola a un punto, el imperativo del perdón entre seres humanos, y arguye que nada se dice explícitamente sobre Dios. Ella concluye que Dios llamará a las personas a cuenta en el juicio si no perdonan las unas a las otras.[47] Los problemas son evidentes por sí mismos. El significado que Schottroff asigna a *houtōs* no es válido y, al final, ella concluye que *Dios* llamará a cuentas a las personas. Ella trata de elaborar su argumento con una parábola rabínica que trata de una ciudad que no podía pagar impuestos al rey,[48] que se entiende como Dios que perdona a Israel, pero aunque ella acepta que la parábola identifica al rey como el Rey de reyes, ella niega que el rey sea una imagen de Dios.[49]

Igualmente falla el método de W. Herzog. Él presenta al rey como una figura despiadada, pero si el rey es despiadado, ¿por qué le importaría si el segundo siervo fuera maltratado? Herzog describe el primer acto del rey como un "acto mesiánico de perdón de una deuda... que se propone iniciar más actos de perdón de deudas".[50] Pero si el rey es un opresor despiadado que no representa a Dios, ¿de dónde surge cualquier expectativa de perdón mesiánico, y qué motivaría tal acto costoso? Lo más trágico de todos estos métodos es que se pierde la maravillosa imagen de la magna gracia de Dios.

Por otro lado, si el rey representa a Dios, ¿acaso no tenemos igual cantidad de problemas? Aparte de vender una familia como esclava y enviar al siervo a los torturadores, ¿acaso ya no sabe Dios que el primer siervo no tendrá misericordia? ¿Necesita Dios que se le diga qué sucedió, como el versículo 31 puede sugerir, o concluimos que el pecado contra el hermano o la hermana son peores que los pecados contra Dios, como si ellos se pudieran separar? ¿Debemos concluir, a partir de esta parábola, que es innecesaria una teología de la expiación porque el perdón se da categóricamente? Todas estas preguntas están fuera de límites y violan el carácter de las parábolas.

Parte del valor de esta parábola radica en lo que demuestra sobre la interpretación de parábolas.

El problema está con la lectura de parábolas como si se tratara de ecuaciones,[51] como si cada parte de la parábola fuera un espejo de la realidad. Las parábolas no son ecuaciones, y por eso su interpretación no consiste en listar correspondencias o trazar la reflexión de una teología. "Con las metáforas, siempre hay un 'es' y un 'no es'."[52] Las parábolas se deben interpretar como analogías, que muestran *piezas* de la realidad pero además pueden contener otros elementos con diversículos propósitos. Los intérpretes desean que las parábolas sirvan como base de las estructuras teológicas, pero ellas no son teologías. Las parábolas *son* teológicas, y sería un gran prejuicio descuidar su teología, pero se les debe permitir que cumplan su propósito, y no extenderlas más allá de su finalidad. Arruinamos una parábola si olvidamos el carácter "no es" de la metáfora.[53] Es prudente afirmar que esta parábola solamente hace un punto, pero habría gran pérdida. ¿Qué se propone esta parábola y cómo lo logra?

La imagen de la deuda, aunque sea una hipérbole, muestra una realidad bien conocida. No hay una sugerencia, a pesar de las afirmaciones, que el rey o cualquiera de los siervos es parte de un sistema opresor,[54] aun cuando todos deberíamos oponernos a todo tipo de opresión. En las parábolas judías, la imagen del rey habitualmente se identifica con Dios. Jesús empleó esa imagen mucho menos, pero su auditorio probablemente supuso al principio de la parábola que esta imagen proveía *una analogía sobre Dios y no una imagen de Dios*, en particular porque las "deudas" era el lenguaje usual para referir los pecados.[55] Por lo general,los oyentes se habrían identificado con la situación difícil del primer siervo y sentido el alivio al escuchar que su problema fuera resuelto. La imagen que la parábola presenta del perdón asombroso refleja las expectativas que se asocian con el jubileo de los últimos tiempos y, como Lucas 4.18-21, implica que Jesús, efectivamente, anunciaba el jubileo.[56] Así, la primera parte de la parábola señala la gran deuda del pecado, imposible de pagar, y al asombroso perdón divino lleno de gracia.

El empleo de Mateo de la palabra *homoiothe* ("se ha hecho como") en el versículo 23, probablemente es una señal de la presencia del reino.[57] El perdón ya se ha otorgado en el ministerio de Jesús porque el reino está presente. Aunque esta parábola no se haya clasificado con las de escatología presente, pudo haber sido, y obviamente estar también entre las de escatología futura. Nuestras categorías para estudiar parábolas rara vez hacen justicia a las parábolas mismas.

Los oyentes también se habrían identificado con el primer siervo si la historia hubiera empezado con la demanda de que el consiervo le pagara lo que le debía, pues era su derecho pedir que así sea. Lo que hace su acción reprensible y que los oyentes cambien su lealtad es el contraste del trato que éste recibió y el que dio.[58] La discrepancia resalta por la similitud de expresión en las dos peticiones por misericordia (vv. 26 y 29). El objetivo de la parábola es que el acto previo de misericordia y perdón de Dios se debe extender también a otros (cf. Mateo 10.8). La queja de que tal imitación de Dios promueve el legalismo y la culpa es absurda.[59] Si en el judaísmo y el cristianismo no se trata de la imitación de Dios, entonces, ¿cuál es la importancia de un lenguaje como "imagen de Dios" y "pacto"? La expectativa de que los humanos conformen sus vidas al carácter de Dios se observa a través de toda las Escrituras.[60] La instrucción de la parábola del reino al igual que el resto de las Escrituras es: "Haz con los demás como Dios ha hecho contigo". La ética es evidente y reflexiva: responde a la acción previa de Dios y refleja el carácter de Dios. Como en toda ética del Nuevo Testamento, el indicativo precede al imperativo. *El reino viene con gracia ilimitada en medio de un mundo malvado, pero juntamente viene demanda ilimitada.* En ninguna otra es más evidente que en esta parábola. Dios obra, y espera que su pueblo obre conforme a sus acciones y su carácter.

La tercera escena de la parábola (vv. 31-34) explica lo implícito, pero también presenta dos características adicionales importantes para

Mateo, la misericordia y el juicio. Ya hemos observado que Mateo termina cada uno de sus discursos principales con un enfoque en el juicio, y tal es el caso aquí en el capítulo 18. Se reprende al primer siervo por no mostrar misericordia y entonces, en el versículo 33, vemos la instrucción relevante de la parábola. Las versiones castellanas traducen el versículo: "¿No debías tú también tener misericordia de tu consiervo, como yo tuve misericordia de ti?" La misericordia es un requisito para los discípulos del reino de Dios. La afirmación de Marcus Borg que Jesús sustituyó el código de la misericordia por el de la santidad[61] puede ser una exageración, aunque no mucha. La misericordia resalta el ministerio de Jesús, y así también debe ser en la vida de sus seguidores. Si el jubileo está en efecto y uno está o debe estar celebrando la liberación, ¿cómo es posible que uno endurezca el corazón y no le importe aquel que le deba tan poco? Este es un nuevo énfasis que deriva de la presencia actual del reino, porque perdonar a otros no es un énfasis en el Antiguo Testamento o en el judaísmo del primer siglo de nuestra era.[62]

El enfoque por la misericordia de Mateo y Jesús va juntamente con el de juicio. ¿Acaso nada debía hacer el dueño al oír lo que había pasado? Aunque no les agrade a las personas el tema del juicio, este es parte integral del mensaje del reino que Jesús proclama. El reino no puede estar presente si no se denuncia y derrota el mal. Si no hay juicio, la salvación es innecesaria. El lenguaje del juicio es hipérbole (p. ej. Mateo 5.29-30 y los pasajes paralelos), no una descripción de la realidad, pero este asegura que habrá un ajuste de cuentas y que Dios vindicará al oprimido.[63]

Que el hombre sea entregado a los verdugos hasta cancelar la deuda es un lenguaje inclemente en el mundo de la historia para enfatizar la seriedad de no mostrar misericordia y la realidad del juicio. Dios no tiene torturadores,[64] y no se puede exagerar la historia para obtener información sobre la naturaleza del juicio. El principio aquí de que se debe verificar la enseñanza de la parábola del material no parabólico es de relevancia obvia.[65] Algunas veces, los elementos de una parábola no se dan solo para engañar al oyente para que entienda la verdad, sino para *conmocionarlo* para que conozca la verdad, y este es el caso aquí. Como muestra el *nimshal* en 18.35, el asunto de la historia es doble: la necesidad de la misericordia y el perdón y la seriedad en no mostrar misericordia ni otorgar perdón. Esta parábola advierte de juicio por no mostrar misericordia. Hay similares énfasis en la bienaventuranza sobre la misericordia (Mateo 5.7) y en el Padre Nuestro (6.12), y solamente la petición del perdón recibe un tipo de comentario (6.14-15). La semejanza entre la parábola con 5.25 y 26 (ser entregado al juez, al carcelero, y ser echado en la cárcel hasta que se haya pagado el último centavo) es sorprendente.

La compasión del rey es una expresión de sublime gracia, pero tal lenguaje es poco usual en los Evangelios. "Gracia" (*charis*) no está explícito en la parábola y, con excepción de Juan 1.16, *charis* con el significado "gracia" no ocurre en los Evangelios. Además, aunque podamos resumir mucho respecto de Jesús al hablar de la gracia, relativamente pocas de sus parábolas enfocan predominantemente en una teología de la gracia: esta parábola que estudiamos, la de los dos deudores (Lucas 7.41-42) y las tres parábolas sobre lo perdido en Lucas 15. La mayoría más bien enfoca en el carácter del reino o en la respuesta que requiere.[66]

Esta parábola también es instructiva para pensar sobre Jülicher y cómo funcionan las parábolas. Si uno tratara de seguir a Jülicher y limita esta parábola a un punto, se perdería mucho. La analogía necesariamente tiene varios correspondientes entre la historia y la realidad, y enseña varios puntos: (1) la gran deuda del pecado humano; (2) la compasión y el perdón de Dios, puestos a disposición en el ministerio de Jesús sobre el reino; (3) la libertad que se expresa en términos del jubileo; (4) la necesidad de reflejar la misericordia de Dios; y (5) la advertencia del juicio para aquellos que no reflejan la misericordia divina. No es alegorizar notar estos "puntos múltiples", puesto que surgen de la parábola misma y expresan la intención de esta.[67] El asunto siempre es cómo funciona la analogía, y no está en descifrar las correspondencias o esperar que cada característica sea conforme a un límite teológico o cronológico. Tratar de encontrar la relevancia en detalles como el informe de los consiervos o los torturadores es desacertado, porque violan el carácter de la parábola o no son afines con las enseñanzas no parabólicas de Jesús. Se olvida al segundo siervo en la prisión, porque su destino no es el énfasis de la parábola. Tampoco son relevantes en la interpretación los consiervos que informan a su señor. Dios no tiene torturadores y no necesita que se le indique cuando su pueblo falla. Las parábolas son analogías, no representaciones de la realidad.

Este texto es un claro ejemplo de la tensión entre dos o más verdades que siempre está presente en la teología cristiana. La comunidad no puede tolerar el pecado sin hacer una confrontación y amonestación, pero siempre debe amar y perdonar ilimitadamente. Decidir qué se debe hacer requiere siempre de sabiduría. El pecado tiene consecuencias lamentables y eternas, es necesaria la confrontación y la disciplina, y la excomunión de la comunidad es una posibilidad real. A la vez, Dios busca a aquellos que se desvían y desea que ninguno se pierda, y la comunidad no puede poner límites a su perdón u olvidar que su perdón está modelado conforme al perdón que Dios da a sus miembros, que tienen una deuda mucho mayor. Las tradiciones bíblicas y judías no perciben la tensión que sentimos entre el reproche y amor. Reprender al prójimo y amarle van juntos en Levítico 19.17 y en el *Testamento de Gad* 6.3 y 4. Al conformar la enseñanza de Jesús como él lo hizo, Mateo enfatizó que la comunidad debe tratar seriamente el asunto de la obediencia y el pecado, en lo posible de forma discreta, aunque eso signifique que se tenga que empezar de nuevo con los que son reprochados, tratándolos como a extranjeros. Al mismo tiempo, Mateo insiste que debe prevalecer en estos esfuerzos la humildad y el perdón.

La parábola advierte a cualquiera que presuma de la gracia. Con frecuencia, la iglesia presenta una gracia que no se necesita considerar seriamente, pero la gracia bíblica es transformadora. Cuando recibimos el don, recibimos al Dador,[68] quien no permitirá que andemos por nuestros propios caminos.

6. ¿Enseña la parábola una forma de "justicia por las obras" que arguye que el perdón de los unos a los otros es el requisito para experimentar el perdón divino?

Preguntar si la parábola enseña la "justicia por las obras" es forzar la agenda paulina en el texto de Mateo. Ni Jesús ni Mateo son legalistas, tampoco promueven la salvación por las obras, ninguno encara el problema de Pablo, sin embargo, ambos insisten que la obediencia es parte del discipulado. No obstante, todo el enfoque en la obediencia tiene su base en la obra previa de Dios. El indicativo del perdón divino precede al imperativo de nuestra respuesta. En Mateo, al igual que en ambos Testamentos, la ética es una que responde al llamado y a la gracia de Dios. Esto es obvio en la primera escena de esta parábola, la representación de la misericordia del amo, pero también es cierto incluso en textos que parecen indicar que la obediencia humana causa una respuesta divina (p. ej., 6.14 y 15). En tales textos, se supone la presencia de Dios precisamente porque el reino está presente en el ministerio de Jesús.

El temor de la justicia por obras se ha exagerado mucho. Sería bueno que haya también semejante temor por ser inactivos. La justicia por las obras no es el problema de la mayoría de los cristianos de hoy. Nos iría mejor si percibiéramos que si no obramos, no somos justos.

7.¿En qué grado la cristología se observa en esta parábola?

¿Es el rey de la parábola una "figura de Dios" o una "figura de Cristo"? Si no excluimos el *nimshal* en el versículo 35, este indica que la parábola refiere la misericordia y el juicio del Padre en vez que la misericordia de Jesús. Incluso sin el versículo 35, la referencia es a Dios. Sin embargo, no se debe forzar una separación respecto a qué hace Dios o qué hace Jesús como agente divino. Así como el gobierno davídico en el reino de Dios en el Antiguo Testamento, así también funciona el Mesías como rey en el reino de Dios. De ser así, la parábola tiene implicaciones de cristología.[69] Esta se centra en el perdón disponible en el reino, el que con frecuencia Jesús mismo ofrece. Además, de las cinco ocasiones que el verbo "tener compasión" (*splanchnizomai*) aparece en Mateo, los otros cuatro tienen a Jesús como sujeto.[70]

8.¿Está Dios limitado por el perdón ilimitado de los versículos 21 y 22?

Algunos se ofenden que Dios no parece limitado por la demanda de misericordia ilimitada en los versículos 21 y 22, pero esto es una distorsión a causa del fracaso de no permanecer en el mundo narrativo. Es legítimo preguntarse por los límites de la gracia de Dios, pero no es el enfoque de esta parábola. Al final, debemos reconocer que Dios es el único que puede pedir cuentas a la humanidad. El enfoque de la parábola enfatiza el perdón de Dios y la seriedad del fracaso de no reflejar la misericordia de Dios, no es una teología de la expiación o una discusión general sobre el juicio. Por lo menos en las Escrituras, mostrar un enfoque en la ilimitada misericordia de Dios no previene el juicio, aunque se enfatiza más la misericordia (cf. Santiago 2.13). El comentario de E. Fuchs es apropiado: "Dios no insiste en su capacidad... sino insiste en la dignidad de su misericordia."[71] La misericordia de Dios no se debe tratar caballerosamente. No se recibe efectivamente la misericordia a menos que se evidencie, porque la misericordia de Dios transforma. Si la misericordia de Dios no se establece en el corazón, entonces no se la podrá experimentar.El perdón que no se manifiesta es un perdón desconocido. Como Jeremías y otros acertadamente indican, la parábola enseña: "¡Hay de ti si te defiendes en tus derechos, porque Dios entonces defenderá los suyos y cerciorará que la sentencia se ejecute"[72] (cf. Mateo 7.1-5; 10.8).

Esta parábola entonces presenta la gracia de Dios generosa y sin límite al perdonar la deuda incalculable del pecado. Este perdón de jubileo está a disposición en el reino presente de Jesús, pero la gracia siempre conlleva responsabilidades. El perdón de Dios se debe manifestar en la vida de los perdonados, y la advertencia es clara. Donde no se otorgue el perdón, la persona dará cuenta.

7. Adaptación de la parábola

La discusión del procedimiento para la disciplina en la iglesia en Mateo 18.15-20 difícilmente hace justicia al enfoque de Mateo. Con demasiada frecuencia se toman estos versículos fuera de contexto y se los emplea de maneras legalistas e insensibles, que no conforma con el propósito del evangelista. ¿Qué pasaría si los líderes de la iglesia simplemente siguieran el orden del capítulo y consideraran primero a sí mismos con humildad, examinaran las causas del pecado en el mundo, entendieran seriamente que a Dios le importa, buscaran los descarriados (sabiendo que no es voluntad de Dios que ninguno estos pequeños se pierda), hablaran verdad, sin revelar la identidad del ofensor hasta donde sea posible pero sin que se ignore el pecado, perdonaran sin límites ni reservas, sabiendo que hay un juicio severo para aquellos que no perdonan?

Es necesario proclamar el mensaje de esta parábola en las iglesias y a los individuos que habitan en una sociedad donde se insiste en hacer valer los derechos propios y donde las divisiones caracterizan nuestras iglesias, familias y sociedades. La enseñanza de la parábola es contraria a lo que se espera, pero posiblemente es la expresión más poderosa de cómo deben vivir los cristianos. La vida cristiana, más que insistir en los derechos, debe ser una continua concesión de gracia y perdón, que refleja el mismo carácter Dios y su forma de tratar a su pueblo. La ética del Nuevo Testamento es manifiesta y reflexiva, que responde a los actos de misericordia previos de Dios y refleja sus acciones en las vidas humanas. Lamentablemente, con mucha frecuencia el perdón y la misericordia no son muy comunes en nuestra iglesia, y nuestra sociedad considera el perdón como una debilidad. Pero, como supuestamente dijo Mahatma Gandhi, solo el poderoso puede perdonar. La sociedad también abarata el perdón al punto de que se trata el pecado de forma liviana, pero el enfoque en el juicio en las parábolas del Jesús advierte que el perdón conlleva un llamado a la reforma. Si el perdón no causa cambio, entonces no se lo ha experimentado.

Además, sería incorrecto mantener esta parábola a nivel "espiritual" e ignorar sus implicaciones a nivel económico. Con seguridad la misericordia se extiende más allá del perdón por los errores cometidos a la compasión por aquellas que sufren una situación económica desesperante. Hay formas correctas e incorrectas de teologizar sobre las parábolas, y no es correcto leer esta parábola como una alegoría de las circunstancias económicas modernas.[73] Por otro lado, la teología de la parábola, que tiene su fundamento en el *requisito* de la compasión y la misericordia, se debe aplicar en todas las circunstancias. ¿Qué mejor testimonio para el reino es la cancelación de la deuda esclavizante para aquellas que no puedan proveer liberación? La misericordia del reino se evidencia cuando las personas reciben ayuda en situaciones desesperantes, ya sea en forma económica o de otra índole.

8. Lectura adicional

W. D. Davies and Dale C. Allison, *A Critical and Exegetical Commentary on the Gospel According to Saint Matthew* (3 vols.; ICC; Edinburgo: T. & T. Clark, 1988-97), 2:791-807.

Thomas Deidun, "The Parable of the Unmerciful Servant (Mt 18:23-35)",*BTB* 6(1976): 203-24.

Joachim Jeremias, *The Parables of Jesus* (2ª ed., trad. S. H. Hooke; New York:Charles Scribner's Sons, 1963), pp. 210-14.

Peter Rhea Jones, *Studying the Parables of Jesus* (Macon, Ga.: Smyth & Helwys,1999), pp. 263-93.

William G. Thompson, *Matthew's Advice to a Divided Community: Mt. 17,22–18,35* (AnBib 44; Roma: Biblical Institute Press, 1970), pp. 203-37.

Los dos deudores (Lucas 7.41-43)

Claude Montefiore, un entendido judío del Nuevo Testamento, describió "esta excelente historia [como]… una de las valiosas posesiones religiosas del mundo occidental".[74] Aunque desatendida,[75] se la puede clasificar como una de las historias más reveladoras de la fe cristiana. Si bien no es tan explícita como la parábola de los dos deudores de Mateo 18, los mismos temas de la gracia y la responsabilidad se evidencian claramente.

1. Tipo de parábola

Esta es una parábola breve jurídica, del tipo de narrativa indirecta doble que provoca el juicio de uno mismo. Es una típica analogía breve de tres puntos incluida en una narración. La analogía presenta una realidad y concluye con una interrogante que demanda una decisión, la cual da el fariseo. Semejante a muchas otras parábolas, la respuesta a la interrogante se debe transferir a las circunstancias que se presentan y en relación los versículos 44 al 46 sirven como un *nimshal* extendido.

2. Asuntos que merecen atención

- ¿Cuál es la relación de este relato con las historias de ungimiento en los otros Evangelios?
- ¿El relato de esta parábola se dio originalmente en el contexto de una comida con un fariseo, o son la parábola y la comida unidades independientes unidas posteriormente?
- ¿Qué elementos inicialmente eran componentes de la narrativa de la comida?
- ¿Cuál es el significado de la parábola? Específicamente, ¿qué deberíamos entender que sucede en la narrativa y en la parábola?
- ¿Cuál es la relación de las acciones de la mujer y el perdón que se le otorga?¿Obró ella debido al perdón, o recibió el perdón debido a sus hechos?
- ¿Cuál es la relación entre el amor y la fe?

3. Material importante de fuentes primarias

Véanse las fuentes que se citan bajo la parábola del siervo implacable.

Material canónico

- Antiguo Testamento: Levíticos 25.8-55; Deuteronomio 15.2; Nehemías 10.31.
- Nuevo Testamento: Mateo 6.12/Lucas 11.4 (el pecado como deuda, *opheilēmata*; pecadores como deudores, *opheiletais*); Mateo 18.21-35; 23.16, 18 (para la idea de estar endeu-

dado, *opheilei*); Lucas 13.4 (que pregunta si los dieciocho sobre los cuales cayó la torre eran mayores deudores, *opheiletai*, que otros; cf. 13.2, que usa "pecadores" como paralelo de "deudores"); 16.5.

Escritos judíos tempranos

- 1 Macabeos 10.43 y 15.8 trata de los gobernantes que a modo de estrategia cancelaban las deudas para ganarse el favor de sus súbditos, pero el mensaje no se tomó en serio.
- 4 Macabeos 2.8 señala la cancelación de deudas en el séptimo año.
- Josefo, en *Antigüedades Judías* 19.358, refiere las celebraciones por la muerte de Agripa, las que incluían fiestas públicas donde las personas reclinaban, vistiendo guirnaldas y usando aceites aromáticos.
- *José y Asenet* 7.1 y 20.2-5: se lavan los pies de José en preparación para una comida.

Escritos greco-romanos

En la búsqueda de sentido de Lucas 7.36-50, los siguientes ítems pueden carecer de relevancia porque describen asuntos más complejos que una cena con un fariseo.

- Petronio, Satyricon 31-78, ofrece una descripción extensa de un banquete extravagante en el cual los esclavos sirven y cuidan de los invitados, incluso en el lavamiento de las manos y remueven las cutículas. Petronio luego relata [70]: "Me avergüenza contar lo que siguió: En desafío a todo tipo de convención, algunos muchachos de larga cabellera trajeron aceite en un tazón de plata y ungieron nuestros pies mientras nos reclinábamos, después de enrollar pequeñas guirnaldas alrededor de nuestros pies y tobillos".
- Plutarco, en *Moralia* 712a (*Quaestiones conviviales* 7.8) dice que en los banquetes de los grandes, un siervo especial permanece al lado de cada invitado. Séneca, *De Beneficiis* 3.27.1 presenta más evidencia. Pero, por supuesto, la cena de un fariseo difícilmente califica como una "cena de los grandes".

- Plutarco, *Moralia* 148C, *Septem Sapientium Convivium* ("Cena de los siete hombres sabios") indica que las visitas, al llegar a las cenas lujosas, gozaban de un masaje o baño. Véase también Xenofón, *Symposium* 1.7-8. Más evidencia de los esclavos que lavan y atienden las necesidades de los invitados se encuentra en Platón, *Symposium* 175A, 213B.

Escritos judíos tardíos

- Tratado *'Abodah Zarah* 4ª: "'Explicaré mediante una parábola", replicó. "¿A qué se puede comparar? A un acreedor de dos personas, una de ellas era su amigo, la otra un enemigo; de su amigo aceptaría pagos por cuota, mientras que de su enemigo ¡aceptará solo el pago exacto en una sola cuota!'" En la interpretación, Dios es el acreedor, y el amigo es Israel. El enemigo no tiene correspondiente en la realidad.[76]

4. Comparación de las narrativas

No hay paralelos a la parábola en Lucas 7.41-42, pero la similitud de la escena de la unción en el banquete en 7.36-50 con la de Mateo 26.6-13/Marcos 14.3-9/Juan 12.1-8 crea molestos problemas. El contexto de los paralelos es la "semana de la pasión", justo antes de los eventos finales que llevan al arresto de Jesús. Lucas no menciona una escena de ungimiento durante la "semana de la pasión". Los otros evangelistas ven el ungimiento como una preparación para el entierro de Jesús, y Lucas nada menciona al respecto. En Mateo y Marcos, una mujer unge la cabeza de Jesús, pero en Lucas y Juan ella unge los pies del Maestro (Lucas y Juan con frecuencia convergen en la narración de la pasión). En Mateo y Marcos, el incidente ocurre en Betania, en la casa de Simón el leproso, y no se menciona la identidad de la mujer. En Lucas, el evento transcurre en una ciudad que no se especifica *en Galilea* en la casa de Simón *el fariseo*, y se describe la mujer como una pecadora reconocida de laciudad. En Juan, el ungimiento ocurre en Betania en una casa que no se especifica, pero Lázaro está presente donde Marta sirve y María unge a Jesús. La designación de Lázaro como "uno de los que estaban sentados a la mesa" sugiere que esta no es la casa de Lázaro y sus hermanas, pero podría serlo.[77] A diferencia de Lucas, los otros tres evangelistas concuerdan en el registro de la queja de que el costoso perfume debía venderse y distribuirse la ganancia entre los pobres, y la defensa que Jesús ofrece en lugar de la mujer.

Obviamente, los otros tres evangelistas registran el mismo evento, pero se debate si Lucas presenta un ungimiento diferente aunque parecido. Simón era un nombre común y no necesariamente prueba que Lucas registra el mismo evento que Mateo y Marcos, pero es extender mucho la sugerencia que Simón el leproso era un fariseo. Por cierto, Lucas no habría descrito a María como una reconocida pecadora de la ciudad. Por otro lado, algunos consensos sugieren que las cuatro narraciones apuntan a un mismo evento, en especial por la descripción del perfume como un "[frasco de] alabastro de perfume" en los tres sinópticos, y por la descripción, en Lucas y Juan, de que la mujer secó los pies de Jesús con su cabello. Desde un punto de vista mecánico, no existe mucho consenso.Las únicas palabras que Lucas tiene en común con Mateo y Marcos son "la casa de", "mujer", "[frasco de] alabastro de perfume" y "reclinar". Las únicas palabras que Lucas tiene en común con Juan son "los pies", "secado con el cabello", "sus pies" y "perfume".

Hay cuatro explicaciones posibles: Lucas registra el mismo evento que los demás, pero altera la localidad lo cual hace polémica la historia;[78] Lucas narra el mismo evento, pero los otros conforman la narrativa en el marco de la pasión;[79] Lucas registra un evento similar pero diferente;[80] o Lucas registra un evento diferente pero las tradiciones han influenciado la una y la otra.[81] Mientras los eruditos del Nuevo Testamento tienen varias teorías, hay mucho que no sabemos ni podemos probar. De hecho, T. Brodie piensa que estamos en un punto muerto tocante a la pregunta de la relación entre estas narraciones.[82] De todas formas, algunos comentarios parecen ser válidos. Aunque Lucas estuviera refiriendo el mismo evento que los demás evangelistas, queda claro que esta narración *no es directamente dependiente* de ninguna de las otras. Además, es más probable que se haya cambiado el ungimiento de los pies de Jesús por el de la cabeza, en vez del ungimiento de la cabeza por el de sus pies. La unción de la cabeza habría transmitido más fácilmente las ideas mesiánicas.[83] Debería permitirse a cada uno de los evangelistas contar su propia historia pero, forzado a escoger, mi opinión es que tenemos dos eventos separados, y que las tradiciones de estos eventos han influenciado las unas a las otras en el transcurso de la transmisión.[84]

Características del texto que se deben señalar

Al igual que Mt 18.23-35 esta parábola supone que el perdón es una misericordiosa liberación de las deudas a Dios. En ambas parábolas y la del mayordomo infiel en Lucas 16.1-8 el dinero parece poco importante para el acreedor. Lucas 7.36-50 es un claro ejemplo de la asociación y recepción de Jesús (y de Juan) con los pecadores según vemos en 7.29-30 y 34, pero también ilustra la división entre las autoridades religiosas y los pecadores cautivados por Jesús.[85] Lucas muestra un interés especial por los pecadores: además de este texto, note 5.8, 30, 32; 6.32-34; 7.34; 13.2; 15.1, 2, 7, 10; 18.13; 19.17; 24.7.[86]

Esta es una de las tres parábolas de Lucas fuera de los relatos de viaje de los capítulos 9-19 (las otras dos son el prudente y el insensato y el sembrador), y la única de Lucas que no está en la narrativa de viaje.

El tema del perdón/liberación (*aphiēmi* y *aphesis* abarca ambas ideas) es importante en Lucas. Note: 1.77; 3.3; 4.18 (dos veces); 5.20, 21, 23, 24; 7.47-49; 11.4; 12.10; 17.3-4; 23.34; 24.47. Véase también el uso de *apolyō* en 6.37; 13.12; y *apolytrōsis* ("redención") en 21.28.[87]

Lucas 5, especialmente los versículos 17-26, tiene un número de paralelos con 7.36-50. En 5.8 Pedro confiesa que es un pecador (*hamartōlos*), y en 7.39 se describe a la mujer que unge a Jesús con la misma palabra. En 5.20-24 y 7.48-50 Jesús perdona los pecados, el perdón está conectado a la fe, y la gente cavila sobre quién es éste que perdona los pecados. En 5.22 y 7.40 (por implicación) Jesús conoce qué hay en los corazones. En ambos textos un fariseo o los fariseos cuestionan las acciones de Jesús, y en ambos se lee el asombro de los espectadores. En 5.29-30 Jesús se sienta en un banquete con los cobradores de impuestos y los pecadores, lo cual resulta en la murmuración de los fariseos y los escribas. En el 7.38-39 Jesús se sienta a la mesa de un fariseo, y su contacto con una mujer pecadora resulta encavilaciones inquisitivas.

En 11.37-54 y 14.1-24, Jesús también está invitado a comer con los fariseos, y también resulta en conflicto.[88] Otros pasajes también tienen parábolas que se emplean en un contexto de conflicto (10.25-37; 12.13-21, aunque aquí el conflicto es entre hermanos, no con Jesús; 15.1-32; 20.1-19).

Alguna similitud de forma existe entre esta parábola y la del buen samaritano. En 7.42 y 10.36 Jesús pregunta a su oyente "cuál de ellos", y en 7.43 y 10.37 el oyente contesta con la respuesta obvia, y Jesús deduce una conclusión de la respuesta.

La Parábola del fariseo y el publicano en 18.9-14 es paralela a 7.36-50 porque se contrasta un fariseo y un pecador, y en ambos casos el fariseo resulta inferior.

En Lucas se presenta a Jesús como profeta claramente definido como en todas partes.[89] El Códice Vaticano y Zacyntio tienen *ho prophētēs* ("el profeta") en el versículo 39 en vez de solamente *prophētēs*. La lectura con el artículo podría señalar al profeta escatológico, un libertador de los tiempos del fin, pero la lectura sin el artículo está fuertemente probada y claramente correcta.[90]

Información cultural

El fariseo no estaba obligado a lavar los pies de Jesús, ungirlo con aceite, y saludarlo con un beso, pero debía proveer agua para que Jesús pudiera lavarse los pies. Un beso sería el saludo apropiado y una manera de honrar al huésped.[91]

Besar los pies era un modo esencial para expresar honra, gratitud, y sumisión,[92] pero era además un acto de profunda humildad.[93]

Ungir con aceite era un procedimiento común (cf. Dt 28.40; Rt 3.3; Sal 23.5), pero ungir con perfume costoso (*myron*, la palabra que se usa en Lc 7:37) era inusual.[94] La LXX en Éxodo 30:25-28 usa *hagion myron* para describir el aceite aromático para ungir los muebles y utensilios del tabernáculo, Sal. 133:2 habla del ungimiento de la cabeza con el óleo precioso (LXX *myron*), y Cantares 1:3 habla de la fragancia del ungüento del amante varón. Josefo, Ant. 19.239 informa que Claudio Agripa, convocado en el senado romano, ungió su cabeza con perfumes (*myrois*) como si llegara de un banquete, lo cual sugiere que tal ungimiento habría sido una costumbre en los banquetes de lujo en Roma,[95] pero sería riesgoso transferir dicha costumbre a la Palestina del primer siglo.[96]

Ungir los pies habría sido muy inusual,[97] y hacerlos con perfume hubiera sido un acto muy extravagante y claramente ofensivo, especialmente proveniente de una mujer pecadora. *Si* la mujer era una prostituta, lo cual es probable aunque no es la única posibilidad,[98] el perfume habría sido usado en su profesión.[99] La actitud de Jesús hacia las prostitutas indica un marcado contraste con Sir. 26.22: "Se considera una prostituta como un escupitajo..."

Que una mujer tuviera el cabello al descubierto en público era considerado un acto vergonzoso y seductivo, algo que una mujer respetable no haría.[100] Ungir los pies de Jesús, besarlos repetidamente,[101] y secarlos con su cabello todo habría sido considerado como actos eróticos y vergonzosos, *si* no hubiera sido por sus lágrimas, y claramente la mujer no tenía la intención que su acción fuera erótica.[102] Las mujeres a veces dejan su cabello al descubierto por otras razones, especialmente para mostrar devoción religiosa/gratitud o pena, cualquiera de los cuales hubiera sido manifiesto aquí.[103]

Las comidas siempre han sido ocasiones importantes para la conversación. En el mundo greco-romano una tradición establecida de banquetes como lugar de intercambio filosófico (e intercambios menos sobrios) se evidencia en varios escritos.[104] Los eruditos con frecuencia sugieren que Lucas refleja el banquete greco-romano en el ambiente de una comida,[105] pero a medida que uno lee sobre los banquetes menos probable parece que ello sea verdadero.[106] Los relatos de banquetes por lo general son narrativas extensas con la expectación de que todos los asistentes ofrezcan un discurso sobre el tópico del momento, y se describen con frecuencia como fiestas vulgares para beber.[107] Ninguna de estas fiestas indica ser las comidas a las que Jesús asistió. No todas las comidas eran un banquete, y los verbos usado para reclinarse (*anaklino, kataklino, katakeimai*) por sí mismos no refieren a un banquete de comida. Estos verbos, no verbos para sentarse, se usaban para las comidas en general, incluido la alimentación de los cinco mil (Mt. 14.19; Mr. 6.39; Lc. 9:14). Además, las únicas dos veces que simposio aparece en el NT son en Marcos 6:39, donde no es posible que tenga una relación con el banquete helénico. Lucas 5.29-32, un relato paralelo de la comida de Jesús con los pecadores, ciertamente no debe considerarse que refleje un simposio.

Particularmente dentro de un contexto judío, si no un acto meritorio, era al menos un honor tener un maestro respetado como huésped de una comida. Al llamar a Jesús maestro el fariseo le otorgaba el título de respeto y honor, según está claro en Mt. 23.8-10 y otros textos. Los fariseos consideraban las comidas como una oportunidad para estudiar con *haberim* (compañeros en pureza), si "fariseo" y "haber" son sinónimos. Ellos se preocupaban en extremo con la pureza ritual en las comidas.[108] Esto solo intensificó en el anfitrión de Jesús el carácter ofensivo de las acciones de la mujer. La impureza era un asunto mucho más serio entre los antiguos judíos de lo que pensamos. *T. Yoma* 1:12 arguye que la impureza es peor que el derramamiento de sangre. (Note que 2 S 11.4 hay una preocupación por la pureza en medio del adulterio cometido por David.)

Que la gente se reclinara en las comidas indica que era una ocasión relativamente formal. Las mujeres por lo general no comían con los varones en un banquete, pero la presencia de las mujeres no estaba completamente fuera de lo ordinario, especialmente en las narrativas acerca de Jesús.[109] En el Medio Oriente los banquetes tenían la tendencia de ser menos privados de lo que podríamos esperar. Las casas eran más abiertas, y los no invitados podían llegar y observar desde los lados y entre los siervos.[110] Los invitados podían reclinarse junto a la mesa apartados de la comida de modo que sus pies quedaran fuera de los perímetros de la configuración de los alimentos. Las mujeres esclavas o los observadores no invitados se paraban fuera del círculo y cerca de los pies de los invitados.

Un denario es un día de salario para el obrero común. Por consiguiente, el primer deudor en la parábola debe un poco más de un año y medio en salario, y el segundo debe aproximadamente dos meses de salario. La deuda era un terrible problema social en el mundo antiguo. Cuando se invadió el templo durante la revuelta contra Roma, el primer acto fue destruir los registros de las deudas.[111]

Explicación de la parábola[112]

No necesitamos citar las opciones para la interpretación de esta parábola, porque, aunque existan diferencias de interpretación, la parábola es clara y más bien directa. Existen interrogantes sobre teorías de redacción y de matices, pero el mensaje de la parábola de gracia y perdón es poderoso y obvio.

Decisiones acerca de las imprecisiones

1. La relación de este relato con las historias de ungimiento en los otros Evangelios ya se ha tratado en la sección de comparación de los relatos.

2. ¿El relato de esta parábola fueoriginalmente en el contexto de una comida con un fariseo o era la parábola y la narrativa unidades independientes que se unieron después?

Aparentes áreas de desigualdad entre la parábola y la narrativa de la comida sugiere para algunos que la parábola era originalmente independiente de la narrativa. La evidencia de esta opinión incluye: la historia de la comida habla del perdón de los pecados, la parábola acerca de la remisión de las deudas; la historia contrasta todo y nada, pero la parábola contrasta mucho y poco; y en la historia de la comida el amor tiene que ver con el perdón, pero en la parábola el amor es el punto de comparación.[113] Estos contrastes son exagerados. La parábola no contrasta mucho y poco; ella hace una interrogante acerca de dos deudores. Además, el supuesto contraste ignora la metáfora de las deudas por los pecados y supone que las parábolas deben semejarse exactamente como la realidad que reflejan. No es así. No hay base para argüir que la parábola tiene una vida independiente separada de la narrativa. La parábola y la narrativa no solamente están unidas, sino que la parábola tiene su origen en y deriva su significado de la ocasión específica. Si se removieran los versículos 41-43, la respuesta a las cavilaciones del fariseo y la transición a la idea del perdón tendrían poco sentido.[114]

3. ¿Qué elementos originalmente conformaban la historia de la comida?

Varias teorías se han elaborado acerca de la tradición histórica de este perícope, pero ninguna de ellas es concluyente.[115] Con frecuencia el versículo 47 y especialmente los versículos 48-50 o porciones de éstos se consideran adiciones posteriores a la historia original. Parte de la causa que lleva a rechazar el versículo 47 es la motivación teológica para evitar la sugerencia de que la mujer se ganó el perdón por sus actos en vez de que ella obra porque fue perdonada. Además, parte de la inquietud proviene del conocimiento de paralelos a la interrogante, "¿Quién es éste que perdona pecados?" (v. 49; véase 5.21 pero también Mr 2.7; 4.41) y de la afirmación "tu fe te ha salvado; ve en paz", que presenta la fe, un tema no incluido en la primera parte del perícope pero exactamente paralelo en la historia del milagro de la mujer con el flujo de sangre.[116] Las tensiones en el texto son reales, al menos desde nuestro punto de vista, pero al final ninguna de las historias de la tradición es convincente, y el versículo 46 no es un punto apropiado para concluir. Son necesarias una conclusión como la del versículo 47 y alguna respuesta a la mujer de Simón o de los observadores como las que se encuentran en los versículos 48 y 49. Sin tales respuestas, la historia es claramente incompleta. De todas formas, esta sección lleva un fuerte sello de Lucas.

El único versículo que no conecta fácilmente en el contexto es el 50. Ya sea la declaración de Jesús respecto de la fe de la mujer o un dicho compuesto por Lucas para lograr una analogía con las historias de milagro no se puede determinar fácilmente. John Kilgallen arguye contra la idea de considerar el versículo 50 como un agregado,[117] pero el lenguaje es de Lucas. En cualquier caso, el versículo 50 es un final apropiado de la narración, y "tu fe te ha salvado: vete en paz" queda muy bien para una sanidad metafórica y también una sanidad literal.

Es educativo saber cuán poco frecuente la "fe" (*pistis*) se trata en los Evangelios. Juan, por supuesto, nunca usa la palabra. En los Sinópticos se la usa con mayor frecuencia en conexión con las historias de milagros, especialmente las sanidades, y al reconvenir a los discípulos por tener poca fe. Fuera de estos contextos *pistis* se usa con moderación: en discusiones sobre la eficacia de siquiera un poco de fe (Mt 17.20/Lucas 17.5-6; Mt 21.21-22/Mr 11.22-24); fe/fidelidad como uno de los asuntos más importantes de la Ley (Mt 23.23), en la interrogante si el Hijo del Hombre hallará fe cuando regrese (Lc 18.8), y en la oración de Jesús por la fe de Simón Pedro (Lc 22.23). A pesar de una decisión respecto del origen de 7:50, su conexión de fe, perdón, y salvación es incomparable en los Evangelios.[118]

4. ¿Cuál es el significado de la parábola? Específicamente, ¿qué debemos entender que tiene lugar en la narrativa de la comida y en la parábola?

La historia de la comida en parte ilustra el contraste en 7.29-34 entre la recepción de Jesús (y Juan el Bautista) por los pecadores y su asociación con éstos y el rechazo de ambos, Juan y Jesús, por los "hombres de esta generación" (especialmente los fariseos), pero la historia va más allá de este contraste.[119]

La estructura que se sugiere de tres casos de informe y evaluación (vv. 36-38, 39; 40-42, 43; y 44-46, 47) seguido de los vv. 48-50 como epílogo es la más útil.[120]

Nada siniestro se debe adjuntar al hecho que un fariseo invitó a Jesús a una comida.[121] Los fariseos invitan a comer a Jesús en otro sitio en Lucas (11.37; 14.1) y también advierten a Jesús que Herodes lo quiere matar (13.31).[122] Además, las explicaciones que perciben al fariseo que de manera deliberada insulta a Jesús al no proveer los actos de hospitalidad que se describen en los versículos 44 al 46 van muy lejos.[123] Quizás el fariseo no fue muy sensible o menos amable, pero sus fallas no constituyen un antagonismo previo a las acciones de la mujer.

Debido a que la mujer trajo el perfume, es casi seguro que ella vino con la intención de ungir los pies de Jesús. En ocasiones se la identifica con María Magdalena, pero no hay nada que pruebe esto. Su identidad no se conoce, excepto que los pobladores la conocen como una pecadora, supuestamente una prostituta pero eso no es seguro. Un juego de palabras arameas sustenta el texto. Las palabras para pecador (*hayyabta*), prestar (*mar hoba*) deudor (*bar hoba* o *hayyab*), pecado (*hoba*), y amor (*habeb* o *'aheb*) obviamente son todas similares.[124] Las lágrimas de la mujer se derramaron abundantemente sobre los pies de Jesús que ella sintió que las debía secar. El motivo de sus lágrimas no se puede determinar,[125] pero es probable como explicación que son lágrimas de gozo. Es casi seguro que la mujer oyó a Jesús o que oyó mucho acerca de él. Esta comida no podía haber sido la primera vez que ella se enterara de quién era él. Jeremías correctamente supone que podríamos deducir que el anfitrión, los invitados, y la mujer oyeron la predicación de Jesús.[126]

Por tener el cabello suelto, e incluso secar los pies de Jesús con sus cabellos, y ungir sus pies con el perfume, ella infringió toda tradición social de ese tiempo. Si no fuera por sus lágrimas, sus acciones llegarían al límite de la obscenidad. Dejar el cabello suelto podría interpretarse como señal de dolor o devoción religiosa.[127] Sin duda el acto fue espontáneo en vez de premeditado, y aunque la devoción claramente se manifiesta, puede queenvuelva una variedad de motivos.

Los fariseos tenían una preocupación por la pureza en las comidas que limitadamente podemos apreciar. Por tal preocupación por la pureza Simón, el anfitrión, estaba convencido que la tolerancia de Jesús al contacto con esta conocida pecadora probaba que él no podría ser justo ni profeta. Dos pasajes del Sirac ayudan al entendimiento de la conclusión del fariseo: 12.40, "así que ninguno se compadece del que se asocia con un pecador y luego queda envuelto en los pecados de éste"; y 13.17 "¿Qué tiene en común un lobo con una oveja? No más de lo que tiene el pecador con el devoto." Un hecho seguro respecto a Jesús era su asociación con los injustos, personas que se creía que causaban impureza, pero Jesús no temía volverse impuro por tener contacto con el perversículo. El creía que la santidad era más fuerte y más contagiosa que el envilecimiento,[128] y él aceptó las acciones de la mujer como justa y afectiva.

Bajo esta narrativa hay interrogantes de identidad. La más obvia es la identidad de Jesús. Para el fariseo, Jesús no podría ser un profeta porque él no percibía qué clase de mujer le había tocado, pero, con un poco de ironía en la narrativa, Jesús manifiesta que es profeta porque conoce lo que hay en el corazón del fariseo, y más que profeta porque él anuncia el perdón de pecados. La identidad de la mujer está en cuestión. El fariseo está seguro que ella es una pecadora; Jesús está seguro que ella es una pecadora perdonada. La identidad del fariseo también está en cuestión. ¿Acaso es tan puro y justo ante Dios según él piensa?

Los temas de identidad están directamente relacionados con los tópicos de valor y honor. El entendimiento de Jesús del valor y el honor de la gente está en directo desacuerdo con el de Simón.[129] La mujer pecadora es mejor que el fariseo.

En respuesta a las dudas del fariseo respecto a Jesús y su seguridad acerca de la mujer, Jesús relata la crítica, clara, y breve parábola en los versículos 41 al 42. Tales parábolas sencillas y directas pueden enseñarnos mucho respecto de su funcionamiento. Esta no es una parábola explícitamente del reino, pero enfáticamente esta parábola tanto como cualquiera muestra en qué consistía la predicación del reino de Jesús.[130] La parábola presenta dos puntos principales mediante una analogía de tres partes. Los dos puntos principales son: Dios perdona libremente, y el que recibe mayor perdón más ama.[131] Al menos el que ha sido perdonado más *debería* amar más, pero la gratitud no es automática, según prueba la parábola de los dos deudores. La idea de que los pecados son deudas a Dios es muy conocida en el judaísmo y aparece en otras partes en las enseñanzas de Jesús.[132] La cancelación de las deudas podría haber sido subversiva para algunos debido a que iba contra la desigualdad y la jerarquía de la relación patrón-cliente,[133] pero *no* habría sido sediciosa para los judíos habituados con Deuteronomio 15.1-3 y el año del Jubileo (Lv 25.10-55), en ambos textos se requiere la cancelación de las deudas. La adaptación de Jesús de Isaías 61 que se registra en Lucas 4.16-21 es casi seguro que se entiende como un anuncio del Jubileo escatológico,[134] y esta parábola, al igual que la de los dos deudores, supone que el Jubileo ha comenzado y que Dios está en el proceso de cancelación de las deudas, es decir, el perdón de los pecados.[135] Esta parábola expresa la gracia y la bondad de Dios. Cuando se refiere al pecado, Dios es como un prestamista al que no le importa el dinero.

La palabra empleada para la cancelación de las deudas, *charizomai*, difícilmente se usa para denotar la cancelación de deudas, aunque hay paralelos.[136] Esta se forma de la palabra *charis* ("gracia"), que a menudo significa "dado bondadosamente", y se emplea en las cartas paulinas para el perdón de pecados. El único otro uso en Lucas de esta palabra está en el 7.21 en conexión con Jesús cuando *otorga* la vista a muchos ciegos, la cual provee otra conexión entre este relato y las historias de milagros en Lucas.

Claramente esta parábola tiene relación entre imagen y realidad: el prestamista corresponde a Dios (o Jesús), las deudas corresponden a los pecados, la cancelación de las deudas al perdón de pecados, la mujer refiere al mayor deudor, y Simón corresponde al deudor menor.[137] Otra vez, la interpretación de la parábola no es encontrar concordancias, incluso cuando ellas existan; el asunto es cómo funciona la analogía. Sin embargo, las analogías no pueden funcionar sin representantes, y no es hacer alegorías para reconocer las relaciones donde ellas existan. Los números quinientos y cincuenta no tienen una función específica sino la de indicar que una deuda es mayor que la otra. Incluso preguntar a qué refiere tales detalles es desviar el propósito de la parábola. No observar las correspondencias obvias es cegarse uno mismo cómo funciona la analogía.

Al igual que muchas parábolas, ésta termina con una interrogante que requiere que el oyente pronuncie un juicio. La respuesta a la interrogante es tan obvia que por poco resulta minuciosa, pero cuando Simón responde se entrega a sí mismo para ser "herido por detrás". Luego de otorgarse la respuesta, no se puede evadir la relevancia de la conclusión. Obviamente la persona que recibió el perdón de la mayor deuda (o al menos es consciente que mayor cantidad de deuda ha sido perdonada) *debería* amar más, o quizás, a cambio, ser más agradecido. J. Jeremías arguye que no existe en arameo una palabra para "gracias" o "agradecimiento", consecuentemente la palabra griega para amor (*agapan*) se empleó en sentido de "gratitud" o "amor agradecido".[138] Sin embargo, el hebreo *yadah* y palabras relativas fueron empleadas para expresar agradecimiento, y hay una ventaja en mantener el enfoque en el amor.[139] Además, ¿acaso el amor, al menos el amor humano, no contiene gratitud, aunque a menudo se suponga?

Después que Simón respondiera correctamente, Jesús pregunta si él ve a "esta mujer". Claramente Simón ve su reputación, no a ella, ¿y acaso todavía no es este es el problema, que ponemos la mira en sistemas y asuntos pero no en la persona? Esto no quiere decir que la preocupación acerca del pecado u otros asuntos no tienen importancia, pero lo relevante de Jesús es que percibió la persona.

El contraste que Jesús hace de las acciones de la mujer y las de Simón señala que Simón no ha hecho nada para expresar amor, sin embargo la mujer fue extravagante en la manifestación de su amor. Jesús tomó esta extravagancia como evidencia de, o como base para el perdón. El contraste coloca a la mujer en una posición mucho más honorable que la de Simón y lo señala como uno que poco ama. ¿Cómo se debe entender el refrán en el versículo 47? (note el tiempo presente) "más aquel a quien se le perdona poco, poco ama". ¿Acaso deberíamos entender que Simón fue perdonado poco porque en realidad él necesitaba ser perdonado poco? Claramente él corresponde al deudor que debe poco con relación a la mujer, pero la parábola es una analogía, no una descripción de la realidad. Una vez más los problemas lo causan aquellos que quieren que las parábolas sean reflexiones perfectas de la teología. Simón no mostró evidencia de amor. ¿Acaso ha sido él perdonado? O, para continuar con el pensamiento del refrán, ¿acaso aquel que en nada ama de nada se le perdona? El relato queda abierto, y seguramente las palabras de Jesús tenían la intención de desafiar a Simón para que reconsiderara tanto su propia condición, quizá él no era deudor de poco, como también su actitud hacia la mujer y Jesús. Él no podía ser justo si no mostraba la compasión de Dios.

5. ¿Cuál es la relación de las acciones de la mujer y su perdón?

¿Obró ella debido a que fue perdonada, o fue perdonada a causa de sus actos? ¿Son sus actos una evidencia de remordimiento y arrepentimiento? Se ha dado mucha atención a los versículos 47 y 48 y sus consecuencias y en especial a *hoti* ("debido a" en cierto sentido) en el versículo 47. Los versículos 47 y 48 pueden entenderse que ella fue perdonada debido a sus actos de amor. Sin embargo, el versículo 47b ("a quien se le perdona poco, poco ama"), implica que el amor de la mujer es consecuencia de su perdón. Con frecuencia este punto marca un desacuerdo entre católicos y protestantes, porque el primero considera que el amor de la mujer es la base de su perdón (toma *hoti* como "debido a") y el segundo arguye que el amor de la mujer resulta de haber sido perdonada (tomando *hoti* como "en reconocimiento del hecho que").[140]

El intento de guardarse de la salvación por obras provoca mucha discusión, y concordamos con Jülicher que la discusiónestá llena de prejuicio.[141] Antes de decidir sobre este asunto, debemos reconocer que, hasta donde podemos decir, que ni Jesús ni los evangelistas tenían tanta inquietud como nosotros con respecto a evitar cualquier idea de la salvación por las obras. Otros textos exhiben una semejante "extrañeza" de orden o falta de interés acerca del orden de salvación. El misericordioso recibe misericordia (Mt 5.7), aquellos que perdonan son perdonados (Lc 10.25-28); 18.18-23). En Lucas 17.19 se dice al leproso que fue limpiado y regresa, que su fe le ha salvado, lenguaje que en otras partes es usado para sanidades, pero los otros nueve leprosos también fueron sanados. En todo caso, la afirmación es una consecuencia del acto del leproso. Ninguno de estos textos urge la salvación por obras. F. Bovon tiene razón al decir que en el 7.36-50 Lucas no presenta la interrogante teológica de la relación de la iniciativa de Dios y la respuesta humana y que para Lucas ambos están activos en la reconciliación. Para Bovon las acciones de la mujer son simultáneamente indicaciones y razones para su perdón.[142] Aunque estamos tocando este asunto en exceso, podemos mencionar varios puntos que refuerzan el caso de que el perdón precede al amor de la mujer:

a. La lógica *de la parábola* supone que el perdón proviene primero y sin ninguna razón en el deudor y que el amor fluye del perdón.
b. Algo previo provocó las acciones de la mujer. Desde el punto de vista de la narrativa las acciones de la mujer son una respuesta a Jesús por ser amigo de los pecadores (7.34).[143]
c. Las afirmaciones acerca del perdón en los versículos 47 y 48 emplea el pretérito perfecto ("has sido perdonada") indicando que el perdón precede a los actos de amor.
d. *Hoti* puede significar "en reconocimiento de".

Sin embargo, dicho así, indica que la parábola enfatiza la interrelación de amor y perdón. Lucas tiene interés en responder nuestras interrogantes acerca del remordimiento o el arrepentimiento de la mujer. Él supone que si el lector comprende el perdón otorgado y el amor expresado, el remordimiento y el arrepentimiento se ocuparan por sí mismos.[144]Claramente, Lucas supone el arrepentimiento en este texto, o de lo contrario no tiene sentido hablar acerca de "sus muchos pecados" y el perdón. El contexto de fe y paz no la deja en sus pecados. Tampoco la parábola o la narrativa hacen todo, y no deberíamos esperar que así sea. Lo que Lucas enfatiza para su lector es que el perdón de Jesús, la liberación de Jubileo, se ha otorgado, y que las personas al igual que la mujer pecadora recibieron el completo beneficio de esta dispensación y hallaron paz y salvación, incluso cuando las personas como los fariseos no podían entender o aceptar lo que estaba sucediendo. Con respecto a eso, quizá las acciones de la mujer fueron parte de la celebración inherente en el mensaje de Jesús.

Obviamente esta narrativa y parábola tienen implicaciones cristológicas. Lo supuesto es que Jesús es el que perdona debido a que él recibe el amor. Por lo menos, Jesús da validez a su condición de profeta y que él es el agente que anuncia el perdón de Dios, pero la intención parece ser mucho más que eso. Además, el hecho que Jesús es considerado como uno que perdona los pecados conlleva la sugerencia de que él está reemplazando las funciones del templo o al menos sus acciones son comparables con el templo (cf. Mt 12.6).

Con respecto a Simón la narrativa queda abierta. La parábola opera como una advertencia y un desafío a Simón, pero no sabemos cómo el respondió.

6. ¿Cuál es la relación del amor y la fe?

Esta perícope nos fuerza a poner la fe y el amor en una relación más cercana de lo que acostumbramos. Para nosotros la fe es un asunto de la mente, mientras que el amor es un asunto del corazón, pero las Escrituras no mencionan esta división. Es este pasaje se comprende el amor como la expresión de la fe (cf. Gal 5.6), y propiamente comprendido es difícil imaginar una fe que no envuelva amor. Amar a Dios con todo el corazón, la mente, y todas nuestras fuerzas no es otra cosa sino fe, y la fe no puede lograr más. La fe amará, o no es fe (cf. la discusión de Lucas 10.25-37).

La cancelación de las deudas es pura gracia, pero una que transforma, que crea amor y relación, y requiere, incluso demanda, una respuesta. La parábola de Jesús y el diálogo que acompaña demuestra la presencia del Reino, el perdón disponible para los pecadores, y la responsabilidad que viene con la gracia.

Adaptación de la parábola

La respuesta es el enfoque central para esta parábola y la de Los dos deudores. El Reino viene con gracia ilimitada en medio de un mundo malo, pero la gracia que no produce una respuesta es gracia desconocida. También los cristianos de la actualidad con frecuencia piensan que se puede recibir la gracia sin efecto y sin respuesta. Eso es imposible. ¿Acaso la apatía de nuestro compromiso a Dios se debe a que tenemos un sentido tan ínfimo de la gran deuda perdonada? Si nos importa lo que Dios ha hecho por nosotros, habrá evidencia de una gratitud que responde y obras.

Parte de esa respuesta será el desarrollo de la habilidad para percibirlas personas verdaderamente. Jesús podía percibir las personas, no solamente mirarlas. Necesitamos tener la capacidad de ver más allá de lo obvio y la forma de las personas para percibir lo que de veras son, cuáles son sus necesidades, y cuál es el potencial que tienen. Solamente así el amor de Dios podrá encontrar un camino a través de nosotros. La habilidad de ver envuelve también la habilidad de percibir y evaluar nuestra cultura.

Particularmente en la cultura blanca norteamericana, se enseña que la persona debe reservar sus emociones al responder, pero nada grande pasa sin emoción.[145] La mujer en esta parábola nos enseña la importancia de la emoción, de no tomar el pecado a la ligera sino de tener un sentido de su valor. Esto es lo que dio a ella un amor profundo y compromiso por Jesús. No debemos restar importancia a la relevancia de la respuesta de esta mujer. Es obvia la similitud de su acto de ungir los pies de Jesús y de secarlos con su cabello con el acto de Jesús al lavar los pies de sus discípulos y secarlos con una toalla, especialmente cuando el amor es la marca de la motivación de ambos (Lc 7.47 y Jn 13.1). Jesús fue el receptor de tal acto de amor y humildad antes de lavar a sus discípulos. La mujer modeló la humildad que Jesús expresó.

Obviamente se deben confrontar las interrogantes de identidad. Se deben captar las cristologías implícitas, pero especialmente se deben cotejar los cuestionamientos acerca de nuestra propia identidad con respecto a Dios y otras personas. Somos deudores, y potencialmente, si estamos dispuestos a responder, deudores perdonados, y todos estamos en esa categoría. Ninguno de nosotros coincide en la categoría de "menor deudor". Esto significa que el desprecio de otros y las actitudes de superioridad no tiene cabida con los cristianos. La parábola no describe toda la cadena de eventos, pero un vistazo a la sociedad humana muestra la arrogancia que lleva al desdén, lo cual produce discordia, y que con frecuencia lleva a la violencia.[146]

Las implicaciones de esta parábola sobre asuntos de la separación del pecado y "el mundo" son muy grandes. Claramente la separación no puede conllevar separación de la gente. Los cristianos no tienen derecho de rechazar los "parias". Incluso cuando se rechazan acciones específicas, los cristianos deben estar dispuestos a abrazar los pecadores sin afirmar sus acciones o los eventos que claramente son injustos. La santidad, al menos la verdadera santidad, es más fuerte y más contagiosa que el pecado.[147] El pecado se debe evitar, no temer. Una amplitud del alma (*makrothymia*) se extiende a la persona para ayudarla a la fe y la obediencia.

La gracia y la responsabilidad no se refieren a una gracia barata, o una sin responsabilidad. La gente y las iglesias quieren una gracia sin responsabilidad. El perdón no tiene límites, pero conlleva responsabilidades, confesión, verdad, e incluso restitución. Estas dos parábolas solamente son dos representaciones de las múltiples facetas del tema del perdón.

Lectura adicional

Kenneth E. Bailey, *Through Peasant Eyes:More Lucan Parables, Their Culture and Style* (Grand Rapids: Eerdmans, 1980), pp. 1-21.

François Bovon, Luke 1: *A Commentary on the Gospel of Luke* 1.1-9:50 (trad. Christine M. Thomas; Minneapolis: Fortress, 2002), pp. 289-98.

Hans Drexler, "Die große Sünderin Lucas 7:36-50", ZNW 59 (1968): 159-73.

Joseph A. Fitzmyer, *The Gospel According to Luke* (I-1X): *Introduction, Translation, and Notes* (AB; Garden City, N.Y.: Doubleday, 1979), pp. 683-94.

John Nolland, *Luke* 1-9:20 (WBC; Dallas: Word, 1989), pp. 349-62.

James A. Sanders, "Sins, Debts, and Jubilee Release", *in Luke and Scripture: The Function of Sacred Tradition in Luke-Acts* (ed. Craig A. Evans and James A. Sanders; Minneapolis: Fortress, 1993), pp. 84-92.

Reinhard von Bendemann, "Liebe und Sündenvergebung. Eine narrative-traditionsgeschichtliche Analyse von Lk 7, 36-50", BZ 44 (2000): 161-82.

4 John Dominic Crossan, In Parables: The Challenge of the Historical *Jesus (New York:Harper & Row, 1973), p. 106.*

Capítulo 4
Parábolas de perdidos

Las parábolas propiamente relacionadas de la oveja perdida, la moneda perdida, y el hijo pródigo en Lucas 15 tratan con la pérdida y la recuperación. Ellas reflejan el empleo que hace Jesús de temas específicos para referir la presencia del Reino y la compasión de Dios. Estas parábolas se deben considerar primero en relación con las parábolas de la gracia y la responsabilidad por lo que revelan acerca de Dios. También se las debe poner en relación a las parábolas del Reino presente.

El orden de Lucas 15

Lucas haordenado claramente el capítulo 15 para lograr un efecto retórico, y un entendimiento de cómo la función de esta sección ayuda en la interpretación individual de las parábolas. El desarrollo del capítulo fácilmente se discierne:

vv. 1-3 –una descripción editorial del propósito de estas parábolas en la murmuración de los fariseos y los escribas por la aceptación de Jesús de los pecadores y por comer con ellos (aunque en v. 3 la palabra "parábola" está en singular)[1]
vv. 4-7 –la parábola de la oveja perdida
vv. 8-10 –la parábola de la moneda perdida
vv. 11-32 –la parábola del hijo pródigo

Mateo ubica la parábola de la oveja perdida en un contexto completamente diferente, y el Evangelio de Tomás también la incluye, pero las otras dos parábolas no tienen paralelo.

Casi toda explicación posible del origen de esta colección tiene representativos. Algunos arguyen que la tradición de Lucas ya se había unido a estas tres parábolas, y otros que él es el responsable de juntarlas. Algunos arguyen que la oveja perdida y la moneda perdida se narraron al mismo tiempo o que fueron juntadas por Lucas, otros dicen que no fue así. Algunos arguyen que ambas parábolas estaban en el Q y que Mateo omitió la oveja perdida, y otros que las versiones de Mateo y Lucas son del M y L respectivamente. Ningunas de las teorías se explican ni contribuyen mucho al entendimiento.[2]

Lo explicable es cómo esta sección de Lucas logra su efecto retórico. Al menos el capítulo 15, si no todo el 14.1-17.10, enfoca en el Evangelio de los rechazados.[3] Este capítulo es el corazón de la narrativa de viaje de Lucas, en la que presenta la mayor parte de la enseñanza de Jesús y, de hecho, el corazón de todo su Evangelio. Agrupar tres o incluso más parábolas juntas para un argumento efectivo tiene paralelo en la literatura rabínica y en la *chreiai* griega.[4] Sin restar valor a la importancia de La oveja perdida y La moneda perdida, estas dos parábolas interrogativas funcionan casi como un preludio a la más larga y compleja parábola del hijo pródigo.[5] El pensamiento de cien ovejas a las diez monedas, al hijo pródigo apoya la naturaleza decisiva de la estructura. El capítulo 15 tiene conexión con el 14 en la actitud del fariseo hacia las acciones de Jesús (14.13, 23 y 15.1-2) y en la repetición de la palabra "oír" (14.35 y 15.1), la cual es de primordial importancia. Las tres parábolas en el capítulo 15 desafían a los que tienen oído a que oigan para participar del regocijo. Hay conexiones con el capítulo 16 en los principios idénticos de las parábolas en el 15.11 y 16.1 ("un hombre tenía", *anthrōpos tis eichen*), el uso de la palabra "desperdiciar" (*diaskorpizein*, 15.13 y 16.1), y en las parábolas acerca de una persona que trata con una crisis por no tener recursos (el pródigo en el 15.14-16, el mayordomo infiel en el 16.3, Lázaro en el 16.20-21, con "ansiaba saciarse" (*epithymein chortasthēnai*) que se emplea en ambas, el pródigo y Lázaro). Tales conexiones no son claves para la interpretación, y quizá algo resulte meramente de las expresiones habituales. Sin embargo, ellas habrían ayudado a los oyentes a procesar el material verbal.

Más importantes son los puntos del tema que se trata y la relación interna en el capítulo 15. La asociación de Jesús con los cobradores de impuestos y los pecadores es uno de los más evidentes, y para las autoridades religiosas uno de los más inadmisibles, aspectos de su ministerio.[6] Jesús consideraba que su misión era buscar y salvar al perdido

(Lc 5.32; 19.10; véase también Mt 10.6; 15.24; Lc 15.1-10). Paralelas a las murmuraciones de los fariseos y escribas en el 15.2 y las murmuraciones y celosías del hermano mayor están las murmuraciones de los obreros en la parábola de la viña (Mt 20.11-12),[7] la actitud de Simón hacia la mujer pecadora que ungió a Jesús (Lc 7.36-50), el desprecio de los fariseos en la parábola del fariseo y el publicano (Lc 18.11), las murmuraciones que resultan cuando Jesús come con Zaqueo (Lc 19.7), y lo más importante, las murmuraciones de los fariseos y escribas en el banquete ofrecido por Leví porque Jesús comía y bebía con los cobradores de impuestos y los pecadores (5.27-32). La similitud del 5.29-32 con el 15.1-2, 7 señala la importancia de este tema para Lucas.

Respecto a las conexiones en el capítulo 15, existe una inclusión entre las murmuraciones de los fariseos en los vv. 1-2 y las del hermano mayor en los vv. 29-30. La afirmación del hijo mayor de no haber desobedecido jamás un mandamiento (v.29) es paralela al justo que no necesita de arrepentimiento (v.7). El gozo y la celebración en los vv. 5-7 y 9-10 es semejante al regocijo y la celebración por el regreso del pródigo (vv. 22-27 y 32). Por cierto, la celebración y el gozo son los temas dominantes en este capítulo. Las dos primeras parábolas enfocan en lo que se perdió y luego se encontró, que resalta el refrán "se había perdido, y es hallado" en referencia al pródigo (vv. 24, 32). Puede que haya pocas dudas de que las tres parábolas lleven el mismo mensaje esencial, pero hay diferencias. Ninguna falta se atribuye a la oveja o a la moneda, incluso cuando las aplicaciones de ambas parábolas centra en el arrepentimiento, pero el pródigo dos veces dice "he pecado" (vv. 18, 21). El pastor y la mujer, ambos buscan lo que se había perdido, pero el padre no busca. De este punto algunos concluyen que las dos primeras parábolas enfatizan la iniciativa divina mientras que la tercera enfatiza la respuesta humana,[8] pero esta diferencia no será suficiente. Aunque el padre no busca al pródigo, él se interesa de ambos hijos. Hay frases casi idénticas en la parábola de la oveja perdida y la moneda perdida,[9] pero también hay diferencias. El pastor que deja las noventa y nueve no tiene paralelo en la moneda perdida. En ésta se describe más el esfuerzo en la búsqueda que en la parábola de la oveja perdida, las dos descripciones del gozo difieren, y la parábola de la moneda perdida no tiene paralelo con la idea de que algunos no necesitan arrepentimiento.

He argumentado en otro sitio que los cuatro componentes dominantes del evangelio de Jesús son la celebración, la compasión, la restauración de Israel, y el reino de Dios presente y futuro.[10] Las parábolas en el Cap. 15 son básicamente evidencia del evangelio de Jesús de la celebración y la compasión. Los otros dos temas solamente están implícitos, pero están allí. Como resultado, este capítulo es la descripción más poderosa que existe de Dios que busca a los pecadores y celebra el retorno de éstos.

La Oveja Perdida
(Mateo 18.12-14/Lucas 15.4-7)

Tipo de parábola

En Mateo y en Lucas esta es una parábola interrogativa. En Mateo a la pregunta de introducción ("¿qué os parece?") le sigue una circunstancia hipotética, a la cual sigue una parábola interrogativa ("¿no dejará él?"). Al *condicional* de encontrar (v. 13: "y si acontece que la encuentra") sigue una afirmación de consecuencia y una *nimshal.* Algunos clasifican este relato una similitud, y otros arguyen que originalmente era una parábola que refiere un evento específico.[11] No hay una trama desarrollada, de modo que esta no es una parábola en el sentido técnico. Como mucho ésta es una similitud implícita, como si dijera "mi asociación con los pecadores es como la circunstancia de un pastor que recupera a la oveja perdida y que se regocija con sus amigos por haberla recuperado". Sin embargo, en favor de la claridad es mejor designarla conforme a su forma como una *parábola interrogativa.* Las parábolas interrogativas no están lejos de las parábolas jurídicas, porque ellas establecen una situación hipotética, fuerza al oyente/lector a responder la interrogante, y obliga que uno transfiera esa respuesta a otra situación. (Las parábolas jurídicas adicionalmente llevan un elemento acusatorio.)

Asuntos que requieren atención

1. ¿Cuál es la forma original y el contexto de la parábola? ¿Está Mateo o Lucas más cercano a las palabras de Jesús y el original *Sitz im Leben*? ¿Qué importancia tiene la relación de las dos para el entendimiento?
2. ¿Podría un pastor abandonar las otras noventa y nueve ovejas? ¿Qué relevancia tiene una decisión para entender la parábola?

3. ¿Se ha estructurado la parábola en uno o más textos del AT? Específicamente, ¿tiene razón Bailey al considerar Lucas 15 como una expansión del Salmo 23?
4. ¿Representan las características realidades teológicas? ¿Debería identificarse al pastor con Dios, Jesús, los discípulos, o uno que busca el Reino? ¿Tiene la parábola inferencias de cristologías?
5. ¿Qué se debe aprender aquí acerca del arrepentimiento? ¿Acaso algunos no necesitan de arrepentimiento?
6. ¿Qué enseña la parábola?

Material útil de fuente primaria

Material canónico

- AT: Gn 48.15; 49.24; Sal 23; 119.176; Is 40.10-11; 53.6; 60.4; Jer 23.1-4; 50.6; Ez 34
- NT: Mt 10.5-6; 12.11-12; Jn 10.1-18; Hch 20.28-30; Heb 13.20; 1 P 2.25; 5.4; Ap 7.17

Escritos judíos tempranos

- Del Qumran, CDA 13.7-10: "Y esta es la regla del inspector del campo… Tendrá compasión de ellos como un padre de sus hijos, y sanará a todos los "afligidos entre ellos" como un pastor a su rebaño. El desatará todas las cadenas que les sujeta, para que no haya hostigados ni oprimidos en su congregación" (véase también 4Q269 frag. 11.4-8).
- CBD 19.5-11: Pero (sobre) todos aquellos que desprecian los preceptos y las ordenanzas, sea derramado sobre ellos el castigo del malvado, cuando Dios visite la tierra, cuando venga la palabra que fue escrita por el profeta Zacarías [Zac 13.7] "Levántate, oh espada, contra el pastor, y contra el hombre compañero mío —profeta de Dios— Hiere al pastor, y serán dispersadas las ovejas; y haré volver mi mano contra los pequeñitos'. Aquellos que le temen son [Zac 11.11] 'los pobres del rebaño'. Estos escaparán en el tiempo de la visitación; pero aquellos que permanecen serán entregados a la espada cuando venga el Mesías de Aarón e Israel".

- 4Q171 3.5-6: "Quienquiera que ame a YHWH serán como preciosos carneros' (Sal 37.20). [Su] interpretación [concierne…] aquellos que serán jefes y príncipes [sobre toda la congregación, como pastores] de las ovejas en medio de sus rebaños".

Escritos cristianos tempranos

- *Evangelio de Tomás* 107: "Jesús dijo: el Reino es semejante a un pastor que tenía cien ovejas. Una de ellas se extravío; era la más grande. Y dejando las noventa y nueve (y) buscó a la extraviada hasta encontrarla. Después de haberse alentado a sí mismo, dijo a la oveja, te amo más que a las noventa y nueve."
- *Evangelio de la Verdad* 32-32: "Él es el pastor que deja atrás las noventa y nueve ovejas que no están perdidas. Y sale a buscar a la perdida. Y se regocija cuando la encuentra porque el noventa y nueve es un número que está en la mano izquierda, la cual lo sostiene. Pero al encontrarse la perdida, la suma entera pasa a la (mano) derecha. Así [acontece] con aquél que le falta el uno; el cual es la mano derecha entera que toma de la izquierda lo que es deficiente y [lo] transfiere a la derecha, y de este modo el número llega a cien… Incluso en el sábado, trabaja por la oveja, sacándola del pozo a fin de que pudiéramos conocer interiormente… qué es el sábado…"

Escritos judíos tardíos

- *Testamento de Salomón.* D y E tiene el contraste entre las noventa y nueve ovejas y una oveja en conexión con la parábola hablada por Natán a David.[12]
- *m. Baba Mesi'a* 7.8-9 tiene un número de regulaciones para tratar con la pérdida de un animal, dependiendo de las circunstancias.
- *m. Baba Qamma* 6.2 tiene regulaciones con respecto a un pastor que deja un rebaño o lo entrega a cargo de otro. "Si dejara el rebaño al sol, o si entregara su cuidado a un sordomudo, un estúpido, o un menor, y salió y causó daño, él es culpable. Si entregara al cuidado de un pastor, el pastor ocupa el lugar del dueño." *b. Baba Qamma* 55b, 56b explica: "…

'él lo entregó a un pastor' significa que [el pastor lo entregó] a su aprendiz, como por cierto es la costumbre del pastor de entregar su oveja [al cuidado de] su aprendiz." Véase también *t. Baba Qamma* 6.20.

- *Éxodo.* Rab. 2.2: "También Moisés fue probado por Dios a través de la oveja. Nuestros rabinos relatan que cuando Moisés nuestro maestro, la paz sea con él, atendía el rebaño de Jetro en el desierto, un pequeño se escapó. Moisés corrió tras el pequeño hasta que éste llegó a un lugar sombreado, parecía que allí había una laguna y el pequeño se detuvo a beber. Al acercársele Moisés, dijo: 'Yo no sabía que te habías escapado por estar sediento; debes estar cansado'. De modo que cargó al pequeño sobre sus hombros y se fue. En ese momento Dios dijo: 'Porque has tenido misericordia para guiar el rebaño de un mortal, de cierto tu cuidarás de mi rebaño Israel'."[13]
- *Midr.* Sal. 119.3 comprende "yo anduve errante como oveja descarriada" (Sal 119.176) para señalar la inocencia de David porque las ovejas extraviadas son inocentes. Entonces se comprende que David pide a Dios que le busque como un pastor busca una oveja perdida.

Comparación de los relatos

Mateo y Lucas tienen relativamente poco en común en esta parábola, y sus relatos presentan un sorprendente fenómeno en la relación de los Sinópticos. Como se podría esperar, el material de tradición triple está normalmente muy relacionado, pero el material de tradición doble ni es muy semejante (p. ej., las parábolas del prudente y el insensato en Mt 7.24-27/Lc 6.47-49, la de la levadura en Mt 13.33/Lc 13.2-21, y la del siervo fiel y el siervo malo en Mt 24.45-51/Lc 12.41-48) ni tan diferente al punto de cuestionar si los relatos están relacionados de alguna manera (p. ej., las parábolas de las fiestas de boda/la gran cena de Mt 22.1-14 y Lc 14.15-24 y las parábolas de los talentos/de las diez minas en Mt 25.14-30 y Lc 19.11-27). Los dos relatos de La oveja perdida encajan en esta categoría. De las sesenta y cinco palabras en Mateo 18.12-14 y las ochenta y nueve en Lucas 15.4-7 solamente catorce son idénticas en ambos relatos, más cuatro palabras que comparten pero con diferentes formas gramaticales. Las palabras en común son componentes básicos como "cien ovejas", "una de ellas", y "las noventa y nueve", pero para casi todo el resto cada evangelista tiene su propia expresión. Entre las diferencias más significativa están:

En Mateo	En Lucas
la parábola se relata a los discípulos (18.1), es parte del discurso eclesiástico de Mateo, y trata de los discípulos descaminados.	la parábola se relata como la respuesta de Jesús a las murmuraciones de los fariseo y los escribas porque recibía y comía con los pecadores (15.1-2)
la oveja se descarría (*planēthē*)	la oveja está perdida (*apolesas*)
la palabra "dejar" es *apahēsei*	la palabra "dejar" es *kataleipei*
las noventa y nueve son dejadas en los montes (*ta orē*)	las noventa y nueve son dejadas en el "desierto" (*en tē erēmō*)
"y si acontece que la encuentra"	el hombre busca hasta encontrarla
la parábola es más breve	la parábola es más extensa. El hombre pone sobre sus hombros a la oveja y se goza. Al llegar a casa, llama a sus amigos y vecinos para que se gocen con él.
la conclusión permanece en el plano de la parábola y dice que el hombre se regocija más por la oveja recuperada que por las noventa y nueve	la conclusión cambia al plano teológico y explica que habrá más gozo en el cielo por un pecador que se arrepiente que pornoventa y nueve justos que no necesitan de arrepentimiento
El texto entonces cambia al plano teológico y concluye que es contrario a la voluntad divina que uno de estos pequeños se pierda (*apolētai*)	Lucas no tiene paralelo

Difícilmente alguno arguye que el *Evangelio de Tomás* es más reciente que las versiones de los Sinópticos o que tiene un relato preferible de esta parábola,[14] incluso si ella no depende de los relatos canónicos.[15] En el Evangelio de Tomás, la parábola explícitamente es una del Reino. El pastor deja las noventa y nueve porque la oveja perdida es la más grande y el pastor la ama más que las noventa y nueve, lo cual generalmente se toma como una referencia del estado superior del gnóstico. De la misma manera, en el Evangelio de Tomás 8 un pescador retiene el pez grande y deja ir todos los pequeños. El Evangelio de Tomás 109 y 110 son parábolas muy semejantes y tratan con el tema del encuentro de algo de mucho valor que otorga una categoría superior. Otra vez el Evangelio de Tomás es claramente secundario y, en mi opinión, si no gnóstico, al menos es protognóstico.[16]

Características relevantes del texto

Con justa razón se omite Mateo 18 de la mayoría de las ediciones modernas del NT por ambas causas, la externa y la interna. La variante tiene dos formas: "el Hijo del Hombre vino para salvar lo que se había perdido" y "el Hijo del Hombre vino a buscar y a salvar lo que se había perdido", con el primero más ampliamente comprobado. El versículo se ha omitido en varios manuscritos, los más notables los códices Sinaítico y Vaticano (unciales del cuarto siglo), 33 (la "reina de las minúsculas"), y en diversas versiones iniciales y de los padres de la iglesia. Parece que fue copiado de Lucas 19.10. Es muy difícil imaginar que un escriba omita este versículo que había sido original.

Mateo 18.1—14 tiene un posible quiasmo:

10ª	uno de estos pequeños
10b	mi Padre que está en los cielos
12b	se ha descarriado
12c	las noventa y nueve
12c	la que se ha descarriado
13b	las noventa y nueve
13b	se ha descarriado tú (o mi)
	Padre que está en los cielos
	uno de estos pequeñitos[17]

Disponer el texto de esta manera es instructivo pero no considera una buena parte del texto. Si este es un quiasmo, entonces no tiene balance. Pero al menos hay una inclusión entre los versículos 10 y 14 que excluye esta sección como una unidad. Una estructura chiastica similar sugiere Lucas 15.4-7, pero parece forzada.[18]

Las referencias a los ángeles en Mateo 18.10 (la oveja perdida) y Lucas 15.10 (la moneda perdida) son similares.

Entre las diversas palabras claves que conectan las secciones de Mateo 18 notamos "pequeños" (*mikroi)* en los versículos 6, 10, 14.

Mateo 12.11-12 tiene una parábola interrogativa similar respecto a una oveja y si uno podría sacarla del pozo en el sábado. Espera una respuesta afirmativa y da una conclusión teológica.

La interrogante de introducción "¿que os parece? (*ti hymin dokei*) en Mateo 18.12 es paralela a Mateo 21.28; 22.42; 26.66 y en 17.25; 22.17 con el pronombre singular (*ti soi dokei*). Fuera de Mateo esta forma aparece en el Nuevo Testamento solamente en Juan 11.56, pero se debate si esta frase general se debe denominar un mateismo o atribuirla a Mateo, especialmente debido a que una construcción similar ocurre en Lucas 10.36 (*tis... dokei soi*)[19] y tiene paralelos semíticos.[20] Las interrogantes eran características usuales de la enseñanza de Jesús. Dion Crisóstomo, *oratio* 70.5 muestra un uso similar de interrogantes que requieren una elección ("¿Cuál de los dos dirás...?) y da una conclusión como respuesta.

La forma interrogativa de la parábola en Lucas ("¿Quién de estos?" (*tis anthropos ex hymōn*) es paralelo (con una ligera variación) en Mateo 7.9 y 12.11. La forma abreviada "¿Quién de vosotros?" (*tis ex hymōn*) es paralela en Mateo 6.27; Lucas 11.5 (la parábola del amigo necesitado), 11; 12.25; 14.28 (la parábola del constructor de la torre); 15.8 (la parábola de la moneda perdida); y 17.7 (la parábola del siervo que trabaja); cf. también la forma abreviada en Lucas 14.5[21] Una examinación de los contextos indica que la respuesta que se espera en todos estos casos es "ninguno", que,significa que cualquier pastor dejaría las noventa y nueve para buscar a la oveja perdida. La lógica de estas parábolas es del menor al mayor, ya de los humanos (p. ej., si una persona salvara un animal en el sábado, ¡cuánto más apropiado sería sanar una persona! o de Dios (p. ej., si las personas se comportaran de una manera razonable como el dar buenas cosas a sus hijos, ¡acaso no hará Dios lo mismo![22] Es posible que la pregunta en Lucas 15 se extienda hasta el final del versículo 6, o, según indica la puntuación de la mayoría de las ediciones, solamente hasta el final del versículo 4.

Lucas 15.6 y 9 son semejantes en la estructura verbal.

Información cultural

Además de la evidencia del NT,[23] el rechazo de los fariseos de asociarse con los pecadores se refleja en varios dichos. Por ejemplo, *Mekilta Amalek* 3.55-57 (sobre Éx 18.1) dice: "En este sentido el sabio dice: Nunca permitas la asociación con el malvado, ni siquiera con el propósito de acercarle a la Tora." Los sentimientos a veces eran intensos.[24] La importancia de las comidas para marcar los límites de identidad era de gran relevancia en la Palestina antigua[25] y es evidente en los textos del Nuevo Testamento, especialmente en Lucas (p. ej., 14.7-14).[26]

El oficio de pastor era una labor despreciada. Por ejemplo, *Midrash,Ps*. 23.2: "R. José Bar Hanina enseñó: En el mundo no encontrarás una ocupación más despreciada que la del pastor, que todos los días anda con su cayado y su bolsa. Sin embargo, David se atrevió a llamar al Santo, bendito sea Él, ¡un pastor!" (que se explica de Gn 48.15). *M. Qiddušin* 4.14 supone que los pastores eran ladrones porque guiaban las ovejas hacia las tierras de otros, *b. Sanhedrin* 25b cita a los pastores entre aquellos no aptos para testificar y los asocia con los cobradores de impuestos, y *b. Baba Qamma* 94b dice que es difícil que los pastores se arrepientan y hagan restitución.[27] La interrogante de Jesús, "¿qué hombre de vosotros, teniendo cien ovejas?" pudiera haber provocado que los fariseos y escribas, que ponen suma atención a la limpieza, que imaginen a sí mismos estar envueltos en un comercio que consideran impuro. La anomalía no pasaría desapercibida y posiblemente era una estrategia retórica intencional.[28] Sin embargo, la imagen del pastor se usa para ilustrar el cuidado amoroso de Dios de su pueblo[29] y para los líderes del pueblo en el Antiguo Testamento y del judaísmo, incluso el libertador escatológico.[30] Se describe el pueblo sin pastor o con una directiva deficiente como ovejas sin pastor.[31]

El pastor en la parábola parece ser el dueño del rebaño, y la cantidad del rebaño podría indicar cuán buena era la posición económica de uno. El no era rico, pero cien ovejas es un rebaño de tamaño considerable. *T. Baba Qamma* 6.20, al discutir la culpabilidad de un pastor que entrega su rebaño a otro, dice que éste está exento de culpa al pasar al otro incluso si fuera responsable de un rebaño de trecientas ovejas, un número exagerado en este contexto. En comparación, Job tenía siete mil ovejas al principio y luego fue bendecido con catorce mil (Job 1.3; 42.12), y Jacob regaló a Esaú, entre otras cosas, doscientas veinte ovejas (Gn 32.14).

Se dice que una oveja perdida, por lo general se recuesta y se da por vencida y no encontrará su camino de regreso.[32] Es posible que por esto el pastor la carga sobre sus hombros, auque probablemente la intención sea ilustrar el cuidado de un buen pastor. En varias culturas mucho antes de Cristo era común ver que los pastores cargaban las ovejas.[33]

El arrepentimiento es un pillar central del pensamiento judío.[34]

La parábola es realista excepto por la llamada de los amigos y los vecinos, la cual parece una exageración. En especial esto es cierto en la parábola de la moneda perdida. Supuestamente al llamar los vecinos para celebrar requiere de gastos en alimentos, lo cual añadiría un costo financiero a la recuperación. Esta exageración acerca la parábola a la realidad de Jesús que come con los pecadores y enfatiza el tema del gozo.[35]

Explicación de la parábola

Opciones para la interpretación

Con frecuencia, la iglesia primitiva comprendía la búsqueda del pastor de la oveja como una referencia de la encarnación para recobrar la humanidad perdida, y entendía las noventa y nueve como los ángeles.[36] La mayoría de las interpretaciones modernas centran en algún sentido de Dios o Cristo que busca restaurar al perdido. Por lo general, se enfatizan ambos la búsqueda y celebración por haber encontrado. En este marco se sugiere diversículos matices. En cambio, unos pocos arguyen que la parábola originalmente era más semejante a la del tesoro perdido y aludía personas que buscan el Reino.[37]

Decisiones acerca de las imprecisiones

1. ¿Cuál es la forma original y el contexto de la parábola? ¿Es la versión de Mateo y Lucas más similar a las palabras de Jesús y el original Sitz im Leben? ¿Qué relevancia tiene la relación de ambos para el entendimiento? La autenticidad de esta parábola muy poco se cuestiona, pero partes de ella por lo general se describe como la obra editora de Mateo y Lucas.[38] Se reconoce bien la organización editorial de Lucas del capítulo y su estructura de la introducción en 15.1-3 para reflejar 5.29-32. Se considera la versión de Mateo de la parábola como la más original debido a que es más breve y menos corregida y porque el hallazgo de la oveja es incierto, lo cual no es probable que se la haya introducido posteriormente.[39] Las explicaciones de la parábola en ambos Mateo 18.14 y Lucas 15.7 se consideran secundarios y fuera del marco de lo que ella enseña. Se cree que Mateo aplicó una parábola originalmente acerca de la aceptación de Dios de los pecadores al contexto de la iglesia para instruir los líderes eclesiásticos respecto del cuidado de Dios por los creyentes débiles, el líder debe reflejar en su propia conducta el interés por los demás. Lucas cambia de la iniciativa divina en la parábola al gozo por la respuesta humana de uno que se arrepiente, aunque el arrepentimiento no está en la parábola.[40]

De estas conclusiones algunos tratan de reconstruir una versión más breve de la parábola, la cual es una labor incierta.[41] De todos modos, tal explicación de la relación de los relatos no es segura, y los estudiosos procuran afirmarla más de lo que evidencian los hechos. Ahora que la gente comienza a considerar más el carácter oral de la tradición, las incertidumbres del pasado no son muy claras. No podemos probar cual relato es el "más original". Alguna inquietud se puede sentir que los intérpretes prefieran la estructura verbal de Mateo en 18.12-13 pero con el contexto de Lucas. Que haya tan poco acuerdo verbal entre los dos relatos sugiere que estamos tratando con dos tradiciones independientes e igualmente válidas, y que es razonable pensar que Jesús relató esta parábola varias veces y posiblemente por diversículos propósitos.[42] ¿Por qué seria una sorpresa que Jesús relatara a sus discípulos una parábola que trata de sus relaciones y que también hiciera lo mismo con los judíos? Ambos relatos concuerdan en los puntos esenciales del esfuerzo y actitud de Dios para el rescate del perdido.

Según J. Dupont observa, la conclusión de Mateo relaciona la primera parte de la parábola (la búsqueda) y Lucas a la segunda parte, el gozo.[43] Mateo es directo y permanece en línea con la parábola:[44] si un pastor no está dispuesto a perder una oveja sino que la busca y se regocija cuando la halla, por analogía así también es Dios, al igual que el pastor no quiere que nadie se pierda. Mateo bien podría haber agregado esta aplicación, y es perfectamente legítima, y la parábola todavía se dirige a la comunidad completa, y no solamente a los líderes.[45]

Si Lucas fuera responsable del 15.7, entonces solo tomó una conclusión inherente en la parábola. Él enfoca primordialmente el gozo que funciona casi como una invitación para que el oyente/lector participe.Enfatiza que el gozo es de Dios y que responde específicamente al arrepentimiento de un pecador. Lucas podía simplemente decir: "Os digo que así habrá más gozo en el cielo por un pecador que se arrepiente." En cambio, enfatiza cómo se realiza el rescate. Esta aplicación no es simplemente una explicación sino una deducción, que agrega un punto a la base de la parábola.[46] En realidad es más semejante a Mateo 18.13 de lo que muchos han notado y, como Mateo 18.10, enfatiza el valor de los perdidos/pequeños ante Dios.

Las *Nimshalim* (explicaciones) con frecuencia van conforme con las parábolas, pero no siempre.[47] Las introducciones y las conclusiones no se pueden desechar; al menos una, ya sea una introducción o una conclusión, es necesaria para indicar la referencia de la parábola, o puede ser imposible la interpretación.

En resumen, toda búsqueda de la forma original se debe abandonar. Tenemos dos formas de la parábola, probablemente dos tradiciones orales independientes. El contexto de Lucas es el más semejante,[48] pero ambos contextos podrían reflejar situaciones en la vida de Jesús. Ambas formas de la parábola resaltan esencialmente el mismo punto, pero se debe reconocer el énfasis que resulta de las diferencias. Además de las diferencias mencionadas, las palabras "descarriado" y "perdido" transmiten lo mismo respecto a una oveja pero tiene diferentes matices al referir las personas. En Mateo "descarriado" (*planētē*), emplea una palabra que es más apropiada para uno en la comunidad y eso pone la responsabilidad en la persona.[49] Ninguna relevancia va adjunto al hecho que Mateo dice que se deja las noventa y nueve en los montes/collados, mientras que Lucas dice que se las deja en el desierto. Ambos términos se pueden emplear para denotar la misma área.

2. ¿Podría un pastor abandonar las otras noventa y nueve ovejas? ¿Qué relevancia tiene aquí una decisión para el entendimiento? Un número de comentaristas aseguran que el pastor abandona las noventa y nueve y por consiguiente interpretan la parábola como absurda,[50] como indicando que la misericordia de Dios es un misterio[51] o que el pastor es un irresponsable,[52] o que el pastor es un símbolo de correr riesgos.[53] Este método viola la sensibilidad cultural y literal. Cuidar de una oveja no previene el cuidado de todas las ovejas, y ciertamente alguna provisión se habría hecho para las noventa y nueve, como dejarlas en un aprisco o posiblemente con otro pastor.[54] De todas maneras, un rebaño de esta cantidad podría tener más de un pastor. Si uno supone que se abandona a las noventa y nueve en el desierto, entonces el relato de Lucas es mucho más problemático. ¿Acaso el pastor carga la perdida al aprisco y deja las noventa y nueve en el desierto? ¿Deberíamos creer que el pastor llevó la perdida junto a las noventa y nueve? ¿Qué hizo él con la oveja al celebrar con sus vecinos?[55] Las parábolas se caracterizan por el enfoque y la brevedad y no se extienden con puntos innecesarios. Como toda literatura tienen vacíos. Esta parábola no trata estas interrogantes, porque se enfoca en la seguridad de la búsqueda y la celebración por el rescate. Nada más importa, y tratar de hacer de los detalles un asunto de interpretación es contraproducente. La interpretación que se basa en elementos no presentes ciertamente no es correcta. Otros dos factores muestran que cualquier enfoque en las noventa y nueve es inoportuno. Primero, en ambos relatos se espera que el oyente/lector concuerde que el pastor debería dejar las noventa y nueve y buscar a la perdida.[56] Segundo, ningún paralelo a la idea del abandono aparece en las parábolas de la moneda perdida y los dos hijos.[57]

La interpretación válida en nada debería enfocar en las noventa y nueve.

3. ¿Esta la parábola limitada en uno o más textos del Antiguo Testamento? Específicamente, ¿tiene Bailey razón al considerar Lucas 15 como una expansión del Salmo 23? Según se ha indicado anteriormente, la ilustración del pastor en el Antiguo Testamento con frecuencia refiere a Dios o a los líderes del pueblo de Dios. Ezequiel 34 es particularmente notable debido a la similitud de algunas de sus frases con la redacción de la parábola. Ya sea que Mateo y Lucas difieran en la descripción de la oveja como descarriada o perdida, Ezequiel 34.4, 16 emplea ambas palabras (*planaō y apollymi*) en paralelo para describir la oveja perdida. Ezequiel 34 menciona la oveja que anda dispersa por las montañas y collados (v.6) y afirma que Dios mismo buscará su oveja (v.11), cuidará de ellas (v.16), juzgara sus opresores (vv. 17, 20, y 22), y establecerá un pastor como David que las apaciente (vv. 23 y 24). Además, Dios juzgará los pastores que no cuiden de sus ovejas. Otros textos tienen los mismos pensamientos y la esperanza que Dios apacentará su pueblo y/o designará un libertador davídico que los apaciente. Ezequiel 34 es solamente uno de varios textos que contienen esta teología pastoral.[58] Si la conexión es para Ezequiel 34 ó con la más amplia tradición pastoril no se puede determinar con certeza, pero al menos la parábola se da en el contexto de la tradición del Antiguo Testamento, la cual Ezequiel 34 expresa eficazmente.[59] Esto enfatiza la importancia del Antiguo Testamento en la formación de las parábolas, pero emerge otros dos resultados importantes. Primero, esta parábola es una queja implícita contra las autoridades religiosas por descuidar su función como pastores de Israel que debían buscar al perdido. Segundo, en algún nivel Jesús se considera a sí mismo como el que desempeña la labor descrita en Ezequiel 34 y otros textos que enfocan en un libertador proveniente de Dios que apacentará al pueblo conforme al propósito divino.

Si la dependencia en estos textos es clara, el caso con el Salmo 23 es diferente. K. Bailey arguye que Lucas 15 tiene numerosos paralelos con el Salmo 23 y que las tres parábolas en este capítulo es la expansión detallada de Jesús del Salmo.[60] El método de Bailey es más bien complejo. Además del Salmo 23, Bailey encuentra numerosos paralelos con Jeremías 23.1-8 y Ezequiel 34. En la parábola de la oveja perdida, él considera que el pastor no es bueno, y con esta ilustración Jesús acusa a los líderes judíos. Entonces el pastor se convierte en un buen pastor y refleja el mismo ministerio de Jesús. Bailey comprende el Salmo 23.3, que habitualmente se traduce "confortará mi alma" como "me traerá de vuelta" y que al menos implica "Él hace que me arrepienta". Entonces el arrepentimiento se entiende como "la aceptación de haber sido encontrado". Además, Bailey encuentra en estos textos alusiones a la encarnación y comprende el pastor que carga la oveja como una referencia al propio sufrimiento de Jesús y que implica una comprensión relevante de la expiación.[61] En obras posteriores, Bailey agrega numerosos paralelos entre Lucas 15 y la historia de Jacob.[62]

Me parece esto muy imaginativo y nada convincente. Los supuestos paralelos con el Salmo 23, aparte de los términos más generales, simplemente no se encuentran allí. La parábola no presenta un pastor malo primero, porque se podría considerar negativamente solo si el pastor no fuera a buscar la perdida. El Salmo 23 no habla de una oveja perdida; mas bien el punto principal indica que Dios es como un pastor que cuida bien de la oveja *para evitar que se pierda* o se meta en problemas. El argumento de Bailey que el arrepentimiento se refiere en el Salmo 23.3 no tiene base, porque las palabras en cuestión, *napshî yeshôbeb* no indican simplemente "me trae de vuelta". Estas dos palabras (*nepesh*, "vida" o "alma", y shûb, "volver' o "restaurar") se emplean juntas otras veces con el sentido de reanimar, de manera literal y metafórica.[63] El entendimiento tradicional del Salmo 23.3 ("El confortará mi alma" en el sentido de "refrescarme" o "rescatarme") es correcto. Si la imagen del pastor es un lenguaje tradicional acerca de Dios y los líderes, cualquier uso de la ilustración se limita a un lenguaje en común con otros textos, pero no hay nada aquí para desarrollar un tipo de caso como el que hace Bailey. Pero esto no resta importancia de los textos del Antiguo Testamento acerca de los pastores. Estos proveen la redacción y el contexto para que Jesús describa una poderosa ilustración, una que implícitamente acuse los líderes de fracaso y señale el carácter de Dios y la naturaleza de su propio ministerio.

4. ¿Representan las características realidades teológicas? ¿Se debe identificar el pastor con Dios, Jesús, los discípulos, o uno que busca el reino? Y en especial, ¿tiene la parábola implicaciones de cristología? Hemos observado que K. Bailey y la iglesia primitiva consideran que la encarnación se ilustra en la parábola y que Bailey juzgó que la expiación se refleja en el esfuerzo del pastor. Incluso J. Bengel observó que el regreso del pastor al hogar refiere a la ascensión de Jesús.[64] Tal alegorización teológica está fuera de límite, pero las parábolas, y específicamente ésta, enseña teología. De lo contrario ellas serían ineficaces. Otra vez enfrentamos el asunto primordial con las parábolas. ¿Cuánto de la parábola es teológicamente relevante? Como siempre, la clave está en determinar cómo funciona la analogía. El cuidado en el empleo del lenguaje es importante. Esta parábola no dice que Dios es un pastor, ni las siguientes parábolas hacen de Dios una mujer o un padre.[65] Estas parábolas son *analogías* implícitas. Las acciones y las actitudes que se describen, no las personas por sí mismas, reflejan las acciones y las actitudes de Dios. La parábola de la oveja perdida es un argumento analógico "cuánto más argumentos". El pastor no es Dios, Jesús, o ningún otro, y la oveja no es una persona o grupo. Estas figuras residen y permanecen en la historia. Claramente las montañas/desiertos y los amigos no "representan a nadie". Al mismo tiempo, las imágenes seleccionadas para las historias no resultan al azar; ellas se escogen específicamente para provocar reflexiones, y la referencia a un pastor y una oveja traería a memoria el uso del Antiguo Testamento de estas imágenes de Dios, los líderes, y la esperanza para el pueblo de Dios. Nada apoya la sugerencia que la referencia es uno que busca el reino.[66] La lógica de la parábola es esta: Si, como seguramente está de acuerdo, un pastor va tras la oveja perdida y se regocija cuando la encuentra, ¿cuanto más Dios buscará la persona perdida/descarriada y se gozará cuando la rescata? Ambos evangelistas señalan a Dios como la analogía del pastor conforme ellos han estructurado la parábola,[67] la cual concuerda con la descripción del Antiguo Testamento.

Sin embargo, la parábola es una cristología importante. Las asociaciones del Antiguo Testamento incluyen la alusiva esperanza que Dios establecerá un pastor Davídico sobre su pueblo.[68] Si Jesús defiende que comer con los pecadores señala el carácter de Dios y afirma que Dios es como un pastor que busca la perdida, entonces implícitamente afirma que él hace la obra de Dios.[69] Al menos con relación a Lucas, la analogía de los pastores refiere al carácter de Dios y la actividad de Jesús. La parábola por si misma no es muy específica para asegurar que Jesús afirmó la función de David como pastor, pero parece muy claro en el contexto general de su enseñanza.[70] Según Jan Lambrecht comenta, sin esta dimensión escatológica y de cristología cada explicación de la parábola es superficial.[71]

5. ¿Qué se debe aprender acerca del arrepentimiento? ¿Acaso algunos no necesitan de arrepentimiento? He indicado anteriormente que no existe base para el argumento de k. Bailey que el Salmo 23.3 se refleja en la parábola y significa "Él hace que me arrepienta". Además, el argumento de Bailey, basa especialmente en la historia del pródigo pero también de la oveja perdida, ese arrepentimiento en Lucas 15 significa que la aceptación de haber sido encontrado es sin fundamento.[72] Esta historia en parte emerge de la ansiedad innecesaria de considerar el arrepentimiento como una obra humana. El hombre obra o nada sucede pertinente a la vida con Dios, sin embargo enfatizamos correctamente al afirmar que la salvación es obra plena de Dios. Pero el arrepentimiento no es parte de la parábola. Esta parábola no define el arrepentimiento ni culpa a la oveja. Ella describe una analogía de la actitud y las acciones de Dios. El arrepentimiento aparece solamente en Lucas, no en Mateo, cuando el punto de la analogía, el gozo de Dios al rescatar la persona, se describe y *se extiende*. En especial para Lucas,[73] la restauración de los pecadores envuelve arrepentimiento, y el interés del pasaje es la restauración de los pecadores. Además, el arrepentimiento es una característica importante del mensaje de Jesús[74] y no se debe tomar a la ligera.

La parte más problemática de la discusión sobre el arrepentimiento es la referencia de Lucas 15.7 a los noventa y nueve justos que no necesitan arrepentirse. Aunque teológicamente se supone que tales personas no existan y debido a que los Evangelios implican que los fariseos no necesitan arrepentimiento, con frecuencia se toma esta afirmación como una ironía, exageración, o sarcasmo.[75] No creo que esta sea la solución al texto. El judaísmo reconoce sin pecado a muy pocas personas,[76] pero "justo" no significa "sin pecado". Simplemente refiere aquellos en buena relación con Dios. El arrepentimiento es tan central al pensamiento judío que es difícil imaginar que se consideran a sí mismos, a la mayoría de las personas, o incluso que las noventa y nueve personas específicamente sin necesidad de arrepentirse. Las ideas paralelas a la falta de necesidad de arrepentimiento aparecen en Lucas 5.31 y 32 (el enfermo, no el sano, necesita de médico; Jesús no vino a llamar a justos sino a pecadores al arrepentimiento) y en 15.29 (cuando el hijo mayor afirma no haber desobedecido se deja sin discusión). Sin embargo, Lucas 13.3 advierte que todos deben proceder al arrepentimiento o de lo contrario perecer. Los padres de la iglesia tratan la dificultad del tema afirmando que las noventa y nueve refieren los ángeles. Varios estudiosos legítimamente cuestionan si los fariseos tienen que ver con las noventa y nueve.[77] Algunos sugieren que *mallon* ("más") se debe proveer para que el significado lea "más que" en lugar de "más bien que", es decir, habrá gozo en los cielos por un pecador que se arrepiente más que noventa y nueve justos, porque Dios está complacido de los justos también (p. ej., 1.16).[78]

Si enfocamos en la función de estas palabras, son una expresión poderosa de Dios quevalora los perdidos y despreciados y, por consiguiente, una defensa de las acciones de Jesús, y *no* una evaluación del estado de las noventa y nueve.[79] La importancia de esta afirmación aumenta por la introducción "así os digo", la cual Jesús empleó para resaltar la verdad de un dicho.[80] Una parafraseo diría "un pecador arrepentido trae mayor gozo a Dios que noventa y nueve en buena relación con Dios", o debería decir "¿que noventa y nueve pecadores en buena relación con Dios"? La referencia de Mateo confirma el punto del valor de los perdidos porque sus ángeles ven siempre el rostro de Dios (18.10), una forma metafórica de enfatizar cuán importantes son los pequeños.[81]

En otras palabras, la parábola enseña prácticamente nada respecto de la naturaleza del arrepentimiento, pero enfatiza cuánto valora Dios el arrepentimiento.

6. *¿Qué enseña la parábola?* La función principal de esta parábola para Jesús fue una defensa de su asociación deliberada y por comer con pecadores.[82] Por su manera de recibir y comer con tales personas Jesús demostró la presencia del reino y el perdón a disposición de todos. Indirectamente esta es una parábola del reino,[83] porque con ella Jesús asegura que la prometida actividad de Dios como pastor de su propio pueblo estaba sucediendo. Además, con la parábola Jesús mostró a los que se quejaban de sus acciones que la actitud de ellos no tenía paralelo con el carácter y los deseos de Dios, y efectivamente, les invita a

unirse a la celebración del reino por el perdón otorgado. Lucas quiere que sus lectores comprendan el evangelio de Jesús y que adopten la misma actitud. Además, implícitamente puede haber la acusación de que los líderes no desempeñaban sus funciones de buscar al perdido. Mateo, sin tener en cuenta si Jesús o Mateo aplicaron la parábola a los discípulos, quiere que sus lectores apliquen el carácter y los deseos de Dios a sus relaciones en la comunidad, especialmente con aquellos que puedan estar marginados. Si la *mimshalim* se redacta, todavía están correctos, simplemente explicando que el factor de control es el carácter de Dios. Sin embargo, esta no es una discusión teológica abstracta; la parábola describe el carácter de Dios *según ella se revela específicamente en el ministerio de Jesús.*

Lo que se revela respecto del carácter de Dios es el valor que da a los que menos merecen y el cuidado que extiende a tales personas. Dios no es pasivo, que espera que la persona se le acerque después de haber ordenado su vida. Es Dios que busca que toma la iniciativa de traer de vuelta a la persona, sin que importe cuán "perdida" ella esté. C.G. Montefiore, un estudioso judío del Nuevo Testamento, dice que el enfoque en la búsqueda directa de Dios de los pecadores era un nuevo elemento con Jesús, algo que no incluía el Antiguo Testamento o la enseñanza rabínica.[84] Al menos esta es una exageración, porque ciertamente el Antiguo Testamento conoce que la iniciativa del perdón siempre viene de Dios. Sea nuevo o no, el Dios revelado por Jesús es uno que valora incluso aquellos sin valor y los busca.[85] Si el reino viene con gracia y demanda inmensurable, esta parábola enfatiza la gracia interminable. Sin duda, Dios buscara los perdidos y los rescatara. La búsqueda y el gozo son los pilares de la parábola, y la búsqueda de Dios no viene con una lista de condiciones.[86] El gozo refleja la actitud de Dios al rescatar al perdido y la celebración del reino con la buena noticia que la promesa de redención de Dios ha comenzado. El gozo es comunal, y los oyentes de Jesús deben unirse a la celebración.[87]

Adaptación de la parábola

Esta parábola es teológica y tiene cristología, y lo esencial en la adaptación de la parábola es la comprensión de cómo es Dios y qué es la naturaleza del ministerio de Jesús. Pocas cosas son más importantes que nuestra percepción de Dios, porque de ese entendimiento percibimos nuestra propia identidad, cómo debemos pensar y actuar, y cómo debería ser el mundo. Si Dios busca, se interesa, entonces su gracia debe caracterizar nuestra percepción y trato de otras personas. La conciencia que Dios nos busca, da libertad y confianza a la vida. Que su gracia se determina cómo tratamos a otros debe movernos a ser sensibles y mostrar interés. Tenemos la tendencia de conocer estas verdades de manera abstracta, pero no se traducen en la práctica ni cómo percibimos nuestro trato de los demás, o cómo organizamos la vida de la iglesia. Preferimos suponer que Dios debe ser más duro, y favorecemos el cuidado de las noventa y nueve que salir por la perdida. ¿Acaso el perdido, el desobediente a Dios, y los "insignificantes" consideran de nosotros que Dios verdaderamente se interesa por ellos y los busca? ¿Mostramos este interés y búsqueda? El texto de Mateo nos recuerda que Dios se interesa no solamente por los "pecadores" fuera de la comunidad sino también por los marginados y cuestionables dentro de ella. Nuestra tendencia es mostrar gracia a los que buscamos traer que hacer lo mismo con aquellos que debemos trabajar en la iglesia. La gracia de Dios, su búsqueda y cuidado, se aplica a todo, y nuestro reflejo del cuidado de Dios se debe extender también dentro de la comunidad.

El texto de Lucas enfatiza el valor del arrepentimiento, y el arrepentimiento es una tarea necesaria y sin límite para todos. No necesitamos temer que el arrepentimiento nos expone a tratar de conseguir la salvación por esfuerzo humano. Toda la Escritura enfatiza que Dios es el que toma la iniciativa. Cualquier acción humana es una respuesta a la gracia de Dios. Sin embargo, toda la Escritura también insiste que los humanos por cierto obran. La salvación es completamente obra de Dios, en la cual estamos plenamente envueltos. Hay una gran diferencia en responder a la gracia de Dios y tratar que uno mismo parezca estar correcto.

Otro nivel en la cual esta parábola merece atención es su enfoque en el gozo. La adoración cristiana muchas veces carece de sentido de gozo. Puede que tenga forma, tradición, energía, o novedad, pero el gozo se nota poco. El gozo merece un enfoque como indicador verdadero del cristianismo,[88] porque está directamente conectado con la conciencia teológica del carácter y la actitud de Dios como uno que busca y celebra el rescate. En algún nivel la adoración cristiana conlleva adoptar la misma actitud de Dios de hallar y establecer un pueblo para sí mismo. ¡Únase a la celebración!

Lectura adicional

Kenneth Bailey, *Finding the Lost: Cultural Keys to Luke 15* (St. Louis: Concordia, 1992), pp. 54-92.

______, *Jacob and Prodigal: A Study of the Parable of the Prodigal Son in the Light of the Saga of Jacob* (Downers Grove: Ill.: InterVarsity, 2003), pp. 65-85.

W.D. Davies and D.C. Allison, Jr., *A Critical and Exegetical Commentary on the Gospel According to Saint Mattew* (ICC; Edinburgh: T. & T. Clark, 1988-97), 2:768-80.

J. Dupont, "Les implications christologiques de la parabole de la brebis perdue", en *Jesus aux Origines de la Christologie* 9BETL40; Leuven: Leuven University Press, 1975), pp. 331-50.

Greg W. Forbes, *The God of Old: The Role of the Lukan Parables in the Purpose of Luke's Gospel* (JSNTSup 198; Sheffield: Sheffield Academic Press, 2000), pp. 109-24.

Arland Hultgren, *The Parables of Jesus* (Gran Rapids: Eerdmans, 2000), pp. 63-70.

Peter Rhea Jones, *Studying the Parables of Jesus* (Macon, Ga.: Smyth &Helwys, 1999), pp. 196-214.

Adolf Jülicher, *Die Gleichnisreden Jesu* (2 vols.; Freiburg i. B.: Akademische Verlagsbuchhandlung von J.C. B. Mohr, 1888-89), 2:315-33.

LA MONEDA PERDIDA
(Lucas 15.8-10)

Esta parábola breve con frecuencia se descuida debido a su similitud con la más extensa y favorecida parábola de la oveja perdida. Esto es comprensible, y bastante común a las dos parábolas que no es necesario que se repita aquí. Por otro lado, aunque las parábolas son iguales, no son idénticas, y ésta tiene su mensaje propio. Con un vistazo ella parece común, tanto que se la reconoce como una de las más placenteras y pintorescas parábolas de Jesús,[89] pero además lleva revelación vital sobre el carácter de Jesús. Para cada sección vea el trato correspondiente para la parábola de la oveja perdida.

Tipo de parábola

Como la parábola de la oveja perdida, esta es una parábola interrogativa que funciona como un símil implícito. A sus interrogantes les siguen una declaración de consecuencias y un *nimshal* explicativo.[90] No hay paralelos.

Puntos en cuestión que requieren atención

1. ¿Cuál es la relevancia debido a que la parábola trata de una mujer? ¿Es la mujer una imagen de Dios? ¿Qué implica esta parábola respecto de la función de la mujer en la actualidad?
2. ¿Qué enseña la parábola? En particular, ¿cuánta tecnología se refleja en la parábola?

Recurso básico útil

Escritos greco-romanos

- Dion Crisóstomo, *Oratio* 20.5 es una queja respecto de las personas que no atienden cómo gastar su dinero y tiempo y se angustian si pierden una dracma.

Escritos judíos tardíos

1. Song Rab. 1.18: "Nuestro rabino dice: que ninguna parábola sea de poca estima ante tus ojos, porque mediante la parábola un hombre puede dominar las palabras de la Tora. Si un rey pierde el oro de su casa o una perla preciosa, ¿acaso no la encuentra por unas pocas monedas? De modo que la parábola no debe ser de poca estima ante tus ojos, porque mediante la parábola el hombre llega a conocer el verdadero significado de las palabras de la Tora."
2. Song Rab. 1.1.9; "Si un hombre pierde un sela o un óbolo[91] en su casa, prende una lámpara tras otra, pabilo tras pabilo, hasta que la encuentra. Entonces, acaso no se pone a razonar: si por estas cosas que son solamente efímeras y de este mundo un hombre prende tantas lámparas y luces hasta encontrar lo perdido, porque las palabras de la Tora que es la

vida de este mundo y del venidero, ¿no debería acaso buscar los tesoros perdidos?"

Características relevantes del texto

Lucas con frecuencia empareja los relatos que tratan con hombres y mujeres.[92] Aunque algunos restan la importancia de esto, es parte de la estrategia de Lucas resaltar la función de la mujer y la relación de Jesús con ellas.

La forma de la interrogante, "¿Quien de vosotros, teniendo cien ovejas...?" o "¿que mujer que tiene diez dracmas...?" no sugiere que el lector implícito es varón.[93] La interrogante toma esa forma porque en la narrativa se dirige a los fariseos y los escribas, de los cuales todos habrían sido varones. Sin embargo, claramente las mujeres estaban incluidas entre los pecadores con los que Jesús se asociaba.

La interrogante en el versículo 8 supone una respuesta afirmativa. Cualquier mujer buscaría una moneda perdida, especialmente si ella tuviera solamente diez monedas en su posesión. La lógica es del mayor al menor, una de "¡cuánto más!" Si una mujer buscara diligentemente una moneda perdida y se regocijara por encontrarla, ¡cuánto más Dios buscará al perdido y se gozará por su rescate!

Los versículos 8 y 9 podrían constituir una interrogante continua,[94] pero no parece posibles. Si el versículo 9 fuera también parte de la interrogante, la negativa *ou* se hubiera repetido antes de "llama" (*synkalei*).

El género de "amigas" (*tas philas*) es femenino,[95] y podríamos pensar de la celebración entre las mujeres. En concordancia, lo mismo pensaríamos que la celebración de los pastores es entre varones.[96]

Aunque esta parábola tiene una cercana relación con la de la oveja perdida y las dos enfatizan puntos similares, no son sinónimas. La introducción ē ("o") no significa que ambas son idénticas. Cf. 13.4 y 14.31.

La autenticidad de esta parábola difícilmente se cuestiona,[97] aunque se considera el versículo 10 a menudo como un agregado de Lucas. Aunque ciertamente Lucas organiza el versículo de la parábola, se requiere tal tipo de conclusión. De lo contrario, se desconocería la dirección de la parábola.[98]

Las principales diferencias entre esta parábola y la de la oveja perdida es el énfasis en la diligencia de la mujer (enciende una lámpara, barre, busca), la carencia de cualquier paralelo de dejar las noventa y nueve ovejas, cargar la oveja perdida, y el gozo por el encuentro de una oveja es mayor que el gozo por las noventa y nueve. Estas diferencias no se dan meramente para evitar la monotonía[99] sino que resulta en parte de lo que es apropiado imaginar y en parte de un énfasis mayor en la diligencia de la búsqueda.

Información cultural

La palabra "dracma" ocurre solamente aquí en el Nuevo Testamentoen los versículos 8 y 9 y solamente siete veces en la LXX.[100] En el siglo primero un dracma era el equivalente de un denario, usualmente el salario de un día de trabajo (véase Tob 5.14).[101] Algunos sugieren que una mujer recibiría solamente media paga del salario de un día de trabajo.[102] Por lo general se consideraba muy inferior a la mujer, lo cual puede que sea una exageración; un día de salario no es una suma pequeña. Ella posiblemente sea solo una mujer típica que se encuentra en la villa de Galilea.[103]

Las casas eran típicamente pequeñas y, si tenían ventanas, éstas eran pequeñas, de modo que la luz sería limitada. El piso también era barro o piedra. Cerca de Capernaum se usaba piedras de basalto para los pisos, donde había mucho basalto. En efecto, en la "casa de Pedro", los arqueólogos encontraron en Capernaum monedas en las grietas de los pisos.[104]

La sugerencia de que la moneda sea de una corona o collar es infundada.[105] La única evidencia muy temprana que apoye esta sugerencia es *m. Kelim* 12.7,[106] pero este pasaje supone que la moneda ya era efectiva y había perdido su valor como moneda. Desfigura una moneda para usarla como joya habría reducido su valor o perdido su valor.[107]

Explicación de la parábola

Opciones para la interpretación

Agustín estableció el tono para muchos cuando alegorizó la moneda como los humanos hechos a imagen de Dios y la mujer como Cristo, la Sabiduría de Dios. Las amigas y los vecinos e incluso las nueve monedas a veces se comprendían que referían ángeles.[108] La identificación de la mujer como Cristo, la Sabiduría de Dios, también se encuentra entre los feministas modernos e intérpretes.[109] Pocos interpretan esta parábola en relación a la parábola del tesoro escondido como que indica la crisis y la respuesta de gozo a la proclamación del Reino.[110] La opción primordial para la interpretación es comprender la parábola como una analogía de las acciones de Dios y la actitud hacia el perdido similar a la parábola de la oveja perdida.

Decisiones respecto de los temas

1. ¿Cuál es la relevancia de que la parábola trata acerca de una mujer? ¿Es la mujer una imagen de Dios? ¿Qué implica la parábola acerca de la función de la mujer en la actualidad? Mucho se discute el hecho que la mujer es el personaje principal de la parábola, sin que importe a veces mucho respecto del lenguaje. El empleo de Lucas del hombre y la mujer se mencionó antes. Es mucho menos que exacto decir que la mujer es un símbolo de Jesús,[111] y no hay base para identificarla con la sabiduría divina. La parábola es una *analogía* "¿cuánto más?", así como las acciones o actitudes de otras mujeres se compara a Dios en el Antiguo Testamento (como el consuelo que una madre da su hijo, Is 66.13). Una comparación no es lo mismo como un símbolo. El uso de la mujer es relevante pero no se debe exagerar. Ella es evidencia de la atención y el valor de las mujeres en una sociedad fuertemente patriarcal. La sensibilidad de Jesús hacia las mujeres y la presencia de éstas entre sus discípulos es algo nuevo, incluso sorprendente,[112] y de mayor relevancia para la vida de la iglesia tanto en el siglo primero como en la actualidad.

Sin embargo, para algunas personas, la mujer en esta parábola es de poca relevancia. Algunos arguyen que Mateo omitió esta parábola porque la mujer no era un símbolo adecuado como líder en la iglesia,[113] pero esta es una simple suposición. ¿Acaso Mateo al menos sabía la historia? Algunos consideran esta historia y otras similares como muy patriarcales y, se dice, que ni se las debe leer o que se deben reescribir con una agenda feminista.[114] Precisamente ese es el problema. La gente pone su agenda en el texto y espera que éste sea conveniente para nosotros, en lugar de considerar el texto, incluso en su irrelevancia, y aplicar su mensaje. El texto no es a nosotros, aunque sea por nosotros. El primer paso en la interpretación del texto es permitir que sea lo que es, un texto antiguo. Solamente cuando se permita al texto expresar lo que se propone, entonces nos puede confrontar de manera legitima y tener la oportunidad de transformarnos. No se debe esperar que los textos antiguos traten nuestros problemas. Por ejemplo, problemas como el abuso de las mujeres es terrible, y las iglesias deben tratarlo, pero se debe dejar que el texto bíblico cumpla su función, y no forzarlo para que haga lo que nos corresponde o esperar que trate cada tema que conocemos.[115] No es fácil ser bíblico, particularmente con temas tales como el desempeño de las mujeres, sin embargo, el mensaje bíblico correctamente comprendido, provee una plataforma para la condición de igualdad y ocupación sin restricciones de la mujer en la comunidad cristiana.

2. ¿Qué enseña la parábola? ¿Cuánta teología se refleja en la parábola? Con todas las parábolas que hay, es fácil poner nuestra propia teología en el texto y luego con triunfo encontrarla allí. Esta parábola no compara el pecado humano a una moneda sin vida, ni contiene una teología de expiación,[116] y la vela no es la luz divina.[117] Tampoco la parábola no es una burla donde se presenta el Reino de modo escandaloso como una mujer impura en busca de algo de poco valor.[118] No se culpa implícitamente a la mujer por la pérdida de la moneda, y por cierto no lo está.

La búsqueda de la mujer es una analogía de la iniciativa y diligencia de Dios en buscar y rescatar a su pueblo. Los verbos en acción, que ella busca cuidadosamente,[119] y su perseverancia hasta que la encuentra, enfatiza el esfuerzo que ella hace. Esta diligencia es el nuevo factor que resalta solamente en las dos parábolas de Lucas 15. Si una mujer gasta pone todo de sí para hallar la perdida y se goza cuando la encuentra, ¿acaso Dios no dará todo de sí y se gozará al hallar a su pueblo perdido?[120] Tanto la búsqueda y el gozo son características esenciales; las parábolas no se pueden limitar a un punto. Semejante a la celebración del pastor, la celebración de la mujer con sus amigas se exagera para que la ilustración sea más cercana en relación con la realidad de la celebración de Jesús al comer con los pecadores.[121]

Semejante a la parábola de la oveja perdida, implícitamente, esta es una parábola acerca del Reino.[122] Ambas parábolas funcionan de la misma manera. Ambas suponen la presencia de Reino y que Dios está activo en el ministerio de Jesús para redimir a su pueblo y cumplir sus promesas de la restauración de Israel. Ambas presentan una defensa de la asociación de Jesús con los cobradores de impuestos y pecadores y prueba que los que se quejan de las acciones de Jesús revelan una falta de entendimiento de la actitud de Dios y sus acciones. Dios es un buscador diligente, que toma la iniciativa para rescatar lo que es suyo. Él no guarda rencor ni duda en aceptar a los pecadores sino que prontamente les busca y encuentra una razón para celebrar por el rescate. El Reino viene con gracia ilimitada, incluso para aquellos que otros desprecian.

La explicación en 15:10 hace los mismos cambios como la explicación de la parábola de la oveja perdida (15:7): es el gozo de Dios, y la causa del gozo es el arrepentimiento, indica cómo el rescate se realiza. Jesús no solamente dice: "Estoy celebrando como una mujer que encuentra su moneda perdida." Él implica a Dios en la celebración, "hay gozo delante de los ángeles de Dios por un pecador que se arrepiente".[123] Dios se goza de lo que sucede en la recepción de Jesús de los pecadores. Con el tema del arrepentimiento la explicación va más allá de la parábola para agregar otro punto, el cual es necesario y legítimo. La sugerencia de que el arrepentimiento significa "permitir que uno mismo sea encontrado" incluso es menos viable con la moneda.[124]

Adaptación de la parábola

Esta parábola es menos significativa en cristología que la de la oveja perdida porque no tiene resonancias con las promesas del Antiguo Testamento al igual que la figura del pastor; pero, resalta la ilustración de Dios que busca con diligencia. Si ese es el carácter de Dios, también debe ser el nuestro. Estas parábolas no cuentan cómo buscar al perdido, pero implica que debemos hacerlo. Lamentablemente tenemos ideas extrañas de lo que significa buscar al perdido. Posiblemente tenemos más imágenes de acoso a personas que de la gracia ilimitada en la recepción de Jesús de los pecadores. Los cristianos se preocupan porque los pecadores no cambian rápidamente o, peor incluso, que la asociación con ellos traerá al cristiano mala reputación o mala influencia. La necesidad de separarse del pecado es una realidad, sin embargo también es una obligación buscar al perdido. ¿Qué sabiduría será suficiente para guiar ambas necesidades? Jesús no condenó el pecado, ni dejó a las personas en sus pecados, tampoco manifestó desprecio por los pecadores. Él reflejó la imagen de su Padre y los invitó a recibir el perdón de Dios y que participarán del Reino. En cualquier cosa que digamos, la gracia iniciadora y aceptación de Dios que manifestó Jesús se debe evidenciar en todo lo que hacemos.

La imagen de la mujer no es el enfoque del mensaje de la parábola. Ella solamente es una base para el desarrollo en la analogía, pero su mención es un recordatorio del valor que Jesús da a las mujeres. Incluso cuando los mismos cristianos discrepan respecto del papel de la mujer, ellos deben mostrar la misma sensibilidad que Jesús tuvo por ellas respecto de su equidad y habilidad para funcionar acorde al mismo nivel que el de los varones. Vivimos en un mundo donde se desprecia a la mujer, denigra y abusa. Los cristianos debemos dolernos por el abuso de las mujeres en ambos mundos el antiguo y el moderno, pero debemos ir más allá del mero lamento. El trato de las mujeres en el hogar, la iglesia, la sociedad y cómo buscamos justicia para ellas deben ser expresiones de la gracia ilimitada del reino de Dios; una gracia que rehúsa aceptar el trato pecaminoso de otros, ya sea el menosprecio farisaico o el abuso físico. La gracia crea espacio, ya sea que Dios crea el espacio para nosotros o nosotros para otros que piensan que no pertenecen al Reino. El reino viene con gracia ilimitada, Dios busca con diligencia a su pueblo, y su demanda es infinita, la expectación de que la gracia de Dios será manifestada en la vida de su pueblo.

Otra vez, la nota de gozo, una característica esencial del Reino, no se puede descuidar. La falta de gozo evidencia la ausencia del Reino.

Lectura adicional

Kenneth Bailey, *Finding the Lost: Cultural Keys 15* (St. Louis: Concordia, 1992), pp. 93-108.

_______, *Jacob and the Prodigal: A Study of the Parable of the Prodigal Son in the Light of the Saga of Jacob* (Downers Grove, Ill.: InterVarsity, 2003), pp. 86-94.

Arland Hulgren, *The Parables of Jesus* (Grand Rapids: Eardmans, 2000), pp. 63-70.

Carol Schertsten LaHurd, *"Rediscovering the Lost Women in Luke 15,"* BTB 24 (1994): 66-76. Susan Marie Praeder, *The Word in Women's Worlds: Four Parables* (Wilmington: Michael Glazier, 1988), pp. 36-50.

EL PADRE COMPASIVO Y SUS DOS HIJOS PERDIDOS (LUCAS 15.11-32)

Esta parábola y la del buen samaritano son las más influyentes y queridas entre todas. Para algunos es el evangelio dentro del evangelio, o incluso la historia breve más preciosa que se haya contado. Muchos artistas han pintado esta parábola, las más resaltantes son las de Rembrandt, que hizo del tema un drama, o ha provisto de temas para los dramas, entre las destacadas de Shakespeare, se hicieron musicales y el tema de películas.[125] Por otra parte, Marcio obvió esta parábola de su versión suprimida de Lucas.[126]

Sin embargo, el título "la parábola del hijo pródigo" no es apropiado porque ignora la segunda parte de esta historia. Algunos sugieren poner el enfoque en el padre con un título como "la parábola del padre que espera" o "la parábola del amor del padre,"[127] cualquiera de los dos es una mejora pero todavía excluye al hijo mayor. Al menos como Lucas presenta la parábola, el título es mejor "la parábola del padre compasivo y los dos hijos,"[128] aunque por razones de brevedad no hay duda que todavía se llama la parábola del hijo pródigo o de los dos hijos.

Tipo de parábola

Esta es una parábola de dos escenas, una narrativa doble indirecta. En estas dos escenas hay doy "discursos". Es la más extensa de las parábolas de Jesús y tiene más discurso que ninguna otra. No hay *nimshal*.[129] Como todas las demás parábolas excepto las historias individuales indirectas, es una parábola doble indirecta. El tema importa y se cambian ambos personajes en cuestión para facilitar la percepción desde una nueva perspectiva.

Puntos en cuestión que requieren atención

Raramente se cuestiona la autenticidad de esta parábola,[130] especialmente por su creatividad y poder, por los paralelos de murmuración del hermano mayor y con la parábola de los obreros de la viña (Mt 20.1-16), y porque los cristianos primitivos describirían a los fariseos con comentarios positivos acerca del hermano mayor.[131] Su afirmación de no haber violado ningún mandamiento y la del padre que dice "hijo, tú siempre estás conmigo y todas mis cosas son tuyas" apenas expresa la actitud de la iglesia primitiva hacia los fariseos. Algunos arguyen, por cierto, que la parábola ha sido editada levemente.[132] La parábola misma es relativamente directa. Lo que los estudiosos con frecuencia hacen a la parábola no es. Los puntos incluyen:

1. ¿Fue esta parábola originalmente más breve?
2. ¿Tiene ella alguna relación con la parábola de Mateo de los dos hijos?

3. ¿Contra qué antecedente debe uno leerla? Las sugerencias incluyen varios textos diferentes del Antiguo Testamento, varios de influencias greco-romanas, y discusiones rabínicas.
4. ¿Cómo deberían los factores culturales informar sobre la lectura de la parábola? En particular, ¿cómo los factores legales y culturales de la petición del hijo menor y la división de la propiedad del padre influencia el entendimiento? ¿Cuál es el pecado del hijo menor?
5. ¿Describe la parábola la condición humana de manera general, el exilio y la restauración de Israel, o grupos específicos que oyen a Jesús? ¿A qué se hace la analogía? ¿Es correcto el contexto de la parábola de Lucas?
6. ¿Qué enseña la parábola respecto de los fariseos? Si el hijo mayor representa a los fariseos y los escribas, ¿por qué son los comentarios del padre al hijo mayor tan positivos? ¿Qué implica la parábola respecto de la relación de los fariseos con Dios y su inclusión en el reino cuando el padre dice que el hijo mayor está siempre con él y que todas sus cosas son también del hijo?
7. ¿Cuál es la relevancia teológica de esta parábola? ¿Tiene ella correspondencias "alegóricas?" ¿Qué conclusiones se deben sacar respecto del arrepentimiento, la cristología, o la expiación?
8. ¿Cuál es el propósito de la parábola?

Recurso básico útil

El material adicional relativo a asuntos culturales específicos se citan bajo la sección de antecedente cultural. Otros textos del Antiguo Testamento se discuten en la sección que trata con el antecedente apropiado contra el cual se lee la parábola. Los principales recursos se citan aquí, muchos de los cuales son posteriores al Nuevo Testamento, *que no tienen relación directa* con la parábola de Jesús. Estos recursos muestran en vez el mundo, los temas, las actitudes, y las inquietudes prevalentes a través del mundo mediterráneo antiguo.

Material canónico

- Antiguo Testamento: Génesis 33; Deuteronomio 21.17-21; Salmos 103 y 133; Proverbios 24.30-34; 27.10; 28.7, 19; Jeremías 31.18-20; Malaquías 3.7

- Nuevo Testamento: Lucas 5.29-32; 7.39; 19.7, 10

Escritos judíos tempranos

Respecto a la división de propiedad mientras uno vive

- Tob 8.21: "Toma la mitad de lo que poseo y regresa seguro a tu padre; la otra mitad será tuya cuando yo y mi esposa fallezcamos."
- Sir 33.20-24: "Al hijo o a la esposa, al hermano o al amigo, no les des el poder sobre ti, mientras vivas; y no des tu propiedad a otro, en caso de que cambies de opinión y tengas que pedirlo de vuelta. Mientras vivas y haya aliento en ti, no dejes que nadie tome tu lugar. Porque es mejor que tus hijos pidan de ti a que pidas tú de ellos... Cuando termine tu tiempo de vida, a la hora de tu muerte, distribuye tu herencia."

Respecto a la actitud hacia los pródigos, los padres, y el perdón de Dios

- Sir 2.11 "Porque el Señor es compasivo y misericordioso; él perdona los pecados y salva en tiempo de angustia."
- 11QTemple 64.2-6 trata la rebeldía del hijo de Deuteronomio 21. Será apedreado y morirá y así quitarás el mal y todo Israel oirá y temerá.[133]
- *T. Iss.* 3.1-8 relata la jactancia de Isacar respecto de su integridad trabajando como granjero para beneficio de su padre y sus hermanos.
- *T. Iss.* 6.1-4: "Entiendan, hijos míos, que en los últimos tiempos tus hijos desecharán la sinceridad y tendrán deseos insaciables. Olvidando la honestidad se juntarán con los malos. Abandonando los mandamientos del Señor, se asociarán con Belial. Dejando la agricultura, buscarán sus propios malos deseos; serán dispersados entre las naciones y serán esclavos de sus enemigos. Por tanto, cuenta estas cosas a tus hijos, de modo que aunque ellos pequen, puedan rápidamente volverse al Señor, porque Él es misericordioso: Él les libertará y les traerá de vuelta a la tierra."
- *Jos. Asen.* 12.8: "Porque (así) como un pequeño que teme corre a su padre, y el padre, extendiendo los brazos, lo levanta, y lo abraza, y el niño abraza al padre por el cuello, y se calma

del temor, y reposa en el pecho de su padre, sin embargo, el padre, sonríe por la confusión de su mente infantil, así también tú, Señor, extiendes tus manos sobre mí como padre amoroso, y me tomas de la tierra."

- Filo, Proverbios 2.2-6 Compara a Dios como rey a un padre en su relación con sus hijos humanos. Los padres no olvidan a sus hijos malgastadores, sino que les tiene compasión y cuidado. Con frecuencia los padres son muy generosos con los pródigos más que con los que se portan bien, sabiendo que después el último podrá defenderse por sí mismo.[134]
- Filo, QG 4.198 (sobre Génesis 27.3-4) dice de Esaú y Jacob que Isaac bendijo al hijo que merece la culpa, no porque le honrara más a éste que al virtuoso, sino porque sabía que el último podía seguir adelante por sí mismo.

Escritos greco-romanos

- El anciano Séneca, *Controversias* 3.3 presenta un caso para debatir respecto de un hombre que adoptó a su hermano desheredado y él mismo también fue desheredado. "Cuando un hombre alcanza los treinta años de edad, su padre debe dividir su propiedad con él.[135] Un padre tuvo dos hijos, uno bueno y otro disipador." El padre deja sin herencia al último pero luego el otro es capturado por piratas y el hijo disipador lo redime. El buen hijo regresa y adopta al desheredado porque él mismo fue desheredado. Se presentan argumentos por los hijos y por el padre, quién afirma haber compartido su herencia con un hijo y que el otro lo despilfarró.
- Quintiliano, *Declamatio* 5 es una variación del mismo tema: "Los hijos están obligados a apoyar a sus padres pobres, o ellos merecen la cárcel. Hubo una vez un hombre que tuvo dos hijos. Uno era un buen administrador, el otro, un malgastador. Ambos viajaron a un país lejano y fueron capturados por piratas." Conforme al resto de la historia, el malgastador enfermó, y ambos hijos escribieron al padre para que los rescatara. El padre vendió todas sus pertenencias a cambio de dinero efectivo para redimirlos. Los piratas dijeron que el dinero era suficiente solamente para rescatar un hijo y el padre tuvo que escoger uno de ellos. Escogió al hijo

enfermo, que luego murió. El otro hijo escapó, y el padre cayó en la pobreza y pidió al hijo que lo ayudara. El hijo rehusó. Como parte de su ruego el padre afirmó no haber amado más al enfermo.

- Quintiliano, *Inst.* 5.10.48: "Él era un prodigo, porque derrochó su patrimonio."
- Quintiliano, *Inst.* 5.10.97: "Hay una ley al hecho que 'el hombre que rehúsa ayudar a sus padres está expuesto a la cárcel'."[136]
- Plutarco, *Mor.* 479F-480A (*Acerca del amor fraternal*): "No hay mayor ofensa, otra vez, ni mayor prueba de una naturaleza impía que el desprecio de los padres u el ofenderlos... si no ofrecemos siempre, tanto en obras y palabras, para su deleite, aunque no haya ofensa, los hombres lo consideran impuro e ilegal."
- *Mor.* 428E-483A dice que un hijo que ve a su padre enojado con su hermano debe tomar su parte del enojo y obrar como mediador para restaurar al hermano.
- Aeschines, *En Timarchum* 30-47 afirma que entre aquellos que no se les permite hablar ante el público está el hombre que ha derrochado su patrimonio u otras herencias. Se acusa a *Timarco* de malgastar vergonzosamente su patrimonio y se le describe como uno que no tiene vergüenza de abandonar la casa de su padre.[137]
- *Select Papyri* (LCL) 1:316-19 (un papiro del siglo segundo de Fayûm): "Antonio Longus a Nilous su madre, muchos saludos. Oro siempre por su salud; cada día ruego por usted ante el señor Serapio. Quiero que sepa que no espero que vaya a la metrópolis; por esa razón yo mismo no fui a la ciudad. Tenía vergüenza de ir a Karanis, porque estoy sucio. Le escribí que estoy desnudo. Le ruego, madre, reconcíliese conmigo. Sé la consecuencia que traje sobre mí mismo. He recibido una lección apropiada. Sé que he pecado..."[138]
- *P.Flor.* 99.6-7 (una nota pública del siglo primero o segundo de los padres contra un pródigo): "Debido a que nuestro hijo Castor juntamente con otros de vida desenfrenada ha malgastado todas sus posesiones, y ahora ha tomado también de lo nuestro y desea dispersarlo, por esta causa tomamos las precauciones no sea que nos trate contrariamente o haga algo a los que nos rodean, rogamos, por tanto, que se haga una divulgación (de que nadie más le preste dinero)..."[139]

Escritos judíos tardíos

Respecto a la división de propiedad durante la vida

- *m. Baba Batra* 8.7: "Si un hombre designa sus propiedades a sus hijos, debe escribir, 'a partir de ahora y después de mi muerte'... R. José dice: Él debe hacerlo. Si un hombre asigna sus bienes a su hijo después de su muerte, el padre no puede venderlos porque los designó para su hijo, y el hijo no puede venderlos porque están en posesión del padre. Si su padre los vende, están vendidos [solamente] hasta que él muera; si el hijo los vende, el comprador no tiene derecho a los bienes sino después de la muerte del padre. El padre también puede tomar [la cosecha del campo que él haya designado] y dárselo de comer a quién él quiera, y si dejara cualquiera cosecha, ésta pertenece a [todos] sus herederos."
- *b. Baba Mesi'a* 75b: "Nuestros rabinos enseñaron: Tres clamaron y no tuvieron respuesta. Viz., el que tiene dinero y lo presta sin testigos; el que obtiene un maestro para sí mismo; y un marido resentido. 'El que obtiene un maestro para sí mismo'; ¿qué significa?, Algunos dicen: El que atribuye su fortuna a un gentil; otros: El que transfiere su propiedad a sus hijos en vida..."
- b. Ketubbot 49b-50a: "Ven y oye: R. Hanina y R. Jonathan estaban parados juntos cuando un hombre aproximándose a ellos se inclinó y besó el pie deR. Jonathan. '¿Qué [significa] esto?" dijo R. Hanina a él. 'Este hombre', replicó el otro, 'designó sus bienes a sus hijos por escrito y yo obligué a ellos que lo mantengan'."

Respecto de la actitud hacia los pródigos, los padres, y el perdón de Dios

- *Mekilta Beshallah* 4.35-41: "R. Absalom, el anciano, al dar una parábola, dice: ¿A qué es semejante? A un hombre que enojado con su hijo lo echa de la casa. Entonces un amigo viene a él, y pide que permita al hijo regresar a la casa. Él responde al amigo: Solo me pides de parte de mi propio hijo. Ya estoy reconciliado con mi hijo. Así también el Santo dice a Moisés: ¿Por qué ruegas? ¿Acaso no es a favor de mis propios hijos? Ya estoy reconciliado con mis hijos."

- *Lam. Rab.* 1.34 (sobre 1.7): "...los rabinos palestinos dicen: Cuando el hijo anda descalzo recuerda la comodidad de la casa paterna."
- *Lev. Rab.* 2.24 (sobre Det 4.30): "Esto se compara al hijo de un rey que escogió los malos caminos. El Rey envío un tutor que le rogara, diciendo, 'arrepiéntete, hijo mío'. El hijo, sin embargo, lo envío de vuelta a su padre [con un mensaje], '¿cómo puedo tener la desvergüenza de regresar? Me da vergüenza venir ante ti'. Por tanto, su padre envió otro mensaje, 'hijo mío, ¿acaso alguna vez un hijo tuvo vergüenza de volver a su padre? Y, ¿acaso no es junto a tu padre que volverías?' De la misma manera, el Santo, bendito sea, envió Jeremías a Israel cuando el pueblo pecó, y le dijo: 'Ve, y di a mi pueblo, 'regresa'."[140]
- *Pesiqta Rabbati* 44.9: "Considera la parábola de un príncipe que se encontraba lejos de su padre, cien días de viaje. Sus amigos dijeron: 'Regresa a tu padre'. El respondió: 'No puedo: No tengo fuerza.' Por tanto su padre envió un mensaje, diciendo a su hijo: 'Vuelve hasta donde puedas conforme a tus fuerzas, y yo haré el resto del viaje para reunirme contigo'. Así, el Santo, bendito sea, dice a Israel: *Regresa a mí, y me volveré a ti* (Mal 3.7)."
- *Apocalipsis de Sedrach* 6.1-8 trata de la pecaminosidad del hombre que toma los dones de Dios y se vuelve un advenedizo, un adúltero, y un pecador. 6.4 pregunta, que clase de padre dejaría una herencia a su hijo, que dejaría a su padre y se volvería un forastero y serviría a extraños. En ese caso el padre recupera su fortuna y olvida al hijo. No hay regreso ni aceptación amena. Pero el capítulo 8 enfoca en el amor de Dios.

Características relevantes del texto[141]

La conclusión de esta parábola es similar a terminación de la parábola del siervo malvado:

Lucas 15.32: "Mas era necesario (*edei*) hacer fiesta y regocijarnos..."
Mateo 18.33: "No debías tú también (*edei*) tener misericordia..."
Cf. también en Mateo 25.27 y Lucas 13.16.

Esta es la más extensa parábola, tiene mayor discurso, y obviamente es una de dos escenas. Las otras parábolas de dos escenas, al menos en su forma presente, incluye la del siervo malvado (Mt 18.23-35), la versión de Mateo de las fiestas de bodas (22.1-14), Lázaro y el rico (Lucas 16.19-31), y la parábola de Lucas de las minas (19.11-27).

Otras parábolas contrastan las acciones de dos personas o grupos: el prudente y el insensato, los dos deudores, del trigo y la cizaña, la red, los dos hijos, el fariseo y el publicano, el siervo malvado, el mayordomo infiel, las diez vírgenes, las ovejas y los cabritos, y el sembrador. Especialmente semejantes son las parábolas del siervo malo, los dos deudores, y el fariseo y el publicano. Un método universal de enseñanza es la comparación de lo positivo con lo negativo. Esta parábola es una de varios "triángulos", que los alemanes denominan un *dramatisches Dreieck*,[142] en la que una figura de autoridad relaciona dos subordinados y contrasta personas o grupos.

Las posesiones en 12.6-21 y 14.33 y las celebraciones en 12.19 y 16.19 (que usa *euphrainein* para celebración) se consideran negativas, pero las posesiones del padre y su celebración en esta parábola (otra vez usa *euphrainein*, vv. 23, 24, 29, 32) se consideran positivas.

Note las conexiones al material en los capítulos 14 y 16. "Oye" (*akouein*) en 15.1 conecta con el mismo verbo en 14.35. El cobrador de impuestos y los pecadores abiertamente oyen, aunque no así los otros. El tema del banquete es común en todos los tres capítulos. Ambos, el pródigo y el mayordomo infiel derrocharon (*diakorpizein*, 15.13; 16.1) y ambos el pródigo y Lázaro desean ser saciados (*epythymein chortasthenai*, 15.16; 16.21)[143]

La estructura de las dos mitades de la parábola parece quitar intencionalmente los paralelos entre los dos hijos.[144] Ambos están en el campo (vv. 15, 25) y ambos están necesitados. Ninguno recibe nada (vv. 16 y 29). Ambos evalúan su propia condición: uno peco y el otro afirma no haber desobedecido jamás (vv. 18, 29). Uno quiere ser contratado; el otro afirma haber servido (vv. 19, 20). Uno va y el otro rehúsa ir (vv. 20, 28). El padre va junto a ambos (vv. 20, 28). Ambos escogen celebrar sin el padre (vv. 13, 29).

Se omite el elemento concluyente de la segunda mitad, lo cual fuerza al lector a reflexionar si el hijo mayor participó del banquete.

Con frecuencia los estudiosos sugieren una secuencia de tres partes pero no concuerdan si la primera sección debe incluir los versículos 11 al 16 y 11 al 19, ó 11 al 20ª.[145] De mayor ayuda es un arreglo de cuatro partes: versículos 11 y 12 (introducción), versículos 13 al 20ª (el hijo menor), versículos 20b al 24 (la recepción del padre), y versículos 25 al 32 (el hijo mayor y el padre).[146]

Son obvias algunas características de estilo de Lucas: "También dijo" (*eipende*, v. 11), "dijo a" (*eipen pros*, v. 22), las frases que comienzan con negación "no muchos días después" en el versículo 13 (Lucas emplea este tipo de frase al menos diecisiete veces), "y levantándose" (*apolōlōs*, vv. 24 y 32), "pregunto" (*pynthanesthai*, v. 26), y el mal humor en el versículo 26 ("que era aquello").[147]

Gran parte de la historia se relata en oraciones coordinadas; la acción típicamente se expresa en ideas parejas (ej., "el hijo menor fue lejos… y desperdicio…", v. 13).

Como todo material escrito, las parábolas tienen vacíos, saltos que el autor considera bien hacerlos sin pérdida de su entendimiento. Note el vacío entre los versículos 21 y 22. El padre corre a reunirse con el hijo, y después de la declaración del hijo, da orden a los siervos. ¿Acaso corrieron los siervos juntamente con el padre, o antes de la orden ya el padre y el hijo habían regresado a la casa? Desde la perspectiva del relator esto no es relevante y atender este tipo de detalles es puntilloso y disminuye el drama.[148] Lo relevante es la reunión y la orden de comenzar la celebración. De la misma manera, ¿cómo el hijo mayor sabía que su hermano estaba en crisis financiera y que había malgastado su herencia con rameras? ¿Acaso había informes de los viajeros? ¿No sabía el padre estas cosas? Hacer este tipo de preguntas es engañoso. El lector/oyente sabe que el pródigo no tiene dinero, y esto es todo lo que se necesita para que la historia funcione. La acusación de andar con las rameras es una suposición como algo verdadero de los que viven "desenfrenadamente" (*asōtōs*).[149]

Ninguna de las parábolas que aparecen solamente en Lucas es explícitamente una del Reino, aunque Dios se refleja en todas ellas directa o indirectamente. G. Forbes arguye que cada una de las parábolas de Lucas enfrenta una perspectiva de Dios que es una distorsión o desvío de la descripción de Dios del Antiguo Testamento.[150]

Si uno acepta la perspectiva de C. F. Evans que las narrativas de viaje de Lucas son paralelas de Deuteronomio,[151] entonces Lucas 15.1-32 corresponde a Deuteronomio 21.15-22.4, que incluye regulaciones para tratar con la rebelión de los hijos.

Información Cultural

Algunos factores culturales serán tratados en la sección Explicación de la parábola.

Se valoraba mucho el trabajo de la agricultura, y al menos en la mente de algunos, dejar la labor de la agricultura merecía la pérdida del respecto.

Según indican arriba los recursos básicos útiles, en el mundo antiguo se condenaba la falta de respeto por los padres (especialmente los padres) o el no cuidarlos, incluso podemos decir que la negligencia en el cuidado de los padres era una ofensa que merecía la prisión. Inclusive si tal encarcelamiento no era verdaderamente específico en Palestina, muestra cuánto se asociaba el respecto de los padres con la sobriedad, el honor, y en forma contraria, la vergüenza.Según Deuteronomio 21.18-21 la rebelión de los hijos merecía el apedreamiento.[152]

Eran comunes los problemas de herencia, según se indica en Lucas 12.13 y en numerosos relatos en ambos mundos el judío y el greco-romano.[153]

La responsabilidad particular estaba sobre el hijo mayor en una familia, pero él también recibía una doble porción de la herencia debido a que el cuidado básico de los padres sería sobre él. También, los demás hijos tenían una responsabilidad respecto a los padres. Se esperaba también que el hijo mayor guiara en los asuntos de familia.[154]

La actitud hacia los hijos pródigos era fuertemente negativa, conforme prueba los textos arriba. Según Lucian el derroche era un crimen que permitía al padre desheredar a su hijo y, juntamente con la negligencia por los padres, era una base de censura por la sociedad.[155] Aunque más tarde y retirado de la Palestina del primer siglo, sus palabras expresan el sentimiento de la mayoría del mundo mediterráneo.

En el mundo antiguo el hambre era frecuente y severa.[156]

El cuidado de los cerdos se consideraba despreciable incluso en el mundo greco-romano, pero los judíos tenían prohibido criar cerdos porque el Antiguo Testamento los tiene por impuros, y que no se debían tocar ni comer.[157] El Mishnah declara específicamente "Ninguno debe criar cerdos en ningún lado" (*m. Baba Qamma* 7.7), a lo que el Talmud agrega, "maldito sea el hombre que cría cerdos y maldito sea el hombre que enseña sus hijos la sabiduría griega" (b. *Baba Qamma 82b*). La analogía entre el pródigo que se asocia a un gentil para alimentar cerdos y los cobradores de impuestos que se asociaban con los romanos era obvia.[158]

Las algarrobas eran conocidas a través de la región del mediterráneo como forraje para animales y la comida cuando el hombre estaba desesperado. Generalmente se comprende la referencia como la cáscara del árbol (*ceratonia siliqua*) que, luego de maduro, contiene semillas dulces.[159]

Los varones mayores adultos evitaban correr porque se consideraba vergonzoso mostrar las piernas y era indecoroso.[160]

Andar descalzo era una muestra de degradación (o luto).[161] Poner los calzados a otro era la labor de un siervo y en reconocimiento de que la otra persona era su señor.[162]

La carne se comía solamente en ocasiones festivas, y el banquete revela la euforia del padre por el retorno del hijo.[163] Hultgren estima que el precio de una cabra era un diez por ciento del de una vaca.[164]

Explicación de la parábola

Opciones para la interpretación

Se ha tratado esta parábola de maneras extrañas, incluso mucho más en el periodo moderno que en épocas más tempranas. Las interpretaciones alegóricas patrióticas de esta parábola fueron determinadas primeramente por Jerónimo, Ambrosio, y Agustín. Se emplearon dos métodos principales, aparentemente ambos válidos. Se entendía que ambos hijos, el mayor y el menor representaban ya sea a los judíos y a los gentiles o aparentemente a la persona justa y al pecador penitente. Agustín discute solamente la opción de los judíos y los gentiles, mientras que Jerónimo y Ambrosio mencionan ambos. Jerónimo enfocó en el anterior y Ambrosio en el posterior, particularmente según se relaciona con los cristianos que se apartan de la iglesia y de cristianos arrogantes que desprecian la penitencia y la reconciliación de los pecadores. Se asigna importancia a otras partes de la parábola. Se entiende al padre siempre como Dios, y la fiesta como una referencia a la eucaristía. Se considera al Espíritu Santo como el anillo o el manto. Algunos identifican al ternero engordado con la encarnación de Cristo (ej., Jerónimo y Agustín). Estos primeros intérpretes estaban concientes de la dificultad causada por los comentarios positivos acerca del hijo mayor. Ellos resolvieron el problema al decir que cuando el hijo mayor afirmaba no haber transgredido un mandamiento simplemente no era cierto o se refería solamente a los judíos no culpables de idolatría. La afirmación de que todas las cosas eran suyas seria verdad solamente si el entraba en la casa.[165]

Varios estudiosos y terapeutas ofrecen un método sicológico. Con este acercamiento la parábola parece reflejar en general las relaciones humanas o algún aspecto de la teoría sicoanalítica. C. V. Jones piensa que la parábola trata del apuro humano y las dinámicas humanas como la separación, el anhelo, y la reconciliación.[166] J. Breech cree que la historia explora el problema básico de la relación humana triangular y presenta un drama absurdo en el que la persona habla pero no se comunica. Él considera el padre como una figura negativa y el regreso del hijo menor como una historia muy trágica.[167] M. Tolbert ofrece dos interpretaciones freudianas de conflicto (ambas válidas en su opinión). En una se considera las tres figuras de Freud el id, el superego, y el ego (el padre). Conforme a la otra, la parábola expresa ambivalencia emocional hacia los que uno está íntimamente relacionado (con las acciones excesivas del padre hacia el pródigo que evidencia su hostilidad y ambivalencia).[168]

R. Rohrbaugh ofrece un método sociológico, que arguye que la parábola trata lo que es correcto y la vergüenza en una familia disfuncional donde el padre no solamente debe reconciliar a sus hijos sino a toda la villa. Se ofrece el banquete para reconciliar a la comunidad, y no para celebrar el regreso del pródigo, y el contraste está entre la comunidad y el hijo mayor, no entre los dos hijos. En cuanto al método de Rohrbaugh's, tengamos en cuenta que Jesús relató la historia para promover la reconciliación entre los discípulos en disputa y para señalar un reino donde la prudencia no es el mayor valor.[169]

Unos pocos ofrecen una lucha metafórica entre dos mundos como el propósito de la parábola. La conducta del padre es tan exagerada e inesperada que el oyente/lector con alguna sensibilidad convencional debe protestar. Esta protesta se expresa a través del hijo mayor y que da lugar al choque de los mundos. A través del choque de estos mundos el oyente puede contemplar el carácter del reino.[170]

Según N. T. Wright, la parábola describe el exilio y la restauración de Israel; es la historia de Israel en miniatura. El antecedente de la parábola es Jeremías 31. 18.20, un texto acerca del exilio y el arrepentimiento que refiere a Israel como el hijo amado de Dios. Las referencias respecto de la resurrección en 15.24 y 32 son metáforas del regreso del exilio, el hijo mayor representa la mezcla de la multitud (especialmente los samaritanos) que resisten el regreso de Israel.

Aquellos que murmuran de lo que ocurre en el ministerio de Jesús se ponen a si mismos como samaritanos. La parábola obra para crear un nuevo mundo, y con ello Jesús anuncia que Dios restaurará su pueblo después de un largo exilio.[171]

La parábola describe la recepción de Dios de los que se arrepienten y desafía aquellos que se oponen. Un número de variaciones e implicaciones existe con este método, pero por lo general la parábola se considera como una defensa de Jesús que come con los pecadores.[172] En el periodo moderno esta es la interpretación más común.

Decisiones respecto de los temas

1. ¿Era esta parábola originalmente más breve? En ocasiones los intérpretes han argüido que los versículos 25 al 32 (la sección acerca del hermano mayor) originalmente no formaba parte de la parábola. Obviamente los versículos 11 al 24 funcionan bien como una parábola, y la segunda sección con frecuencia se ignora. Además, los versículos 25 al 32 supuestamente tienen más características de Lucas. También, la tensión entre la división de bienes entre ambos hijos en el versículo 12 y la continua autoridad del padre sobre los bienes en conjunto con la queja del hijo mayor que ni siquiera un ternero fue provisto para el (vv. 29-31) se ofrece como evidencia que Lucas agregó la segunda parte.[173]

Esta tensión se presenta en todo método y trataremos con ella más adelante, pero la teoría de que Lucas agregó la segunda parte no explica la tensión. Se rechaza el hecho de que la segunda parte tenga más características de Lucas.[174] Pero más importante son los factores que muestran que la segunda parte siempre fue una parte integral de la parábola. Claramente los versículos 11 y 12 indican que la historia trata de dos hijos y que el padre dividió sus posesiones entre ambos. El oyente/lector espera oír que las acciones de los dos hijos difieren. Además, los paralelos entre ambos hijos que se citan arriba, casi asegura que ésta siempre fue una parábola de dos partes, según la mayoría que los estudiosos reconocen.[175]

2. ¿Tiene esta parábola alguna relación con la de Mateo de los dos hijos? Podemos tratar esta interrogante rápidamente. Unos pocos sugieren que Lucas creó su parábola de los dos hijos de lo que conocía de la parábola de Mateo.[176] No existe evidencia para esta sugerencia. Difícilmente hay concordancia entre las dos parábolas. Incluso las palabras para "hijos" son diferentes.[177] Que ambos Evangelios tengan una parábola acerca de dos hijos al menos no es una sorpresa. Las historias que contrastan dos hijos eran un medio común y frecuente de instrucción en el Antiguo Testamento, las parábolas judías, y las historias greco-romanas y las declamaciones.[178] Además, como Hultgren señala, la insolencia del primer hijo en Mateo no tiene lugar en la descripción de Lucas del hijo mayor.[179]

3. ¿Contra que antecedente debería uno leer? El debate aquí es más complejo, porque se puede hacer un caso para encontrar el antecedente en uno de los diferentes textos del Antiguo Testamento, en las varias influencias greco-romanas, o en una discusión rabínica. Las sugerencias para los antecedentes del Antiguo Testamento incluye: La recepción de Esaú a Jacob (Génesis 33),[180] la promoción de José con el anillo de Farón y las finas vestimentas y el recibimiento de sus hermanos (Génesis 41 y 45),[181] mandamientos respecto a los hijos rebeldes (Det 21.18-21),[182] Salmos 23,[183] Salmos 103,[184] Jeremías 31.10-20,[185] o un amalgama de varios textos.[186]Cada una de estas opciones comparte características con la parábola, y, si se lee de manera aislada y sin sacar conexiones débiles, es plausible. Todos estos textos proveen una idea respecto de la cultura general o características teológicas, pero ninguna de ellas (o combinación de ellas) muestra suficiente semejanza que justifique el considerarla como la fuente de la parábola de Jesús y su redacción. Hay que tener prudencia cuando tantas líneas se puedan entresacar de la parábola y otros textos.

K. Bailey señala trece paralelos entre las tres parábolas en Lucas 15 y Salmos 23 y arguye que las tres parábolas de Jesús pueden considerarse como una expansión del Salmo.[187] Después, con poca referencia al Salmo 23, Bailey señaló quince semejanzas (y dieciséis no semejantes) con la historia de Jacob y arguyó que Jesús tomó la historia de Jacob y la volvió a relatar.[188] En otra obra Bailey encontró cincuenta y un paralelos entre la parábola y la historia de Jacob.[189] Muchos de los paralelos de Bailey al Salmo 23 y a la historia de Jacob son superficiales o exagerados. Con relación a las sugerencias de la influencia rabínica, R. Aus cita catorce motivos de esta parábola paralela en las tradiciones judías acerca de José. El concluyó que Jesús tomó de estas tradiciones al componer esta parábola.[190] K Rengstorf arguye que la parábola presupone que el hijo más joven estaba sujeto al acto legal de separación o repudio (*qetsatsah*), que se lo describe como muerto. Las acciones extremas del padre proveen una reinvestidura legal de modo que se restaura al hijo para que vista las vestimentas anteriores y el símbolo de autoridad.[191] La opinión de Rengstorf's supone muchos no específicos en la parábola y no ha encontrado poca aceptación.

Por otro lado, D. Holgate y W. Pöhlmann señalan paralelos en varias narrativas greco-romanas acerca de los hijos pródigos. Holgate arguye que la versión de Lucas de la parábola de Jesús tiene semejanzas con los topos greco-romanos "acerca de la codicia" y está diseñada para proveer la instrucción moral sobre la codicia, la liberalidad, y la tacañería.[192] Pöhlmann piensa que la parábola describe la "sabiduría del ethos del hogar", actitudes domésticas acerca de la moralidad, que con la protesta del hijo mayor desde tal perspectiva capacita al oyente para percibir el Reino.[193] Ninguno de los métodos es satisfactorio, porque ambos desechan el contexto palestino del ministerio de Jesús (para decir nada del contexto de Lucas). Puede que estemos de acuerdo con Holgate (y otros) que el uso correcto de las posesiones es un tema subsidiario en la parábola,[194] pero la parábola es mucho más que codicia, liberalidad, y tacañería. Con respecto a Pöhlmann, la protesta del mayor se basa en la moralidad convencional, pero Pöhlmann no es muy claro de cómo se percibe el mundo desde esta posición. Claramente la parábola es mas que un retrato de moralidad "doméstico" convencional contra la cual uno puede percibir el Reino. Lo importante acerca de estos dos estudios es su colección de historias grecoromanas sobre padres con dos hijos, pródigos, y asuntos de herencia.

El hecho es que uno puede señalar a los paralelos con una cantidad de tradiciones de varios tiempos y culturas, pero ninguno de ellos puede afirmar que es el punto de inicio de la parábola o el lente a través del cual debemos leer. Tales historias eran muy comunes para estos argumentos para ser convincentes sin más evidencia específica. Que un texto tenga un enfoque en Dios como Padre o Israel como un hijo desobediente o acerca de hechos tales como la reconciliación de Jacob y Esaú o la honra de Faraón a José es interesante, incluso por lo general informativo, pero no prueba el origen de la parábola o provee la clave hermenéutica para la interpretación. Ninguna de estas sugerencias es más que música de fondo para la interpretación de la parábola. Ningún texto especifico o grupo de textos provee el fondo. Al mismo tiempo, la compresión de esta parábola se enfatiza por el conocimiento de historias convencionales de un padre y dos hijos, uno bueno y otro pródigo, de la actitud hacia los hijos rebeldes, de temas de misericordia del Antiguo Testamento y la reconciliación, y de la relevancia cultural de los detalles de la parábola.

Más importante que cualquiera de las sugerencias que se ofrece es un aspecto específico del ministerio de Jesús y su mensaje. J. Fitzmyer correctamente señala el jubileo como un escenario para leer las parábolas en este capítulo,[195] tal como hemos visto con las parábolas de la gracia y la responsabilidad. En el jubileo del judaísmo del primer siglo los temas se asociaban con la liberación escatológica y la venida del Mesías.[196]Con el perdón y la restauración del pródigo y la insistencia en el gozo y la celebración, la parábola da ejemplo de la proclamación del año del favor del Señor (cf. 4.18-22). La murmuración en la cara de tal restauración solamente atestigua que uno no entiende lo que está sucediendo.

4. ¿Cómo podrían los factores culturales informar la lectura de la parábola? Los factores cultures y legales que pertenecen a la petición del hijo menor y la división del padre de sus bienes crea una confusión de detalles, y a pesar de lo que se diga, debemos recordar que esta es una historia, no un código legal, y que la historia funciona muy bien. Sin embargo, esta parábola más que ninguna otra supone familiaridad con el significado cultural de sus componentes. La mezcla de muchos factores culturales se pueden demostrar de las primeras fuentes, pero para otras hay menos claridad. ¿Es esta historia de eventos diarios o de algo inusual? ¿Acaso los eventos que se describen se conforman a prácticas legales, o están artificialmente preparados para propósitos teológicos? Si el padre divide sus bienes entre ambos hijos, ¿Por qué está él todavía en control de aquellos bienes cuando regresa el pródigo?

La mayoría de los estudiosos supone que la petición del hijo menor era inusual, incluso algunos van más lejos al afirmar que éste debió ser castigado por haber hecho tal petición y que por cierto él deseaba que su padre estuviera muerto. Otros opinan que la petición era lo suficiente común, probablemente debido a que una pequeña familia de granjeros no era suficiente para mantener los hijos menores, que consecuentemente tenían que mantenerse por sí mismos.[197] La parábola no da base para pensar que alguna necesidad impulsó la petición del hijo menor, pero hay alguna evidencia de la gente que recibe parte de su herencia mientras el pariente todavía está vivo, el más notable *m. Baba Batra* 8.7.[198] La petición es inimaginable, pero al menos debemos reconocer que la petición del hijo y especialmente su partida se hubiera considerado negativo en todas las sociedades del mediterráneo.[199] No es accidente que el versículo 12 diga literalmente "y les repartió los bienes [la vida]" (*ton bion*)" (cf. "tu vida" en el versículo

30), porque el padre mantenía su propia vida con estos recursos, especialmente en su ancianidad. Literalmente el joven no había deseado la muerte del padre, pero sus acciones prueban que no se preocupaba por su padre ni deseaba una relación con él. Él quería el dinero de su padre, no a su padre. Incluso con la división de los bienes, el hijo menor todavía tenía la responsabilidad de ayudar a cuidar de su padre,[200] una responsabilidad que el ignora al salir.

Esto genera la interrogante: ¿Cuál fue el pecado del pródigo contra el cielo y su padre? Varias respuestas se han dado: la petición de su parte de la herencia,[201] su codicia,[202] su salida,[203] su despilfarro,[204] su estilo de vida,[205] o por no cuidar de su padre.[206] Desde una perspectiva del Antiguo Testamento el pródigo habría sido culpable de violar el mandamiento de honrar a sus padres (Ex 20.21), pero no creo que se deba hacer una elección respecto de este asunto. La petición en sí quizá no sea un pecado, y dudo que la codicia sea el punto, pero tanto los judíos como los griegos del primer siglo habrían considerado todos los demás factores como reprensibles y no ético.

En base a Deuteronomio 21.15-17, el hijo mayor habría recibido dos tercios de la propiedad,[207] y la responsabilidad básica del cuidado de los padres sería sobre él. No podemos suponer que el hijo más joven habría recibido un tercio de la propiedad familiar. El lenguaje permite una referencia por la tierra, pero no es probable que el joven tenga el derecho de disponer de ella.[208] La mejor apreciación es que el haya recibido bienes equivalente a dos novenos de los bienes,[209] pero incluso eso podría ser muy alto.

Si se entregó la porción del hijo mayor cuando el hijo menor recibió su parte o se asignó para que la recibiera después no está claro, a pesar de la versión de Lucas "y *les* repartió los bienes (15.12). D. Daube arguye que el hijo mayor no recibió su porción, mientras D. Darrett arguye que si la recibió.[210] Si la división se hubiera hecho entre ambos hijos, la queja del hijo mayor entonces no tiene sentido. La evidencia sugiere que el hijo menor obtuvo sus bienes por adelantado y que a la muerte de su padre ya no la habría reclamado. La porción del hijo mayor también se habría establecido (en este caso casi por defecto debido a que había solo dos hijos), sin embargo el padre habría retenido la supervisión y el control. Según *m. Baba Batra* 8.7, si se designaba una propiedad antes de la muerte, ni el padre ni el hijo mayor podría venderla porque fue designada para el hijo pero bajo posesión del padre. La transferencia de los bienes al hijo mayor no ocurriría sino hasta la muerte de su padre,[211] que es la razón por la que el padre podía reincorporar al hijo menor y dar mandamientos respecto al banquete. La "pobreza" del hijo menor se revela mediante un comentario en el Talmud: "Como el primogénito nada posee mientras el padre viva, así también éste nada tiene mientras su padre viva."[212] La aseveración del padre al hijo de que "todas mis cosas son tuyas" es una afirmación de que su porción de la herencia no disminuirá por el regreso de su hermano menor, que, tomado en serio, tendría consecuencias para ayudar al hermano menor.[213]

El hermano mayor tiene responsabilidades familiares aparte de cuidar de sus padres ancianos. El debía tomar la responsabilidad de ser un líder en ocasiones importantes o tiempos difíciles y debía mediar en los conflictos de relaciones.[214] Esta expectación intensifica cuan vergonzosa seria que el hijo mayor rehusara participar del banquete.

El conocimiento de tales expectaciones es muy revelador, pero la fascinación con la cultura puede hacer que uno lea en la parábola aspectos que no están allí.La contribución de K. Bailey de su experiencia como misionero a los campesinos del Oriente Medio es a menudo muy perspicaz, pero sin espíritu de crítica supone una continuidad entre los judíos palestinos del primer siglo y los campesinos del Oriente Medio moderno debido al impacto de siglos de gobierno islámico. Las actitudes quizás permanezcan igual, pero eso no se puede suponer. Además, Bailey y otros que enfocan en métodos sociológicos están más intrigados con la cultura que con la parábola, con lo que no está allí que con lo que está. Otra vez el principio se demuestra: cuanto más una interpretación enfoca en lo que no está explícito en la parábola más probable es que sea incorrecto.

La sicología cultural de Bailey de la parábola es evidente en su pensamiento de que el hijo ha sido desheredado, ya sea que ha soportado su apartamiento de la ceremonia del *qetsatsah* o que será expuesto a esta ceremonia en cuanto los del pueblo lo vean.[215] Bailey interpreta las acciones del padre de correr al encuentro del hijo y abrazarlo y besarlo como un esfuerzo de protegerlo de la gente del pueblo y para indicar su restablecimiento. La reconstrucción de Bailey presenta una figura conmovedora, pero una que no encuentra mucha base en la parábola misma. El debe suponer que la granja estaba cerca de un poblado dispuesto a castigar a los ofensores, pero la parábola no menciona nada de esto, y no hay evidencia que el *qetsatsah* esta incluso remotamente en el transfondo de la parábola.[216]

R. Rohrbaugh también es culpable de no aplicar correctamente la información cultural cuando arguye que la parábola trata de bienes y vergüenza en una familia disfuncional donde el padre y sus dos hijos se comportan de manera vergonzosa, y luego el padre trata de reconciliar a sus hijos y la familia con los pobladores.[217] Nada en la parábola sugiere que el padre obró vergonzosamente o que se necesita reconciliación con los pobladores. A lo más, la comunidad juega un rol menor en la parábola, si es que alguno, es difícil discernir alguna razón para pensar que el contraste es entre los pobladores y el hijo mayor en vez del padre y el hijo mayor.

Otro punto más se debe resaltar. Las acciones del padre no son exageradas ni inesperadas como para considerarlas fuera del rango de la conducta humana. Aunque algunos padres puedan rechazar a los pródigos o requieran condiciones para aceptarlos, otros expresan amor compasivo, como prueban algunas de las fuentes principales anteriormente mencionadas.[218]

5. ¿Acaso la parábola describe generalmente la condición humana, el exilio y la restauración de Israel, o grupos específicos que oyen a Jesús? ¿A que se hace una analogía? ¿Es correcto el contexto de Lucas para la parábola? Para determinar el punto de la analogía depende en cierto punto si uno piensa que el contexto de Lucas para la parábola es correcto. Jesús enseña generalmente a veces respecto de la condición humana (ej., Mt 6.24/Lc 16.13; Mt 15.10-20/Mr 7.14-23), y esta parábola refleja directamente la necesidad humana y el perdón. Podemos entender porqué la gente ha reflexionado en un entendimiento antropológico y sicológico de la parábola, pero hay una gran diferencia entre reflejar la mayor aplicación de la parábola y discernir el intento comunicativo de la analogía de Jesús. Es difícil creer que con esta parábola Jesús se interesaba principalmente en la condición humana en vez del contexto de su propia misión. Casi todas las parábolas señalan ilustraciones de circunstancias y realidades en su ministerio. La parábola del fariseo y el publicano posiblemente es la que más se aproxima en proveer una analogía general de humanos, pero, ella también surge de tensiones específicas creadas por el ministerio de Jesús. La proximidad de la parábola del Pródigo crea una reflexión. Ambas se dirigen a los que suponen su propia justicia y rechazan a otros como inadecuados. En ninguna de las parábolas la analogía es sencillamente respecto de la condición humana; ella trata del impacto del ministerio de Jesús respecto del reino y la actitud que se espera de sus seguidores. Los intentos de leer la parábola como una reflexión general o disfuncional de las relaciones humanas son abortivos.

N.T. Wright arguye que esta parábola, como lo hace con la mayoría de las parábolas de Jesús, es una historia de Israel en miniatura.[219] Por cierto, otras parábolas presentan la historia de Israel en miniatura; la higuera y los labradores malvados se encuentran entre los más ejemplos más obvios. También, uno puede usar la teología del arrepentimiento en esta parábola, una teología compartida bastante con la del Antiguo Testamento, y aplicarla a Israel, que es lo que Wright ha hecho. El mismo procedimiento que Wright emplea para aplicar la historia a Israel, también la aplica al estudio moderno del Nuevo Testamento.[220] Wright puede hacer que la primera parte de la parábola calce la historia de Israel fácilmente debido al ciclo que la historia de Israel es olvidase de Dios y luego arrepentirse, pero el intento de decir que el hijo mayor representa a los samaritanos que no desean el regreso de Israel del exilio no es convincente y muestra que no se puede seguir la explicación de la parábola.

Casi por necesidad estamos forzados de notar que la parábola refleja las realidades de los que escuchan a Jesús.[221] La organización del capítulo probablemente es de Lucas,[222] pero la frecuencia de las objeciones a las asociaciones de Jesús y los que se sientan a comer con él sencillamente no es la idea de Lucas.[223] Aquellos que rechazan el contexto de Lucas no ofrecen ninguna alternativa convincente, o todavía consideran que la parábola se aplica a los fariseos.[224] El auditorio original probablemente incluía ambos los pecadores y aquellos que los objetaban, pero el blanco principal parece ser el posterior. Las primeras dos parábolas en este capítulo enfoca en la búsqueda del gozo que sigue al arrepentimiento. La tercera parábola desarrolla mucho el tema del gozo y la celebración pero contrasta la actitud de Dios hacia el pecador arrepentido y las actitudes de aquellos que rehúsan gozarse y contrariamente desprecian los pecadores.

Cualquier afirmación de Jesús que el reino de Dios estaba presente o incluso que Dios estaba obrando se consideraría sospechoso mientras que se rodeara de obvios pecadores como los cobradores de impuestos, los ceremonialmente impuros, y los poco respetables. La actitud de Simón el fariseo hacia Jesús y la mujer que lavó los pies de éste (7.36-39) es un ejemplo más de la respuesta de los justos a las asociaciones de Jesús. Tales pasajes y las parábolas en el capítulo 15 señala un conflicto entre las afirmaciones de Jesús y las expectaciones de los fariseos y otros de lo que debería pasar si estas afirmaciones son verdaderas. La parábola contrasta la aceptación de los pecadores por Dios y la sospecha de grupos como los fariseos.

6. ¿Qué enseña la parábola acerca de los fariseos? Si el hijo mayor representa a los fariseos y los escribas, ¿por qué son los comentarios del padre al hijo mayor tan positivos? ¿Qué implica la parábola acerca de la relación de los fariseos con Dios y su inclusión en el reino porque el padre dice que el hijo mayor está siempre con él y son suyas también todas las cosas? La enseñanza de la parábola sobre los fariseos al principio es sorprendente. Si el hijo mayor representa a los fariseos y escribas, habríamos esperado que se desafíe las afirmaciones del hijo mayor de nunca haber violado un mandamiento,[225] y no hubiéramos esperado que el padre dijera que el hijo mayor siempre está con él y suyas son todas las cosas. Aunque los interpretes patrióticos deciden que la afirmación no es verdadera y que los comentarios del padre estaban condicionados para dar la respuesta correcta, B. Scott arguye que la parábola no calza bien con el entendimiento de Lucas de la salvación y que la identificación del hijo mayor con los fariseos tiene interpretaciones erróneas. ¿Por qué los fariseos respondieron al evangelio de Jesús si era cierto que ellos ya tenían todo? Scott arguye que la parábola depone el uso del tema de los dos hijos para explicar a quién se escoge y a quién se rechaza (ej., Mal 1.2 y 3 y Gal 4.21-31). En esta parábola no se rechaza a ninguno; se escogen ambos. Según la perspectiva de Scott, el reino no divide sino que une (metáfora por la que el padre sale), y el rechazo de Jesús de cualquier noción apocalíptica del rechazo de algún grupo. El reino es universal, no particular.[226]

Por cierto la parábola no es un ataque a los fariseos, y la conclusión ausente de la historia funciona como una invitación para que ellos cambien de actitud. Pero la opinión de Scott hace que la parábola lleve una pesada carga, una que desaparece frente a los muchos otros dichos y parábolas de Jesús en las cuales el reino trata del juicio y la separación.[227] Si el significado que se sugiere para una parábola no se puede verificar en un material no parabólico, hay poca razón para que se la acepte.

Sin duda, la afirmación de que el hijo mayor nunca ha quebrantado un mandamiento (v.29) casi rompe las barreras de la historia. Estas palabras funcionan para solidificar la conexión entre él y los fariseos u otros que se consideran a sí mismos justos y guardadores de la ley. Los oyentes quizá acepten la afirmación del hijo mayor, o quizá lo consideren inválida debido a la actitud del hijo mayor hacia su padre. Pero, al no participar éste del banquete, avergüenza a su padre y quebranta la ley de honra a su padre.[228]

Sin embargo, en realidad, la interrogante de por qué se puede decir cosas positivas del hijo mayor, si éste representa a los fariseos, es engañosa. Ella supone que la parábola es una descripción completa de la realidad que describe, dice todo lo que se debe decir acerca de los fariseos, y tiene el tipo de correspondencias detalladas que según la mayoría la consideran cuestionable. Esta parábola no intenta describir la relación de los fariseos con Dios o su condición respecto al reino. Ella compara la *actitud* del padre (Dios) y la *actitud* del hijo mayor (los fariseos) *hacia el arrepentido.*[229] El contraste está entre la celebración y el desdén. Las parábolas no son fotografías de la realidad, aunque los intérpretes con frecuencia tratan de que así sea. La interrogante siempre es cuánto de la parábola trata de describir la realidad, y la respuesta se debe decidir en base a cada caso. No existe fórmula para responder las interrogantes; un intérprete solo puede depender del sentido intuitivo de cómo funciona la historia en su contexto y cuáles son los límites de su propósito. Si esta parábola ha reflejado la relación de Jesús con los fariseos o describe el rechazo de los fariseos mediante el castigo o la desaparición del hijo mayor, la historia hubiera sido artificial y difícilmente habría funcionado como una historia. La historia de que un padre echa al hijo mayor casi no se escucha, pero difícilmente encajaría con las actitudes que se describen en esta parábola o la llamada para celebrar el regreso del arrepentido. Mientras que otras parábolas enfocan en el juicio, ésta sirve para contrastar la celebración y el desdén por el arrepentido. Jesús pudo haber argüido abstractamente de las ideas judías acerca del arrepentimiento que la actitud de los fariseos era equivocada; pero no lo hizo. Él los confrontó con una descripción convincente de lo limitado de su pensamiento y con la honesta interrogante si acaso el hijo mayor entraría a la casa y participaría de la celebración. En efecto, Jesús invitó a los fariseos para que adoptaran la actitud de Dios, perdonar a los que desprecian como pecadores, y participar de la celebración que viene con la proclamación de su reino.

7. ¿Cuál es el significado teológico de la parábola? ¿Tiene correspondencias "alegóricas" y enseñanzas acerca del arrepentimiento, cristología, o de expiación? Cuanta relevancia teológica se puede sacar de los detalles de la parábola se determina mediante el sentido del propósito y los límites de la historia. No podemos negar que no hay correspondencias entre la imagen y la realidad.[230] Incluso aquellos que rechazan cualquier idea de alegoría todavía ven las correspondencias entre la imagen y la realidad. Julicher, por ejemplo, admite que la parábola tiene un doble propósito intencional (que es, por supuesto, lo que hace a la parábola), pero todavía dice que no es una alegoría. Él comprende que la parábola dice que Dios no permite que el justo se queje cuando el acepta a los pecadores,[231] lo cual supone que el padre, el hijo mayor, y el pródigo representa a Dios, el justo, y los pecadores respectivamente. Schottroff rehúsa considerar que Dios represente al padre, pero todavía considera la parábola como una enseñanza respecto del perdón de Dios de los pecados.[232] La gente puede decir que rechazan la alegoría, pero ellos no pueden sacarle el sentido a las parábolas sin determinar cómo reflejan la realidad que buscan transmitir. Otra vez, veo poco valor en pensar que la alegoría es un género literario, pero las parábolas (excluyendo las historias simples indirectas) en un grado u otro son alegóricas; que es, ellas reflejan, aunque imperfectamente, una realidad en un plano diferente. Casi todos admiten o suponen las directas asociaciones de la parábola con Dios, los pecadores, y los "justos".[233] Es difícil evitar tales conexiones. También es justo suponer que los detalles de la parábola no tienen propósito, no son solamente decoraciones; pero tampoco son representaciones alegóricas. Los detalles de la trama del pródigo no representa realidades teológicas; ellas describen una degradación y necesidad, especialmente para los oyentes judíos. La acción extravagante del padre al recibir al pródigo describe una ansiosa recepción, pero las acciones individuales no defienden ideas teológicas. De la misma manera, la descripción de la restauración del manto del prodigo, el anillo, y los zapatos, y el becerro engordado para la celebración ilustra el gozo y la plena aceptación, pero estos artículos no tienen referentes individuales.[234] El lector/oyente ni siquiera tiene tiempo para tales asociaciones, porque la historia se desarrolla a ritmo animado. Quizá la gente justamente discute si la celebración es una pista del banquete mesiánico, dada la importancia de ese tema, pero la parábola no da mucha base para pensar que la escatología futura está en mente. El enfoque está en la celebración presente que debería tomar lugar. Hay que notar que la escatología está presente aquí.

Los problemas surgen cuando la gente intenta extraer más teología de la parábola de lo que se justifica. Para K. Bailey y H. Weber no es suficiente decir que el padre refleja la ansiosa aceptación del regreso de los pecadores. Para ellos el padre refleja *ambos*, Dios y Jesús.[235] Semejante a los interpretes patriótico, ellos consideran la reunión del padre con el prodigo como una ilustración de la encarnación. Lucas 15, al igual que gran parte de la Escritura presenta a Dios como uno que busca y compasivo, que está de acuerdo con la teología de la encarnación, pero creer que la parábola intencionalmente la comunica es sobrecargarla. Cualquier doble referencia requerirá mucho más de los oyentes y lectores. Algunos incluso consideran a Jesús como el pródigo que sale y regresa al padre,[236] pero seguramente eso es una lectura forzada, que se basa en el deseo del intérprete en vez de la historia misma. De la misma manera están los que se ofenden porque no haya una madre en la parábola[237] y los que encuentran un énfasis femenino en las acciones del padre o algún otro aspecto de la historia.[238] La queja de que no hay una madre en la historia es imponer la agenda de uno mismo en la parábola e ignorar el hecho que las parábolas expresamente dejan fuera personajes innecesarios a la trama.[239] ¿Qué narcisismo nos impulsa a creer que nosotros o nuestra clase se debe encontrar en cada texto? Para encontrar el femenino implícito en la hambruna,[240] en el enfoque de la parábola sobre el alimento (vv.16 y 23), o en el beso del padre[241] no se puede defender en base a la cultura o ninguna otra base. Otros textos hablan de Dios en términos femenino, pero esta parábola no tiene relevancia de intereses femeninos.

De la misma manera, los intérpretes han debatido si se alude la expiación en la historia. K. Bailey y otros consideran la expiación en las acciones costosas del padre o en el becerro engordado.[242] Una cosa es considerar la acción salvadora de Dios tan costosa que requiere un esfuerzo de su parte y otra cosa pensar que esta parábola trata de reflejar el pensamiento de la expiación. No veo justificación para forzar tan lejos. Por otro lado, Jülicher considera significativo que esta parábola no tiene lugar para un mediador moribundo y considera la salvación como dependiente solamente del carácter de Dios,[243] una conclusión más allá del propósito de la parábola. No preguntamos respecto de una expiación o un mediador en la mayoría de las parábolas; ¿por qué aquí? ¿Acaso no es por la tradición que esta parábola es el evangelio en los evangelios?[244] Obviamente esta parábola es una presentación poderosa de la gracia salvadora de Dios, pero que tenga todo el peso de reflejar el evangelio completo es absurdo. Esta ni alguna otra parábola es un compendio pleno de la teología, incluso cuando con frecuencia tratamos de hacer eso.

¿Tiene la parábola cristología? No creo que la cristología es interna a la parábola, pero hay implicancias de cristología. Si Jesús empleó la parábola para defender su asociación con los pecadores y su proclamación de perdón extendido a ellos, entonces indirectamente la parábola es una afirmación que Jesús es el agente de Dios que anuncia el perdón. Si la parábola refleja los temas de júbilo de la restauración y el perdón, entonces supone que Jesús es el único que anuncia el jubileo. Jesús no está en la parábola, pero el contexto de la parábola contiene implicancias de cristología.[245]

Otra área donde las interrogantes teológicas surgen es la enseñanza de la parábola respecto del arrepentimiento. Aquí como en otro lugar, los prejuicios respecto del orden del arrepentimiento y el perdón con frecuencia injustamente dicta el contorno de la discusión. La primera interrogante se observa si la confesión y regreso del prodigo fueron actos sinceros de arrepentimiento o como J. Breech y un número relevante de otros arguyen, sencillamente que es un intento personal para conseguir alimento, una "conversión sopa de pollo".[246] La semejanza de la confesión del pródigo en el versículo 18 con la del Farón en Éxodo 10.16 es prueba suficiente para Bailey que el arrepentimiento es una farsa y que el joven no tiene remordimiento.[247] Sin embargo, ¿acaso se espera que los oyentes hagan esa conexión, particularmente cuando admite "he pecado" que es la manera sincera de confesión que se expresa muchas veces en los pasajes del Antiguo Testamento?[248] Bailey y otros parecen haber estado motivados por el deseo de enfatizar la iniciativa de Dios en la salvación y no resaltar tanto la responsabilidad humana, por una falsa conexión al Salmo 23.3 el busca definir el arrepentimiento en Lucas 15 como algo hecho a favor del creyente. "El arrepentimiento es la aceptación de ser encontrado".[249] Este deseo de evitar el esfuerzo humano revela ansiedades de soteriología en la parábola de Jesús que no están allí y que Jesús no tiene.

Aunque algunos, en base a la evidencia semítica, consideran que "volviendo en sí" (*eis heauton de elthōn*) significa arrepentimiento,[250] pero sencillamente significa "volvió en sí."[251] El arrepentimiento en sí se expresa en la confesión en los versículos 17b-19 y 21. Por otro lado, se debe tomar en serio el hecho de "volviendo en sí" porque es un requisito previo o el primer paso para el arrepentimiento.[252] La parábola no menciona el arrepentimiento; ella habla solamente de que el pródigo volvió en sí, su confesión, y su retorno. Sin duda a todo judío que estos aspectos eran válidos del arrepentimiento, incluso si no cubrían todo lo que involucraba. La confesión y cambio del pródigo debía ser sincero.[253] Ciertamente Lucas toma el arrepentimiento como sincero, o no hubiera estructurado el capítulo de esa manera. La celebración de recobrar al hijo perdido en la parábola es paralela con la celebración de la recuperación de la oveja perdida y la moneda perdida, las cuales están explícitamente conectadas con el arrepentimiento.

Esta parábola es diferente de las otras dos. En las otras, la oveja y la moneda perdida no representan nada, pero la celebración por haberlas encontrado refleja el gozo del cielo por uno que se arrepiente. En la parábola el pródigo obra primero. Es cierto que las acciones del padre se dan antes de que el hijo tenga tiempo de confesar y que las acciones del padre se determinan por su carácter en vez de por el de sus hijos.[254] De nuevo, aquí tenemos una parábola que refleja gracia ilimitada de Dios, pero también es verdad que en esta parábola el padre no sale en busca del hijo perdido. El regreso del hijo impulsa la salida del padre.

¿Qué debemos concluir respecto del arrepentimiento de estas parábolas? Debemos concluir que el arrepentimiento es solamente la aceptación de haber sido encontrado, según opina Bailey? ¿Deberíamos considerar que las dos primeras parábolas de este capítulo refleja la soberanía divina y que la última refleja la responsabilidad humana?[255] ¿Deberíamos preocuparnos del *ordo salutis* de la parábola, su orden de salvación, y si la acción de Dios depende primero de la respuesta humana?[256] Para mí tales interrogantes van más allá del interés de la parábola y olvida la historia para hacer teología. Las dos primeras parábolas no ilustran una teología plena del arrepentimiento sino que se goza por recuperar al arrepentido. Tampoco el pródigo ilustra una teología completa del arrepentimiento. Notamos que ciertos aspectos del arrepentimiento están presentes, pero no debemos sacar más ilustraciones del arrepentimiento sino las pautas sobre la herencia e interrogantes al respecto. De nuevo el asunto es cómo funciona la analogía, y el propósito de la analogía es contrastar la actitud de celebración del padre con el desdén del hijo mayor. Debemos enfocar en la relevancia teológica de los tres actos de volver en sí, confesión, y el regreso, que son actos explícitos, pero la intención de la parábola no es dictar una teología del arrepentimiento o establecer una ilustración de un *ordo salutis*.

Sin embargo, otros como los intérpretes patrióticos antes de ellos, buscan una referencia teológica de ambos hijos, el mayor que defiende a los judíos o judíos cristianos y el menor a favor de los gentiles o cristianos gentiles.[257] Ciertamente ninguna de ellas funciona para el relato de Jesús de la parábola,[258] y de la misma manera también para Lucas. Según varios señalan, el pródigo no refleja las situaciones de los gentiles, porque él comienza en la casa del padre.[259] No hay base para considerar más en la referencia analógica de los dos hijos que el de los pecadores que se acercan a Jesús y aquellos que critican a tales personas.

De la misma manera, algunos ven la comunidad ilustrada mediante la parábola de Lucas de modo que la historia describe el conflicto entre la comunidad de Lucas y la sinagoga o entre los rigurosos en la comunidad de Lucas que cuestionan la aceptación de los gentiles y aquellos que están listos para aceptar a los gentiles.[260] Por cierto, Lucas quería enseñar a sus lectores acerca de la actitud de autojustificarse, pero nada en este capitulo provee evidencia alguna que describa la situación de la comunidad de Lucas. Tales conclusiones son meras suposiciones.

8. ¿Cuál es el propósito de la parábola? Por la discusión que hemos tratado es evidente que debemos hablar no solamente del propósito de esta parábola sino de sus propósitos. Cual de los tres personajes es la figura central sería una pregunta innecesaria, porque la parábola necesita de los tres para lograr su meta.[261] Aunque las historias convencionales de dos hijos nos llevarían a enfocar en un contraste entre ellos, el verdadero contraste aquí está entre el padre y el hijo mayor. El primer propósito de la parábola es enfatizar la compasión,[262] uno de las cuatro características principales del mensaje y la obra de Jesús, y la el amor incondicional del padre, que analógicamente refleja la actitud de Dios. El versículo 20 revela que el pródigo no solamente regresa al hogar: él regresa a su padre. El deseo ferviente del padre de recuperar y restaurar al hijo extraviado se describe específicamente con ternura. La parábola es una demostración narrativa de la gracia con la que Dios alcanza y abraza al pecador.[263] Jesús no necesitó presentar la idea que Dios acepta a los pecadores, sin embargo su mensaje del reino enfatizaba que Él estaba restaurando Israel, y que ahora se ofrecía el perdón de los últimos tiempos, y que este era un tiempo crítico para su arrepentimiento. El Dios que Jesús representa y proclama es precisamente perdonador y misericordioso, el Dios que se refleja en la parábola. Nuestra familiaridad con el mensaje de la parábola no debe evitar que la apreciemos.

Un lenguaje menos emotivo se emplea para el padre que suplica al hijo mayor (sin duda, debido a que no había un sentido de pérdida), pero el padre va a ambos hijos y se dirige al mayor con afecto como "hijo" (*teknon*) y le asegura de su lugar.[264] Debido a los varios paralelos entre los dos hijos, la parábola trata de los dos hijos perdidos, uno que quería ser un siervo y el otro que se sentía como siervo,[265] pero el padre insistía que ambos eran hijos y hermanos el uno al otro. La inhabilidad del hijo mayor para percibir la realidad se indica por la oposición al decir "nunca" y el "siempre" del padre.[266] Igualmente el contraste dramático del lenguaje empleado por el hijo mayor ("este hijo tuyo" v. 30) y el del padre ("este hermano tuyo", v. 32) indica el reconocimiento de la relación familiar y la necesidad de celebrar. Si el hijo mayor acepta la invitación del padre, su regreso tendrá consecuencias sociológicas: él ganará un hermano.

Un segundo propósito de la parábola es la invitación para celebrar y gozar lo cual es explícito en los versículos 23 y 24 y 32.[267] Algunos incluso pueden decir que el gozo es el interés básico de la parábola.[268] Si Dios se goza por el regreso de los pecadores, ¿acaso el pueblo de Dios puede ser menos? Como E. Linnemann señala, en respuesta a la interrogante de los fariseos de cómo es que Jesús podía celebrar con tales personas pecadoras. La respuesta de Jesús fue "el perdido ha sido hallado. Esto hay que celebrarlo. Me uno en la celebración de la fiesta de Dios. "¿Y tú que estás haciendo?"[269] Semejante a la parábola del banquete en 14:16-24, ésta en efecto dice, "Dios ofrece una fiesta, ¿vendrás?" El perdón representado con la proclama de Jesús del jubileo se debe celebrar.

La parábola funciona entonces con un tercer propósito como una defensa de la asociación de Jesús con los pecadores.[270] Si Dios acepta a tales personas, no solo generalmente sino específicamente por la presencia del reino, y el hecho de que Jesús comiera con los pecadores promulgara el perdón de Dios y la misericordia, entonces el quejarse de sus acciones es claramente engañoso y fuera de lo que Dios está haciendo. Pero hay mucho más implícito que la defensa. La parábola, especialmente con su final incompleto, funciona como una invitación para que los oyentes adopten la misma actitud hacia los pecadores como el padre hacia el pródigo.[271] Ese cambio de actitud lleva consigo una fuerza misionera para que uno se motive no solamente para aceptar a los pecadores sino también a encontrarlos.[272]

Adaptación de la parábola

Ninguna parábola provee tanto material para la reflexión teológica como ésta. Su uso de las metáforas e ideas para la distancia es instructivo. El pródigo no pertenece al país lejano ni en la alianza que ha hecho. Se encuentra lejos de sí mismo, pero ambos él y su hermano están distantes de su padre de maneras diferentes. La mayoría de nosotros también llevamos una vida quebrantada, sin unidad entre nosotros mismos ni relación familiar con Dios que él nos ofrece. El espectro de la muerte busca también a la parábola. El mensaje de la parábola es que los pecadores como los justos, los religiosos y los no religiosos tienen un hogar con Dios. Ellos pertenecen al hogar en la familia de Dios. La parábola es más que solo ideas teológicas respecto del carácter de Dios; es una invitación para reconocer nuestra separación y vacío. Con justa razón la pintura de Rembrandt del pródigo en la ciudad de Dresden de Zwinger Gemäldegalerie es un autorretrato de Rembrandt con su novia Saskia. Los pródigos no son las otras personas. Al mismo tiempo, la parábola es una invitación para volver a nuestro verdadero yo, a considerar nuestra situación (v.17), volver a Dios, y estar dispuestos a ser acogidos por Dios. Con tales ideas la parábola es tierra fértil para la reflexión sobre la conversión y la reconciliación. La conversión casi siempre ocurre en un contexto de crisis, ¿pero acaso el hambre debe estar presente antes que ocurra la conversión? ¿Es posible que volvamos a considerar nuestra situación antes de que pisemos fondo?[273] El primer paso a la conversión y la reconvención (porque la conversión es un proceso) es considerar la situación de uno mismo.

Si las Escrituras buscan darnos una identidad, lo cual es cierto, esta parábola es un texto formador de identidad importante. Dice, en efecto, que los humanos no son habitantes legítimos de un país extranjero, que no son pródigos ni esclavos. Más bien, que son hijos de su padre y pertenecen a su padre. El pródigo declara que no merece su propia identidad y quiere algo menor, pero él no es candidato para ser empleado. La gracia permite que uno sea la persona que se supone debe ser incluso cuando no lo merezca o no lo quiera. El hijo mayor sospecha del gozo y considera a sí mismo como el equivalente a un siervo, pero el padre insiste que él también es un hijo.

Los límites o el rechazo de ellos dominan el pasaje. El hijo menor siente que su hogar es una barrera que lo prohíbe. El hijo mayor crea una barrera al rehusar entrar, pero el padre busca anular la barrera. El hijo mayor ha excluido a su hermano, pero el padre vuelve a presentar al hijo menor. El hijo mayor es celoso y crítico y no se siente favorecido, pero el padre lo considera privilegiado, que él pertenece al círculo íntimo, y que todas las cosas le pertenecen.

La parábola tiene una nota de gozo que debería marcar a los discípulos del Reino. Si el Reino está presente y se dispensa el perdón, y aunque el mal todavía siga en el mundo, el gozo debe caracterizar a los que reconocen lo que está ocurriendo. A veces los cristianos muestran poco gozo. A veces no aprecian la fe u olvidan lo que tienen, o peor, como el hijo mayor que oye la música y no quiere entrar, sospechan del gozo. H. Thielicke nos recuerda cuán miserable es llamarse cristiano y ser un extraño y siervo que murmura en la casa de Dios.[274] El gozo no es un atributo opcional de la fe, ni se puede obtener por sonreír y cantar más. Debe surgir del conocimiento de la misericordia y el perdón de Dios que se ofrece en su Reino.

Una de las sorprendentes adaptaciones teológicas de esta parábola es M. Volf's *Exclusion and Embrace*.[275] Wolf describe su experiencia como croata que batalla con los resultados de la guerra con los serbios y generalmente con la injusticia y la opresión. Él emplea la historia del pródigo y del recibimiento del padre para tratar los temas de la distancia, los otros, la exclusión, el sentido de pertenencia, y el abrazo al enemigo. Con justa razón observa que esta parábola no es simplemente respecto de las relaciones con Dios sino que ella establece el modelo para tratar con las relaciones humanas y también con la separación. No podemos afirmar que regresamos al Padre sin mostrar el mismo tipo de perdón y disposición de aceptar lo que el Padre muestra. Tertuliano, debido al problema de tratar con los cristianos que niegan la fe bajo la presión de la persecución, arguye que esta parábola nunca se debe aplicar a los cristianos.[276] Esto suena como la queja del hijo mayor. Si la conversión es un proceso, que por cierto es, entonces Dios siempre da la bienvenida a sus hijos extraviados y a la vez también los considera responsables. La gracia no se puede confinar dentro de límites.

Según se nota arriba, la parábola tiene sutiles significados de misiones. Si Dios recibe rápidamente a los pecadores, entonces ese mensaje se debe compartir, y se debe invitar a las personas a volver al hogar.

Lectura adicional

Kenneth Bailey, *Finding the Lost: Culture Keys to Luke 15* (St. Louis: Concordia, 1992).

————, *Jacob and the Prodigal: a Study of the Parable of the Prodigal Son in the Light of the Saga of Jacob* (Downers Grove, Ill.: InterVarsity), 2003.

————, "The Parable of the Prodigal," *Christianity Today* (Oct. 26,1998): 32-69 (special section on this parable with contributions by Kenneth E. Bailey, Miroslav Volf, Barbara Brown Taylor, and Christopher A. Hall).

————, *Poet and Peasant: A Literary Cultural Approach to the Parables in Luke* (Grand Rapids: Eerdmans, 1976), pp. 158-206.

Greg W. Forbes, *The God of Old: The Role of the Lukan Parable in theParable of Luke's Gospel* (JSNTSup 198; Scheffield: Scheffield Academic Press, 2000), pp. 109-51.

David A. Holgate, *Prodigality, Liberality and Meanness in the Parable of the Prodigal Son: A Greco-Roman Perspective on Luke 15:11-32* (JSNTSup 187; Scheffield: Scheffield Academic Press, 1999).

Arland Hultgren, *The Parables of Jesus* (Grand Rapids: Eerdmans, 2000), pp. 70-91.

Joachim Jeremias, *The Parables of Jesus* (New York: Charles Scribner's Sons, 1963), pp. 128-32.

John Nolland, *Luke 9:21-18:34* (Word Biblical Commentary 35b; Dallas: Word, 1993), pp. 777-91.

Wolfgang Pöhlmann, *Der verlorene Sohn und das Haus. Studien zu Lukas 15, 11-32 im Horizont der antiken Lehre von Haus, Erziehung und Ackerbau* (Tübingen: Mohr-Siebeck, 1993).

Eckhard Rau, *Reden in Vollmacht. Hintergrund, Form, und Anliegen der Gleichnisse Jesu* (FRLANT 149; Göttingen: Vandenhoeck & Ruprecht, 1990).

Miroslav Volf, *Exclusion and Embrace: A Theological Exploration of Identity, Otherness, and Reconciliation* (Nashville: Abingdon Press, 1996), pp. 156-65.

N.T. Wright, *Jesus and the Victory of God* (Minneapolis: Fortress, 1996), pp. 125-31.

Capítulo 5
La parábola del sembrador y el propósito de las parábolas
(Mt 13.3-23; Mr 4.3-20; Lc 8.5-15)

Esta parábola es una de las más conocidas, pero no es tan fácil de interpretar como algunos creen. La parábola del sembrador y su contexto inmediato cumplen un papel cardinal en los tres Evangelios Sinópticos. Esta es la primera parábola sustancial en los tres y, además de las parábolas de Mateo, el trigo y cizaña y la red, es la única que recibe una interpretación detallada.[1] Ésta y el trigo y la cizaña son las dos únicas parábolas a las que se les otorga un título (Mt 13.18 y 36). La del sembrador es única en el sentido que recibe un lugar de privilegio en cada Evangelio, al comienzo de la instrucción crucial sobre las parábolas y el reino (Mt 13.1-52/Mr 4.1-341 Lc 8.1-18). Ésta es *la* parábola acerca de las parábolas.

Los tres evangelistas sinópticos incluyen una explicación del propósito de la enseñanza parabólica de Jesús, la que insertan entre la parábola y su interpretación. En cada una de los tres, al menos una parte de Isaías 6.9-10 se cita. En particular, en Mateo y Marcos el arreglo de sus colecciones de parábolas tiene una detallada estructura. Después del sembrador y su interpretación, Mateo presenta una colección de siete parábolas acerca del reino (ocho si uno cuenta 13.52 como una parábola) y una exposición adicional del propósito de las parábolas (13.34-35).[2] Marcos añade, el sembrador y su interpretación, varios dichos relacionados con las parábolas en 4:21-25, incluye dos parábolas más (el crecimiento de la semilla y la semilla de mostaza), y concluye su discurso sobre las parábolas con una declaración en resumen de la enseñanza de Jesús sobre las parábolas. Lucas no tiene un discurso sobre las parábolas del reino ya que en este contexto él ofrece sólo el sembrador y su interpretación. Sin embargo, Lucas sigue el mismo argumento básico y también sigue a Marcos 4.21-25, al incluir dichos relacionados con las parábolas (Lc 8.16-18), pero presenta las parábolas de la semilla de mostaza y la levadura en 13.18-21 sin conexión alguna con la discusión de las parábolas. Varias de las parábolas en estas colecciones a veces se denominan parábolas de crecimiento.

Con poca frecuencia se cuestiona acerca de la autenticidad del sembrador.[3] Debido a que la interpretación parece una lectura alegórica de la parábola, aquellos que siguen la sugerencia de Adolf Jülicher han rechazado sin reservas cualquier posibilidad de que la interpretación es de Jesús, y hasta hace poco la mayoría de los eruditos del NT sólo corcordaban en su intransigencia. Con algunos, sin embargo, la interpretación subrepticiamente se introduce de nuevo cuando los eruditos dan sus propias explicaciones de la parábola.[4] Si realmente se deja de lado la interpretación, no queda mucha dirección para determinar el sentido, tanto así que Bultmann y algunos otros con intensidad procuraron encontrar la intención original.[5] Tal ambigüedad ha conducido a la controversia, a una bibliografía voluminosa de contribuciones sobre esta parábola, y a una variedad de aseveraciones.

No obstante, los eruditos no causaron los problemas de comprensión de este pasaje, ya que las verdaderas dificultades y anomalías existen en los registros sinópticos. A pesar de su papel crucial en los tres Evangelios Sinópticos, ésta es una parábola difícil, sobre todo en Marcos.

Tipo de parábola

Esta parábola no es como la mayoría de las otras porque no es breve o sencilla, y tampoco tiene una trama desarrollada. Ésta presenta tres incidentes de siembra fallida y una acertada, a la que sigue un llamado a oír. La gente discrepa de cómo clasificar esta parábola. Si la siembra y el arado se consideran hechos cotidianos, entonces se considera la historia una similitud.[6] Si la siembra y el arado son vistas como un caso específico y extraño, la historia se considera como una parábola.[7] Para algunos ésta es claramente una alegoría o una parábola alegórica.[8] El mejor enfoque es considerar la parábola como un compuesto de cuatro imágenes, *una similitud cuádruple.*[9] Paralelos con tales rasgos compuestos son comunes.[10]

Asuntos que requieren atención

1. ¿Qué importancia tiene la estructura de Marcos 4, Mateo 13 y Lucas 8? Una variedad de preguntas entrelazadas demandan atención. De mayor importancia es, ¿por qué Marcos 4 parece tan desorganizado, con Jesús en la barca en 4.1 y en 4.36 de vuelta en la barca al finalizar el día, listo para despedir a la multitud, pero en 4:10 está a solas con sus discípulos? Y especialmente, ¿cuál es la relevancia de los dichos aparentemente desvinculados en Marcos 4.21-25/Lucas 8.16-18, los que en Mateo, excepto por el dicho de 13.12, son puestos en otros contextos?
2. ¿Cómo debieran entenderse las palabras difíciles de 4.10-12? Una multitud de interrogantes clama por respuesta: ¿Por qué Marcos o Jesús sugerirían que las parábolas se narraron para prevenir el entendimiento? ¿Presenta Marcos una teoría de la naturaleza de las parábolas que parece considerarlas como oscuridades que derivan en parte de su idea del secreto mesiánico? ¿Trata este texto acerca de la "doble predestinación"? ¿Quiénes son "los que están fuera" en Marcos y cómo uno llega a estar dentro? ¿Cuál es la importancia del uso de Isaías 6.9-10? ¿Cuál es el significado de la palabra griega *hina* (por lo general traducida como "para que") y *mēpote* (traducida ya sea "sea que", "para que" o "de modo que") en Marcos 4.12? ¿Cuál es el sentido de palabras tales como "parábolas" en *plural* (Mr 4.10), *mystērion* ("misterio" v. 11), y *ta panta* ("todas las cosas", v. 11)? La afirmación "mas a los que están fuera, por parábolas todas las cosas" es particularmente inquietante porque en los tres sinópticos Jesús enseña a las multitudes sin parábolas, y era reconocido como uno que enseñaba con autoridad, más obviamente en Mateo y en Lucas con sus sermones del monte, pero también en Marcos 1.15, 21 y 22, 38 y 39.
3. ¿Pertenece la interpretación originalmente a la parábola o es el resultado de alegorización por parte de la iglesia primitiva? ¿Señalan siempre las correspondencias a la obra de la iglesia primitiva? ¿Es la interpretación la originalmente dada por Jesús, o está Jeremías en lo cierto al señalar numerosos rasgos en la interpretación que muestran que ésta deriva de la iglesia primitiva?[11] ¿Cómo puede tanto la palabra como la gente ser sembrada (Mr 4.14, 15-20)?

4. ¿Sembraría cualquier persona de esta manera? ¿Debiéramos suponer que el sembrador es descuidado y siembra con negligencia, o esto era justo lo que sucedía con la siembra en el mundo antiguo?
5. ¿Es la analogía acerca de Dios sembrando gente en Israel o Dios sembrando su Palabra?
6. ¿Cuál es el significado e importancia de esta parábola en su contexto? ¿Se centra la parábola en el sembrador, en la semilla o en la cosecha? Específicamente, ¿qué dice ella sobre el reino?
7. ¿Cómo el criterio de redacción de cada evangelista afecta el matiz de la parábola?

Material útil de fuente primaria

Sólo algunos paralelos obvios se listan aquí. Otras fuentes primarias se incluyen en la siguiente exposición.

Material canónico

- AT: Is 6.11-13; 30.8-26; 55.10-11; Jer 4.3-4; 5.21; 23.8; 31.27; Ez 12.2; 36:9 Os 2.22-23
- NT: Mt 7.24-27/Lc 6.47-49; Mt 9.35-38; 11.25-26/Lc 10.21-24; Mr 7.14; 8.17-18; Jn 8.43; 9.39; 12.39-40; Hch 28.26-28

Escritos judíos tempranos

- 4 Esdras 4.28-32: "Pues el mal sobre el cual ustedes me preguntan fue sembrado, pero la cosecha de éste no ha llegado todavía. Si por lo tanto lo que se sembró no es cosechado, y si el lugar donde se sembró el mal no fallece, el campo donde el bien se sembró no vendrá. Pues un grano de la mala semilla se sembró en el corazón de Adán desde el principio, y cuánta impiedad ha producido hasta ahora, y ¡producirá hasta que venga el tiempo de la siega! Consideren ahora cuanto fruto de impiedad un grano de mala semilla produjo. Cuándo se siembran granos sin número, cuán grande campo de trilla ellos llenarán!"
- 4 Esdras 8.41-44: "Pues así como el agricultor siembra muchas semillas en la tierra y planta multitud de almácigos, y

aún así no todo lo que ha sido sembrado crecerá en la temporada debida, y no todo lo que se plantó echará raíces; así también aquellos que fueron sembrados en el mundo no todos serán salvos. Yo respondí... Si la semilla del agricultor no crece, porque no recibió tu lluvia en la temporada debida, o si se arruinó por demasiada lluvia, está perece. Pero las personas, que fueron formadas por tus manos y son llamadas tu propia imagen, porque ellas son hechas como tú, y para cuyo bien tú has hecho todas las cosas, ¿las has hecho también como la semilla del agricultor?"

- 4 Esdras 9.30-35: "Óyeme, O Israel... Ya que siembro mi ley en ti, y ésta producirá fruto en ti, y serás glorificado por ella para siempre. Pero aunque nuestros antepasados recibieron la ley, ellos no la guardaron y no observaron los estatutos; aún así el fruto de la ley no pereció, pues no podría, porque era tuyo. Aún aquellos que la recibieron fallecieron, porque no guardaron lo que se sembró en ellos. Ahora esta es la regla general, que, cuando la tierra ha recibido la semilla, o el mar un barco, o cualquier plato comida o bebida, y cuando sucede que lo que fue sembrado o lo que fue lanzado o lo que fue depositado es destruido, ellos son destruidos, pero las cosas que los sostuvieron permanecen; aún así con nosotros no ha sido igual."

Escritos greco-romanos

- Séneca, *Epístolas Morales*, 38 ("Acerca de la conversación en voz baja"). 2: "Las palabras debieran desparramarse como semillas; no importa cuán pequeña fuera la semilla, si halla una vez terreno favorable, despliega su fuerza, y a partir de una cosa insignificante se desarrolla hasta su mayor crecimiento... preceptos y semillas tienen la misma calidad; ellos producen mucho, y aun así son cosas pequeñas.

Escritos cristianos tempranos

- *Evangelio de Tomás* 9: Jesús dijo: "Mirad, el sembrador salió, llenó su mano, sembró (la semilla). Algunas (semillas) cayeron en el camino. La aves vinieron (y) se aglomeraron en torno a ellas. Otras cayeron en la roca y no enviaron una raíz al interior de la tierra, y no enviaron un oído hacia el cielo. Y otras se cayeron entre espinas. Ellas ahogaron la semilla, y el gusano la comió (1iteralmente "las comió"). Y otras cayeron sobre tierra buena; y produjo buen fruto hacia el cielo. Este llevó sesenta por uno y cien por uno y veinte por uno."

- *1 Clemente* 24.5 (como un ejemplo de la resurrección): "Tomemos [como ejemplo] las míes: ¿cómo y de qué modo ocurre la siembra? 'El sembrador salió y echó cada una de las semillas en la tierra, y ellas cayeron en la tierra, secas y desnudas, y sufrieron descomposición; luego de su descomposición la grandeza de la providencia del Maestro las levantó, y de un grano más creció y produjo fruto."[12]
- Justino, *Diálogo* 125.1-2 (acerca del significado del nombre Israel en un contexto de sospecha que los judíos no admitirán lo que ellos saben): "... pero yo digo todas las cosas simple y sinceramente, cuando mi Señor dijo: 'Un sembrador salió a sembrar.' [resume dónde la semilla cayó]. Debo hablar, entonces, con la esperanza de encontrar tierra buena en algún sitio ..."

Escritos judíos tardíos

- *m. 'Abot* 3.18: "Aquel cuya sabiduría es más abundante que sus obras, ¿a qué se parece? A un árbol cuyas ramas son abundantes, pero cuyas raíces son débiles; y el viento... lo desarraiga... Pero, aquel cuyas obras son más abundantes que su sabiduría, ¿a qué se parece? A un árbol cuyas ramas son pocas, pero cuyas raíces son fuertes; de modo que ... no puede ser movido de su lugar..."
- *m. 'Abot* 5.15: "Hay cuatro tipos entre aquellos que se sientan en la presencia de los Sabios: la esponja, el embudo, el colador, y el tamiz. 'La esponja', que absorbe todo; 'el embudo, que recoge por un extremo y libera por el otro; 'el colador', que suelta el vino y recoge los hollejos; 'el tamiz', que extrae la harina fina de la gruesa." Cf. t. *Sotah* 5.9, que tiene cuatro analogías de hombres que tienen una mosca volando alrededor o en su taza, cada una simbolizando una actitud diferente de un hombre hacia un tipo particular de esposa. b. *Gittin* 90a-b repite tres de las analogías.

Comparación de los relatos

Ya que la estructura de la colección de parábolas de cada evangelista es determinativa para entender la parábola, sobre todo en Marcos, la estructura será tratada en la explicación de la parábola. Si comparamos el fraseo de los diferentes registros (sin listar cada detalle) encontramos lo siguiente.

Mateo y Marcos presentan a Jesús relatando muchas parábolas desde una barca mientras que Lucas refiere *una* parábola (él no presenta otras parábolas aquí) y a Jesús enseñando desde una barca en Lucas 5.1-3. Mateo dice que Jesús habló, mientras que Marcos y Lucas dicen que él enseñó (algunos ven este detalle como algo significativo).

Marcos comienza la parábola con un llamado a oír y ver (*akouete*, *idou* la Biblia Nacar Colunga traduce la primera palabra como "Escuchad" y omite la segunda); Mateo tiene sólo el llamado para ver (*idou* 13:3b, que la RV60 traduce como "He aquí", Lucas omite ambas palabras.

Ni Mateo ni Marcos usan la palabra "semilla"; y Lucas la usa dos veces (8.5, n). Mateo se refiere a las semillas con pronombres plurales en la parábola y pronombres singulares en la interpretación. Marcos usa pronombres singulares para las tres primeras semillas en la parábola y luego cambia al plural para la cuarta semilla, y para todas las referencias en la interpretación. Lucas usa singulares en la parábola y plurales en la interpretación, pero en los versículos 14 y 15 usa tanto pronombres singulares como plurales (*to de ... peson ... houtoi*; " la que cayó ... estos son ..."). ¿Se usan pronombres singulares porque *sporos* ("semilla") es un sustantivo colectivo?

Mateo y Lucas concuerdan contra Marcos en el fraseo de la siembra de aquella que cayó junto al camino (Mt 13.4/Lc 8:5), la expresión "saber los misterios" (Mt 13.11/Lc 8.10; Marcos 4 no usa "saber" y tiene "misterio" en singular), usar el dicho de "la medida" con relación a juzgar a otros (Mt 7.2/Lc 6.38), mientras Marcos 4:24b lo entiende en cuanto a recibir parábolas, usando *blepein* en vez de *idein* para expresar "no ven" (Mt 13:13b/Lc 8.l0b), omitir "para que no se conviertan, y les sean perdonados los pecados" (Mr 4:12), y Mateo sí incluye una versión no marcana de esta cláusula, cuando él repite y extiende la cita (Mt 13.15), y se concentra en el corazón (Mt 13.19/Lc 8.12).

Mateo y Marcos concuerdan contra Lucas en la descripción del suelo estéril entre las rocas, y la salida y calor del sol (Mt 13.5-6/Mc 4:5-6), que Lucas omite, y la interpretación correspondiente que se refiere a la tribulación y la persecución (Mt 13.21/Mr 4.17), que Lucas reduce a la tentación, y la descripción de la semilla sembrada entre espinos (Mt 13.7/Mr 4.7).

Marcos y Lucas concuerdan contra Mateo en el uso de *hina* "para que", 4.12/8.l0b), mientras que Mt 13.13 usa *hoti* ("porque" o "que"), e incluir tres dichos después de la interpretación de la parábola (Mr 4.21-25/Lc 8.16-18). El cuarto dicho de Marcos (4.24b) está en el Sermón del Monte (Mt 7.2/Lc 6.38). Mateo ubica el dicho acerca de "cualquiera que tiene" en 13.12 antes de la interpretación de la parábola y en 25.29. Él usa los otros dichos en diferentes contextos y los interpreta de forma diferente (Mt 5.15; 7.2; y 10.26). Lucas vuelve a usar algunos de estos dichos en otros contextos también; véase 11.33; 12.2; y 19.26.

Después de citar al principio parte de Isaías 6:9 en 13.13, en vv. 14-15 Mateo cita todo Isaías 6.9b-10. Sólo Mateo especifica que esta es la parábola del sembrador (13.18) y que "la palabra" es la palabra del reino (13.19).

Mateo presenta el aumento en orden decreciente (100, 60, 30), Marcos tiene un orden ascendente (30, 60, 100), y Lucas lista sólo el 100 por uno.

Todas estas diferencias son relativamente menores, pero aun así de interés. Las relaciones son lo suficientemente extrañas —sobre todo las concordancias de Mateo y Lucas contra Marcos— que U. Luz aboga por una reestructuración de un deutero-marcano del texto de Marcos.[13] En otras palabras, para Luz el texto de Marcos usado por Mateo y Lucas no es el Marcos que nosotros tenemos. Del mismo modo, Nolland sostiene que Lucas tenía una segunda fuente, además de Marcos, para la parábola (pero no para la interpretación).[14] Tales teorías deberían hacernos mucho más cautelosos sobre la explicación de la tradición y redacción sinóptica, de simples asunciones de la prioridad marcana.

Evangelio de Tomás 9 carece de detalles descriptivos y es mucho más crítico que los registros sinópticos. Para la semilla en la roca, antes de decir que esta no germinó porque no había ninguna profundidad de suelo, dice que ésta no envió una raíz bajo tierra y no envió un oído hacia el cielo, algo no certificado en los Sinópticos. El *Evangelio de Tomás* también añade que un gusano comió la semilla entre las espinas y que la semilla en la buena tierra dio fruto bueno hasta el cielo. Se describen dos grados de incremento, 60 y 120.

Características relevantes del texto

Marcos 4 está enmarcada redaccionalmente de un modo sorprendente. Jesús está en una barca dirigiéndose a la muchedumbre (4.1-2; cf. 3.9), luego a solas con sus discípulos (4.10), y luego con sus discípulos de vuelta en la barca y sólo en este punto ellos dejan la muchedumbre (vv. 35 y 36). Claramente 4.35 y 36 se conecta cronológicamente con 4.9, y 4.10-34 ha sido insertado redaccionalmente en la narrativa. Mateo 13 es de la misma manera obviamente un arreglo de redacción.

Los énfasis de redacción de cada autor son asombrosos, aun si uno acepta (como muchos lo hacen) que el material en Marcos es de una tradición premarcana. En todos los tres la idea dominante es el oír. En el registro de Marcos el verbo *akouein* ("oír") aparece trece veces (4.3,9 [dos veces] 12 [dos veces] 15, 16, 18, 20, 23 [dos veces], 24, 33), En Marcos la parábola comienza y termina con su centro de atención en el oír, formando así un inclusio. La parábola del sembrador es una parábola acerca del oír el mensaje del reino. Mateo usa *akouein* quince veces, pero también usa el verbo *sunienai* ("entender") en 13.13, 14, 15, 19, 23, 51. La razón de que Mateo de alguna forma cita de forma redundante Isaías 6.9b-10 en vv. 14b-15 es seguramente para incluir la frase "con el corazón entiendan". Mientras que Marcos pregunta: "¿Oisteis realmente el mensaje de Jesús?", y que Mateo pregunta: "¿Lo entendisteis realmente con vuestro corazón?" Lucas ha rediseñado la sección completa, como es su costumbre, pero todavía usa *akouein* nueve veces para enfatizar que "la palabra" es la palabra de Dios (8.11).

Esta es la única parábola a la cual tres evangelista sinópticos adjuntan el dicho: "El que tiene oídos para oír, oiga". La expresión también aparece en Mateo 11.15; 13.43; Marcos 4.23; 7.16 (como una variante); Lucas 14.35; Ap 2.7, 11, 17, 29; 3.6, 13, 22; 13.9. El origen parece ser Ezequiel 3.27.

Tres parábolas del AT comienzan como Marcos con el mandato a oír (Jue 9.27; Is 28.23; Ez 20.47 [21.3]; cf. *1 En. 37:2*). En otras partes se usa el imperativo "oíd" para introducir el material, como en Mateo 15.10; 21.33; Marcos 7.14; 12.29 (al citar el Shema); Lucas 18.6; Hechos 2:22; 7.2; 13.16; 15.13; 22.1; Santiago 2.5.

En los tres registros sinópticos el tiempo aoristo se usa para describir lo que pasó con la semilla que falló, el que Lucas usa también para la semilla productiva. Mateo y Marcos, sin embargo, cambian al imperfecto para la semilla productiva. Para los tres se usa el presente a través de la interpretación.

Algunos dichos conectados con las parábolas por parte de un evangelista tienen un enfoque diferente de otro evangelista. El dicho sobre la luz en Marcos 4.21/Lucas 8.16 es similar a Mateo 5.15, pero en Mateo la luz que no puede ser escondida se conecta con discipulado y la evidencia de buenas obras, mientras que en Marcos y Lucas las parábolas son la luz que trae revelación. Lucas repite una forma de este dicho en 11.33 en conexión con una advertencia contra la hipocresía. El dicho acerca de medir en Marcos 4:24 tiene su paralelo en Mateo 7.2/Lucas 6.38, pero en Mateo y Lucas tiene que ver con el juzgar a otros, mientras que en Marcos se usa en relación con cómo alguien juzga y recibe así el mensaje del reino. La declaración de Marcos en 4.25 ("Porque al que tiene, se le dará; y al que no tiene, aun lo que tiene se le quitará") aparece en Mateo 13.12 (antes, en lugar de después de la interpretación de la parábola del sembrador) pero también en Mateo 25.29, en la conclusión de la parábola de los talentos.

Los tres Sinópticos indican que Jesús enseñó a las muchedumbres y luego presentó instrucción adicional privada a sus discípulos, a menudo en respuesta a sus preguntas (Mr 7.17-23; 9.28; 10.10; 13.3-36; Mt 13.36; 15.12; 17.10; 17.19; 19.23; Lc 10.23; 11.1; 17.22). En Marcos esta enseñanza privada por lo general ocurre en una casa. Una enseñanza general a las muchedumbres y una enseñanza privada adicional a aquellos que responden fue, sin duda, un patrón en el ministerio de Jesús.

No se cita Isaías 6.9b-10, sino se resume y es cambiada en el proceso. El texto hebreo usa imperativos en segunda persona "oíd" y "ved" y segunda persona del imperfecto *qal* para "entender" y "comprender" en v. 9. La Septuaginta cambió "oíd" y "ved" a segunda persona del futuro indicativo, y usa el subjuntivo con una doble negativa enfática para "entender" y "comprender". Al hacer así suaviza el enfoque de dureza y cambió la responsabilidad de Dios a Israel. Los tres evangelistas resumen las palabras de Isaías en una forma que no se ajusta a la Septuaginta. Ellos invierten el orden de modo que "ver" venga primero, usan participios para "oír" y "ver"; y usa un negativo simple. Mateo introduce el dicho con *hoti*, usa tercera persona plural del indicativo (*hoti blepontes ou blepousin...* "porque viendo no ven..."), una fórmula de cumplimiento, y luego da el texto pleno de Isaías 6.9b-10.15 según la Septuaginta.[15] Marcos introduce el dicho con *hina*, tiene verbos adicionales de Isaías, usa tercera persona plural del subjuntivo (*hina blepontes blepōsin kai mē idōsin*... "para que viendo, vean y no perciban..."), e incluye de Isaías 6.10 *mēpote epistrepsōsin kai aphethē autois* ("para que no se conviertan, y les sean perdonados"). El uso de "perdonar" en lugar de "sanar" refleja la expresión del Targum en Isaías (como hace uso de la segunda persona plural). Lucas, como Marcos, tiene *hina* y tercera persona plural del subjuntivo, pero como Mateo omite los verbos adicionales de Isaías 6.l0b. Mateo y Lucas pueden ser vistos como menos duros que el esquema de endurecimiento de Marcos, pero no por mucho

Marcos, a diferencia de Mateo y Lucas, preserva al principio de la parábola (4.3) tanto la palabra "oír" como el término "ver" (*akouete* e *idou*), que aparecen en la cita de Isaías 6.9-10 en 4.12.

En Jeremías 5.21 y Ezequiel 12.2 se adoptan las palabras de Isaías 6.9-10 para expresar la dureza de corazón y juicio, y el juego de palabras de Isaías desempeña un papel importante en otras partes del NT. Isaías 6.10 es aludido en Juan 9.39 y citado en Juan 12.40 para describir el ministerio de Jesús y la dureza de corazón de aquellos que no responden a su predicación. Se cita también Isaías 6.9 y 10 en Hechos 28.26 y 27 para describir la dureza de corazón de aquellos que rechazaron el mensaje de Pablo.

Marcos tiene el tema del endurecimiento de corazón en 3.5; 6.52; y 8.17-21. En Marcos 8.1 se usa lenguage de tener ojos y no ver, y oídos y no oír, similar a Isaías 6.9, pero la expresión deriva realmente de Jeremías 5.21 ó de Ezequiel 12.2, quienes tomaron prestado del lenguage de Isaías. Esta vez, sin embargo, el lenguage de dureza de corazón se usa no para "los que están fuera", sino para los discípulos de Jesús.

Mateo tiene también varios pasajes que demuestran la resistencia al mensaje de Jesús: 11.16-19 (niños indolentes en el mercado); 11.20-2: (ayes sobre ciudades impenitentes); 12.1-8 (recoger grano en el día de reposo: "Y si supieseis qué significa: Misericordia quiero, y no sacrificio,no condenaríais a los inocentes"); 12.9-14 (el deseo de acusar y luego destruir a Jesús a causa de la sanidad en un sábado); 12.22-32 (la controversia de Beelzebú); 12.38-42 (la única señal concedida es la señal de Jonás, y los ninivitas que se arrepintieron ante la predicación juzgarán a esta generación). Mateo a diferencia de Marcos y Lucas, alterna sus parábolas con escenas concernientes a la familia de Jesús: 12.46-50 indica que su familia verdadera son aquellos que hacen la voluntad del Padre, y 13.53-58 muestra que Jesús, como todos los profetas, es rechazado por los suyos.

La importancia de la parábola del sembrador es sobre todo evidente en Marcos. Marcos tiene sólo dos secciones de parábolas, las tres parábolas en cap. 4 y la parábola de los obreros malvados en cap. 12. La posición central del sembrador es obvio desde 4.13. M. Tolbert argumenta que las parábolas en cap. 4 abren la primera división principal del Evangelio y que la parábola de los obreros abre la segunda división principal. Ya que estas dos parábolas resumen la visión del Evangelio acerca de Jesús como el sembrador de la palabra y heredero de la viña. Así, las dos parábolas componen la cristología narrativa básica de este Evangelio y resumen el mensaje fundamental de Marcos.[16]

Los temas de la parábola se reflejan en las narrativas del Evangelio.[17] Aquellos escandalizados por la palabra durante la persecución (Mt 13.21/Mr 4:17/Lc 8.13 se reflejan en Mateo 1.6/Lucas 7.23; Marcos 6.3; Mateo 15.12; 24.10; y Mateo 26.31/Marcos 14.27. Aquellos engañados por los afanes de este siglo, riqueza, y otros deseos (Mt 13.22/Mr 4.18-19/Lc 8.14) se reflejan en Mateo 6.19-34/Lucas 12.22-34; los relatos el joven rico (Mt 9.6-22/Mr 10-22/Lc 18.18 23); y la parábola de la fiesta (Lc 14.15-24).

Mateo 7.24-27/Lucas 6.46-49 (la parábola de los dos edificadores) tiene el mismo enfoque en la importancia de oír, que no es meramente escuchar sino un oír que lleva a la acción. Cf. la parábola de los dos hijos (Mateo 21.28-32).

Información cultural

Las imágenes de semillas, siembra, fracaso de cosechas, y cosecha fructífera se hallan entre las metáforas más comunes para describir la vida con sus privaciones y su prosperidad, instrucción, y el juicio y bendición de Dios. Este siempre era probablemente el caso, pero es particularmente cierto para el AT, el NT, y el mundo greco-romano.[18]

Si la parábola sugiere que la siembra precede a la arada o es posterior a ésta, se expone más adelante.

El tamaño de la producción ha causado debate. ¿Es el ciento por uno una cosecha exagerada que significa una cosecha escatológica o simplemente una cosecha buena?[19] La evidencia es algo confusa, sobre todo porque unos piensan que la referencia es a la producción de semillas individuales[20] mientras los otros suponen que se refiere a la producción del campo entero.[21] Estimaciones de producciones normales en el mundo antiguo va desde 3,7 por uno a 7,5 por uno, si se refiere a la producción de campos,[22] y de 7, 5 a 33 por uno si se refiere a semillas individuales, con producciones registradas tan elevadas como 150 por uno.[23] Aunque existe un poco de incertidumbre, dos factores indican que una cosecha generosa, no una escatológica, está en mente. Primero, en Génesis 26.12 se dice que el campo de Isaac produjo al 100 por uno, una cosecha generosa que mostraba la bendición de Dios. No se propone la idea de una producción milagrosa. Segundo, en otros textos donde la referencia debe a cosechas en el *eschaton* los números son claramente fenomenales 1.000 por uno, o hasta 1.000.000 por uno.[24] Parece mejor concluir que tratamos con una producción generosa de semillas individuales, una cosecha próspera, no una exageración.

Aun en Galilea, Palestina abunda en rocas. En algunos sitios el suelo puede parecer bueno, pero simplemente proporciona una cubierta delgada para la roca que se halla debajo. La temperatura del suelo es elevada, que hace que las semillas germinen rápidamente, pero mueren debido a la falta de raíces adecuadas.

Explicación de la parábola

Opciones de interpretación[25]

En alguna medida, la interpretación de la parábola se determina según en lo que uno concentre, ya sea en el sembrador, el suelo, la semilla o la cosecha. Se han sugerido tantos matices que clasificarlos es semejante a clasificar el heno en un pajar. Las opciones más significativas son:[26]

1. La parábola señala al milagro que, a pesar de la desesperación y el fracaso, la sobreabundancia escatológica por parte de Dios, de la plenitud divina, trae la culminación triunfante que él ha prometido.[27] En este enfoque se recalca el contraste entre el fracaso y el éxito, y en la gracia y la superación de la desesperación. Este enfoque escatológico supone que la producción de la semilla es poco realista, y por lo general implica el rechazo de la interpretación canónica, y de cualquier importancia de la cita de Isaías. Otras opciones a menudo rechazan la interpretación, y también la relevancia de la cita de Isaías.
2. La parábola da el estímulo de discípulos a pesar de fracasos.[28]

3. La parábola explica por qué Israel ha rechazado al Mesías.[29]
4. La parábola refleja la experiencia de Jesús en su propia proclamación.[30]
5. La parábola enfatiza la eficacia de la palabra proclamada y la certeza de un resultado bueno, a pesar de la carencia de éxito con algunos.[31]
6. La semilla se entiende como la representación del remanente de Israel. El exilio termina ya que Dios siembra el verdadero Israel en su propia tierra. Se halla implícito un enfoque en el papel de Jesús en la proclamación de las buenas nuevas del reino.[32]
7. La parábola y la interpretación son un midrash en Isaías 6.9 y 10. En este criterio la parábola fue ideada teniendo a Isaías 6 en mente, y la parábola, la interpretación, y la cita están vinculadas.[33]
8. La parábola se concentra en la responsabilidad de oír, entender, y responder al mensaje de Jesús.[34]

Estas opciones no son mutuamente exclusivas, pero las primeras tres, y sobre todo la primera, tienen poco en su favor como expresión del objetivo de la parábola. Claramente la historia en la parábola da prominencia a los fracasos por la cantidad de espacio que se les dedica, pero por el final se recalca la siembra exitosa. Cualquier explicación de este pasaje debe hacer justicia tanto a los fracasos como al éxito, y al modo en que éstos se relacionan con el ministerio de Jesús, pero las claves para la correcta comprensión están en las opciones seis, siete y ocho. Esta parábola, como veremos, trata cómo Dios siembra a su pueblo en la tierra, en cumplimiento de sus promesas, que están directamente vinculadas con Isaías 6 y su mensaje sobre cómo la gente oye y reacciona ante el mensaje de Dios.

Decisión sobre los asuntos

Ya que esta parábola y su contexto en cada Evangelio están tan relacionados, y ya que el registro de Marcos es el más difícil y el más revelador, será más fácil estudiar el Evangelio de Marcos primero y luego considerar Mateo y Lucas por separado.

1. ¿Cuál es el significado de la estructura de Marcos 4, de Mateo 13, y de Lucas 8? La estructura de Marcos 4 es absolutamente crucial para la comprensión de la parábola y su propósito. Las estructuras en Mateo y Lucas son similares a la de Marcos en algunos puntos, pero no son tan precisas. Sus estructuras serán consideradas en la sección sobre configuración de redacción. Aunque varios intérpretes han sugerido un quiasmo de cinco partes para Marcos 4.1-34,[35] un quiasmo de siete partes es más preciso.[36]

A	4.1-2 Introducción de la narrativa
B	4.3-9 Parábola de la semilla (el sembrador)
C	4.10-12 Declaración general sobre el propósito de las parábolas
D	4.13-20 Interpretación del sembrador
C'	4.21-25 Declaraciones generales aplicadas a las parábolas
B'	4.26-32 Parábolas de dos semillas
A'	4.33-34 Conclusión de la narrativa acerca del uso de parábolas

Claramente este capítulo ha sido cuidadosamente ordenado y no ha sido ensamblado de una manera desorganizada. Marcos abandona su secuencia narrativa en 4.9 (donde Jesús enseñaba en una barca, vv. 1-2)[37] y no la retoma hasta 4.35 (donde Jesús está de vuelta en la barca y deja la multitud). En medio, Marcos inserta por redacción una discusión acerca de las parábolas (4.10-34) mientras Jesús está a solas con sus discípulos, al menos en 4.13-25.[38] La interpretación del sembrador es el centro del quiasmo y el centro de atención primario. Los elementos paralelos del quiasmo no son idénticos, pero sí arrojan luz mutuamente entre ellos. Claramente 4.21-25 no es —como aparece a primera vista— una colección de dichos desconectados, sino es fundamental para comprender el pensamiento de Marcos. Estos versículos tienen paralelo con 4.10-12 y proporcionan comentario sobre aquel pasaje, y subrayan los temas del sembrador. Nada hay escondido que no haya de ser aclarado; es decir nada se pone en parábolas excepto con el fin de revelar. *Las parábolas esconden a fin de revelar.* Los versículos 23-24 desafían a las personas para oír y advertirles que deben cuidar cómo oyen, tal como la parábola lo hace. Los versículos 24 y 25 proporcionan una percepción respecto de 4:12, como veremos.

Además, Marcos usa la técnica de intercalación; es decir pone "entre paréntesis" una sección antes y otra después con material, que proporciona ayuda en la comprensión.[39] Tres paréntesis son evidentes en este pasaje: 3.31-35 (la perícopa sobre la familia verdadera de Jesús) y 4.10-12 encierran en paréntesis la parte de la parábola que se concentra en aquellos de afuera; 4.1-9 y 13-20 encierran 4.10-12 con énfasis en la audiencia; y 4.10-12 y 21-25 encierran la interpretación para recalcar el oír y la reacción. Tanto 3.31-35 como 4.10-12 se interesan por aquellos de afuera, y aquellos de afuera no son claramente las muchedumbres que han respondido y se han juntado alrededor de Jesús, dispuestas a hacer la voluntad de Dios (3.34-35). Aquellos alrededor de Jesús dispuestos a hacer al Padre reflejarán el suelo bueno en la parábola del sembrador. Aquellos de afuera son la madre y hermanos de Jesús en 3.31-35, que son representativos de aquellos que deberían haber respondido y no lo hicieron (6.1-6). Seguramente un grupo "de afuera" más amplio está en mente en 4.11, pero, quienquiera que esté incluido, son aquellos que deberían haber respondido y no hicieron.

2. ¿Cómo debieran ser entendidas las palabras difíciles de 4.10-12? El material en 4.10-12 con su adaptación de Isaías 6.9 y 10 ha creado un debate enorme, pero es la llave para la comprensión de esta parábola. Sería más fácil no hacer caso de estos versículos. El lenguaje es difícil y duro, y parece decir que Jesús dice parábolas para impedir que las personas entiendan, de modo que ellas no se arrepientan y sean perdonadas, exactamente lo opuesto de todo lo que pensamos que sabemos, tanto sobre Jesús como sobre las parábolas. No es de sorprender entonces, que estos versículos se omitan en el leccionario estándar de predicación, y entre los eruditos su autenticidad como dichos de Jesús se niegan con frecuencia. Los versículos se adjudican a Marcos o a su tradición, y considerados como un intento de explicar por qué los judíos no creyeron. Se culpa a los Evangelistas de cualquier idea que las parábolas ocultan, ya que se supone que el propósito de Jesús de usar parábolas fue sólo para ser claro y convincente.[40] DanVia va tan lejos como para concluir que Marcos piensa que las parábolas son inútiles,[41] algo que es difícil de imaginar.

Varias explicaciones procuran suavizar el lenguaje o presentarlo de un modo más pasable. Jeremías y otros sostienen que los versículos 11 y 12 fueron dichos por Jesús, pero no en este contexto, ni expresamente acerca de las parábolas. Antes bien, estos versículos guardan relación con la predicación y enseñanza de Jesús en general, y enseñan que la presencia del reino ha sido revelada a los discípulos, pero para los de afuera permanece obscura[42] porque no reconocen su misión y no se arrepienten. *Hina* en v. 12 se entiende, no como "para que", sino como si fuera *hina plērōthē*, "para que [la Escritura] se cumpliera". La dificultad de *mēpote* ("para que"; *Biblia de Jerusalén*: "no sea que"; *Biblia de las Américas*: "de otro modo") se quita al hacer notar las semejanzas de Marcos 4.12 con la interpretación de Isaías 6.10,[43] contenida en el Targum, que usa el arameo *dilma'* ("a menos que"), y sostiene que Marcos quería decir también "a menos que", de modo que el paso sea realmente una promesa de perdón.[44] Esta solución es casi ingeniosa, pero nos deja con la impresión que hemos "arreglado" el texto. Además, ¿si Jesús hubiera sostenido tales ideas sobre la revelación a sus discípulos, mientras dejaba a los demás en la oscuridad en cuanto a su *enseñanza* sobre el reino, por qué no pudo él también tener tales ideas sobre su enseñanza en parábolas?

T. W. Manson pensó que Marcos 4:12 es simplemente absurdo y sostuvo que Mark entendió mal el arameo ambiguo *de* como *hina* cuando debería haber sido entendido como *hoi*, el pronombre relativo "quien". El pasaje sólo describe la dureza que la gente tenía ya, no el propósito de Jesús en relatar parábolas.[45] Otros señalan al uso por parte de Mateo del término *hoti* ("porque"), no *hina*, en 13.13 y al hecho que *hina* puede significar "porque" (p.ej., Ap 14.13; 22.14).[46] Todavía otros abogan por el sentido "de modo que" que es también un sentido legítimo de *hina* (p.ej., Jn 9.2; Gal 5.17).[47] T. Weeden incluso concluyó que estos versículos (junto con la mayor parte del capítulo 4) pertenecieron a los opositores de Marcos,[48] una posición que es difícil de comprender.

¿Es este un texto formidable, incluso duro, pero parece absurdo sólo porque lo leemos de un modo ridículamente literal[49] y prestamos atención insuficiente a su trasfondo? Jesús *no* contó parábolas para prevenir el entendimiento, aunque las parábolas no son pequeñas historias pías, y algunas son enigmáticas. Tampoco Marcos tiene la teoría de que las parábolas son incomprensibles y confusas. Marcos contiene relativamente poca enseñanza extensa de Jesús, pero una de sus principales secciones de enseñanza son las *parábolas* en el capítulo 4. Además, Marcos tiene sólo cuatro parábolas narrativas, no mucho para basar una teoría, y una de ellas es entendido completamente bien por los opositores de Jesús (12.1-12). Además, como ha sido indicado desde Crisóstomo al menos,[50] si Jesús quería prevenir la comprensión de su mensaje, habría sido más fácil sólo permanecer en silencio. Lo mismo se aplica para Marcos.

Jesús no escogió arbitrariamente las parábolas como el medio de comunicación. *Las parábolas son instrumentos proféticos*, el lenguage de los profetas del AT, que aparecen sobre todo en contextos de juicio y acusación.[51] Posteriormente, ellas se convierten en instrumentos apocalípticos y todavía más tarde, con los rabinos, en instrumentos exegéticos, pero con Jesús ellas son principalmente un modo profético de comunicación. Las parábolas aclaran e instruyen, pero a menudo contienen un mensaje que la gente no quiere oír. Jesús conscientemente se presentó como un profeta, un detalle que N. T. Wright ha enfatizado correctamente,[52] y el uso de parábolas por parte de Jesús es un medio apropiado y eficaz de presentar su mensaje profético. Mateo 13.34 y 35 señala exactamente esta idea al citar Salmo 78.2 para mostrar que la enseñanza de Jesús en parábolas cumple la palabra del profeta: "Abriré en parábolas mi boca; declararé cosas escondidas desde la fundación del mundo."[53] Ciertamente Jesús se consideró como más que un profeta,[54] pero el modelo inicial para entenderle es el de un profeta. Como los profetas del AT él anunció tanto juicio como liberación por parte de Dios. Él se presentó a través del lenguaje de los profetas (p.ej., Lc 4.18-19; Mr 11.17) y en comparación explícita con ellos (p.ej., Lc 4.25-27), y realizó actos simbólicos como ellos (tanto milagros como acciones, tal como la entrada triunfal). A diferencia de los profetas su mensaje fue que el reino esperado por largo tiempo estaba ya en acción, y con su proclamación del reino él llamó al arrepentimiento y la reconstitución de la nación bajo su propio liderazgo. La comprensión de Marcos 4.10-12 comienza con un reconocimiento del papel de Jesús como un profeta.

Tampoco fue Isaías 6.9 y 10 escogido arbitrariamente. Si pensamos que Marcos 4.10-12 es difícil, el problema en Isaías 6:9-13 es aún peor. Si Marcos quizo enfatizar que Jesús enseñó para prevenir su comprensión, él podría haber usado las palabras aún más duras de Isaías 6 que él omitió: "Engruesa el corazón de este pueblo, y agrava sus oídos,y ciega sus ojos, para que no vea con sus ojos, ni oiga con sus oídos, ni su corazón entienda, ni se convierta, y haya para él sanidad." Estas palabras no reflejan simplemente los resultados de la predicación de Isaías vistos por el final de su vida.[55] Ellas son al menos, como C. F. D. Moule argumenta, un modo vigoroso de declarar lo inevitable: que Israel no escuchará y no se arrepentirá, y una descripción hiperbólica de las condiciones del ministerio de Isaiah.[56] Pero aún más, ellas expresan un tema común de los profetas: Israel ha ido demasiado lejos y el juicio ya está decretado. La nación rechazó las advertencias de Yahweh, y el llamado de Isaías presupone que el endurecimiento ha ocurrido ya y el juicio viene, ideas presentadas repetidamente en Isaías 1-5.[57] Tales palabras duras sobre la rebeldía de Israel y la certeza del juicio son rasgos comunes del materia1 profético.[58] El objetivo de estas palabras no consiste en que Isaías realmente debería hacer lo que estos versículos dicen, y él no hace. La carencia de audición y vista ya ha sido llevada a cabo. De todos modos, aunque la nación ha ido demasiado lejos, Isaías motiva al pueblo a dejar de ser rebelde y volverse a Dios.[59]

Si consideramos Isaías 6:9 y 10 una ironía,[60] una tentativa de provocar arrepentimiento, o psicología inversa,[61] estas palabras no son literales. Su efecto elocutivo es apremiar el oír en un contexto donde el juicio está asegurado, y donde hay promesas de que un remanente volverá y la bendición vendrá de Yahweh.[62] El lector ideal desea ser parte de aquel remanente. Además, invirtiendo las imágenes de Isaías 6.9, la promesa para el futuro consiste en que el sordo oirá y el ciego verá (Is 29.18; 35.5). El uso de las palabras de Isaías 6.9 y 10 por escritores posteriores muestra que este pasaje se convirtió en la imagen clásica de la respuesta negativa de oír.[63]

A pesar del mensaje de juicio y la expectativa de que la gente no responderá, aún así la palabra de Dios debe ser proclamada. Aun el duro mensaje de Isaías busca oyentes y gana discípulos (8.16-18). La función de este lenguaje es tanto una advertencia de lo que sucede —que el juicio es inevitable, que la gente no ha respondido y no lo hará— y también un desafío y una invitación al pueblo a no permanecer en tal insensibilidad, sino a oír la palabra y arrepentirse.[64]

Cuatro cosas son obvias: (1) el lenguaje duro de Isaías 6.9-10 es un instrumento profético de advertencia y desafío; (2) esto expresa la certeza del juicio de Dios, que viene para un pueblo que no quiere oír; (3) las palabras de Isaías 6.9 se convirtieron en la expresión clásica para hablar de la dureza de corazón del pueblo; y (4) la proclamación todavía espera y busca que algunos oigan y obedezcan.

Ya que Jesús se identificó como un profeta, y ya que Isaías 6.9 y 10 es una expresión clásica de lo que sucede con los profetas, la cita se vuelve comprensible. Al establecer un paralelo entre él e Isaías, Jesús tomó estas palabras acerca de la dureza de corazón para describir su propio ministerio, como Jeremías y Ezequiel lo habían hecho antes. Jesús trazó un paralelo intencional entre su ministerio y el libro de Isaías[65] de modo que hubiera una correspondencia en la historia entre el profeta Isaías y el profeta Jesús.[66]

Aún más, Isaías 6.9-10 tiene un significado mucho mayor para todo este contexto de lo que a menudo se piensa. El paralelo de Marcos 4.10-12 tanto con 3.31-35 como con 4.21-25 señalado por paréntesis y la posición estratégica de estos versículos entre la parábola del sembrador y su interpretación, muestra que la cita de Isaías 6.9 y l0 fue el punto de partida y punto de referencia para la organización de esta sección de Marcos.[67] Marcos vincula la parabola con la cita de Isaías 6.9 y 10 más fuertemente de lo que hacen los otros Evangelistas, aunque su conexión se pierde en las traducciones. Marcos comienza la parábola con "oír, ver" (*akuete, idou*), los cuales aparecen en el versículo 12 en la cita de Isaías. Aún así, la cita de Isaías 6.9 y 10 no es simplemente un instrumento marcano, una interrupción entre parábola e interpretación, posiblemente refiriéndose a la enseñanza de Jesús en general. Todo indica que la parábola del sembrador está basada en las ideas de Isaías 6.9-13. Es extraño que tantos no prestan atención al hecho que Isaías 6 trata sobre el oír y explícitamente se refiere al remanente con la imagen de "la simiente [semilla] santa" (Is 6.13c),[68] una referencia en el Targum la interpreta como el retorno de los exiliados[69] Este juego de relaciones es dificilmente una coincidencia.

John Bowker sostuvo que la parábola del sembrador y su interpretación debería ser entendida como una exposición de Isaías 6.[70] Del mismo modo, N. T. Wright propuso que la parábola del sembrador representa a Yahweh que siembra otra vez al Israel verdadero, el remanente, en su propia tierra, y en el proceso la parábola funciona creando la situación donde tener oídos para oír es una de las señales del remanente verdadero. Para Wright la parábola es una historia del retorno del exilio, que ocurre con la propio obra de Jesús.[71] Aunque Wright a veces lee demasiado en las parábolas,[72] sus percepciones sobre el sembrador son correctas. Al adaptar Isaías 6, la parábola señala al hecho que la semilla de Dios está siendo sembrada en la proclamación del reino. La participación en el reino depende de la recepción que la semilla proclamada recibe en oídos y corazones humanos. Algunas personas se niegan a oír como en el tiempo de Isaías, y se aislan de lo que Dios está haciendo. Tal enfoque no presupone que Marcos 4.3-20 conformaba al principio una unidad;[73] Esto sólo presupone que Isaías 6 es el origen del pensamiento que condujo a la creación de la parábola.

Un punto adicional es crucial: como E. Lemcio y otros han notado, la secuencia de la parábola (o revelación), una declaración de dificultad en comprender, o solicitar una explicación, luego la interpretación sigue un patrón de revelación apocalíptico.[74] Aunque muchas parábolas no encajen en este esquema de revelación apocalíptico, este es exactamente el patrón en Marcos 4.3-20. Este patrón también incluye la idea de que la verdad en la parábola permanecerá invisible para algunos, con 2 Baruc 51.1-6 que incluso contrasta el justo que ha plantado la raíz de sabiduría en sus corazones con el culpable quién despreció la Ley y cerró sus oídos, no sea que ellos oigan la sabiduría y reciban inteligencia.[75] Este último texto ofrece un paralelo para entender *mēpote* ("no sea que") en Marcos 4.12/Mateo 13.15. No es Dios el que procura frustrar la conversión y el perdón, sino el pueblo.[76]

Las palabras de Isaías 6.9 y 10 no se deben entender literalmente, sino impositivamente. Ellas expresan a través de una hipérbole lo que ha pasado ya, debido a la dureza de corazón y la falta de voluntad para oír. Ellas funcionan como ironía, para provocar atención y obediencia.[77] El uso que Jesús hace de la cita, y de su parábola basada en ella tienen ambos la misma función.

Con este marco varias de las preguntas de Marcos 4.10-12 pueden ser reconsideradas. La tentativa de disminuir el impacto de *hina* es innecesaria. Esta puede ser una abreviatura de *hina plerothe* ("a fin de que pudiera cumplirse"), pero de ser así, el objetivo es decir que lo que sucedió con Isaías sucede otra vez con Jesús. Decir que *hina* indica causa o resultado no sólo es erróneo sino inadecuado, porque se pierde el impacto de la expresión. Jesús establece un paralelo aquí con la obstinación de Israel en el tiempo de Isaías para advertir y motivar el oír en un contexto de juicio. Su mensaje del reino es en parte un mensaje de juicio. La redacción de Marcos muestra que él también procura motivar el oír. Tampoco hay necesidad alguna de interpretar *mepote* como si esta palabra significara "quizás" y mantenga la esperanza. Hay esperanza, pero sólo si el impacto de la cita de Isaías tiene su efecto elocutivo de provocar el oír.

Varias preguntas todavía permanecen. ¿Quiénes son aquellos de afuera? Sólo Marcos usa esta descripción en este punto. La mayor parte de intérpretes se precipitan a la conclusión de que "aquellos de afuera" son las muchedumbres, mientras que los discípulos son los de dentro. Esta parece encajar a primera vista con 4.34, pero no con el Evangelio de Marcos en general, la muchedumbre alrededor de Jesús le oyen de buena gana; la oposición a Jesús proviene del liderazgo religioso y de su propia familia (nótese especialmente 3.21-32 y 7.6-7).[78] Que la diferencia no está entre los discípulos concebidos limitadamente y la muchedumbre es evidente en la expresión de Marcos: "los que estaban cerca de él con los doce" (4.10).[79] Un grupo más grande de seguidores está en mente. "Los que estaban cerca de él" es exactamente la expresión usada en 3.34 para referirse a los obedientes. Esto descarta una interpretación antisemítica, que vería a los judíos como los de afuera y a los cristianos como los de dentro.[80] la expresión "los que están fuera" no se refieren a la muchedumbre en general —algún grupo predeterminado— sino a personas como la familia Jesús y los líderes religiosos, que no están prestos a oír y cumplir la voluntad del Padre.[81] Es la actitud de buena voluntad para oír y obedecer lo que determina si uno está afuera o dentro.[82]

¿Considera Marcos a las parábolas como relatos oscuros para mantener algunas personas afuera? Esta es la forma que las "parábolas" en 4.11 por lo general se entienden, pero es extraño y va contra todo lo que sabemos sobre la función de las parábolas de mostrar e iluminar. Esto también crea una dificultad con 4.33 donde claramente las parábolas tienen la intención de permitir el oír ("conforme a lo que podían oír"). En 3.23 Jesús, por medio de parábolas, "llamaba"; "invitaba" (*proskalesamenos*) sus opositores a cambiar su pensamiento. J. Bowker aconseja tomar *en parabolais* ("en parábolas") en 4.11 "no en el sentido enigmático, sino en la ilustración más clara posible"; a fin de no dejar "ninguna ilusión posible sobre aquellos que han fracasado en recibir o venir dentro del reino de Dios". Ellas aclaran la naturaleza y el carácter de aquellos que oyen.[83] Las parábolas hacen eso; ellas encaran, confrontan, fuerzan a pensar, y promueven la acción, pero es demasiado estrecho entender *en parabolais*[84] como "en la ilustración más clara posible". Las parábolas por su misma naturaleza metafórica tienen una calidad veladora, algunas más que otras, y especialmente en un contexto de oposición ellas dicen indirectamente lo que no se puede decir abiertamente. Ellas pueden ser misteriosas, pero si es así es por su propósito de motivar a pensar.[85] Ellas tanto esconden como revelan, y decir "mas a los que están fuera, por parábolas todas las cosas" es decir lo que 4.33 y 3.23 insinúan: Jesús enseñó en parábolas, como cualquier buen profeta, para atraer la atención y permitir el poder oír. Donde las parábolas encuentran una respuesta positiva, se da explicación adicional. Donde no hay reacción el mensaje se pierde.

Marcos no es el único que dice que el mensaje de Jesús está escondido para algunos y es revelado a otros, o que algunas personas rehusan oír u oyen con dificultad. La revelación de Dios no simplemente se lanza y atrapa a la carrera. En Mateo 11.25-26/Lucas 10.21-12 Jesús agradece al Padre por esconder "estas cosas de los sabios y de los entendidos y las revelaste a los niños" (cf. 1 Co 2.6-16). En Lucas 19.41-42 Jesús llora por Jerusalén porque las bendiciones de paz han sido escondidas de sus ojos. En Juan 6.60, como reacción a la enseñanza difícil de Jesús algunos de sus discípulos se preguntan: "¿Quién la puede oír?" En Juan 8.43 Jesús pregunta por qué la gente no entiende lo que él dice y responde, "porque no podéis escuchar mi palabra" que en el contexto claramente significa que ellos no quieren oír. En Juan 12.39-40, hacia el final del ministerio público de Jesús, Isaías 53.1 y 6.10 se citan para explicar la incredulidad de los judíos, y justo antes de la cita de Isaías 6.10 el Evangelista comenta: "Por esto no podían creer." El lenguage sobre ser capaz de oír o creer recuerda Marcos 4.33: "Con muchas parábolas como estas les hablaba la palabra, conforme a lo que podían oír." Finalmente, Lucas cita Isaías 6.9 y 10 al final de Hechos para explicar el fracaso de los judíos de Roma en creer la predicación de Pablo.

Ninguno de estos pasajes, ni los de Marcos, tratan sobre "el endurecimiento divino" y ciertamente no tratan sobre ideas acerca de la predestinación. La atención centra en la *responsabilidad humana* y buena voluntad para oír, y en no repetir el modelo de respuesta negativa de Israel de no oír a los mensajeros de Dios (cf. 12.1-12).[86] Las personas deciden estar adentro o afuera, según la manera en que ellas responden al mensaje, y su posición no *está* entonces determinada permanentemente. El mismo lenguage de dureza del corazón, y de tener ojos y no ver y tener oídos y no oír, se emplea al referirse a los Doce en 8.17-18 (cf. 6.52 y también 3.5). La cuestión es si las personas —sean los discípulos u otras— responden al mensaje o son culpables de una dureza de corazón que previene el entendimiento. De hecho, al considerar el resto del Evangelio de Marcos, la interpretación de la parábola del sembrador parece ser *una advertencia a los discípulos tanto como es una descripción del ministerio de Jesús en general.*

Las parábolas no son siempre obvias ni se explican por sí mismas, pero aun cuando son enigmáticas, su objetivo es iluminar. La incertidumbre misma de su referencia, es parte de su atractivo y a menudo el medio de su eficacia, pero no tienen el objetivo de esconder el mensaje. No es esto lo que Marcos da a entender con *mysterion* en 4.11. "Misterio" en el mundo semítico no se refiere a lo que es misterioso y desconocido, sino a la revelación, a lo que sería desconocido si Dios no lo hubiera revelado.[87] Decir: "A vosotros os es dado saber el misterio del reino de Dios", equivale a decir que la revelación de parte de Dios acerca del reino les ha sido dada.[88] (Cf. Mt 13.16-17/Lc 10.23-24.[89]) El concepto del misterio de Dios tiene que ver intrínsecamente con la recepción del mensaje por parte de las personas. M. Boucher comenta: "El misterio tiene que ver completamente con la buena voluntad de alguien de recibir la enseñanza escatológica y ética de Jesús."[90] Las parábolas de Jesús revelan el reino de Dios y dan azas para aferrarlo. El contenido de la revelación centra en el funcionamiento presente del reino en el ministerio de Jesús,[91] pero esto también incluye —como otras parábolas y los textos dan testimonio—el carácter escondido del reino y que uno encuentra la vida al perderla.

Se puede decir aún más sobre el significado de la parábola y esta sección entera, pero debería estar claro que la cita de Isaías 6:9 y 10 es la clave para su comprensión y es en efecto el origen de la parábola.

3. ¿Pertenece la interpretación originalmente a la parábola o es ella un resultado de la alegorización por parte de la iglesia primitiva? Desde la obra de Jülicher muchos eruditos del NT han rechazado la interpretación como una alegorización por parte de la iglesia primitiva. Varias conjeturas conducen a esta conclusión: el desdén por la alegoría, la suposición de que las parábolas no necesitan explicaciones, el hecho que el *Evangelio de Tomás* no contiene la interpretación, la inconsistencia de la semilla que es tanto la palabra como la gente (Mr 4.14 y 15-20), una carencia de semitismos en la interpretación, y una convicción de que el vocabulario de la interpretación era el vocabulario de la iglesia primitiva. Muchos sólo suponen que Jeremías demostró sin duda que el lenguage de la interpretación —a diferencia del fraseo de la parábola— es el de la iglesia temprana. Hoy, sin embargo, ha ocurrido claramente un cambio significativo. Muchos ahora sostienen que la interpretación canónica es auténtica o al menos posiblemente auténtica. Entre estos están los cuatro recientes comentarios más importantes sobre Mateo y varios otros Evangelios.[92] Los comentarios de U. Luz son sobresalientes: "Junto con otros supongo que la parábola cuádruple de la semilla tuvo la intención exacta tal cual fue interpretada en Marcos 4.13-20. Desde el principio era 'una parábola sobre parábolas' o *una meditación sobre los variados receptores de la proclamación de Jesús*. La interpretación encaja exactamente con el carácter original de la parábola cuádruple."[93]

Este cambio es producto de varios factores. Aunque tomó tiempo y esfuerzo, las teorías de Jülicher sobre parábola y alegoría han sido cuestionadas.[94] Las parábolas —sea que procedan del AT, de la tradición judía, o del griego— con regularidad contienen explicaciones. Las formas de parábola son bien variadas, y no todas las parábolas contienen interpretaciones detalladas, pero muchas sí lo hacen. Algunos no consideran la alegoría un género separado pero, en cualquier caso, ya no se rechaza como una forma válida.[95] El *Evangelio de Tomás* se considera cada vez más como un documento que se originó en el siglo segundo, depende de alguna manera de los Evangelios canónicos, y tiene poco argumento de poseer una versión más temprana de esta parábola.[96] La tensión de la semilla, presentada tanto como la palabra así como el pueblo se considera como natural,[97]y la lista aparentemente impresionante de pruebas lingüísticas de Jeremías demuestra ser un castillo de naipesal examinarla más de cerca. También contribuye a este cambio el reconocimiento de la función de Isaías 6 y el modelo de revelaciónapocalíptico mencionado anteriormente, que muestran como Marcos 4.3-20 funciona como una unidad.

Algunos exageran la cosecha escatológica en la parábola y la contrastan con las preocupaciones de parenéticas de la interpretación,[98] pero independientemente de lo que se diga, la interpretación encaja con la parábola. Hasta que punto la parábola es escatológica es algo que se debate, pero cualquier interpretación que concentra sólo en la semilla fructífera descuida el todo de la narrativa. Incluso Jutlicher concedió que la parábola está estructurada para la interpretación, yendo tan lejos hasta conceder que ambas pudieran remontarse a Jesús, pero finalmente concluye que la parábola fue aumentada cuando se añadió la interpretación.[99] Varios coinciden que la parábola no se entiende sin la interpretación, aun cuando ellos rechacen esta última,[100] y otros otorgan que la interpretación está cerca de la intención de la parábola.[101]

Aunque algunas parábolas no reciben explicación, hemos visto que las explicaciones o las interpretaciones en el AT, en el judaísmo, y en el mundo greco-romano son por lo general explícitas, aun si sólo se proporciona una declaración breve, un *nimshal*, para dejar claro el objeto de la parábola.[102] Cualquiera que duda esto, es que sólo no ha leído el material o es culpable de una rección negativa ciega de no admitir lo que es obvio: las correspondencias son el centro mismo de un argumento analógico.[103] La identificación de los referentes de una parábola están a veces implícitos porque la analogía es obvia. Las identificaciones alegóricas ampliadas, como con el sembrador, son poco frecuentes, sobre todo en el NT, pero aun así son parte de las parábolas antiguas, como un vistazo de las secciones de fuente primaria de este libro muestra.[104] A veces las identificaciones expresamente usan expresiones como "esto es" o "éstos son". Si los sueños y las visiones en el AT tienen correspondencias de cada punto, si *1 Enoc* 89.10-90.39 puede tener una complicada historia "zoomórfica" del mundo, si 1QpHab 12.2-10 puede interpretar Habacuc 2.17 alegóricamente,[105] si los dichos judío tempranos y tardíos, y las parábolas y las "alegorías" cristianas tempranas pueden tener explicaciones de cada punto,[106] ¿en que nos basamos para decir que las parábolas de Jesús no hicieron lo mismo? De hecho, lo que tenemos en esta parábola no es una parábola, sino cuatro similitudes, y si cualquiera de las imágenes de semilla-tierra fueron presentadas y explicadas por sí mismas, nadie se habría extrañado. Tenemos cuatro imágenes parabólicas ensambladas a fin de contrastar dos clases de auditorio, el fracasado y el de éxito.[107] El sembrador, como muchas parábolas, necesitó una explicación, y la interpretación proporcionada no es sospechosa simplemente para ser una interpretación o por tener rasgos "alegóricos". Al mismo tiempo deberíamos notar que dos de los rasgos más relevantes para la vida de la iglesia no se explican en la interpretación: la identidad del sembrador y el significado del fruto.[108] Esto difícilmente encaja como originado en la iglesia. Tampoco Mateo o Lucas dan explicación algunas de las variaciones en la producción.[109]

La otra base que frecuentemente se emplea para rechazar la interpretación ha sido el argumento lingüístico de Jeremías de que la interpretación es lenguaje de la iglesia primitiva, pero este es otro caso donde una letanía de detalles es sólo una ilusión, que algunos adoptan sin análisis crítico. Jeremías prestó atención particular a *ho logos* ("la palabra") usada como una expresión técnica en el evangelio, que Jeremías asevera ocurre en los dichos de Jesús sólo en la interpretación de esta parábola, pero es Jeremías —no Marcos— el que interpreta*ho logos* de esta forma. De hecho, los Evangelistas no usanen absoluto *ho logos* como un término técnico.[110] Además, ¿es correcto sacar tanta conclusión del absoluto *ho logos*? ¿Es tan diferente de expresiones como "mis palabras", "estas palabras", o "la palabra de Dios"?[111] Logos y *ho logos* (o el hebreo y arameo *dabar)* son formas típicas de referirse a un mensaje, discurso o enseñanza, sobre todo un mensaje profético.[112] ¿Qué otra palabra debería usar Marcos para referirse a la enseñanza de Jesús? Ha ocurrido obviamente moldeamiento de redacción, pero*ho logos* no demuestra que la interpretación es una fórmula de la iglesia primitiva.

Muchas de las palabras que Jeremías lista ocurren raramente en el NT, como sus propias notas a pie de página dan testimonio, y pueden ser apenas llamadas lenguaje *común*de la iglesia primitiva.[113]Por ejemplo, él señala paralelos con "reciben la palabra con gozo", pero esta expresión ocurre sólo en 1 Tesalonicenses 1:6, que usa *dechesthai* para "recibir" (como ocurre en Lucas), no *lambanein,* como en Mateoy Marcos.[114]*Speirein* ("siembra") con el sentido de "predicar" ocurre sólo en 1 Corintios 9.11. Jeremías encuentra paralelospara *riza* ("raíz") como una metáfora para la estabilidad interior sólo en Efesios 3.17 y Colosenses 2.7, aunque ambos textos de las epístolas tengan un participio. Pero esta metáfora es común en el AT y en otras partes, y su origen no se puede atribuir a la iglesia primitiva.[115] *Proskairos* ("temporal") ocurre en otras partes en el NT, sólo en 2 Corintios 4.18 y Hebreos 11.25, ninguna en relación con la recepción de la palabra. Se podrían dar otros ejemplos, pero estos deberían bastar para mostrar que la lista de Jeremías no demuestra nada. Su reclamo de que la escatología de la parábola ha sido cambiada en exhortación por parte de la iglesia, pasa por alto el hecho que este campo metafórico fue usado con objetivos parenéticos durante siglos. El lenguaje de la interpretación encaja en el tema central y el contexto del ministerio de Jesús tan fácilmente como encaja en el contexto de la predicación de la iglesia primitiva.[116]

Los dichos de Jesús fueron moldeados tanto en la tradición oral como por parte de los evangelistas, pero la interpretación encaja con la parábola, y tiene toda legitimidad de ser en alguna forma la explicación que Jesús dio a sus discípulos.

4. ¿Sembraría alguien la semilla de esta forma? ¿Siembra el sembrador descuidadamente y con desatino, posiblemente reflejando una proclamación indiscriminada del mensaje, o es una práctica realista de la siembra en el mundo antiguo? Se ha escrito sobre esta interrogante mucho más de lo que merece, no obstante algo de atención debe prestarse aquí porque las acciones del sembrador parecen extrañas, al menos en comparación con las prácticas agrícolas modernas. J. Jeremias sostuvo que la parábola narra un procedimiento de siembra normal que supone que el esparcimiento de la semilla precede a la arada[117] y que ninguna semilla es desperdiciada o arrojada con descuido. K. D. White ofrece evidencias de que la arada precedía a la siembra.[118] Jeremías respondió con una discusión más matizada diciendo que la siembra se hacía más a menudo antes de la arada, excepto la siembra tardía, en cuyo caso de vez en cuando la arada se hacía tanto antes como después de la siembra. Jeremías mantuvo su aseveración de que en cualquier caso después de sembrar la semilla ésta se ara para sepultarla en la tierra.[119]

Evidencias muestran que la arada ocurrió tanto antes como inmediatamente después de la siembra.[120] Era recomendable la arada antes de la siembra, pero no siempre se hacía. Independientemente de qué tipo de preparaciones se hacían antes de la siembra, la arada habría seguido inmediatamente a la siembra, a fin de sepultar la semilla.[121] No sabemos si la arada precedió en este caso o no, y la parábola no se ocupa de ello. Las parábolas no dan detalles innecesarios. Ni tampoco es el punto si el sembrador siembra sin orden ni concierto, o con descuido, hasta en el camino donde la semilla no crecerá,[122] y ninguna conclusión teológica debería extraerse de estas líneas. El caso es que el sembrador siembra y su semilla tuvo variados resultados. El agricultor no siembra intencionalmente la semilla en el camino; más bien un poco de semilla cae *junto* al camino.[123]Que un poco de semilla es sembrada entre las espinas podría significar que la semilla es sembrada entre arbustos espinosos secos del año anterior, que serán arados y sepultados, o esto podría ser simplemente un modo breve de expresar que la semilla se siembra en un campo arado donde crecerán espinas más tarde.[124] No se hace ningún intento de explicar por qué las aves comieron sólo las semilla en el camino y no las sembradas en el campo, pero si, como evidencias indican, una persona que ara sigue directamente detrás del sembrador, la semilla en el campo habría sido cubierta antes de que las aves pudieran alcanzarla.[125] Al final, sin embargo, estas preguntas no son importantes para entender la parábola.[126]

Tampoco deberíamos concluir, como algunos comentaristas lo hacen, que tres cuartos de la semilla se perdieron. Hay un equilibrio entre tres circunstancias de pérdida y tres niveles de éxito, y se hace considerable hincapié en el peligro de la pérdida, pero no se especifica la cantidad de la semilla en cada caso. Marcos usa *ho* singular *y auto* (un pronombre neutro relativo y un pronombre personal neutro respectivamente) para especificar la semilla improductiva (4.4-6), pero usa el plural en 4.8 para la semilla productiva. Por lo visto, el cambio al plural indica para Marcos la cantidad más grande de semillas productivas.[127] Sin embargo, Marcos usa el plural en la interpretación, Mateo usa el plural en la parábola y el singular en la interpretación, y Lucas usa el singular en todas partes de la parábola (incluso 8.8) y el plural en la interpretación. En ninguno de los registros, sin embargo, hay cualquier indicación de un agricultor decepcionado por sus pérdidas.[128]El cuadro es una representación realista de la práctica de agricultura antigua donde pérdidas secundarias ocurrían, en particular en Palestina con su tierra árida y abundantes espinas, sino también donde una cosecha generosa resultaba.

5.*¿Es la analogía acerca de Dios que siembra pueblo en Israel o sobre Dios sembrando su Palabra?* La verdadera cuestión aquí es hasta que punto el trasfondo del AT —y qué trasfondo del AT— determina el sentido de la parábola. Unos sugieren que la semilla es una metáfora fija de la Palabra de Dios, y que la gente no habría necesitado una explicación,[129] pero no es así. Otros sostienen que los receptores no sabrían la intención de la metáfora de la semilla hasta que se explicara.[130] No hay certeza de cuán ignorantes eran los receptores, pero por entonces seguramente no había ningún uso fijo de la metáfora. Como ya se dijo más arriba, la siembra de semillas se usaba metafóricamente para la instrucción tanto en el mundo greco-romano como en los ambientes judíos.[131] El uso dela expresión *logosspermatikos* ("palabra o principio generativo") subraya sólo cuán común era la metáfora para algunos. La siembra se podría usar metafóricamente en el sentido de dispersar o distribuir (p.ej., Zac 10.9), pero se usa con más frecuencia en el sentido de depósito para un futuro incremento, "inversión", ya sea respecto de niños, o entidades positivas o negativas. Fue usada con la connotación de sembrar la palabra de Dios (o Ley), los secretos de Dios, la enseñanza humana, calidad, paz, honradez y caridad,[132] pero también en el sentido de sembrar problemas, mal y engaño.[133] Obviamente en algunas parábolas del NT la semilla es una metáfora del reino.

La metáfora de la siembra de Dios (o plantación) de gente[134] a menudo se usa en el AT para referirse a Dios que hace prosperar a su pueblo, y sobre todo de Dios como quien restaura a Israel después del exilio.[135] G. Lohfink enfatiza este trasfondo de Dios que siembra a la gente para provocar la restauración de los exiliados para argumentar en contra del enfoque en la parábola sobre Dios que siembra su palabra. Jesús, en la narración de la parábola, imaginaría entonces la siembra de la comunidad del tiempo de final.[136] Debe reconocerse que es mucho más fácil en el AT demostrar que la siembra *de Dios* es una metáfora para la restauración de los exiliados antes que de la proclamación de la palabra. Quizás el texto más fuerte es Oseas 2.21-23 (23-25): "ellos responderán a Jezreel [Jezreel significa Dios siembra]. Y la sembraré para mí..."[137] pero otros textos expresan la misma idea. Nótese los siguientes:

> 2 Reyes 19.30; Isaías 37.31: El remanente de Judá echará raíces hacia abajo y dará el fruto hacia arriba.
> Isaías 27.6: Jacob echará raíces y llenará la tierra de fruto.
> Isaías 43.5: "del oriente traeré tu generación."
> Isaías 60.21: "Y tu pueblo, todos ellos serán justos, para siempre heredarán la tierra; renuevos de mi plantío, obra de mis manos, para glorificarme"
> Jeremías 24.5-7: Como a estos higos buenos,así miraré a los transportados de Judá... los plantaré... Y les daré corazón para que me conozcan que yo soy Jehová"
> Jeremías 31.27-28: "He aquí vienen días, dice Jehová, en que sembraré la casa de Israel y la casa de Judá de simiente de hombre..."
> Cf. Ezequiel 36.9; Oseas 14.5; *1 Enoc* 62.8; *4 Esdras* 8.41-44; *2 Baruc* 70.2

J. Liebenburg, sin embargo, sostiene que Lohfink no hace justicia a los tres fracasos en la parábola e insiste que en la metáfora "sembrar es predicar." Liebenburg concede que existe poca evidencia en el AT para la imagen *de Dios* como quien siembra su palabra. Muchos mencionan sólo Isaías 55.10-11, pero este texto habla de la palabra de Dios como la lluvia que da semilla al sembrador, no de Dios como quien siembra su palabra. Él único otro texto relevante es Isaías 5.24 ("...así será su raíz como podredumbre, y su flor se desvanecerá como polvo; porque desecharon la ley de Jehová de los ejércitos, y abominaron la palabra del Santo de Israel").[138]Lo que resuelve para Liebenburg la conclusión de que la parábola es sobre la predicación de Jesús es la estructura de la parábola, sus metáforas convencionales, y el contexto (sobre todo Marcos 4.3, 9), que enfatiza el oír. Ciertamente para los Evangelistas la imagen es la de Jesús como el agente de Dios que siembra la palabra de Dios.

Sin embargo, presentar la siembra escatológica de Dios de la gente y la siembra de Dios su palabra una contra la otra crea una antítesis falsa. Una siembra escatológica de gente presupone un pueblo que escucha y responde con obediencia a la palabra de Dios, o son capacitados por

Dios para responder, como está explícito en Jeremías 24.5-7 y 31.31-34. Isaías 6 es *un* texto que reúne la preocupación por oír la palabra de Dios y la idea del remanente como una semilla santa. Si estamos en los correcto al concebir que Isaiah 6 es el marco en el cual la parábola fue elaborada, entonces no hay ninguna necesidad de abrir una brecha entre Dios que siembra a su gente y Dios que siembra su palabra. Es al sembrar la palabra que la gente del tiempo del fin es plantada.[139]

6. *¿Cuál es el significado y la aplicación de esta parábola y su contexto? ¿Es el elemento central el sembrador, la semilla, la tierra, o la cosecha? ¿Expresamente, qué nos dice esto sobre el reino?* A estas alturas, el significado y la aplicación de esta parábola deberían estar claros. A pesar del título dado la parábola por Mateo, el elemento central no es el sembrador, que no es identificado en ninguna de las interpretaciones.[140]la semilla y la cosecha son ambas importantes, pero no son el elemento central. Otros peligros para el crecimiento (como sequía y enfermedad) no son mencionados, y la causa del fracaso no está en la semilla. La única variable que determina el fracaso o el éxito es la tierra en que la semilla cae.[141] Además, cualquier interpretación válida debe hacer la justicia —no meramente a la cosecha— sino al énfasis dado el fracaso triple, fracaso que ocurre en etapas progresivas en el proceso del crecimiento. A pesar de la popularidad de una interpretación enfocada en una cosecha escatológica, tal explicación es demasiado estrecha y engañosa.[142] El énfasis tiene que estar en la receptividad y condiciones de la tierra. Determinar lo que los oyentes originales de Jesús habrían entendido es imposible, porque no sabemos que otros comentarios se hicieron o qué información se dio en relación con la parábola. Si la atención fuera dirigida a la proclamación del reino,[143] las personas podrían haber entendido la parábola como refiriéndose a la respuesta al mensaje. Algunos, debido a su familiaridad con la imagen de la enseñanza como semillas sembradas, probablemente captaron esta idea. El desafío para aquel con oídos para oír, habría dado una pista adicional de que el elemento central era la recepción de la palabra, pero muchos sin reflexión, incluyendo a los discípulos, pueden no haber captado la intención. Aun si la gente sabía que la parábola era acerca del oír de la palabra de Dios, ellos no habrían sabido cuán significativa la parábola era hasta que la relación con Isaías 6 fuera hecha explícita.

La parábola es una descripción de variadas reacciones producto de oír la palabra de Dios, y seguramente representa las reacciones que Jesús encontró en su propio ministerio.[144] El preguntar si ésta representa la siembra de Dios o la siembra de Jesús es hacer una falsa diferenciación. Si pensamos en las palabras de Jesús o en las redacciones de los Evangelistas, la conclusión es que Jesús es el agente que comunica las palabras de Dios. La parábola advierte contra el oír con superficialidad, pero esta también anticipa un oír verdadero y productivo. El oír verdadero es aquel que conduce a la obediencia, y no deberíamos olvidar que el verbo hebreo para oír (šāmaʿ) a menudo es traducido como "obedecer".[145]

En respuesta al interés adicional acerca de la parábola por parte de aquellos dispuestos a obedecer, Jesús señaló el tema de la dureza de corazón y los paralelas entre su ministerio y el de Isaías. Ninguna otra interpretación es siquiera atractiva. Como U. Luz afirma, la interpretación moderna de esta parábola como una parábola de contraste que corresponde con la teología de la Reforma acerca de la gracia, o de ayuda a la gente para escapar de la desesperación no corresponde a la parábola.[146] La severación de que la tierra es pasiva y que sólo un agricultor necio exhortaría su terreno de cultivo,[147] está fuera de orden, y supone una identidad entre la parábola y la realidad antes que reconocer que las parábolas enseñan usando analogía. No toda parte de la metáfora traza una conexión con la realidad.

Los Evangelistas —sobre todo Marcos— han subrayado la idea de oír, la receptividad del mensaje, como el elemento de interés principal. La parábola y su contexto reflejan las resonancias del lenguage tradicional acerca de la dureza del corazón, para servir como un desafío y una advertencia acerca de cómo la gente responde al mensaje de Jesús, por medio del cual Dios hace su trabajo de siembra de restauración.[148] Lo que Marcos realmente se propone, que concuerda completamente con la intención de Jesús, está evidente cuando uno ve como el pasaje completo funciona. El versículo 3, con su llamado a oír, atrae la atención. El final de la parábola —"El que quién tiene oídos para oír oiga"— impulsa al oyente a oír con atención, a ir más allá de la superficie de las palabras para entender lo que realmente se está diciendo. Los versículos 10-12 describen lo que típicamente sucedía —notan los imperfectos (ērōtōn, "le preguntaron"; *elegen,* "él decía").[149] Cuando la gente reaccionó al mensaje de las parábolas acercándose a Jesús y buscando un mayor entendimiento, se les dio una revelación y explicación adicional acerca del reino; a aquellos cuyo interés en oír permaneció en un nivel superficial no se les otorgó ninguna revelación adicional. Se les dejó con parábolas que no lograron el objetivo de iluminar. La carencia de receptividad previno un progreso mayor.

El énfasis sobre la recepción del mensaje es verificado por 4.21-25 y la declaración sumaria de Marcos en 4.33-34. Los versículos 21-25 muestran que el mensaje de Dios está "escondido" en parábolas, a fin de que el mensaje se clarifique.[150] Las parábolas esconden a fín de revelar,[151]o como Kierkegaard comentó, ellas engañan a una persona en la verdad.[152] Es justo decir que el versículo 22 expresa la intención de toda la sección sobre las parábolas: no hay nada escondido en las parábolas, excepto aquello que debiera ser explicado.

En el versículo 23 se motiva a las personas a ir más allá de la superficie de las palabras para oír en verdad, y los versículo 24 y 25 advierten que las personas deben tener cuidado cómo ellas oyen, ya que su oír determinará su destino. Con la medida que ellas miden les será añadido, y a aquella persona que tiene más le será dado, mientras que la persona que no tiene pierde aun lo que ella tiene. A primera vista este tratamiento que parece injusto describe exactamente lo que los versículos 10-12 describen, el proceso de oír. La manera en que la gente responde a las parábolas determina si les será dada revelación adicional. Aquellos que responden con una actitud de oír en forma verdadera reciben mayor revelación. Para aquellos que responden con un oír superficial, aun lo que ellos han oído no les afectará positivamente.[153] Las parábolas tuvieron la intención de tomar a la gente en su propio nivel y acercarlas a un mensaje más profundo. Algunas parábolas atraen, otras aclaran, una pocas desafían, y algunas son argumentos señalados y de afianzamiento, para una audiencia a menudo demasiado lenta y poco dispuesta, desatenta o recalcitrante, para motivarla a la acción. Pero todas ellas busca una reacción y todas son reveladoras en alguna medida.

La declaración de resumen en Marcos 4.33 y 34 indica que Jesús narraba parábolas *aun cuando las personas fuera capaces de oír.* Está claro a partir de estos dos versículos que *Marcos pensó que las parábolas tenían la intención de permitir el oír,* no de impedirlo, pero también que el oír las parábolas era sólo el primer paso en el camino al entendimiento.[154]

Para los tres Evangelistas esta es *la* parábola para entender el reino,[155] y presenta tres puntos significativos. Primero, el Reino es un reino de la Palabra;[156] esto implica una proclamación acerca de Dios y los propósitos y acciones de Dios. El lenguaje crea un mundo, y la proclamación del reino pone a disposición una realidad nueva. Esto es exactamente lo que pasaba con la predicación de Jesús. El reino se hacía una realidad. Segundo, el reino presenta un desafío para una percepción y reorientación de la vida. La gente debe oír y responder con un estilo de vida que "da fruto," es decir un estilo de vida marcado por la obediencia a Dios, como está revelada en el mensaje de Jesús. Tercero, el reino está al presente en acción y es establecido *en parte* a medida que la gente responde con obedienciacrédula, y habita el mundo creado por la proclamación. *El "sembrar"a tales personas Dios cumple la promesa de restaurar Israel.* El verdadero elemento central es el producir fruto. El único oír válido es aquel que produce. Todo lo demás cae bajo la acusación de Isaías 6.9-10.

Las parábolas se dirigen tanto a los individuos como a la nación, y en ninguna parte es más cierto esto que en la parábola del sembrador y las otras parábolas en Marcos 4. Obviamente el sembrador trata sobre la responsabilidad del individuo de oír. Pero al menos implícitamente advierte a la nación de no repetir el fracaso de Israel por el tiempo de Isaías, y también proclama que Dios está obrando en el ministerio de Jesús para restaurar a Israel. El sembrador es una parábola fundamental que supone que el reino está presente y en acción, una parábola que prácticamente suplica por un oír responsable y productivo.

7. ¿Cómo la adaptación de redacción de cada Evangelista afectó el matiz de la parábola? Ya hemos considerado la adaptación de redacción de Marcos. La parábola funciona de manera similar en Mateo y Lucas al enfatizar el oír, pero menos directo que en Marcos. La adaptación de redacción de Mateo (independientemente del asunto relacionado con la originalidad) es tan pronunciada como en Marcos, mientras que la redacción de Lucas lleva a cabo menos. Las diferencias de los tres registros en el fraseo de la parábola, su interpretación y el material intermedio sobre el propósito de las parábolas, son bastante insignificantes. Lucas, como es su costumbre, ha estilizado este material, pero el sentido y la función permanecen esencialmente los mismos en los tres registros. Mateo y Marcos subrayan la persecución debido a la palabra, probablemente reflejando la experiencia de la iglesia temprana, pero los esfuerzos para ver aspectos específicos de la vida y teología de la iglesia reflejada en las diferencias de fraseo son más bien conjeturas.[157]

Los registros en Mateo y Lucas son menos duros que en Marcos 4.10-12. Esto es evidente por la utilización por parte de Mateo de *hoti* en vezde *hina,* y en su omisión de Marcos 4.12c ("para que no se conviertan, y les sean perdonados los pecados") en Mateo 13.13, aunque él sí incluyeuna redacción diferente de estas palabras en su cita de Isaías 6.9-10 en Mateo 13.15. Lucas usa *hina*, pero no incluye en absoluto Marcos 4.12c. Uno podría pensar que la repeticiónpasiva divina *dedotai* ("dado") en Mateo 13.11 resalta la enseñanza de predestinación (Marcos y Lucas la tienen sólo una vez).[158] Pero esto presupone que el pasaje dice algo sobre la predestinación, aunque esto no considere *por qué* el conocimiento de los misterios del reino ha sido dado a algunos y no a otros. El elemento central en los tres registros no es la predestination,[159] sino la revelación y cómo uno responde a tal revelación. Este no significa ignorar la soberanía de Dios o la participación de Dios en capacitar a la gente para oír, pero todo *este* contexto, y sobre todo la alusión a Isaías 6, pone el enfoque sobre la responsabilidad humana.[160]

En cuanto a la *redacción de Mateo,* no es cierto que Mateo considera las parábolas como un medio de castigo antes que como un medio de enseñanza, una conclusión que algunos extraen en parte porque Mateo no usa *didaskein* ("enseñar"), que Marcos usa dos veces en 4.1-2.[161] Para Mateo el rechazo de Israel hacia Jesús es un hecho establecido, no algo causado por las parábolas.[162] Tampoco las parábolas son simplemente una condena de la dureza de corazón; ellos procuran atraer a la gente para que oiga. La fuerza de las declaraciones negativas en 13.10-15 es algo sorprendente, un resultado sin duda del arreglo temático de Mateo, pero no es cierto que en la narrativa hasta este punto las multitudes sólo son vistas positivamente. Varios pasos indican que algunas personas vivieron en ilusión o que "esta generación" era reacia para recibir el mensaje de los Jesús (8.12, 21-22; 10.34-39; 11.16-24; 12.38-42). El capítulo de la parábola refleja esta carencia de disposición para oír, pero también procura persuadir a la gente a que oya, tanto por declaraciones positivas acerca del valor del reino como por declaraciones negativas acerca del juicio.

El arreglo que Mateo hace de este material no solamente enfatiza la carencia en el oír, sino también en entender. Cinco veces él usa el verbo *syniēnai* ("entender") en relación con la parábola (13.13, 14, 15, 19, 23), y luego al final del discurso sobre las parábolas Jesús pregunta a sus discípulos si ellos entienden estas cosas (13.51). El verdadero oír para Mateo significa entender en una forma que transforma la identidad del que oye, y se evidencia en la obediencia.

Donde la influencia teológica de Mateo se revela mejor es en la estructura de su discurso sobre las parábolas (13.1-52). Los contenido del discurso incluyen mucho más que la Marcos y Lucas y se despliegan como sigue:

13.1-33	escenario
13.3b-9	parábola del sembrador
13.10-17	el objetivo de las parábolas, que en Mateo es más largo y se concentra en el cumplimiento presente en los versículos 16-17
13.18-23	interpretación del sembrador
13.24-30	parábola del trigo y la cizaña
13.31-33	parábolas de la semilla de mostaza y la levadura
13.34-35	el uso de parábolas
13.36-43	interpretación del trigo y la cizaña
13.44-46	parábolas del tesoro y la perla
13.47-50	parábola de la red
13.51-52	tesoros nuevos y viejos

De éstas Marcos tiene sólo el sembrador y la semilla de mostaza, y él solo tiene la semilla que crece. Lucas tiene sólo el sembrador, la semilla de mostaza, y la levadura, pero ha colocado la semilla de mostaza y la levadura en un contexto diferente, después de la curación de la mujer atada por Satanás (13.18-21). Note que Mateo tiene tres parábolas "gemelas" en capítulo 13: el trigo y la cizaña y la red, la semilla de mostaza y la levadura, el tesoro en el campo y la perla de gran precio.

Algunos dividen el discurso de las parábolas de Mateo en dos secciones similares (vv. 1-35 y 36-52). Cada sección tiene cuatro parábolas (si es que 13.52 es una parábola), una descripción del escenario vv. 1-33 y 36a), una digresión que contiene una detallada interpretación (vv. 10-23 y 36b-43), y una conclusión apropiada (vv. 34-35 y 51-52).[163] El inconveniente principal a este enfoque es que la parábola del trigo y la cizaña, y su interpretación, es puesta en dos secciones diferentes. Más convincente es una división triple:vv. 1-23, 24-43, y 44-52. Cada sección tiene al menos una parábola (vv. 1-9, 24-33, y 44-48), una declaración sobre parábolas (vv. 10-17, 34-35 y 51-52), y una interpretación de una parábola (vv. 18-23,36-43, y 49-50).[164]

Al ordenar estas ocho parábolas juntas Mateo representa varias características del reino, un resumen de lo que debe esperar el análisis de las parábolas restantes. En este punto aunque parezca obvio que Mateo diría que el reino implica una proclamación que debe ser recibida y vivida. La proclamación es una aseveración sobre la realidad que debe ser creída, y a la que se le debe permitir tener una fuerza decisiva. Mateo también diría que la venida del reino no elimina ahora el mal, pero un día traerá la separación del justo y el impío, que el reino parece desanimantemente insignificante e invisible, pero tendrá el impacto arrollador, y que el reino es más valioso que todo lo demás, e incorpora tanto lo nuevo como lo que es bueno de lo antiguo.

Mateo no sólo describe el carácter del reino; él también se concentra en el rechazo del mensaje de Jesús por parte de Israel. Mientras que Marcos ubica la perícopa para contrastar la familia Jesús fuera del círculo de su familia verdadera previo a su discurso sobre las parábolas, y Lucas tiene esta perícopadespués del material paralelo, sólo Mateo localiza su discurso de parábolas *antes* con una perícopaacerca de la familia Jesús que está afuera (12.46-50) *y después* con una perícopasobre la familia de Jesús y ciudad de residencia ofendidos por él (13.53-58). En Mateo esta segunda perícopa registra la última vez que Jesús enseñó en "la sinagoga de ellos" (13.54). Este discurso *no* marca el rechazo del mensaje por parte de Israel y el cambio de interés de Jesús desde Israel hacia los discípulos.[165]El tema de rechazo ya está en acción desde el principio del capítulo 11, sobre todo desde el versículo 16 en adelante. Las perícopas centradas en la respuesta al mensaje de Jesús ayuda a que las parábolas cumplan sus funciones. Mateo se propone que las parábolas sirvan para advertir a los lectores de no repetir el fracaso de Israel en responder al mensaje de reino, y también para ayudar a la gente a entender por qué Israel rechazó el mensaje de Jesús: la dureza del corazón, las maquinaciones del maligno, los afanes del mundo y el dinero, y la insignificancia aparente del reino.[166] Mateo también hace aquí hincapié en el privilegio de los discípulos que ven y oyen lo que los otros han deseado ver y oír (13.16-17/ Lucas 10.23-24).[167] El propósito no es exaltar a los discípulos, sino marcar la importancia escatológica de la predicación de Jesús.

La redacción de Lucas hace más que estilizar, y como Mateo su arreglo del material es el método usado para matizar la discusión. Él no presenta a Jesús enseñando desde una barca, aparentemente para evitar la redundancia con 5.3.[168] De la misma manera que Mateo y Marcos, Lucas separa la parábola y su interpretación con la discusión del objetivo de las parábolas y el uso de Isa 6:9. Su tratamiento se despliega como sigue:

8.4	escenario (diferente de los otros registros)
8.5-8	parábola del sembrador
8.9-10	el objetivo de las parábolas
8.11-15	interpretación del sembrador
8.16-18	dichos relacionados acerca de luz y oír.
8.19-21	la familia Jesús son aquellos que oyen y hacen la palabra de Dios *(precede* a la parábola del sembrador en Mateo y Marcos)

Lucas no enfatiza que Jesús habló del propósito de las parábolas y la interpretación del sembrador *en privado.* Además del enfoque sobre el reino en la declaración del propósito de las parábolas (8.10), él localiza la parábola en un contexto de la predicación de Jesús acerca del reino (8.1). Él declara explícitamente que la semilla es la palabra de Dios y enfatiza el desafío de oír al decir que Jesús "decía a gran voz" cuando él dijo: "El que tiene oídos para oír, oiga." Él también añade la necesidad de retener la palabra con perseverancia (8.15), un tema que reaparece más adelante.[169]

Adaptación de la parábola

Esta parábola y su interpretación son importantes porque ellas dan la mayor importancia a la recepción de la palabra de Dios. El reino es un reino de la palabra, y la parábola es una parábola acerca de la recepción de aquella palabra. Ser un discípulo del reino significa oír y perseverar en el mensaje del reino, de tal modo que uno es definido por él.[170] La clave para la formación espiritual es la buena disposición para oír, la práctica de la disciplina de escuchar, y responder apropiadamente a la palabra recibida.

El contenido del mensaje no se trata en la parábola, pero se supone que el reino está presente, y trae novedad y potencial tan seguro como un agricultor inyecta algo nuevo y con potencial al plantar semillas. Esta nueva realidad se puede perder, tener en poco, o ser recibida, y tendrá su efecto. Algunos la recibirán y la pondrán en práctica con gran éxito. El mensaje funciona comouna *promesa* acerca de quién Dios es, y lo que Dios hace y hará en las acciones de Jesús. La siembra de semilla en la proclamación de Jesús restaura a Israel y el establece el reino de Dios, pero la parábola es también una advertencia para los oyentes de no fallar como Israel fracasó con Isaías. Uno mayor que Isaías está aquí. Este mensaje no se puede satisfacer con prestar atención ocasional o temporal; antes bien, esta es completa y no compartirá la atención con la riqueza y los afanes mundanos de la vida. Se debe prestar atención a los fracasos, pero la parábola no es acerca del fracaso y no supone que el fracaso es más frecuente que el éxito. Esto es una advertencia contra el fracaso de oír y producir.

La palabra que proclamamos no es la misma palabra que Jesús proclamó, y nuestro tiempo no es su tiempo. Él proclamó el reino presente y futuro, con una advertencia y promesa para Israel. Aquellas características están todavía presentes para nosotros, pero se cambian a la luz de la muerte y resurrección de Jesús. La palabra todavía se centra en la revelación de Dios dada en Jesús, y la dinámica de oír, el recibir, la dureza de corazón, y la productividad son todavía las mismas.

La parábola enfatiza tanto la receptividad como el producir fruto. Dos de tres siembras infructuosas describen a personas que responden *positivamente* al mensaje. Ellas hasta oyen el mensaje con gozo, pero su oír es todavía superficial. La recepción del reino con gozo no es suficiente, un mensaje que la iglesia moderna tiene que oír con urgencia. La fe que es temporal e improductiva no es fe verdadera. La mayor parte de los pastores serían completamente felices si la gente recibiera la palabra con alegría o hiciera aseveraciones sobre su fe, pero esta parábola afirma que las personas pueden recibir la palabra con gozo y aun así ser culpable de dureza de corazón. Cualquier categoría de oír que no logra una vida productiva con relación al Padre no es un oír válido. Como C. Keener observa: "Las únicas conversiones que cuentan en el reino son aquellas confirmadas por una vida de discípulo."[171] El temor de que una preocupación por la vida productiva conduce al legalismo sólo muestra cuán malla gente ha entendido el mensaje de Jesús.[172] ¿Suscita el oír receptivo al principio, que finalmente fracasa, la interrogante de la seguridad eterna? La gente está demasiado fastidiada con la interrogante de la seguridad eterna debido a una comprensión inadecuada de la fe. Esta parábola no responde la interrogante de la seguridad eterna; sino suscita la pregunta de un oír inadecuado e improductivo. Las iglesias no deberían ser cómplices en permitir que la gente piense que una respuesta inicial que no va acompañada de una vida productiva es una fe que salva.

La parábola del sembrador es escatológica porque ésta engloba la actividad de Dios que siembra a su pueblo restaurado por la predicación de Jesús. El sugerir que la parábola enseña como manejar la desesperación, o muestra que en el fracaso y lo cotidiano yace el milagro de actividad de Dios,[173] es domesticar la parábola, quitarla del contexto de la vida y ministerio de Jesús, y no hacer caso del énfasis en el oír. La parábola es sobre el oír que conduce a la vida productiva, y el adaptar la parábola significará hacer que la gente avance más allá que meramente escuchar —aun con gozo— al oír que captura la persona completa. Las personas piensan que ellas pueden parecer como robles gigantescos sin desarrollar raíces profundas. Cuando ellas se dan cuenta cuánto esfuerzo toma el desarrollar raíces profundas, ellas muy a menudo se conforman sólo con ser arbustos.

Lectura adicional

Madeleine Boucher, *The Mysterious Parable: A Literary Study* (CBQMS 6; Washington, D.C.: Catholic Biblical Association of America, 1977), pp. 42-85.

John W. Bowker, "Mystery and Parable: Mark iv.1-20," *JTS* 25 (1974): 300-317.

W. D. Davies and Dale C. Allison, Jr., *A Critical and Exegetical Commentary on the Gospel According to Saint Matthew* (3 vols.; Edinburgh: T. & T. Clark, 1988-97), 2:373-406.

Craig A. Evans, *To See and Not Perceive: Isaiah 6.9-10 in Early Jewish and Christian Interpretation* (JSOTSup 64; Sheffield: Sheffield Academic Press, 1989).

Greg Fay, "Introduction to Incomprehension: The Literary Structure of Mark 4:1-34" *CBQ* 51 (1989): 65-81.

R. T. France, *The Gospel of Mark* (NIGTC; Grand Rapids: Eerdmans, 2002), pp. 181-207.

Joachim Jeremias, *The Parables of Jesus* (2d ed.; trad. S. H. Hooke; New York: Charles Scribner's Sons, 1963), pp. 77-79,149-51.

Jacobus Liebenberg, *The Language of the Kingdom and Jesus: Parable, Aphorism, and Metaphor in the Sayings Material Common to the Synoptic Tradition and the Gospel of Thomas* (Berlin: Walter de Gruyter, 2001), pp. 350-414.

Ulrich Luz, *Matthew 8-20: A Commentary* (trad. James E. Crouch; Minneapolis: Fortress, 2001), pp. 228-51.

C. F. D. Moule, "Mark 4:1-20 Yet Once More," en *Neotestamentica et Semitica: Studies in Honor of Matthew Black* (ed. E. E. Ellis and Max Wilcox; Edinburgh: T. & T. Clark, 1969), pp. 95-113.

Klyne Snodgrass, "A Hermeneutics of Hearing Informed by the Parables with Special Reference to Mark 4," *BBR* 14 (2004): 59-79.

N. T. Wright, *Jesus and the Victory of God*, vol. 2 of *Christian Origins and the Question of God* (Minneapolis: Fortress, 1996), pp. 230-39.

Capítulo 6
Parábolas del reino presentes en Mateo 13, Marcos 4 y Lucas 13

Muchas parábolas podrían ser catalogadas como parábolas del reino presente, y en algún grado todas las parábolas admiten que el reino de Dios está presente en la actividad de Jesús, aun en aquellas donde el reino no está explícitamente en consideración. Obviamente parábolas como el sembrador o las parábolas acerca de Israel son parábolas del reino presente, y deben ser incluidas en cualquier consideración integral de la enseñanza acerca del reino. Las parábolas consideradas en este capítulo son aquellas que Mateo y Marcos han puesto después del sembrador, para enfatizar el reino presente. Lucas distribuye sus dos parábolas de esta colección en un lugar diferente,[1] pero al hacerlo así él enfatiza de su propio modo la presencia del reino. La frase "reino presente" no significa que el final del mundo estaba presente; ésta significa que las promesas en las Escrituras del AT, sobre todo de los profetas, habían comenzado con las acciones y las palabras de Jesús.

El Crecimiento De La Semilla (Marcos 4.26-29)

Esta parábola ocurre sólo en Marcos y es una de sólo trece textos marcanos que B. H. Streeter clasifica como ausentes en Mateo o Lucas.[2] Esta es la única parábola marcana no registrada en Mateo, Lucas, o Tomás (aunque *Evangelio de Tomás* 21 parece una adaptación abreviada).[3] Algunos intérpretes han sugerido que Mateo y Lucas omitieron esta parábola porque era enigmática, y poco provechosa porque iba en contra del énfasis de Lucas en actuar y producir. Otros sugieren que Mateo no la omitió sino que la expandió en su parábola del trigo y la cizaña, una sugerencia con poco apoyo.[4] No se puede demostrar la razón por la que se omitió esta parábola.[5]

Tipo de parábola

Este es un buen ejemplo de una similitud. Es un símil ampliado que representa un acontecimiento recurrente, mayormente en tiempo presente,[6] en aras de una analogía. No hay trama desarrollada.

Asuntos que requieren atención

1. ¿Cuál es la relación de esta parábola con las parábolas del sembrador y de la semilla de mostaza?
2. ¿Es determinante la descripción del hombre? Debiera él ser descrito como inactivo entre la siembra y la cosecha? ¿Cuál es el significado de su carencia de conocimiento?
3. ¿Cuál es el significado de la palabra *automaté* ("de suyo")?
4. ¿Hay aquí una alusión a las imágenes de cosecha de Joel 3.13 (Hb 4.13), y si es así, con que intención? ¿Se refiere la cosecha al juicio final o, como algunos sugieren, al tiempo del propio ministerio de Jesús o al de sus discípulos?[7]
5. ¿Es el foco de atención de la parábola en el hombre, la semilla, o la cosecha? ¿Debieran los elementos de este registro identificarse de modo que el hombre se refiera a Dios, Jesús, o los discípulos de Jesús, que las etapas de crecimiento refieran períodos de tiempo específicos, que dormir y despertarse indiquen la muerte y la resurrección, y que la cosecha refiera el juicio?
6. ¿Qué idea errónea intenta la parábola corregir y qué comprensión procura la parábola promover?

Material útil de fuente primaria

Material canónico

1. AT: Joel 3 (Hb 4.13)
2. NT: cf. 1 Corintios 3.6-7; Santiago 5.7-8; Apocalipsis 14.14-19

Escritos greco-romanos

- Epícteto, *Diatr.* 4.8.38-40, 43 usa ilustración de cultivo para explicar el desarrollo de las personas y se queja de algunas que han florecido demasiado rápido. "Permitámonos... madurar como la naturaleza desea... Que la raíz crezca, luego permitamos que aparezca el primer brote, y luego el segundo, y luego el tercero; y así finalmente el fruto se abrirá camino para mostrar su verdadera naturaleza, aun en contra de mi voluntad."

Escritos cristianos tempranos

- *1 Clemente* 23.4-5: "Oh, hombres necios, compárense a sí mismos con un árbol: tomen una vid, primero ella muda sus hojas, luego sale un brote, luego una hoja, luego una flor, y después de ésta la uva inmadura, luego el racimo completo. Ved cómo en poco tiempo el fruto del árbol madura. Realmente su voluntad se llevará a cabo rápida y súbitamente..." Casi la misma expresión aparece en *2 Clemente* 11.3.
- *Evangelio de Tomás* 21: "¡Puede haber entre vosotros un hombre de entendimiento! Después de que el fruto maduró, él vino rápidamente con la hoz en su mano [y] lo cosechó."
- Escritos judíos tardíos
- *b. Megillah* 14b: "También, oh Judá, hay una cosecha designada para ti, cuando yo vuelva a mi pueblo del cautiverio." De manera similar, *b. 'Arakin* 33a.
- *Midr. Ps.* 8.1 usa el lenguage de juicio de Joel 3(4).12-13 con su mención de un lagar para explicar las palabras "pisando el lagar" *(gittith)* de *Ps.* 8.1. La cosecha se entiende como la caída de Babilonia, pero poco después aparece el comentario: "En las Escrituras, usted encuentra la redención descrita mediante cuatro metáforas: como una acumulación de uvas, como una cosecha [otra vez en referencia a Joel 4.13], como una mujer embarazada, y como especias." *Miar. Ps.* 8.8 interpreta Joel 3(4).13 como el juicio de Dios a las naciones. *Song Rab.* 8.19 es similar.
- Características del texto que merecen atención
- La expresión que conecta "decía además" *(kai elegen)* es un

mecanismo estilístico marcano (que algunos atribuirían a su fuente). Este aparece siete veces en su discurso de parábolas (4.1-34) y diez veces más en su Evangelio. Marcos lo usó en el discurso de parábolas como una manera de unir los dichos.

- La introducción: "Así es el reino de Dios..." *(houtōs estin hē basileia tou theou hōs)* no ocurre en ninguna parte más, y ninguna otra parábola comienzacon *houtós... hos.*[8] *Houtōs* ("así, entonces") ocurre con más frecuencia al final de las parábolas, en la explicación (la *nimshal),*[9] pero puede ser usado (y lo es) en otras partes, no en referencia a lo que precede, sino en relación con lo que sigue. Posiblemente el matiz es "Es como cuando..."[10] La decisión de si el término "así" conecta la parábola de algún modo decisivo con los dichos precedentes es crucial, sobre todo con la parábola del sembrador. Yo no creo que lo hace, en particular porque la palabra "así" va precedida por "decía además" *(kai elegen),* que parece separar lo que sigue de cualquier unión lógica con lo que precede. La conexión de las parábolas aquí consiste no más en que las tres usan el crecimiento de semillas como ilustraciones del reino.
- Marcos explícitamente conecta el reino sólo con esta parábola, y con la de la semilla de mostaza. (Marcos 4.11 sí conecta por inferencia la parábola del sembrador con el reino.)[11]
- Poca evidencia señala una redacción marcana, con la posibleexcepción de "inmediatamente" *(euthys).*[12]
- El versículo 26 introduce al hombre, la semilla y la tierra, y el resto de la parábola desarrolla estos tres elementos. La parábola enfoca en:
- las acciones del hombre en v. 26b y 27a (catorce palabras), el proceso del crecimiento de vv. 27b y 29a (veintinueve palabras, de las cuales diez describen la actividad de la semilla y la carencia de entendimiento del hombre, v. 27b, y diecinueve describen la tierra y su efecto, el vv. 28-29a), y las acciones del hombre debido a que la cosecha está lista en vv. 29b-c (ocho palabras).[13]
- La parábola presenta el proceso del crecimiento en dos etapas, una en la actividad de la semilla (echar y cultivar) y otra en la tierra (producir un fruto detallado como el brote, la espiga, el grano en la espiga, luego el fruto maduro y la siega).

- *Si* esta es una parábola de contraste, el contraste está entre la actividad del hombre al sembrar y segar y la actividad de la semilla durante el proceso de crecimiento. Algunos sugieren que el contraste está entre la actividad de la semilla y la inactividad del hombre durante el crecimiento,[14] o entre las dos actitudes del hombre en trabajar y no trabajar.[15] Sin embargo, la parábola no enfatiza la inactividad del hombre. ¿Alude la mención de que él duerme y se levanta como una sugerencia de que él no hizo nada más, o sólo comunica el paso del tiempo? Yo sugeriría ésto último.
- Note la paralela entre dormir y levantarse en los vv. 27 y 38.

Información cultural

No se necesita mucha atención aquí excepto mencionar que en el judaísmo el día comienza a la puesta del sol, que explica el orden "noche y día" en el v. 27. cf. Ester 4.16; Isaías 34.10.

Explicación de la parábola

Esta parábola se debe clasificar como una de la más enigmáticas, aunque su intención en general sea bastante clara. Prácticamente todos están de acuerdo que el elemento central de la parábola es el reino presente, pero cómo funciona crea consternación entre los comentaristas. Por otra parte, esta parábola tiene mucho que enseñar sobre la interpretación de la parábola y, si se atiende puede demandar cambios de cómo se tratan las parábolas.

Como es evidente en otras partes, el título que se da a una parábola prejuicia el modo que se la lee.[16] El título tradicional, el crecimiento secreto de la semilla, tiene la ventaja que enfatiza la semilla y su crecimiento, pero la idea de lo secreto no está en el texto. Otros títulos que se proponen no son más fascinantes y a menudo están condicionados por lecturas cuestionables de la parábola. Las sugerencias incluyen: parábola del agricultor paciente,[17] la producción de la tierra por sí misma,[18] el sembrador despreocupado,[19] o el agricultor incrédulo.[20] El énfasis se capta si la llamamos simplemente la parábola del crecimiento de la semilla.

Es raro que se cuestione la autenticidad de esta parábola.[21] Algunos sugieren que hubo una colección de parábolas de semilla antes de su adaptación por parte de Marcos,[22] pero, aunque plausible, esto no se puede demostrar. Unos cuantos han intentado suprimir la introducción en el v.26,[23] y algunos han argumentado en contra de la autenticidad de la referencia a la cosecha en el v. 29.[24] Tales sugerencias se basan más en cómo estos elementos concuerdan con las suposiciones previas acerca del reino que en cualquier base factual. La cosecha prácticamente se requiere por la secuencia de crecimiento hasta la madurez. La mayoría acepta la unidad de la parábola como Marcos la presenta y encuentran poca evidencia de redacción marcana.[25]

Marcos presenta la parábola sin mencionar a los receptores, y ninguna evidencia de la audiencia ha aparecido en su relato desde la referencia a los discípulos en 4.10. Los versículos 33-34 indican, sin embargo, que las parábolas en vv. 26-32 fue dirigida a la muchedumbre, y, aunque un poco inesperado, es lo que lo que deberíamos suponer.

Principales opciones de interpretación[26]

La alegorización medieval interpretó esta parábola aludiendo que Cristo siembra la semilla divina en los corazones humanos, que el crecimiento representa el desarrollo de la obra cristiana y que la cosecha señala al juicio.[27]

La interpretación liberal más antigua consideraba que la parábola describía la evolución gradual del reino de Dios en la sociedad humana.[28]

Algunos se concentran en la cosecha como el fin del tiempo apocalíptico. El centro de atención estaría entonces en un fin inminente o como tratar la tardanza.[29]

La parábola también se entiende en la situación inmediata como que Jesús está de pie en un campo listo para la siega. La siembra y el crecimiento muestran la actividad previa de Dios a través de la historia.[30]

Algunos piensan que se narró la parábola para calmar la impaciencia de los discípulos o zelotes que pensaban que debería suceder más que lo que veían en el ministerio de Jesús.[31]

Con frecuencia la parábola se entiende que muestra el reino de Dios como un acontecimiento milagroso y que no es producto de la actividad humana.[32]

Unos cuantos opinan que la parábola recalca que se nos ha dado tiempo.[33]

Unos pocos consideran la semilla como la palabra con el resultado de que el que la proclama es libre de preocupación, ya que el poder es inherente en la palabra y cumplirá su propósito.[34]

La mayor parte de estas opciones no son mutuamente exclusivas. Las interpretaciones discrepan debido a diferencias sobre cuál es el elemento central. Si alguien piensa que la semilla es el elemento central, considerará que la parábola trata de la confianza en la proclamación de la palabra o la certeza sobre la cosecha. Si alguien centra en el sembrador, el sentido se buscará en la inactividad del hombre o en su actividad en el tiempo de cosecha. Obviamente lo crucial aquí será cualquier decisión sobre quién representa el hombre. Si alguien se centra en la tierra, el sentido se hallará en el hecho de que el hombre no produce el crecimiento. Si se enfatiza el crecimiento en sí mismo, entonces se empieza a destacar el desarrollo del reino. Sin embargo, aislar un elemento conduce a la deformación, y todos los elementos se deben considerar. Como hemos visto con otras parábolas, una introducción como "Así es el reino de Dios, como cuando un hombre..." se debe entender en el sentido de que el reino es comoel *proceso completo* que se relata en la parábola.[35]

Decisiones sobre los asuntos

1. *¿Cuál es la relación de esta parábola con la del sembrador y la semilla de mostaza?* Varios eruditos piensan que esta parábola forma un par con la de la semilla de mostaza, y presenta la misma idea o al menos una similar. Algunos ven la semejanza como el contraste entre un principio pequeño y una gran cosecha.[36] G. Caird piensa que la semilla de mostaza proporciona la pista para una interpretación de escatología realizada, que ve el punto culminante de la parábola, no como un acontecimiento apocalíptico al final de la historia, sino como el éxito de una misión mundial.[37] Otros en cambioseñalan la unión con el sembrador, y consideran esta parábola como repitiendo sus temas, de modo que el elemento central entonces está en el poder de la palabra y el aprendizaje que resulta.[38]Claramente, existe una conexión estrecha entre las tres parábolas en la Marcos 4, todas ellas tienen semillas, siembra y tierra *(ge),* pero eso no significa que todas ellas tiene el mismo mensaje o funcionan del mismo modo. Obviamente, también, Mateo y Lucas asocian la parábola de la semilla de mostaza con la de la levadura, no con la del crecimiento de la semilla.

En vez de forzar esta parábola para conformarse a una de las demás, cada una se debe entender en su propio derecho. Yo sugeriría, sin embargo, que las tres tratan del mismo problema, el problema de por qué las cosas parecen ser si el reino está en verdad presente. Fuera de esto, no hay ninguna relación directa con las otras parábolas, y ellas no proporcionan la clave para la interpretación de ésta.

2. ¿Es determinativa la descripción del hombre? ¿Debiera él ser descrito como inactivo entre la siembra y la cosecha? ¿Cuál es el significado de su falta de conocimiento? Esta similitud, como todas las parábolas, presenta su caso en forma estilizada. El hombre siembra, duerme y se levanta, y envía la hoz. Los intérpretes con regularidad concluyen a partir de esto que el centro de atención está en la inactividad del hombre. Los agricultores hacen más que sembrar la semilla. La arada del terreno, la escarda, la irrigación, y la protección son todas necesarias si se quiere tener una cosecha. A partir de la omisión de tales trabajos, algunos derivan toda clase de conclusiones: que la parábola es poco realista, que el agricultor es incompetente o perezoso, y que su inactividad es el elemento central. De tales suposiciones se piensa que la parábola enseña la pasividad, una indiferencia ostentosa, de modo que los que se afanan aprendan a esperar en Dios, a esperar con una actitud despreocupada, o dejar tiempo para dormir y relajarse, o aun que aquellos que oyen la palabra no necesitan ningún nutrimento y cuidado adicional por parte de Jesús.[39] Seguramente tales conclusiones están fuera de foco, y no pueden cumplir la prueba de verificación a través de la enseñanza no parabólica de Jesús. No podemos suponer que el agricultor era inactivo, ya que el comentario sobre dormir y levantarse, noche y día, se entiende mejor como evidencia del paso del tiempo.[40]la inhabilidad del hombre de contribuir al crecimiento es la suposición de la narrativa, pero no su punto central. Concentrarse en la inactividad del hombre —que no se menciona— es determinar erróneamente el sentido de la parábola a partir de algo que no está allí.[41] las implicaciones de la carencia de atención sobre la actividad del hombre se debe evaluar más adelante.

Que el hombre no sepa cómo se produce el crecimiento subraya realmente que el proceso de crecimiento no depende de él, y está más allá de su entendimiento; y aunque esto pueda tener implicaciones, el no saber no es el elemento central de la parábola. Los intentos de conectar al hombre que no sabe con el hecho que Jesús que no sabe el tiempo de la *parousia* (Marcos 13.32) o a la ceguera de los discípulos en Marcos son injustificados.[42] La descripción del hombre no es el elemento determinativo.

3. ¿Cuál es el significado de automatē *("de suyo")? Automatē* se usa para describir lo que sucede espontáneamente, como el crecimiento durante un año sabático (Lv 25.5, 11) o una puerta que se abre espontáneamente (Hch 12.10).[43] Claramente aquí no se refiere al crecimiento sabático, ya que el hombre siembra la semilla.[44] Se refiere a que crece o sucede sin intervención humana. Lo cual no necesariamente significa "hecho por Dios" o designa algo como un "milagro",[45] ni es la palabra necesariamente escatológica. De todos modos, *automatē* es una palabra clave —tal vez*la* palabra clave— para entender la parábola. La tierra "automáticamente" produce el crecimiento. Aunque no se enfatiza la pasividad del hombre, esta palabra subraya que el crecimiento sucede sin intervención humana.

La parábola no enseña cómo los seres humanos deben obrar; ella muestra cómo es el reino. Así como la siembra aparentemente comienza con un proceso espontáneo, de la misma manera también es el proceso del crecimiento del reino que automáticamente se vuelve en cosecha. Es justo concluir que el reino no depende del esfuerzo humano, pero ese no es un punto que muchos en el siglo primero habrían argumentado.[46]

4. ¿Acaso hay alguna alusión a la ilustración de la cosecha de Joel 3.13 (Hb 4.13), y si fuera así, ¿con qué propósito?*¿Acaso la cosecha se refiere al juicio final o al tiempo del propio ministerio de Jesús?* Algunos tratan de evitar una alusión de Joel o lo consideran solo como presente en una expansión secundaria porque la referencia allí es a la cosecha como un juicio a las naciones, mientras que aquí la cosecha se considera positiva.[47] Algunos arguyen legítimamente que la alusión de Joel puede solamente ser un empleo evocativo del lenguaje de la cosecha sin ninguna intención de resaltar el mismo punto.[48] Como se ha mencionado anteriormente, virtualmente se requiere la ilustración de la cosecha debido a las definidas etapas del crecimiento. Sería extraño citar las etapas y no incluir la cosecha. No hay razón objetiva para borrar el lenguaje de "mano a la hoz", lo cual es una alusión de Joel. La hoz y el lenguaje de la cosecha describe el juicio final en Apocalipsis 14.14-20, y la alusión de Joel 3.13 es innegable allí porque el lenguaje de pisar las uvas en el lagar también está presente. No creo que una alusión a Joel 3 (4).13 se pueda evitar en Marcos 4.29, como muestra una comparación de los pasajes:

Joel 4.13	*šilhû magal ki bāšal qāṣîr* "mano a la hoz, que la mies está madura"
LXX Joel 4.13	*exaposteilate drepana hoti parestēken trygētos* "echad la hoz porque la mies está madura"
Marcos 4.29b	*euthys apostellei to drepanon hoti parestēken ho therismos* "inmediatamente echará hoz porque la mies está madura"

Se arguye si Marcos fue influenciado por la LXX o alude al texto hebreo,[49] pero la alusión es clara. Otras referencias que emplean la ilustración de la cosecha y de una hoz indican también juicio.[50]

Jesús empleó la imagen de la cosecha de su propio ministerio (Mt 9.37-38 y Lc 10.2; Jn 4.35), y del juicio futuro (Mt 13.30, 39). Algunos, el más notable, C.H. Dodd, opinan que aquí se refiere a la cosecha que ocurre en su propio ministerio.[51] Esto parece poco probable porque la cita de Joel más naturalmente señala el juicio final, porque *hotan* ("cuando") parece señalar el futuro,[52] y porque el propósito de la parábola es explicar por qué la apariencia del reino no es más obvio, la cual no cabe si la intención es señalar a una cosecha de éxito en el presente. Especialmente este es el caso si la parábola tiene algún matiz que aliente la paciencia.[53] Entonces el propósito de la alusión es señalar el juicio final.

5. *¿Es el enfoque de la parábola en el hombre, la semilla, o la cosecha? ¿Se deben identificar las características de este relato de modo que el hombre refiera a Dios, Jesús, o los discípulos de Jesús, que las etapas del crecimiento refieran a un tiempo específico de periodos, que dormir y levantarse refiera a la muerte y la resurrección, y la cosecha refiera al juicio?* A pesar de Jülicher y las afirmaciones que rechazan la alegoría, los estudiosos todavía hacen alegoría. Se ha hecho una alegoría de esta parábola en diversas direcciones, incluso al punto de lo absurdo. Para C.H. Dodd Dios es el que siembra en su gracia preventiva, las etapas del crecimiento refieren a la era del Antiguo Testamento, y la cosecha señala a la crisis del ministerio de Jesús.[54] Algunos identifican la semilla con la palabra y su siembra con el ministerio de Juan el Bautista, de Jesús, y de los discípulos.[55] Algunos entienden que el sembrador es Jesús y la referencia de dormir y levantarse indica la muerte y la resurrección de Jesús, e incluso

opinan que la siembra de la semilla en el suelo representa el sacrificio del Hijo del Hombre.[56] Algunos ven al sembrador como Dios o como los discípulos o ambos.[57] Que el hombre no sepa se comprende como que Jesús no sabe el tiempo de la parusía (13.32) o la "ceguera" de los discípulos.[58] Las etapas del crecimiento se han señalado como el crecimiento de la multitud alrededor de Jesús o al tiempo del ministerio de Jesús, el tiempo del ministerio de la iglesia, y la parusía.[59]

Tales identificaciones conducen rápidamente a dificultades. Que el hombre no sepa difícilmente concuerde con lo que Marcos diría tanto de Dios como de Jesús, y la parábola no se refiere a la necesidad de los discípulos de proclamar el reino y esperar en Dios. Tales conclusiones simplemente no funcionan. ¿Acaso Dios o Jesús no están envueltos o interesados en el crecimiento del reino?[60] Debido a las dificultades de las identificaciones, R. Guelich argumenta que el sembrador de los vv. 26 y 27 y el segador divino del v.29 no son la misma persona, un cambio que los medievales han sugerido mucho tiempo antes.[61]

Estas propuestas resultan de una mezcla de alegoría y teología. Con las analogías buscamos las relaciones, y si no podemos imaginarlas fácilmente, entonces las crearemos. Además, la gente busca hacer de cada parábola una ilustración teológica completa, una que concuerde con sus propias suposiciones. Las parábolas no dan una ilustración completa, y por cierto no proveen una ilustración completa de teología. Debemos entender que no todas las parábolas funcionan de la misma manera y que se debe tratar cada una individualmente. Algunas parábolas tienen múltiples relaciones, y otras no. Algunas emplean una cantidad de metáforas, pero siempre las metáforas se pueden emplear de diferentes maneras. La clave de la interpretación correcta está en determinar dónde una ilustración tiene una correlación directa (como la tormenta del juicio de Dios en la parábola de los dos cimientos o la de los obreros de la viña con relación a Dios y el pueblo de Dios) y dónde no haya relación (como la del hombre aquí). Aunque ninguna propuesta de fórmulas puede resolver los asuntos, parece claro que las similitudes, narrativas indirectas solas y las parábolas "quien de vosotros" no depende de las identificaciones de referencias externas, mientras que las parábolas de narrativas más extensas por lo general dependen del reconocimiento de tales referentes. Todas estas formas de parábolas son analogías, pero las similitudes son más estructuradas para lograr su objetivo. El hombre en esta parábola no representa a nadie,[62] y la comprensión de la analogía no requiere identificación del hombre como tampoco la interpretación de la parábola de la Levadura requiere identificación de la mujer en Mateo 13.33 y Lucas 12.21 (u otros personajes en las similitudes). La analogía no es con un rasgo (como la del hombre) sino con el proceso completo. Las ilustraciones pueden sugerir significados, como ocurre con la cosecha con el juicio final, pero los rasgos individuales no "representan algo". Legítimamente no podemos argüir que el punto resaltante es la semilla o la cosecha, porque se requiere que todo el proceso indique el punto. El reino es como un labrador que siembra, y luego sigue su vida y la tierra "automática" produce una planta y su fruto, y luego viene la cosecha.

6. *¿Qué ideas erróneas la parábola busca corregir y qué entendimiento busca promover?* Hay un acuerdo general que las "parábolas de crecimiento" (el Sembrador, el crecimiento de la semilla, el grano de mostaza, la levadura, la cizaña) responde interrogantes y desafía las proclamaciones de Jesús acerca del reino.[63] Al anuncio de salvación de Jesús y la presencia del reino (e.g., Mt 12.28; Mr 1.15; 4.11) la respuesta obvia era ¿dónde? ¿Podría Jesús ser el que habría de venir si las expectaciones acerca del reino y la redención de Israel no habrían de ocurrir? ¿Cómo este itinerante y su grupo pequeño de discípulos podía ser el reino? Algunos piensan que Jesús se dirige a las ideas del reino y a los deseos de los activistas celotes y fariseos,[64] pero aunque esta parábola se pueda aplicar a tales malos entendidos, eso no parece ser su origen. Si el pueblo esperaba liberación de la opresión romana, la remoción de la maldad, el establecimiento de la justicia, y la bendición material (como en Sal 17-18), lo cual no estaba ocurriendo en ningún nivel aceptable, pero un punto de la parábola es que la venida del reino es más complejo que esto. De la parábola la gente deberá expandir su comprensión del reino y permitir que sea obvia su no existencia y que pase un tiempo antes de que el reino sea plenamente en efecto.

Con frecuencia se pasa por alto la importancia de esta parábola para entender la enseñanza escatológica de Jesús. En el capítulo sobre las parábolas de la escatología futura, el conjunto de las enseñanzas escatológicas de Jesús indicarán la expectación de Jesús de un intervalo entre los eventos de su vida y los eventos del tiempo final. Obviamente esta parábola, cuya autenticidad difícilmente ninguno duda, supone tal opinión en la que anticipa un espacio de tiempo entre el presente de Jesús y la aparición del reino en el tiempo final. El reino envuelve el paso del tiempo.[65] No hay indicación de cuánto sea el tiempo, pero esta parábola debe al menos reducir cualquier exceso del énfasis de una pronta aparición del reino. Esta y otras parábolas suponen al menos dos etapas del reino, un tiempo de sembrar y crecer y un tiempo de cosecha.[66]

El entendimiento que la parábola promueve incluye al menos tres puntos: la presencia del reino, un punto que se supone más de lo que se enseña, lo cual en sí mismo es un hecho importante; un lapso de tiempo para el crecimiento; y la certidumbre de la cosecha. La siembra tuvo lugar en el ministerio de Jesús, un punto que se expresa mediante el uso del aoristo. El crecimiento y la cosecha ambos se enfatizan por el uso del tiempo presente, el lapso de espacio que se les da, y para la cosecha el uso de la palabra "inmediatamente". *El ministerio de Jesús había principiado una secuencia de acción conducente a la plenitud del reino de Dios de la misma manera como una siembra establece un proceso espontaneo que conduce a la cosecha.* Incluso si está escondido (cf. 4.22) y no se reconoce, el reino está presente y será plenamente revelado en el tiempo de Dios.[67] El punto no es simplemente que el reino viene, porque la mayoría de los judíos suponen eso. La parábola asegura que el proceso del reino ya está en marcha con la enseñanza y la actividad de Jesús y que la gloriosa revelación del reino ya tiene su principio en, y está directamente ligada a, lo que él está haciendo.[68]

Los intérpretes con frecuencia esquivan la idea del crecimiento del reino debido a un anticuado entendimiento del progreso evolutivo de la humanidad hacia el final del reino y porque el judaísmo y Jesús en ninguna parte enseñan de un reino en desarrollo.[69] Sin embargo, incluso cuando correctamente rechazamos cualquier idea de un desarrollo evolutivo convencional, esta parábola, la Semilla de mostaza, y la Levadura de seguro enfoca en el crecimiento. El reino que Jesús proclamó necesariamente envuelve el crecimiento, incluso cuando sus enseñanzas no detallan cómo ocurre el crecimiento. En efecto, la parábola dice, "lo que ves no es todo lo que sucederá antes de la segura venida del reino."[70]

La parábola no se dirige a lo que el hombre puede o no hacer. La tierra "automática" produce el crecimiento. El reino es el reino de Dios y los humanos no comprenden o no causan su proceso,[71] pero ese proceso es tan inevitable como una semilla que crece y produce fruto para la cosecha. La parábola entonces es optimista; a pesar de las apariencias las personas pueden confiar que lo que empezó con Jesús conducirá al pleno establecimiento del reino. Aunque no se les menciona en el texto, la paciencia y la determinación son los resultados que fluyen de esta parábola.[72]

Adaptación de la parábola

No toda parábola es una lección práctica poderosa, y los intérpretes deben estar contentos de permitir que esta parábola cumpla su objetivo sin forzarla. La parábola no instruye a la gente de lo que debe o no hacer, y por tanto no se la debe considerar que refiere obras de justicia, o que es una psicología que alude el problema del adicto al trabajo,[73] ni debe ser vista como un aliento a la pasividad. No se la debe espiritualizar para desarrollar una hipótesis de la vida espiritual, y tampoco trata del poder de la predicación.[74] La gente necesita recordar que esta es una parábola del reino. Las afirmaciones de la presencia del reino no son más poderosas ahora que antes, probablemente es menos. La gente puede que sepa todavía que a pesar de las apariencias el proceso del reino ya está en marcha y que alcanzará su meta. Mientras las personas se dedican a sus tareas diarias, el reino está presente y obra, y la cosecha de Dios con su juicio indudablemente seguirá. La gente no trae el reino; son siervos del reino, no su causa. La parábola ilustra la actitud apropiada hacia el reino y su cosecha escatológica: paciencia, ella vendrá cuando el tiempo de Dios se ha cumplido, confianza a pesar de las apariencias porque Dios es el que está obrando, y consuelo al saber que todo está en manos de Dios. Estas actitudes no son explícitas en la parábola sino deducciones lógicas de lo que ella enseña.

Lectura adicional

Aloysius M. Ambrozic, *The Hidden Kingdom: A Redaction-Critical Study of the References to the Kingdom of God in Mark's Gospel* (Washington, D.C.: The Catholic Biblical Association of America, 1972), pp. 106-22.

Nils Dahl, "Parables of Growth," in *Jesus in the Memory of the Early Church* (Minneapolis: Augsburg, 1976), pp. 141-66.

C. H. Dodd, *The Parables of the Kingdom* (London: Nisbet, 1936), pp. 176-80. Jacques Dupont, "Encore la parabole de la Semence qui pousse toute seule (Mc4, 26-29)," in *Jesus und Paulus. Festschrift für Werner Georg Kümmel zum70. Geburtstag* (ed. E. Earle Ellis and Eric Gräßer; Göttingen: Vandenhoeck & Ruprecht, 1975), pp. 96-108.

Robert H. Gundry, *Mark: A Commentary on His Apology for the Cross* (Grand Rapids: Eerdmans, 1993), pp. 219-26. Peter Rhea Jones,

Studying the Parables of Jesus (Macon, Ga.: Smyth & Helwys, 1999), pp. 100-122.

Eckhard Rau, *Reden in Vollmacht. Hintergrund, Form, und Anliegen der Gleichnisse Jesu* (Göttingen: Vandenhoeck & Ruprecht, 1990), pp. 119-71.

El Trigo Y La Cizaña (Mateo 13.24-30, 36-43)

Esta parábola, que con frecuencia se llama El trigo y la cizaña es una de solo tres que da una interpretación detallada, y después del Sembrador es la única que lleva título. La interpretación alegórica que se detalla en los vv. 36-43 se da en respuesta a la solicitud de los discípulos de una explicación. La interpretación termina, como es usual con algunas parábolas y otros dichos,[75] con un llamado a oír, que resalta la importancia de la parábola para Mateo y sirve de advertencia para recibir su mensaje con seriedad. La parábola está separada de su interpretación por las parábolas de la semilla de mostaza y la levadura y por una descripción breve del propósito de las parábolas. Las diferencias entre la parábola y su interpretación en Mateo hacen de esta parábola una de las más difíciles.

Tipo de parábola

Esta parábola es una narrativa indirecta doble. Tiene una trama desarrollada y comienza con una afirmación explicita que el reino es como el proceso que se narra en esta parábola.

Asuntos que merecen atención

1. ¿Proviene esta parábola de otra más temprana, más breve semejante a la parábola de la Red o la del Crecimiento de la semilla?
2. ¿Cuál es la relación del Evangelio de Tomás 57 con la parábola en Mateo?
3. ¿Es esta una historia realista de la vida agrícola, o hay varias características dispuestas artificialmente por alegoría?
4. ¿Es esta parábola sobre el carácter complejo de la iglesia como se

supone con frecuencia? ¿Acaso trata de la naturaleza mixta del individuo, que básicamente incluye tanto lo bueno como lo malo?
5. ¿Refleja esta parábola un conflicto entre la iglesia en Mateo y la sinagoga?
6. ¿Tiene esta parábola algo que ver con la postura de Jesús de no envolverse en represalias o con su asociación con los colectores de impuestos y pecadores? ¿A quién o qué representa la semilla que el enemigo siembra?
7. ¿A qué interrogante la parábola provee una respuesta?
8. ¿Tiene "Señor" (v.27), *kyrie*, que también puede traducirse "Maestro", un significado cristológico?
9. ¿Proviene la parábola y su interpretación originalmente de Jesús o es una o ambas de ellas una creación de Mateo o su tradición?
10. ¿Cuál es la relación del reino de los cielos (v.24), el mundo (v.38), el reino del Hijo del Hombre (v.41), y el reino del Padre (v.43)? ¿Es el reino del "Hijo del Hombre" una referencia a la iglesia? ¿Acaso esta parábola nos habla de la relación del reino, la iglesia, y el mundo?
11. ¿Qué enseña esta parábola?

Material útil de fuente primaria

Material canónico

- AT: Dn. 3.6; Sof. 1.3; Mal 4.1-2 (Hb. 3.19-20)
- NT: Mt. 15.12-13; 24.30-31; 25.31-33; 1 Co. 4.5

Escritos judíos tempranos

- Sabiduría 4.3: Describe a los hijos de los impíos como brote ilegítimo.
- *1QS 3.19-23* Describe los espíritus de verdad y engaño que mora en la humanidad. "De la fuente de luz provienen las generaciones de verdad, y de las fuentes de obscuridad las generaciones de engaño.Y en las manos del Príncipe de la Luz hay dominio sobre todos los hijos de justicia; ellos caminan por senderos de luz. Y en la mano del Ángel de las tinieblas está el dominio total sobre los hijos de engaño; ellos cami-

nan por senderos de obscuridad. Del Ángel de las tinieblas proviene la corrupción de todos los hijos de justicia… y sus obras ofensivas están bajo su dominio en cumplimiento con los misterios de Dios, hasta su momento (o "final", qso)…"

- *1QS 4.15-26* describe las dos divisiones de la humanidad (los hijos de la verdad/luz y los hijos de engaño/tinieblas) Dios ha establecido hasta el último tiempo (qs), el tiempo de la visitación cuando borrará la injusticia.
- *1QM 1.8-9*: "Y {los hijos de justicia} brillarán hasta los confines de la tierra, y continuarán brillando, hasta el final del todos los periodos de maldad; y en el tiempo de Dios, su grandeza exaltada brillará por todos los {eternidad} tiempos, y habrá paz y bendición, gloria y gozo, y largura de días para todos los hijos de luz."
- *Filón, Pr.* 2.35-36 trata de la demora en el castigo divino.
- *Filón, Leg.* 3.106 dice que Dios no castiga inmediatamente a los pecadores sino que concede tiempo para el arrepentimiento.
- *Salmos de Salomón 17:21-32* El Mesías es esperado "… para limpiar a Jerusalén de los gentiles… para sacar a los pecadores su herencia; para aplastar la arrogancia de los pecadores…; para destruir a las naciones sin ley…; a su advertencia las naciones huirán de su presencia; y Él condenará a los pecadores por los pensamientos de sus corazones. Él reunirá un pueblo santo y los guiará en justicia... Él no tolerará que (aun) la injusticia habite entre ellos… y el desterrado ni el extranjero vivirá más cerca de ellos… No habrá injusticia entre ellos en sus días, porque todo será santo, y su rey será el Señor Mesías."
- *4 Ezra 4.28-32* "Porque la maldad de la que me has preguntado ha sido sembrada, pero la cosecha de la misma todavía no ha llegado." El texto prosigue diciendo que la cosecha debe ocurrir y el lugar donde la maldad se ha sembrado debe terminar antes de que venga el campo donde lo bueno se ha sembrado. Una semilla de maldad se sembró en el corazón de Adán y ha brotado y producirá mucha maldad hasta el día de la trilla.
- *2 Baruch 70.2*: "He aquí, los días vienen y ocurrirá cuando el tiempo del mundo ha madurado y la cosecha de la semilla de los malos y de los buenos viene…"

- *T. Ab. A 10-14*: Este pasaje describe al arcángel Miguel que lleva a Abraham en un carro por sobre toda la tierra para que pueda ver lo que sucede. Cuando Abraham vio a los pecadores clamó que sean destruidos hasta que una voz desde el cielo lo paró por su falta de misericordia. Dios no quiere destruir sino que demora la muerte a fin de que la gente se arrepienta. Permite que Abraham sea testigo del proceso del juicio donde los ángeles conducen las almas al juicio y cumplen las decisiones. Abraham ora por las almas que destruyó previamente, y las almas son restauradas.

Escritos cristianos tempranos

- Hermas, *Similitudes 5.2.1*-10 registra una parábola de un hombre que tiene una viña en un campo y un siervo que tiene la responsabilidad de poner una cerca alrededor de la viña. Al terminar el siervo de poner la cerca, arrancó todas las malezas. El señor quedó muy complacido, entonces puso a su siervo como heredero juntamente con su hijo e hizo una gran fiesta. Después de una larga discusión sobre la dificultad de la interpretación de esta parábola y de solicitar una explicación (5.3-4), no diferente de la separación de la parábola y la interpretación en Mateo,5.5.1-5 da una interpretación en detalle de cada uno de los elementos en la historia. El campo es el mundo, el Señor del campo es el Creador, el siervo es el Hijo de Dios, los vides son las personas que él plantó, las cercas son los ángeles que sostienen a las personas, las malezas son las iniquidades de los siervos de Dios, y el alimento de la fiesta son los mandamientos. Puede que esta parábola haya sido una influencia de la parábola del trigo y la cizaña en Mateo.
- *Evangelio de Tomás 57*: "Jesús dijo: El reino del Padre es semejante a un hombre que tenía {buena} semilla. Su enemigo vino por la noche (y) sembró cizaña entre la buena semilla. El hombre no permitió que arrancaran la cizaña. Les dijo, no sea que al arrancar(Literalmente "que la arranquemos") la cizaña, arranquéis también con ella el trigo. Porque el día de la siega aparecerán también las cizañas; ellas serán arrancadas y quemadas."

Escritos judíos tardíos

- *m. Kil'ayim 1.1*: "No se describe el trigo y la cizaña como Diversas clases." Cf. las leyes contra la siega en campos con dos clases de semillas en Levíticos 19.19 y Deuteronomio 22.9.
- *M. Terumot 2.6*: Una ofrenda es válida aun si se trajera el peor de las dos clases de producto que no son de diversas clases, "guardar solamente cuando se dan las cizañas en lugar del trigo, porque no sirven para alimento."
- *b. Baba Mesi'a 83b*: R. Eleazar arrestó unos ladrones para los romanos. "Entonces, R. Joshua, hijo de Karhah, envió palabra a él diciendo, '¡Vinagre, hijo del vino!¡Cuánto tiempo más entregarás al pueblo de nuestro Dios para sacrificar!' La respuesta no se hizo esperar: "Arranco los espinos de la viña.' A lo que R. Joshua replicó: 'Deja que el propio dueño de la viña (Dios) venga y arranque los espinos.'"
- *Gn. Rab. 28.8*: *"Porque toda carne había corrompido su camino"*, etc. (Gn 6.12). R. Julián {Lulianus} b. Tiberio dijo en nombre de R. Isaac: Hasta la tierra ha obrado deshonestamente; se ha sembrado trigo y ella produjo trigo falso, porque el trigo falso que ahora encontramos proviene del tiempo del diluvio." Hay un juego de palabras entre "obrado deshonestamente" (zānāh) y "trigo falso" (zônīn), la *cizaña* de la parábola. El juego de palabras aparece también en *y. kil'ayim 1.3*.
- *Núm. Rab. 1.4*: "Israel ha sido comparada con un montón de trigo. Como las medidas de trigo se cuentan en el granero... así será Israel contado en todas las ocasiones... Sin embargo, la paja y la hojarasca, no están numeradas ni medidas. De la misma manera se comparan los paganos a la paja y la hojarasca, como se ha dicho, *"ponlos... como hojarasca delante del viento"* (Ps 83:13)... Como nada son *todas las naciones delante de él"* (Isa 40:17). Esto es paralelo en *Pesiqta Rabbati* 10.3-4.
- *Núm. Rab. 4.1*: "El Santo, bendito sea él, dijo: 'Tú eres precioso a mis ojos, puesto que no di enumeración a ninguna de las naciones del mundo, pero a ti te puse un número'. Esto se puede ilustrar por una parábola. Un rey tenía numerosos graneros que contenían mucha basura y estaban llenos de forraje. Por lo tanto no se preocupó por la cantidad de los contenidos. Sin embargo, tenía un granero específico que

percibió como muy bueno. Y dijo a un miembro de su casa: 'Estos graneros contienen basura y están llenos de forraje. Por tanto, no te preocupes por la cantidad de su contenido.' En cuanto a éste, sin embargo, determina cuántos *kors*, cuántos sacos, cuántos *modii* contiene. Así, 'el rey' es el Supremo Rey de reyes, el Santo, bendito sea él; 'el granero' es Israel, *O pueblo mío, trillado y aventado* (Is 21.10)... El Santo, bendito sea él, dijo a Moisés: 'los adoradores de ídolos son granos sin valor'... (Is. 33.12). Por lo tanto, no te preocupes por su cantidad. Los de Israel, sin embargo, son justos; son todos trigos apropiados para almacenamiento..."

- *Cantares* Rab. 7.3.3: Una parábola muestra que Israel es como el trigo que Dios plantó (Jer 32.41) y las naciones como nada: "la paja, el tamo, y el rastrojo discutían entre sí, cada uno afirmaba que por su causa se había sembrado la tierra. El trigo dijo a ellos: "Esperen hasta que llegue el momento de la trilla, y veremos por cuya causa ha sido sembrado el campo". Cuando llegó el momento y fueron traídos a la trilla, el labrador fue a aventarlo. El tamo se dispersó a los vientos; tomó la paja y la lanzó al suelo; el rastrojo fue echado en el fuego; tomo el resto del trigo y la apiló en un montón y todos los transeúntes al verlo lo besaban, como dice, *honra al Hijo* (Sal 2.12). Por tanto, de las Naciones algunos dicen, 'somos Israel y por nuestra causa, el mundo fue creado', y otros dicen, 'somos Israel y por nuestra causa, el mundo fue creado'. Israel les dice: 'Esperen hasta que venga el día del Señor, bendito sea él, y veremos por causa de quien el mundo fue creado'; como está escrito, *He aquí, viene el día, ardiente como un horno*, etc. (Mal 3). Esto es paralelo en *Gn. Rab. 83.5* y *Pesiqta Rabbati 10.4.*[76]

Comparación de los relatos

Obviamente el relato del *Evangelio de Tomás* está abreviado, sin tener en cuenta su origen. La siembra de la semilla en el campo solamente se supone. Mateo usa "mientras la gente dormía", pero el *Evangelio de Tomás* emplea "por la noche", y se supone la salida del enemigo. Varios puntos en Mateo se omiten en el *Evangelio de Tomás*: la secuencia del crecimiento de la semilla, las preguntas de los siervos, la primera respuesta del propietario que explica el origen de las cizañas, el mandamiento es para que ambos crezcan juntos, las indicaciones a los segadores, y la recolección del trigo en el granero. Sin embargo, se supone la pregunta de los siervos si deben arrancar las cizañas. Ninguna interpretación se proporciona en el Evangelio de Tomás. Para una discusión adicional del *Evangelio de Tomás.*

Características del texto que merecen atención

La sección de Mateo en la que esta parábola aparece (9.35–16.20) explica en gran parte sobre la misión de Jesús a Israel y su rechazo frecuente. Véase especialmente 12.33-37, pero se utiliza la imagen de la cosecha en el 9.37-38 del ministerio de Jesús, no la consumación de los siglos.

Esta parábola del sembrador y su interpretación sigue y precede a la parábola de la semilla de mostaza y la levadura. Ambas parábolas presentan una perspectiva del reino como presente, pero lamentablemente todavía el mal sigue presente, y claramente el Reino no está dominando el mal.

Otras dos parábolas comienzan de la misma manera como ésta ("el Reino de los cielos es como...," aoristo pasivo de *homoioun* y el dativo): Mateo 18.23 y 22.2. El aoristo pasivo es probablemente un indicador de la presencia del reino.[77] El futuro pasivo de *homoioun* y el dativo comienzan las parábolas en Mateo 7.24, 26; 25.1. El activo de *homoioun* y el dativo comienzan las parábolas en Mateo 11.16; Marcos de 4.30; Lucas 7.31; 13.18, 20. Note también "es como" (*homoia estin* o *homoios estin*) en Mateo 11.16; 13.31 / Lucas 13.19; 13.33 / Lucas 13.21; 13.44, 45, 47, 52; 20.1; Lucas 6.47, 48, 49; 7.31, 32; 13.18, 19, 21. Este lenguaje es similar a las introducciones a las parábolas rabínicas.

Después de la introducción en el v. 24, la parábola tiene cinco movimientos: buena siembra (v. 24b), siembra hostil (v. 25), crecimiento (v. 26), primera pregunta y respuesta (vv. 27-28a), la segunda pregunta y respuesta, el último consiste en consejos para el presente y una explicación de la acción futura (vv. 28b-30). La interpretación consiste en tres partes: una introducción narrativa (v. 36), una lista que identifica siete elementos de la parábola (vv. 37-39) y una explicación apocalíptica (vv. 40-43). Varios elementos de la parábola no se mencionan en la interpretación: dormir, la salida del enemigo, fruto, los siervos y sus preguntas y, sorprendentemente, la respuesta del propietario que deja que el trigo y la cizaña crezcan juntos, que parece ser la principal preocupación de la parábola. La lista de los siete elementos principalmente sólo prepara el escenario para el enfoque verdadero de la interpretación, la metáfora de la cosecha, a la cual se da mucha más atención de lo que tenía en la parábola. *Sea lo que fuere la opinión la interpretación va más allá de la parábola y cambia el enfoque,* haciendo hincapié en "al fin (*synteleia*) del siglo" (cf. 13:39, 40),[78] una descripción más cercana de los ángeles que recogen todas las ofensas y a los hacedores de maldad para lanzarlos en un horno de fuego, y una descripción de los justos que resplandecen como el sol (que no tiene paralelo en la parábola).

Se da importancia a "recoger" (*syllegō*), que aparece en los vv. 28, 29, 30, 40 y 41. Varios temas en esta parábola aparecen en otros lugares en Mateo, especialmente con enfoque en los "buenos" y los "malos" juntos[79] y el "lloro y crujir de dientes" en el juicio.[80]

Es similar la expresión de Juan el Bautista en Mateo 3.12 / Lucas 3.17: "el que viene" recogerá su trigo en el granero, y quemará la paja en fuego que nunca se apagará.

Los temas y las ideas en esta parábola son paralelos en otras parábolas de Jesús. Estas parábolas muestran que los temas agrícolas se editaron en varias direcciones para exponer aspectos de su enseñanza sobre el Reino. Los elementos en común con la parábola del sembrador y su interpretación incluye el reino, un sembrador, bueno, producción de fruto, el maligno/ diablo y un llamado a oír. En la parábola del crecimiento de la semilla (Marcos 4.26-29), se comparte el reino, un hombre, la siembra de la semilla (Mateo: *speiranti kalon sperma*; Marcos: *balē ton sporon*), dormir, brote, fruto (Mateo: *karpon epoiēsen*; Marcos: *karpophorei*), hoz, trigo (o grano: *sitos*), y la cosecha. Como la parábola de Lucas de la higuera estéril (13.6-9), esta parábola menciona el fruto y tiene un diálogo entre un siervo y un dueño. Ambas parábolas dicen que no se debe tomar ninguna acción inmediata, que se debe dejar el cultivo (*aphiēmi*) hasta la cosecha, o el árbol (*aphiēmi*) hasta que dé fruto. Ambos tienen también el tema del juicio. La parábola de Mateo de la red (13.47-50) es muy similar a la interpretación de la parábola del trigo y la cizaña que se suele considerar una parábola gemelo, que arbitrariamente ignora las diferencias, sin embargo véase los siguientes elementos comunes: Reino de los cielos, reunir, bueno, "así será al fin del siglo", los ángeles que ayudan en el juicio, el mal, los justos, y "los echarán en el horno de fuego; allí será el lloro y el crujir de dientes ". La interpretación del trigo y la cizaña y la parábola de la red apoyan las parábolas gemelas del tesoro escondido y la perla de gran precio con el tema del juicio escatológico.

Esta parábola y las parábolas del sembrador y de la red son las únicas que dan una explicación detallada.[81] Con el resto de las parábolas Mateo se conforma con dar una breve explicación ("así será...") o deja la parábola sin comentario. Con la parábola del sembrador la explicación de cada suelo es independiente de los demás, mientras que con las otras dos parábolas las características operan juntas para formar una explicación. Las interpretaciones se dan solamente a los discípulos de Jesús. La estructura y la atención que se da a las parábolas del sembrador y del trigo y la cizaña sugieren que en la mente de Mateo estos dos son los que más revelan sobre la naturaleza del Reino.

Información cultural

La mayoría de la información sobre los antecedentes culturales será tratada a continuación en la discusión de si la parábola es realista o no. Casi todos los comentaristas creen que la cizaña ("maleza" o "cizaña") se debe identificar como *lolium temulentum*, una maleza molesta que se parece mucho al trigo, especialmente antes de su maduración, y puede llevar un hongo venenoso. Si se cosecha juntamente con el trigo, la harina se perjudica.[82] G. Dalman observó que en Palestina una semana antes de las espigas las hojas de las cizañas son dos a tres milímetros de ancho mientras que las del trigo son de cuatro a cinco milímetros de ancho. Cuando las hojas alcanzan su desarrollo completo son tres milímetros de ancho y el trigo de seis a doce. En el tiempo de la espiga las raíces de ambos están completamente desarrolladas y enredadas. Dalman informó también que había observado una variedad de métodos entre los agricultores palestinos para tratar con las malezas.[83]

Explicación de la parábola

Esta es una parábola difícil que se vuelve aún más difícil por el desacuerdo fundamental entre los eruditos de temas principales como la hermenéutica, el método crítico y la práctica eclesial. Muchos de los problemas aquí como en otras partes se deben a la intención de sacar más teología y sentido de la parábola de lo necesario para la práctica de la iglesia.

Opciones de interpretación

Históricamente esta parábola ha desempeñado un papel importante en las discusiones sobre una respuesta cristiana al mal, especialmente el mal en la iglesia.[84] Hipólito puntualiza que Calixto justifica actitudes libertinas hacia los que se entregan al pecado diciendo "dejad crecer la cizaña juntamente con el trigo" (Mateo 13.30).[85] Agustín utiliza esta parábola para argumentar en contra de los donatistas (quienes insistieron en una iglesia pura no contaminada por aquellos que se habían retractado durante la persecución), pero los donatistas insistieron en que la parábola era irrelevante para el debate, ya que el campo donde se sembró la cizaña era el mundo, no la iglesia (v. 38).[86] Más tarde, lamentablemente, esta discusión enfocó en torno a si la parábola permitía o prohibía matar a los herejes.[87]

Esta parábola es tan difícil que algunos desesperan por recobrar el propósito de Jesús.[88] A pesar de la dificultad, las opciones para la interpretación son más bien limitadas.[89]

Uno puede percibir esta parábola que considera la iglesia como un *corpuspermixtum*, que consiste en el bien y el mal. Con frecuencia se ha interpretado la parábola como una que aconseja a la iglesia cómo tratar con los herejes en su propio cuerpo.

Sorprendentemente similar es el enfoque moderno crítico que considera la parábola de Mateo que trata de enfrentar el problema de su comunidad mixta, ya sea para advertir a sus lectores cristianos contra la separación del judaísmo o para advertirles contra el intento de purificar la iglesia de malhechores. Ambos enfoques, tanto el crítico tradicional y el moderno ven la parábola como un llamado a la paciencia, o como una advertencia sobre el juicio de la iglesia. Ninguno de los dos enfoque presta atención al contexto del Jesús histórico, el primero porque su preocupación es sobre todo eclesiológico, el segundo debido a suposiciones sobre Mateo y su procedimiento.

Un enfoque menos frecuente dice que la parábola trata el conflicto del bien y del mal en el individuo. Algunos ven la parábola (con o sin su interpretación) como la explicación de Jesús de por qué el Reino queproclama no coincide con las expectativas judías de gloria inmediata.

Decisiones sobre los asuntos

1. ¿Deriva esta parábola de una parábola anterior, menor similar a la parábola de la red o la parábola del crecimiento de la semilla? Hans Weder es uno de los pocos típicos que arguye por una versión original, más corta. En su opinión la parábola proviene de Jesús pero se incluye solamente los vv. 24b (sin *kalon*, "bueno"), 26 y 30b. Esto deja un relato paralelo a la parábola de la red (13.47-48).[90] La suposición no es sólo que el trigo y la cizaña y la red son "gemelos", sino más bien que deben ser gemelos idénticos. Incluso las parábolas que se consideran gemelos, como el tesoro escondido y la perla de gran precio, no se conforman en todos los sentidos. Si se omite la forma reconstruida del v. 30a (el mandamiento de dejar que ambos crezcan juntos), esta forma abreviada es simplemente una parábola del juicio. Aunque dicha parábola concuerda fácilmente en la enseñanza de Jesús, la reconstrucción no inspira confianza.[91] Además, el mandamiento de permitir que el trigo y la cizaña crezcan juntos, que muchos consideren como el elemento clave, concuerda con las enseñanzas de Jesús en otros lugares sobre el juicio que se demora temporalmente, como en la parábola de la higuera estéril (Lucas 13.6-9).

Una sugerencia más común es que esta parábola es una reestructuración de la parábola del crecimiento de la semilla (Marcos 4.26-29).[92] Si uno acepta que Mateo uso Marcos, entonces Mateo ha incluido la mayoría de los relatos de Marcos, generalmente en el mismo orden. Pero Mateo se desvía de Marcos 4.21-29, el material entre la interpretación de la parábola del sembrador y la parábola de la semilla de mostaza. Mateo usa Marcos 4.21-25 en otros lugares en su Evangelio, pero ambos, él y Lucas, omiten la parábola del crecimiento de la semilla. ¿Faltaba en sus manuscritos de Marcos?[93] ¿Pensaban que el pasaje era muy pasivo y pasaron por alto la responsabilidad humana?[94] Esta rareza y las palabras comunes entre la parábola de Marcos y la parábola de Mateo del trigo y la cizaña han llevado a sugerir que Mateo ha vuelto a escribir la parábola de Marcos para sus propios propósitos. Sin embargo, los paralelismos entre las dos parábolas no son tan cercanos. Se utilizan diferentes palabras griegas para el proceso de la siembra y para llevar fruto. Aparte de las etapas del crecimiento y la aparición de la palabra "dormir", hay poco para elogiar este punto de vista. Es obvio que Jesús dijo varias parábolas sobre temas comunes, como cancelar cuentas, encontrar algo valioso y diversas prácticas agrícolas. Por ser este el caso, hay poca necesidad para intentar explicar una parábola agrícola como originario de otra.[95]

2. ¿Cuál es la relación del Evangelio de Tomás 57 con la parábola en Mateo? Aunque aquí algunos apoyarían la independencia del Evangelio de Tomas,[96] este es uno de los pasajes más fáciles para argüir por su dependencia de la tradición sinóptica. Incluso los que generalmente son propensos a considerar el Evangelio de Tomás como independiente en otras partes, admiten más tarde en este caso.[97] La historia abreviada en el Evangelio de Tomás presupone los sirvientes y sus preguntas si la cizaña debe recogerse y omite el mandamiento de dejar que el trigo y la cizaña crezcan juntos. Esto no prueba la dependencia directa del Evangelio de Tomás de Mateo, sin embargo demuestra dependencia en una forma más extensa de la parábola como la de Mateo.[98] Sin duda no existe una justificación para pensar que el relato de Mateo deriva del relato de Tomás.

3. ¿Es esta una historia realista de la vida agrícola, o son varias características que artificialmente construyen una alegoría? De Jülicher en adelante, los que se oponen a la autenticidad de la parábola generalmente sostienen que varios aspectos de la parábola no son realistas, sino que han sido moldeados por la realidad alegórica. Las siguientes características se consideran no realistas y alegóricas:

> El hombre no sembraría por sí mismo el campo, pero la narrativa presenta a Jesús sembrando el Evangelio.
>
> El texto implica que otros dormían, pero no el dueño, lo cual señala la continua atención del Señor resucitado.
>
> La acción del enemigo es poco probable, pero el propietario sin tener evidencia sabe que un enemigo tiene la culpa. Esto indica la influencia del mal en la iglesia.
>
> Los siervos no se sorprenderían de las cizañas en un campo; por el contrario, se sorprenderían si no hubiera cizañas. Esta característica aparece sólo para que la parábola pueda funcionar.
>
> Las cizañas se podrían distinguir más temprano, y era habitual arrancar las malas hierbas temprano en el proceso de crecimiento, pero la incapacidad para distinguirlas y la presencia del trigo y las cizañas juntas indica el carácter mixto de la iglesia. Los siervos del sembrador habrían hecho la cosecha, no un segundo grupo de segadores, pero se requiere que el segundo grupo enfoque en los ángeles en el juicio. Las

cizañas no se debían recoger en manojos sino que se dejaban en el campo para ser quemados.[99]

Las parábolas a veces también tienen características no realistas, y el hecho que le falte realismo no necesariamente debe ser una amenaza a la autenticidad. Las parábolas son seudorealistas. Además, con frecuencia las parábolas se construyen sobre la realidad que ilustran. Sin embargo, si no hay realismo en esta parábola, es tan pequeña que apenas se puede notar. La mayoría de los siete elementos que se mencionan es una cortina de humo y resulta del exceso de lectura. Las parábolas son breves, incluso crípticos y a menudo eluden detalles. Por lo general dan sólo lo que es necesario para que la historia funcione. Tenga en cuenta que Lucas 14.22 sólo supone que el siervo lleva a cabo las órdenes de su amo. La parábola de Mateo dice que "un hombre sembró buena semilla en su campo" no necesariamente significa que el hombre hizo el trabajo por sí mismo más de lo que significa que "un hombre hizo una gran cena para su hijo" (Mt 22.2), el hombre mismo hizo todos los preparativos para el banquete. Además, aunque Mateo ve a Jesús como el sembrador, en 10.5 los discípulos son enviados con la misma misión, por lo que es difícil alegar la falta de realismo sobre la afirmación "un hombre sembró".

Tampoco dice el texto que todo el mundo dormía, sino el hombre. Seguramente 13.25 simplemente significa "mientras dormían los hombres", es decir, durante la noche y no está resaltando que el Señor nunca duerme. Esto parece ser un caso donde los eruditos hacen una alegoría de lo que no debiera ser una alegoría.

La acción del enemigo no es un suceso diario, sin embargo la gente saboteaba los campos de sus enemigos. *Sib. Or.* 1.396 describe el castigo y el exilio de los hebreos, que son sacrificados y que tienen mucha cizaña mezclada en su trigo. Los romanos promulgaron las leyes que prohíben este tipo de actos, que sólo expone que era un problema.[100] Juvenal se queja de quienes sabotean los campos mediante el envío de ganado para comer los cultivos y dice que el número de los que lamentan tales males y el número de la venta forzada de los campos difícilmente se puede contar.[101]

La sorpresa de los siervos y la conclusión que saca el amo, ambos suponen algo no explícito en la parábola, que el número de cizañas era mucho más de lo normal. Esta suposición otra vez es típica de la brevedad de las parábolas. La cantidad de las cizañas resultantes del sabotaje superan con creces a los que ocurren normalmente, y si el asunto fuera simplemente cizañas naturales que crecen, ni la interrogante de los siervos ni la conclusión del amo habría surgido.

Los dos últimos elementos en la lista de arriba tampoco no preocupan. Ese día, como uno espera, se contratarían obreros para recoger la cosecha es lo que uno espera, como en la parábola de los obreros de la viña (Mt 20.1-16; cf. 9:38; Stg 5.4). Que la cizaña se ate en manojos para quemar no es extraño, aunque Dalman informó una variedad de prácticas en la Palestina moderna para tratar con las cizañas.[102]La parábola supone que se atan enmanojos para ser utilizados como combustible, como se hacía con otros restos de residuos agrícolas en la antigua Palestina.[103]

Algo más difícil, a menos que uno sea un agricultor palestino de trigo, es la decisión si la cizaña podía distinguirse fácilmente y podría eliminarse temprano en el proceso de crecimiento. La mayoría consiente que la cizaña y el trigo son casi indistintos en la primera etapa,[104] que es comprensible si sólo existe un milímetro o dos de diferencia en el tamaño de las láminas de las hojas. Por lo que se puede determinar, la práctica normal sería arrancarlas cizañas temprano tanto como sea posible y esto está implícito en la pregunta de los siervos. La decisión de no eliminar puede basarse sólo en la gran cantidad de cizaña y el hecho de que en esta etapa del crecimiento, las raíces de los dos estarían enredadas entre sí. Incluso en una etapa temprana, una cantidad suficiente de cizaña puede que se reconozca como obra de un enemigo y no se podría arrancar fácilmente sin dañar el trigo.

La insinuación de que la parábola es una cubierta poco realista para la ilustración de la alegoría no se puede asegurar. Las circunstancias de la parábola no son comunes, pero se adaptan al contexto del siglo XXI.[105]

4. ¿Es esta una parábola sobre el carácter mixto de la iglesia, como a menudo se supone?[106] *¿Es sobre la naturaleza mixta del individuo, que esencialmente incluye el bien y el mal?* La decisión aquí es crucial, un cambio de maneras tratar si uno está escuchando la predicación de Jesús a Israel o la reformulación/creación de Mateo para dirigirse a su propia comunidad. Uno debe decidir si esta parábola es un informe razonable de una parte de la predicación de Jesús a Israel, su *profecía* de una situación futura en la iglesia (el supuesto implícito de los padres de la iglesia), o el mensaje codificado de Mateo que refleja la situación de su comunidad, si en efecto él estaba escribiendo para una comunidad. Es necesario tener mucho cuidado para leer según una fórmula o molde. Los evangelistas pretenden decirnos acerca de Jesús, pero sin duda también pretenden influir en la iglesia.

De los muchos que afirman que la parábola trata sobre el carácter mixto de la iglesia, J. Roloff es típico en argüir que prácticamente todo en Mateo habla de su comunidad. Los discípulos son transparentes para la comunidad de Mateo, y las parábolas son las más claras manifestaciones de su propio entendimiento de la iglesia. Mateo expone claramente su comunidad, lo que es, de dónde viene, y lo que Dios espera de ella.[107]

Este enfoque está implícito en numerosos estudios, pero implícito es también si Jesús estaba profetizando acerca de la iglesia o que la parábola ha sido vuelta a enunciar o fue una creación de Mateo. No es imposible que la parábola sea una profecía sobre el futuro de la iglesia, pero no es probable. Nada en el texto sugiere que Jesús estaba profetizando o que tenía la iglesia en mente, y en consecuencia la mayoría de los que piensan que la parábola es acerca de la iglesia proviene de Mateo.

Quienes opinan que la parábola describe la iglesia como una comunidad mixta del bien y el mal generalmente sostienen que esto desalienta una actitud prejuiciosa y cualquier intento de erradicar el mal en la iglesia e insta a la paciencia hasta que Dios juzgue al final. Con este enfoque se entiende que Mateo rechaza cualquier intento de lograr una iglesia pura. D. Patte dice incluso mucho más al afirmar que una persona no puede ser un discípulo, siempre y cuando la vocación sea vista como una vocación negativa de lucha contra el mal.[108] Algunos piensan que el mensaje se dirige a los líderes de la comunidad de Mateo para advertir contra la idea tomar por cuenta propia el trato con los miembros disidentes.[109] La parábola entonces abogaría por la paciencia y la tolerancia del mal en la comunidad.

El apoyo a este enfoque, además del hecho de que la Iglesia siempre ha sido una mezcla del bien y del mal se evidencia en los pasajes que rechacen juzgar (5.21-22; 7.1-5), otros textos suponen la presencia del bien y mal juntos (13.47-48; 22.10) y el hecho de que, en la parábola, las cizañas se siembran en un campo donde ya existe la buena semilla (el mal se siembra en la comunidad, no la siembra de la comunidad en un mundo malo).

Aunque inicialmente este punto de vista inicialmente es atractivo y aceptado por muchos, rápidamente surgen problemas. El hecho de que la mala semilla fue sembrada después de la buena semilla plantea interrogantes sobre la cronología de la parábola, pero apunta a lo más a respuestas negativas al mensaje de Jesús, no necesariamente a la iglesia. La idea de pasividad en relación con el mal no concuerda bien lógicamente o en el contexto de Mateo. U. Luz y H. Hendrickx, ambos están limitados para argumentar en contra de la pasividad que ven en la parábola de Mateo, Hendrickx incluso argumenta que debemos "atacar la cizañas".[110] En tanto que el Evangelio de Mateo prohíbe juzgar, también crea tensión porque otros textos insisten en que las diferencias entre buenas y malas plantas/personas se *pueden* reconocer y que los falsos profetas, por más engañosos que pueden ser, se *pueden* reconocer (7.15-20; 12.33-37; 15.13-14; cf. 3.7-12). Es difícil concebir que Mateo pueda sugerir pasividad hacia el mal. Dos veces expone la enseñanza radical de Jesús que se debe cortar la parte del cuerpo que causa el pecado (5.29-30; 18.8-9). También, Mateo registra consejos para tratar con el pecado en la comunidad, que incluyen la confrontación y la excomunión (18.15-17). Si se observa así las advertencias de Mateo del juicio para todos (incluyendo los cristianos), él es cualquier cosa pero no pasivo al confrontar el mal.[111] La otra evidencia es que la interpretación de la parábola dice explícitamente "el campo es el mundo" (13.38), no la iglesia, un hecho que ignoran quienes piensan que Mateo se refería a su comunidad mixta.[112] A pesar de la popularidad de la opinión de la iglesia mixta, es mejor concluir como Davies y Allison que la parábola y su interpretación no afrontan una situación en la comunidad de Mateo, ni es una oposición a su evangelio ni el carácter de sus miembros. Ni una ni otra idea se expone en la interpretación, que es sin duda el lugar donde Mateo expondría su tema. Con razón ellos aconsejan que "en lugar de evocar algunas conjeturas de Mateo *Sitz im Leben,* el texto mismo y su contexto literario deben ser la clave de interpretación".[113] La parábola no trata sobre el carácter mixto de la iglesia, sino el hecho de que los justos y los pecadores coexisten en el mundo, incluso cuando el Reino está presente.[114] De hecho la iglesia es de carácter mixto, lamentablemente, pero eso no es lo que trata la parábola de Mateo.

En nada ayuda la sugerencia que la parábola o su interpretación trata de la mezcla de bien y mal en el individuo.[115] No hay duda que los seres humanos tienen impulsos buenos y malos, sin embargo ni Jesús ni Mateo trata ese tema aquí. Que uno no deba erradicar el mal de sí mismo, absolutamente no tiene ningún sentido.

5.*¿Refleja esta parábola un conflicto entre la iglesia de Mateo y la sinagoga?* Jack Kingsbury considera que la pregunta de los siervos sobre la erradicación de la cizaña (v. 28) como una insinuación que la iglesia de Mateo se ocupa seriamente con el asunto de obligar a una separación formal e irrevocable entre sí mismo y el resto del judaísmo. La parábola entonces advierte contra tal separación para no dañar la misión cristiana.[116] Para hacer que esto funcione Kingsbury comprende el campo como Israel y la interpretación como un relato independiente, que no es realmente una explicación de la parábola.

La decisión sobre la relación de la comunidad de Mateo y la sinagoga es muy compleja, y es difícil determinar si las sugerencias de ese conflicto son evidentes en esta parábola. Dos elementos hablan a favor de tal conclusión. La fuente principal del material citado arriba muestra que al menos desde la época de *Sabiduría* 4.3 (150 a.C.) se consideraba a los impíos como plantas ilegítimas y más tarde los materiales rabínicos contrastan Israel como trigo con otras naciones como cizañas.[117] Fácilmente uno puede imaginar los debates entre judíos y cristianos sobre quienes constituían el trigo verdadero. Más significativo es el paralelo con Mato 15.12-14, que implica que los fariseos pueden ser plantas ilegítimas que el Padre va arrancar (*ekrizoun*), la misma palabra que se emplea en 13.29, en ambos lugares es una metáfora del juicio de Dios.[118]

El problema es que la parábola y el 15.12-14 no hacen el mismo punto. La parábola manda a los siervos que dejen (*aphienai*) el trigo y cizaña crecer juntos hasta la cosecha, y entonces se recoge la cizaña, y no se arrancan. En 15.12-14, se manda a los discípulos que dejen (*aphienai*) a los fariseos ya que son guías ciegos. Si la parábola insinúa el conflicto entre la iglesia y el judaísmo, entonces sugiere que la iglesia no se separe de la sinagoga, mientras que 15.12-14 podría decir lo opuesto.[119] No puedo excluir la posibilidad de que se trata el conflicto de la iglesia con el judaísmo, pero me parece poco para mencionarlo.

6. ¿Esta parábola tiene algo que ver con la posición de Jesús de no tomar represalias o con su asociación con los cobradores de impuestos y los pecadores? ¿A quién o qué se indica por la semilla que el enemigo siembra? Pheme Perkins sugiere que la parábola promueve que no haya represalias,[120] pero poco en la parábola sugiere que esta es la intención, y ella debe suponer que el dueño conoce la identidad de su enemigo. Más frecuente es la opinión de que esta parábola es una apologética de Jesús para reunir una comunidad mixta de los justos y los considerados no justos.[121] Las objeciones podrían provenir de las expectativa judía (farisaica o esenia) que el Mesías reuniría una comunidad pura, de círculos influenciados por Juan el Bautista, o entre los propios discípulos de Jesús. Este enfoque enfatiza la invitación abierta y sin condiciones de Jesús, su "visión más tolerante, humana del Reino",[122] y su rechazo del separatismo. El ministerio de Jesús es el momento de la siembra, para la proclamación, con ningún intento de quitar al profano, según este argumento.

Ciertamente la asociación de Jesús con los publicanos y pecadores trajo críticas y claramente el bueno y malo existía entre los discípulos de Jesús. Inmediatamente viene a la mente Judas y los discípulos que eran seguidores temporales. También es muy obvio el afán de los discípulos por condenar.[123] Aunque esas críticas pueden estar relacionados con la parábola (véase la sección siguiente), la parábola no pretende defender el encuentro de Jesús con los cobradores de impuestos y los pecadores, Jesús no se referiría de los que veía como legítimos seguidores como la semilla sembrada por el enemigo. Llamarlos "cizañas" es la actitud de los fariseos u otros religiosos radicales. Tampoco la parábola sugiere que sólo en el juicio se revelará quién es realmente está en las cizañas. Las cizañas son obvias como malas hierbas; sólo su remoción se suspende hasta el día del juicio.

Otra dificultad con este enfoque es que uno pueda considerar que Jesús invita a la gente a su círculo, pero sin pedirles condiciones. La invitación de Jesús era abierta, pero no sin condiciones. Las demandas aljoven rico (Mt 19.16-22/Mr 10.17-22/Lc 18.18-23), las clásicas declaraciones sobre el discipulado (Mt 16.24-26/Mr 8.34-37/Lc 9.23-25), y el Sermón del monte rápidamente refuta semejante idea.

7. ¿A qué pregunta la parábola ofrece una respuesta? Por cada explicación de una parábola se supone que existe una pregunta implícita que la parábola tiene una respuesta. Si se puede determinar la pregunta implícita que Jesús responde, entonces el camino hacia la interpretación es mucho más fácil. La determinación de la pregunta implícita es una cuestión de ajuste entre los hechos de la parábola y lo que se puede demostrar sobre el contexto de Jesús en el judaísmo. He desechado la posibilidad de que la pregunta implícita tras esta parábola no es ni la una ni la otra:

> ¿Qué debe hacer la iglesia en su propio cuerpo con la gente mala? ¿Debe la iglesia separarse de la sinagoga? o ¿por qué Jesús tiene gente impura en su comunidad?

Como la parábola de la semilla de mostaza y la levadura, esta parábola trata el misterio del Reino, el hecho de que el Reino está presente, pero de manera inesperada. La pregunta implícita tras las tres parábolas es "¿Puede la obra de Jesús y su pequeño grupo realmente ser el Reino cuando todavía hay tanta injusticia en el mundo?"[124] Más precisamente, en esta parábola la pregunta es "¿cómo puede ser este el Reino si el mal está todavía presente?" En esta pregunta hay varias otras interrogantes: ¿por qué muchos en Israel han rechazado el mensaje de Jesús (la cual también la parábola del sembrador trata)? ¿Por qué los romanos todavía están aquí? ¿Por qué no ocurre la separación de los justos de los injustos? ¿Por qué no se lleva a cabo la sentencia?

La expectativa de que el Mesías separaría el trigo de la paja para establecer una comunidad pura está fuera de toda duda. La gente esperaba con la venida del Mesías que los romanos, y todos los otros enemigos, se fueran.[125] Juan el Bautista esperaba que el Mesías trajera juicio, y cuando eso no sucedió, envió mensajeros a Jesús para preguntarle si él era en verdad "aquel que había de venir" (Mt 3.10-12; 11.3). Posiblemente es más instructivo Salmos de Salomón 17.21-32, que espera el Mesías para purgar la Jerusalén de los Gentiles, para expulsar a los pecadores, para reunir a un pueblo santo y a no tolerar los injustos. Los celotes, los fariseos y la comunidad de Qumrán,todos habrían estado de acuerdo. Ninguno de estos actos mesiánicos estaba sucediendo en el Ministerio de Jesús, sin embargo, él continuó la proclamación de la presencia del Reino. La parábola concuerda bien como una respuesta a las preguntas sobre cómo el Reino podría estar presente si ninguna de las expectativas se sucedían. La parábola entonces se dirige a la duda que deriva del fracaso de Jesús de purgar Israel y crear una comunidad pura.[126]

8. ¿Tiene "Señor" (v. 27), *kyrie*, que también puede traducirse como "propietario" o "amo", un significado cristológico? Las parábolas siempre presentan el problema de determinar la importancia de los detalles, y sobre todo esto es muy cierto con esta parábola. ¿Por qué se asignan importancia teológica a algunos puntos y no a otros? ¿Por qué nadie resalta el hecho de que el enemigo es "un hombre" o que se va lejos (vv. 25 y 28)? Si se asigna importancia cristológica a *kyrie*, ¿acaso es simplemente un intento de extraer cuanta teología sea posible de la historia? El punto importante en la interpretación no es los detalles, sino cómo funciona la analogía.

Varias personas sostienen que *kyrie* (v. 27) se ha leído como un título cristológico, especialmente porque *kyrios* y *oikodespotēs* (que se utiliza para maestro en 13.27) se emplean para Jesús en 10.24-25.[127]

J. Kingsbury va más lejos para decir que vv. 27-28a "permite que Jesús el *Kyrios* exaltado que vive en el círculo de sus seguidores... pueda entablar una conversación con ellos".[128] Se puede suponer que Mateo sabía y valoraba *kyrios* como un título cristológico, pero por otro lado, no es frecuente en Mateo un uso explícito del título cristológico (sólo 7.21-22; 12.8; 21.3; 24.42; 37, 44).[129]

Cuando los eruditos cristianos ven *kyrie*, piensan "Señor" y pasar por alto el hecho obvio de que era también la forma amable para dirigirse a cualquier hombre. Su uso como la manera correcta a Pilato (27.63) no motivaría a nadie que piense cristológicamente. Asimismo, es la manera adecuada de los esclavos al dirigirse a sus amos y casi la única expresión adecuada que podría emplearse en la parábola.[130] Puesto que Mateo no hace nada de los *kyrios* o los siervos en la interpretación, tampoco nosotros debemos hacer nada.[131] Uno se pregunta que al asignarse importancia cristológica a *kyrie* en pasajes como este, si acaso no es semejante a una transferencia totalmente ilegitima.[132]

9. ¿La parábola y su interpretación provienen originalmente de Jesús, o es una o ambas una creación de Mateo o su tradición? Esta es de alguna manera la interrogante más importante y más difícil. Bajo esta interrogante están los debates sobre la relación de la parábola y la alegoría y las conjeturas de metodologías sobre estudios del Evangelio. Es obvio que a algunos eruditos del NT no les agrada esta parábola. Un grupo considerable rechaza la parábola y la interpretación.[133] Un grupo mayor sostiene que la parábola es de Jesús pero que la interpretación proviene de Mateo.[134] Relativamente pocos académicos arguyen que la interpretación es de Jesús. Quienes rechazan la parábola creen que es mateana en carácter, aborda el problema de una comunidad mixta, es poco realista y alegórica y no concuerda bien con el Ministerio de Jesús.[135] Ya hemos tratado la mayoría de estos temas y no encontramos ninguna razón para creer que la parábola no proviene de Jesús. Por el contrario, concuerda fácilmente en el contexto de su ministerio y transmite una enseñanza importante sobre el Reino. Las razones por la que se rechaza la interpretación incluyen:

El desdén por la alegoría se suele asociar con la suposición de que Jesús no explicó sus parábolas o que las parábolas por naturaleza no necesitan explicación.[136]

Se cree que la interpretación contiene expresiones que Jesús no pudiera haber utilizado: *kosmos* con el significado "mundo", "el maligno" como designación para el diablo, "Reino" sin calificación, "hijos del Reino" para designar a los verdaderos ciudadanos del Reino (en 8.12 se usa para referir los judíos excluidos del Reino) y "el reino del Hijo del hombre". Además, Jeremías da una lista de treinta y siete características lingüísticas en la interpretación. La obra de Jeremías ha sido tan influyente que muchos sólo han adaptado su trabajo sin analizarlo.[137]

Algunos estudiosos tratan de restar importancia o rechazan el tema del juicio.[138] La interpretación considera el campo como el mundo, evidenciando una perspectiva universal similar a la iglesia, mientras que Jesús limito su atención a Israel (10.5-6).[139]

La interpretación cambia el enfoque omitiendo lo que la mayoría considera es el punto culminante de la parábola, el mandato de dejar que el trigo y la cizaña crezcan juntos (v. 30) y concentrándose en el juicio, un tema favorito de Mateo.

Especialmente el último elemento, el cambio de enfoque de la interpretación, hace que el asunto contra la interpretación sea razonable y atractivo. Aunque el rechazo de la autenticidad de la interpretación es caso cerrado para algunos, los temas merecen un nuevo juicio. El caso no es tan impresionante como generalmente se supone. ¿Es posible que la interpretación nos dé también la voz de Jesús?

Espero que hayamos empezado a ir más allá de la influencia de Jülicher y el desdén por la alegoría. Hemos visto y continuaremos viendo que las múltiples correspondencias entre la figura y la realidad generalmente son características de las parábolas. Para que funcionen, las analogías requieren correspondencia entre la figura y la realidad, pero las correspondencias no son el enfoque y pueden no ser exactas. Además, Jülicher estaba equivocado. Las parábolas generalmente requieren explicación, a menos que sean adivinanzas, que ciertamente no es el caso con la mayoría de las parábolas de Jesús. Las parábolas del AT y las rabínicas casi siempre tienen explicaciones o interpretaciones detalladas. No hay ninguna literatura de propia interpretación. Las interpretaciones alegóricas detalladas son evidentes en la literatura apocalíptica, en el material rabínico y en el *Pastor de Hermas*.[140]

En cuanto a las expresiones que Jesús no pudiera haber utilizado, debemos recordar que no tenemos métodos que permitan recuperar la *ipsissima verba* de Jesús. Las protestas que Jesús no pudiera haber utilizado las expresiones implican que es la *ipsissima verba* que buscamos y escuchamos en la mayoría de los dichos. Por el contrario, todos los dichos de Jesús han sido traducidos y formados por la tradición y los evangelistas. El problema no es "¿habría Jesús utilizado dicha expresión?" sino "¿transmiten estas palabras griegas el mensaje, el propósito que Jesús quería comunicar?" Los interesados sobre el *kosmos* con el significado "mundo" han sido influenciados por G. Dalman, que dudaba que la palabra aramea ʿālam (o ʿôlām) fue empleada para indicar "mundo" en la época precristiana o por Jesús (excepto en Mt 16.26 / Mr 8.36 / Lc 9.25).[141] Pero, ¿cómo Dalman oalguien más sabe qué palabra aramea indica *kosmos* en los dichos del Evangelio? Jesús fácilmente podría haber usado 'ara'ā' (el arameo equivalente del hebreo *ʿereṣ*, la palabra para "mundo" o "tierra"[142]

Las reacciones contra las expresiones que implican el Reino es pretenciosa, especialmente la ansiedad sobre el uso del "Reino" sin calificación. Tal reducción sería muy natural para Jesús o Mateo, pero, si fuera por Mateo, tal acortamiento no distorsionaría el significado ni demostraría el origen de la interpretación.[143] Lo mismo puede decirse con respecto al uso del "maligno" para indicar el diablo. Jesús no pudo haber excluido tal uso y, si lo hizo Mateo, fácilmente podría ser una paráfrasis legítima de una declaración de Jesús como algo originario con Mateo.

Más influyente ha sido la lista de Jeremías de las treinta y siete características lingüísticas mateanas.[144] Sin embargo, las características del estilo *no* indican necesariamente el origen. No obstante, puede mostrar la mano del evangelista en la configuración y el énfasis de ciertas características. Si la lista de Jeremías era válida, al menos significaría que Mateo había vuelto a escribir completamente la interpretación, lo cual no es de extrañar. Sin embargo, como ya hemos visto con la lista de Jeremías, los hechos a veces no son como él las presenta. M. de Goedt critica la lista y reduce el número de las características de Mateo de treinta y siete a siete.[145] I. Jones, con un poco de exageración, reduce el número a sólo dos.[146] Obviamente lo que importa como una característica mateana es que requiere un cuidadoso análisis, y al final la lista de Jeremías no es impresionante. Por ejemplo, el describe *hoi ochloi* ("la multitud") como una característica de Mateo,[147] no obstante treinta de las cuarenta y ocho ocurrencias mateanas de *ochlos* son plural y sólo uno de las treinta y seis de Marcos, de las cuarenta y uno ocurrencias en Lucas dieciséis también son plurales. ¿Por qué el uso de Mateo de esta palabra parece una característica determinante? ¿Por qué *apheis* ("habiendo salido", v. 36) aparece como una característica de Mateo cuando los otros evangelistas utilizan el término casi tantas veces (47 ocurrencias en Mateo 37 en Marcos, y 32 en Lucas)?[148] Si una expresión ocurre sólo dos o tres veces, todas en Mateo, ¿acaso eso la hace una característica mateana, como afirma Jeremías?[149] La mayoría de los elementos de Jeremías ocurre en la introducción de la narrativa (vv. 36-37), donde uno puede esperar expresiones mateanas y en los vv. 40-43, donde se extraen varias palabras del AT y las tradiciones apocalípticas sobre el juicio. Sin lugar a dudas, la interpretación, como el resto de Mateo, evidencia rasgos estilísticos y temas de Mateo, no obstante es de esperarse y no muestra nada sobre el origen del material. Mateo tiene mateanismos.

Las discusiones de las características estilísticas y temáticas raras veces preguntan sobre su origen. ¿De dónde desarrolló las tendencias que tenía Mateo? ¿Cuánto influyeron en las preferencias de Mateo las enseñanzas de Jesús y las tradiciones sobre la enseñanza de Jesús? Mateo tiene un enfoque claro sobre el juicio y emplea expresiones que ocurren raras veces fuera de su evangelio como "el fin del siglo" (en otros lugares sólo en Hb 9.26) y el "lloro y el crujir de dientes" (en otros lugares sólo en Lc 13.28). Pero el juicio es sin duda un factor clave en la predicación de Jesús, y tales expresiones (o muy similares) se encuentran también en los escritos apocalípticos y otros escritos judíos.[150] De hecho, varias características de la parábola fácilmente están en paralelo: el enemigo como el maligno,[151] el juicio como una cosecha o trilla,[152] el juicio como fuego o un horno,[153] los ángeles como los agentes del juicio[154] y la luz como la recompensa de los justos.[155] Cuando más la interpretación se ajusta a las expectaciones apocalípticas del juicio y la recompensa más difícil es simplemente asignar este material a Mateo. Como Juan el Bautista, Jesús usó ideas apocalípticas para expresar su evangelio del Reino (aunque su mensaje difiere del mensaje de Juan).[156] Ciertamente la interpretación está formada por Mateo, pero el contenido de la interpretación no es base para negar la interpretación a Jesús.

Tampoco podemos legítimamente oponernos al tema del juicio en la interpretación de la parábola. A nuestra sociedad le encantaría ignorar el juicio, pero es una característica fundamental de las enseñanzas de Jesús en todos los estratos de la tradición.[157] Descripciones similares de juicio aparecen en el Antiguo Testamento y en otros escritos judíos. Cómo se debe entender el juicio en términos reales merece cuidadosa discusión, porque la intención del lenguaje metafórico y apocalíptico de la Escritura es muy diferente de las conjeturas del cristianismo popular. El juicio todavía es un aspecto esencial de la agenda de Jesús para la restauración de Israel y en su comprensión de la responsabilidad humana. Sin juicio no hay necesidad de la salvación.

El enfoque de la interpretación respecto del campo como el mundo a primera vista parece contrario a la limitación de Jesús de su ministerio a Israel. Jesús no sembró el Evangelio en el mundo, sino sólo en Palestina.[158] Es muy posible que la parábola de Jesús empleó la palabra aramea ambigua 'ara'ā' (que podría significar "mundo" o "tierra")[159] y que Mateo o la tradición ha ampliado el foco con la traducción de "mundo" (*Kosmos*). Por otro lado, las opiniones apocalípticas del juicio no se limitan a Israel sino que abarca a toda la humanidad.[160] Además, la oración modelo de Jesús enfoca en que se haga la voluntad del Padre en la tierra, no sólo en Palestina (Mt 6.10), la tentación de Jesús concierne a todos los reinos del mundo (Mt 4.8 / Lucas 4.5), las bienaventuranzas habla de heredar la tierra (Mt 5.5), y los discípulos son la luz del mundo (gē, Mt 5.14). El uso del "mundo" es menos importante que otros temas y no es factor decisivo excluyendo la interpretación.

Mucho más significativo es el hecho de que la interpretación omite el punto culminante de la parábola (el mandato para que la cizaña y el trigo crezcan juntos) y enfoca en el juicio final, que trajo el Hijo del hombre. Este cambio es paralelo al cambio de público de la parábola que se dirige a las multitudes a la interpretación como una respuesta a la petición de los discípulos. Mientras que este cambio podría salir totalmente de Mateo, se deben considerar varios hechos.

En primer lugar, la separación de la interpretación de la parábola sigue un patrón apocalíptico en el que un sueño, la visión o la parábola van seguidos de una petición de explicación u otras instrucciones y luego por la interpretación.[161]

La separación de la interpretación de la parábola del trigo y la cizaña se puede ajustar y poner en paralelo con la parábola del sembrador y su interpretación, pero este patrón es típico con las interpretaciones.[162] Aquí el material que interviene consiste en una declaración que las parábolas son una forma de revelación oculta, la cual se valida por la cita de Salmos 78.2 (Mt 13.34-35)[163] y por la petición de los discípulos de una explicación (v. 36). Más difícil de responder es por qué de todas las parábolas en la tradición sinóptica sólo esta parábola, la parábola del sembrador, y la red tienen interpretaciones detalladas. Si la interpretación de estas tres no se relaciona con las razones por qué Jesús habló en parábolas, yo no tengo una respuesta.

En segundo lugar, la interpretación, aunque cambia de enfoque, ofrece precisamente la información requerida. Prácticamente cada explicación compara a Jesús (o Dios) con el sembrador y el enemigo con el diablo y se supone que esta es una parábola que trata con el juicio de los justos y los malos. Como señaló de Jülicher, incluso sin la interpretación la parábola se interpretaría de esta manera.[164] Incluso Jeremías, aunque él piensa que la interpretación es secundaria, dice que es coherente con la intención de Jesús.[165]

Estos dos primeros puntos muestran que el intento de tratar la interpretación separada de la parábola es equivocado.[166] La interpretación está estrechamente vinculada con la parábola, pero es más que una simple explicación. La interpretación va mucho *más allá* de la parábola y enfoca mayor atención sobre el juicio.[167]

En tercer lugar, los vv. 37-39 especifican sólo las características necesarias para describir la escena del juicio, que es la principal inquietud en los vv. 40-43. Esta descripción de juicio con el Hijo del hombre, que envía a sus ángeles para separar a los justos de los malos es esencialmente el mismo cuadro que se da en Mateo 24.30-31 y en Marcos 13.26-27. No es simplemente una construcción de Mateo. También, si la interpretación fuera de la iglesia, uno podría esperar que los siervos, el sueño y la derrota del enemigo recibieran atención.[168]

Como Jülicher y Fiebig sostuvieron hace mucho tiempo, la diferencia entre la parábola y la interpretación no es tan grande.[169] La parábola prohíbe la división antes del final (vv. 29-30), mientras que la interpretación describe la división al final *y* el destino de cada grupo, cuan terrible es para el malo y cuan bueno es para el justo.[170] Es posible que Jesús hubiera destacado un aspecto con las multitudes y otra con sus discípulos.[171] La manera como Mateo enmarca el material permite comunicar los dos puntos con eficacia. El comentario implícito de las parábolas circundantes hace clara el significado de la prohibición de la división, mientras que las parábolas que siguen la interpretación subrayan el tema del juicio y la preparación para esto.

Por consiguiente, hecha la conformación por Mateo, creo que escuchamos la voz de Jesús en ambos, la parábola y su interpretación. La parábola concuerda con su proclamación del misterio del Reino, y la interpretación centra más intensamente en el tema del juicio y se ajusta generalmente con las expectaciones apocalípticas judías.

10. ¿Cuál es la relación entre el reino de los cielos (v. 24), el mundo (v. 38), el reino del Hijo del Hombre (v. 41) y el reino del Padre (v. 43)?

¿Es "el reino del Hijo del Hombre" una referencia a la iglesia? ¿Nos dice esta parábola sobre la relación del Reino, la iglesia y el mundo? Para algunos, esta parábola distingue el reino del Hijo del Hombre del reino del Padre, el primero refiriéndose a la iglesia o del mundo, el reino terrenal del Hijo del Hombre y el ultimo el reino de los tiempos del fin del reino de Dios.[172] La distinción del reino del Hijo del Hombre y el reino del Padre concuerda con la idea de Pablo del reino de Cristo hasta que haya sometido a todos sus enemigos y luego todos (incluido Cristo) se sujetara al padre (1 Cr 15.25, 28). Sin embargo, "el reino del Hijo del Hombre" no es una referencia a la iglesia. Esto no tiene ninguna base a menos que uno puede demostrar que la parábola se dirige contra la naturaleza mixta de la iglesia, lo cual ya he argüido en contra.[173] La iglesia no es el tema. Tampoco es el reino del Hijo del Hombre en el mundo. El mundo estaba allí antes del Reino y es el ámbito en el cual el Reino viene, pero no es el Reino. Sin embargo, la parábola hace afirmación implícita por la autoridad del Hijo del Hombre sobre el mundo.

El reino de los cielos en 13.24 es aparentemente idéntico al reino del Hijo del Hombre en 13.41,[174] pero la relación del reino del Hijo del Hombre y el reino del Padre no es evidente. Para algunos, no hay distinción.[175] Ciertamente no se debe marcar una línea dura, porque el Hijo del Hombre es agente del Padre y el reino del Hijo del Hombre se convertirá en el reino del Padre. Sin embargo, este pasaje parece hacer una distinción entre los dos. Si la parábola trata de la presencia del Reino en medio de un mundo malvado, el reino del Hijo del Hombre es el Reino que el Hijo del Hombre ha traído como un Reino incompleto, un reino que todavía no destruye de todo el mal. Este reino seguirá incompleto hasta el fin del siglo cuando el mal será removido.[176] Observe que ambos "todos los delitos" (cortados) y "todos aquellos que hacen iniquidad" (masculino/genérico) serán removidos. El Reino completo sin el mal es el reino del Padre. Esta comprensión del reino del Padre como el fin del siglo es paralelo con Mateo 26.29 ("no beberé más... hasta... que lo beba nuevo con vosotros en el reino de mi Padre") y Mateo 6.10/Lucas 11.2 ("Venga tu reino"; cf. 1 Cr 15.28).[177]

11. ¿Qué enseña la parábola? Mientras que la parábola puede tener implicaciones para la paciencia o servir como una advertencia, la enseñanza principal es que el Reino está presente a pesar de la presencia del mal *y* que se tratará el mal en el juicio.[178] El enfoque es la naturaleza del Reino, y las implicaciones de la conducta humana son secundarias. No es una casualidad el uso del aoristo pasivo "el reino de Dios es semejante...". El Reino ha llegado y es como un campo con trigo y cizañas que un día serán separados. No es simplemente como un hombre que siembra buena semilla, sino semejante en todo el proceso que describe la parábola desde la siembra a la separación. La parábola no es una ilustración completa del Reino; ninguna parábola lo es. Sin embargo, destaca la presencia del Reino y el juicio futuro.

Las metáforas de la siembra y las semillas no siempre se emplean de la misma forma. La parábola del sembrador interpreta la semilla como la palabra y las personas que oyen la palabra. En la parábola del crecimiento de la semilla, parece que la semilla es el reino mismo. En la parábola del trigo y la cizaña, la buena y la mala semilla aluden a las personas. Sin embargo, con las tres parábolas, la siembra es una metáfora de la siembra de Dios de Israel en los últimos tiempos. Es una metáfora de Dios que cumple sus promesas de tener un reino y un pueblo justo.[179] Las tres parábolas son ilustraciones de la siembra de Dios que se lleva a cabo en el ministerio de Jesús.

Esta parábola y la de la red describen el Reino como un proceso de crecimiento,[180] pero ambos describen este cambio como que ocurre al fin del siglo, no en la actualidad. El trigo y la cizaña y su interpretación igualmente enfocan en el presente y al final del siglo. Las implicaciones de la parábola son significativas. Jesús presentó una crisis a Israel con su advertencia de juicio, pero es un juicio diferido. A diferencia del mensaje de Juan el Bautista, el mensaje de Jesús retiene el juicio, incluso cuando asegure que sucederá. Esto se verifica por la parábola de la higuera (Lucas 13.6-9).[181] El tema del juicio no puede reducirse al mínimo en la enseñanza de Jesús. Incluso en la parábola, decir nada de la interpretación, la norma del énfasis requeriría que se enfatice el tema del juicio.[182]

Por consiguiente, esta es una parábola de doble filo, una parte representa el Reino como presente en medio de un mundo malvado y la otra parte hace hincapié en la separación de los malos de los justos en el juicio.[183] Los puntos auxiliares legítimos de la enseñanza de la parábola se pueden notar con cuidado. El asunto, incluso en esta parábola donde se identifican muchos puntos, es cómo funciona la analogía. Las identificaciones en los vv. 37-39 proveen el equipamiento para entender la analogía, pero no se debe tratar de resaltar los detalles que la parábola no enfatiza. Los siervos no "representan" la iglesia o los líderes de la iglesia,[184] y el sueño no es una metáfora negativa.[185] No podemos sacar más tales conclusiones que decide que Dios necesita que se le cuente acerca del pecado humano porque en la parábola de los dos deudores (Mt 18.31) los consiervos refirieron a su señor la falta de perdón del colega.

Más difícil es la tarea de determinar cuánto la cronología de la parábola se adapta a la cronología de la realidad. ¿Acaso enfoca la analogía generalmente en el mal en el mundo (cf. 5.45) o específicamente sobre algo nuevo, la aparición de los malos después de la siembra de los hijos del Reino? Las parábolas no se ajustan necesariamente a la cronología de la realidad que representan. Por ejemplo, Dios no se vuelve a los pobres sólo después de que los ricos hayan rechazado su oferta, como una cronología estricta que se sugiere en la parábola de la gran cena en Lucas.[186] Que la mala semilla se siembra después de la buena, en la parábola podría señalar el rechazo del mensaje de Jesús, pero este no concuerda fácilmente con la idea de la siembra.[187]

En mi opinión, a la parábola no le importa la cronología. Por el contrario, resalta el punto que el mal está aún presente y activo a pesar de que el Reino ha llegado. Juntamente con el poder del Reino otro poder, un poder ilegítimo, está en operación. La acción del "enemigo" es una característica prominente del ministerio de Jesús,[188] particularmente en esta parábola y en la del sembrador, pero ninguna actividad específica del enemigo se refiere con su siembra. Ambas parábolas destacan la victoria del reino de Dios, aunque también la incredulidad, el fracaso y la oposición. La parábola del sembrador centra principalmente en la responsabilidad humana por el fracaso, considerando que esta parábola culpa al enemigo, el diablo.[189]

Otras partes de la parábola son irrelevantes para la interpretación. Nada se debe por el hecho de que el enemigo se llama un hombre (una palabra favorita de Mateo) ni que el enemigo desaparece. La parábola no busca derrotar al enemigo. Estas características no tienen ninguna función en la analogía.

La parábola no enseña pasividad hacia mal o no tomar represalia.[190] Ella responde a la pregunta "¿cómo puede ser este el Reino si el mal está presente?" y no "¿qué debemos hacer acerca del mal?" Al excluir cualquier idea que se quitará el mal antes del juicio se elimina cualquier indicio de acción de celos de parte de Jesús o sus discípulos. También proporciona una visión del mundo que representa y no se sorprende por la presencia del mal. Con el enfoque en el juicio al separar las ofensas y aquellos que hacen iniquidad de los justos, la parábola sirve también como una advertencia para todos sus lectores. La parábola transmite que el juicio pertenece a Dios y a sus agentes, no a los humanos.[191]

Adaptación de la parábola

Esta parábola se ha empleado mal quizá más que cualquier otra debido a la creencia de que se refería a la mezcla del bueno y el malo en la iglesia, pero esta no es una parábola sobre la disciplina de la iglesia. La parábola se ha distorsionado, por lo que resultó en pasividad en relación con la vida justa. A la luz de las enseñanzas de Jesús cualquier idea de pasividad hacia el mal o la afirmación que la iglesia no necesita ser una comunidad pura es extraña. Debido a la dificultad de erradicar el mal sin volverse malo o cometer grandes errores, tales ideas son herejía. Uno no puede imaginarse ser legítimamente un cristiano y adoptar una actitud pasiva ante el racismo, el adulterio y otros tales males, ya sea en la iglesia o en la sociedad.

La iglesia actual necesita hacer los mismos dos puntos de que la parábola enseña. En primer lugar, el Reino está presente, a pesar de que el juicio no se está llevando a cabo, debido al ministerio de Jesús y la obra del Espíritu. La presencia del mal no es evidencia que el Reino no está funcionando. En segundo lugar, si bien este no es el tiempo para el juicio, ciertamente el juicio vendrá. El Reino causará un cambio, una separación del bien y del mal. Obviamente las declaraciones en el juicio simplemente no son descriptivas ni vengativas; por el contrario, proveen una advertencia y buscan un cambio en el comportamiento. El juicio que se dicta en el 13.43 es también un estímulo, una promesa de bendición futura.

La parábola contribuye a las discusiones de la teodicea y ayuda a tratar nuestra consternación de que el mal todavía está obrando, que la vida no es justa, a pesar de que Cristo y su reino ha llegado. Dios no es el único que está operando, *y no todas las acciones en este mundo se pueden atribuir a Dios*. A menudo se culpa a Dios por cada evento que ocurre, pero él no es la causa de todos los eventos. A algunas clases de males sólo se las puede identificar como la obra de un enemigo. Por consiguiente, esta parábola debe frenar un excesivo énfasis en la soberanía de Dios o una ingenuidad que atribuye cada evento a la manipulación de Dios.

La parábola es también un recordatorio de que los cristianos no deben sorprenderse ni ignorar el hecho de que el mal está activo al mismo tiempo que el reino de Dios. *El Reino viene con gracia sin límites en medio de un mundo malvado.* La nueva era ha amanecido en medio de la vieja, pero lo viejo no será removido. El problema básico es la identidad. ¿De qué realidad tomamos nuestra identidad, del mal de los tiempos antiguos o la justicia de Dios de la nueva era? Si tomamos nuestra identidad del reino de la gracia sin límites, ¿cómo viviremos esa identidad? Dios todavía está sembrando un pueblo, y hemos sido llamados para responder. El desafío en el v. 43 "el que tiene oídos para oír, oiga" es una convocatoria de discernimiento, decisión y una vida de justicia.

La parábola genera las interrogantes sobre cómo deberíamos responder al mal, pero no se tratan. Para eso es necesario presentar otros textos para esta discusión, pero claramente la parábola aparta cualquier idea de hacer la obra de Dios de juzgar o cualquier pensamiento que borre el mal. El mensaje bíblico siempre nos deja para tratar con la comprensión. No podemos ser tolerantes del mal, pero la destrucción de todos los males no es nuestra tarea. Debemos dejar de ser malos y debemos impedir que el mal destruya, pero ¿cómo podemos parar el mal sin llegar a ser malos en el proceso? Bien, esta podría ser *la* interrogante humana.

Lectura adicional

George Beasley-Murray, *Jesus and the Kingdom of God* (Grand Rapids: Eerdmans, 1986), pp. 132-35.

W. D. Davies and Dale C. Allison, *A Critical and Exegetical Commentary on the Gospel According to Saint Matthew* (ICC; Edinburgh: T. & T. Clark, 1991), 2:406-15, 426-33.

Joachim Jeremias, *The Parables of Jesus* (2d ed.; trans. S. H. Hooke; London: SCM, 1972), pp. 81-85, 224-27.

Ulrich Luz, *Matthew 8–20* (trans. James E. Crouch; Minneapolis: Fortress, 2001), 2:252-56, 267-74.

Ulrich Luz, "Vom Taumellolch im Weizenfeld," in *Vom Urchristentum zu Jesus* (ed. Hubert Frankemölle and Karl Kertelge; Freiburg im Breisgau:Herder, 1989), pp. 154-71.

Robert K. McIver, "The Parable of the Weeds among the Wheat (Matt 13:24-30, 36-43) and the Relationship between the Kingdom and the Church Portrayed in the Gospel of Matthew," *JBL* 114 (1995): 643-59.

La Semilla De Mostaza (Mateo 13:31-32; Marcos 4:30-32; Lucas 13:18-19)

Tipo de Parábola

Debido al empleo del tiempo presente, la versión marcana de la semilla de mostaza generalmente aparece como una similitud (refiriéndose a un evento repetido, pero Marcos usa también el aoristo subjuntivo dos veces para referirse a la semilla que se ha sembrado). El uso de Lucas del tiempo presente y el aoristo y el empleo de Mateo de ambos el aoristo y el presente hizo que algunos designaran sus versiones como una parábola (un ejemplo específico de una semilla que se siembra).[192] El tiempo no es una guía definitiva a la distinción entre similitudes y parábolas, según prueba un vistazo a los diferentes tiempos en las parábolas del tesoro escondido y la perla de gran precio. Las tres formas de la semilla de mostaza son *similitudes.* Ninguna de las formas tiene una trama desarrollada; en su lugar, cada uno presenta una analogía entre la semilla de mostaza y planta y el Reino presente y futuro.

Asuntos que merecen atención[193]

1. ¿Cuál es el significado, en caso que haya, de las variaciones en la redacción de los cuatro relatos?
2. ¿Hay algo de importancia alegórica a cualquiera de las características?
3. ¿Hay alguna alusión a uno o más textos del AT con la referencia a las aves que habitaban en la planta de mostaza?, y si es así, ¿cuál es la significación de la alusión?
4. ¿Qué pregunta se está tratando y cuál es el significado de la respuesta?
5. ¿Hasta qué punto se enfoca en cierta extensión de tiempo y crecimiento o desarrollo y cuál es la relevancia de la parábola para pensar de la escatología?
6. ¿Enseña este texto el universalismo?

Material útil de fuente primaria

Material canónico

- AT: Sal 104.12, 16-17; Ez 17.22-23; 31.6; Dn 4.10-12, 20-21
- NT: Mt 17.20/Lc 17.6

Escritos judíos tempranos

- 1QH 14,14-16: "[su raíz] brotará como un flor [del campo] para siempre y producirá ramas de la plantación eterna para que cubra todo mundo con su sombra, [y] su [corona] (alcanza) hasta los cielos [s, y] sus raíces hasta el abismo."
- 1QH 16.4-9: "[Te] doy gracias, [Señor], porque... me has establecido una plantación de cipreses y olmos, juntamente con los cedros, para tu gloria. Árboles de vida en la fuente secreta, escondida entre los árboles en el agua, que crecerá firme en la plantación eterna, y echara raíz antes que ellas crezcan... En sus ramas todos [los animales] del campo comerán, su tronco será pasto para todos los que pasan por el camino y sus hojas para todas las aves que vuelan."

Escritos greco-romanos

- Séneca, Epístolas Morales 38 ("en la conversación tranquila") 2: Véase las.

Escritos cristianos tempranos

- *Evangelio de Tomás, 20:* "Los discípulos dijeron a Jesús: dinos cómo es el reino de los cielos. Él les dijo: Es como un grano de mostaza, más pequeño que todas las semillas. Pero cuando cae en la tierra que se ha cultivado, brota una gran rama (y) se convierte en un refugio para (las) aves de los cielos."

Comparación de los relatos

Los cuatro relatos de esta parábola proveen buenas ilustraciones del problema sinóptico y la relación del Evangelio de Tomás con los sinópticos. La explicación del "statu quo" en esta parábola es que Marcos y Q (representada por Lucas) preservan dos tradiciones distintas de la parábola, que Mateo emplea ambas tradiciones, y que probablemente el Evangelio de Tomás 20 es secundario. Así es,[194] sin embargo, otras explicaciones de las relaciones sinópticas son también comprensibles. Son evidentes las tendencias de redacción de cada evangelista. Los principales aspectos de las correlaciones incluyen:

> *Situación:* Mateo y Marcos ambos sitúan esta parábola en su colección de parábolas sobre el Reino. Sin embargo, Lucas la sitúa después de la sanación de la mujer atada por Satanás por dieciocho años. Mateo y Lucas ambos presentan esta parábola juntamente con la parábola de la levadura. Marcos no registra la parábola de la levadura pero el Evangelio de Tomas tiene las dos parábolas, pero no juntas (dichos 20 y 96) y ha situado la semilla de mostaza en una serie de dichos que explican el Reino y el discipulado.
>
> *La introducción:* Mateo se destaca solo con "les refirió otra parábola", la misma introducción que utilizó en 13.24 (cf. "otra parábola" en 13.33 y 21.33). Marcos comienza con "y les dijo", que también usó en 4.2, 11, 21, 24, 26 (cf. 4.13), y tiene una doble pregunta: "¿A qué haremos semejante el reino de Dios, o con que parábola lo compararemos?" Lucas, al igual que Marcos tiene "él dijo" y la pregunta doble, pero con palabras ligeramente diferentes. En el Evangelio de Tomás los discípulos piden una descripción del Reino, al cual sigue a continuación "les dijo".
>
> *La siembra de la semilla:* Mateo 13.31b y Lucas 13.19 son idénticas, excepto que Mateo tiene el "reino de los cielos" (Lucas utiliza el "reino de Dios" en el v. 18) y "sembró (*speirein*) en su campo" (cf. 13.24, 27, 36, 38, 44), mientras que Lucas "arrojó (*ballein*) en su huerto". Fuera de Lucas 13.19 "huerto" (kēpos) ocurre en otros lugares en el NT sólo en Juan 18.1, 26; y 19.41 (dos veces). A diferencia de Marcos, Mateo y Lucas mencionan a un hombre que hace la siembra. Marcos simplemente tiene "como" en vez de "es como" y "cada vez que se siembra en la tierra". Marcos hace hincapié en la tierra (gē) en su capítulo de parábolas (4.1, 5, 8, 20, 26, 28). En el Evangelio de Tomás, la siembra se retrasa.

Descripción de la semilla: Mateo, Tomás y Marcos describen la semilla de mostaza como "la más pequeña de todas las semillas", al cual Marcos añade "sobre la tierra". Lucas omite totalmente la descripción.

El crecimiento: Mateo usa "cuando ha crecido (*auxēthē*), se convierte en la mayor de todas las hortalizas y se hace árbol". Marcos repite "cuando se siembra", utiliza un verbo diferente para el crecimiento (*anabainei*), en concordancia con Mateo que llega a ser la mayor de todas las hortalizas, pero en vez de decir que se convierte en árbol dice que echa grandes ramas. Lucas es más simple pero es cercano a Mateo cuando dice "creció y se hizo árbol grande". En consonancia con Marcos, el Evangelio de Tomás describe la siembra en este momento ("cuando cae sobre la tierra que se ha cultivado"), diciendo "echa rama grande".

La conclusión: Mateo y Lucas son prácticamente idénticos en la parte final de la parábola. Las diferencias son que Mateo sólo tiene "de tal manera que", "vienen" y "y". Marcos al igual que Mateo usa "de tal manera que" pero dice que las aves pueden morar bajo la sombra del árbol, mientras que Mateo y Lucas dicen que las aves hacen nidos en sus ramas. El Evangelio de Tomás dice simplemente que el árbol se convierte en un refugio para (las) aves de los cielos.

Características relevantes del texto[195]

La pregunta doble que introduce la parábola en Marcos y Lucas es completamente semita. Aparece ya en Isaías 40.18 (cf. 40.25; 46.5; Lm 2.13) y Jesús lo emplea en Lucas 7.31. Las preguntas de introducción aparecen regularmente con las parábolas rabínicas,[196]pero según puedo determinar, la pregunta doble de introducción es inusual, que sugiere que Isaías 40.18 es más importante de lo que los intérpretes se hayan dado cuenta.[197]

Obviamente esta parábola es gemelo con la levadura. Las parábolas de "mellizos" y trillizos son un dispositivo pedagógico de Jesús y también aparecen en la literatura rabínica.[198] Tales agrupaciones de parábolas ya se encuentran en Ezequiel17.2-24 y 19.2-14. Uno no debe suponer que los las parábola mellizas son necesariamente idénticas. Bien pueden ser mellizos "fraternales" y ser similares pero no puntos idénticos.

Varios "ganchos" existen en las secciones de Mateo y Marcos en las parábolas del Reino que ayudarían tanto oír y recordar. En Mateo tenga en cuenta la repetición de "otra parábola" (vv. 24, 31, 33), "sembró" (algún tipo de *speirein*, vv. 3-4, 18-23, 24-26, 31, 37, 39), "campo" (vv. 24, 27, 31, 36, 38, 44), "todos" o "cada" (algún tipo de pasado, vv. 19, 32, 34, 41, 44, 46, 47, 51, 52), "semilla" (vv. 24, 27, 32, 37, 38). En Marcos tenga en cuenta la repetición de: "y les dijo" (vv. 2, 21, 24, 26, 30; cf. vv. 13, 35), "tierra" o "en la tierra" (vv. 1, 5, 8, 20, 26, 28, 31).

Las ideas de ocultamiento y revelación en Marcos 4.21-22 preparan y es paralelo a la semilla de mostaza y su crecimiento.

El arreglo de Lucas es una sorpresa. Su colocación de estas dos parábolas después de la sanación de la mujer atada por Satanás (13.10-17) no tiene ninguna explicación obvia sino proporcionar una interpretación para enfatizar que el Reino está presente y que la sanidad de la mujer y la derrota implícita de Satanás son prueba de ello.

J. Liebenberg sugiere que el relato de Lucas del viaje tiene tres secciones de discurso (9.51–13.21; 13.22–17:10; y 17.11–19.28), cada uno con un relato de sanidad íntimamente vinculado con el discurso posterior sobre el reino.[199]

Información cultural

En el mundo judío y greco-romano se conocían las semillas de mostaza proverbialmente por su tamaño pequeño,[200] aunque se conocían otras semillas como la orquídea o el ciprés, por ser más pequeñas. Aquellos que miden tales cosas informan que la semilla de mostaza es un milímetro de diámetro y es tan pequeña que requiere de 725 a 760 semillas para equivaler un gramo (uno veintiocho de una onza).[201] Puesto que estamos tratando de un uso proverbial, la inquietud sobre argumentos de precisión está fuera de línea.[202] Las palabras que se traducen "más pequeña" (*mikroteron*) y "más grande" (*meizon*) en Mateo y Marcos realmente ambas son formas comparativas, pero el comparativo con frecuencia se emplea para el superlativo en el NT griego. Dado que la comparación es con "todas las semillas", parece que requiere un significado superlativo.[203]

La mayoría identifica la semilla en cuestión como una mostaza negra (*Brassica nigra*), aunque otras variedades como la mostaza blanca son posibles. Esta semilla germina dentro de cinco días y crece rápidamente hasta una altura de unos diez metros y tiene hojas grandes, especialmente en su base.[204] Marcos es más preciso al referirse al árbol como una hortaliza *(lachanon)*; realmente no se vuelve un árbol.[205]Si Mateo y Lucas emplean libremente un lenguaje,[206] usan hipérbole intencionalmente o usan "árbol" para aludir a un texto del AT tendrá que determinarse al analizar la posibilidad de una alusión del AT. Plinio considera la semilla de mostaza como de gran beneficio para la salud, capaz de curar una larga lista de dolencias.[207] Tales hechos son interesantes, pero para el significado de la parábola todas las características de la semilla de mostaza son irrelevantes excepto que crece tan alto de una semilla tan pequeña.[208] Las aves estarían atraídas a la planta de mostaza debido a su sombra y sus semillas.

Repetidamente se lee que según las regulaciones judías se debe sembrar en campos y no en un huerto para no violar la regulación contra la siembra con diversículos tipos de semilla en un campo (basado en Lv 19.19). Evidencia de esto se extrae equivocadamente de *m. Kil'ayim* 3.1-2, que, sin embargo, da regulaciones para un huerto de lecho pequeño de sólo dos metros cuadrados y que probablemente no se pueda aplicar a un huerto más grande.[209] De esta suposición errónea se han extraído conclusiones dudosas como la de Lucas que cambia el uso que hace Marcos de "tierra" a huerto para concordar con las practicas helenísticas[210] o el agricultor que viola las leyes contra la siembra de diversas semillas en un mismo campo, que sirve como ejemplo de la asociación de Jesús con lo impuro.[211] Las regulaciones Halakhic no tienen ninguna importancia para esta parábola.[212]

Es dudoso, como algunos suponen, que la analogía presuma que se siembra una sola semilla de mostaza. Aquellos que piensan que la forma en Mateo y Lucas es una parábola acerca de un ejemplo específico (debido a los tiempos del aoristo) tienden en esta dirección. Sin embargo, se trata de una similitud y la inquietud no es por el número de las semillas que se hayan sembrado sino por la diferencia entre la semilla pequeña y el árbol grande.[213]

Explicación de la parábola

Opciones de interpretación

Históricamente la iglesia entiende esta parábola más a menudo como referencia para el crecimiento y desarrollo de la iglesia o de la persona o la progresión de la vida de Jesús desde su nacimiento a su entierro y la resurrección, que se lleva a cabo en un huerto. Los tres enfoques podrían combinarse y hacer una alegoría de los detalles. Jesús es la semilla o el sembrador que siembra el Evangelio. Si la iglesia está en la mente, la parábola apunta al triunfo del cristianismo sobre otras religiones. Si el individuo está en la mente, apunta a la madurez de la fe. En los tiempos modernos se han interpretado la semilla de mostaza y la levadura del efecto del cristianismo en una sociedad más amplia.[214]

Otras posibilidades surgen de los estudios más recientes:[215]

> Como era de esperar, para C. H. Dodd la parábola es una parábola de crecimiento de modo que el Reino se compara con una cosecha. En consecuencia, el Reino está presente y los pájaros vuelan a reunirse para encontrar refugio en respuesta a Jesús.[216]
>
> R. Funk Lee la parábola contra el simbolismo del AT del cedro poderoso y argumenta que Jesús compuso una comedia alegre y sátira de todo orgullo, sobre todo el de Israel. El Reino entonces sale de la debilidad y se niega a perpetuarse por poder.[217]
>
> Con mayor frecuencia se entiende esta parábola como un contraste de la aparente pequeñez del ministerio de Jesús con el gran reino que resultará[218]o como centrándose en una combinación de contraste, el crecimiento y la continuidad entre el ministerio de Jesús y el posterior reino glorioso.[219]

La certeza de la venida del reino generalmente se acentúa en cualquiera de los casos.

A pesar de los desacuerdos sobre los detalles y sobre si el enfoque es el contraste o el crecimiento,[220] hay un sorprendente acuerdo acerca de la intención de la parábola. Aquí, prácticamente incuestionable, escuchamos la voz de Jesús que afirma un elemento vital y central de su escatología, su comprensión de lo que Dios estaba haciendo para poner las cosas en orden. Aunque todo lo demás sea debatible, esta parábola ilustra la presencia del Reino en el ministerio de Jesús, aunque otros no la reconocen, y la expectativa de Jesús de la segura revelación completa del Reino por venir. En Mateo y Marcos, las multitudes son los destinatarios de esta parábola (13.34 / 4.33). Probablemente similar sea el caso en Lucas, pero no se da ninguna indicación específica. El punto de la parábola habría sido efectivo tanto para los adherentes y los opositores.

Decisiones sobre los asuntos

1. ¿Cuál es el significado, en caso que haya, de las variaciones en la redacción de los cuatro relatos? Se ha invertido mucho en la relación de los relatos pero con muy poco acuerdo sobre las conclusiones. Algunos piensan que el relato de Marcos es el primero y el mejor preservado,[221] otros que el Q es (como generalmente lo ha preservado Lucas con Mateo en combinación con Marcos y la versión del Q).[222] Algunos tratan de volver a escribir la versión original de la parábola, basada en Marcos o la versión original de Q, que a menudo incluye las explicaciones de por qué cada uno de los evangelistas editó a su manera.[223] Muy poco se puede sacar de estas discusiones. No estoy convencido de la existencia del Q, pero aunque existiera en alguna forma, pero el procedimiento utilizado en la reconstrucción o la determinación de las formas originales no es confiable. Las hipótesis sobre estos temas no se pueden demostrar y a menudo muestran más que nada sobre las suposiciones de los eruditos que sobre la historia de la tradición. Con algunos dichos de Jesús, los hechos parecen lo suficientemente claros como para mostrar que un relato es el primero, pero a menudo el argumento puede darse de una u otra manera, como prueban los desacuerdos sobre esta parábola.[224] Especialmente si tomamos en serio la tradición oral, como debemos,[225] tales esfuerzos están equivocados. Si cualquiera de las parábolas de Jesús se hubiera relatado más de una vez, y no todas fueron, ciertamente las parábolas del Reino fueron relatadas. Si hubiera varios relatos de una parábola, el intento de encontrar una forma original no tiene nada que ver.

Las diferencias entre los relatos son interesantes, pero, aparte de la posible importancia del "árbol", no constituyen una diferencia en el significado. La pequeñez de la semilla se menciona en Marcos y Mateo y en Lucas se supone, y si se siembra en un campo, la tierra o en un huerto en nada cambia en cuanto al propósito de la parábola. Al final no hay mucha importancia a las variaciones en la redacción.

Los comentaristas no están bien de acuerdo si la parábola de la levadura originalmente estaba relacionada con la semilla de mostaza.[226] Marcos no tiene la levadura, y las dos están separadas en el Evangelio de Tomás.[227] Marcos pudo haber recibido esta parábola en una colección de parábolas de la semilla, la cual podría ser una razón que la levadura se omite. Ambas parábolas quizás se unieron en algún momento de la tradición, o quizás habrían estado unidas originalmente.

Parece que Jesús empleó las narrativas semejantes, pero eso no prueba que estas dos estaban unidas originalmente.

2. ¿Tiene algún significado alegórico cualquiera de las características? Los eruditos asignan una cantidad sorprendente de importancia alegórica a los detalles de esta parábola. Tres fuentes contribuyen a la interpretación alegórica: la supuesta conexión a otras parábolas con correspondencias alegóricas como el sembrador, el trigo y la cizaña, la supuesta alusión a las imágenes del AT de pájaros en los árboles y lecturas críticas a la redacción de la parábola, es decir, las lecturas que suponen que la situación de la comunidad del evangelista se refleja en el texto. Como resultado, se asigna significado a los detalles que rivalizan con cualquier lectura de la iglesia medieval. La siembra de la semilla en la "tierra" en Marcos y Mateo se entiende de Jesús que siembra la palabra en la gente,[228] las aves en el árbol se entienden como los gentiles en el Reino,[229] el gran tamaño del árbol se entiende de la magnitud del reino en el ministerio de Jesús, o más tarde en la parusía,[230] y el tema de la pequeñez/ocultamiento en esta parábola y en la de la levadura se entiende como simbólico de la estrategia de la comunidad Q de mantener el secreto en el alcance misionero (i.e., mientras viajaban ellos tenían que permanecer ocultos para evitar a los "lobos", ladrones o quizás los soldados romanos).[231] Nada de esto tiene mucha base, aparte de las posibles alusiones del AT a los pájaros y árboles, que se considerarán a continuación.

La cuestión aquí es otra vez cómo funcionan las parábolas y las similitudes. Esta similitud enfoca en el ministerio de Jesús, pero no describe específicamente su predicación o cualquier otro aspecto de su obra. La inquietud de la similitud es proporcionar una analogía al Reino. Que Mateo interpreta el sembrador en el trigo y la cizaña como el Hijo del Hombre y el campo como el mundo no demuestran aquí que el hombre y el campo tienen el mismo significado. Si bien esto parece atractivo a primera vista, tales conexiones no son explícitas, y creo que son poco probable. Por extensión, este enfoque significaría que la mujer en la parábola de la levadura es igualmente un símbolo para Cristo. Algunos llegan a esta conclusión, pero eso no parece ser la intención de Jesús o de los evangelistas. El punto no es que Jesús es semejante a un hombre que sembró la semilla de mostaza o una mujer que escondió levadura, sino más bien que el Reino es similar al *proceso* que se describe. Jesús no estaba fraguando alegorías aquí. La similitud de la semilla de mostaza da una *analogía*, y debe quedar como una analogía. El punto de la analogía es este: en lo que respecta a los judíos, como una semilla de mostaza repentinamente el reino de Dios comienza como algo insignificante pero se convierte en algo muy grande. Sí, la semilla de mostaza es análoga a la proclamación de Jesús del reino y los principios insignificantes de su ministerio, pero es hacer una alegoría para calificar los detalles de la similitud.

3. ¿Acaso hay una alusión a uno o más textos del AT con referencia a las aves que anidan?, y si es así, ¿cuál es la importancia de la alusión? Esta es la pregunta más difícil de esta parábola. La mención de las aves que habitaban en la planta de mostaza o sobre todo el "árbol" de Mateo y Lucas, puede aludir a uno de varios textos de AT: Ez 17.23; 31; Dn 4.9, 18 (12, 21 en Teodosio y LXX); o Sal 104.12. Un árbol bajo cuya sombra los animales o las aves encuentran refugio y sustento es una imagen del AT de un reino poderoso que alberga naciones.[232] Debido a esto, muchos concluyen que las aves que habitaban en la planta/árbol señalan al Reino y la inclusión de los gentiles.[233] Incluso Jeremías sostiene que "habitar" (*kataskēnoun*) es un término escatológico,[234]pero hay poca evidencia para esto. El verbo *kataskēno*un a menudo se traduce "nido" pero simplemente significa "vivir".

Algunos niegan que exista una alusión del AT,[235] porque la redacción no es lo suficientemente cercana para identificar un texto al que se alude. Se puede excluir el Salmo 104.12, porque aunque tiene las palabras "las aves del cielo habitan" (*ta peteina tou ouranou kataskēnōsei*), no tiene ninguna referencia a un reino. Ella simplemente describe el suministro disponible en de agua que Dios provee. Ezequiel 17.23 tiene específicamente un cedro (*Kedron*), no un árbol (*dendron*), y las únicas palabras en común con el NT son "pájaro" (singular, a diferencia de los evangelios) y "bajo su sombra" (que aparece sólo en Marcos de 4.32). Ezequiel 31.6 tiene solamente "las aves del cielo" y "sus ramas" (que aparece en Mateo 13.32 / Lucas 13.19). Daniel 4.9 y 18 tienen sólo "en" (como en Mateo y Lucas) y "las aves del cielo". Esto no es mucho para basar una alusión, y puede ser que J. Liebenberg acierta al argumentar que la expresión "aves de los cielos" es una manera para referirse a las aves no domésticos y que la intención es simplemente mostrar el gran tamaño del árbol.[236] Si hay una alusión, no es un texto particular sino la ideal general de un árbol acogedor que simboliza un reino.[237] Ese es probablemente el caso, lo cual es importante, pero no está claro cuánto estas imágenes habría sido reconocida por los oyentes de Jesús o los lectores de los evangelistas.Sin duda los evangelistas no han hecho clara la conexión. Si hay una alusión al reino con la lengua del Imperio, no se deben ignorar las implicaciones políticas en relación con Roma y la expectativa mesiánica judía.[238] Uno puede ver cómo la gente llega a la conclusión de que las aves representan a los gentiles, pero eso es ir demasiado lejos.[239]

Si hay una alusión a estas imágenes de AT, ¿por qué no hacer la observación con una parábola sobre los cedros del Líbano? R. Funk ha contestado esa pregunta con su teoría que el árbol de mostaza de Jesús es una caricatura de la imagen del cedro y fue dirigido contra las nociones humanas de orgullo y poder.[240] Aunque Jesús ciertamente rechazó las ideas humanas de orgullo y poder, ese no es el punto con esta parábola, y cualquiera que juegue con la imagen del cedro no concuerda con los relatos de cualquiera de los dos, en particular de Marcos con su referencia a las hortalizas o los otros evangelistas.[241] No se ha escogido la semilla de mostaza para crear una parodia, sino debido a su tamaño pequeño.

Al menos una parte de la inquietud de la parábola es el contraste entre el principio pequeño y el grande resultado. Al final si esta parábola alude o no al simbolismo del árbol del AT, no afecta el significado. Cualquier idea de Imperio y provisión para las naciones ya es inherente en la mención del reino de Dios. El principio de la parábola es más importante en este sentido que al final, y si hay una alusión al AT, sólo refuerza lo que ya se supone.

4 ¿Qué pregunta se está tratando y cuál es el significado de la respuesta? Las parábolas tratan con las preguntas, si las preguntas son explícitas o implícitas. Casi todos coinciden que esta similitud comprende la pregunta implícita acerca de la naturaleza insignificante e inesperada del reino que Jesús afirmaba que ya estaba presente. ¿Es posible que lo que estuviera sucediendo con Jesús y sus discípulos sea el establecimiento del reino de Dios?[242] ¿Acaso no se supone que el Reino sea un poderoso despliegue de la derrota de Dios del mal y la eliminación de las naciones que afligen a Israel?[243] Los milagros de Jesús son buenos, pero ¿dónde está el resto de la historia? Tales preguntas habrían pasado por la mente de muchos de los oyentes de Jesús, sin importar que sea un amigo o enemigo. La similitud de la semilla de mostaza urge, posiblemente advierte, que nadie debe desalentarse por lo que parece insignificante. Como la pequeña semilla de mostaza que crece hasta convertirse en un árbol grande, así el Reino está presente, aunque oculto, inadvertido o ignorado, y su completa revelación vendrá con sus beneficios.

A menudo los intérpretes han enfocado sólo en el contraste entre la pequeña semilla y el árbol grande y han argüido contra otras sugerencias.[244] Ellos hicieron esto para evitar cualquier idea de desarrollo del Reino, lo cual se trata a continuación, pero hay más envuelto en esta similitud que simplemente el contraste. Se supone el contraste, pero ese no es el punto y está presente sólo por la naturaleza de las cosas al principio del ministerio de Jesús. Ninguno pensó que lo que estaba sucediendo en el ministerio de Jesús fue la totalidad del Reino. La pregunta era si su ministerio tuviera algo que ver con la aparición del reino de Dios. Los intérpretes recientes han optado por ambos, como propuesta, argumentando que esta similitud es acerca de ambos, el contraste y crecimiento[245] o contraste y continuidad[246] o la unidad orgánica del principio y el fin.[247] Se supone el crecimiento y no está mal,[248]pero tampoco es el punto. El punto es lo que uno ve con Jesús, que guiará a lo que uno espera en el reino.[249] El enfoque está en la *unidadorgánica* entre el ministerio presente de Jesús en Israel y el reino venidero de Dios. Al final, el final que todo el mundo sabe y anhela, ya está en el principio, el principio inaugurado por Jesús y ahora en operación.[250] Lo que está en juego con esta similitud es una reestructuración de la expectativa judía. El Reino, que ya ha comenzado con Jesús, no viene con un golpe glorioso y la derrota de Roma; por el contrario, viene inesperadamente, casi inadvertido. Pero todo lo necesario ya está allí, y el final está presente en el comienzo. No se debe perder el enfoque en las aves que habitaban en las ramas o la sombra del árbol, independientemente del origen de la idea. Al final la grandeza y el beneficio del Reino será una realidad maravillosa y agradable.

Aunque es tan importante, el mensaje no es sólo sobre la certeza de la venida del Reino final.[251] No era necesario decir a los judíos, discípulos de Jesús o no, de la venida del reino de Dios. Lo que necesitaban saber era que el Reino futuro ya estaba presente en la enseñanza y en la obra de Jesús. El tan anhelado reino de Dios había comenzado; ha comenzado y llegará a su cumplimiento. Con esa convicción vienen esperanza, confianza y aliento, y ella también implica un desafío para asegurarse de que uno se identifique con este reino, en lugar de considerarse como en oposición.

5. ¿Hasta qué punto se enfoca en cierta extensión de tiempo y crecimiento o desarrollo, y cuál es la relevancia de la parábola para meditar en la escatología? Las similitudes de la semilla de mostaza y la levadura implican un intervalo para la transición desde el principio pequeño hasta el gran resultado. Esto a menudo se niega, pero ¿qué más puede significar las palabras "hasta" (*heōs hou*) en la parábola de la levadura (Mt 13.33 / Lc 13.21)? Ambas parábolas suponen un intervalo. ¿Qué importancia reviste este intervalo para la teología? Con frecuencia se indica el punto de que el Reino no crece,[252] y en cierto sentido se justifica esta afirmación. Si el Reino se define que Dios viene para ser rey en cumplimiento de las promesas del AT, obviamente el crecimiento no es pertinente. El Reino, la venida de Dios, no necesita crecimiento. La resistencia a la idea del crecimiento es comprensible a la luz de las ideas de evolución del pasado, especialmente cuando el crecimiento del Reino se asoció con el crecimiento de la iglesia.[253]

Por otra parte, las protestas contra el crecimiento y el tiempo no derivan del texto sino que son provocadas por la historia de la interpretación y los intereses teológicos. Estas parábolas enfatizan el crecimiento y un poder en operación que resultan en los propósitos de Dios durante un período de tiempo, pero no implican nada sobre la cantidad de tiempo. No se debe buscar consecuencias en el hecho de que la mostaza es una planta de crecimiento rápido o que la levadura tiene lugar durante la noche. La descripción del tiempo no es la cuestión; por el contrario, la parábola apunta a la transformación de la planta y la harina de una etapa de pequeñez o poca perceptible a un gran resultado. Las parábolas no dicen si el crecimiento completo y la levadura se consideran como algo que sucede durante la vida de Jesús o durante un período mucho más largo.

Puesto que se supone un intervalo, algunos han pensado que estas parábolas tratan con el retraso de la parusía.[254] No veo fundamento para tal conclusión. El único retraso que las parábolas tratan es la demora imprevista entre la inauguración del Reino y su revelación completa. No se debe forzar a las parábolas para que respondan las interrogantes que no tratan. *Nosotros* podríamos discutir esas cuestiones a la luz de las parábolas, pero las parábolas no ofrecen las respuestas. Lo que es claro acerca del tiempo, especialmente con los aoristos en Mateo y Lucas, excepto para Marcos, es que ha comenzado el tiempo del reino, aunque no parezca así, y alcanzara su completo cumplimiento.

6. ¿Enseña este texto el universalismo? Quizá esta sea una pregunta extraña, y no debiera surgir aparte del hecho de que algunos han argüido que las similitudes de la semilla de mostaza y la levadura enseñan la salvación universal.[255] Esta pregunta es más pertinente para la levadura, pero ambas se presentan en estas discusiones como una misma enseñanza, por lo que aquí serán tratadas juntas. La sugerencia del universalismo se basa en una palabra, la palabra "todo" en la descripción del efecto de la levadura. Si el reino es como una mujer que esconde la levadura en la masa hasta que todo sea leudado, ¿qué es todo? Los que arguyen por el universalismo consideran quetodo "el mundo" o "de la humanidad" deben estar incluidos.[256] La similitud obviamente no es explícita en cuanto al referente con "todo", y la gente sólo puede concluir que el pasaje enseña el universalismo suponiendo su conclusión.[257] Nada apoya esta opinión, y no concuerda con el resto de las enseñanzas de Jesús. "Todo" puede referirse a la totalidad del propósito de Dios para Israel[258] o para el pueblo de Dios, o más probable a la plena manifestación del reino con ninguna otra entidad a la vista. Si es así, la analogía dice que la levadura es el principio del Reino y la masa fermentada totalmente como la realidad completa. Eso es todo. Jesús no estaba comparando el Reino con el mundo, y cualquier idea de universalismo es simplemente una opinión.

Adaptación de la parábola

Esta parábola es menos directa en su aplicación que algunas porque se enfoca en tratar las dudas de los contemporáneos de Jesús sobre la naturaleza de su ministerio. Su punto más importante es que el Reino ciertamente está presente en su ministerio, y, si es así, la obvia introducción e interrogante a continuación es la actitud de uno hacia el Reino. Si la similitud de la semilla de mostaza es una apología a que el Reino ha llegado, es también el consuelo y la exhortación con respecto a la identidad de uno.[259]

Es erróneo pensar que esta parábola trata del crecimiento espiritual del individuo; aunque no está mal entender la dinámica de la obra de Dios y aplicarla a la persona o a otras circunstancias. No es sólo con el ministerio de Jesús que las cosas aparentan pequeños e insignificantes pero que dan grandes resultados.Lo vemos más adelante con la crucifixión, y esta dinámica parece ser una práctica regular de Dios (cf. 1 Cr 1.26-31). Como la cruz, la parábola de la semilla de mostaza es un desafío a la percepción y el juicio sobre la pequeñez y el significado. Vemos a través de un espejo oscuro y con mucha frecuencia fracasamos en reconocer una semilla plantada por Dios.

Debemos esperar e implementar el pensamiento de la "semilla de mostaza", sin despreciar su insignificancia ni dudar de lo que Dios pueden hacer con principios pequeños. Las implicaciones de cristológicas de la parábola no se deben ignorar. Es en la palabra y obra de Jesús que el reino ha hecho su entrada.

Lectura adicional

Nils Dahl, "The Parables of Growth" in *Jesus in the Memory of the Church* (Minneapolis: Augsburg, 1976), pp. 141-66.

Arland J. Hultgren, *The Parables of Jesus: A Commentary* (Grand Rapids: Eerdmans, 2000), pp. 392-403.

Adolf Jülicher, *Die Gleichnisreden Jesu* (2 vols.; Freiburg i. B.: Akademische Verlagsbuchhandlung von J. C. B. Mohr, 1888-89), 2:569-81. Jack Dean Kingsbury, *The Parables of Jesus in Matthew 13: A Study in Redaction-Criticism* (Richmond: John Knox, 1969), pp. 84-88.

Jacobus Liebenberg, *The Language of the Kingdom and Jesus: Parable, Aphorism, and Metaphor in the Sayings Material Common to the Synoptic Tradition and the Gospel of Thomas* (BZNW 102; Berlin: Walter de Gruyter, 2001),pp. 276-349.

La Levadura
(Mateo 13.33; Lucas 13.20-21)

Tipo de parábola

Esta es una similitud a pesar del uso del tiempo aoristo para describir las acciones de la mujer. El factor que distingue las parábolas de las similitudes no es el tiempo sino una trama desarrollada. Aquí, ninguna trama se desarrolla; más bien tenemos una analogía basada en una ocurrencia diaria típica. Se emplea el aoristo para señalar el hecho de que la acción de la inauguración del Reino ya ha ocurrido.

Asuntos que merecen atención

1. ¿Cuál es la relación de esta parábola a la de la semilla de mostaza y qué relevancia tiene esta relación para la interpretación?
2. ¿Es la levadura siempre un símbolo negativo?
3. ¿Tiene significado alegórico cualquiera de las características?
4. Hay una alusión a Génesis 18.6, y si es así, ¿cuál es su importancia?

5. ¿Qué pregunta se está tratando y cuál es el significado de la respuesta?
6. ¿Hasta qué punto se centra en cierta extensión de tiempo y crecimiento o desarrollo, y cuál es la relevancia de la parábola para pensar acerca de la escatología?
7. ¿Enseña este texto el universalismo?

Material útil de fuente primaria

Material canónico

- AT: Gn 18.6; Ex 12.15-20; 13.3-7; 23:15, 18; 34.25; Lv 2.11; 6:17 (Hb6.10); 7.13-14; Nm 28.16-25; Dt 16.2-8; Am 4.5
- NT: Mt 16.6, 11-12/Mr 8.15/Lc 12.1; 1 Cr 5.6-8; Gl 5.9

Escritos judíos tempranos

- Filón, *Preguntas y soluciones* en Éxodo 1.15 (en Éxodo 12.8): "Pero en cuanto al significado más profundo, cabe destacar, (es decir) que lo que es con levadura y fermentado se aumenta, mientras que lo que es sin levadura es baja. Cada uno de ellos es un símbolo de tipo de alma, un ser arrogante e hinchado con arrogancia, el otro ser inmutable y prudente..."
- Filón, *Preguntas y soluciones* en Éxodo (en Éxodo 23.18): "Él indica mediante dos símbolos necesarios que uno debe despreciar los placeres sensuales, porque levadura es un edulcorante de alimentos pero no alimento (en sí mismo). Y otra cosa (que se indica) es que uno no debe levantarse en presunción por la creencia común. Porque ambos son impuros y odiosos, (es decir) placer sensual y arrogancia (o) tonta creencia, (siendo ambos) los hijos de una madre, ilusión."Véase también Congreso 161-62.
- Filón, *Especialibus Legibus* 2.184-85: "Pero la levadura también es un símbolo para otras dos cosas: de una manera apoya los alimentos en su forma más completa y perfecta, que en nuestro uso diario ninguno resulta ser superior o más nutritivo... El otro punto es más simbólico. Todo lo que tiene levadura se levanta y el gozo es la elevación racional o el levantamiento del alma."

Escritos greco-romanos

- Plutarco, *Cuestiones romanas* 109 (289F): "¿Por qué no era permitido para el sacerdote de Júpiter, a quien llaman el *Flamen Dialis*, tocar la harina o la levadura? . . . La levadura también es el producto de la corrupción y produce corrupción en la masa con la que se mezcla; porque la masa se vuelve flácida e inerte, y en conjunto todo el proceso de leudado parece ser uno de putrefacción; en cualquier caso si se pone demasiado, la harina se agria y se descompone totalmente."

Escritos cristianos tempranos

- *Evangelio de Tomás,* 96: Jesús [dijo]: el reino del Padre es como [una] mujer; ella tomó un poco de fermento, y lo [escondió] en la masa, (y) se hizo panes grandes. El que tenga oídos, que oiga.

Escritos judíos tardíos

- *m. Menahot* 5.1: "Las ofrendas de alimentos se ofrecieron sin levadura, con excepción de las leudadas [tortas prescritas] para la ofrenda de gracias y los dos panes [en Pentecostés], que se ofrecieron con levadura".
- *b. Ketubbot* 10b: "Como la levadura es saludable para la masa, así es la sangre saludable para una mujer." Y [también] se ha enseñado en el nombre de R. Meir: "Toda mujer que tiene abundante sangre tiene muchos hijos." La misma tradición está en b. *Niddah* 64b.

Comparación de los relatos

Los pasajes como estos son la razón que algunas personas creen en Q, la fuente de dichos que Mateo y Lucas supuestamente emplearon. Aparte del material de introducción, la redacción de ambos relatos es prácticamente idéntica. Mateo utiliza "les refirió otra parábola" en conformidad con la introducción de sus parábolas (cf. 13:3, 24, 31), mientras que Lucas sencillamente usa "y volvió a decir". Mateo emplea "el reino de los cielos es semejante a la levadura", mientras que Lucas usa "¿a qué compararé el reino de Dios? Es semejante a la levadura". A partir de ese punto la redacción es idéntica.[260] Algunos suponen que Lucas tiene la forma más primitiva, porque él no utiliza con frecuencia la palabra "otra vez" (palin, v. 20),[261] que es una incierta evidencia para una conclusión.

El *Evangelio de Tomás* 96 ha cambiado la parábola para que el punto de comparación no sea la levadura sino la mujer. No es obvio de qué se pretendía con el cambio, especialmente si se tiene en cuenta la opinión negativa de las mujeres en el Evangelio de Tomás. 114, pero se ubica esta parábola como la primera de las tres parábolas del Reino, dos de los cuales es acerca de las mujeres. A estas parábolas le sigue la referencia de los discípulos de Jesús que su familia está fuera y la respuesta de Jesús que quienes hacen la voluntad de su Padre son sus hermanos y su madre y entrarán en el reino (99). Lucas ubica esta perícopa sobre la familia de Jesús *después* de las parábolas del Reino (8.19-21), mientras que Mateo y Marcos la ubican antes de su discurso de las parábolas. La mayoría no considera que el relato de Tomás sea el mejor conservado.[262]

Características del texto que merecen atención

"Oculto" es un lenguaje inesperado y se emplea intencionalmente para llamar la atención sobre el ocultamiento del Reino. La palabra "oculto" vuelve a aparecer en Mateo 13.35 y 44.[263] Cf. también Mateo 11.25 / Lucas 10.21; 18.34; 19.42. El reino que Jesús proclamó es un reino oculto.[264]

A diferencia de la parábola de la semilla de mostaza, ninguna de las versiones de esta parábola menciona explícitamente un contraste.[265]

Información cultural

La levadura, por supuesto, era considerada negativamente debido a la Pascua y la necesidad de comer pan sin levadura durante siete días. En preparación para la Pascua, "la noche del 14 [de Nisán] se debe buscar el *hameş* mediante la luz de una lámpara" (*m. Pesahim* 1.1), y cualquier cosa que contenga o resulte de un proceso de fermentación debe eliminarse. Numerosas regulaciones sobre la eliminación de la levadura aparecen en varios textos, en particular *b. Pesahim 2a-116a.*

Más adelante se analiza si la levadura es negativa en esta parábola.

El leudo no es lo mismo que la levadura, la pequeña sustancia que utilizamos para causar el leudo. En el mundo antiguo el leudo era simplemente la fermentación de la masa.[266] Algunas masas fermentadas se guardaban para volverlas a utilizar en la fermentación de la masa siguiente.

Puesto que la mayoría de las casas eran pequeñas (aproximadamente quince metros cuadrados), se realizaba el horneado en los patios, lo cual probablemente se consideraba un acto comunitario. Posiblemente la gran cantidad que se visiona mediante esta parábola resulta de la suposición de que la mujer estaba amasando para su grupo. Existían los panaderos profesionales, pero este tipo de labor se consideraba una tarea de las mujeres, una de las siete responsabilidades que la Mishná (*m. Ketubot 5.5*) requiere que las esposas hagan para los esposos. En Jeremías 7.18 se considera el horneado de pan como una tarea de la familia.[267]

La similitud menciona (*sata*) tres medidas de harina, y un *saton* se entiende como equivalente al hebreo *sĕ'āh*. Sin embargo, *saton* ("medida") no se utiliza en la LXX para traducir *sĕ'āh*. No había disponible la precisión para las medidas antiguas, pero de la evidencia disponible un *saton* generalmente se entiende como equivalente a cerca de tres galones o trece litros de medida seca. Tres *sata* sería casi una unidad de harina y sería sobre todo lo que una mujer podría amasar. Obviamente sería un montón de pan, suficiente para alimentar de 100 a 150 personas, *si las mediciones se han entendido adecuadamente*. La cantidad de levadura para fermentar esta cantidad de harina se estima en tres o cuatro libras.[268]

Explicación de la parábola

Opciones de interpretación

Como era de esperar, la iglesia alegorizaba prácticamente todas las características de esta parábola en diversas maneras. María, se entiende que es la mujer, la iglesia, o negativamente la sinagoga, que mató a Cristo la levadura. También, se comprende la levadura como los doce apóstoles, la doctrina cristiana, y el conocimiento de las Escrituras. Stephen Wailes informa que las tres medidas recibieron diecisiete identificaciones diferentes que van desde la Trinidad a las virtudes morales específicas a Asia, África y Europa.[269] Esto nos dice más sobre la iglesia que sobre la parábola. Estudios recientes tiene su propia gama de opciones para tratar con esta similitud de un versículo.[270] Lo siguiente debe mencionarse:

> C. H. Dodd, no es de extrañar, considera la masa como leudada completamente con el Ministerio de Jesús, o si esta parábola no estaba originalmente con la semilla de mostaza, ella trata acerca del "poder del reino de Dios… impregnando poderosamente el apagado judaísmo religioso en tiempos de [Jesús]."[271]
>
> La asociación con la semilla de mostaza hace que algunos supongan que la parábola trata acerca del contraste.[272]
>
> Algunos consideran la levadura como negativo y enfocan en el Reino como una fuerza subversiva y en la inclusión de los marginados en el ministerio de Jesús.[273]
>
> Con frecuencia las personas enfocan en el reino como un poder oculto pero influyente e irresistible.[274] Algunas veces esto se asocia con Génesis 18.6, cuyo contexto trata de los visitantes divinos a Abraham y las ideas de revelación y epifanía.[275]
>
> Algunos sostienen que la parábola trata sobre el cuidado providencial de Dios.[276] Unos pocos opinan que la parábola apunta a la participación de la mujer en el liderazgo de la iglesia.[277]

Decisiones sobre los asuntos

1. ¿Cuál es la relación de esta parábola a la de la semilla de mostaza y qué relevancia tiene esta relación para la interpretación? Estas dos similitudes son iguales, pero no son idénticas. Aunque deberían considerarse conjuntamente, cada una debe entenderse por méritos propios. La idea del contraste no es explícita con la levadura y no debe ser el enfoque, sin duda alguna, si tengo razón, tampoco el contraste es el punto central de la semilla de mostaza. A menudo se ha dicho que la semilla de mostaza representa el crecimiento extenso y la levadura la transformación intensiva,[278] Pero ambas similitudes tienen ambos elementos, por lo que esta distinción no funciona.[279] Ambas parábolas destacan un proceso intencional con un objetivo explícito,[280] y ambas retratan el sorprendente gran efecto de algo pequeño o no visible. En ese sentido ambas proporcionan dos imágenes diferentes de una misma realidad y destacan más fuertemente el punto de lo que cualquiera podría hacer sola. Ambas tratan con la misma duda sobre la presencia del Reino.

2. ¿Es la levadura siempre un símbolo negativo? Como muestran las fuentes primarias arriba, comúnmente se considera la levadura negativamente, pero otros textos muestran usos positivos, especialmente en las ofrendas de paz, ofrendas de las primicias para Dios y ofrendas de acción de gracias (Lv 7.13-14, 23.17; *m. Menahot* 5.1). No se debe usar la levadura con los holocaustos, y tampoco la miel. Nadie llega a la conclusión que la miel es negativa. Cuando la levadura se utiliza negativamente, el contexto lo hace claro, ya sea en la Escritura o en otra parte. Nada en el contexto aquí sugiere otra cosa que un uso positivo. Cualquier intento de considerar el Reino como una "Epifanía de la corrupción" y la parábola como un intento de subvertir la resuelta dependencia de los oyentes de la normativa de lo sagrado no tiene nada en su favor.[281] Si aquí no se considera negativamente a la levadura, entonces también están excluidas las interpretaciones que enfatizan los aspectos subversivos del Reino y la inclusión de los marginados. Esos temas están presentes en otros lugares, pero no aquí.

3 ¿Cuál es el significado alegórico a cualquiera de las características? Las identificaciones alegóricas de la iglesia medieval parecen extrañas hoy, pero algunos todavía quieren encontrar identificaciones para las características de las parábolas. Si no hubiera las correspondencias entre la imagen y la realidad, una analogía no funcionaría, pero las correspondencias no son las mismas que las identificaciones alegóricas. La analogía es esto: La levadura que fermenta una gran cantidad de masa corresponde a (o muestra análogamente) la relación del ministerio de Jesús y la plena manifestación del Reino. La mujer no es un símbolo para Jesús; el asunto no es la mujer sino el proceso de la levadura que fermenta una gran cantidad de masa. Puesto que Jesús se compara a una madre gallina (Mt 23.37), probablemente no dudaría en comparar a sí mismo con una mujer, pero esas comparaciones no logran mucho con respecto al valor de las mujeres o las gallinas. Nuestra sociedad necesita una valoración mucho mejor de la que tiene de las mujeres y su liderazgo, pero esta parábola no es la base para esa discusión.

4. ¿Hay una alusión a Génesis 18.6?, y si es así ¿cuál es su importancia? Como con la semilla de mostaza, existe la posibilidad de una alusión a un texto del AT que podría tener importantes implicaciones para el propósito de la parábola. En Génesis 18.6 Abraham dijo a Sara que tomara tres medidas de harina y que inmediatamente hiciera panes cocidos para los visitantes. Aparte de las tres medidas de harina, nada sugiere una alusión en la parábola de Jesús. El texto de Génesis no menciona la levadura, y si se hace una alusión, no hay ninguna influencia del texto de la LXX. Incluso las palabras "medidas" no son las mismas.[282] Algunos señalan a la palabra *enkryphias* ("tortas") en Génesis LXX porque suena como *kryptō* ("esconder") en la parábola del Evangelio, que entonces se cree que es un juego de palabras.[283] Esto no es muy impresionante y parece más una coincidencia que un juego de palabras. Debido a la necesidad de prontitud, puede ser que los panes que Sara preparó no tenían levadura (cf. 1 Sm 28.24), particularmente puesto que en Jueces 6.19, otro texto de visitación divina, Gedeón prepara panes sin levadura de un efa de harina (la misma cantidad como tres medidas; véase también 1 Sm 1.24).

Aquellos que ven una alusión a Génesis 18.6 en la parábola creen que las tres medidas de harina serían reconocidas como una ofrenda para una epifanía y entonces entenderían la parábola que apunta a la revelación, el poder sacramental del Reino y a la inversión de lo sagrado y lo profano, implícitamente una negación del templo.[284] Eso es mucho para concluir de "tres medidas" y al final creo que es mínima la probabilidad de una alusión a Génesis 18.6. No obstante, se pueden tomar las tres medidas como simbólicas del Reino, probablemente que señalan el banquete escatológico,[285] si las estimaciones son correctas que esta cantidad de harina es suficiente para alimentar a 100 personas o más. Sin embargo, como algunos advierten, tres medidas pueden ser simplemente una cantidad convencional. Por lo menos deberíamos ser cautelosos acerca de las conclusiones que hacemos sobre el valor simbólico de la cantidad de harina.[286]

5. ¿Qué pregunta se está tratando y cuál es el significado de la respuesta? (Véase también la discusión similar de la semilla de mostaza). Como se indicó anteriormente, esta similitud se dirige a las dudas referentes a la proclamación de Jesús de la presencia del reino. Lo que la gente pensaba que debería estar sucediendo no sucedía, aunque partes del ministerio de Jesús cumplía con las expectativas. Un contexto paralelo es evidente en la pregunta de Juan el Bautista si Jesús era "aquel que había de venir" y lo que Jesús responde señalando las obras en cumplimiento de las expectativas del AT (Mt 11.2-6/Lc 7.18-23).[287] El enlace de Lucas de la parábola con la sanación de la mujer encorvada fortalece la asociación. El punto otra vez es lo que uno ve con Jesús es el principio de lo que uno espera en el Reino y seguramente conducirá a él. El enfoque no es el contraste de lo grande y pequeño sino el principio oculto que resultará en la terminación de la obra de Dios en el reino, el leudo de la totalidad. Algo ha sucedido (tenga en cuenta los aoristos) y tendrá su pleno efecto. Un poder oculto, apenas perceptible para algunos, ya está irresistiblemente obrando. El Reino en el ministerio de Jesús tiene su principio y está operando, aunque sea en una manera oculta e imprevista.[288] La aceptación del punto de la parábola infunde confianza y esperanza.

Para las preguntas seis y siete (¿hasta qué grado el enfoque está en cierta extensión de tiempo y crecimiento o desarrollo?, y ¿cuál es la relevancia de la parábola para pensar en la escatología? y ¿enseña este texto el universalismo?).

Adaptación de la parábola

La presencia del Reino es posiblemente el aspecto más importante del mensaje de Jesús. La historia ha cambiado por su palabra y su obra. Esta afirmación se debe tratar con mayor amplitud al final de este capítulo, pero claramente el propósito de esta parábola es que el Reino ya está en marcha y no se detendrá. Las suposiciones de cristología son evidentes. El desafío de la percepción humana y el juicio sobre la pequeñez y el significado está presente aquí también. Mucha gente conoce principios insignificantes en sus vidas que Dios les ha dado cumplimiento. Esa dinámica es parte de la vida y debemos saborear y proteger tanto nosotros como los otros. La confianza y la esperanza son el resultado de la parábola. Si las personas se entregan a los propósitos de Dios, los comienzos pequeños todavía vienen a buen término. Dios parece ser el asunto que leuda, aumenta, lo que parece insignificante.

Lectura adicional

Robert W. Funk, "Beyond Criticism in Quest of Literacy: The Parable of the Leaven," *Int* 25 (1971): 149-70.

Jacobus Liebenberg, *The Language of the Kingdom and Jesus: Parable, Aphorism and Metaphor in the Sayings Material Common to the Synoptic Tradition and the Gospel of Thomas* (Berlin: Walter de Gruyter, 2001), pp. 276-349.

Susan Marie Praeder, *The Word in Women's Worlds: Four Parables* (Wilmington, Del.: Michael Glazier, 1988), pp. 11-35.

Elizabeth Waller, "The Parable of the Leaven: A Sectarian Teaching and the Inclusion of Women" *USQR* 35 (1979-80): 99-109.

El Tesoro Escondido (Mateo 13.44)

Tipo de parábola

Hemos visto con la semilla de mostaza y la levadura que el tiempo solo no es el factor que distingue entre las similitudes y las parábolas. La comparación del tesoro (que utiliza el aoristo para "esconde", *ekrypsen* y luego utiliza el tiempo presente) con la perla (que utiliza el tiempo perfecto para "vendió", *pepraken,*[289] el imperfecto para "tenía" *eichen* y el aoristo para "compró", ēgorasen) verifica que el tiempo no es ninguna base para la distinción. Claramente, el tesoro y la perla son del mismo tipo. Ambas son similares en forma a la levadura. Aunque hay movimiento, no hay un argumento desarrollado.

Asuntos que merecen atención[290]

1. ¿Cuál es la relación de las parábolas del tesoro y de la perla y la importancia de esa relación? ¿Hay alguna diferencia en matiz debido a las diferencias en el tiempo?
2. ¿Fue ética la acción del buscador, y si es así, ¿es esto relevante para la interpretación?
3. ¿Tienen las características algún significado alegórico?
4. ¿Qué enseña la similitud, el valor del Reino o el costo del discipulado? ¿Tiene esta parábola algo que ver con la salvación por gracia?

Material útil de fuente primaria[291]

Material canónico

- AT: Dt 33.19
- NT: Mt 6.33; Mt 16.24-26/Mr 8.34-37/Lc 9.23-25; Mt 19.21, 27/
- Mr 10.21, 28/Lc 18.22, 28; Lc 14.26-33

Escritos judíos tempranos

- Sir 40:18 "Riqueza y salarios hacen dulce la vida, pero mejor que cualquiera de estos es encontrar un tesoro".
- Filón, *De Deo* 91: "Por el contrario, es común experimentar cosas que acontecen que ni hemos soñado, como la historia del labrador que, cavando su huerto para plantar algunos árboles frutales, encuentra un tesoro, y así se encuentra con la prosperidad más allá de sus esperanzas." Filo tiene en mente el tesoro que uno encuentra en la sabiduría de Dios.
- *T. Job* 18.6-8: "Y me volví como uno que desea entrar a cierta ciudad para descubrir su riqueza y ganar una porción de su esplendor y como uno que se embarcó con carga en un viaje marítimo.Al ver en medio del océano la tercera ola y la oposición del viento, tiró la carga en el mar, diciendo: 'Estoy dispuesto a perder todo con el fin de entrar en esta ciudad para que yo pudiera ganar ambos, la nave y cosas mejores que la carga'. Por lo tanto, también consideré mis bienes nada en comparación con la ciudad de la que el ángel me habló."[292]

Escritos greco-romanos

- Horacio, *Sátiras* 2.6.10: "O que algún golpe de suerte me revelara una olla de dinero, como el hombre que, habiendo encontrado un gran tesoro, compró y labró en el mismo terreno que trabajaba como empleado, enriquecido por el favor de Hércules!" Hércules era conocido como el Dios del tesoro.
- *Fábulas de Esopo*, 42 "El tesoro del hortelano y sus hijos": "Un hortelano que estaba a punto de morir quería que sus hijos estén bien informados sobre la granja, entonces les convocó y dijo, 'hijos míos, hay un tesoro enterrado en uno de mis viñedos'. Después de su muerte, sus hijos tomaron arados y azadas y cavaron toda la granja. No encontraron ningún tesoro, pero la viña les devolvió una cosecha mayor. Así entendieron que el tesoro más grande del hombre consiste en trabajar."[293]
- *Filóstrato, Apolonio* 6.39: Un hombre sacrifica a la madre tierra con la esperanza de encontrar un tesoro. Ora a Apolonio, y tras un debate sobre su riqueza, la falta de trabajo y necesidad de

dotes para cuatro hijas, Apolonio tiene compasión y dice que él y la madre tierra proveerán. Le muestra al hombre una finca. El hombre lo compra y luego encuentra un frasco que contiene 3000 dracmas y también tiene una buena cosecha. Alaba al sabio, y su casa está llena de pretendientes para sus hijas.

Escritos cristianos tempranos

- *Evangelio de Tomás*, 109: "Jesús dijo: el Reino es como un hombre que sin saberlo, tenía un tesoro [escondido] en su campo. Y [después] que él murió, le dejó a su [hijo]. El hijo no sabía nada (sobre el tesoro). Aceptó ese campo (y) [lo] vendió. Y quien lo adquirió vino, (y) mientras que araba [encontró] el tesoro. Empezó a prestar dinero con interés a [quien] él quería. "

Fuentes Judías tardías

- *m. Baba Batra* 4.8-9: "Si un hombre vende un campo ha vendido también las piedras que son necesarias, y las cañas que en un viñedo son necesarias, y su cultivo sin cosechar..." Pero él no ha vendido las piedras que no sean necesarias o las cañas en un viñedo que no son necesarias o los frutos que ya recogió". Varias regulaciones siguen, la mayoría suponiendo que si algo se vendía, todo lo que era parte también se vendía.
- *T. Salomón* 12.4: Un demonio bajo el control de Salomón le dice que mucho oro está enterrado bajo el sitio del templo y que Salomón debe desenterrarlo y llevarlo.
- *Mekilta Beshallah* 2.149-55 (sobre Éxodo 14.5): "Otra interpretación: R. Simón hijo de Yohai, dando una parábola, dice: ¿A qué se puede comparar esto? A un hombre que recibió como herencia una residencia en un país lejano la cual vendió por una baratija. El comprador, sin embargo, fue y descubrió en ella tesoros ocultos y almacenes de plata y de oro, de piedras preciosas y perlas. El vendedor, al ver esto, comenzó a afligirse con dolor. Así también lo hicieron los egipcios, que dejaron ir sin darse cuenta lo que dejaron. Porque está escrito: 'Y dijeron: ¿Cómo hemos hecho esto de haber dejado ir a Israel?'"

Pesiqta de Rab Kahana 11.7 también tiene una triple analogía sobre este tema; cf. *Canción Rab.* 4.12.1; *Éxodo Rab.* 20.2.

- *y. Baba Mesi'a* 2.5, 8: "Simeón b. Shetah trabajaba en lino [para sustentarse].Sus discípulos le dijeron, 'rabino, deje [este trabajo] y nosotros le compraremos un asno para que usted no tenga que trabajar tanto'. Ellos fueron y le compraron un asno de un sarraceno. Colgado en él estaba una perla. Ellos se aceraron y le dijeron: 'de ahora en adelante no tienes que trabajar más.' Él les dijo, '¿por qué?' Le dijeron, 'compramos un asno de un sarraceno y colgado de él había una perla'. Él les es preguntó, '¿sabía el dueño acerca de la perla?' Ellos dijeron, 'no'. Les dijo entonces, 'id y devuélvanlo'.Se cuenta de varios otrosincidentes de los judíos que devolvían a los gentiles mercancía perdida para que ellos bendigan el Dios de los judíos. "Dijo R. Huna, 'todos coinciden en eso si [uno encontró] una bolsa de dinero, él no debe tocarlo'." Tarfon y Aqiba concuerdan que en este caso el buscador deja el dinero y no hace uso de ella.
- *y. Horayot* 3.4: Un hombre que apoyaba a los rabinos perdió dinero y su esposa lo animó para que vendiera una mitad del único campo que les quedaba y diera las ganancias a ellos. "Fue y así hizo. Luego vino a nuestros rabinos, y les dio las ganancias. Nuestros rabinos oraron a favor de él. Los rabinos le dijeron ' Abba Judá, que el Santo, bendito sea, provea todo lo que te falta.' Mientras volvían por su camino, él descendió para arar la mitad del campo que quedaba de su posesión. Y mientras araba... su vaca cayó y se rompió una pata. Él fue para levantarla, y el Santo, bendito sea él, le abrió los ojos, y encontró una joya. Él dijo, 'fue por mi propio bien que mi vaca se rompió la pata'." Esta historia se repite con variaciones en Lv. Rab. 5.4 y Dt. Rab. 4.8.
- *Lev Rab.* 27.1: "Él [Alexander] marchó lejos a otra provincia llamada África. Salieron a recibirlo con manzanas de oro, granadas de oro y pan de oro. '¿Cuál es el significado de esto?' exclamó, '¿comen oro en tu país?' Ellos le respondieron: '¿Acaso no es así en tu país?' Él les dijo: 'No son sus posesiones las que he venido a ver sino sus leyes'. Mientras estaban sentados, dos hombres llegaron ante el rey para pedir juicio. Uno dijo: '¡Su Majestad! He comprado un al-

garrobo de este hombre, y mientras cavaba he encontrado un tesoro en él, así que le dije: 'Toma tu tesoro, porque compré el algarrobo pero no el tesoro.' El otro argumentó: 'Así como tienes miedo de arriesgar el castigo por robo así soy yo. Cuando realice la venta vendí el algarrobo y todo lo que está en él.' El rey llamado a uno de los hombres le dijo: '¿Tiene usted un hijo?' 'Sí', respondió. Llamó al otro hombre y le preguntó: '¿Tiene usted una hija?' 'Sí', éste respondió. 'Váyanse', les dijo el rey, 'y permitan que se casen entre sí y que ambos puedan disfrutar del tesoro'. Alejandro de Macedonia se mostró sorprendido. '¿Por qué estas sorprendido?', el rey preguntó. '¿Acaso no juzgué bien?' 'Sí', le aseguró Alejandro. 'Si este caso hubiera surgido en su país', le preguntó, '¿qué habría hecho?' El rey respondió: 'Habríamos cortado la cabeza de este hombre y del otro, y el tesoro habría ido al rey.'" La lógica de Alejandro se refuta en Sl 37.7. El mismo relato con variaciones se encuentra en *Pesiqta de Rab Kahana* 9.1; *Gen Rab.* 33.1; y. *Baba Mesi'a* 2.5; y *Midr. Tanhuma Emor* 9.

- *b. Baba Mesi'a.* 10a: "Si un hombre levanta un objeto encontrado para su vecino, no pertenece al vecino... El hallazgo de un trabajador le pertenece a sí mismo. Esta decisión sólo se aplica a un caso donde el patrón dice al obrero: 'corta las malezas para mí hoy', o 'remueve para mí hoy'. Pero si patrón le dijo: 'trabaja para mi hoy', lo que el obrero encuentra ¡pertenece al empleador! Él [R. Nahman] le respondió: 'Un obrero es diferente, ¡ya que su mano es como la mano de su empleador'! Similar instrucción se encuentra en 12b y 118a.
- *b. Baba Mesi'a* 25a: El dinero que se encuentra al lado de un monedero pertenece al que encuentra. Las monedas almacenadas se deben informar; las monedas dispersas pertenecen al que las encuentra.
- *b. Baba Mesi'a* 25b: "Si un hombre encuentra una vasija en una montón de basura: si está cubierta, no debe tocarla; Si esta al descubierto, debe tomarla e informar." [Debates sobre esta resolución continúan] ". . . Un Tanna enseñó: Porque él [el que encuentra] puede decirle, 'pertenecían a los amorreos'. ¿Entonces sólo los amorreos esconden objetos y no israelitas?"

Comparación de los relatos

Ni Marcos ni Lucas registran esta parábola, sino el Evangelio de Tomás, 109, aunque el relato de Tomás es más cercano al de *Mekilta Beshallah* 2.149-55 y sus paralelos (véase más arriba) que al de Mateo. Algunos, como Jeremías y Crossan,[294] piensan con buena razón que la parábola judía ha influido en el Evangelio de Tomás. Mateo compara el Reino con el tesoro que se encuentra y se compra; el Evangelio de Tomás compara el Reino a un hombre y su heredero, ninguno de los cuales sabe acerca del tesoro y se centra en la pérdida del heredero. Mateo relata el encuentro antes de la compra, mientras que el Evangelio de Tomás lo registra después de la compra. Mateo menciona que el comprador esconde el tesoro, su alegría, la venta de todo lo que tiene y la compra del campo, ninguno de los cuales se registra en el Evangelio de Tomás. A diferencia de Mateo, el relato de Tomás informa que el que encontró el tesoro comenzó a prestar dinero a interés a quien él quería, que no concuerda con el desdén de los empresarios y acreedores en el Evangelio de Tomás.[295] El relato en el Evangelio de Tomás es casi sin duda secundario, un punto que casi todos reconocen,[296] y posiblemente dependiente al menos en parte en Mateo.[297]

Características del texto que merecen atención

J. C. Fenton sugiere un quiasmo de seis partes en Mateo13.34-52: A^1 hablando en parábolas como cumplimiento de la profecía, B^1 explicación de la cizaña, C^1 el tesoro, C^2 la perla, B^2 la red y su explicación, A^2 el dicho acerca de nuevos y viejos.[298]

Mateo13.45 y 47 comienza idénticamente con "Asimismo el reino de los cielos es semejante..." y v. 44 comienza de la misma forma, excepto que carece de "asimismo".[299] Esta introducción ("x es como") es un modelo de la parábola judía.

Las formas de la palabra "esconder" (*kryptein*) aparecen en los vv. 33 y 35 y dos veces en el versículo 44. Del versículo 35 (la cita de Sl 78.2) está claro que las parábolas son los medios para divulgar lo que está oculto, y en este capítulo el Reino es la entidad oculta. Las parábolas revelan el reino oculto del cielo. La idea de que el Reino pueda estar oculto es en sí mismo una revelación.

La palabra "tesoro" (*thēsauros*) aparece de nuevo en el v. 52, pero mientras que la repetición puede ayudar a la transmisión oral del material, los dos tesoros no parecen estar relacionados. En el v. 44 el

Reino es como un tesoro oculto que se encuentra y el gozo que resulta, a pesar del costo. En el v. 52 el escriba docto para (o por) el Reino es como un padre de familia que saca cosas nuevas y viejas de su depósito (tesoro), beneficiándose, al parecer, del Reino y la revelación previa de Dios en Israel.

Yo no creo que haya alguna conexión significativa a la palabra "campo" (*agros*) en las parábolas del trigo y la cizaña y de la semilla de mostaza (vv. 24, 27, 31, 36, 38). Obviamente la repetición de la palabra habría ayudado en la transmisión oral del material. El mensaje positivo y celebrativo de las parábolas del tesoro y la perla se encuentra en medio por el mensaje de juicio del trigo y la cizaña y de la red. La buena noticia del Reino, especialmente en Mateo,corre el riesgo de ser ignorada.

Otra expresión aparte de "el reino de los cielos es semejante a" (13.31, 33, 44, 45, 47; 20.1), el mateanismo mencionado (como "tesoro", "alegría", "oculto",)[300] no es muy impresionante. Otras parábolas centran en el hallazgo y el gozo como las de la oveja perdida, la moneda perdida y el hijo pródigo en Lucas 15, como también los dichos que se encuentran en Mateo 10.39; 16.25.

Información cultural

En todas las culturas, incluyendo las modernas, las personas han ocultado dinero y otros objetos de valor en la tierra, especialmente en tiempos de incertidumbre como la guerra. Josefo habla de las riquezas que ocultaron los judíos y el intento de los romanos por encontrarlas.[301] El siervo que escondió su talento en la tierra (Mt 25.18, 25) muestra la misma práctica en tiempos menos problemáticos. La evidencia más llamativa es el Rollo de cobre en Qumrán (3Q15). Este rollo es literalmente una hoja de cobre y tiene grabada en ella una lista de varios tesoros, sobre todo oro y plata, y sus respectivos escondites en cisternas, debajo de piedras, en campos y en tumbas. Además, no hace mucho tiempo se encontró un frasco con casi veinte libras de plata; que había sido enterrado ya desde el siglo XI a.C.[302] Encontrar un tesoro así en el mundo antiguo era el equivalente de ganar la lotería.[303]

Sobre el asunto de la moralidad del hombre que esconde el tesoro y compra el campo, véase abajo.

Explicación de la parábola

Opciones de interpretación

La iglesia primitiva rápidamente había identificado el tesoro en el campo como Cristo en el mundo, en las Escrituras, o en la carne.[304] Sin embargo, el tesoro parece también varios significados y más tarde fue identificado como la Biblia, la virginidad, el cielo o varias virtudes, especialmente de sabiduría. La idea de vender todo a veces se asociaba con la limosna, pero más frecuentemente con la perfección personal y el rechazo de los valores mundanos.[305]

En el período moderno gran parte del debate es si esta similitud es sobre el valor del Reino o el costo del discipulado. ¿Es su propósito indicativo o imperativo?[306] Para unos pocos, en particular Jeremías, el enfoque está en el gozo de hallar.[307] Las tres de estas opciones incluyen el reconocimiento de la presencia del Reino. Unos, temiendo que algunos enfoquen en la salvación por obras, consideran esta similitud como una parábola sobre la obra expiatoria de Cristo.[308] Las conclusiones que las acciones del que encuentra eran inmorales han llevado a algunos a otros giros inesperados.

Decisiones sobre los asuntos

A semejanza con otras parábolas que comienzan con "el reino es como...", la analogía no es simplemente entre el reino y el tesoro. La analogía es con todo el proceso descrito en la similitud: el reino de los cielos es como el caso de un hombre que encuentra un tesoro, lo esconde y debido al gozo va, vende todo y compra el campo. El Reino abarca todos estos aspectos.

1. ¿Cuál es la relación de las parábolas del tesoro y la perla y la importancia de esa relación? Estas dos parábolas comienzan y terminan casi idénticamente, excepto que la primera utiliza el tiempo presente y la segunda utiliza el imperfecto y el aoristo. Las secciones medias de las dos parábolas son considerablemente diferentes:

> En la primera el tesoro (la cosa que encontró) es el punto de entrada de la analogía, pero en la segunda es el mercader (el que encuentra).
>
> El gozo se enfatiza en la primera pero se omite en la segunda.

El hombre en la primera parábola no fue en busca de tesoro, pero en la segunda el mercader buscaba buenas perlas.

La primera parábola dos veces menciona que el tesoro estaba escondido, pero este tema no influye en la segunda.

Obviamente estas son similitudes gemelas, pero no gemelas idénticas. Mateo las conecta con "también", pero esto *no* es un indicador que significa lo mismo, para la siguiente parábola, la red (v. 47), es bastante diferente, pero comienza de la misma manera. El tesoro y la perla pueden señalar a la misma realidad, pero lo hacen con diferentes matices.

El cambio del tiempo y el hecho de que el Evangelio de Tomás tiene estas dos parábolas en diversas localizaciones sugieren a algunos que no se dijeron al mismo tiempo. Por supuesto, lo que hace Tomás es insignificante, si como creo probable, ese evangelio es dependiente de los Evangelios canónicos, al menos indirectamente. Si las parábolas se relataron juntas originalmente no se puede demostrar de cualquier manera, y la decisión hace poca diferencia. Sin lugar a dudas Mateo ha organizado su material temáticamente, y estas dos parábolas son tan fundamentales para la enseñanza de Jesús sobre el Reino que seguramente se relataron más de una vez. Quizás se narraron juntas en una ocasión y por separado en otra.

Las parábolas son bastante semejantes que, aunque no se hayan relatado juntas originalmente, rápidamente se unieron y juntos tuvieron mayor énfasis de lo que una sola podría destacar que el Reino es un hallazgo fortuito que merece la inversión total. Su mensaje común no significa que las diferencias no sean relevantes. Con sus diferentes matices, ellas fortalecen la enseñanza sobre el Reino. La ausencia del gozo de la segunda parábola merece destacarse, pero debido al arreglo de Mateo y la historia en sí, sería absurdo sostener que el también el gozo no está presente en esa parábola. Nadie va y vende todo por algo que no causa que la adrenalina fluya.

La ausencia de ocultamiento en la segunda parábola además no es un factor importante y encuentra al menos una idea que coordina con la mención de la búsqueda, que está ausente en la primera parábola. No podemos decir que esta búsqueda no es importante. Si la primera parábola provoca el deseo de ser tan afortunado en encontrar, indica que el Reino es el medio para ese fin, pero la segunda implica "Usted debe estar buscando el Reino".La diferencia restante, el cambio del tiempo, parece tener menor importancia. Para algunos sería difícil argüir por diferencia de tiempo entre las dos en relación con el Reino, y en ambas parábolas se considera la acción pasada. Si hay cualquier significado, parece ser que el uso de los históricos tiempos presentes en la parábola del tesoro es para dar vivacidad y poner de relieve la respuesta adecuada al reino.[309]

2. ¿Fue la acción del que encuentra deshonesta, y si es así, es esto relevante para la interpretación? Como señala Crossan, la secuencia en la parábola de Jesús de hallar, de actuar y de comprar difiere de la secuencia en algunas otras historias judías del tesoro donde la secuencia es comprar, actuar, y encontrar.[310] La secuencia de la historia de Jesús plantea cuestiones éticas para los lectores modernos. ¿Es honesto comprar el campo sabiendo que el propietario no sabía que había un tesoro en él? Para algunos, especialmente Crossan y Scott, las acciones del que encuentra son inmorales, y esto conduce a un significado inesperado. Crossan piensa que esta parábola muestra que el Reino exige el abandono de nuestros bienes, nuestra moral e incluso de esta parábola con el propósito final de que la parábola muestra que el Reino no se puede explicar.[311]

Scott piensa que la parábola termina con narcisismo sin ley y el hombre empobrecido porque ha vendido todo y todavía no puede desenterrar el tesoro sin tener que enfrentar la cuestión de su origen. Para él la parábola apunta a la naturaleza corruptora del Reino.[312] Es muy difícil pensar que cualquiera de estas opciones representa la intención de Jesús o algo que los oyentes pudieran discernir, decir nada de la violación de Scott del tiempo de la narrativa de la parábola diciendo que el oyente debe ir más allá de la historia y preguntar qué hará el hombre con el tesoro.[313] Esta violación del tiempo de la parábola ignora que se trata de una similitud, una forma con un argumento poco desarrollado, no una ocurrencia en particular en la vida de un hombre.

J. Derrett sostiene que las acciones del hombre son morales y legales debido a las reglamentaciones rabínicas acerca de encontrar y "tomar".[314] El dueño de la tierra no había tomado el tesoro, es decir, tomado posesión de él y por lo tanto no es su dueño. Los rabinos y otras fuentes antiguas debaten sobre la propiedad de elementos encontrados, especialmente si pertenecen a un obrero o la persona que lo contrató y lo que se debe reportar si se encuentra y los que no son necesarios.[315] Al parecer la ley romana era indecisa sobre la propiedad del tesoro encontrado. Derrett es útil en señalar a las discusiones rabínicas, pero desafortunadamente no son específicos para responder a las preguntas sobre la parábola de Jesús.

Si las acciones del hombre son inmorales, esto es irrelevante para el punto de la parábola.[316] Si la ilegalidad tuviera algo que ver con el punto de la parábola, habría recibido cierta atención. Una vez más se puede invocar el principio: cualquier intento de interpretar una parábola, por lo que no hay es claramente equivocado. La ausencia de cualquier pensamiento de ilegalidad en la parábola paralela de la perla fortalece el caso de que aquí tampoco es una preocupación.[317] Más que probable que sin embargo, se habrían considerado las acciones legítimas y no habría causado dificultad para los oyentes. Obviamente, el tesoro no tenía ninguna relación con el dueño y puede que haya estado enterrado durante siglos (como el acopio de plata del siglo XI a.C. y la afirmación de *b. Baba Mesi'a* 25b que los amorreos ocultaron objetos de valor). Si el que encuentra el tesoro solamente lo tomaba, se podría presentar una reclamación contra él. Sin embargo, por comprar el campo estableció un derecho legítimo para poseer el tesoro (cf. *m. Baba Batra* 4.8-9 arriba).

3. ¿Tienen las características significado alegórico? Como se ve arriba, la iglesia ha asignado significado alegórico a los detalles de esta similitud, pero con buena razón la mayoría de los eruditos no lo han hecho. Algunos suponen que Mateo considera el campo como el mundo debido a esta identificación en 13.38,[318] pero esto no funcionará. Esto significa que el que encontró vendió todo lo que tenía para comprar el mundo, claro que esa no es la intención de nadie. El significado de una metáfora en una parábola no determina su significado en otra, y el campo en esta parábola no tiene ninguna referencia específica. Cuando se busca la importancia alegórica, generalmente es porque un intérprete considera esta similitud como una descripción del propio sacrificio de Jesús. Jesús es el que vende todo para adquirir el tesoro, sus discípulos, y el hallazgo se refiere a la actividad de Dios en Jesús para recuperar lo perdido.[319] Es difícil creer que este fue el objetivo de Jesús o de Mateo, y este enfoque superfluamente está motivado por el deseo de evitar cualquier pensamiento de la salvación por obras. El hombre, el hallazgo, ni el campo requieren o debe recibir identificación específica. Si recordamos que el objetivo de la introducción es "el reino es como la situación [de tal hallazgo] y esto es una analogía, entonces la identificación de los detalles está fuera de lugar. Las similitudes no enfocan en las correspondencias. La analogía no es acerca de Jesús; es sobre el valor y el gozo de encontrar el Reino.

4. ¿Qué enseña la similitud, el valor del Reino o el costo del discipulado?¿Tiene esta parábola algo que ver con la salvación por gracia?

Si esta parábola en Mateo está dirigida a los discípulos, que no es tan clara como se suele suponer, puede sugerir que el enfoque es el costo del discipulado, pero se debe hacer una pregunta previa. ¿Esta parábola originalmente va dirigida sólo a los discípulos, o sólo a las multitudes judías, o, como es probable, se relató en más de una ocasión y a los diversículos públicos? No hay ninguna indicación específica del público de esta parábola, así como no hay para todas las otras parábolas en el capítulo excepto en la del sembrador (13.1-2). La única manera que sabemos que el trigo y la cizaña, la semilla de mostaza y la levadura se dirigían a las multitudes es que Mateo menciona esto después de los hechos (13.24). Él no menciona esto para la parábola del tesoro y la Perla.[320] Nada sobre esta parábola o la perla resulta adecuado sólo para los discípulos o indica que Mateo lo limita a ellos. Ambas parábolas son al menos en parte sobre el discipulado, pero sus destinatarios no pueden limitarse solo a los "creyentes".[321] Estas parábolas son tanto como todo un *llamado* al discipulado y el mensaje de ambas similitudes es al menos tan pertinente para los oyentes en general como lo es para los discípulos.

No es necesario elegir entre el valor del Reino y el costo del discipulado. Ambos temas y el tema del gozo merecen énfasis y, de hecho, están interrelacionados. Nadie paga el precio del discipulado sin algún sentido del valor que pueden obtener y sin el gozo que acompaña tal conocimiento. No es cierto, como algunos sugieren, que no es necesario informar a ninguno del valor del Reino. Si las parábolas anteriores han convencido de que el Reino está oculto, esta parábola pone de relieve el valor de este reino oculto, un valor que muchos no reconocen. El valor es inherente en la palabra "tesoro" y en las acciones del hombre (y es explícita en la parábola de la perla), pero Jesús no sólo dijo "el Reino es como un tesoro".

El punto de la similitud está en el comportamiento del que encuentra; él encontró algo oculto que vale todo lo que tenía, y tomó las medidas necesarias para adquirirla. El reino oculto es como eso, va más allá de la comparación y vale todo lo que se requiere para participar en él.[322] E. Linnemann legítimamente señala que la parábola no es trata del sacrificio, porque el que encuentra recibe algo de mayor valor.[323] Algunos sugieren que las palabras de Jesús "vende todo lo que tiene" deben entenderse literalmente de vender todas las posesiones y dar las ganancias a los pobres[324] pero esto es extender esta parábola más allá de su intención. Mientras que las palabras resuenan con la llamada en otros textos para vender todo literalmente (p. ej., 19.21; Lc 12.33),[325] aquí sólo expresan "valor esencial".

La similitud es incluso más una reminiscencia de pasajes que describen a los discípulos como aquellos que han encontrado el tesoro del Reino y han abandonado todo para seguir a Jesús (Mt 4.20-22; 19.27; véase también Mt 10.37-39/Lc 14.25-27; Mt 16.24-26/Mr 8.34-37/ Lc 9.23-25 y el contraste en Mt 8.19-22/Lc 9.57-62).

Esta parábola no tiene nada que ver con la salvación por gracia. El Reino no se declara aquí como pura gracia,[326] puesto que el hombre vende todo lo que tiene. Puesto que el hombre no buscaba tesoro mientras que el mercader en la parábola siguiente busca perlas indica que ni la una ni la otra parábola explica cómo se encuentra el Reino.[327] Por lo menos buscar o no buscar no es lo central. Tampoco tiene uno que preocuparse que esta parábola requiera "obras" ya que el hombre hizo algo. El Reino o cualquier acción de Dios para nosotros siempre requiere respuesta, pero es una distorsión de la parábola forzar en ella una discusión sobre la gracia versus las obras.

La parábola presupone que el Reino está oculto y disponible para encontrarse. Dicho de otro modo, el Reino está presente y espera el reconocimiento de su valor y la acción radical que se merece. No se trata de una recompensa en el cielo o en el siglo venidero.[328] Jesús relató esta historia para anunciar la presencia del Reino y causar el gozo del descubrimiento y la acción radical de seguirlo.

En mi estimación el Evangelio de Jesús incluye cuatro elementos principales: el gozo, la compasión, el cumplimiento de las promesas a Israel y la presencia del reino de Dios.[329] Esta parábola consiste en dos de estos temas explícitamente y ofrece una rápida visión del ministerio y el mensaje de Jesús. La parábola insta a un reconocimiento de que tiempo es. Con el ministerio de Jesús el Reino está presente, y es tiempo de celebrar y participar en ese reino a cualquier costo.

Adaptación de la parábola

Según el noticiero de televisión un hombre llamado Roy Whetstine tuvo una experiencia del "tesoro en el campo, una perla sumamente valiosa". Roy era un coleccionista de rocas, cuyos dos hijos le habían dado cinco dólares cada uno para que comprara una roca para ellos en una feria de rocas. Él encontró una roca del tamaño de una papa en un recipiente con un montón de ágatas alrededor de ella. El letrero decía: "Cualquier piedra 15 dólares". Roy recogió la roca del tamaño de una papa y dijo: "¿Usted quiere quince dólares para esta?" El hombre dijo: "Te lo doy por diez, ya que no es tan bonita como las ágatas."

Roy la compró y obtuvo un recibo y apenas pudo contenerse hasta que salió de la feria. Acababa de comprar el zafiro estrella más grande que se haya conocido —1509 ct.— valorado en 2.5 millones de dólares sin cortar y cortado unos 10 millones. La analogía es obvia. Muchos de nosotros pasamos el tiempo buscando ágatas bonitas y perdemos los zafiros de vida en el Reino de Dios.

Toda la vida es una búsqueda de significación. A veces encontramos significación por casualidad y a veces con gran esfuerzo, pero a menudo nuestro sentido de estimación está distorsionado. Tenemos que apuntar más alto. Nuestra relación con Dios es la parte más importante de la vida. Todas otras búsquedas son triviales en comparación. Específicamente entender lo que Dios ha hecho en Cristo y seguir a Cristo es de mayor valor que todo lo que poseamos o busquemos. Es claro también que no podemos enfocarnos en "nuestras cosas" y hacer justicia al reino de Dios. El llamado de Dios sobrepasa todo lo demás en la vida, y vale la pena.

También necesitamos darnos cuenta qué tiempo es. Si el Reino está presente, es necesaria una respuesta radical *ahora*. Si el Reino vale todo lo que tenemos, entonces el gozo y la celebración deben acompañar nuestro hallazgo y participación con el Reino. El problema con la mayoría de nosotros es que nos gustaría un poco del reino como un complemento para nuestra vida. Queremos apostar seguro. Pero con relación al reino de Dios no se puede solamente apostar. Esta parábola nos insta a abandonar lo que pensábamos es el enfoque de la vida y centrarnos exclusivamente en lo que Dios está haciendo con el reino.

Tenemos que enfrentar la realidad, aunque para mucha gente cualquiera que habla sobre el cristianismo que comparte un tesoro se pone en ridículo. Los cristianos con tanta frecuencia han fracasado para vivir su propio Evangelio y se han identificado con ciertas ideas políticas y culturales que el mensaje de Jesús se ha perdido. El evangelio que proclamamos debe merecer y explicar la etiqueta "tesoro", y nuestra vida debe expresar el valor máximo que se ha encontrado en Cristo.

Lectura adicional

John Dominic Crossan, *Finding Is the First Act: Trove Folktales and Jesus' Treasure Parable* (Philadelphia: Fortress, 1979).

W. D. Davies and D. C. Allison, Jr., *A Critical and Exegetical Commentary on the Gospel According to Saint Matthew* (ICC; Edinburgh: T. & T. Clark, 1991),2:434-37.

Arland J. Hultgren, *The Parables of Jesus: A Commentary* (Grand Rapids: Eerdmans, 2000), pp. 409-16.

Jack Dean Kingsbury, *The Parables of Jesus in Matthew 13: A Study in Redaction-Criticism* (Richmond: John Knox, 1969), pp. 110-17.

John W. Sider, "Interpreting the Hid Treasure." *CSR* 13 (1984): 360-72.

La Perla (Mateo 13.45-46)

Aunque esta parábola merece ser tratada en su propio derecho y no simplemente ser incluida en la del Tesoro, obviamente la discusión de las dos coincide considerablemente

Tipo de parábola

Esta es una similitud. Consulte la sección correspondiente del Tesoro.

Asuntos que merecen atención[330]

1. ¿Cuál es la relación de las parábolas del Tesoro y la Perla y la importancia de esa relación? ¿Hay alguna diferencia en matiz debido a la diferencia de tiempo?
2. ¿Tienen las características significado alegórico?
3. ¿Qué enseña la similitud?

Material útil de fuente primaria

Material canónico

- NT: Mt 6.33; 7:7-8/Lc 11.9; Ap 17.4; 18.12, 16; 21.21

Escritos greco –romanos

- Plinio, *Historia Natural* 9.106 describe las perlas como el "rango superior entre todas las cosas de precio". En 9.119 cuenta dos perlas de Cleopatra que eran las más grandes en la historia y valorado en 10 millones de sestercios.
- Suetonio, *César* 50: César dio a la madre de Bruto una perla que vale 6 millones de Sestercios.

Escritos cristianos tempranos

- *Evangelio de Tomás*, 76: "Jesús dijo: el reino del Padre es como un mercader que tenía mercancía (y) que encontró una perla. Este mercader fue prudente. Se deshizo de (i.e. vendió) la mercancía y compró una perla para sí mismo. Usted también debe buscar el tesoro que no se pierde, que mora donde ni la polilla se acerca a comer y (donde) el gusano no destruye."
- *Hechos de Tomás* 108-13 habla de un viaje para obtener una perla que está en medio del mar en la morada de una serpiente de respiración ruidosa. Después de algunas pruebas Tomás arrebata la perla y la lleva al rey de Reyes.

Escritos judíos tardíos

- *'Abot de Rabí Natán* 18: "... congregación del pueblo, los hombres y las mujeres y los niños (Deuteronomio 31. 12). "¿Y cómo él lo interpreta?" les preguntó. Ellos le dijeron: 'Así es cómo el lo interpreta: en cuanto a los hombres, ellos vienen a estudiar; en cuanto a las mujeres, ellas vienen a escuchar. ¿Por qué vienen los pequeños? Para que se pueda dar una buena recompensa a quienes les traen'. El rabino Josué les dijo: 'Una perla preciosa fue puesta en sus manos, ¡y ahora van a privarme de ella! ¿Si hubieran escuchado nada más que esto, habría sido suficiente.'" Se emplea una perla para describir una enseñanza valiosa; esta tradición aparece también en Núm. Rab, 14.4 Midr. Sl. 28.6 tiene una parábola donde se compara la Torá con una perla.
- *Canción Rab*. 1.1.8, sobre el valor de las parábolas: "Si un rey pierde el oro de su casa o una perla preciosa, ¿acaso no la bus-

ca con una mecha encendida que vale muy poco? Así también la parábola no se debe estimar ligeramente, ya que mediante la parábola un hombre comprende el verdadero significado de las palabras de la Torá."

- *Ruth Rab*. 3.4 cuenta la historia de un rabino pobre que carece de provisiones para un festival, pero ora y una mano le extiende una perla de valor incalculable. Él realiza los preparativos para la fiesta, pero su esposa le hace devolver las provisiones y la perla de modo que él no tenga una perla menos en su corona en el mundo venidero.
- *Pesiqta Rabbati* 23.6 cuenta la historia de un sastre piadoso que ofrece más que el siervo del gobernador por el único pez en el mercado y paga un denario por libra. El gobernador cree que el hombre debe ser rico y lo llama para tomar su dinero. El judío explica el valor del sábado y con su compra honra ese día. Dios hizo que el sastre encontrara una gema brillante en el pez, una perla, y por el dinero que obtuvo de la venta le sirve para su sustento diario por el resto de sus días. Historias similares aparecen en b. Šabbat 119a y b. Baba Batra 133b.[331]

Comparación de los relatos

Ni Marcos ni Lucas tienen esta parábola, excepto el Evangelio de Tomás, 76. Esta parábola, el tesoro, la red y el trigo y la cizaña sólo aparecen en Mateo y en el Evangelio de Tomás. Las diferencias en los relatos de la perla son:

> El mercader en Mateo busca buenas perlas; en el Evangelio de Tomas él no busca ni busca perlas específicamente perlas pero se le describe como prudente.
>
> Mateo tiene el mercader que encuentra una perla de gran valor;[332] El evangelio de Tomás no tiene ninguna descripción de la perla.
>
> Mateo tiene el mercader que parte para vender todas sus posesiones; el Evangelio de Tomás omite la salida y tiene el mercader que vende su mercancía (omitiendo "toda").
>
> El Evangelio de Tomás agrega una variación de Mateo 6.19-20/Lucas 12.33, seguramente debido a la frase "tesoro", a pesar de que la parábola del Tesoro se coloca en refrán 109.

Debido a la conexión con el refrán del Tesoro y la aparente interpretación gnóstica de la perla como el ser interior, la mayoría considera el Evangelio de Tomás, 76 como secundario, si no directamente dependiente de Mateo.[333]

Características del texto que merecen atención

El mercader está buscando buenas perlas. Para otros acontecimientos significativos de "buscar" (*zētein*) vease Mateo 6.33; 7.7-8; 18.12.

Información cultural

El Antiguo Testamento ni la LXX menciona explícitamente las perlas. Donde las traducciones usan la palabra "perla", en realidad la palabra hebrea se refiere a las joyas en general o al coral. Véase Job 28.18; Pr 3.15; 8.11; 20.15; 31; Lm 4.7. Se consideraba a las perlas como los objetos más valiosos en existencia, por lo que se convirtió en una figura de retórica para algo de sumo valor,[334] que es la base de esta similitud.

Tanto los riesgos como los beneficios de ser un mercader eran grandes[335] Algunos en el mundo antiguo tenían poco respeto para los mercaderes, como Sir 26.29 atestigua: "Un mercader apenas puede evitar no hacer el mal, tampoco un marchante es inocente de pecado." La mayoría acepta que la parábola trata de un distribuidor al por mayor.

Explicación de la parábola

Opciones de interpretación

La iglesia a menudo centró en Cristo como la perla de gran valor, comprendió las perlas que el mercader buscó como los seres humanos buenos o el conocimiento humano antes de la encarnación.[336] Jerónimo interpretó la perla como el cristianismo y las perlas buenas como aquellas personas que hicieron negocio con la Ley y los profetas.[337] También identificó la perla como los preceptos morales, el amor y la palabra de Dios. Algunos consideraron el mercader como Cristo y la perla como la iglesia, que Cristo compró con su sangre. La idea de vender todo era entendida como abandonar las viejas prácticas o la renuncia a lo terrenal, en favor de lo celestial, y por lo tanto, como el Tesoro, la parábola se entendió como que describe la búsqueda de la perfección cristiana.[338] Es fácil ver por qué los intérpretes han hecho tales movimientos, pero las identificaciones como este no muestran lo que Jesús trataba de comunicar sobre el Reino.

Decisiones sobre los asuntos

1 ¿Cuál es la relación de las parábolas del Tesoro y la Perla y la importancia de esa relación?¿Hay alguna diferencia en matiz debido a la diferencia de tiempo? Véase el tratamiento de esta pregunta en la explicación del Tesoro escondido en el campo.

2 ¿Acaso las características tienen significado alegórico? En parte por el tiempo pasado de los verbos en esta parábola, O. Glombitza argumentó que el mercader estaba de parte de Dios que busca personas y ha dado todo por ellos mediante su único acto de redención.[339] Nada justifica esa conclusión, y como con el tesoro, no hay fundamento para asignar una identificación alegórica a cualquiera de las características de la parábola.

3. ¿Qué enseña la similitud? La explicación de la enseñanza del tesoro en el campo es relevante aquí y la mayoría de los aspectos no se repetirá. Vale la repetición que aquellos que ignoran los límites de tiempo de la parábola y piensan que la compra de la perla deja al mercader empobrecido violan cómo las analogías y el lenguaje metafórico funciona.[340] Conforme con el tesoro la similitud se adapta a una audiencia general al igual que a los discípulos y nada característico en la parábola sugiere que se relató sólo a los discípulos. Ella funciona para reforzar el mensaje del Tesoro instando un reconocimiento de la importancia de la presencia del Reino y la obediencia radical necesaria para participar en ese reino. Nada es más importante o valioso para el público judío de Jesús que lo que él ofrece con el Reino.

El hecho de que el mercader estaba buscando no se debería exagerar oestimar en poco. Ni una ni otra parábola es un plan sobre cómo encontrar el Reino, pero ciertamente que el mercader buscaba perlas implica para los oyentes que también deben estar buscando lo que realmente vale la pena.

Que el mercader vendió todo puede ser una hipérbole, una característica modelo de las parábolas, pero si es así, la hipérbole subraya que el Reino no puede acomodarse en algún sistema preexistente. Todos los demás sistemas tienen que acabarse a fin de experimentar el Reino.

Adaptación de la parábola

Consulte la sección correspondiente del Tesoro. No creo que esta parábola describa un grupo diferente de personas (como los muy serios acerca de encontrar el sentido esencial) o que enseña que el gozo no es suficiente.[341]

Lectura adicional

W. D. Davies and D. C. Allison, Jr., *A Critical and Exegetical Commentary on the Gospel According to Saint Matthew* (ICC; Edinburgh: T. & T. Clark, 1991),2:437-40.

Arland J. Hultgren, *The Parables of Jesus: A Commentary* (Grand Rapids: Eerdmans, 2000), pp. 416-23.

R. Schippers, "The Mashal-Character of the Parable of the Pearl," *SE* 2 (= *TU* 87) (1964): 236-41.

***

Otras parábolas contrastan la vieja con la nueva realidad que ha llegado con Jesús y destacan la celebración que debería estar ocurriendo: las analogías de la ropa vieja y el remiendo nuevo y los odres viejos y el vino nuevo y las parábolas del banquete y de los dos hijos. Si algo sabemos del mensaje de Jesús, seguramente es que el predicó el Reino presente y el reino venidero y la noticia de que ya estaba en marcha. Mientras que el lenguaje del Reino y el poder se pueden abusar, tal lenguaje no es opresivo si hablamos de Dios. El reino de Dios de la gracia no es opresivo, incluso si tenemos que hablar también del juicio con el lenguaje del reino. La autoridad del Reino es inherente en Dios mismo.[342]

No podemos evitar un enfoque en el tiempo y su cambio con el Jesús histórico. Pero, ¿estaba realmente presente el Reino? ¿Ha cambiado realmente la historia? Los cristianos no dudan en responder afirmativamente a ambas preguntas. ¿Sigue presente todavía el Reino?, y si cambio la historia, ¿cómo cambió? ¿Qué fue y es realmente nuevo? Cabe destacar dos elementos: el Espíritu Santo y la resurrección. Ninguno es directamente pertinente para discutir las parábolas, pero ambos son de suma importancia para hablar de Jesús y la novedad. Si el Reino estaba presente con Jesús, fue sólo porque el Espíritu Santo había dotado su ministerio desde el principio. Si alguna afirmación se puede hacer que el reino todavía está presente, se debe a que el espíritu fue derramado por el Cristo resucitado.

El problema con cualquier afirmación por la novedad, la presencia del Reino y un cambio real en la historia, sin embargo, es la continua presencia del mal y el fracaso de la iglesia cristiana. Hemos visto que algunas parábolas tratan la presencia del mal y la clandestinidad (si no invisibilidad) del Reino durante la vida de Jesús (el trigo y la cizaña, el crecimiento de la semilla, la semilla de mostaza y la levadura), y el punto de estas parábolas es todavía tan relevante como siempre. Sin embargo, si la iglesia tiene algún mensaje viable, y que no deje de existir, tiene la responsabilidad de demostrar la presencia del reino de Dios. La iglesia no trae el Reino. Ella es testigo, es un siervo y demuestra la presencia del Reino. Los cristianos tienen la tarea de mostrar la realidad de la nueva era en medio de la vieja. Ese mismo Espíritu Santo activo con Jesús se debe evidenciar en mostrar la compasión, la aceptación, el perdón, la justicia y el gozo que marcaron el ministerio de Jesús. Sin eso, no tenemos derecho a hablar de la presencia del Reino.

Capítulo 7
Parábolas específicas sobre Israel

Las categorías en que se ordenan las parábolas nunca son totalmente suficientes. Fácilmente uno puede argumentar que se deben incluir otras parábolas en una categoría determinada, o a veces las parábolas pueden aplicarse en dos categorías. En cuanto a las parábolas que reflejan a Israel, parte de la versión de Lucas de la parábola de las minas, con sus alusiones a Arquelao, es sin duda sobre Israel, aunque por otras razones en este volumen se trata con las parábolas sobre escatología futura. N. T. Wright, por supuesto, consideraría casi la totalidad de las parábolas de Jesús como parábolas acerca de Israel, pero en mi opinión él ha forzado una serie de parábolas en esta categoría.[1]

Parábola De La Higuera Estéril (Lucas 13.6-9)

Tipo de parábola

Se trata de una parábola de doble narrativa indirecta. Tiene una trama desarrollada, pero queda sin una conclusión o un *nimshal.* Es uno de nueve parábolas que termina sin una explicación explícita. La necesidad de un *nimshal* disminuye por el material anterior, que desarrolla de forma implícita para indicar la intención.

Asuntos que merecen atención[2]

1. ¿Cuál es la relación entre esta parábola y el caso de la maldición de la higuera (Mt 21.18-22/Mr 11.12-14, 20-25) y

la parábola de la higuera en Mt 24.32-33/Mr 13.28-29/Lc 21.29-31?
2. ¿A quién se dirigió la parábola originalmente?
3. ¿Es original la conexión entre la parábola y su contexto?
4. ¿Qué asociaciones metafóricas, si es que las hay, se propone con los tres años, la higuera, el propietario y el viñador?
5. ¿Es el enfoque en la misericordia y en la demora o en la crisis actual, y cómo estos factores se relacionan con el ministerio de Jesús?
6. ¿Señala el juicio inminente la destrucción de Jerusalén o al juicio final?

Material útil de fuente primaria

Material canónico

- AT: Is 5.1-7; 10.34; Jr 8.10-13; Hs 9.10, 16; Mc 7.1-7; Hab 3.16-17
- NT: Mt 3.10/Lc 3.9; Mt 21.18-22/Mr 11.12-14 y 20-25; Mt 24.32-
- 35/Mr 13.28-31/Lc 21.29-33

Escritos judíos tempranos

- *L.A.B.* 12.8-9: Moisés, después del incidente del becerro de oro, describe a Dios como queriendo desarraigar una vid que había plantado porque había perdido su fruto. Moisés aboga por misericordia y que Dios detenga suira para no destruir la vid. Este relato parece que fue adaptado de la parábola en Éxodo Rab. 43,9 que sigue a continuación.
- *L.A.B.* 37, 3 narra la fábula de Jotam de Jueces 9: "... y la higuera significa la gente, y la vid significa aquellos que fueron antes que nosotros."

Escritos greco-romanos

- Apéndice 299 (Perry, LCL) de las fábulas de Esopo habla de un árbol que no dio ningún fruto. El agricultor quería cortarlo a pesar de las protestas de los pájaros y las cigarras que vivían allí, pero cuando golpeó el árbol tres veces con su hacha, encontró una colmena y miel, y a consecuencia no cortó el árbol y lo atendió con sumo cuidado.

Escritos cristianos tempranos

- *Apocalipsis de Pedro 2*: "Y vosotros, recibid la parábola de la higuera en relación: Tan pronto hayan salido sus brotes y sus ramas hayan brotado, vendrá el fin del mundo." Y yo, Pedro, respondí y le dije: 'Explícame acerca de la higuera, [y] cómo debemos percibirla, porque a lo largo de todos sus días el árbol brota y cada año da fruto [y] para su amo. (Entonces) ¿Qué significa la parábola de la higuera? No lo sabemos.' —Y el Amo respondió y me dijo: '¿Acaso no comprendes que la higuera es la casa de Israel? Aun cuando un hombre ha plantado una higuera en su huerto y no dio ningún fruto, aunque buscó su fruto durante muchos años. Cuando no encontró fruto, dijo al encargado de su huerto, "desarraiga la higuera porque nuestra tierra no puede ser estéril para nosotros." Y el hortelano dijo a Dios, "nosotros tus siervos (?) deseamos limpiarlo (de malas hierbas) y cavar el suelo alrededor de él y regarlo. Entonces, si no da frutos, inmediatamente arrancaremos sus raíces del huerto y plantaremos otro en su lugar". '¿Acaso tú no has comprendido que la higuera es la casa de Israel?'"[3]
- *Pistis Sophia* 3.122: "María respondió [relativo a una mujer que Jesús había bautizado tres veces y que todavía no había obrado de modo digno de los bautismos] y dijo: 'Señor mío, he entendido los misterios de las cosas que han acontecido a la fortuna de esta mujer. Con respecto a las cosas entonces que han sucedido con su suerte, nos has hablado con anticipación en similitud, diciendo: "Un hombre poseía una higuera en su viña; y él vino a buscar su fruto, y ningún fruto encontró en ella. Y dijo al viñador: He aquí, hace tres años que vengo a buscar fruto en esta higuera, y no hallo ningún fruto en ella. Entonces córtala; ¿por qué dejar que inutilice también la tierra? Pero él respondió y le dijo: Mi Señor, ten paciencia con ella todavía este año, hasta que yo cave alrededor de ella, y la abone; y si diere fruto en un año, entonces déjala, pero si no encuentras ningún [fruto], entonces córtala." He aquí, mi Señor, esta es la solución de la palabra.'"[4]

Escritos judíos tardíos

Existen numerosas historias rabínicas de viñedos y huertos; vea los ejemplos que se dan con las parábolas de los obreros de la viña, los dos hijos y los labradores malvados.

- La versión árabe de *Ahiqar* 8.30 compara al sobrino de *Ahiqar* a un árbol infructuoso junto al agua (el lugar más fértil), que en la amenaza de ser talado pide ser trasladado a otro lugar y que se le dé una última oportunidad, esta petición es rechazada. Aunque esta historia es vieja, la versión en árabe en la que aparece este relato es de una fecha dudosa y probablemente bastante tardía. J. Jeremías ha influido en varios comentaristas para suponer que Jesús la conocía y adaptó la parábola de *Ahiqar*, pero la evidencia es muy tarde para ser creíble.[5]
- *Éxodo Rab.* 43,9: "Se puede comparar a un rey que tenía un campo sin cultivar y que dice a un viñador contratado: 'Ve a mejorarlo y conviértelo en un viñedo.' El viñador salió y trabajó y plantó en el campo como un viñedo. Las vides crecieron y produjeron vino, que, sin embargo, se volvieron amargas. Cuando el rey vio que el vino se había vuelto amargo, dijo al viñador: 've y corta todo; ¿de qué me sirve un viñedo que produce vinagre?' Pero el viñador le rogó: 'Oh, mi Señor y rey, considera la suma que has invertido antes de que se plantara la viña, y ahora quieres cortar todo.'" El viñador explica que la acidez se debe a lo nuevo de la viña y que los viñedos nuevos no pueden producir buen vino. Se interpreta la parábola como Moisés que intercede por Israel después del incidente del becerro de oro.[6]
- b. *'Erubin* 21a-b describe los justos como higos buenos y los malos como los higos malos, pero todavía mantiene la esperanza que los higos malos serán provechosos. Esto se extrae de Jeremías 24.1-10.

Características del texto que merecen atención

Lucas 12 hace hincapié en los temas de verdadera vs falsa seguridad, centrándose en el Reino en lugar de las posesiones, preparación para el regreso del Amo y el juicio. El enfoque es el discernimiento del tiempo en los vv. 35-56 y en los vv. 57-59 el enfoque está en la necesidad de resolver con su acusador en lugar de enfrentar el juicio. La parábola y su contexto enfatizan tanto el discernimiento del tiempo y como evitar el juicio. Note el enfoque en el tiempo (*kairos*) en 12.56 y 13.1.

La secuencia del problema, la respuesta, la parábola en 13.1-9 refleja la misma secuencia en 12.13-21 y la redacción del 13.2-5 (*dokeite... ouchi, legō hymin all'*) refleja la del 12.51.

La narrativa anterior sobre la matanza de Pilato de los adoradores y quienes murieron cuando cayó una torre proporciona una advertencia y una llamada para el arrepentimiento. Este contexto anterior funciona como una explicación introductoria de la parábola, al igual que las introducciones de Lucas en 18.1, 9; 19.11.

Las resonancias de la parábola también resuenan en el relato sobre la curación de la mujer encorvada (13:10-17). Ella ha estado en una condición de debilitamiento durante mucho tiempo (18 años). El ministerio de Jesús de restauración es eficaz para ella, pero otros resisten. Ella es sanada; ¿se restaurará Israel? El número dieciocho del v. 4 reaparece en el v. 11 y funciona como un imán para mantener los textos estrechamente conectados y se transmite fácilmente en un contexto oral.

El viñador dice al dueño que cavará alrededor del árbol y pondrá abono en él para ver si da fruto en el futuro; si no lo hace, "usted lo cortará."[7] El dueño, no viñador, hará el corte o al menos dará la orden de hacerlo.

La historia se queda sin conclusión.[8] Otras parábolas a veces terminan en la conclusión de un diálogo.[9] La parábola no dice explícitamente que el dueño aceptó el consejo del viñador, pero esto se supone. En el nivel narrativo la pregunta sigue abierta si Israel responderá, a pesar de que en el momento de la escritura Lucas sabía el resultado, al menos para la mayoría de Israel. Difiere con la apertura de la parábola con dos lamentos de Lucas sobre Jerusalén (13.34-35 y 19.41-44).

La parábola del trigo y la cizaña es similar a esta parábola en varios aspectos: ambos informan de un problema con las plantas, alguien sugiere una acción inmediata, alguien insta una demora y ambos tienen referencia al juicio por el pecado.[10] También existe un paralelo con la parábola de los dos deudores en la que una decisión dura se altera después de una solicitud de clemencia (Mt 18.25-27).[11]

Hasta cierto punto esta parábola refleja en 13.32-35, la afirmación de Jesús que está terminando su obra hoy, mañana y al tercer día y su lamento sobre Jerusalén.

El material de doble tradición tiene un enfoque en el "fruto". Véase especialmente Mateo 3.8-10/Lucas 3.8-9; Mateo 7.16-20/Lucas 6.43-44.

Información cultural

La higuera no es un símbolo tan claro de Israel como una vid o un viñedo, pero una higuera y los higos se utilizan varias veces con respecto a Israel (Jr 24.1-10; Hs 9.10; Mi 7.1; L.A.B. 37.3; Éxodo Rab. 36.1). Las higueras y las viñas se asociaban con la paz y la prosperidad, y su ausencia era considerada como una maldición y un castigo (Dt 8.8; 2 R 18.31; y Nm 20.5 respectivamente). La idea de sentarse bajo la propia vid y la higuera se convirtió en casi un símbolo de la era mesiánica. Las asociaciones escatológicas de la higuera son importantes (para el origen de este tipo de pensamiento véase 1 R 4.25; Is 34.4; Mi 4.4; Zc 3.10; cf. Ap 22.2).[12] Por el contrario, los arboles sin fruto son imágenes frecuentes de la nación infiel o de individuos (Is 5.1-7; Jer 8.13; Mi 7.1-2; Os 9.16; Sabiduría 4.5; 10.7; Mt 7.16-20/Lc 6.43-45; Judas 12), y la destrucción de las vides y las higueras es una metáfora para el juicio (Sl 105.33; Jer 29.17; Ez 17.9; 19-12-14; Os 2.12 [14]; Jl 1.7, 12; Am 4.9). Poner estiércol en el árbol no se menciona en el Antiguo Testamento.

Las higueras dan los primeros frutos en mayo y junio y los higos de verano o a finales de agosto a octubre. Josefo exagera al decir que las higueras en Galilea daban sus frutos diez meses del año (J.W. 3.519).

No es inusual que una higuera se plante en una viña.[13] Las higueras y los viñedos están asociados en varios textos del AT (ej., Sl 105.33; Cantares 2.13; Jer 8.13; Jl 1.7, 12; Mi 4.4). De hecho, se deja que las vides crezcan entre las higueras para apoyo de la vid (Plinio el Anciano, Historia Natural 17.35.199-200). Atenea, citando a Hipona, dice incluso que el árbol de higo negro es hermana de la vid (*Deipnosophistae* 3.78b).[14] Las atrocidades cometidas por Poncio Pilato son fidedignas, pero los esfuerzos para identificar el evento que se relata en Lucas 13.1 conun informe específico de Josefo u otros no tienen éxito.[15]

Explicación de la parábola

Opciones de interpretación

Esta parábola ha sido un blanco fácil para la alegoría de la iglesia, que se desarrolló principalmente a lo largo de tres líneas, considerando la parábola como una descripción de los judíos, de la moralidad humana o, menos frecuentemente, de la iglesia. Ambrosio consideraba el viñedo como el pueblo judío, la higuera como la sinagoga con el Señor que viene tres veces buscando fruto (con Abraham, con Moisés y la ley, y con la encarnación) y el viñador como Pedro. Agustín entendió el viñedo como el mundo, la higuera como la raza humana, y la venida tres veces como la relación de Dios con la humanidad antes de la Ley, bajo la Ley y bajo la gracia, el viñador como los santos en la iglesia, y el cultivo y la fertilización como la enseñanza sobre la humildad/penitencia y el dolor por el pecado. Más tarde, la viña se entendió como la iglesia, la higuera, ya sea como una persona o un monasterio, y las tres visitas como las etapas de la vida humana: los tiempos antes de la Ley, bajo la Ley y bajo la gracia; o los tres años de ministerio de Jesús.[16] El plazo de tres años para el ministerio de Jesús es, por supuesto, de Juan, no de Lucas y la solicitud de tiempo adicional incluiría un cuarto año, lo cual excluye cualquier referencia al ministerio de Jesús de tres años.

La parábola ahora más a menudo se considera como una advertencia y un llamado al arrepentimiento, a Israel o, desde punto de vista de Lucas, a Israel y a los cristianos primitivos. Este enfoque no depende de si uno encuentra representación alegórica o no, y es posible varios matices. Se han ofrecido otras opciones, pero tienen muy poco en su favor.[17]

Decisiones sobre los asuntos

1. ¿Cuál es la relación entre esta parábola y la parábola de la maldición de la higuera (Mt 21.18-22/Mr 11.12-14, 20-25) y la parábola de la higuera en Mateo 24.32-33/Marcos 13.28-29/Lucas 21.29-31? El *Apocalipsis de Pedro* ya se unió a nuestra parábola para Mateo 24.32-33/Marcos 13.28-29/Lucas 21.29-31, pero hay poca relación entre los dos relatos a no ser por la mención de una higuera. Más pertinente es la cuestión de la relación de la parábola con la maldición de la higuera. Puesto que Lucas no incluye el incidente de la maldición, las personas a veces han sugerido que Mateo y Marcos han hecho de esta parábola un evento de maldición o que Lucas convierte en parábola el evento de la maldición.[18] Ambos relatos tratan con la falta de frutos, pero los relatos van en diferentes direcciones. Nada en los relatos de la maldición es paralelo a la solicitud de clemencia y tiempo adicional.

Además, poca semejanza verbal existe a no ser por las palabras en Lucas 13.6 "Higuera", "vino", "en ella" y "no lo encontró". Las hojas no se mencionan en la parábola, pero son un punto crucial en Mateo y Marcos.[19] Hay pocas razones para ver cualquier conexión directa entre los relatos, y algunos eruditos recientes discuten para una conexión directa. Desde el punto de vista de redacción, habiendo utilizado la parábola, Lucas no habría tenido mucho empuje para incluir el incidente de la maldición.[20]

2. ¿A quién fue dirigida la parábola originalmente? Aquí hay dos interrogantes. En primer lugar, ¿va dirigida la parábola a la multitud en general o a los líderes? En segundo lugar, ¿se dirige a la nación o al individuo? La primera pregunta no habría surgido aparte de K. Bailey que supone Isaías 5.1-7 como telón de fondo de esta parábola. Puesto que el texto de Isaías se utiliza en la parábola de los labradores malvados para hacer frente a los gobernantes de Israel, Bailey llega a la conclusión que esta parábola se dirige también a la líderes.[21] Sin embargo, cualquier conexión de esta parábola con Isaías 5 es remota. En Lucas 11.29 el asunto está en el fracaso de "esta generación", incluso cuando los fariseos están siendo denunciados (11.49-51). En el capítulo 12 Jesús se dirige a sus discípulos en presencia de la multitud. No hay ningún cambio de tiempo o lugar después del 12.1 hasta el 13.10. Entre el 12.1 y 13.10 Jesús se dirige a los discípulos (vv. 1-12), a uno en la multitud (vv. 13-14), "les" (vv. 15-21, presumiblemente la multitud), los discípulos (vv. 22-53, pero Pedro en el v. 41 pregunta si la parábola es para ellos o para todos), la multitud (vv. 54-59) y los que traen la pregunta sobre Pilato (13:1). Nada sugiere que se tiene en cuenta el liderazgo con la parábola; más bien se dirige a un público general. Esa es la intención de Lucas y nada en la parábola sugiere lo contrario para Jesús. El mensaje de Jesús de arrepentimiento, como el de Juan el Bautista, fue dirigido a la nación y no sólo a sus líderes.

Algunos limitarían el destinatario de la parábola, al menos para Lucas, al individuo, no la nación.[22] De alguna manera esto es una dicotomía falsa, porque la preocupación es por la nación, son los individuos dentro de la nación que deben efectuar el cambio. Lucas, sin duda, quiere que sus lectores cristianos sepan que se espera "fruto" de ellos, aun cuando el contexto es enteramente sobre Israel, pero con seguridad podemos concluir que la preocupación de Jesús es con la nación.

3. ¿Es la conexión entre la parábola y su contexto original? Varias parábolas en Lucas se introducen con comentarios de individuos o por un diálogo entre un individuo y Jesús.[23] El informe de Pilato que mata galileos durante los sacrificios tenía la intención de provocar una respuesta de Jesús que revelaría su postura hacia la ocupación romana y las tendencias de los zelotes o hacia la relación de la catástrofe y el pecado. Sea cual fuere la motivación de la anunciación, Jesús rechazó la invitación y agregó otro ejemplo, acerca de los 18 que murieron cuando cayó la torre en Jerusalén (v. 4). Los dos ejemplos se presentan casi como sinónimo de paralelismo. Muchos en el mundo antiguo (como también el mundo moderno) suponen que la catástrofe era una indicación de la pecaminosidad de la víctima,[24] una conexión que Jesús no aceptó como necesaria. Rechazó la noción de justicia retributiva directa y que las calamidades mencionadas probaban cuán grande era la pecaminosidad de las víctimas. En cambio, advirtió que la destrucción viene a todos los que no se arrepienten (13.3, 5). Como en otros lugares cuando la gente preguntaba a Jesús acerca de alguien, su respuesta era "ocúpate de ti mismo primero".[25]

No hay ninguna necesidad inherente que la parábola se contó inicialmente después de la advertencia en 13.1-5. Dentro de la narrativa de Lucas la advertencia funciona como una introducción a la parábola, que hace innecesaria una explicación de la parábola. Sin esta introducción, es posible que la intención todavía sea clara, si la gente discerniera fácilmente que la higuera era una metáfora para Israel. La parábola seguiría siendo una analogía de juicio inminente pero demorado. Si la parábola se relató originalmente en su contexto actual es imposible de determinar. Lucas podría ser el responsable de poner los dos relatos juntos, lo cual se basa en el hecho mediante los paralelismos con otros diálogos que introducen las parábolas. Por otro lado, no se pueden excluir que los dos estaban conectados en la tradición antes de Lucas o por Jesús.[26] Los comentaristas a menudo observan que la parábola se ajusta bien a su contexto y parece requerir, si no este contexto, por lo menos en una ocasión similar.[27] Lo que está claro es que Lucas quiere que los dos pasajes lean juntos.[28] Ambos muestran que algo está terriblemente mal y proporciona una advertencia de juicio y una convocatoria de arrepentimiento, pero la parábola no es sólo una repetición de la advertencia en los vv. 1-5. Los versículos anteriores expresan solamente crisis, pero la parábola habla de estar al borde de la crisis y que se retrasa la crisis. La crisis se demora, y surge la esperanza de que no será necesaria la destrucción.

4. ¿Qué asociaciones metafóricas, sí es que hay algunas, se propuso con los tres años, la higuera, el propietario y el viñador? Las alegorías de la iglesia tomaron la parábola fuera de su contexto en el ministerio de Jesús y deben dejarse de lado, ¿pero qué se proponía Jesús y Lucas con estas figuras? Las decisiones no son fáciles, pero mucho se puede aprender de esta parábola sobre el método. Una vez más, en la interpretación de la parábola no se trata de encontrar las correspondencias sino determinar cómo funciona una analogía, aunque las analogías tienen correspondencias. No podemos empezar a interpretar esta parábola sin encontrar significado metafórico, pero ¿cuánto deberíamos desarrollar las figuras? A. Jülicher, como era de esperarse, negó cualquier significación representativa, incluyendo la interpretación de la higuera como Israel. El pensaba que la parábola reforzaba la advertencia en los vv. 1-5 pero, aunque negaba que el árbol representa Israel, tuvo que admitir que Jesús habló de la parábola en relación a Israel. El árbol no es Israel pero se aplica a Israel de modo que Israel ya se encuentra en la posición de la higuera.[29] Esto parece doble discurso, pero por otro lado, indudablemente Jülicher tiene razón en argüir que la parábola no refleja un diálogo entre el Padre y el Hijo de modo que la ira de Dios es suavizada por la petición. Del mismo modo B. Heininger cree que Jesús explica de una forma parabólica su envío a Israel y que su presencia y predicación significa un último tiempo de gracia para Israel. El árbol se interpreta como Israel, pero Heininger niega que el propietario se refiere a Dios, el viñador a Jesús y los tres años al tiempo desde el ministerio de Juan el Bautista, aunque la lógica de la fertilización puede abarcar una alusión al ministerio de Jesús.[30] Esto también suena como doble discurso y muestra cuán difícil es mantener una negación del significado metafórico de las parábolas.

Otra vez, lo importante es saber cuándo dejar de interpretar. No todos los aspectos de la esfera de origen se asignan en la esfera de destino. Como señala J. Liebenburg, se suponen que dos metáforas están en acción en esta parábola: la gente son los árboles y los frutos son las obras. Para él, las similitudes entre los vv. 1-5 y los vv. 6-9 gobierna cómo se lleva a cabo la representación, con el resultado que a la gente se asigna como árbol, a la falta de obras se asigna la falta de frutos, a Dios se asigna el hombre y se asigna a Jesús el cuidador.[31] Por lo menos los tres primeros se deben admitir. Del AT y de los textos judíos respecto a las higueras,[32] el simbolismo de la higuera para Israel es obvio, y si ese es el caso, la parábola inevitablemente representa el fracaso de la nación en su relación con Dios.

La intervención del viñador es más difícil de evaluar. Puede ser que Jesús propone una referencia a sí mismo,[33] o el viñador sólo dramatiza la brevedad del tiempo disponible para el cambio. No se gana mucho por una autorreferencia puesto que en cualquier caso, Jesús es el que anuncia el retraso y la crisis actual. Su ministerio es un llamado a la nación para que se arrepienta. La diferencia de opinión entre el propietario y el viñador y la obra de cavado y fertilización no representan la realidad y no se puede hacer una semejanza de las enseñanzas no-parabólicas de Jesús.

Los tres años no tiene referente específico. Debido a Levíticos 19.23-24, que indica que el fruto de los primeros tres años está prohibido, y el fruto del cuarto año es santo a Dios, los intérpretes han debatido la edad de este árbol, sugiriendo con seis, siete y nueve años.[34] La edad del árbol no se expresa y es irrelevante. Los tres años sólo indican el completo fracaso y la aparente falta de esperanza del árbol.

5. *¿Es el enfoque en la misericordia y la demora o en la crisis actual, y cómo estos factores se relacionan con el ministerio de Jesús?* La parábola hasta el v. 7 está asemeja mucho a la declaración de Juan el Bautista que ya también el hacha está puesta a la raíz de los árboles (Mt 3.10 / Lc 3.9), que tiene la única ocurrencia de *ekkoptō* ("cortar") en Lucas-Hechos fuera de 13.6-9. Pero en los vv. 8-9 de la parábola marca una distinción importante entre los mensajes de Juan y Jesús. La crisis anunciada por Juan no disminuye, pero se suspende temporalmente para ver si se puede establecer la productividad. Si Juan dijo el "juicio está aquí", Jesús dice, "hay todavía tiempo, pero no mucho".

Como Abraham intercede por Sodoma, el viñador intercede por la higuera.[35] Las higueras normalmente no requieren mucha atención, pero el viñador propone esfuerzo y atención inusual. La parábola señala la situación del ministerio de Jesús, tanto la crisis del juicio que se anuncia sobre la nación y la promesa de la misericordia de Dios. El ministerio de Jesús se lleva a cabo entre la misericordia y el juicio; es una muestra de piedad ante la crisis venidera. Sin embargo, con esta parábola puede que la "misericordia" sea inexacta, y sería erróneo exagerar el enfoque sobre la compasión,[36] aunque la compasión es un componente importante del evangelio de Jesús. El juicio no se cancela en la parábola; simplemente se ha aplazado, y la demora es un llamado al arrepentimiento. Como señaló Jülicher, el pensamiento de la parábola es semejante al de Romanos 2.4, la benignidad de Dios guía al arrepentimiento.[37]

El mensaje de la primera parte de esta parábola es paralela a la teología del cántico de la viña en Isaías 5 (cf. Hos 9.16). Si el privilegio de ser el pueblo de Dios no conduce a la productividad, entonces conduce a juicio.[38] Especialmente para Lucas, la conversión implica ambos, una separación del pecado y una producción de fruto,[39] que es llevar una vida en obediencia a la voluntad de Dios. Con esta parábola se representa a Israel como en una posición peligrosamente similar al viñedo infructuoso. Israel debería haber sido una higuera fructífera, que precisamente simboliza la prosperidad divina; en cambio ella era infructuosa y enfrenta el juicio. En lugar de una destrucción inmediata, lo que estaría justificada, se ejecuta un retraso para ofrecer una última oportunidad para producir. Todavía hay tiempo, pero no mucho.[40] La diferencia entre el tono de esta parábola y los lamentos sobre Jerusalén (13.34-35; 19.41-44) sugiere que esta parábola pertenece al principio o a mediados del ministerio de Jesús.[41]

6. ¿Apunta el juicio inminente a la destrucción de Jerusalén o el juicio final? Lo que Jesús o Lucas se proponían con este juicio no se especifica. Probablemente deberíamos pensar de la destrucción de Jerusalén en vista del 13.34-35, pero como es evidente en otras partes, las dos opciones no siempre se mantienen separadas. La preocupación es por la realidad del juicio, no la descripción del mismo. Uno podría esperar que el juicio es innecesario, pero debemos agregar que esta parábola no es anti-semítica. No es un rechazo de Israel sino una advertencia del juicio debido a la falta de productividad.[42]

Adaptación de la parábola

La parábola afirma que la falta de productividad es una causa del juicio. Jesús señaló su propio ministerio como un tiempo de retraso, de advertencia, antes de que llegue el juicio. En nuestros días tenemos poca conciencia del juicio y ciertamente ningún sentido del tiempo del juicio ni de la crisis. Estamos aislados de tales ideas. Aun así, la vida se vive en la tensión de la oferta de la misericordia y la realidad del juicio, incluso si la parábola enfoca más sobre el retraso que en la misericordia. No sabemos cuándo seremos llamados a dar cuentas por nuestra vida. Necesitamos recuperar el sentido de que nuestras acciones realmente son importantes y recordar que el Evangelio incluye juicio, misericordia, y una llamada al arrepentimiento y la vida productiva. La falta de productividad todavía está bajo imputación ante Dios. Si el privilegio de ser el pueblo de Dios no conduce a la productividad, entonces lleva a juicio. La iglesia cristiana está bajo la imputación de esta parábola al igual que Israel como nunca antes. Además, como F. W. Young señala respecto a todo lo que implica el arrepentimiento, que se requiere una nueva comprensión radical del tiempo, un discernimiento del tiempo y una comprensión de cómo el tiempo afectan la vida de uno.[43]

Lectura adicional

Kenneth Ewing Bailey, *Through Peasant Eyes: More Lucan Parables, Their Culture and Style* (Grand Rapids: Eerdmans, 1980), pp. 74-87.

Josef Blinzler, "Die letzte Gnadenfrist. Lk 13,6-9," *BL* 37 (1963-64): 155-69.

GregW. Forbes, *The God of Old: The Role of the Lukan Parables in the Purpose of Luke's Gospel* (JSNTSup 198; Sheffield: Sheffield Academic, 2000), pp. 88-93.

H.-Konrad Harmansa, *Die Zeit der Entscheidung. Lk 13, 1-9 als Beispiel für daslukanische Verständnis der Gerichtspredigt Jesu an Israel* (Erfurter TheologischeStudien 69; Leipzig: Benno, 1995).

Charles W. Hedrick, "Prolegomena to Reading Parables: Luke 13:6-9 as a Test Case," *RevExp* 94 (1997): 179-97 (surveys a number of approaches and isolates methodological questions).

Peter Rhea Jones, *Studying the Parables of Jesus* (Macon, Ga.: Smyth &Helwys,1999), pp. 123-41.

William R. Telford, *The Barren Temple and the Withered Tree* (JSNTSup 1; Sheffield:JSOT Press, 1980), 224-39.

Los Dos Hijos (Mateo 21.28-32)[44]

Esta aparentemente sencilla parábola ha causado considerable desacuerdo. No obstante, los eruditos enuncian con confianza sobre temas clave como si no hubiese ningún debate. A veces uno tiene la impresión que los argumentos fueron creados para verificar las conclusiones que ya han alcanzado.

Tipo de parábola

Esto es una parábola *jurídica*, un tipo particular de parábola de doble narrativa indirecta. Es similar a al canto de Isaías 5 y otros textos de AT en la que un profeta anuncia juicio suscitando una auto condenación de los oyentes a través de la ayuda de una figura. La parábola de Natán a David en 2 Samuel 12.1-10 es el ejemplo clásico de este género.[45] Mateo 21.31b revela que los oyentes se han condenado a sí mismos, y el v. 32 explica por qué esta sentencia es válida.

Asuntos que merecen atención

1. Puesto que existe una tradición textual dividida sobre la redacción de esta parábola, ¿cuál es la secuencia original de la parábola en los vv. 29-31?
2. ¿Cuál es la forma original de la parábola, y es de Jesús o de Mateo? ¿Fueron los v. 31b (la declaración sobre los publicanos y las prostitutas) y v. 32 parte de la versión original de la parábola o adiciones posteriores? ¿O para hacer la pregunta de otra manera, se refiere originalmente la parábola a Juan el Bautista? ¿Es Lucas 7.29 un paralelo al v. 32?
3. ¿Pertenece la parábola originalmente en su contexto actual?
4. ¿Cómo debe el v. 31 y especialmente *proagousin* ("van... adelante [de vosotros]") entenderse? ¿Significa *proagousin* que los sumos sacerdotes y los ancianos están excluidos del Reino, o todavía el Reino sigue abierto para ellos también? Además, ¿entraron los publicanos y las prostitutas al Reino durante el ministerio de Jesús, o es *proagousin* un presente futurista que indica que los publicanos y las prostitutas precederán a los oyentes en el Reino del fin de los siglos? Es decir, ¿es esta una parábola sobre la escatología presente o futura?
5. ¿Es esta parábola cristológica?
6. ¿Es esta parábola antisemita?
7. ¿Cuál es el significado de la parábola?

Material útil de fuente primaria

Material canónico

- AT: Is 29.13; Ez 33.31
- NT: Mt 7.21-27/Lc 6.46-49; Mt 8.11-12/Lc 13.28-30; Mt 11.16-19/
- Lc 7.31-35; Mr 7.6/Mt 15.8; 23.3; Lc 7.29-30

Escritos judíos tempranos

- Filón, Praem. 79-84 enfatiza el hacer los mandamientos en vez de simplemente escucharlos o tratarlos con ligereza.

Escritos grecos - romanos

- Dio Crisóstomo, *Oratio* 70.5 contrasta dos personas, uno que dice que pretende navegar y ganar del comercio pero no precave hacerlo y el otro que planifica y prepara la nave. Luego él pregunta: "¿Cuál de los dos dices que en serio se interesa en el comercio?" Con la respuesta, "yo diría el último", se da la conclusión, "en cada caso, entonces, consideraría que la palabra sola, sin obra que acompañe, es inválida y poco confiable, pero que la obra sola es digna y verdadera, ¿aunque ninguna palabra la preceda?" La respuesta fue, "así es".

Escritos cristianos tempranos

- Justino, 1 *Apología* 16.10 también subraya la necesidad de hacer en vez de profesar solamente a Cristo.

Escritos judíos tardíos

Existen numerosas historias rabínicas de viñedos y huertos, varias de las cuales se publican abajo con la parábola de los labradores malvados. Además hay numerosas historias acerca de los dos hijos, cuyo comportamiento se contrasta.

- *b. Baba Mesi'a* 87a: "Enseña que los hombres justos prometen poco y hacen mucho; en cambio los malvados prometen mucho y ni siquiera hacen un poco."
- *Éxodo Rab*. 27.9: "Cuando Dios estaba a punto de dar la Torá, ninguna otra nación la quería aceptar excepto Israel. Se puede comparar a un hombre que tenía un campo el cual deseaba entregar a los agricultores. Llamando al primero de ellos, preguntó: '¿Puedes encargarte de este campo?' Él respondió: 'No tengo ninguna fuerza; el trabajo es muy duro para mí'. De la misma manera el segundo, el tercero y el cuarto se negaron

a emprender el trabajo. Llamó al quinto y le preguntó: '¿Puedes encargarte de este campo?' Él respondió: 'Sí'. '¿Con la condición de que lo labrarás?' La respuesta fue otra vez: 'Sí'. Pero en cuanto tomó posesión del campo, lo dejó sin labrar. ¿Con quién está el rey enojado? ¿Con los que respondieron: 'No podemos hacernos cargo del campo', o con el que decidió tomarlo, pero luego de tomarlo, lo dejó sin labrar? Sin duda, con el que decidió tomarlo. Del mismo modo, cuando Dios se reveló en el Sinaí, no había una nación a cuya puerta Él no tocara, pero ellos no querían la responsabilidad que conlleva; y en cuando llegó a Israel, ellos exclamaron: *Haremos todas las cosas que Jehová ha dicho, y obedeceremos* (Éx. 24:7)."

- *Deut. Rab* 7.4: "R. Simeón b. Halafta dijo: Si uno aprende las palabras de la Torá y no la cumple, su castigo es más grave que aquel que no ha aprendido nada. Es como el caso de un rey que tenía un huerto que dejó a dos labradores, uno de los cuales plantó árboles y los podó, mientras que el otro ni plantó [árboles] ni cortó ninguno. ¿Con quién está el rey enojado? Sin duda con el que planto [árboles] y los cortó. Asimismo, todo aquel que aprende las palabras de la Torá y no las cumple, su castigo es más grave que aquel que nunca las ha aprendido."

Características del texto que merecen atención

Como al menos veintidós de las parábolas de Jesús, éste comienza con una pregunta. Con la excepción de Juan 11.56, la pregunta en esta forma exacta ocurre sólo en Mateo, pero hay paralelos cercanos. Una segunda pregunta en el v. 31 predispone a los oyentes a una decisión de auto condenación.

Las palabras "finalmente arrepentido" en el v. 29 (*hysteron de metamelētheis*) se repiten en el v. 32 (*metemelēthēte hysteron*), formando un *inclusio*.

Las similitudes obvias existen entre esta parábola y la parábola del hijo pródigo, pero también hay diferencias.

La parábola está conectada con la interrogante anterior sobre la autoridad de Jesús por el enfoque de ambos en creer en Juan el Bautista (vv. 25 y 32).

Mateo ha colocado tres parábolas juntas aquí para conmemorar la obstinación de los dirigentes judíos: los dos hijos, los labradores malvados (paralelo en Marcos y Lucas en el mismo lugar) y la fiesta de bodas (Lucas tiene una parábola similar en un contexto diferente, 14.15-24). Las tres parábolas forman una progresión de denuncia cada vez más fuerte. La redacción de las tres parábolas se ha formado en Mateo para que la redacción de cada una sea influenciada por las otras. La parábola de los dos hijos está ligada a la parábola de los labradores malvados por el uso de "hombre" (*anthrōpos*), "la viña" (*ampelōn* en los vv. 28, 33, 39, 40), "finalmente" (*hysteron* en los vv. 29, 32, 37), "de la misma manera" (hōsautōs, NRSV "de la misma manera", en los vv. 30, 36), "Señor, señor" (*kyrios* en los vv. 30, 40), "dijo Jesús a ellos" (vv. 31, 42), el motivo de la sustitución (vv. 31, 41, 43), "reino de Dios" (vv. 31, 43, dos de los cuatro usos de Mateo de esta frase[46]) en lugar del más típico de Mateo el "reino de los cielos" y "viendo" (*idontes* en los vv. 32, 38). La parábola de los dos hijos y el de la fiesta de bodas están conectadas en lo mínimo por *apokritheiseipen* ("respondiendo les volvió a hablar") y *apēlthen*/*apēlthon* ("fue"). Para las conexiones entre las otras dos parábolas, véase abajo. Una diferencia significativa es que la parábola de los dos hijos utiliza *tekna* y *teknon* ("hijos" y "hijo") mientras que las otras dos parábolas tienen *huios* ("hijo").

En el v. 30 el segundo hijo incluso dice "Señor" (*kyrie*), mostrando gran respeto.[47]

El verbo en el v. 31 "van delante [de]" (*proagousin*) está en presente. La parábola de los dos cimientos y su contexto anterior (7.15-27) y la parábola del sembrador proporcionan paralelos cercanos a la parábola aquí.

"Los cobradores de impuestos y las prostitutas" (*hoi telōnai kai hai pornai*) aparece solamente aquí. Aunque la palabra traducida "cobrador de impuestos" (*telōnēs*) ocurre veinte veces en los sinópticos, la única otra ocurrencia de "prostituta" (pornē) en los evangelios ocurre en la acusación del hermano mayor contra el hijo pródigo (Lucas 15.30).

Varios mateanismo aparecen en estos versículos:[48]*proserchesthai* ("venir"), *amēn legō hymin* (más de dos veces con frecuencia en Mateo como en Marcos y menos en Lucas), *hysteron* ("finalmente", pero cinco de los siete ocurrencias son las parábolas), *dikaiosynē* ("justicia", siete veces en Mateo, ninguno en Marcos y uno en Lucas), y posiblemente "¿qué os parece?" (*ti hymin dokei*), aunque hay solo seis ocurrencias (dos con el pronombre singular) y existen paralelos judíos.[49] Por otro lado, algunos suponen que al menos se deben discutir los mateanismos. ¿Es justo decir que *eipen apokritheis* ("respondiendo dijo") es mateana (cuarenta y uno ocurrencias) cuando Lucas tiene veinticinco veces? ¿Es *hōsautōs* mateana cuando ocurre sólo cuatro veces, mientras que en Marcos se usa dos veces y en Lucas tres veces? ¿Es *metamelesthai* ("cambiar la mente, arrepentirse") mateana fuera de la parábola cuando ocurre sólo una vez? (27.3)

Información cultural

Poco hay que decir aquí aparte del recordatorio de la casi absoluta autoridad que los padres poseían en el mundo antiguo y la aprensión sobre la posición despreciada de los cobradores de impuestos y las prostitutas.[50] Los líderes religiosos con quienes Jesús conversó habrían tenido un desdén extremo hacia ambos.

Explicación de la parábola

Opciones de interpretación

Desde el tiempo de Jerónimo la iglesia alegorizó a los dos hijos como los gentiles que rechazaron la ley natural, pero que más tarde obedecieron a Cristo y los judíos que juraron obediencia pero no obedecieron.[51] Jerónimo también aceptó una interpretación sencilla para que la referencia sea a los pecadores que aceptaron el mensaje de Juan y los fariseos quienes lo rechazaron.[52]

A. Jülicher consideraba que esta parábola era una de los más claras y más simple y que ella enfatizaba la discrepancia entre el decir y el hacer y la necesidad de obediencia.[53]

J. Lambrecht cree que los que "dicen sí" aluden a personas que al principio simpatizaban con Jesús y luego fueron infieles. Él encuentra en la parábola una dimensión cristológica oculta, puesto que ella trata del nuevo orden que Dios presenta en Cristo. Es una "parábola particularmente cristológica".[54]

B. Scott sostiene que ambos hijos avergonzaron y honraron a su padre, el uno por negarse pero que después va, el otro por aparentar ser un buen hijo, pero no hace nada. Scott interpreta la parábola como una parábola del Reino, que es como una familia, una familia imperfecta.[55]

Otros dicen que la parábola describe dos grupos de israelitas: los repudiados que han respondido positivamente al mensaje de Juan el Bautista y los líderes religiosos que no lo hicieron. Implícitamente ambos grupos responden a Jesús de la misma manera que respondieron a Juan.[56]

Decisiones sobre los asuntos

1. Puesto que existe una tradición textual dividida sobre la redacción de esta parábola, ¿cuál es la secuencia original de la parábola en los vv. 29-31? El problema textual en este pasaje es bastante complejo donde la evidencia del manuscrito defiende tres formas de historia.

El primer hijo se negó ir a la viña, pero cambió de idea y se fue. El segundo hijo consintió ir pero no lo hizo. El primero es el que hizo la voluntad del padre. Esta lectura está secundada por א*, C*, L, W, X, Z, Δ, f^1 y la mayoría de las minúsculas.

El primer hijo se negó ir a la viña, pero cambió de idea y se fue. El segundo hijo accedió ir pero no lo hizo. El segundo es el que hizo la voluntad del padre. Esta lectura está secundada sólo por el Códice Bezae, varias versiones del latín antiguo, y la sinaítico y curetoniano siríaco.

El primer hijo accedió ir y no lo hizo. El segundo hijo se negó ir, pero cambió de idea y se fue. El segundo es el que hizo la voluntad del padre. Con algunas variaciones esta lectura está secundada por B, J, f^{13}, 700 y algunos otros textos.

Sorprendentemente, las tres de estas lecturas tienen sus defensores. Aunque la segunda es la más difícil, relativamente pocos arguyen que es la lectura correcta ya que no tiene sentido. Jerome sabía de esta lectura y sugirió que los judíos perversamente e intencionalmente dieron la respuesta equivocada. Pero si se tratara de la lectura correcta, uno esperaría una refutación de la respuesta en el texto. Esta lectura se puede poner a un lado.[57] Cualquiera de las otras de lecturas funciona, y que podrían ser el resultado de diferentes prácticas orales de la parábola. La mayoría que analiza esta pregunta correctamente acepta la primera lectura como la original: el primer hijo se niega a ir, cambia de parecer y luego se va. El orden inversículo en la tercera lectura surgió aparentemente para poner a los dos hijos en consonancia con el actual curso de los acontecimientos: los judíos aceptaron obedecer a Dios pero luego no lo hicieron, pero los gentiles, que al principio se negaron, luego aceptaron el evangelio.[58]

2. ¿Cuál es la forma original de la parábola, y es de Jesús o de Mateo? ¿Fueron el v. 31b (la declaración sobre los cobradores de impuestos y las prostitutas) y el v. 32 parte de la versión original de la parábola o son adiciones posteriores? O, preguntando de otra manera, ¿refiere originalmente la parábola a Juan el Bautista y es Lucas 7.29 un paralelo al v. 32? Hay cuatro posiciones principales sobre el origen y la autenticidad de los vv. 28-32:

La sección entera es una creación mateana. Unos pocos relativamente arguyen esto.[59]

Con excepción de la pregunta inicial, los vv. 28 hasta el v. 31b (la respuesta) son de Jesús, y los vv. 31 c-32 son Mateo o su tradición.[60]

Todos los vv. 28-31 son de Jesús y el v. 32 es de Jesús pero perteneció originalmente a otro contexto.[61]

Los vv. 28-32 forman un todo coherente y están juntos como una parábola de Jesús.[62]

Las posiciones dos y tres suponen generalmente que la parábola original terminó como Mateo 7.21, con su énfasis en hacer la voluntad del Padre. Nadie duda de que Mateo haya formado el material, pero las indicaciones del estilo de un evangelista no necesariamente indican origen. Las palabras que se atribuyen a Jesús en los vv. 31 y 32 se cuestionan por estas razones:[63]

El contraste de la parábola entre oír y hacer no está presente en el v. 31.

El v. 32 parece ser una remodelación de un dicho independiente de Jesús encontrado en Lucas 7.29-30.

La parábola describe un cambio de mentalidad en el hijo obediente, aunque nada se sabe de un cambio de mentalidad respecto de los líderes judíos o los pecadores en lo referente a Juan el Bautista.

El actual acuerdo supone que Juan el Bautista se compara con el padre en la parábola, pero un padre con dos hijos y una viña no es una imagen que concuerda para el profeta ascético.

La queja de que no está presente el contraste entre el oír y el hacer tiene fuerza sólo si uno ya ha rechazado el v. 32. Con el v. 32 en lugar, el contraste entre unos que parecen justos pero que no lo demuestran y otros que parecen injustos pero se arrepienten y se vuelven justos está muy presente. Mateo 21.32 tiene poco en común con Lucas 7.29-30 y no es una forma cambiada de ella, la cual algunos incluso lo reconocen que desconectan el v. 32 de la parábola.[64] Las únicas palabras en ambos Mateo 21.32 y Lucas 7.29-30 son "Juan", "cobradores de impuestos" y "él".[65] Ambas razones, la tercera y la cuarta suponen que la parábola debe ser una ligera representación alegórica de la realidad en lugar de una analogía. La insinuación de ambos grupos de que no ocurre un cambio de mentalidad hacia Juan, yerra el punto, porque el cambio de mentalidad no es en relación a Juan sino en relación a Dios. Juan no se refleja en la imagen del padre; él es simplemente la ocasión por la cual la obediencia y el rechazo son las respuestas. La cuestión es que las personas que inicialmente parecían desobedientes se arrepintieron y creyeron, mientras quienes afirmaban obediencia realmente no obedecieron. La suposición, por supuesto, es que Juan era un mensajero de Dios al que se debía oír. Mateo no había previamente dado el punto que los marginados eran los seguidores de Juan —sólo que la gente que Juan bautizó confesaban sus pecados, aunque Mateo mencionó el conflicto entre Juan y los fariseos y saduceos en el Cap. 3.7-12.[66]

La principal divergencia entre el v. 32 y la parábola es que la parábola enfoca en la obediencia a la voluntad del padre mientras que el v. 32 centra en la creencia. Esto podría ser parte de la conformación de Mateo de la parábola al contexto, pero es un resumen apropiado, a menos que uno haya trazado una distancia entre la creencia y la práctica. De hecho, la parábola, con o sin el v. 32, concuerda bien con el énfasis de Mateo sobre la obediencia sincera a la voluntad de Dios en lugar de simplemente pretender servir a Dios (ej., 7.15-27, especialmente 21-23; y 19.16-22).

También hay razones positivas para considerar los vv. 31-32 como unidas originalmente a la parábola. En primer lugar, como J. Lambrecht admite, sin la explicación en los vv. 31c-32 la parábola es desconcertante;[67] la historia queda incompleta, sin dirección y fuerza. Nadie habría comprendido su mensaje. Segundo, el "reino de Dios" en el v. 31 no es un lenguaje típico de Mateo y no puede eliminarse de la redacción tan fácilmente como algunos tratan.[68] Tercero, y más importante, me parece muy poco probable que Mateo o cualquier otro cristiano primitivo haya cambiado la parábola para que enfoque en creer a Juan el Bautista para entrar al reino.[69] ¿Qué se ganaría por cambiar el enfoque de Jesús y la voluntad del Padre hacia Juan? En cuarto lugar, la *inclusio* establecida entre los vv. 29 y 32 favorecen la opinión que el v. 32 pertenecía con la parábola desde el principio. El v. 32 sirve bien como una explicación por el cambio que se encuentra en el v. 31, y en mi opinión es una parte necesaria de la parábola.

3. ¿Pertenece la parábola originalmente en su contexto actual? Si se ha relatado la parábola originalmente en este contexto o Mateo la ha ubicado aquí depende en gran medida de la comprensión del v. 32. Si el v. 32 perteneció con la parábola originalmente, la parábola necesariamente habría surgido en algunas de las discusiones acerca de Juan Bautista y se adapta bien en su contexto actual.[70] La narrativa en Mateo funciona bien, y la parábola no es una interrupción entre la cuestión de la autoridad y la parábola de los labradores malvados.[71] Si el v. 32 es una adición más adelante, la parábola en los vv. 28-31 concordarían en cualquier discusión entre Jesús y sus opositores judíos.

En este contexto la parábola es una acusación de las autoridades del templo por su fracaso en participar en el movimiento de arrepentimiento, iniciado por el Bautista. Esto supone que lo que Juan el Bautista comenzó Jesús sigue y que rechazar a uno es rechazar al otro.

4. ¿Cómo debería el v. 31 y especialmente proagousin *("van delante [de vosotros]") entenderse? ¿Significa* proagousin *que los sumos sacerdotes y los ancianos están excluidos del Reino, o que el Reino sigue abierto para ellos también? ¿Además, entraban los cobradores de impuestos y las prostitutas al Reino durante el ministerio de Jesús, o es* proagousin *un presente futurista que indica que los cobradores de impuestos y las prostitutas precederán a los oyentes en el Reino en el fin de los siglos? ¿Es esta una parábola sobre la escatología presente o futura?* Con igual confianza los estudiosos afirman ambos, que *proagousin* significa que las autoridades religiosas están excluidas del Reino y que el camino está todavía abierto para ellos.[72] No creo que el mero uso de esta palabra permite que comentemos, y de hecho, al plantear la cuestión de esta manera busca más de la palabra de lo que se justifica. La siguiente parábola puede indicar que Mateo piensa en exclusión, pero esto no se puede determinar de la presente parábola. La intención es meramente indicar cuán separados están las autoridades religiosas en sus actitudes hacia Jesús y Juan. Incluso la gente que ellos más desprecian están en mayor consonancia con los propósitos de Dios que ellos, los religiosos.

Con respecto a si el tiempo presente *proagousin* señala el presente o el futuro, me inclino a considerar una referencia por la presencia del Reino. Eso tendría sentido en cuanto a la insistencia en la presencia del reino en otros lugares y también debido a la respuesta de los marginados a Jesús, pero en realidad el tiempo de este verbo no permite una conclusión firme. La referencia podría ser fácilmente como al Reino futuro.[73]

5. ¿Es esta parábola cristológica? Probablemente esta pregunta no se haría a no ser por los intentos de J. Lambrecht y H.Weder para interpretar la parábola de modo cristológico. Apartando el v. 31 (en parte), y el v. 32 y el contexto mateano, ellos reconstruyen un supuesto original y encuentran en él una alegación cristológica.[74] Nada en la parábola sugiere una referencia cristológica. No se utiliza la palabra "hijo" (*huios*),[75] y de ninguna manera se hace referencia a Jesús. A lo más uno podría encontrar una alegación cristológica implícita donde Jesús decide quién tiene prioridad en entrar en el Reino, pero eso no prueba la identidad mesiánica.

6. *¿Es esta parábola antisemita?* La parábola no es antisemita y no considera a los judíos como un grupo étnico. La parábola está dirigida contra los sumos sacerdotes y los ancianos, no a toda la nación. Los cobradores de impuestos y las prostitutas no son una metáfora para los cristianos gentiles. Los pecadores que estaban entrando en el Reino también eran judíos que habían respondido al mensaje de Juan.

7. *¿Cuál es el significado de la parábola?* El viñedo no es Israel, lo cual no tendría sentido; más bien defiende generalmente los propósitos de Dios. Trabajar en la viña de Dios es el equivalente de estar comprometido con los propósitos de Dios. La parábola rompe el estancamiento sobre la cuestión de la autoridad (vv. 23-27) causando que los líderes judíos juzguen a sí mismos. Por analogía se les acusa de estar comprometidos con la obra que Dios estaba haciendo con Juan el Bautista. Claramente lo que importa es la obediencia, la ejecución de los deseos de Dios, no mera profesión. La expresión "camino de justicia" en el v. 32 ha causado considerable debate, pero si el enfoque es simplemente sobre la conducta apropiada o los puntos más detallados del propósito y el plan de Dios para salvación,[76] la suposición es que Juan vino en el camino marcado por Dios y los líderes no se unieron a él en ese camino. Dos veces en el v. 32 se dice que los líderes no creyeron en Juan: ellos no creyeron al principio y viendo que los pecadores creyeron, aun así no cambiaron de parecer para creer en él. No se especifica en la parábola de qué manera ellos fallaron en obedecer a Dios, pero uno podría suponer que las censuras de Jesús por enfatizar la pureza ritual y las tradiciones de los ancianos en lugar de la misericordia y el amor es la base de la imputación de desobediencia.[77]

La parábola entonces es una acusación que los líderes de Israel afirman servir a Dios pero no lo hacen (cf. 23.3, donde se acusa a los fariseos de decir y no hacer). Es también una afirmación de que el movimiento de arrepentimiento comenzado por Juan el Bautista y continuado con Jesús es la obra de Dios que conduce al Reino. Implícitamente también es una defensa de la identificación de Jesús con los pecadores.

Adaptación de la parábola

La característica principal de este texto es clara. Dios requiere vida productiva y obediente de su pueblo. Las afirmaciones y las inquietudes de apariencia no son suficientes. Las iglesias a menudo alientan para la membresía y las profesiones de fe pero permiten (o incluso fomentan) una separación entre creer y hacer. ¿Cómo la gente acogió la idea de que la obediencia a la voluntad de Dios es opcional? Muchas parábolas y sobre todo ésta, abogan por una integridad de vida ante Dios. La palabrería y la apariencia externa son baratas; lo que cuenta en realidad es hacer la voluntad del Padre de todo corazón (cf. Mt 7.15-27). Cualquier separación entre creer y hacer es una distorsión del mensaje del Evangelio y en esta parábola se encara directamente. Una persona no puede creer separada de la obediencia.

Esta parábola debe advertirnos contra la suposición que la participación en la vida religiosa y la afirmación de autoridad religiosa son garantías de legitimidad o precisión teológica. Los que estamos envueltos en la vida religiosa debemos ser los menos presuntuosos acerca de nosotros mismos y sobre los que creemos que están "fuera". La parábola también nos anima a recordar que las respuestas iniciales no son respuestas definitivas. Un rechazo inicial no tiene que mantenerse un rechazo,[78] y un acuerdo inicial no es suficiente. Uno debe vivirlo.

Lectura adicional

Arland J. Hultgren, *The Parables of Jesus: A Commentary* (Grand Rapids: Eerdmans, 2000), pp. 218-25.

Ulrich Luz, *Matthew 21–28* (trans. James E. Crouch; Minneapolis: Fortress, 2005), pp. 25-33.

Wesley G. Olmstead, *Matthew's Trilogy of Parables: The Nation, the Nations, and the Reader in Matthew 21:28–22:14* (SNTSMS 127; Cambridge: CambridgeUniversity Press, 2003), pp. 99-108 and 167-76.

Los Labradores Malvados (Mateo 21.33-46; Marcos 12.1-12; Lucas 20.9-19; *Evangelio de Tomás* 65–66)

Esta es uno de las más significativas, más discutidas, y más complicadas de todas las parábolas y no es de extrañar, una sobre la cual hay un gran debate. Para algunos la parábola dice demasiado para que puedan cómodamente decir que representa la opinión de Jesús, pero los intentos de hacerla decir menos resultan triviales. Si se la toma fuera de la esfera de la confrontación de Jesús con los dirigentes de Israel, las interpretaciones parecen ilógicas, especialmente para la Palestina del primer siglo y no son convincentes. Las apuestas son altas, para esta, que a diferencia de la mayoría de las parábolas, es de importancia cristológica directa y principal.

Tipo de parábola

Esta es una parábola de narrativa indirecta doble con varias correspondencias entre la imagen y la realidad. La forma varía en los diferentes relatos, pero en Mateo, como la parábola de los dos hijos, esta es una parábola jurídica similar al canto de Isaías 5 y otros textos del AT en la que un profeta provoca en los oyentes una autocondenación a través de la ayuda de una imagen.[79] En Marcos y Lucas el carácter jurídico de la parábola está implícito. En todos los relatos sinópticos la cita del Salmo 118.22 sirve como un *nimshal* explicando la intención de la parábola. La cita también se encuentra en el Evangelio de Tomás 66, inmediatamente después de la parábola.

Asuntos que merecen atención

1. ¿Pertenece Mateo 21.44 en el texto?
2. ¿Pertenece la parábola en su contexto actual?
3. ¿Cuál fue la forma original de la historia? Comprende un número de preguntas. ¿Pertenece la alusión a Isaías 5 en Mateo y Marcos a la parábola? ¿Cuántos siervos fueron enviados antes que el hijo, y cómo fueron tratados? ¿Dónde termina la parábola? ¿Se incluye la declaración de juicio? ¿Pertenece la cita de Salmos 118.22-23 (sólo 118.22 en Lucas) a la parábola originalmente, o procede de la iglesia primitiva? ¿Procede de Jesús la declaración en Mateo 21.43 de que el reino de Dios será quitado y dado a otros? ¿Pertenecen a la parábola la segunda cita de la piedra en Lucas 20.18 y la mayoría de los manuscritos de Mateo 21.44? ¿Puede rastrearse la historia de la transmisión de la parábola?
4. ¿Es esta historia realista, y cuán realista debe ser? ¿Qué terrateniente obraría como éste, particularmente en el Evangelio de Marcos, enviando siervos repetidamente para que sean abusados y luego envía a su propio hijo a una situación semejante? ¿Existen factores culturales relevantes para hacer comprensible esta historia?

5. Es esta parábola una alegoría, y si es así, ¿tienen todas las características en la historia un paralelo en la realidad? ¿Cuál es el significado resultante de la parábola?
6. ¿Proviene la parábola de Jesús o de la iglesia primitiva? Si proviene de Jesús, ¿cuál es su importancia para su propio sentido de su misión y su identidad?
7. ¿Enseña esta parábola, particularmente en su forma mateana, que Dios ha rechazado Israel al dar el Reino a los gentiles?

Material útil de fuente primaria[80]

Material canónico

- **AT**: Is 5.1-7; Sl 118.22-23 23; y Dn 2.44-45 se alude o se cita en la parábola. Véase también 1 R 21.1-29; 2 Cr 24.17-21; 26.10; Sl 1.3; Is 3.14-15; Jer 12.7-17; Cnt 8.11-12. ¿Es Génesis 37.20 relevante?
- **NT**: Mt 23.37-39/Lc 13.34-35

Escritos judíos tempranos

- *Sabiduría* 2.10-20 da las palabras del malo contra el justo. En el v. 13 dice que el justo se llama a sí mismo hijo del Señor (*paida kyriou*). Luego el malo dice (vv. 16-20), "somos considerados por él como algo base y él evita nuestras costumbres como inmundas; él considera feliz el final de los justosy se jacta que Dios es su padre. Veamos si sus palabras son verdaderas y comprobaremos lo que sucederá al final de su vida; porque si el justo es hijo de Dios (*theou huios*), él le ayudará y le librará de la mano de sus adversarios. Vamos a probarle con el insulto y la tortura, para que podamos averiguar cuán amable es y probar su tolerancia. Vamos a condenarlo a una muerte vergonzosa, porque, según dice, él estará protegido."
- *Josefo, Guerra Judía*. 5272 describe que los romanos utilizan máquinas de guerra para arrojar grandes piedras a Jerusalén durante el asedio de la ciudad: "Por tanto, ellos instalaron centinelas en las torres, para que dieran aviso cada vez que disparaban la máquina y la piedra iba en tránsito, gritando en su lengua nativa, 'el hijo se acerca' (*ho huios erchetai*);[81] con lo cual

los que estaban en la línea de fuego inmediatamente se abrían paso y se tiraban al suelo, tomando las precauciones para que la piedra pasara inofensivamente y cayera detrás de ellos."

- *Josefo, Antigüedades Judías.* 9.264-67 relata cómo los israelitas se burlaban y finalmente mataron a los embajadores de Ezequías que los invitó a venir a Jerusalén para observar la fiesta del Pan sin levadura.

Escritos greco- romanos

- Plutarco, *Mor* 236A (*Máximas de los espartanos*): Los espartanos mataron a los heraldos del rey Jerjes de Persia. Para expiar esta traición, bajo la dirección de un oráculo dos soldados espartanos voluntariamente fueron a Jerjes para ser asesinados según el rey deseara. El rey les dejó libre debido a su valentía.

Escritos cristianos tempranos

- *4 Esdras* 1.32-35: "Envié mis siervos los profetas, pero vosotros le tomasteis y le matasteis y habéis cortado sus cuerpos en pedazos; demandaré su sangre de vosotros, dice el Señor. 'Así dice el Señor Todopoderoso: vuestra casa está desolada; yo os llevaré como la paja que lleva el viento; y vuestroshijos no tendrán hijos, porque al igual que vosotros ellos han desatendido a mi mandamiento y han hecho lo malo ante mis ojos. Daré tus casas a un pueblo que vendrá, que sin haberme oído creerán. Aquellos a quienes no he mostrado ninguna señal harán lo que yo os he mandado."Esto es parte de adición cristiana a 4 Esdras y aparentemente está formada por la parábola de Jesús.
- *Evangelio de Tomás* 65–66: "Me dijo: Un hombre bueno [*chrēstos*, o "ricos", *chrēstēs*][82] tenía una viña. Se la dio a los labradores para que la cultivaran y para obtener su fruto de ellos. Envió a su siervo para que los labradores le dieran el fruto de la viña. Ellos tomaron al siervo (y) lo golpearon; un poco más y casi lo matan. El siervo volvió (y) le contó a su amo. El amo dijo, quizá él no conocía a ellos. Envió a otro siervo; los labradores lo golpearon también. Entonces el amo envió a su hijo. Dijo, tal vez respetarán a mi hijo. Puesto que esos

labradoressabían que él era el heredero de la viña, pero ellos lo tomaron (y) lo mataron. El que tiene oídos, que oiga. Jesús dijo: "Muéstrame la piedra que desecharon los constructores. Esa es la piedra angular".[83]

- *Hermas, Similitudes* 5.2.1–5.7.3 tiene una parábola alegórica larga elaborada de esta parábola.

Escritos judíos tardíos

Hay numerosas historias rabínicas de viñedos y huertos, de las cuales sólo las más obvias se mencionan aquí.[84]

- *Sifre Deut.* §312 (sobre 32:9): "Una parábola: un rey tenía un campo que arrendó a los inquilinos. Cuando los inquilinos comenzaron a robar de él,tomó de ellos el campo y lo arrendó a sus hijos. Cuando los hijos comenzaron a obrar peor que sus padres, lo quitó de ellos (de los inquilinos primeros) y dio a los nietos. Cuando éstos también se volvieron peores que sus antecesores, le nació un hijo al rey. Entonces dijo a los nietos, 'salgan de mi propiedad. No puede permanecer en ella. Devuélveme mi porción, para que la vuelva a poseer'." En la explicación de acompañamiento de la parábola, Dios es el rey, Abraham está representado por los primeros inquilinos y Isaac por el segundo. Estos dos fueron rechazados porque algo censurable se encontró en ellos, sus hijos Ismael y Esaú. El tercer grupo de inquilinos no se explica. El hijo en la parábola representa a Jacob, ninguno de cuyos descendientes fueron reprochables.
- *Midr. Tanhuma Beshallah* 4.7 (en Éx 13.17): "¿A qué se compara el asunto? A un rey que tenía un hijo pequeño. Él también tenía un *ousia* [es decir, un huerto]. Ahora quería irse al extranjero, [entonces] dijo a cierto inquilino que lo cuidara y comiera de su fruto, hasta que su hijo creciera. Cuando el hijo del rey creció, buscó la *ousia*. El inquilino inmediatamente comenzó a llorar: Lamentando. De la misma manera, mientras Israel estaba en Egipto, los cananeos habitaron en ella y cuidaron de la tierra de Israel. También comieron de sus frutos. Tan pronto se enteraron de que Israel había salido de Egipto, comenzaron a gritar: Lamentando."

- *Midr. Tanhuma Emor* 8.30 (sobre Lv 23.39-44) tiene una extensa parábola acerca de una provincia que debía impuestos a un rey. No pagaron cuando el rey envió repetidamente emisarios. El rey y sus cortesanos fueron a la provincia. Como se acercaban, tres delegaciones sucesivas le encontraron y le pidieron que perdone la cantidad. Él perdonó a la mitad, luego otra mitad más y finalmente toda la deuda. La explicación es que el rey es el Santo y el pueblo de la provincia es Israel, cuyos pecados son perdonados en las fiestas durante todo el año. Las múltiples correspondencias entre la parábola y la explicación son obvias.
- *Éxodo Rab.* 30.17: "Porque Egipto esclavizó a Israel, fue castigada y la justicia se consumó en Egipto y en el mar. Eran como ladrones que habían entrado en la viña del rey y destruido las vides. Cuando el Rey descubrió que su viñedo fue destruido, se llenó de ira y descendiendo sobre los ladrones, sin ayuda de nada ni de nadie, los cortó y los desarraigó así como habían hecho a su viña.[85]
- *Lev Rab.* 11.7: "Esto puede compararse con el caso de una provincia que debía impuestos atrasados al rey, quien envió un cobrador del tesoro [del rey] a cobrar [la deuda]. ¿Qué hizo la gente de la provincia? —Se levantaron y lo penaron y lo colgaron. La gente dijo: '¡Ay de nosotros, si el rey se entera de estas cosas. Lo que el emisario del rey intentó hacer con nosotros, hicimos a él'." Esto también se encuentra en Génesis Rab. 42.3.

Comparación de los relatos

Esta parábola es un buen ejemplo de la fidelidad esencial de los escritores del Evangelio a la tradición que recibieron *y* la libertad con la que ellos lo adaptaron. Claramente la iglesia primitiva no estaba interesada en un informe literal, y los evangelistas sintieron la libertad para formar el material según sus propios fines. La historia es esencialmente la misma en todos los relatos, pero hay diferencias importantes. A pesar de numerosos intentos de los estudiosos del NT, uno no puede con ninguna seguridad una versión primitiva de la historia, pero uno puede rastrear el movimiento dentro de la tradición.

Mateo	**Marcos**	**Lucas**	***Evangelio de Tomás***
Sus siervos, a uno golpearon, a otro mataron, y a otro apedrearon	Un siervo, golpeado, y enviado con las manos vacías,	un siervo, golpeado, y enviado con las manos vacías	Su siervo, golpeado
Un grupo mayor de siervos, recibieron el mismo tratamiento	Un siervo, herido en la cabeza y enviado deshonrado	Un siervo, golpeado, deshonrado y enviado con las manos vacías	Un siervo, golpeado
	Un siervo, al cual mataron	Un siervo, echado fuera y herido	
	Muchos otros golpeados y otros matados		
"Finalmente (*hysteron*) les envió su hijo, fue echado fuera de la viña y le mataron"	"Por último [*eschaton*] envió un único [o amado] hijo [*huion agapēton*], que fue matado y echado fuera de la viña"	"Mi único [o 'amado'] hijo (*ton huion mou ton agapēton*), echado fuera de la viña y matado".	Su hijo, aprehendido y matado

El Evangelio de Tomás 65-66

El relato del *Evangelio de Tomás* es obviamente menos teológico y es mucho más corto y más simple que las narrativas de los sinópticos, y por esta razón un número de estudiosos sostienen que es más temprano que los relatos sinópticos o es la versión original. A pesar de la popularidad de este punto de vista entre algunos, casi con certeza el Evangelio de Tomás es dependiente de los evangelios canónicos, tanto general como para esta parábola.[86] No voy a argumentar que el autor haya copiado directamente de los evangelios canónicos; el compilador de estas máximas no dependía de copias escritas. Por el contrario, el

Evangelio de Tomás es evidencia de una "expresión secundaria", una tradición más adelante extraída de los Evangelios canónicos e influenciada por la transmisión oral de las historias del Evangelio hasta su escritura de mediados hasta finales del siglo II.

En esta parábola el *Evangelio de Tomás* muestra la influencia de Lucas en las palabras "para que le diesen" (Lc 20.10) y "quizá" (*isōs*, Lc 20.13).[87] El *último ocurre nada más en el NT y su ocurrencia en Tomás debe despertar sospechas. Además, las traducciones de siríaco antiguas de los Evangelios tienen un envío doble de siervos individuales como el Evangelio de Tomás, pero este doble envío deriva de los intentos para armonizar los relatos de los sinópticos (Mateo tiene un envío doble de varios siervos). El Evangelio de Tomás tiene una procedencia Siria y parece dependiente de dicha armonización de las tradiciones.*[88] Como en los sinópticos, la piedra que se habla en el Salmos 118.22 sigue la parábola en el Evangelio de Tomás como la siguiente máxima, pero tampoco se reconoce su fuente del AT ni su conexión con la parábola. Que la conexión (que se explica abajo) no se comprenda argumenta que el Evangelio de Tomás depende de la tradición canónica.

J.-M. Sevrin arguye además por la naturaleza secundaria del relato del *Evangelio de Tomás* debido a su tratamiento del tema de las riquezas. La parábola de los labradores malvados es precedida por las parábolas del rico insensato y la gran cena, que el Evangelio de Tomás dirige contra los compradores y mercaderes (logia 63-64). Las tres parábolas comienzan de la misma manera y se agrupan para mostrar la futilidad de tratar de acumular riquezas, puesto que las riquezas son un impedimento para la salvación. Sevrin argumenta que la parábola está alterada para enfatizar la falta de conocimiento del siervo ("*quizá él no les conocía*") y el conocimiento de los inquilinos. Con este énfasis el autor ha hecho de los inquilinos personajes positivos y de los siervos personajes negativos. Sevrin argumenta también que no se debe restaurar la primera línea de la parábola para que lea un hombre "bueno" (*chrēstos*) (sólo las tres primeras letras y la última letra permanecen en el texto). Por el contrario, el texto debería leer el "prestamista" (o "usurero": *chrēstēs*). En esta lectura el propietario representa no a Dios sino a un hombre rico cuya riqueza conduce a la destrucción,[89] que entonces es el tema de las tres parábolas en esta agrupación.

Los paralelos entre la parábola del joven rico en logion 63 y la de los labradores malvados en logion 65 merecen atención. Ambos enfocan en un hombre de riqueza y en sus frutos, y termina abruptamente con la muerte y el anexo que dice: "El que tiene oídos, que oiga." Además, el Evangelio de Tomás expande y cambia la parábola de la gran cena[90] de modo que ya no se trata de Israel sino que se dirige- contra los compradores y mercaderes, y de la misma manera también cambia la parábola de los labradores malvados. Es difícil de resistir que el Evangelio de Tomás vuelve a interpretar la parábola sinóptica, dada la explicación de Sevrin del propósito de esta agrupación. Si la lectura "prestamista" es correcta, esta conclusión es abrumadora, aunque J. Kloppenborg todavía defiende la originalidad del *Evangelio de Tomás*.[91]

Diferencias entre los relatos sinópticos

El contexto y el ambiente de la parábola son los mismos en los tres relatos sinópticos: después de la cuestión de la autoridad de los jefes de los sacerdotes y los ancianos, y antes de la interrogante sobre el pago de los impuestos a César. Mateo ha añadido una parábola en cada lado de ésta para formar una trilogía de parábolas que reflejen a Israel. Ni Marcos ni Lucas incluyen la parábola de los dos hijos (Mt 21.28-32). La parábola de Lucas de la gran cena (14:15-24), que es similar a la parábola de Mateo de la fiesta de bodas (22.1-14), está en un contexto diferente. Mateo y Marcos aluden a Isaías 5.2 en los detalles de la construcción de la viña. Lucas incluye solamente "un hombre plantó una viña". El Evangelio de Tomás no registra una alusión a Isaías 5.

El envío del dueño de los siervos y el hijo a los inquilinos es muy diferente en cada uno de los cuatro relatos. Mateo tiene una acentuación en ambos, la importancia de los enviados y el maltrato que sufren. Marcos tiene una acentuación de los malos tratos, pero es de poca importancia, puesto que a muchos se les matan.

En Marcos el énfasis está en el hijo por la descripción. Lucas tiene una fórmula culminante de tres más uno y también destaca al hijo por la descripción. Lucas tiene semejanzas con ambos, en Marcos (especialmente en el uso de "único" [o "amado"] para describir el hijo) y Mateo (especialmente en la conformidad que el hijo fue echado fuera y matado y en la máxima de la segunda piedra, si Mateo 21.44 pertenece en el texto).

En las respuestas de Marcos y Lucas Jesús responde a su propia pregunta en cuanto a lo que el dueño hace. En Mateo las autoridades religiosas responden. Salmos 118.22-23 se provee para la interpretación de Mateo y Marcos, mientras que Lucas incluye sólo 118.22.

Mateo tiene otra explicación (21.43) y la máxima de la segunda piedra (21.44), que se omite en algunos manuscritos; Lucas tiene la máxima de la segunda piedra, pero no la explicación.

Aunque existen diferencias en la redacción, los tres relatos sinópticos están de acuerdo con el contenido en la conclusión de la narrativa. Las autoridades religiosas, el orden sacerdotal en particular,[92] sabe que Jesús ha hablado la parábola contra ellos. Ellos procuran atraparlo, pero temen a la multitud.

Los intérpretes hacen de estas diferencias lo que quieran. Algunos suponen la prioridad de Marcos,[93] pero aun así consideran que Marcos 12.5b (el maltrato de los muchos siervos) y el lenguaje cristológico del 12.6b como exageraciones. Algunos han defendido el relato de Lucas porque se reserva la matanza para el hijo, no identifica muy claramente a los siervos como los profetas y parece que no alude a Isaías 5.2. Algunos piensan que Lucas no es dependiente de Marcos y tiene acceso a otras tradiciones, de las cuales al menos una gira a una narrativa hebrea.[94] Esto no es imposible, pero no se ha probado. La versión de Lucas muestra su forma propia de redacción.[95] Los acuerdos entre Lucas y Mateo pueden indicar un relato de doble tradición independiente de Marcos, a menos que Lucas haya usado Mateo.[96]A menudo se acusa a Mateo de tener la versión más alegórica de la parábola, pero esto refleja suposiciones sobre Mateo en vez de algo que proviene del texto.[97]

El relato de Mateo, tomado por sí mismo, es el menos alegórico,[98] tiene más sentido como una historia y podría ser el relato más temprano, dado por supuesto que Mateo tiene su propia forma de redacción.[99] Mateo tiene dos grupos de siervos y el hijo enviado a la viña —que es realista. Él no se refiere al hijo como "amado", aunque el título tiene importancia cristológica para él en otro lugar (3.17; 12.18; 17.5). *Se debe dar suficiente peso a este hecho.* Todavía tengo que ver una explicación convincente de por qué Mateo ha omitido el énfasis cristológico de Marcos, si efectivamente Mateo siguió el relato de Marcos. El relato de Mateo explícitamente conserva la forma de una parábola profética-jurídica que lleva a los oyentes a juzgar a sí mismos (muy parecida a la parábola de Natán a David en 2 Samuel 12.1-7).

Características del texto que merecen atención

El lamento sobre Jerusalén (Mt 23.37-39/Lc 13.34-35) refleja el pensamiento de la parábola, y es sorprendente que tanto el lamento como la parábola citan el Salmo 118. Las predicciones de la pasión en Marcos 8.31; Lucas 9.22; 17.25 parecen que se construyeron del Salmo 118.22,especialmente en el uso de "desechado" (*apodokimazein*).

Varias conexiones existen entre las tres parábolas en Mateo 21.28–22.14. Para las conexiones con la parábola de los dos hijos, véase arriba. La parábola de los labradores malvados está conectada a la de la fiesta de bodas por las palabras "hombre", "parábolas", "reino", "hijo", "éstos" y "tomándole", lenguaje idéntico para el envío doble de siervos y lenguaje muy similar por el hecho de que algunos de ellos fueron golpeados y matados (*edeiran... apekteinan y hybrisan kai apekteinan*). Una diferencia muy importante es que en la parábola de la fiesta de bodas sólo se menciona el hijo; él no hace nada y *no* se le mata.

La parábola de Lucas está dirigida a la gente, en consonancia con sus tendencias, mientras que Mateo y Marcos dirigieron la parábola a los líderes religiosos. No obstante en la conclusión Lucas también dice que los líderes religiosos sabían que la parábola fue dirigida contra ellos.

Información cultural

Son bien conocidos los ejemplos de inquilinos que cuidaban la tierra y los arrendamientos entre inquilinos y propietarios.[100] También estaban bien probados las tensiones y los conflictos entre las dos partes, hasta el punto de argüir sobre quién tenía las ramas sobrantes después de la poda.[101] M. Hengel señaló la importancia de los papiros de Zenón (alrededor del 260 a.C.) para entender esta parábola. Los propietarios a distancia, la preparación de acuerdos de arrendamiento, elaboración del cuidado de los viñedos y la producción de vino, las tensiones con los grupos de inquilinos y las peticiones reiteradas de justicia están todos registrados.[102] El hecho que el propietario se va *no necesariamente* indica que era un extranjero.[103]

El sistema judicial del antiguo mundo condujo a menudo a reiteradas solicitudes de la justicia, como se ilustra en Lucas 18.1-9. Si el propietario había utilizado la fuerza, sólo habría creado más problemas y habría tenido que encontrar otros inquilinos que cuidaran de la viña. Como demuestran tanto M. Hengel y Craig Evans, en esos conflictos las súplicas, las peticiones reiteradas, y la violencia están todas mencionadas.[104] Este es menos que un factor para el relato de Mateo, que tiene sólo dos envíos de siervos.

Las regulaciones prohibían a los inquilinos el derecho usual de poseer las tierras después de tres años de posesión indiscutible.[105] Es indiscutible es dudoso que los inquilinos estaban preocupados con la propiedad legal; ellos estaban interesados en la posesión y el uso. A menudo, la palabra griega *klēronomia* significa "posesión" en lugar de "herencia". El relato de la LXX del rey Acab tomando posesión de la Viña de Nabot utiliza sólo este lenguaje: Acab "hereda" (*klēronomei*) la viña de Nabot (3 Kgdms 20[21]:15-16). Josefo además usa un lenguaje de herencia (*klēronomein*) para describir el mismo evento.[106]

Explicación de la parábola

Opciones de interpretación[107]

Esta parábola era considerada fácilmente y consistentemente como una alegoría de la historia de la salvación que representa la paciencia de Dios, su envío de los profetas y finalmente de su hijo (quien fue echado de Jerusalén y luego asesinado), el rechazo de los judíos y el llamado de los gentiles. A veces los pequeños detalles de la parábola se alegorizaban también. Por ejemplo, el cerco para la viña se entendía como la ayuda de los ángeles, la torre como el Templo, y la partida del propietario como el libre albedrío. Más tarde la parábola fue interpretada como el individuo (cada persona recibe una vid en el bautismo para cuidar y los envíos son la Ley, los Salmos y los profetas) y el desarrollo espiritual.[108]

Algunos sostienen que la parábola es una alegoría de la iglesia primitiva. A. Jülicher consideró que la historia era un relato completamente no realista y claramente una alegoría de Dios enviando su hijo a los líderes de Israel. Él consideraba todo material después de Marcos12.9 como una adición posterior: la máxima de la piedra, la explicación en Mateo 21.43 y la segunda máxima de la piedra en Mateo 21.44/Lucas 20.18. Mateo y Lucas eran considerados como adaptaciones de Marcos. Jülicher aceptó que podría haber una parábola de Jesús tras Marcos 12.1 y 9, pero pensó que no podría ser recuperada. En su opinión la parábola que tenemos es de la primera generación cristiana.[109] W. G. Kümmel argumentó que el hijo no habría tenido significado mesiánico en el judaísmo precristiano, una indicación adicional del origen de la parábola en la iglesia.[110]

Algunos atribuyen la parábola a Jesús en una forma más corta y más simple. En este enfoque, si uno quita las alusiones a Isaías 5, Marcos 12.5b (el maltrato de muchos siervos), la sentencia del v. 9 y la cita de Salmos 118.22-23, permanece una historia realista, con la venida del hijo que se es requerida lógicamente en vez de teológicamente. Los defensores mástempranos y más fuerte de este tipo de enfoque fueron C. H. Dodd y Joachim Jeremías,[111] pero se ha vuelto bastante habitual.[112] En efecto, al de-alegorizar la historia a la manera que Dodd y Jeremías sugieren, uno se queda con una versión más semejante a la del Evangelio de Tomás, que no se habíadescubierto cuando primero dieron sus sugerencias.[113] Un problema importante es que tanto Dodd y Jeremías todavía anexan significado alegórico a la historia y particularmente al hijo,[114] pero entonces cualquier intento de permanecer con la historia resulta difícil evitar la importancia alegórica.

En los últimos años la insatisfacción con las tres opciones anteriores ha llevado a una serie de sugerencias, pero ninguno de los más recientes intentos de encontrar una alternativa inspira confianza alguna. Porque la anterior parábola enfocaba en Juan el Bautista y para evitar cualquier pensamiento que Jesús se refirió a sí mismo con el hijo en esta parábola, algunos han sugerido que el hijo es una referencia a Juan.[115] J. D. Crossan primero argumentó que la parábola es un ejemplo del prudente que toma una oportunidad inmoral como en la parábola del mayordomo infiel[116] y más tarde que la parábola representa una acción muy necia del propietario, como en la parábola del rico insensato.[117] Pheme Perkins, habiendo separado la conclusión de la parábola, sugirió que Jesús estaba mostrando lo que envuelve su doctrina de no ser violento y que hay que mostrar amor a los enemigos de uno.[118] Aunque un tanto relacionado, otros han adoptado un enfoque sociológico y argumentado que la parábola trata de la revuelta de los campesinos contra un acreedor rico, un déspota que erróneamente había tomado sus tierras y muestra la inutilidad de la violencia bajo estas circunstancias.[119] B. B. Scott argumentó que la parábola considera el reino como un asunto de tragedia con la herencia y la duda del destino del propietario.[120]

J. Kloppenborg argumenta que la tradición sinóptica, por la añadidura de la alusión a Isaías 5.1-7, convirtió la parábola en una alegoría teológica de la relación de Dios y su pueblo. Él se opone a la falta de realismo en las versiones sinópticas, especialmente el nivel de violencia del propietario, porque cree que apunta a ideas antiguas de juicio. En su opinión, la versión del Evangelio de Tomás es el relato preferente. El dueño de la viña en el Evangelio de Tomás es un usurero, una figura negativa, y su necedad conduce a la pérdida. Para él, la parábola trata del fracaso de la avaricia.[121]

Otra tendencia reciente ve la historia como más realista de lo que la gente haya pensado y argumenta que Jesús intencionalmente toma prestado el lenguaje de Isaías 5 para contar la historia de Israel con un nuevo giro, uno que confronta a las autoridades del templo y tiene implicaciones para la comprensión de la propia misión de Jesús.[122]

Decisiones sobre los asuntos

1. ¿Pertenece Mateo 21.44 al texto? Esta es una importante variante textual. Si es parte del texto de Mateo, acerca el relato de Mateo al de Lucas y probablemente indica que no tenían la tradición marcana para esta parábola. Este versículo está presente en prácticamente todos los manuscritos griegos. Se omite solamente por el Códice Bezae (que es conocido por sus aberraciones), minúscula 33 y probablemente por P104, pero este último es tan fragmentaria que su lectura es incierta.[123] La evidencia de P104 es importante, pero no es una carta de triunfo. A pesar de la abrumadora evidencia textual en su favor, este versículo fue impreso en corchete doble en las tres primeras ediciones del NT griego UBS. Se creía que este versículo era una inserción de Lucas 20.18. La cuarta edición del texto UBS y la edición 27ª de Nestle - Aland NT griego coloca el versículo entre corchete simple para indicar que es debatido, pero probablemente pertenece al texto.[124] La primera parte del v. 44 no se ajusta estrechamente a Lucas 20.18 (Mt 21.44a: *Kai ho pesōn epi ton lithon touton...*; Lucas 20.18a: *Pas ho pesōn ep' ekeinon ton lithon...*), y un lugar mejor para una inserción seria después del 21.42, que coincidiría con el orden de Lucas. Los ojos de un escribano fácilmente pueden haber pasado de *autēs kai* al final del v. 43 y al principio del v. 44 a *auton kai* al final del v. 44 y principio del v. 45. Por razones internas y externas, existe un fuerte caso para considerar el v. 44 como parte del texto original de Mateo, pero la certeza no es posible.

2. ¿Pertenece la parábola a su contexto actual? Esta parábola es una de las pocas que históricamente está arraigada en un momento determinado de la vida de Jesús. Otras parábolas podrían haberse relatado temprano o tarde, en Galilea o en Judea y sin duda fueron contadas varias veces, pero ésta está ligada contextualmente en los tres relatos de la cuestión sobre la autoridad de Jesús después de la "limpieza" del templo. No es imposible que una versión de esta parábola se contara más de una vez y en otros lugares, pero eso es incierto. Todo indicio es que la parábola era una respuesta cubierta a la cuestión de la autoridad, y una parábola jurídica no funciona una segunda vez. Esta parábola pertenece hacia el final del ministerio de Jesús como parte del creciente conflicto que condujo a su muerte. Si la parábola se dirige contra las autoridades del templo, que creo que es el caso y será discutido más abajo, entonces el ajuste de la parábola en este contexto se hace aún más seguro.

3. ¿Cuál era la forma original de la historia? Esta interrogante ha generado un debate preciso y espinoso, que conduce a una bifurcación de los caminos y crea un dilema. Se hicieron numerosos intentos para reconstruir una versión primitiva. Típicamente cualquier sospecha de que tenía importancia alegórica o cualquier cosa considerada ofensiva teológicamente era removida.[125] Poco control hay para tales esfuerzos, y los intérpretes están cada vez más incómodos con ellos. Las parábolas no se pueden reducir a los ordinarios arreglos que a veces los eruditos del NT reconstruyen. No con mucha frecuencia las parábolas se narran deficientemente y sin significado figurativo, especialmente las parábolas que funcionan como analogías. Al mismo tiempo, los evangelistas han formado la parábola en la redacción, y tal formación puede y debe ser identificada, es decir, que cualquier intento por recuperar la historia de la transmisión de un texto es sumamente difícil y envuelve una serie de preguntas.

Sin entrar en una discusión detallada o pensando que podemos reconstruir la forma original, aún se pueden hacer varios puntos sobre la parábola. Una pregunta crucial expone la alusión a Isaías 5.1-7. Si se excluye la alusión, entonces "la parábola admite una deslumbrante variedad de posibilidades interpretativas".[126] En mi estimación, *la alusión a Isaías 5 es parte del original.* Mateo y Marcos ambos tienen varias descripciones de la formación de la viña que emplea lenguaje de Isaías 5. La redacción es cercana a la LXX, pero existen diferencias significativas en la redacción y el orden entre Mateo y Marcos y entre cada uno y la LXX.[127] En la LXX alguien habla en primera persona, pero los evangelios utilizan la tercera persona del singular. En la LXX el hombre planta una vid (*ampelon sōrēk*); en los evangelios planta un viñedo (*ampelōna*). La palabra para "lagar" es diferente en los tres (LXX *prolēnion*, Mateo *lenōn*, Marcos *hypolēnion*).

En la LXX la viña produce espinos, que no juegan ningún papel en los Evangelios.[128] La redacción de Mateo y Marcos pueden que hayan sido parcialmente asimilados en la LXX en alguna etapa de la tradición.[129] Lucas tiene solamente las palabras "plantó una viña" (*ephyteu-*

sen ampelōna, 20.9), pero afirmar que Lucas no alude a Isaías 5.2 se puede hacer sólo si su descripción no refleja *ephyteusa ampelon* en Isaías 5.2 ni es tomada de Mateo o de Marcos.[130] Incluso si la parábola solamente tiene las palabras "plantó una viña", los lectores probablemente habrían pensado en Isaías 5 de todas formas debido a que el texto es el *texto clásico* de la viña. Además, por qué un cristiano añadiría la alusión más adelante no está claro, especialmente desde que la parábola toma una dirección diferente a la de Isaías 5. Nadie agregó una alusión a las otras parábolas de la viña (Mt 20.1-16; 21.28-32; Lucas 13.6-9).

Sin embargo, si la parábola toma una dirección diferente de Isaías 5, ¿por qué es la alusión importante? La alusión indica a los lectores que la parábola tiene que ver con la relación de Dios y su pueblo. Con toda probabilidad una historia sobre una viña, incluso sin otras palabras de Isaías 5, establecería que la historia trata de Dios y su pueblo, como a menudo prueban las parábolas rabínicas. Hay otro factor. La evidencia de las fuentes judías muestra que Isaías 5 estaba tradicionalmente asociada con el templo,[131] así las alusiones a Isaías 5 radica los intereses de la parábola precisamente en el templo. El Tárgum con respecto a Isaías 5.1-7 es aún más atrayente porque describe explícitamente el templo construido en la viña de Dios que está bajo el juicio venidero de Dios, lo cual coincidiría con la actitud en la parábola, pero la fecha del Tárgum es incierta.[132] Sin embargo, 4Q162, aunque fragmentario, interpreta Isaías 5.5-30 sobre la desolación de la tierra en los últimos días debido a la arrogancia de los hombres de Jerusalén. Si la polémica anti-Templo se asocia con Isaías 5, el caso es aún más fuerte, pero al menos la parábola apunta al templo por su alusión a Isaías 5.

El envío de los siervos en Marcos claramente está sobrecargado con tres siervos enviados y maltratados y luego muchos otros, algunos para ser golpeados y otros para ser asesinados (12.5). Mateo tiene sólo dos grupos de siervos, los primero tres siervos, uno golpeado, otro matado y otro apedreado. El lenguaje que se emplea para el maltrato es una clara alusión al maltrato de los profetas, como es claro particularmente en Mateo 23.37. Luego un grupo mayor es enviado y tratado de la misma manera. Lucas tiene una fórmula culminante de tres más uno y reserva la matanza para el hijo. La alusión de Lucas a los profetas es menos obvia, pero Mateo y Marcos han enfatizado en la identificación de los siervos como los profetas. Esa identificación fue probablemente de todos modos con la misma mención de una viña y los siervos. Por supuesto, la voz siervo se usa con frecuencia para aludir a los profetas en el AT.[133] Si los dos grupos de siervos de Mateo o los tres siervos individuales en Lucas es la forma original y si algunos de los siervos fueron matados en la historia original no se puede determinar. Tales diferencias reflejan las variaciones en las presentaciones orales de la parábola.

La descripción del hijo como "amado" (*agapētos*)[134] se ha enfatizado en ambos Marcos y Lucas para subrayar su importancia cristológica. Marcos se mueve más en esta dirección con el "último" (*eschatos*). Mateo no emplea ni una ni otra palabra. "Amado" es utilizado por la voz del cielo en los relatos del bautismo de los tres evangelistas y Mateo y Marcos lo emplean en sus relatos de la transfiguración (y también en Mt 12.18). No me imagino a Mateo sacando las palabras "amado" o "último" si es que tenía conocimiento de ellas. El énfasis cristológico proviene de una tradición diferente o de un desempeño oral de la que emplea Mateo.

Mientras que los intérpretes debaten la importancia del hijo, su presencia en la historia es un ingrediente esencial y un punto de inflexión en la narrativa. En Mateo y Lucas, el hijo es echado fuera de la viña y luego asesinado; en Marcos es asesinado y luego expulsado. Con frecuencia se considera esto como que Mateo y Lucas ajustan la parábola a la crucifixión de Jesús fuera de la ciudad. Esto me parece poco probable. Mateo ni Lucas menciona que Jesús fue crucificado fuera de la ciudad; esta información proviene de Juan 19.17-20 y Heb 13.12. También, esto requeriría que la viña sea un símbolo de *Jerusalén*. ¿Se esperaría que un lector discierna esto? Tal identificación no concuerda con el resto de la parábola. Además, hay una lógica para ambas descripciones. Si el hijo es asesinado y luego expulsado, la profanación del cadáver aumenta el delito. Si el hijo es expulsado y luego asesinado, encajaría cualquier inquietud de pureza que pueda surgir por haber permitido la contaminación de la viña por el asesinato. No creo que esta variación en los relatos tiene algún significado teológico pero puede que refleje solamente diferentes versiones orales.

¿Está incluida la declaración de juicio? Mientras que algunos sugieren que la parábola termina con la muerte del hijo, muchos terminarían la parábola tras la pregunta de qué hará el dueño. Esa pregunta, sin embargo, implica una respuesta, ya sea que provenga de Jesús como en Marcos y Lucas o de los oyentes, como en Mateo. El propósito de la parábola no está en plantear interrogantes acerca de la violencia, aunque esas preguntas sean muy importantes. La omisión de la sentencia del juicio parece motivada más por el desdén teológico debido a las ideas de juicio,[135] en lugar de inquietudes literarias sobre la parábola. El foco de la parábola son los inquilinos y qué pasará con ellos, y la parábola está incompleta sin alguna indicación sobre el resultado de sus acciones. Si esta es una parábola jurídica, necesariamente el juicio de alguna manera debe ser claro. Una decisión sobre la fraseología exacta de la sentencia del juicio es imposible, pero la historia funciona del mismo modo en los tres relatos: los inquilinos son destruidos y la viña dada a otros. Dar la viña a otros es el lenguaje que refleja la redacción de los contratos de arrendamiento. El significado de la sentencia de juicio y el grado en que la acción del propietario es realista se tratan abajo.

La pregunta *si el Salmos 118.22-23 concuerda con la parábola* es la pregunta más importante. A menudo se elimina la cita como una inserción más tarde cristiana aludiendo a la resurrección de Jesús. El Salmo 118.22 es importante para la iglesia primitiva y se emplea en la resurrección en Hechos 4.11 (véase también 1 P 2.4, 7; Barn. 6:4). Si los evangelistas esperaban que los lectores vean una referencia a la resurrección es otro asunto, pero no debemos olvidar que este Salmo fue importante en el judaísmo como parte del *Gran Hallel* y también para Jesús, como evidencia al emplearlo en sulamento por Jerusalén (Mt 23.39 / Lc 13.35) y en la redacción de Marcos y Lucas de las predicciones de la pasión (Mr 8.31; Lc 9.22; 17.25).[136] Además, la parábola *necesita* la cita. Lejos de ser una adición de la iglesia temprana, la cita es la clave para entender la parábola. El problema, desapercibido por la mayoría, es que leemos la parábola y la cita con el conocimiento de la historia posterior a la resurrección, pero ¿cómo fue oída la parábola por los oyentes judíos de Jesús? ¿Cómo los oyentes de repente discernieron que la parábola trata de ellos, especialmente en el relato de Mateo, donde sólo han pronunciado un veredicto sobre los inquilinos? Incluso sin la alusión a Isaías 5 los oyentes sabrían que la parábola era acerca de Dios y su pueblo, pero ningún oyente judío podría identificarse a sí mismo con los inquilinos.[137] Por el contrario, los inquilinos sería gente malvada, posiblemente los romanos, que estaban violando la viña de Dios, su pueblo, o al menos los propósitos de Dios con su pueblo. No hasta la cita de la piedra que el impacto de la parábola se hace claro, y dos características de la cita son los agentes reveladores: el bien probado juego de palabras entre fidedignos entre *'eben* ("piedra") y *ben* ("hijo")[138] y el uso de "edificadores" para referirse a los líderes religiosos.[139] El juego de palabras no puede ser quitado por creer que solo funciona en hebreo.[140] Algunos argumentan que la parábola fue dicha en hebreo,[141] pero si fue dicha en arameo, todavía se habría entendido el juego de palabras. Josefo preservó el juego de palabras en griego en un documento escrito primero en arameo que describe el asedio de Jerusalén. Los residentes de Jerusalén, donde se relata la parábola en Josefo, estaban siendo bombardeados por piedras y ciertamente entendieron el juego de palabras. Incluso alguien que hablaba solamente arameo sabría el significado del hebreo *ben*,[142] y ciertamente los *líderes religiosos en Jerusalén* habrían entendido el juego de palabras. La cita dice explícitamente y dramáticamente lo que pretende la parábola: los líderes religiosos han rechazado el hijo, el principal enviado de Dios, pero este rechazo será revertido por Dios y los líderes perderán su actuación en los propósitos de Dios. La parábolaesencialmente revela lo que dice la predicción de la pasión en Marcos 8.31 y el lamento por Jerusalén.[143] Como opina N. T. Wright, el uso del Salmo 118 es especialmente apropiado en relación con la acción de Jesús en el Templo, que ha suscitado la cuestión de su autoridad e indica la intención de Jesús al anunciar el juicio y la restauración.[144]

Es difícil determinar si las partes restantes de la presentación de los evangelios de la parábola originalmente siguieron la cita del Salmo 118 o fueron agregadas como comentario. Mateo 21.43 se considera generalmente una redacción,[145] pero sólo la introducción es claramente mateana. "El reino de Dios" no es lenguaje normal de Mateo y puede indicar que el versículo estaba en la tradición de Mateo.[146] En cualquier caso, el v. 43 no agrega mucho al v. 41 sino para indicar que los oyentes han juzgado a sí mismos. Más importante es la cuestión de la segunda cita de la piedra en Mateo 21.44/Lucas 20.18. Esta cita es un compuesto de Isaías 8.14-15 y Daniel 2.44-45 y aparentemente es proverbial.[147] Su intención es hacer hincapié en el pronunciamiento de la sentencia aludiendo a la piedra y el Reino duradero de Daniel 2.44-45.[148]

Aunque las diferencias de los relatos son considerables, no se los debe enfatizar exageradamente. La historia esencialmente es la misma en los tres sinópticos y está en el mismo contexto en los tres. Un hombre plantó una viña, la arrendó a unos inquilinos y envió a un siervo o siervos para recoger su porción de las ganancias, pero los siervos fueron rechazados y maltratados. Él intentó de nuevo y tuvo el mismo resultado y entonces envió a su hijo, pensando que los inquilinos lo respetarían. Los inquilinos mataron al hijo para tomar posesión de la viña para sí mismos. Entonces la parábola termina adecuadamente con la pregunta de qué hará el dueño y el juicio que él destruirá a los inquilinos y dará la viña a otros. La cita del Salmo 118.22 (y probablemente 23), sirve como la *nimshal*, la explicación y perteneció a la parábola desde el principio.

4. ¿Es esta historia realista y cuán realista debe ser? ¿Qué terrateniente actuaría como éste, particularmente en el Evangelio de Marcos, en el envío de siervos repetidamente para ser maltratados y luego en envía a su propio hijo a tal situación? Debemos recordar primero el comentario de J. Liebenburg que "no hay una ley *a priori* que rige el género de la parábola ' que requiere que se adhieran al 'realismo'."[149] Los intérpretes utilizan a menudo el realismo como un criterio de lo que Jesús pudo haber dicho o habría dicho en una parábola, y si algo se considera poco realista, se asigna a la iglesia primitiva. Se debe cuestionar este procedimiento. La enseñanza de Jesús no siempre es realista (por ejemplo, Mt 5.22, 29-30; 16.24-25), y las parábolas regularmente tienen características extravagantes e hiperbólicas que sorprenden y desorientan (por ejemplo, la parábola del siervo malvado en Mt 18.23.35). Por otro lado, las parábolas tienen sentido en el contexto de Jesús y oyentes del siglo XXI; tienen que ser historias que la gente podría entender y por las cuales pueden ser persuadidos.

La mayoría de las características de esta parábola no hubiera suscitado preguntas en la Palestina del primer siglo. El lenguaje empleado para el arrendamiento, el desarrollo de la viña, el conflicto entre los propietarios y los inquilinos, el rechazo de los enviados y la reparación de errores son paralelos en los contratos antiguos y en las parábolas.[150] Dos o tres delegaciones para adquirir la parte del propietario no sería nada extraño.[151] Algunos centran en el hecho de que esta es una viña recién plantada y no tendría fruto por cuatro o cinco años y concluye que el conflicto es sobre los salarios o que el relato de Marcos es incoherente.[152] La parábola no tiene ninguna preocupación por el número de años antes que la viña sea productiva. No se sabe cuántos años pasaron entre la creación de la viña y la salida del propietario o si él la supervisó esos primeros años o hizo otros arreglos. Las parábolas rara vez prestan atención a esos detalles. El dueño envía a sus siervos cuando llega el momento; eso es todo lo que se necesita. El envío del hijo es una indicación de que se ha tomado las medidas legales o al menos que las relaciones habían cambiado a un nivel diferente. Los siervos o un agente no podrían presentar una protesta formal.[153] Ninguna indicación se da porque el padre no puede venir, pero un público del primer siglo no consideraría problemático esta característica. Las parábolas generalmente no proporcionan la motivación y, como señaló David Flusser,[154] no son tan realistas como seudorealistas. Los inquilinos no pensaban que ellos heredarán la viña legalmente; ellos tomarán posesión de ella como Ahab "heredó" la viña de Nabot.[155]

¿Son las cosas diferentes con la reacción del dueño? John Kloppenborg considera Marcos 12.1-8 en gran parte realista pero observa el v. 9 como no realista porque supone que el propietario, como un curso normal de acción, podría y puede tomar la ley en sus propias manos y tendría la seguridad de que recuperaría su propiedad. Para Kloppenborg estas suposiciones tienen sentido solamente si la parábola ya no pretende ser realista, pero habla de la acción de Dios. En otras palabras, si la alusión a Isaías 5.4-6 es concedida (que rechaza Kloppenborg), el v. 9 tiene sentido pero no es un acto realista debido a las antiguas actitudes de autoayuda.[156]

El debate sobre el realismo es complejo, y de cualquier manera nada se gana por exagerar el caso. Kloppenborg legítimamente apunta a las restricciones legales para limitar que se haga justicia por propias manos, pero ¿acaso es poco realista oír una historia de gente que lo hizo? Las leyes se establecen precisamente porque hay un problema. Nadie está sugiriendo que la parábola narra un acontecimiento cotidiano; la pregunta es si narra algo creíble, y que está fuera de toda duda. Los inquilinos y los propietarios tenían conflictos frecuentes, los emisarios fueron maltratados y asesinados, y las parábolas rabínicas tienen acciones muy parecidas a las de esta parábola.[157] Además, estamos tratando con una parábola, no con un tribunal y son comunes los relatos de castigo o alguien que ejercita autoayuda para corregir una situación. La parábola ha sido formada según la realidad que representa;[158] esa es la manera que funciona las parábolas. Si juzgamos el final de la historia como inaplicable y poco realista,[159]no es tan ilógico que los oyentes habrían sido distraídos. ¿Es la parábola una narración metafórica acerca de Dios, su pueblo y el juicio de Dios? Sí, y los oyentes habrían supuesto esto y no hubieran pensado que la parábola era incoherente.

5. ¿Es esta parábola una alegoría y, si es así, tienen todas las características en la historia un paralelo con la realidad?[160] No creo que la alegoría sea un género; por el contrario, es un tipo de pensamiento.[161] Pero sin importar el tipo de lenguaje que empleamos, esta parábola es alegórica. Hay correspondencias obvias que hacen que funcione. Ningún judío necesita que se le diga que una historia de un propietario y su viña de alguna manera tienen que ver con Dios y su pueblo. Una evaluación de estas correspondencias determina el significado de la parábola. Esto no es licencia para alegorizar las características individuales de la historia. El enfoque en la lectura de una historia debe estar en la trama, los movimientos de los personajes principales y la manera cómo funcionan las analogías. Los detalles en la historia configuran las resonancias o añaden interés y a lo largo de la historia; No deben convertirse en el foco de la especulación. Reiteradamente he dicho que la interpretación de la parábola no se trata de encontrar correspondencias, incluso donde existen, y este es todavía el caso aquí. Las correspondencias están *dadas*, por el uso de una serie de ilustraciones o mediante algo en la parábola o su *nimshal* que revela el significado. Ambos están en funcionamiento con esta parábola. La serie de rasgos configuran un marco para el significado, y la cita del Salmo 118.22 revela la intención.

Podemos dejar de lado los esfuerzos que considera el dueño como un rico terrateniente que ha confiscado tierras campesinas. Estos enfoques son una mala interpretación de la parábola y no dan ningún significado viable en el contexto de Jesús.[162] Nada en la parábola indica que el dueño es una figura negativa. No debemos ni siquiera suponer que los inquilinos son campesinos pobres; quizá ellos sean los agricultores comerciales con algo de dinero.[163] Los intentos para leer la parábola contra el trasfondo del conflicto de clase no funcionarán, porque nada en la parábola lleva al lector en esa dirección. Nada de lo que hace el dueño provoca la acción de los inquilinos. Esta *es* una historia acerca de Dios y su pueblo. El lenguaje de la vid/viñedo en el AT,[164] las parábolas rabínicas del viñedo, y Jesús que viene como un profeta todo apuntan en esta dirección.

La identificación de la viña siempre, al menos desde Origen,[165] ha sido problemática. Al principio de la parábola, la viña apunta claramente a la relación de Dios con Israel, pero al final, se da la viña a otros. La viña no puede *ser* Israel, porque ¿cómo puede Israel ser tomado de Israel? La verdadera intención con la viña no se conoce, sino hasta el final de la parábola. No creo que el Tárgum sobre Isaías 5.1-7 con su retórica antitemplo pueda probarse lo suficientemente temprano de modo que podemos concluir que la viña en la parábola de Jesús es el templo, pero el templo se asocia con Isaías 5 y probablemente es simbólico de las inquietudes de la parábola. Stephen Bryan señala que la viña es tanto una imagen positiva y negativa, positiva en señalar la elección de Dios de Israel y negativa como una imagen del juicio,[166] y ambos aspectos están activos en la parábola. Lo que se extrae de los inquilinos es el privilegio de estar comprometido con los propósitos de Dios, o en otras palabras, la elección y las promesas de Dios.

Hasta la cita del Salmo 118.22 se desconoce la identidad de los arrendatarios. Durante el relato de la parábola los oyentes sólo concluirían que alguien estaba interfiriendo con los propósitos de Dios para su pueblo. Los siervos, por otro lado, seguramente habrían sido reconocidos como una alusión a los profetas, mensajeros de parte de Dios.[167]

La identidad del hijo requiere más atención. El hijo no es simplemente parte de la "maquinaria" de la historia, porque su venida y el trato que los inquilinos le dan crean una crisis. Si la historia fuera meramente sobre la paciencia de Dios, el envío continuo de siervos sería suficiente. Con la venida del hijo, algo más significativo sucede. Pero aun así el hijo no es el foco de la historia; por el contrario, el propietario y los inquilinos son el foco. El 'hijo" o el "hijo de Dios" no es una metáfora ordinaria y ni siquiera el último *no es necesariamente* una designación mesiánica. En las parábolas rabínicas de una viña, el hijo es Jacob o Israel como un todo, ninguno de los cuales funciona aquí. En Sabiduría 2.10-20,[168] que tiene fuertes similitudes con esta parábola, el "hijo de Dios" (*theou huios*, 2.18) se usa de un hombre justo que es condenado a una muerte vergonzosa, pero que se espera que Dios lo vindique. Este pasaje de Sabiduría puede haber influido en la forma de la parábola.

Algunos sugieren que el hijo es una referencia a Juan el Bautista,[169] pero esto parece ser un intento desesperado por evitar una autorreferencia de parte de Jesús. Juan el Bautista es el enfoque que precede el contexto de la cuestión de autoridad, pero es difícil ver cómo cualquier oyente de la parábola pensaría que Juan estaba en mente.[170] Nunca se alude a Juan como el "hijo", y Herodes Antipas fue el responsable de la muerte de Juan, no los líderes religiosos.

Mientras que el "hijo de Dios" no es específicamente un título mesiánico, la afirmación de que el "hijo de Dios" no tenía ningún significado mesiánico en el judaísmo precristiano ha probado ser errónea, especialmente por los rollos del Qumrán.[171] Al menos quince textos del judaísmo temprano muestran que los judíos poco más o menos contemporáneos con Jesús emplearon "hijo" e "hijo de Dios" técnicamente para "individuos santos paradigmáticos, incluyendo el tan esperado mesías".[172] Exactamente qué connotación el hijo habría tenido para los oyentes originales de la parábola es está claro. Quizá algunos han entendido que era una referencia al mesías, pero todos oyentes por lo menos hubieran entendido que la referencia era a una persona piadosa que disfrutaba intimidad con Dios.

La única conclusión que tiene sentido con esta parábola es que el hijo es una autorreferencia indirecta a Jesús. El "Hijo" no debe entenderse con ideas de la trinidad, sino dentro de los contextos del judaísmo del primer siglo y del ministerio de Jesús. El término tiene su origen en su uso para Israel[173] *y en Jesús que conscientemente toma la misión de Israel.*[174] Con esa misión Jesús tuvo una función prominente en los propósitos de Dios, tales propósitos iban a tener efecto en su propio ministerio, y crearon una crisis para la nación. Que Jesús haya hecho tal autorreferencia es plausible. Seguramente el contempló su muerte prematura, dada la oposición contra él y lo que pasó a Juan el Bautista. Jesús disfrutó de una intimidad con Dios que encuentra expresión en el término familiar "Abba", una filiación al menos que se menciona en Sabiduría 2.13-20. Otros textos en los evangelios señalan su afirmación de ser hijo de Dios, pero igualmente importante es el reconocimiento de que esta parábola es una afirmación de auto-referencia de Jesús. Quizá esta parábola es la primera declaración pública de talrelación con Dios y puede ser la base de la pregunta del sumo sacerdote "¿Eres tú el Cristo, el Hijo de Dios/el Hijo del Bendito?" (Mt 26.63/Mr 14. 61).[175] Este es el punto de vital importancia de la parábola y con él viene una cristología implícita pero significativa.

Algunos al discutir sobre el hijo señalan el Tárgum Salmos 118.22 que interpreta la piedra rechazada como el joven (*Talyā*) David, quien fue rechazado entre los hijos de Isaí pero era digno de ser nombrado rey y gobernante.[176] Esto tendría una gran importancia si fuera verificable en el momento que se dijo la parábola, pero el Tárgum es demasiado tarde para infundir confianza sobre la fecha de esta tradición.

Lo que está claro es que la cita de la piedra revela el significado de la parábola y va más allá de la parábola. El marco narrativo de la parábola concluye con la viña que es dada a otros, pero la cita agrega que la piedra/hijo rechazado será vindicado.[177] El paradigma del rechazo-vindicación es una dinámica frecuente en el Antiguo Testamento (por ejemplo, el justo sufre, el siervo) y otras partes de la enseñanza de Jesús.[178]

Con respecto al *significado resultante* de la parábola, es evidente que la parábola es una confrontación con los líderes religiosos, los edificadores de Israel y especialmente las autoridades del templo. Como un profeta, Jesús tomó una herramienta profética, la parábola, y más precisamente un tema específico de la parábola, la viña de Isaías 5.1-7 y repite la historia para que sirva como una parábola jurídica, un espejo de autorreflexión, para los líderes religiosos. La parábola ilumina dos focos directamente relacionados: la transferencia del Reino y el enviado especial de Dios. El Reino es transferido debido al fracaso en entregar lo que se debe a Dios y al menos en parte por el rechazo del enviado de Dios. La parábola puede plantear las injusticias específicas de las autoridades del templo, específicamente las asociadas con Ananías en la retención de los diezmos y en la reducción por la fuerza de los diezmos que debían entregarse a los sacerdotes.[179] Si este es el caso, entonces la palabra "frutos" no es una mera metáfora para las obras sino específicamente se refiere a la forma en que se malversaban las finanzas del templo. Si este es el contexto específico de la parábola, es una acusación poderosa, y podemos entender por qué las autoridades religiosas querrían matar a Jesús. La cita del Salmos 118.22 hace obvia la intención de Jesús, que no fue discernida hasta que se puso la cita al lado de la parábola.

Como otros pasajes en los Evangelios, esta parábola atestigua la crisis que el ministerio de Jesús impone a sus oyentes Aunque se negó a responder a la pregunta relativa a la autoridad por el cual realizó sus acciones en el templo, esta parábola demuestra no sólo que él tenía tal autoridad, sino además que los líderes religiosos se oponían a la obra de Dios, por lo cual debían ser castigados y transferir sus privilegios a otros.

La pregunta implícita que la parábola dirige es ¿responderá la gente al último mensajero de Dios antes que llegue la crisis? A diferencia de la parábola de la higuera, no tiene muchas esperanzas para los líderes religiosos. El mensaje de la parábola es el mismo que el lamento sobre Jerusalén (Mt 23.37-38/Lc 11.49-51). No es casualidad que el Salmo 118.22 escatológicamente orientado se usa al final de ambos. La parábola dice en forma de historia lo que dice el lamento en forma narrativa, pero la parábola es más polémica. Además del uso del Salmo 118 ambos centran en el rechazo de los mensajeros de Dios, sobre el desempeño específico de Jesús, el juicio y en la restauración.

6. ¿Surge la parábola de Jesús o de la iglesia primitiva? Si se considera que esta parábola proviene de la iglesia, al menos tendría que provenir de un contexto semítico temprano. Los numerosos semitismos,[180] el juego de palabras entre el "hijo" (*ben*) y la "piedra" (*'eben*), y las alusiones al templo con Isaías 5 verificado por las evidencias del Qumrán requieren por lo menos esto. Esto excluye cualquier pensamiento que la máxima de juicio de la parábola debe considerarse en relación con la guerra judía del año 70 d.C. Relativamente pocos asignan toda la parábola a la iglesia primitiva y con justa razón, pero una forma truncada sin la cita pierde el efecto jurídico de la parábola. Esta parábola se ajusta admirablemente en el contexto del conflicto de Jesús con los líderes del templo. Aparte del incidente con Esteban, poca evidencia existe que la iglesia argumentó contra el templo. Además, la parábola es demasiado indirecta para ser la confesión de la iglesia primitiva. De todos los indicios que tenemos, la iglesia no compuso las parábolas, y nada en esta historia básica señala su origen en la iglesia. La originalidad de esta parábola y su polémica contra los líderes del templo apunta directamente a Jesús como su autor.

Aun así, debemos reconocer que esta parábola es inusual en comparación con las otras parábolas de Jesús. Él no ataca a menudo el establecimiento del templo en las parábolas o de manera diferente. La única parábola que es algo similar es la del buen samaritano con su imagen negativa del sacerdote y el levita. Además, Jesús hace una fuerte autorreferencia en la parábola de los labradores malvados más que en cualquier otra. Hay debate sobre cuán cristológicas son las parábolas. Algunos dirían que esta es la única parábola con una autorreferencia y otros dirán que cada parábola prácticamente es cristológica.[181] Por lo menos algunas otras parábolas implican una autorreferencia, en particular la parábola de Lucas de la gran cena y la parábola de los talentos. Al menos debemos decir que esta es *la más reveladora* parábola sobre el sentido de Jesús de su misión en los propósitos de Dios y factor de premura conducente a su arresto.

7. ¿Enseña esta parábola, particularmente en su forma mateana, que Dios ha rechazado Israel dándole el Reino a los Gentiles?[182] Esta pregunta debe contestarse rápidamente: ¡No! Dios no ha desechado a Israel, y esta parábola no enseña que Él lo ha hecho. La parábola está dirigida contra los líderes, y es injusto pretender que diga otra cosa. La gente lee otras partes de los evangelios en la historia o supone que saben lo que los evangelistas pensaban.[183] Los grandes relatos de los Evangelios, especialmente de Mateo, son polémicos en relación con el judaísmo, pero no se deben leer los textos más negativamente de lo que son, y en particular esta parábola no se debe leer tan negativamente.

Una acusación profética, lo cual son esta parábola y gran parte del material, es polémica, pero no más que los profetas del AT. En esta parábola, no hay ninguna referencia a la iglesia o a los gentiles. Los "otros" a quienes se dará la viña no se especifica, solo que ellos pagarán los frutos o será gente que produzca los frutos del Reino (Mt 21.41 y 43 respectivamente).[184] El pasaje es bastante impreciso. De ninguna manera se indica el tiempo de la transferencia. La "gente" se traduce en Mateo 21.43 *ethnei*, el singular.[185]

Si Mateo se refería a los gentiles, habría utilizado el plural. El "vosotros" en el v. 43 debe referirse a la gente que habla en el v. 41, los líderes religiosos. Deberíamos notar también que el v. 43 es mucho más suave que el v. 41. En este último los líderes pronuncian una sentencia dura de la destrucción de los inquilinos, pero la respuesta de Jesús en el v. 43 omite completamente la destrucción.[186] También de gran importancia es el hecho de que los tres evangelistas dicen que los líderes sabían que la parábola era contra ellos, pero que ellos nada podían hacer por miedo a la gente (con Mateo, añade que la gente consideraba a Jesús un profeta). ¿Por qué aparecería este comentario positivo sobre la gente si el rechazo a toda la nación estaba en mente? La parábola es una acusación profética hacia los líderes, especialmente los líderes del templo. La gente de hecho tendría que decidir a quién seguirían, pero esta parábola no es antisemita y no es un rechazo de la nación judía.

Es necesario que podamos distinguir lo que hace un texto de lo que se ha hecho al texto, y todos son responsables de la forma en que tratamos los textos.[187] Debemos dolernos por la lectura antisemita que se ha puesto sobre éste texto y otros y combatir tales lecturas de manera convincente. La gente leerá textos para justificar sus ideologías, pero se deben cuestionar tales lecturas. Si las parábolas son historias con propósito, el propósito de Jesús, entonces su voz es la que necesitamos oír.

Adaptación de la parábola

Aunque la parábola está históricamente arraigada en la discusión de Jesús con el establecimiento del templo, sus temas son aún relevantes para un público mucho más amplio. Como tantos otros, la parábola es principalmente sobre la respuesta. ¿Responderá la gente a las llamadas que Dios tiene sobre sus vidas o rechazarán a sus mensajeros a favor de su propia agenda? ¿Vivirán fecundamente para "producir frutos" para Dios? La parábola afirma (y ofrece) el privilegio de vivir en relación de pacto con Dios, pero el privilegio siempre trae consigo responsabilidad. Aparte de vivir responsablemente en obediencia a Dios, el privilegio no puede retenerse. Ninguna comunidad, cristiana o de otra manera, puede suponer que los dones como gracia y la elección son posesiones permanentes.[188] Más bien, son oportunidades para la vida y la respuesta a Dios. El reino viene con gracia sin límites, pero también con demanda ilimitada.

La parábola es relevante para todas las personas, pero su relevancia para los que están en posición de liderazgo es prominente. Además, la parábola es una parábola del juicio. Afirma que, contrariamente a las apariencias, Dios juzgará y logrará sus propósitos, y las personas darán cuenta ante Dios. El juicio sigue siendo un componente central de la enseñanza de Jesús.

Si esta parábola es más importante cristológicamente que cualquier otra, entonces ella es fundamental para una reflexión sobre la identidad y la misión de Jesús. Él viene como uno que es más que un profeta, uno en íntima relación con Dios, y la reacción a él determina la participación en el Reino de Dios. La cita de la piedra subraya el motivo del rechazo-reivindicación y la importancia de Jesús en el edificio eterno de Dios. La cita de la piedra viene también como una advertencia. La tendencia de menospreciar a las personas o los eventos como insignificante debe ser contrarrestada. Si tenemos ojos para ver, podríamos ver que Dios está haciendo algo inesperado.

Lectura adicional

Randall Buth and Brian Kvasnica, "Temple Authorities and Tithe-Evasion: The Linguistic Background and Impact of the Parable of the Vineyard, the Tenant and the Son," in *Jesus' Last Week: Jerusalem Studies in the SynopticGospels* (ed. R. Steven Notley, Mark Turange, and Brian Becker; Leiden: Brill, 2006), 1:53-80.

J. Duncan M. Derrett, "Fresh Light on the Parable of the Wicked Vinedressers," *Revue Internationale des Droits de l'Antiquité* 3/10 (1963): 11-42, although highly speculative. Also available in his *Law in the New Testament* (London: Darton, Longman & Todd, 1970), pp. 286-312.

C. H. Dodd, *The Parables of the Kingdom* (London: Nisbet, 1936), pp. 124-32.

Craig A. Evans, "God's Vineyard and Its Caretakers," in *Jesus and His Contemporaries: Comparative Studies* (AGJU 25; Leiden: Brill, 1995), pp. 381-406.¾¾¾.*Mark 8:27–16:20* (WBC 34B; Nashville: Thomas Nelson, 2001), pp. 210-40.

Martin Hengel, "Das Gleichnis von den Weingärtnern Mc 12,1-12 im Lichte der Zenonpapyri und der rabbinische Gleichnisse," *ZNW* 59 (1968): 1-39.

Michel Hubaut, *La parabole des vignerons homicides* (Paris: Gabalda, 1976).

J. Jeremias, *The Parables of Jesus* (2d ed., trans. S. H. Hooke; New York: Charles Scribner's Sons, 1963), pp. 70-77.

John S. Kloppenborg, *The Tenants in the Vineyard: Ideology, Economics, and Agrarian Conflict in Jewish Palestine* (WUNT 195; Tübingen: MohrSiebeck, 2006).

Akira Ogawa, "Paraboles de l'Israel Véritable? Reconsideration Critique de Mt. XXI 28–XXII 14," *NovT* 21 (1979): 121-49.

Jean-Marie Sevrin, "Un groupement de trois paraboles contre les richesses dans L'Évangile selon Thomas. EvTh 63, 64, 65," in *Les Paraboles Évangéliques. Perspective Nouvelles* (ed. Jean Delorme; Paris: Les Éditions du Cerf, 1989),pp. 425-39.

Klyne Snodgrass, *The Parable of the Wicked Tenants* (WUNT 27; Tübingen: Mohr-Siebeck, 1983) ¾¾¾. "Recent Research on the Parable of the Wicked Tenants: An Assessment," *BBR* 8 (1998): 187-215.

David Stern, "Jesus' Parables from the Perspective of Rabbinic Literature: The Example of the Wicked Husbandmen," in *Parable and Story in Judaismand Christianity*, ed. Clemens Thoma and Michael Wyschogrod (New York: Paulist, 1989), pp. 42-80.

Wolfgang Trilling, *Das wahre Israel* (3d ed.; Munich: Kösel, 1964).

N. T. Wright, *Jesus and the Victory of God,* vol. 2 of *Christian Origins and the Question of God* (Minneapolis: Fortress, 1996), pp. 178-79, 232, 497-501,565-66.

LA FIESTA DE BODAS Y LA GRAN CENA (Mt 22.1-14; Lc 14.15-24; Evangelio de Tomás 64)

Es debatible si los relatos de esta parábola, Mateo por un lado y Lucas/Evangelio de Tomás por otro lado, son dos versiones de la misma parábola o dos parábolas separadas, y, por tanto, si las dos deben incluso tratarse juntas es problemático. La versión de Mateo es suficiente para que cualquier intérprete tiemble; la considero entre las parábolas más difíciles de todas. Ambas parábolas canónicas tratan con Israel, y la similitud de los relatos, su trasfondo común, suposiciones culturales y sus inquietudes teológicas la hace conveniente para considerar algunos aspectos de estas parábolas juntos. Para anticipar la discusión de la relación de los relatos, no creo que tengamos dos versiones de la misma parábola. Después de tratar con temas comunes, voy a tratar las dos versiones por separado.

Tipo de parábola

La versión de Lucas es una parábola de narrativa doble indirecta sin una explícita *nimshal*. La historia se mantiene enteramente en el nivel narrativo, aunque tiene varias resonancias con la narrativa más extensa del Evangelio de Lucas y prácticamente ruega al lector que perciba la intención a través de la parábola. En su forma actual, la versión de Mateo es una parábola de doble etapa, doble narrativa indirecta, pero puede reflejar dos parábolas independientes que se han juntado. A diferencia del relato de Lucas, la historia de Mateo no permanece en el nivel narrativo. No tiene ni necesita un *nimshal*. Es casi diáfana en que uno puede percibir la realidad casi desde el principio. De hecho, uno ve más de la realidad que la parábola. La superficie narrativa casi no se nota en absoluto. La cita final en Mateo 22.14 parece ser un logion independiente. También aparece como una variante textual en el 20.16.

Asuntos que merecen atención

1. ¿Cuál es la relación de los relatos (incluyendo el *Evangelio de Tomás* 64)? ¿Acaso Mateo y Lucas registran la misma parábola?
2. ¿Contra qué trasfondo deben leerse estas parábolas? Las sugerencias incluyen la exclusión de las personas con "defectos" de las funciones sacerdotales (Lv 21.17-23) o de los que van a participar en la guerra escatológica (1QSa 2.5-9 y 1QM 7.4-5; cf. m. 8,7 Sotah y Dt 20.5-7; 5.24), el motivo del banquete mesiánico en Isaías 25. 6-12 yMateo 8.11-12/Lucas 13.28-30, el banquete de Sabiduría (Pr 9.2-6), la historia del publicano Bar Ma'yan, simposios helenísticos antiguos y, para Mateo, Sofonías 1.7-18. 3.
3. Con respecto a Lucas:
    a. ¿Es el enfoque de la parábola de Lucas en el cambio del anfitrión,[189] en las actitudes hacia el rico y el pobre,[190] o en el rechazo de las invitaciones?

   b. ¿Cuál es el significado del relato de Lucas para la comprensión de la elección? ¿Busca Lucas corregir un malentendido del concepto de elección en Deuteronomio?[191]
   c. ¿Las personas a la que se dirige son los fariseos, los judíos en general, o algún otro grupo? Si va a los fariseos, ¿les desafía Jesús a reconsiderar su exclusión de las personas que ellos creían impuras,[192] excluyéndolas del Reino, o sólo para advertirles de la posible exclusión de ellos?
   d. ¿Qué grado de correspondencia alegórica existe en la parábola de Lucas? ¿Señala Lucas a las misiones a Israel y a los gentiles, o posiblemente a la temprana y continua misión de los gentiles, con sus dos envíos a los invitados sustitutos? ¿Representa el anfitrión a Jesús o Dios?
   e. ¿Cuál es el mensaje y el significado de la parábola de Jesús que presenta Lucas?
4. ¿Con respecto a Mateo:
   a. ¿Es la parábola de Mateo auténtica o puramente una alegoría de Mateo?
   b. ¿Cómo las dos partes del relato de Mateo concuerdan juntos, si es que es así? ¿Ha unido Mateo dos parábolas separadas? ¿Por qué el hombre es condenado por no tener la vestidura apropiada cuando fue invitado en la calle?
   c. ¿Es el proverbio en el v. 14 parte de la parábola, y cuál es su intención?
5. ¿Es el relato antisemita, y acaso sugiere que Dios ha rechazado a Israel?

Material útil de fuente primaria[193]

Material canónico

- AT: Lv 21.17-23 (cf. 2 S 5.8); especialmente Isaías 25; 62.4-5; 65.13-16; de importancia discutible son Dt 20.5-7;[194] 24.5; y Sof 1.7-16
- NT: Mt 8.11-12/Lc 13.28-30; Mt 25.1-13; Lc 22.28-30; Ap 19.9. También son relevantes los textos de eucaristía donde

Jesús anticipa una comida en el reino de Dios (Mt 26.26-29; Mr 14.22-25; Lc 22.15-18).

Escritos judíos tempranos

- 1QSa 2.3-9 en el contexto de 1.27–2.22 (describiendo a los que se ha concedido admisión a la comunidad del Qumrán y al banquete mesiánico): "Ningún hombre, mancillado por alguna de las impurezas de un hombre, deberá entrar en la asamblea de éstos; y nadie que haya sido contaminado por éstos será establecido en su oficio entre la congregación: todo defectuoso en su carne, paralizado en sus pies o en su manos, cojo, ciego, sordo, torpe o infectado en su carne con una mancha visible a los ojos, o el viejo que tambalea que no puede pararse firme en medio de la asamblea; estos no entrarán para ocupar su lugar [e]ntre la congregación de los hombres de renombre, porque los ángeles de santidad están entre su [congre]gación".
- 1QM 7.4-5 (respecto a los que van a la batalla escatológica): "Y ninguna persona coja, ciega, paralítica o que tiene mancha indeleble en su carne, ni ningún hombre que sufre de impureza en su carne, ninguno de estos saldrá a la guerra con ellos. Todos estos deberán ser voluntarios para la guerra, perfectos en espíritu y en el cuerpo y listos para el día de venganza". 11QTemplo 45.12-18 prohíbe los ciegos, los leprosos y las personas infectadas de entrar en la ciudad del Templo.
- 1 *En.* 10.4: "¡La mano [y] el pie de Bind Azaz' lo arrojó en la oscuridad!" El permanecerá en la oscuridad hasta el día del juicio.
- 1 *En.* 62.15-16: "... [el electo] comerá y descansará y se levantará con el Hijo del Hombre para siempre... Ellos vestirán los vestidos de gloria. Tus vestidos serán los vestidos de la vida..."
- 2 *En.* 42.5 Jehová describe el reposo preparado para los justos como un banquete de gozo.
- Filón, *Opif.* 78: "Como dadores de un banquete, entonces, no envíen las invitaciones a la cena hasta que hayan preparado todo listo para la fiesta..."
- Josefo, *Ant.* 9.264-67 relata cómo los israelitas se burlaron y finalmente mataron a los enviados de Ezequías que los invitó a venir a Jerusalén para observar la fiesta del pan sin levadura.

Escritos greco-romanos

- Apuleyo, *Metamorfosis* 3.12 relata la costumbre de una doble invitación a una cena: "Justo entonces un siervo llegó corriendo'Tu tía Byrrhena', dijo, 'invita tu presencia y te recuerda que la fiesta a la que anoche has prometido asistir pronto comenzará'."
- Aquí se podría incluir mucho más material que trata con los simposios en el mundo antiguo y las críticas de tales simposios.[195]

Escritos cristianos tempranos

- 4 *Esdras* 2.38-40, 44-45:[196] "Levántate, párate firme y observa el número de quienes han sido sellados en el banquete del señor. Aquellos que han salido de la sombra de este siglo han recibido ropas gloriosas del señor. Toma otra vez tu número completo, oh Sion y cierra la lista de tu gente que está vestida de blanco, que ha cumplido la ley de Jehová... Entonces pregunté a un ángel, '¿quiénes son estos, mi Señor?' Él respondió y me dijo, 'estos son los que se han despojado de la ropa mortal y han vestido de la inmortal y han confesado el nombre de Dios.'"
- *Evangelio de Tomás* 64: "Jesús dijo: un hombre tenía invitados, y cuando había preparado el banquete, envió a su siervo para llamar a los invitados. Fue al primero (y) le dijo, mi amo lo invita. Él dijo, algunos mercaderes me deben dinero; ellos vendrán a mí esta noche; y yo les daré órdenes. Le ruego que me excuse de la cena. Fue a otro (y) le dijo, mi amo te ha invitado. Este respondió, he comprado una casa, y me necesitan por un día; no tendré tiempo. Él vino a otro (y) le dijo mi amo te invita. Este dijo, mi amigo va a celebrar una boda y yo voy a dirigir el banquete. No podrá asistir. Le ruego que me excuse del banquete. Fue a otro (y) le dijo mi amo te invita. Le dijo, he comprado una villa; y voy a cobrar el alquiler; no puedo ir. Le ruego me excuse. El criado vino (y) dijo a su amo, aquellos a quienes has invitado al banquete se han excusado. El amo dijo a su siervo, ve por las calles, y trae a los que encuentres, para que puedan cenar. Los compradores y los mercaderes no [podrán] [entrar] en la casa de mi Padre."

Escritos judíos tardíos

- *m. Sotah* 8.1 ofrece un midrash en Deuteronomio 20.2-3 y comienza "Cuando el ungido para la batalla habla al pueblo." Lo que sigue es una discusión de que no están obligados a ir a la batalla, pero en el 8.7 encontramos que "lo que se ha dicho aplica a una batalla librada de libre elección; Pero en una causa religiosa todos salen, incluso el novio fuera de su cámara y la novia fuera de su cámara."
- *m. 'Abot* 4.16: "Este mundo es como un portal antes del mundo venidero: prepárate en el vestíbulo para que puedas entrar en la sala de banquetes."
- *t. Baba gamma* 7.2 relata una parábola de dos hombres que planearon una gran fiesta de bodas. Uno invitó a los habitantes de la ciudad, pero no al rey; el otro no invitó a los habitantes de la ciudad, ni al rey. El castigo del primero es peor.
- *y. Hagigah* 2.2 relata una parábola de dos hombres que murieron, un santo y un cobrador de impuestos llamado Bar Ma'yan. Nadie lloró al anterior, pero todo el pueblo lloró al último. Un sueño revela que el santo cometió un pecado; él se puso primero la filacteria de la frente antes de la filacteria demano. El cobrador de impuestos no hizo ninguna acción meritoria. "Pero una vez hizo un banquete para los concejales de su pueblo, pero ellos no vinieron. Él dijo, 'dejen que el pobre venga y coma la comida, así no se perderá'." Otro sueño revela que el cobrador de impuestos es atormentado por no poder llegar al agua. También véase en *y. Sanedrín* 6.6.
- *b. Šabbat* 153a (comentando Eclesiastés 9:8 en cuanto al arrepentimiento): "Esto se puede comparar con un rey que convocó a sus siervos a un banquete sin especificar un tiempo. Los sabios se ataviarony se sentaron a la puerta del palacio. ['porque] dijeron '¿acaso falta algo en un palacio real'? Los necios continuaron con sus actividades, diciendo, '¿acaso puede darse un banquete sin preparativos?' De repente el rey requirió [la presencia] de sus siervos: los sabios entraron ataviados, mientras que los necios entraron sucios. El rey se regocijó de los sabios pero se enojó con los necios. 'Aquellos que se ataviaron para el banquete', ordenó él, 'déjelos que se sienten a comer y beber. Pero aquellos que no se ataviaron para el banquete, déjelos parados y observen'." Luego se hace referencia

a Isaías 65.13. Parábolas muy similares aparecen en *Eclesiastés Rab.* 9.8.1 y *Midr. Proverbios* 16.11.

- **b. Pesahim* 119b, en relación con la Pascua, describe el gran banquete escatológico de Dios después de manifestar su amor a la descendencia de Isaac. En este banquete los héroes del pasado de Israel se mostraron renuentes para expresar agradecimiento debido a sus fracasos, pero David dice gratitud y entiende que es apropiado que debería.
- *Pesiqta Rabbati* 41,5 habla del banquete que Dios prepara para los justos en el tiempo venidero como el banquete de la redención. Las palabras "Óyeme, Israel, a quien llamé" en Isaías 48.12 (LXX: *Israēl hon egō kalō*), se explican como "mi invitado". Jacob se regocijará, porque él será invitado al banquete.
- *Tárgum Sofonías.* 1.7-18 describe a Dios que convoca a los invitados a la destrucción de Judá y Jerusalén y de aquellos que descansan debido a su riqueza. Las personas construirán casas, pero no las habitarán y tendrán viñedos, pero no beberán su vino.
- *Pesiqta de Rab Kahana* 12.19 relata una parábola acerca de Dios dando la Torá aunque Israel incluyó a los ciegos, los cojos y los sordos. La parábola supone que Dios sanó al defectuoso antes de dar la Torá.
- *Gen. Rab.* 9.10: "Imagina un rey que hizo un banquete, llamó a los invitados y puso ante ellos un plato lleno de cosas buenas: "Quienquiera que coma y bendiga al rey', dijo, déjenlo comer y disfrutar; pero el que come y no bendiga al rey, que sea decapitado con una espada'. Del mismo modo, ¡he ahí! para él que cumple los preceptos y hace buenas obras, hay un ángel de la vida; ¡he ahí! mientras que para el que no cumple los preceptos ni hace buenas obras, hay un ángel de la muerte".
- *Lam Rab.* 4.2, con referencia a "los preciosos hijos de Sion": "Ninguno de ellos podría asistir a un banquete a menos que sean invitado dos veces."[197]

Comparación de los relatos

Excluyendo esta parábola, la secuencia narrativa de los sinópticos es cercana en el informe de la historia de la pasión. Hay algunas diferencias, pero los tres comparten el orden de la entrada triunfal, la limpieza del Templo, la cuestión de autoridad, la parábola de los labradores malvados, y las preguntas para prenderle de los líderes religiosos. Como Mateo, o su tradición, ubica la parábola de los dos hijos antes de la de los labradores malvados, ahora entonces la parábola del banquete va ubicada después de la de los labradores malvados. Marcos no incluye esta parábola en absoluto, y Lucas utiliza su versión de esta historia en un contexto totalmente diferente, una colección de relatos de "fiesta" y refranes en 14.1-24.

Muy poca correspondencia verbal existe entre Mateo y Lucas. De las 223 palabras en Mateo 22.1-14 sólo doce son idénticas en Lucas 14.15-24: *eipen* ("dijo"), *kai apesteilen* ("y envió"), *autou* ("su"), *tois keklēmenois* ("a los invitados"), *hetoima* ("listo"), *agron* ("campo"), *autou* ("su"), *eis tas hodous* ("por los caminos"). Los relatos comparten también otras siete palabras griegas, pero en diferentes formas: *anthrōpos* ("hombre"), *poiein* ("hacer"), *doulos* ("siervo", dos veces), *eipein* ("decir"), *orgizein* ("estar enojado"), *exelthein* ("salir").

Mateo y Lucas tienen tres envíos de siervos, pero los relatos se tienen un marco diferente. Mateo tiene dos envíos de siervos (plural) a los invitados originales, dos excusas que se ofrecen por la negativa, y un envío de siervos a los invitados sustitutos. Lucas tiene sólo un envío de un siervo (singular) a los invitados originales, tres excusas de por qué no vienen los invitados y dos envíos a los invitados sustitutos. A pesar de las diferencias en los dos relatos tanto Lucas 14 como Mateo 22 tienen una invitación abierta (14.15-24; 22.1-10), a la que le sigue una demanda (14.25-33; 22.11-14).

En Mateo, el hombre es un rey, y el banquete es una fiesta de bodas para su hijo. En la segunda invitación, un invitado va a su campo, otro a su negocio, y el resto toma a los siervos, los maltratan y los matan. El rey envía soldados para destruir a los asesinos y quemar su ciudad. Los siervos entonces son enviados para invitar a todos los que encuentren, los buenos y los malos. Mateo también anexa los dichos sobre la inspección del rey y el invitado sin vestidos de boda y la conclusión en general "muchos son llamados, y pocos escogidos".

En Lucas, el hombre no es un rey y no ofrece un banquete de bodas, sino una gran cena. (Para lo que vale, 14.8 se refiere a una boda y 14.31-32 es acerca de un rey que va a la guerra). No hay mención de un hijo. Uno de los invitados pide ser excusado porque ha comprado un campo y debe ir a verlo, otro porque había comprado cinco yuntas de bueyes y debía ir a probarlos y un tercero porque acababa de casarse. Lucas describe los invitados sustitutos como los pobres, lisiados, ciegos y cojos. Lucas también incluye la fuerte amenaza "Ninguno de aquellos hombres que fueron convidados, gustará mi cena" (v. 24).

En el *Evangelio de Tomás*, como en Lucas, un hombre da un banquete y envía a su siervo para llamar a los invitados. La misma convocatoria se da a cuatro personas diferentes, y cada uno da una excusa. A una se le debe dinero y debe reunirse con sus deudores, otra había comprado una casa, una debía ir a una boda y otra había comprado una villa y debía ir a cobrar el alquiler. El final de la parábola es corto. El dueño no se enoja, ni se da mucha descripción de las órdenes para encontrar invitados sustitutos. En cambio, el enfoque está en la explicación de la parábola: compradores y mercaderes no entrarán en los lugares de "mi Padre". Esto es similar al final de Lucas, pero claramente ya no en el plano de la narrativa. En lugar de ser una tradición independiente, el relato en el Evangelio de Tomás parece ser una extensión y reorientación del relato de Lucas para pronunciar juicio sobre la riqueza (y el matrimonio) como un impedimento para la salvación.[198]

Características del texto que merecen atención

Si los dichos de Tomás se arreglaron para tratar con la riqueza, entonces también los evangelistas canónicos arreglaron sus versiones para propósitos teológico. Mateo ha puesto esta parábola como la tercera en una serie de parábolas sobre los líderes de Israel.

La preocupación de Lucas con Israel no es tan directa, pero no menos real. Su ubicación de la parábola con varias otras perícopas que tratan concomer y hacer banquetes es obvia. La mención de sentarse en el reino de Dios en el 13.28-29 funciona como una introducción a estos refranes para los banquetes, y el lamento por Jerusalén con su queja de que la gente se negó a juntarse (13.34) anticipa las negaciones de la parábola por aquellos que no van al banquete. En Lucas, los fariseos no son necesariamente negativos. En 13.31-33 ciertos fariseos tratan de advertir a Jesús del peligro de Herodes. En 14.1-2 Jesús come en casa de un fariseo, y aunque es vigilado para ver si él sanará en el día sábado, instruye a los presentes sobre la humildad (14.7-11) y dijo a su anfitrión a quienes debería invitar a tales comidas (14:12-14).

El énfasis en los Evangelios canónicos es sobre el tema que todo está listo (Mt 22.4 (dos veces), 8; Lucas 14.17) y la elección ("llamar" o "invitar"). El verbo *kaleō* ("llamar" o "invitar") ocurre cinco veces en Mateo 22.1-9 y el sustantivo *eklektos* ("elegir") aparece en el 22.14. El verbo *kaleō* ocurre doce veces en Lucas 14.7-24.[199] Para ambos evangelistas, la parábola obliga a la reconsideración de la elección a la luz del ministerio de Jesús.

La sección central de Lucas (9.51–19.48) puede ser un quiasmo.[200] En algunos arreglos la parábola del banquete está diferente en el 13.1-9, en otros opuestos al 13.18-30 y en otros como el clímax y el punto cambio de la estructura.[201] Aunque hay desacuerdo, uno debe admitir que la sección central de Lucas es "en gran medida un quiasmo".

Las comidas y los alimentos son temas principales en el Evangelio de Lucas. Virtualmente cada capítulo contiene algo relevante del tema. Ya en el 1.53 hay pistas de los temas de esta parábola.

En Lucas muchos son invitados al banquete, pero la parábola separa solo tres invitaciones rechazadas. Esto ilustra tanto la regla de tres y la economía de las parábolas. Hay más evidencias de la economía de las parábolas en la brecha entre los vv. 21 y 22. El amo da la orden de traer a los pobres, pero la parábola supone que la acción ha tenido lugar y avanza a la respuesta del siervo.

Las excusas en Lucas 14.18-20 son similares a los tres diálogos sobre el discipulado en 9.57-62, los tres requisitos del discipulado en el 14.26-33.[202] y la comparación de los días del Hijo del Hombre a las actividades y el juicio en los días de Noé y de Lot en el 17.26-31. Las implicaciones familiares, incluyendo las esposas (o maridos) (14.20 y 26) y las posesiones (14.18-19 y 33) no deben prevalecer sobre el discipulado.

La instrucción de Lucas 14.13 para invitar a los pobres y los afligidos se refleja con una ligera modificación en el 14.21.

En Lucas 14.24 la narrativa cambia de la segunda persona del singular a la segunda persona del plural (*hymin*). Mientras que el anfitrión se dirige a su siervo, aquí el anfitrión o Jesús se dirige a "vosotros" —todos los presentes (y a los que leen). El v. 24 intencionalmente invierte el v. 15.

En Lucas 14.35 la sal es arrojada fuera (*exō ballousin*) y Mateo 22.13 el hombre sin vestido de bodas es echado fuera (*ekbalete*). Los pasajes son muy diferentes, pero parecen sugerir el mismo punto teológico.

La parábola de Mateo de la fiesta de bodas es cercana y al parecer formada por la parábola de los labradores malvados.

Como Mateo 13.24 y 18.23, Mateo 22.2 introduce la parábola con el Aoristo pasivo *hōmoiōthē* ("es semejante a"), que debe entenderse para indicar que el Reino está presente. El reino ha entrado en escena.[203]

A los siervos se les llama *douloi* en Mateo 22.3-10, pero *diakonoi* en 22.13. ¿Es esta una indicación que se han juntado dos parábolas o que se ha hecho una distinción entre los mensajeros humanos y los ángeles, en el juicio final (cf. 13.41-43), o es el cambio meramente ocasionado por el hecho que el empleo de *diakonoi* es más apropiado para servir mesas?

Existe cierta similitud entre las parábolas de la fiesta/banquete de bodas y otras parábolas que tratan con la preparación, especialmente la de las diez vírgenes in Mateo 25. 1-13. La gente no sabe el significado de lo que está pasando, responden inadecuadamente, y son excluidos.

La destrucción de los rebeldes en Mateo 22.7 es similar a la destrucción de los enemigos en la parábola de las diez minas (Lc 19.27).

Información cultural[204]

Ambas parábolas suponen una invitación doble, y esta práctica se atestigua en varias fuentes.[205] La primera invitación habla del evento y busca una aceptación inicial, y la segunda es un recordatorio y dice a los invitados que todo está listo y que ellos deben venir.

Como sigue siendo cierto, las comidas, especialmente los banquetes, estaban entre los contextos más importantes para las relaciones sociales. Eran el contexto principal donde se establecía la vergüenza y el honor.[206] Las comidas eran y son un medio para organizar la sociedad. La vergüenza y el honor eran mucho más explícitos en el mundo antiguo que en nuestro mundo actual, y, por lo menos si uno era parte del contexto de esa cultura, las personas se preocupaban más de la vergüenza y el honor lo cual es evidente en las sociedades occidentales modernas. La estratificación cultural, el privilegio y la deuda de corresponder se destacaron fuertemente, como demuestra[207] Lucas 14.7-14.

No creo que el simposio grecorromano proporcione el contexto para entender esta parábola, pero proporciona una percepción de la función de las comidas en la cultura mediterránea para adquirir honor y sabiduría de la enseñanza. Varios escritos antiguos de Platón emplean el simposio como medio para la enseñanza.[208]

Explicación de la parábola

Opciones de interpretación

La iglesia entendió estas parábolas como descripciones alegóricas completas de la historia de la salvación y la vida cristiana.[209] Orígenes entendió al rey como Dios, el matrimonio como la restauración de la iglesia de Cristo, los siervos como los profetas rechazados, el banquete como el alimento espiritual de los misterios de Dios, el "todo está listo" como discursos referentes a las realidades finales, la destrucción de la ciudad como la guerra judía, la orden de invitar a todos como el giro hacia los gentiles y falta del vestido de bodas como cualidades éticas como la misericordia y la bondad. También tomó la parábola como refiriéndose a la unión del Logos y el individuo.[210] Agustín entendió incluso que los cinco bueyes refieren a los cinco sentidos, y como otros justificó el uso de la fuerza de los herejes de Lucas "fuérzalos a entrar".[211]

Muchos estudiosos creen que estas parábolas de hecho proporcionan una representación alegórica de la historia de la salvación, pero que no se centra en detalles minuciosos. Existe una considerable cantidad de variación, pero como mínimo se supone que las parábolas ilustran el banquete escatológico, con Dios o Cristo como el anfitrión y los mensajeros como los emisarios de Dios, y la parábola se entiende que quienes piensan que estarán en el banquete del fin de los siglos no estarán. Una suposición común es que Mateo ha alegorizado fuertemente su versión para que el envío de los siervos refiera a los profetas tempranos y tardíos, el asesinato de los siervos representa el asesinato de Jesús y los profetas, la quema de la ciudad se refiere a la destrucción de Jerusalén y el tercer envío de siervos se entiende como la misión de la iglesia.[212] Las reconstrucciones de la parábola a menudo excluyen Mateo 22.6-7.[213] Algunos consideran las personas como todo Israel, pero otros piensan que se dirigen sólo los fariseos o los líderes religiosos. Correspondientemente, los invitados sustitutos son los recaudadores de impuestos y los pecadores o los pobres. Muchos consideran que Mateo y Lucas ilustran el giro de Israel hacia a los gentiles, aunque han arreglado los envíos diferentemente. Aunque algunos entienden los tres envíos que refieren a los profetas anteriores y los últimos y la invitación a los gentiles, otros entienden que las correspondencias son los profetas del AT, los discípulos durante el ministerio de Jesús y los misioneros después de la resurrección o incluso los discípulos antes y después de la Pascua, y la misión permanente de la iglesia.[214]

Algunos consideran todo el relato de Mateo como su propia creación, algunos consideran como mateana sólo los vv. 11-14, y algunos ven toda la perícopa que refiere a Jesús, aunque los vv. 11-14 puede ser una parábola separada. La mayoría cree que los vv. 11-14 son un mensaje a la comunidad de Mateo que la buena conducta es necesaria, no sólo estar en la iglesia. La suposición es que la comunidad de Mateo es un *corpus permixtum*, un grupo que contiene ambos, lo bueno y lo malo. Cuanto más una interpretación enfatiza una preferencia hacia los gentiles, es más fácil ver la parábola como antisemita.

Algunos ven las parábolas, especialmente la versión de Mateo, en conexión a una llamada, no sólo para el banquete escatológico, sino para la batalla final escatológica. La base de este enfoque reside en supuestos sobre la relación de la parábola a textos del AT. En relación con la hipótesis de que la narrativa de viajes de Lucas está enmarcada en Deuteronomio, la gente encuentra suficiente conexiones entre Lucas 14.18-20 y Deuteronomio 20.5-7 y 24.5 (que se refieren a excepciones del servicio militar) para decir que la parábola es un llamado a la guerra santa final, una llamada que anula toda otra obediencia.[215] Otros enfatizarían que Sofonías 1.7-16, trata el día del Señor en términos de batalla, y con apoyo del Tárgum considerarían la parábola de Mateo como un midrash sobre el pasaje de Sofonías.[216]

Especialmente para la versión de Lucas, en lugar de ser una parábola de Israel, algunos la describen como un relato ficticio sobre la transformación/conversión del anfitrión. Esta interpretación resta importancia al contexto escatológico y centra en cuestiones de honor y la vergüenza. El anfitrión ofrece una cena en una búsqueda de honor, pero siendo ofendido, rechaza todo el sistema de valoración y transfiere su vida social a un grupo diferente. Según este punto de vista, la parábola se dirige a la gente adinerada en la iglesia de Lucas, que en el deseo de mantener el estatus en la sociedad niegan sus asociaciones con los cristianos más pobres.[217]

Decisiones sobre los asuntos

Muchos de los problemas implicados en la discusión de esta parábola son causados por la exageración en la interpretación de los relatos (es decir, alegorías), descuido del contexto en el ministerio de

Jesús y una pérdida de cómo funciona esta analogía. ¿Cómo sabe uno que la parábola en cualquiera de los relatos refiere la misión a los gentiles? ¿Es Agustín el único culpable de alegorizar cuando Jeremías nos dice que la entrada al salón de bodas es bautismo o que, aunque Jesús no podría haber pronunciado la historia como una alegoría de la fiesta de la salvación, él puede bien haber tenido eso en mente?[218] Especialmente si nuestra preocupación es la intención de Jesús, al menos debemos *intentar* oír su voz y no suponer que la única situación tratada es la de la iglesia del evangelista.

1. ¿Cuál es la relación de los relatos (incluyendo el Evangelio de Tomás 64)? Aunque la estructura general es similar, hay muy poca correspondencia en la redacción entre Mateo y Lucas. David Hill sugiere que las divergencias en los relatos son evidencia de la libertad como la tradición oral trasmitía e interpretaba las parábolas.[219] Obviamente las parábolas fueron ordenadas en varias formas a medida que se transmitían, pero me resulta difícil aceptar que un relato difiere de los dos relatos diferentes en Mateo y Lucas. La situación con estas parábolas es única en que hay mayor divergencia aquí que con cualquier otra incidencia de las parábolas.[220] Las parábolas en la triple tradición atestiguan una mayor fidelidad a la tradición que el mérito de los comentarios de Hill y uno tiene solamente que comparar los relatos de la parábola de los labradores malvados o sembrador para ver eso. Las parábolas de tradición doble son muy semejantes o, como aquí, no semejantes en absoluto. ¿Por qué es tan diferente esta parábola si ambos relatos son de la misma fuente? Robert Funk hace una pregunta obvia, que todos responderían afirmativamente, pero cuyo significado pocos hacen justicia: ¿Acaso no es probable que Jesús habló una dada parábola varias ocasiones y en diferentes contextos, adaptándola cada vez, quizás a las circunstancias?[221] Una parábola semejante a la del banquete, especialmente si era un desafío a los contemporáneos de Jesús, puede que se haya dicho varias veces en diferentes lugares y formas.[222] Cuanto más esto es cierto, es menos la posibilidad que uno pueda reconstruir una forma primitiva. Es sorprendente, sin embargo, cuántos eruditos admiten que una forma original no se puede determinar y entonces proceden a encontrar una.

Si sólo diecinueve de las 223 palabras se utilizan en los dos relatos y si las estructuras y los contextos son diferentes, yo diría que tenemos pocas razones para pensar que estos relatos provienen de la misma historia. Estos deben ser analizados por separado. Aunque el contexto de

Lucas es algo definitivo, el de Mateo es incierto y la historia se podría haber contado casi en cualquier lugar.[223] En Mateo y Lucas tenemos dos historias similares, no dos versiones de la misma historia.[224]

El relato en el *Evangelio de Tomás* no es ni superior ni simple[225] y ha cambiado en una máxima contra la riqueza y el comercio.[226] Su extensión de las invitaciones y las excusas de cuatro personas difícilmente pueden ser temprano, y parece reflejar especialmente las porciones de Lucas.[227]

2. ¿Contra qué trasfondo se deben leer estas parábolas? El antecedente literario para entender esta parábola es crucial e intrigante, pero también a veces frustrantes. Encuentro poca evidencia para pensar que la parábola se basa en la invitación de la sabiduría a los simples a un banquete en su mesa (Pr 9.2-6). Los paralelos son superficiales, y no se espera que un oyente/lector de la parábola pueda ver importancia ni hacer la conexión.

J. Jeremías popularizó la opinión de que la parábola se basa en la historia del cobrador de impuestos del Bar Ma'yan.[228] Esta opinión no ha encontrado mucha recepción y con justa razón. Incluso aparte de las preguntas de la fecha del relato rabínico, ninguna pista en las narraciones del Evangelio sugiere que el propietario es un cobrador de impuestos o que se hace una comparación entre el propietario y alguien más. Hay una similitud a la parábola en que los invitados se niegan ir a un banquete y se trae a los pobres. Sin embargo, en la historia talmúdica los pobres son traídos sólo para que no se desperdicie la comida. Además, ninguna ventaja se gana en la interpretación al encontrar un trasfondo en esta historia talmúdica.

Otros sugieren que los antiguos simposios y las escrituras de los simposios proporcionan el fondo para la parábola.[229] Los simposios eran comidas festivas, a menudo con exceso de bebida, que proveía un contexto para el entretenimiento y la discusión filosófica. Dudo que los simposios tengan alguna relevancia para la comprensión de las comidas de Jesús. Las redacciones de los simposios resultan de la mayoría de las personas presentes en las comidas y son narraciones extensas; los relatos evangélicos son breves y casi nadie además de Jesús da una opinión.[230] Otras resonancias pueden establecerse por el contexto de la comida, como los motivos de honor-vergüenza o incluso una crítica contra el simposio,[231] pero no dirigen la historia.

El fondo crucial es la evidencia —tanto la canónica como la no canónica— que el cumplimiento de las promesas de Dios, sería como un banquete de gran gozo. Los textos como Isaías 25; 1QSa 2.5-22; 2 *En.* 42.5; m.*'Abot* 4.16; y *Pesiqta Rabbati* 41,5 no se pueden ignorar, aunque de igual importancia son Mateo 8.11-12/Lucas 13.28-30 y las comidas en el ministerio de Jesús. Por comer con los cobradores de impuestos y los pecadores, Jesús demostró la presencia del Reino y que el perdón estaba a disposición.[232] La razón principal que la historia centra en una fiesta debodas/banquete es para comunicar que trata el tema del banquete del fin de los siglos. Ciertamente ambos evangelistas apuntan en esa dirección, especialmente Lucas con la persona sin nombre que habla en el v. 15 que explícitamente dice bienaventurado el que participa de la comida en el reino de Dios. Los textos del Qumrán que se citan abajo (1QSa 2.3-9; 1QM 7.4-5; y 11Q 45.12-18) son tomados de Levíticos 21.17-23 para excluir a las personas con defectos de la comunidad y los eventos escatológicos. Las parábolas de Jesús parecen que ha sido preparada específicamente para contradecir tal lista de membresía que excluyen los cojos y los defectuosos.[233]

La parte interesante y frustrante del trasfondo literario es el posible paralelismo con Deuteronomio 20.5-7 (las exenciones para el servicio militar) y el Tárgum Sofonías 1.7-18. Paul Ballard hace hincapié en la anterior y J. Derrett agrega el último,[234] ambos para enfatizar que las excusas se dan en un contexto de guerra santa y que el tema es la lealtad al rey que ha convocado a sus tropas para inspección. Incluso la destrucción de la ciudad en Mateo 22.6-7 y los vestidos de bodas de Mateo 22.11-13 tendrían sentido porque el tárgum habla de la matanza que viene el día del Señor y Sofonías 1.8 habla del castigo de los funcionarios que visten vestidos extranjeros (a pesar de que no se menciona en el tárgum). Estos paralelos son atractivos, especialmente si uno está impresionado con el argumento de que la narrativa de viaje de Lucas está conformada en Deuteronomio. Sin embargo, existen problemas serios para este enfoque. En la mayoría, las alusiones, si existen, están encerradas profundamente en algún lugar en la tradición y no se podía esperar que los oyentes —incluso los judíos o los cristianos— las captaran. Además, como señaló H. Palmer, las excusas están en Lucas, pero el lenguaje militar está en Mateo.[235] En un análisis más cercano los paralelismos no son casi tan semejantes como se sugiere. Deuteronomio 20.5-7 exime a quienes han construido una casa pero no la dedicaron, plantaron una viña pero no comieran de ella o se han comprometido pero aún no se han casado (Deuteronomio 24.5 exime los recién casados).

Las excusas en Lucas 14.18-20 son que uno compró un campo, otro compró cinco yuntas de bueyes, y que uno se había casado recientemente.[236] Aunque el tárgum en Sofonías trata del juicio, especialmente a los ricos, uno busca en vano cualquier indicador que pueda demostrar que este es el trasfondo para cualquier versión de la parábola. Los intentos en este sentido son un callejón sin salida. El fondo contra el cual debe entenderse la parábola es la visión del reino de Dios o el día del Señor como un banquete escatológico.

Después de considerar estas preguntas generales, el análisis de cada una de los relatos debe producirse por separado. Se tratara primero la parábola en Lucas porque es más fácil.

3. Según Lucas,[237] Jesús contó la parábola en respuesta a un comentario de un invitado a cenar en la casa de un fariseo: "Bienaventurado el que coma pan en el reino de Dios" (14.15). La disposición de esta sección es claramente al estilo de Lucas, y, aunque se podría haber relatado la parábola en otro contexto, cabe bien en su ubicación actual. No hay razón para que no se considere la parábola como una respuesta a este tipo de pensamiento, pero al menos la parábola supone una comprensión acerca de la comida del reino y sus participantes. Lucas 14.14 registra una bendición de Jesús que describe la recompensa en la resurrección de aquellos que ministran a los pobres y discapacitados. La mención de la resurrección trae la bendición sobre aquellos que comerán pan en el Reino. La comparación con 11.27 es instructiva, porque allí una mujer bendice el vientre que parió a Jesús y los pechos que le alimentaron, a lo cual él replica, "antes bienaventurados los que oyen la palabra de Dios, y la guardan". Seguramente en el 14.15 el hombre que dio la bendición esperaba una afirmación de su declaración, posiblemente algo como "que podamos estar entre los justos que se sientan en la mesa" o "que ese día llegue muy pronto".[238] Como en el 11.27 la bendición encuentra una respuesta inesperada.

a. ¿Es el enfoque de la parábola de Lucas en el cambio en el anfitrión, en las actitudes hacia los ricos y los pobres, o en el rechazo de las invitaciones? La interpretación de la historia de Lucas como una narración de la conversión del anfitrión y su rechazo de los valores sociales previos no pueden tener éxito. Ciertamente los valores sociales del Reino son diferentes, y toda esta sección pretende promover una visión del Reino de uno mismo y otros. Sin embargo, centrarse en la conversión del anfitrión, es una distorsión por varias razones:

Este enfoque minimiza severamente el contexto escatológico. Debe dejar de lado el v. 15 con su anhelo de comer pan en el Reino, y ella ignora el trasfondo literario judío y enfática afirmación de la parábola de que "ahora todo está listo". Ignora el énfasis en el lenguaje de elección en ambos relatos.[239] Supone que el verdadero objetivo es la situación de la comunidad de Lucas, pero el resultado de tal "reflejo de redacción" tiene que ubicarse en la parábola, y no sacarse de ella.

Nada sugiere que el anfitrión dio su banquete como una búsqueda de honor, y tampoco se observa ningún lenguaje de conversión.[240]

Sin duda esta parábola se basa en los temas de la riqueza y la preocupación por el pobre muy evidente en la enseñanza de Jesús, temas que son de gran interés de redacción para Lucas, pero estos temas no son el objetivo principal de la parábola; son factores secundarios. La tercera excusa proviene de uno que se había casado; la gente pobre también se casa, lo que indica que estos temas no tratan la riqueza ni la pobreza. La parábola tiene implicaciones sobre las actitudes hacia los pobres, pero el interés principal está en otra parte.

El enfoque de la parábola está en las invitaciones que un grupo rechaza y que inesperadamente se extiende a otro grupo. Este es el enfoque prominente de la estructura. La cuestión que la parábola trata no es "¿qué indica como vergüenza y honor?" o "¿cuál debe ser la actitud de uno hacia los pobres?" sino "¿quién estará presente en el banquete?" Las excusas evidencian las ocupaciones con las relaciones y actividades diarias. De hecho, la parábola supone personas de cierto prestigio financiero. El agricultor promedio —por no hablar de los pobres— no compra cinco yuntas de bueyes: el hombre tiene por lo menos 100 acres.[241] Si las excusas son legítimas es debatible, pero[242] para Lucas esta pregunta es irrelevante. Su punto es que ninguna excusa es válida cuando uno enfrenta el Reino. Las excusas son paralelas a los temas en la enseñanza de Jesús sobre el discipulado, tanto en Lucas y en otros lugares, pero especialmente en Lucas 9.57-62 y 14.25-33. Lucas, y por cierto Jesús antes que él, se preocupa que las posesiones y la familia no prohíban el discipulado.

b. ¿Cuál es la importancia del relato de Lucas para comprender la elección? Independientemente de si uno cree que Lucas está directamente contrarrestando los abusos de la enseñanza de la elección en Deuteronomio,[243] que bien puede ser el caso, por lo menos se debe ver la parábola como un desafío a la comprensión predominante de elección entre los contemporáneos de Jesús. El verbo *kaleō* ("llamar") se produce doce veces en Lucas 14.7-24. Preguntar“¿quién estará en el banquete?” es preguntar “¿quiénes son los escogidos?” y la parábola proporciona una respuesta inesperada. Como Juan Bautista y los profetas antes que él, Jesús no aceptó que la elección se establecía por ser nacido de una madre judía. La intención de la parábola tanto en Lucas como en Mateo trata de quienes suponen que son electos y que estarán presentes en el banquete al final de los siglos quizá no sea así. La asistencia al banquete se basa en la *respuesta* a la invitación de Dios, no en el título “un invitado” o “un electo”. La respuesta prevista es uno que lleva una vida productiva.

Esta parábola concuerda con las acciones de Jesús y sus enseñanzas en otra parte. La idea que aquellos que se esperan que acudan al banquete (“los elegidos”) no estarán y que habrán invitados inesperados es paralelo en Mateo 8.11-12/Lucas 13.28-30 y concuerda con varios otros textos.[244] Jesús que come con los cobradores de impuestos y los pecadores es una demostración de la presencia del reino en su ministerio y el perdón para aquellos que responden (Mt 9.10-13/Mr 2.15-17/Lc 5.29-32; Mt 11.19 / Lc 7.34; cf. Lc 15.2; 19.5-10). La parábola del hijo pródigo en Lucas 15 refleja la celebración del banquete del reino donde el hermano mayor se niega a entrar. El punto de estos textos y de la parábola del banquete se puede resumir con una declaración y una pregunta: Dios está dando una fiesta. ¿Vas a venir?[245]

c. ¿Las personas a las que se dirige la parábola son los fariseos, los judíos en general, o algún otro grupo? Obviamente Jesús ni Lucas identifican explícitamente quiénes eran los invitados originales. El contexto de Lucas registra que la parábola se relata en la casa de un fariseo, pero no debemos suponer que todos los invitados eran fariseos o que la parábola se dirige a ellos. Las excusas de aquellos que rechazan no describen a los fariseos o los líderes religiosos; ellas reflejan preocupaciones generales sobre la vida. A lo largo de la narrativa de viaje de Lucas, Jesús parecen alternar al dirigirse al liderazgo religioso (los abogados, los fariseos, etc.), la multitud y los discípulos.[246] Si se hace el intento de escuchar la parábola en el contexto de los oyentes judíos de Jesús, lo que rechazan la invitación quizá se limite a los fariseos o se amplíe para incluir a *todos* los judíos, porque muchos judíos siguieron las enseñanzas de Jesús. Aquellos que rechazan la invitación refleja a los oyentes de cualquier categoría que no perciben la crisis que trae el ministerio de Jesús. Sí, la parábola trata sobre la respuesta de Israel a Jesús, pero no dice que todo Israel la ha rechazado y por lo tanto es rechazada.

Ningún grupo específico se menciona, aunque en el 15.1-2 y otros lugares Lucas especialmente se ocupa con los fariseos y los escribas. La parábola aborda la falta de respuesta a la actividad escatológica de Dios e insta a la gente a reconsiderar. Todos los que dan la elección por sentado y están más preocupados por los asuntos mundanos en vez del Reino son confrontados con la parábola.

d. ¿Qué grado de correspondencia alegórica hay en la parábola de Lucas? Las principales cuestiones aquí tienen que ver con la determinación de la intención de los distintos envíos y si Jesús está representado en la parábola o no. Los intérpretes regularmente argumentan que con el primer envío Lucas señala la misión de Israel y con los dos envíos posteriores o a una misión a Israel y a los gentiles o a la misión gentil temprana y tardía.[247] Algunos consideran a Jesús como el anfitrión, pero otros piensan que Dios es el anfitrión y algunos concluyen que el siervo representa a Jesús.[248] Vale la pena reflexionar sobre el método antes de proceder. ¿Cómo sabe uno para asignar significado figurativo a algunas de las características de la parábola y no a otras? Ninguna persona razonable podría identificar específicamente a las tres personas que rechazan la invitación o los elementos en sus excusas. Ninguno asigna importancia al pobre, al cojo, al ciego y al lisiado; ellos son tratados literalmente o al menos se entienden como resumen de los parias sociales. ¿Por qué entonces los intérpretes sienten que los varios envíos del siervo deben tener significado figurativo? Por otro lado, claramente hay más de un punto de contacto entre esta parábola y la realidad que retrata, que incluso Jülicher tuvo que admitir.[249] La expectativa de un banquete escatológico, el contexto y el enfoque acerca de que todo está listo requieren que la comida se entiende como la celebración del fin de los siglos, y seguramente la primera ponderación es que el anfitrión de la cena es Dios o el Mesías. El siervo señala a los emisarios de Dios que traen la invitación, pero sólo en términos muy generales. Todo lo que se necesita en la analogía es personas que rechazan y otras a quienes se extiende la invitación. La parábola no invita a la especulación para identificar cualquier otra característica.

En mi opinión, argumentar que los tres envíos se refieren a la misión a Israel durante la vida de Jesús y dos esfuerzos misioneros después de la Pascua, al menos uno de los cuales es a los gentiles, no vale la pena alegorizar.[250] A pesar de la popularidad de este entendimiento, se trata de ideas preconcebidas y no del texto. Nada en la narrativa de Lucas indica los gentiles.[251] Además, preocuparse por el hecho de que la parábola representa al anfitrión como invitando a los ricos y sólo más tarde a los pobres, como si Dios o Jesús se interesaran por los pobres y los marginados sólo después que otros rechazaran,[252] es hacer una alegoría y suponer que cada característica de la analogía debe reflejar la realidad. Este tipo de pensamiento también supone que el tiempo narrativo corresponde al tiempo real, lo cual no es cierto.[253] La cronología de la parábola no es cronología tiempo real. Una parábola es una imagen *parcial* de la realidad, y representa parte de la realidad para hacer un punto específico o puntos, a veces de manera extrema. Las parábolas deben permitir reflejar la porción de la realidad que desean y no obligar a una teología sistemática o una cronología del cuadro en su totalidad.

Ciertamente Lucas está preocupado por una misión universal, y también se puede sospechar que Jesús tiene una preocupación universal debido a su comprensión de la misión de Israel.[254] Pero esta parábola no retrata esa preocupación. Los invitados sustitutos explícitamente son los pobres y los discapacitados (cf. 14.13), los marginados de la sociedad, no los gentiles.[255] Puesto que Jesús comía con los cobradores de impuestos y los pecadores (note 15.1-2), y las resonancias entre los 14.21 y 7.22 (la descripción al Bautista de la curación de los ciegos y los cojos y de la proclamación a los pobres), probablemente deberíamos pensar más generalmente de todos aquellos que han respondido afirmativamente a ministerio de Jesús, la misma gente que los líderes religiosos no respetaron.[256] Con "los pobres, los mancos, los ciegos y los cojos" el método parabólico disminuye brevemente y la realidad se impone. El segundo envío a los invitados sustitutos a fin de llenar la casa tiene el propósito de no designar a los gentiles sino de excluir a los invitados originales, como muestra el 14.24.[257]

¿Está Jesús representado en la parábola?[258] El versículo más importante para esta pregunta es el v. 24, donde la identidad del que habla es incierta.[259] ¿Continua el anfitrión hablando dentro del mundo de la historia, ha tomado Jesús y anexado una explicación a la parábola, o se unen las dos voces en este punto? Al menos, el anfitrión en la historia se dirige a los que están fuera de la historia, porque el cambio al plural del pronombre "vosotros" (*hymin*) indica esto. En consecuencia, el v. 24 se convierte en una advertencia personal a los oyentes/lectores. Las palabras "porque os digo" parece una explicación contundente típica de Jesús. Esta expresión viene a menudo al final de una parábola,[260] pero a veces una persona usa tal expresión en una parábola,[261] de modo que no podemos excluir la posibilidad de que el v. 24 da las palabras del anfitrión en la parábola. Probablemente la voz de Jesús y la del anfitrión se funden en este punto y si es así, las implicaciones cristológicas son significativas.[262] La comida escatológica es la comida de Jesús, y él determina quién esta y quién no está incluido. Sin duda, esto es lo que Lucas quiere que el lector entienda.

e. ¿Cuál es el mensaje y el significado de la parábola de Jesús según Lucas? Esta parábola tanto como cualquiera destaca la presencia del reino en el ministerio de Jesús. Esta parábola concuerda con la promulgación de Jesús de la presencia del reino, comiendo con los "pecadores"; afirma que el banquete escatológico está listo: "Venid, que ya todo está preparado" (v. 17). La gente debe responder con entusiasmo. En cambio, están demasiado ocupados con las posesiones y familia y ofrecen excusas de por qué ellos no pueden asistir.

La parábola también funciona como un desafío y una advertencia. ¿Qué podría ser tan importante en los asuntos mundanos que mantiene a uno fuera de la celebración de Dios? Rechazar la invitación es excluirse uno mismo de la comida escatológica.[263] El mensaje de la parábola es muy semejante al 13:28, 34. A menudo Dios ha tratado de reunir a su pueblo, pero su rechazo les ha dejado fuera y otros toman su lugar en la mesa. La parábola expresa una exclusión absoluta, pero el plano de la parábola no es el plano de la realidad. La gente no tiene que quedarse excluida. Los oyentes de la parábola de Jesús, como los lectores postreros, se enfrentan a un desafío de cambiar de rumbo, a ver más allá de lo superficial y a responder a la obra de Dios que toma lugar en el ministerio de Jesús. Muchos judíos antiguos, particularmente aquellos que se consideran piadoso, suponen que ellos como escogidos de Dios estarían en el banquete mesiánico (o al menos victorioso y viviendo con Dios) cuando el mal sea derrotado.[264] La parábola advierte contra tal presunción.[265]

La parábola muestra también la preocupación de Dios por los marginados y su deseo de "tener una casa llena", es decir, obtener un pueblo para sí mismo, que es un tema a lo largo de ambos Testamentos.

Si el anfitrión analógicamente apunta a Dios o Jesús es difícil de determinar. En cualquier caso, sin embargo, es justo decir que Jesús procesa su propia experiencia con esta parábola.[266] Todo está preparado debido a lo que está ocurriendo en su ministerio. Él ha encontrado rechazos por los presuntos electos y aceptación entre los marginados. El v. 24, independientemente de la identificación del anfitrión, es cristológicamente importante. Al menos como agente de Dios, Jesús es el que da la comida.

4. Con respecto a Mateo, E. Haenchen comentó que pasar de la parábola en Mateo a la de Lucas es como caminar de un laberinto a un parque.[267] J. Lambrecht se sentía muy incómodo sobre la parábola para confesar un sentimiento que debe ser ignorado.[268] Uno puede entender esto porque en represalia por el asesinato de sus siervos el rey envía soldados para destruir a los perpetradores y quemar su ciudad. Después de eso, la comida continúa preparada, así que la gente que habita las márgenes de la ciudad es invitada, tanto la buena como la mala. Pero uno que viene como un invitado inesperado es atado de pies y manos y echado en las tinieblas por estar vestido inadecuadamente. Esto no suena como lo que sabemos acerca de Jesús. Pero no todas las parábolas parecen un paseo en parques.

Presumiblemente la parábola en Mateo está dirigida a los líderes judíos debido al contexto anterior. *Autois* en el 22.1 podría significar "acerca de ellos" (los líderes), pero es más probable que significa "a ellos". La ubicación de la parábola de Mateo ilustra y hace hincapié en la oposición de los líderes religiosos (21.45-46), la oposición que más adelante se evidencia por las preguntas de confrontación en el 22.15-46. Los fariseos específicamente están en vista, pero no son los únicos oponentes.

a. ¿Es la parábola de Mateo auténtica o simplemente una alegoría mateana? Responder a esta pregunta presupone las decisiones sobre el grado de correspondencia alegórica en el relato de Mateo y, en particular, si representa la misión de posterior a la Pascua y la destrucción de Jerusalén. ¿Apunta Mateo a los profetas anteriores con sus dos envíos a los invitados y a la destrucción de Jerusalén en el 70 d.C. con los soldados que destruyen a los asesinos y queman su ciudad? Al responder estas preguntas también podemos explicar cómo Mateo ve la misión de Jesús.

Nuestra preocupación es la intención de Jesús con sus parábolas. ¿Podría Jesús contar tal historia, y, si lo hizo, que puede significar? Con frecuencia parece que los eruditos del NT tratan de proteger a Jesús de cualquier descripción que no nos gusta, particularmente todo lo que tenga que ver con el juicio. Sin embargo, ¿cuál de los profetas de Israel careció alguna vez de un mensaje de juicio? —y Jesús ciertamente vino como un profeta. Además, en Mateo 8.11-12/Lucas 13.28-29 Jesús afirma que los hijos del reino serán echados donde hay llanto y el crujir de dientes y otros se sentarán a la mesa con los patriarcas, así como se ilustra en esta parábola.

La parábola es diáfana, uno puede ver a través de ella desde el principio, pero a veces las parábolas hacen esto, particularmente si el relator no tiene ningún deseo de ocultar la intención. Ezequiel 23.1-49 es la clásica parábola diáfana.[269] En cuarenta y nueve versículos el profeta describe la prostitución de dos mujeres, pero ya en el v. 4 identifica a las dos mujeres como Samaria y Jerusalén. Tal franqueza podría resultar de dos circunstancias diferentes: el relator enfrenta a sus oponentes con una acusación intencionalmente aguda, o el relator habla a la gente que él confía acerca de sus oponentes en ausencia de éstos. En cualquier caso, la realidad representada domina la historia de modo que la historia es una mezcla de imagen y realidad. Eso es precisamente el caso con Mateo 22.1-14.

La pregunta es si la realidad representada proviene sólo de la iglesia o si deriva de Jesús. A primera vista, y porque la teoría se repite muy a menudo, la parábola parece la descripción de la iglesia de la destrucción de Jerusalén como venganza por la muerte de Cristo. Eso podría ser, pero un análisis más detallado sugiere lo contrario. Esta parábola es similar a la de los labradores malvados en la descripción del doble envío de los siervos, de su maltrato de maneras que recuerdan a los profetas,[270] y de la destrucción de los delincuentes. A diferencia de la anterior parábola, sin embargo, aquí el hijo no juega prácticamente ningún papel y no es *asesinado*. ¿Habría la iglesia presentado así la historia, especialmente cuando para Mateo el hijo fue asesinado en la parábola anterior? ¿Por qué el hijo no tiene tanta importancia y sigue vivo si es un relato de Mateo o una alegoría de la iglesia temprana?[271] También, en la descripción de Josefo de la destrucción de Jerusalén, es el templo que se quema, no la ciudad. Esta parábola no describe ningún castigo de los judíos por la muerte de Cristo.

Varios estudios han hecho hincapié en la importancia de ver los énfasis políticos en la versión de Mateo. K. Rengstorf argumentó que el lenguaje del v. 7 es un "tópico" literario para la destrucción de una ciudad.[272] Otros, especialmente R. Bauckham, argumentan que la boda del hijo del rey, a la que están invitados los grandes hombres del Reino es una ocasión festiva de gran importancia política. La asistencia es una expresión de lealtad, y la negativa es equivalente a la insurrección. En este contexto las imágenes de guerra en el v. 7 tiene sentido y se ajusta a la lógica narrativa de la historia.[273] Las insinuaciones políticas no quitan la dureza de la parábola, sino ayudan en la comprensión de cómo funciona la narrativa.

¿Acaso podría Mateo o la iglesia primitiva fácilmente identificar a los ejércitos de Roma como soldados de Dios?[274] En el AT Dios utiliza las naciones paganas para juzgar a su pueblo, pero es difícil aceptar que esta es la intención de la parábola. Más plausible, la parábola utiliza el lenguaje de la *historia* de Israel —el rechazo de los profetas y la destrucción de Jerusalén en el 586 a.C.— para advertir de las consecuencias del rechazo de los mensajeros de Dios.[275] Este es un típico método profético de operación. El pasado de Israel es el lente a través del cual la parábola anuncia una advertencia de urgencia y juicio sobre todos aquellos que se oponen a Dios. Si uno pretende trazar paralelismos estrictos y cree que la destrucción de Jerusalén está a la vista, uno podría concluir entonces que Mateo creía que el Evangelio se extendió a los gentiles solamente después del 70 d.C.[276] Seguramente tales procedimientos son ilegítimos. Nada más es necesario que una advertencia a los oyentes de Jesús verídico en su propia historia.

Los intentos para identificar a los mensajeros específicamente con los profetas o los discípulos rápidamente encuentran dificultad. ¿Si el tema es la invitación al banquete escatológico, puede que la referencia sea a los profetas del AT, o esa invitación viene sólo después de que Jesús inaugura el Reino presente?[277] Convencido que es este último, algunos han argumentado que los siervos enviados en los vv. 3-6 son mensajeros *cristianos*.[278] ¿Qué prepara a un lector para entender esto o incluso qué sugiere que de esto trata la intención? ¿Hay una referencia a los primeros y últimos profetas del AT, misioneros cristianos antes y/o después de la Pascua, o alguna combinación de ambos? El texto no da ninguna base para cualquier identificación, y todos los intentos para especificar a los siervos están equivocados. El punto importante es que los invitados, los aparentemente elegidos, han negado reiteradamente a venir y se han rebelado contra el rey/Dios.

La única cosa en los vv. 2-10 que sugiere que la parábola se refiere al ministerio de Jesús —aparte de casi no mención del hijo, si por lo menos hace eso— está en el énfasis del hecho de que "todo está preparado". No hay alusiones a los gentiles o los apóstoles o varios aspectos de la misión cristiana.[279] Si se deja en el contexto de la propia enseñanza de Jesús, la historia es una advertencia sobre el peligro de suponer la elección y de ignorar la crisis del Reino presente en su ministerio.[280] La historia trata de la tragedia de rehusar una invitación transcendental y proporciona una analogía a la falta de respuesta a la invitación al reino de Dios.

Una de las principales dificultades de la parábola es su falta de atención a la secuencia. Una expedición militar tiene lugar mientras el banquete está preparado para comer, o posiblemente el rey simplemente envía sus ejércitos y procede con la fiesta. La parábola centra sobre todo en estar preparado y, como cualquier otra parábola tan clasificada, en la presencia del Reino.[281] Y al mismo tiempo los vv. 11-13 enfocan en el juicio final. Vale la pena examinar el comentario de G. R. Beasley-Murray que esta parábola es una de esas expresiones donde las distinciones de tiempo parecen fuera lugar.[282] Las parábolas son imágenes de la realidad, no historias, incluso si se basan en circunstancias históricas. El Reino es como un banquete preparado, y rechazar su invitación es enfrentar el juicio. Sin embargo, bastante similar a la parábola de la red (13.47-50), el reino es un proceso de reunión al cual le sigue el juicio. Tenga en cuenta la forma en que el 22.10 prepara para la escena del juicio diciendo que los siervos recogieron a los buenos y los malos, el cual en el 5.45 es una forma de referirse a toda la humanidad. No creo que Mateo esté señalando a la naturaleza mixta de la iglesia.[283] Él constantemente describe el *Reino* como un proceso de reunión al cual le sigue una separación en el juicio (13.30, 41-43, 47-50; 31-33).

La parábola de Mateo es más evidente que la de Lucas en su confrontación con los líderes religiosos. No es tan cristológicamente sugerente como el relato de Lucas, pero tiene el mismo mensaje con respecto a la presencia del Reino y las suposiciones de la elección que hace Lucas. El relato de Mateo tiene más sentido proveniente de Jesús que de la iglesia.[284]

b. ¿Cómo las dos partes del relato de Mateo concuerdan?, si es que concuerdan. La pregunta más difícil para mí, una por la cual sigo dudoso, es si el 22.11-14 perteneció originalmente con esta parábola. Si uno quedó impresionado con los paralelos con Sofonías 1.7-18 y su juicio sobre todos los que visten vestidos extranjeros en el día del Señor, el argumento para la unidad de los vv. 2-13 sería fácil,[285] pero estas conexiones son demasiado tenues para inspirar confianza. A favor de ver los vv. 11-14 como originalmente una parábola independiente adjuntada a la de la fiesta de bodas son el uso de las "parábolas" plurales en el 22.1, el cambio de *douloi* en los vv. 3-10 a *diakanoi* en el v. 13 y el hecho de que el v. 10 parece ser la conclusión de la parábola.[286]

Mateo estaba ciertamente libre de ajustar su material según su preferencia. Uno podría argumentar para dos parábolas independientes porque se presentan dos grandes enseñanzas sobre el Reino: es como un banquete al que algunos se niegan a venir y prueban que son indignos; es como un proceso de reunión de personas, seguido de juicio. Sin embargo, otras parábolas tienen un doble movimiento. La parábola del hijo pródigo (Lucas 15.11-32) es un ejemplo obvio *y douloi* podría cambiar a *diakanoi* porque el último es la palabra más apropiada para aquellos que esperan en las mesas. Aunque indeterminado, me inclino a pensar que los vv. 2-13 deben tomarse como un todo. Como una unidad estos versículos hacen el mismo punto en Mateo 8.11-12/ Lucas 13.28-29: personas inesperadas están en el banquete mesiánico mientras que los "hijos del Reino" son echados en las tinieblas. Un problema con esto, sin embargo, es que en el 22.11-13 se juzga duramente solamente a una persona. El hombre al parecer se debe entender como representativo, pero eso no es explícito.

Independientemente del origen de los vv. 11-13, la razón por la que Mateo las incluye es clara. Que los malos y los buenos fueron "reunidos" (cf. 13.30, 47) conduce a la expectativa de que serán separados. Más que los otros Evangelios, Mateo recuerda constantemente a sus lectores que la gracia ilimitada del Reino siempre trae consigo una demanda ilimitada. El énfasis está en la respuesta obediente y la conciencia de la realidad del juicio. Aquí el plano narrativo de la historia se rompe otra vez por la realidad que se ilustra. El castigo ya no es no es terrenal, como la destrucción de ciudades, sino un juicio final apocalíptico.

Todavía es problemática la expectación de que el hombre vista ropa de bodas. Al parecer todo lo que se pretende es un vestido limpio.[287] Venir con ropa sucia muestra desprecio por el rey y su banquete.[288] Aunque la idea todavía circula,[289] no hay base suficiente para la idea de que las prendas fueron proporcionadas a los invitados de la fiesta.[290] No se deben incluir las ideas de la parábola de Lucas; la parábola de Mateo no dice que se invitaron a los pobres o que la gente vino directamente desde las calles. La parábola supone que el hombre ha tenido tiempo de venir ataviado adecuadamente. Los esfuerzos para identificar la falta del "vestido" por lo general enfoca en las buenas obras (véase Ap 19.8), el arrepentimiento, la salvación (basado en Is 61.10), el amor o más generalmente el vestido escatológico otorgado a los justos en el nuevo siglo.[291] La identificación precisa es imposible e inadecuada. Lo importante es que el hombre no hizo ninguna preparación para vestir algo apropiado para la fiesta a la que decidió asistir. Si él es representativo, entonces refleja a todos los malos que no se han preparado para el juicio de Dios.[292] La parábola entonces en sus dos partes contiene tres temas importantes: la negativa de los líderes religiosos, la reunión del Reino y la separación que se lleva a cabo en el juicio. Estos temas están presentes en otras parábolas y en material no parabólico.

c. ¿Pertenece el dicho en el v. 14 con la parábola, y cuál es su intención? El dicho no es parte integral de la parábola y probablemente es una declaración final de Mateo. La intención al decir "muchos son llamados, mas pocos escogidos" aparentemente es "todos son llamados, pero no todos son escogidos".[293] A veces se objeta que el dicho no encaja en la parábola, pero resume bien los vv. 2-10.[294] Muchos fueron invitados (todos), pero no todos fueron dignos de ser escogidos. El dicho demuestra tanto la gracia divina y la responsabilidad humana.

5. Volviendo a una última pregunta pertinente a ambas parábolas, ¿es el relato antisemita y acaso sugiere que Israel es rechazado por Dios? Si las parábolas están dirigidas contra los líderes religiosos, si son una acusación profética, y si visionan otros judíos, no gentiles —entre los invitados sustitutos, ni una ni otra parábola legítimamente puede describirse como antisemita, y ciertamente tampoco sugiere que Dios ha rechazado a Israel. En ambos relatos poca esperanza hay para aquellos que han rechazado la invitación, pero ambos suponen que otros, otros judíos, responderán. La tendencia de los eruditos y los pastores para interpretar estas parábolas como una muestra del rechazo de Dios de Israel o que fue reemplazado por la iglesia se debe rechazar.El problema del antisemitismo tiene que encararse con otros textos, pero no debe colocarse en estas parábolas.

Adaptación de la parábola

El Reino es todavía como un banquete. La invitación sigue abierta porque todo está preparado y la gente puede venir ahora y disfrutar de la fiesta. La Santa cena es tan sólo una celebración y anticipación. El Reino es todavía —y será— como un banquete en el que quienes debían asistir estaban demasiado ocupados y otros que no se espera que asistan, vienen y disfrutan de la fiesta. El esperado está ausente y el inesperado está presente. En varias ocasiones este tema resalta en la enseñanza de Jesús en una manera incómoda (Mt 7.21-23/Lc 13.25-27; Mt 8.11-12/Lc 13.28-30; Mt 11.25 / Lc 10.21; Mt 21.28-32, 43; 25. 1-12, 31-46). Nadie debería tomar por sentado la asistencia en el banquete mesiánico. Por desgracia, mucha gente lo hace: han tomado una decisión, pertenecen al grupo correcto, tienen escolaridad correcta y han participado en numerosos servicios y esfuerzos caritativos, así que ahora pueden seguir con sus vidas. La proclamación del Reino no se trata de dar seguridad a la gente, tampoco el Reino está en consonancia con el ajetreo y muchos de los valores que suponemos. La proclamación del Reino es un desafío para responder a la invitación de Dios. Estas parábolas no explican lo que parece tal respuesta. Mateo 22.11-14 subraya la expectativa moral, y las parábolas anteriores enfatizan la necesidad de dar fruto. En Lucas los versículos que siguen a la parábola (14.25-33) señala a las demandas del discipulado.

Ambas parábolas enseñan que no podemos tener el Reino bajo nuestros propios términos. La invitación de gracia trae consigo demanda. Está en juego la cuestión de la identidad de una persona. No es suficiente llevar la etiqueta correcta ("el invitado"); por el contrario, el reino debe formar la identidad de modo que uno tenga todo un juego de intereses diferentes. Se debe atender la advertencia de Lucas: los mayores obstáculos al discipulado son las posesiones y la familia, pero también son las mejores oportunidades para el discipulado.

Otra nota que resalta en la parábola es el sentido de gozo y urgencia del que acude al Reino. El testimonio de la iglesia debe caracterizarse por el placer de invitar a la gente al banquete que Dios ha preparado, un banquete que es presente y futuro. Muy a menudo el gozo ha sido tan silenciado que las personas no tienen señales de la presencia del Reino.

Posiblemente la clave en apropiarse de esta parábola es una comprensión cristiana del tiempo. No estamos en la crisis que los contemporáneos de Jesús estuvieron cuando extendió la invitación al reino de Dios. Pero si el reino estaba presente en su ministerio y continua presente a través de la obra del Espíritu Santo, vivimos en una crisis similar en relación con el Reino, y, además, la vida tiene sus propias urgencias. ¿Acaso no tenemos la responsabilidad de ofrecer la invitación con el anuncio de que está todo preparado? ¿Acaso el gozo de la celebración del reino es tan evidente que la invitación es convincente? ¿Acaso no necesitamos estar suficiente alerta para saber que quienes esperan a estar ahí, incluyéndonos a nosotros mismos, quizá no estemos y debemos estar prevenidos respecto de las suposiciones y las preocupaciones? ¿Y acaso no deberíamos estar suficientemente informados para saber que la invitación a los que están en las márgenes, quienes normalmente no pensaríamos invitar, es esencial? Habiendo descubierto de otras parábolas que el reino viene con gracia ilimitada, pero que trae consigo demanda ilimitada, estos mismos temas resuenan en los relatos de esta parábola en Mateo y Lucas. La invitación a la mesa de Dios es pura gracia, pero nunca es gracia barata. La parábola no trata sobre la misión, pero se convierte en una base de reflexión sobre la misión.

Hay una urgencia, especialmente en relación con el testimonio cristiano y la predicación. Los pastores predican a veces sin sentido de urgencia, y cuando este es el caso, las personas encuentran poco apremio de escuchar. Algo sobre el Reino trae consigo un sentido de urgencia para la vida y para la actividad futura de Dios.

Dado el abuso en la historia de la iglesia de la declaración "fuérzalos a entrar" (Lucas 14.23),[295] deberíamos asegurarnos de que nadie malinterprete. Esta declaración no tiene nada que ver con la fuerza física; el objetivo del texto es sobre la urgencia de la invitación.

Finalmente, debemos reflexionar nuevamente sobre el juicio. Este tema aparece repetidamente en la enseñanza de Jesús, tema que siempre nos pone incómodos. ¿Acaso Dios no puede ser un Dios bueno y no responsabilizar a nadie? Ya hemos tratado el juicio antes y lo haremos otra vez más tarde. En este punto voy a responder una pregunta formulada por U. Luz, "¿acaso el concepto de juicio niega el poder de la promesa de salvación?"[296] Sin el concepto de juicio uno no necesita ni salvación y cualquier urgencia sobre la vida y su importancia, en cuanto a la justicia, o incluso acerca de Dios, si es que no está perdida, al menos en gran parte ha disminuido. La gracia es sólo gracia si el resultado pudo haber sido de otra manera, y el significado de la vida depende de la rendición de cuentas de la vida. Quizá no nos guste el juicio, pero es un mensaje central y necesario de ambos Testamentos y especialmente de la enseñanza de Jesús.

Lectura adicional

Kenneth Ewing Bailey, *Through Peasant Eyes: More Lucan Parables, Their Culture and Style* (Grand Rapids: Eerdmans, 1980), pp. 88-113.

Paul H. Ballard, "Reasons for Refusing the Great Supper," *JTS* 23 (1972): 341-50.

Francis W. Beare, "The Parable of the Guests at the Banquet: A Sketch of The History of Its Interpretation," in *The Joy of Study*, ed. S. E. Johnson (New York: Macmillan, 1951), 1-14.

Willi Braun, *Feasting and Social Rhetoric in Luke 14* (SNTSMS 85; Cambridge: Cambridge University Press, 1995).

W. D. Davies and Dale C. Allison, *A Critical and Exegetical Commentary on the Gospel According to Saint Matthew* (3 vols.; ICC; Edinburgh: T. & T. Clark, 1988-97), 3:193-209.

J. Duncan M. Derrett, "The Parable of the Great Supper," in *Law in the New Testament* (London: Darton, Longman & Todd, 1970), 126-55.

Peter Dschulnigg, "Positionen des Gleichnisverständnisses im 20. Jahrhundert," *TZ* 45 (1989): 335-351.

Robert W. Funk, *Language, Hermeneutic, and Word of God* (New York: Harper & Row, 1966), pp. 163-98.

Eugene E. Lemcio, "The Parables of the Great Supper and the Wedding Feast: History, Redaction, and Canon," *HBT* 8 (1986): 1-26.

Humphrey Palmer, "Just Married, Cannot Come," *NovT* 18 (1976): 241-57.

J. A. Sanders, "The Ethic of Election in Luke's Great Banquet Parable," in *Essays in Old Testament Ethics,* ed. James L. Crenshaw and John T. Willis (NewYork: Ktav, 1974), pp. 245-71.

Klyne Snodgrass, "Common Life with Jesus: The Parable of the Banquet in Luke 14:16-24," in *Common Life in the Early Church: Essays Honoring Graydon F. Snyder,* ed. Julian V. Hills (Valley Forge: Trinity, 1998), pp. 186-201.

Anton Vögtle, *Gott und seine Gäste. Das Schicksal des Gleichnisses Jesu Vom großen Gastmahl (Lukas 14,16b-24; Matthäus 22,2-14)* (Neukirchen-Vluyn:Neukirchener, 1996).

***

Todas las cinco parábolas en esta sección tratan con la incompetencia para producir o responder apropiadamente. De hecho, la mayoría de las parábolas de Jesús tienen que ver de alguna manera con la respuesta. Con estas y otras parábolas Jesús insta a Israel a cambiar de rumbo, para ser lo que Dios la había llamado a ser, y para participar en lo que Dios está haciendo como se evidencia en la obra de Jesús.

Ninguna de estas parábolas se debe considerar antisemita, ciertamente no como la hablada por Jesús, pero tampoco como la transmitieron los evangelistas. El antisemitismo —o anti cualquier otro grupo étnico o racial — no tiene lugar en la vida de un cristiano. La buena noticia que Jesús trajo es sobre todo buenas noticias para y acerca de Israel y tiene que ver con la fe en Dios para cumplir sus promesas a Israel. Estas parábolas ofrecen una crítica profética de Israel, pero sólo porque Dios se interesa por su pueblo. De las cinco parábolas sólo la higuera estéril se dirige a toda la nación. Tres parábolas (los dos hijos, los labradores malvados y la fiesta de bodas) se dirigen específicamente a los líderes de Israel. La parábola de Lucas del banquete es menos específica pero de todas formas va dirigida a un segmento de la nación. Obviamente otros oyentes deben aplicar las parábolas a sí mismos, pero la preocupación es el camino por el que los líderes están llevando a la gente. Las advertencias a Israel y las descripciones de su fracaso son fuertes advertencias para la iglesia y es tan relevante para los cristianos de hoy, especialmente los líderes, como también para los judíos antiguos.

Capítulo 8
Parábolas acerca del discipulado

En algunos aspectos cualquier parábola se podría colocar en este capítulo, porque todas las parábolas hablan del discipulado en cierto grado. Los Evangelios tienen como propósito producir y activar discípulos y, especialmente en Mateo, permitir a los discípulos producir discípulos. Así que no es sorpresa que las parábolas tienen la misma función. Al mismo tiempo, algunas parábolas definen y enfocan el discipulado muy específicamente que merecen ser tratadas juntas como especialmente apropiadas para este tema. Ubico en esta categoría las parábolas de los dos cimientos, el buen samaritano y los obreros de la viña y las parábolas gemelas del constructor de la torre y el rey que marcha a la guerra.

Los Dos Cimientos
(Mateo 7.24-27/Lucas 6.47-49)

Tipo de parábola

Esta es una similitud doble antítesis que hace su punto por el contraste entre dos hombres y sus esfuerzos de construcción. Retóricamente tal forma se indica como"syncrisis", que es una comparación de opuestos por yuxtaposición. Las parábolas gemelas como las del tesoro y la perla pueden mantenerse solas, pero las parábolas antitéticas como éstas requieren que ambas partes indiquen el punto.[1]

Asuntos que merecen atención

1. ¿Es esta parábola de Jesús?
2. Si es auténtica, ¿es el relato de Mateo o el de Lucas el más parecido a las palabras de Jesús?
3. ¿Cuál es la enseñanza de la parábola? ¿Enseña a manejar las dificultades de la vida con éxito o trata de la seguridad en el juicio escatológico? ¿O, acaso se trata de algo menos obvio como el templo o las funciones de Pedro y Pablo?
4. ¿Concuerda la enseñanza de esta parábola con la teología cristiana de la salvación?

Material útil de fuente primaria

Material canónico

- AT: Deuteronomio 28 (bendiciones y maldiciones que se determinan por la obediencia y la desobediencia); Pr 10.25; 12.7; 14.11; Ez 13.10-16; 33.30-32
- NT: Mt 5.16-20, 48; 12.50/Mr 3.35/Lc 8.21; Mt 25.1-13; Lc 11.28; Jn 12.47-50; Ro 2.6-13; Stg 1.22-25; 1 Jn 3.17-18

Escritos judíos tempranos

- Ahiqar 168 (75): "[la ciudad] de los impíos serán arrastrada en el día de la tormenta, y sus puertas caerán en la ruina..."
- Sir 22.16-18: "Una viga de madera firmemente adherida a un edificio no se afloja por un terremoto; de la misma manera la mente resuelve firmemente después de la debida reflexión que no tendrá miedo en una crisis... Las cercas colocadas en lugares altos no va a quedarán firmes contra el viento; de la misma manera, una mente tímida con una determinación insensata no quedará firme contra cualquier temor."
- 1QH 14.22-32: "Me [he convertido] como un marinero en una barca en el mar embravecido: sus olas y todos sus estallidos rugen sobre mí... La profundidad truena en mi suspiro, [mi] alma [se acerca a] las puertas de la muerte. Me he vuelto como quien entra en una ciudad fortificada y encuentra

refugio en lo alto del muro esperando salvación. Dios mío, [descanso] en tu verdad, porque colocas el fundamento sobre roca y las vigas con el tamaño correcto, y extiendes una plomada [exacta] que probaron las piedras para construir una fortaleza que no temblará. Todos aquellos que entren allí no tambalearán, porque un extranjero no la penetrará; sus [puertas] son puertas blindadas que no permiten la entrada, con barras fuertes irrompibles... Entonces la espada de Dios blandirá en el tiempo del juicio, y todos los hijos de su [verdad] despertarán, para destruir [a los hijos de] lainiquidad y todos los hijos de culpabilidad ya no existirán." Véase también 1QH 15.4, 8-9.

- Filón, Praem. 79-84: "Si... guardaras los mandamientos divinos... no oyéndolos simplemente sino que los practicaras en tu propia vida y conducta, la primera bendición que tendrás es victoria sobre tus enemigos... Porque si nuestras palabrascorresponden con nuestros pensamientos e intenciones, y nuestras acciones con nuestras palabras... felicidad prevalece... Ahora aunque los mandamientos de las leyes son solamente de labios nuestra aceptación de ellos son poco o nada, pero cuando le añadimos obras... se evidencian en toda la conducta de nuestra vida, los mandamientos serán como fueron sacados de la profunda oscuridad a la luz..."

Escritos greco-romanos

- Epiteto, Disertaciones 2.15.8-10 describe las decisiones como que necesitan una buena base, mientras que un fundamento dañado y en derrumbamiento rápidamente conduce al colapso.

Escritos cristianos tempranos

- Justino, *1Apología* 16: "Y los que no se encuentran viviendo como Él enseñó, se entiende que no son cristianos, aunque profesan de labios los preceptos de Cristo; Porque no los que hacen profesión, sino quienes hacen las obras, serán salvos, según su Palabra: 'No, todo el que me dice: Señor, Señor, entrará en el reino de los cielos, sino el que hace la voluntad de mi Padre que está en los cielos.'... Y en cuanto a quienes no viven conforme a sus enseñanzas y son cristianos sólo nominales, exigimos que castigues a los tales."

- *2 Clemente* 3.4–4:3: "Pero, ¿cómo lo confesamos? Haciendo lo que dice y no desechando sus mandamientos, y honrándole no sólo con nuestros labios, sino con todo nuestro corazón y con toda nuestra mente... Entonces, hermanos, confesémosle con nuestras obras..."

Escritos judíos tardíos

- *m.'Abot* 1.17: "Simeón su hijo dijo: ...no es la exposición [de la Ley] lo principal sino obedecer [la Ley]; "y el que multiplica las palabras ocasiona pecado". También en 'Abot de Rabí Natán 22.
- *m.'Abot* 3.18: "Él [R. Eleazar b. Azarías] solía decir: Él cuya sabiduría es más abundante que sus obras, ¿a qué es semejante? A un árbol cuyas ramas son abundantes, pero cuyas raíces son pocas; y el viento viene y lo desarraiga y derriba, como está escrito, él será como un tamarisco en el desierto y no verá cuando viene el bien; sino que habitará los lugares secos en el desierto. Pero aquel cuyas obras son más abundantes que su sabiduría, ¿a qué es semejante? A un árbol cuyas ramas son pocas pero cuyas raíces son muchas; de modo que aunque todos los vientos del mundo vengan y soplen contra él, no podrá moverse de su lugar, como está escrito, será como árbol plantado junto a corrientes de aguas, y no temerá cuando viene el calor y su hoja estará verde; y no temerá en el tiempo de sequía, ni cesará de dar fruto." También en 'Abot de Rabí Natán 22 en orden inverso, de quien ha estudiado mucho Torá.
- *y. Yoma* 5.2,como parte de la oración del sumo sacerdote en el día de la expiación: "Y para las personas que viven en la llanura de Sarón [donde los pobres construyen sus casas de barro y arcilla] el elevaba esta oración: Sea agradable ante ti,

Señor, nuestro Dios y Dios de nuestros padres, que nuestras casas no se conviertan en nuestras tumbas."

- *'Abot de Rabí Natán* 22 y 24 tienen varios dichos destacando que las buenas obras y el aprendizaje de la Torá son necesarias, y el 24 utiliza cuatro parábolas para resaltar el punto. De más importancia es el 24.1: "Eliseo b. Abuyah dice, uno en el cual hay buenas obras, que ha estudiado mucho la Torá, ¿a qué se compara? A una persona que construye primero con piedras y luego con ladrillos: incluso cuando mucha agua viene y se estanca a su lado, no la puede desalojar. Pero aquel donde no hay buenas obras, aunque estudió la Torá, ¿a qué se le puede comparar? A una persona que construye primero con ladrillos y luego con piedras: aunque poca agua viene, lo derriba inmediatamente." cf. *Pesiqta de Rab Kahana 27.9.*

Comparación de los relatos

Mateo y Lucas colocan esta parábola al final del Sermón del monte y en ambos la parábola cumple la misma función: para subrayar la importancia de la enseñanza de Jesús en el sermón y para instar obediencia a su enseñanza destacando que la seguridad surge de la obediencia pero la destrucción proviene por la desobediencia. Sin lugar a dudas Mateo y Lucas registran la misma parábola, pero las diferencias en sus relatos son suficientes que algunos sugieren que los evangelistas tenían diferentes versiones de la parábola.[2] Probablemente esto no es necesario ya que las diferencias son insignificantes y fácilmente podrían surgir de la edición de los evangelistas. Aunque algunos piensan que Lucas conserva la versión más temprana,[3] la mayoría acertadamente piensa que el paralelismo de Mateo y su descripción más palestino de las condiciones del tiempo indican que su versión es la más temprana.[4] Lucas ha reorganizado el texto y al parecer la acomodó a su auditorio no palestino. Con frecuencia se observa a Mateo como responsable de las designaciones "sabio" y "necio", aunque sencillamente puede que estas provienen de Jesús.[5]

Mateo 7		**Lucas 6**	
		v.47	"que viene a mí"[6]
v.24	verbos del tiempo presente "oye" "hace"		Participio de tiempo presente "viene", "oye", "hace"
	Agregados "estas" a "me oye"		
	"le compararé" (homoiōthēsetai)		Os indicaré a quién es semejante (estin homoios)
	Agregados "a un hombre prudente" (phronimos)		
	Tiempo aoristo del verbo: "edificó su casa"	v.48	Participio de tiempo presente: "al edificar una casa"
			Agregados "cavó y ahondó y puso el fundamento"
v.25	describe la lluvia, los ríos y vientos en detalle y dice que la casa no se cayó porque estaba fundada sobre la roca		Simplemente dice que vino una inundación y el río dio con ímpetu contra aquella casa, pero agrega que el río no pudo mover la casa porque estaba bien construida

v. 26	cambia a los participios presente ("oye... y no las hace"); vv. 26-27 paralelo con los vv. 24-25 exactamente aparte de los cambios para "insensato" y "arena" y otra palabra diferente para "con ímpetu contra" (prosekopsan en vez de prosepesan)	v.49	Cambia a participios aoristo ("más el que oyó y no hizo... habiendo construido"), es más breve y dice que la casa fue construida sobre tierra, sin fundamento; proserēxen utilizada aquí y en el v. 48 del río que da con ímpetu contra la casa
	Ptōsis para la "caída" de la casa		rhēgma para la "ruina" de la casa

Mateo centra en dos sitios diferentes del edificio y la descripción del tiempo, mientras que Lucas centra en dos procesos diferentes del edificio y la descripción de cavar profundamente. El tiempo futuro de Mateo "le compararé" apunta más claramente al juicio escatológico[7] Debido a que la parábola funciona esencialmente del mismo modo para ambos evangelistas, no se deben exagerar las diferencias.

Características del texto que merecen atención

Esta parábola concuerda con los contrastes del AT de la bendición y la maldición (conforme a Deuteronomio 28 y Levítico 26) y las diferencias entre sabios/justos y los injustos/necios (conforme a Sl 1 y 37; Pr 13.6). También concuerda el patrón de material de advertencia que cierra con un contraste que insta a la gente a la obediencia (Dt 3. 1-20; Jos 24.14-24; 1 *En*. 108; *Testamento de Moisés* 12.10-13).

El contraste domina el sermón del monte, especialmente en Mateo (Lucas tiene algunos aquí, él omite algunos, y tiene algunos en otros lugares). Estos incluyen las maneras correctas e incorrectas de dar limosna, orar y ayunar (Mt 6.1-18), tesoros buenos y malos (6.19-21), ojo bueno y ojo maligno (6.22-23), Dios y las riquezas (6.24), el afán y la búsqueda del reino (6.25-34), la puerta estrecha y la puerta ancha

(7.13-14), el árbol bueno y el árbol malo (7.15-20/Lc 6.43-44) y los dos cimientos (7.24-27/Lc 6.47-49). Tales contrastes con sus paralelos del AT y judíos conducen en última instancia a los "dos caminos", cuya enseñanza se encuentra en el *Didaché* del 1 al 6.

Cuatro de los discursos de Mateo (o los cinco, según cómo uno considera 13.51-52) terminan con un enfoque en el juicio, todos menos uno, mediante una parábola (7.24-27; 18.23-35; 13.37-50-[52], 18.23-35; 25.31-46; no el 10.40-42).

Tenga en cuenta el enfoque en hacer en el sermón del monte (especialmente Mt 5.19-20; 7.12), la similitud de esta parábola a la de los dos hijos (21.28-, 32) y la denuncia que los fariseos "dicen y no hacen" (23.3).

Merecen notarse los cambios en los tiempos en las dos versiones, pero el significado de estos cambios debe sopesarse cuidadosamente. Mateo no hace ningún cambio significativo en la descripción de los dos cimientos. Los participios presentes de Lucas en el 6.47-48, con toda probabilidad señala el actual proceso de discipulado, mientras que el aoristo en el v. 49 ve el fracaso del hombre como ya cumplido.[8]

Phronimos ("sabio" o "prudente") aparece también en las parábolas del siervo fiel y prudente, las diez vírgenes y el mayordomo infiel.

El lenguaje de tormentas e inundaciones se utiliza a menudo como una metáfora para la destrucción y especialmente del juicio de Dios. Como ejemplos véase 2 S 5.20; Job 22.16; 69:2 Sl 69.2, 15; 88.7; 124:1-5; Is 8.7-8; 28: 2, 13-22; 30. 30; Ez 13.10-16; 38.22; Neh 1.7-8; Sab 5.22; Sir 40. 13; 1QH 11.13-20, 27-41. Tales imágenes se utilizan específicamente del tiempo final en 1QH 14.21-38; Ap 8.5; 11.19; 16.18; Sib. Or. 3:685-95; 5:375-80; 2 Bar. 53:3-12.

Información cultural

Las ilustraciones de edificio y fundamento son metáforas ordinarias para el aprendizaje y otros esfuerzos humanos (y divinos). Además de las fuentes primarias, véase 2 S 7.13; Sl 89. 14; Jer 22.13-14 (que se refiere a la construcción de una casa tanto metafóricamente y literalmente);42.10; Mi 3.10; Hab 2.12; Mt 16.18; Mr 14.58; Ro 15.20; 1 Co 3.10-11; 8.1; 14:4; Col 1.23, para mencionar sólo unos pocos.[9]

Algunas casas fueron construidas con piedra, especialmente en lugares donde fácilmente había piedras disponibles. Las excavaciones indican que las casas eran a menudo una construcción de una o dos capas con fundamentos cortados en la roca. La mayoría de las casas tenían por lo menos una o dos capas de piedra en su base aunque se usaba ladrillo de barro para las capas superiores. La piedra era menos accesible en el valle de Sarón, y allí los pobres construyeron casas de barro y arcilla.[10] Alrededor del mar de Galilea había arena y especialmente a lo largo de la costa mediterránea, pero también se puede encontrar tierra en varios lugares.[11]

La fuerza destructiva del agua, las inundaciones y los tsunamis son muy conocidos para todas las sociedades. Incluso en las zonas áridas las fuertes lluvias locales pueden producir escurrimientos de los montes y las colinas que barren con cualquier cosa en su camino, y esto es lo que pasa en Palestina. La temporada de lluvias en Palestina se extiende desde mediados de octubre a marzo con la mayoría de la lluvia que cae en enero. Jerusalén y Londres cada uno reciben aproximadamente 22 pulgadas de lluvia anualmente, pero aunque Londres tiene 300 días lluviosos, Jerusalén tiene sólo 50. La alta intensidad de las lluvias provoca escurrimientos e inundaciones.[12] Lucas parece pensar más generalmente de un río que se inunda como consecuencia de una tormenta.

Explicación de la parábola

Opciones de interpretación

Tanto en Mateo como en Lucas, esta es la primera parábola. Su intención es sencilla y clara, tanto así que a menudo el trabajo en las parábolas ni siquiera la trata.[13] Prácticamente todos lo que interpretan esta parábola centran en el tema de hacer y obedecer a la voluntad de Dios. Hay una serie de matices que se sugieren para la parábola dentro de este entendimiento, que se detallan a continuación.

Decisiones sobre los asuntos

1. ¿Es esta parábola de Jesús? Es bastante sorprendente que algunos rechazan la autenticidad de esta parábola. El Seminario de Jesús reconoce esta parábola al Qumrán pero imprime ambas versiones en negro, porque "la imagen de los dos fundamentos pertenece al israelita común, judío y la tradición rabínica" y porque "el juicio final... no es característico de Jesús".[14] Ninguna afirmación merece atención contra la autenticidad de la parábola. La suposición de que *todos* los dichos de Jesús fueron impactantes, subversivos y en contra de su cultura es una vulgar exageración. Algunas de sus enseñanzas son impactantes y subversivas, pero incluso allí Jesús usó imágenes extraídas de la cultura judía y del AT. Además, gran parte de su enseñanza conscientemente adapta temas de sabiduría, y esta parábola se adapte a ese género.

Decir que el juicio final no es característico de Jesús es más un deseo teológico que una evaluación de la enseñanza de Jesús. Por el contrario, Marius Reiser sostiene que Jesús no podía predicar el reino de Dios sin hablar del juicio y señala que más de un cuarto del material tradicional de discurso se ocupa con el tema del juicio final. El juicio es "la condición previa ineludible para la salvación final del reino de Dios".[15] Mucho de la enseñanza de Jesús sobre el juicio habla del juicio de la nación, pero el juicio final y el juicio de los individuos también son temas importantes. De hecho, el juicio final, el juicio de los individuos y el juicio de la nación no siempre se mantienen distintos. El enfoque de juicio es tan fuerte en la enseñanza de Jesús, que si el juicio final no es característico de Jesús, ¿acaso tenemos una verdadera idea de quién es él?[16]

Otra cuestión relacionada con la autenticidad es la cuestión de la relación de esta parábola a la parábola rabínica en 'Abot de Rabí Natán 24. ¿Prestó Jesús esta parábola de los rabinos,[17] o es la parábola rabínica dependiente de la parábola de Jesús?[18] La parábola rabínica es un documento que data alrededor del año 500 d.C. y, por lo que vale, se atribuye a un rabino del siglo II. Puede que sea dependiente de una tradición más temprana, pero es difícil argumentar por la evidencia presentada que Jesús había prestado la parábola. Sin embargo, argumentar que la parábola es un préstamo directo en cualquier dirección, es simplista y poco probable. Las dos parábolas no son tan cercanas, y la lógica en ambos casos es el sentido común suficiente que las dos parábolas probablemente surgieron de forma independiente.

2. ¿Es el relato de Mateo o de Lucas más parecido a las palabras de Jesús?

3. ¿Cuál es la enseñanza de la parábola?¿Enseña la parábola sobre el manejo de las dificultades de la vida con éxito y la seguridad en el juicio escatológico? ¿O trata de algo menos obvio como el templo o las funciones de Pedro y Pablo? Primero debemos observar cómo funciona la parábola. Con el contraste Jesús establece una acción ilógica para acentuar la insensatez del segundo hombre. Nadie con algo de inteligencia construiría una casa sobre arena o sin fundamento adecuado (versión de Lucas). El punto se podría haber hecho fácilmente si se introducía la segunda parte de la parábola con Tis ex hymōn: "¿Quién de vosotros construiría una casa sobre arena?". Nadie sería insensato.[19] Independientemente de todo lo que va implicado, el punto de esta analogía con edificadores sabios e insensatos es que la seguridad depende de oír y hacer las enseñanzas de Jesús y que solo oír sin hacer conduce a la destrucción.

La parábola implica una autocomprensión asombrosa por parte de Jesús y enfatiza su autoridad.[20] El judaísmo conocía la necesidad de oír y hacer el Tora[21] pero habría considerado herético cualquier afirmación que las palabras de Jesús eran la norma para el juicio.[22] Jesús no estaba diciendo que sus enseñanzas eran autorizadas sin recurrir a la Ley,[23] lo cual no encajaría con Mateo 5.17-20. Más bien él consideraba su enseñanza como una muestra de lo que representaba hacer la voluntad de Dios expresada en la Ley. Más tarde, se dice que las palabras de Jesús duran más allá de la tierra y el cielo (Mt 24.35; Mr 13.31; Lc 21.33). Otros textos, especialmente en Mateo, enfocan en Jesús como juez escatológico (ej., Mt 16.27; 25.31-32; Lc 9.26; 12.8-10). Esta parábola no es tan explícita, pero concuerda con tal expectativa.

La parábola no debe ser alegorizada, aunque a menudo ha sido. La roca no es Dios ni Cristo,[24] aunque otros textos hacen estas identificaciones metafóricas por diferentes motivos (por ejemplo, y a menudo para Dios Sl 18.2; 1 Co 10.4 para Cristo), ni la roca es la obediencia a Cristo[25] o la enseñanza de Cristo,[26] aunque su enseñanza corresponde a la roca en la analogía. La parábola es una *analogía*, no una alegoría. Quien oye las enseñanzas de Jesús y las hace es tan sabio como alguien que provee una base sólida sobre la roca. Quien oye las enseñanzas de Jesús y no las hace es tan insensato como alguien que edifica una casa sobre la arena.

Las asociaciones metafóricas son creadas por las imágenes de la tormenta, y reconocer el significado general de estas asociaciones no es alegorizar. El lenguaje de la tormenta se utiliza en el Antiguo Testamento para las dificultades de la vida (ej. Sl 69.2) y del juicio de Dios (ej. Is 8.7-8; Ez 38.22). ¿Qué se pretende aquí, y si la referencia es al juicio de Dios, es el juicio en esta vida o el juicio final? Algunos han supuesto que Jesús se refirió a las tormentas de esta vida,[27] pero la mayoría de los comentaristas modernos concluyen con razón que la referencia es al juicio final.[28]

Esto es más obvio en Mateo con su tiempo futuro "le compararé a" (*homoiōthēsetai*) y su práctica de acabar con otros discursos con parábolas del juicio final, pero es también es válido para Lucas. Dichos tempranos en el sermón sugieren que el juicio final está a la vista: "vuestro galardón es grande en los cielos" (Mt 5.12; Lc 6.23; cf. 6.21, 25, 35); "porque con la misma medida con que medís, os volverán a medir" (7.2 Mt/Lc 6.38). Hans-Dieter Betz sugiere que la referencia principal es la supervivencia en este mundo pero que envuelve significados escatológicos.[29] Puede que sea legítimo aplicar el principio teológico a la vida en este mundo, pero la referencia de Jesús es el juicio final. Esto encaja muy bien con el uso de la palabra "sabio" (*phronimos*), que en otras partes lleva un matiz escatológico. El sabio es aquel que es consciente de la hora escatológica y vive como corresponde (cf. Mt 24.45/ Lc 24.45-12:42; Lucas 16:8).[30]

Las metáforas de la parábola han invitado a varios intérpretes para percibir matices que son difíciles de justificar. Betz sugiere que las metáforas de la roca en la parábola se deben conectar a Pedro, a quien se designa como la roca en Mateo 16.13-19. Betz entiende "arena" como un símbolo de la multitud de naciones y concluye que el texto de Mateo es un velo polémico contra la misión gentil: "edificar sobre arena es lo que Pablo y sus iglesias hacen".[31] Aunque hay una tradición que conecta los dos textos de Mateo (juntamente con otros pasajes que mencionan una roca),[32] ninguna base hay para conectarlos y la opinión de Betz es una alegoriza en extremo.

N. T. Wright interpreta la casa construida sobre la roca como una clara alusión al templo y ve esta parábola como "una grave advertencia que su [Jesús] manera de ser Israel es la única manera por la cual sus seguidores pueden evitar un desastre final... A menos que Israel siga el camino que Jesús indica, la institución nacional más grande de todas está en peligro mortal."[33] Yo no creo que esta parábola haga alguna alusión al templo o que Mateo o Lucas se proponían o esperaban que sus lectores perciban tal alusión.

Kenneth E. Bailey encuentra también alusiones al templo pero por diferentes motivos. El cree que las palabras de Lucas "puso el fundamento sobre la roca" (6.48) son una alusión a la rabínica *'eben shetiyah* ("piedra de fundamento) tradición basada en Isaías 28.16.[34] Según *m. Yoma* 5.2 los constructores del segundo templo encontraron una piedra ligeramente levantada en el lugar Santísimo. Bailey cree que Jesús afirmó ser esta piedra de fundamento prometida por

Isaías. Otros textos del NT identifican a Jesús con la piedra de Isaías 28. 16,[35] pero no hay ninguna alusión a Isaías 28. 16 o la tradición de la piedra de fundamento en el lenguaje de esta parábola. La parábola habla de un fundamento (singular *themelion*) sobre una roca (*petra*). Isaías 28.16 no menciona en absoluto una roca, pero se refiere a una piedra angular (*akrogōniaios*) establecida en los fundamentos (plural *themelia*).

Ambos pasajes utilizan la idea de una base segura en tiempo de tormenta, pero ese es lenguaje común y ninguna otra conexión hay entre estos textos. La leyenda *'eben shetiyah* está conectada con el pensamiento del "ombligo de la tierra" en la tradición judía, y ningún fundamento existe para considerar que cualquier texto del NT apunta a esta tradición. Ciertamente la parábola no alude a la leyenda. Más bien centra en la roca (*petra*), pero la leyenda usa hebreo *'eben*, que corresponde al griego *lithos* ("piedra"). En griego *petra* y *lithos* (y en hebreo su contrapartes *sûr/sela'* y *'eben*) se distinguen con regularidad, con *petra* refiriéndose a la roca que es parte de una formación natural de roca y *lithos* refiriéndose a la piedra que está separada de la formación de roca natural (por ejemplo, piedras sueltas, las piedras en un edificio, etc.). La única vez que están juntas es en el paralelismo de Isaías 8.14 y las citas de ese texto. La fecha de la leyenda *'eben shetiyah* es cuestionable, pero independientemente de eso, la parábola habla de excavar en la roca sólida para establecer el cimiento de un edificio y no tiene relación con la piedra de fundamento.

4. ¿Concuerda la enseñanza de esta parábola con la teología cristiana de la salvación? Quizá sería mejor preguntar si la enseñanza actual de la salvación concuerda con la enseñanza de Jesús. Según la crítica de *Miroslav Volf*, "podemos creer en Jesús, pero no creemos en sus ideas..."[36] No es la parábola la que está mal, sino nuestra comprensión del Evangelio. La enseñanza cristiana de la salvación a menudo enfatiza la fe aparte de las obras, la cual se traduce como una creencia en ciertas doctrinas sin obras. Esta es una distorsión de la teología de Pablo, y no concuerda con las enseñanzas del NT en absoluto (que en todos lados destaca el comportamiento), y produce un resultado abismal y un testigo terrible. Jesús enfatiza en hacer (como Pablo y todo otro escritor del NT), especialmente en el Sermón del monte. Un vistazo a los comentarios de los eruditos empieza a hacer justicia a la intención de Jesús y sabotea la enseñanza de la salvación "sin ningún requisito":

> Cristo abre el camino a la vida para aquellos que hacen justicia; ayuda a éstos, pero sólo a éstos. Cristo da su gracia a los hacedores de la Palabra. Cualquier ética de intención que no pueda medirse por su fruto va a la ruina en vista de esta conclusión del Sermón del monte. La práctica sola es importante... mantenerse firme o caer en juicio depende de esta práctica.[37]

> Por tanto, no sólo el oír de las palabras de Jesús debe seguirse con las obras apropiadas; más bien, solamente en la acción ocurre el oír apropiadamente.[38]

> La gran frecuencia de este verbo ["hacer",*poiein*] en Lucas 6.20-49 revela la gran importancia que Jesús dio a la práctica de sus enseñanzas.[39]

> Todo depende de la acción... todo depende de la obediencia.[40]

La parábola insiste en que cambiemos nuestra teología de la salvación de modo que se ajuste a la enseñanza de Jesús y centre correctamente en una relación con Jesús que produce la acción.

Adaptación de la parábola

La conclusión para esta parábola, expresada en lenguaje no parabólico, es ésta: *todo aquel* que oye las palabras de Jesús y no las hace es un insensato. Muchos cristianos americanos de todas las denominaciones reflejan al insensato. Hemos pervertido la fe en Jesús. Justino dijo que aquellos que no se encuentran viviendo conforme a las enseñanzas de Jesús no son cristianos. ¿Cuándo comprenderán los cristianos modernos que la afirmación de la fe no es suficiente y que la verdadera fe lleva a la obediencia? Las Escrituras buscan sobre todo que la gente oiga la palabra de Dios, pero el oyente verdadero obedece. Debemos recordar que la palabra hebrea para oír a menudo se traduce como "obedecer".[41] La obediencia no ocurrirá sin opciones, compromisos y la fortaleza del Espíritu para ejercer la voluntad. La salvación no se puede alcanzar de manera diferente. Parecer bueno no es suficiente. Saber lo correcto no es suficiente. En realidad debemos poner en práctica lo que sabemos es correcto.

¿Por qué no hacer las enseñanzas de Jesús muestra en el Sermón que uno es insensato y que hacerlos muestra que uno es sabio?

Imagine un mundo, o la comunidad, donde la gente no abusa de otros verbalmente con ira, ni siente lujuria o viola los votos de matrimonio, siempre dice la verdad, no reacciona con violencia y ama a sus enemigos. A todos nos gustaría vivir allí. El fracaso de vivir de esta manera es autodestructivo e insensato. Sin embargo, vivir de esta manera crea estabilidad y paz. Pero esto es enfocarse, genuinamente, en la sabiduría de seguir a Jesús para la vida en este mundo. La parábola se ocupada principalmente sobre el juicio final. Si el juicio de Dios se toma en serio, no vivir conforme a su voluntad realmente es una insensatez.

Lectura adicional

Hans Dieter Betz, *The Sermon on the Mount* (Hermeneia; Minneapolis: Fortress, 1995), pp. 557-67 and 636-40.

W. D. Davies and Dale C. Allison, *A Critical and Exegetical Commentary on the Gospel According to Saint Matthew* (3 vols.; Edinburgh: T.& T. Clark, 1988-97), 1:719-24.

Ulrich Luz, *Matthew 1–7: A Commentary* (trans. Wilhelm C. Linss; Minneapolis: Augsburg, 1985), pp. 450-54.

Daniel Marguerat, *Le jugement dans L'Évangile de Matthieu* (2d ed.; Le Monde de la Bible 6; Geneva: Labor et Fides, 1995), pp. 203-11.

El Buen Samaritano (Lucas 10.25-37)

Tipo de parábola

Por lo general esta se llama una historia de ejemplo, al menos en su forma actual, pero esto presupone la respuesta a varias preguntas. En mi clasificación es una sola parábola indirecta simple.[42] Con su conclusión "ve y haz tu lo mismo" es la más explícita de las llamadas historias de ejemplo. Aunque algo no característico de las parábolas de Jesús, pero muy semejante a las parábolas rabínicas, en su contexto actual esta es una parábola que explica un texto del AT.

Asuntos que requieren atención[43]

1. ¿Pertenece la historia originalmente en su contexto actual del diálogo entre Jesús y el intérprete de la ley con respecto al camino de la vida eterna y los mandamientos de amar? La omisión de la historia de los otros Evangelios (aunque tienen debates similares del mandamiento de amar) y la disyuntiva entre la pregunta del intérprete de la ley ("¿Quién es mi prójimo?") y la réplica- interrogante de Jesús ("¿Quién de estos es fue el prójimo?") hace que muchos separen la parábola (vv. 30-35 ó 36) de su contexto.
2. ¿Qué importancia tienen otros textos en el mandamiento de amar, especialmente la discusión con el escriba en Mateo 22.34-40/Marcos 12.28-34 (que Lucas omite) para entender esta parábola?
3. Es esta una "historia de ejemplo", o, mejor, una parábola indirecta simple, o una doble parábola indirecta, y si este último, ¿cuál es el elemento metafórico?
4. ¿Hay una trampa en la pregunta del intérprete de la ley acerca de la vida eterna (v. 25)? ¿Estaba acaso el fariseo probando sólo el conocimiento de Jesús para determinar su competencia o para tratar de atraparlo? Si es este último, ¿cuál es la trampa? Se da sólo como determinado la primera pregunta del fariseo (en el 10.25) y la verdadera indagación es "¿por qué tratas a los samaritanos con misericordia y comes con los pecadores?" (cf. 9:52).
5. ¿Se relata la historia desde la perspectiva de la víctima?
6. ¿Existe una denuncia profética de culto, racismo y actitudes superiores o simplemente discusiones halakic cuyo mandamiento toma precedencia, el mandamiento para evitar la impureza del cuerpo o el mandamiento de amar?
7. ¿Es "correcta" la respuesta de Jesús a la pregunta sobre la vida eterna? ¿Es esto obra de justicia? ¿Cuál es la función de la ley del AT? ¿Qué hay de la relación con la pregunta similar del joven rico en Mateo 19.16 / Marcos 10.17-22 / Lucas 18.18-23?
8. ¿Tiene la parábola significado cristológico? ¿Es Jesús el buen samaritano?
9. ¿Es la intención de la parábola principalmente escatológica o ética?

Material útil de fuente primaria

Véase también bajo *Información cultural* las fuentes que tratan con las relaciones entre judíos y samaritanos.

Material canónico

- AT: Los mandamientos de amar en Dt 6.5 y Lv 19.18, los cuales son teocéntricos (19.18 termina con "Yo Jehová"); Lv 18.5; 21.1-15; y 22.1-9 (leyes de limpieza para los sacerdotes); Nm 19.11-16; 2 Cr 28. 1-15; Os 6.1-11; 2 R 17.24-34 (aunque se debe tener cuidado al comparar los samaritanos en este texto con los Samaritanos posteriores). Véase también Isaías 58.9 y Miqueas 6.8.[44]
- NT: Lucas 9.51-56; 17:12-19; Mateo 19.16-22/Marcos 10.17-22/Lucas 18.18-23; Mateo 22.34-40/Marcos 12.28-34; Juan 4:9; Santiago 1.27

Escritos judíos tempranos

- *Tob* 4:17: "Pon tu pan sobre la tumba de los justos, pero nada des a los pecadores." *Sir* 12:1-7 advierte que uno debe saber a quién está haciendo el bien; vv. 4-5: "da a los piadosos, pero no des al pecador. Haz el bien a los humildes, pero no des a los impíos; retén su pan y no les des..."; v. 7: "Da a quien es bueno, pero no ayudes al pecador."
- *Sir* 28:4: "Si uno no tiene piedad hacia otro semejante a sí mismo, ¿puede entonces buscar el perdón por sus propios pecados?"
- *Jub.* 20:2, 7: "Y les mandó que deben guardar el camino del Señor para que puedan hacer justicia y cada uno pueda amar a su prójimo... Os exhorto, hijos míos, que amen al Dios de los cielos y cumplan todos sus mandamientos."
- *Jub* 36.4-8: "...ama a tus hermanos como un hombre ama a sí mismo... y amen los unos a otros como a sí mismos." Se insta a los lectores a no amar ídolos sino a temer a Dios y amar a sus hermanos con compasión y justicia.

- 1QS 1.1-3, 9-10: "Para [el instructor]... a fin de buscar a Dios [de todo su] corazón y [con toda] su alma; a fin de hacer lo que es bueno y justo en su presencia, como había mandado por medio de Moisés y de sus siervos los profetas; a fin de amar todo lo que el escoge y de aborrecer todo lo que él rechaza... para amar a todos los hijos de la luz, cada uno según su parte en el plan de Dios y aborrecer a los hijos de las tinieblas...."[45]
- 1QS 9.21-22 aconseja aborrecer a los "hombres del pozo".
- 0 1QS 10,19-21: "Mi ira no será removida de los hombres injustos... No tendré misericordia de todos aquellos que se desvían del camino. No consolaré a los oprimidos hasta que su camino sea perfecto." Sin embargo, véase CD 6.20-21.
- Filón, *Especialibus Legibus* 1.299-300: "Dios pide... algo muy simple y fácil. Y esto es solamente amarle como un benefactor, o en su defecto a temerle... como gobernante y Señor... a servirle... con toda tu alma...."
- Filón, *Especialibus Legibus* 2.63: "Pero entre la gran cantidad de verdades particulares y principios allí estudiadas, resaltan allí sobre las otras dos principales: una que se debe a Dios conforme se evidencia por la piedad y la santidad, y una de servicio a los hombres conforme se evidencia por la humanidad y la justicia..."
- Filón, *Hipotética* 7.6-7: "Lo que un hombre aborrecería sufrir no debe hacerlo a los demás... Si los pobres o el lisiado mendiga comida de él, debe dárselo como una ofrenda de devoción a Dios. Él no debe impedir los cadáveres del entierro..."
- Josefo, *Contra Apionem* 2.208: "Quien niega a un suplicante la ayuda que él puede dar, rendirá cuentas ante la justicia."
- Josefo, *Asen.* 27-29 Informa que Benjamín ha herido con una piedra al hijo del Faraón en el templo. Mientras este seguía todavía en el suelo, Benjamín comenzó a matarlo, pero Levi lo detuvo, y ambos tomaron el cuerpo del hijo del Faraón, y lo montaron en un caballo y lo llevaron a su padre. El pasaje hace hincapié en no hacer el mal a los prójimos y los enemigos.
- T. *Isacar*[46] 5.2: "Ama al Señor y a tu prójimo."
- T. *Isacar* 7.6: "Obré en piedad y en verdad todos mis días. Amé al Señor con todas mis fuerzas; asimismo, amé a cada ser humano como amé a mis hijos."

- T. *Dan* 5.3: "En toda tu vida ama al Señor, y el uno al otro con un corazón sincero".

Escritos greco-romanos

- Séneca, *De la felicidad* 24.3-4 (considerando la bondad con regalos para ayudar a la gente): "La naturaleza me pide hacer el bien a toda la humanidad —sean esclavos o libres, libres o libertos... Dondequiera que haya un ser humano existe la oportunidad para un acto de bondad." Luego se refiere a aquellos que dicen: "¡No tienes derecho a exigirme a que viva lo que predico!".
- Diodoro Sículo 1.77.3: "Otra vez, si un hombre, caminando por una carretera en Egipto, viera una persona siendo asesinada o, en una palabra, sufriendo algún tipo de violencia y no fuera en su ayuda si pudiera hacerlo, él tiene que morir; y si en verdad estaba impedido de ayudar a la persona debido a incapacidad, estaba en todo caso obligado a dar información contra los bandidos y a procurar una acción contra el acto ilegal; y en caso de que no hiciera conforme requiere la ley, era necesario que él ser azotado por una cantidad fijo de látigos y sea privado de todo tipo de alimentos para tres días."

Escritos cristianos tempranos

- *Didaché* 1:2: "El camino de la Vida es esto: en primer lugar, amarás a Dios que te hizo, en segundo lugar, a tu prójimo como a ti mismo..."
- *Bernabé* 19:2, 5: "Amarás a tu Hacedor...Amarás a tu prójimo más que a tu propia vida."[47]

Escritos judíos tardíos

La evidencia rabínica pertinente a esta parábola es voluminosa y confusa. Numerosos pasajes debaten las relaciones entre samaritanos y judíos, la relación de la ley y la vida, temas de profanación del cadáver, cuánto se extiende el mandamiento de amar y las obligaciones para ayudar y el efecto de la benevolencia de los gentiles. La más importante de estas referencias se incluirá en la explicación de la parábola. Con estos temas tanto como en cualquier lugar, es evidente que *no* podemos hablar de *la* posición rabínica sobre muchos temas. Lo que un rabino afirma otro lo anula. Ese es el carácter de los escritos rabínicos. Para algunos, los samaritanos son los verdaderos prosélitos, considerados bajo la autoridad judía;[48] para otros (probablemente la mayoría), los samaritanos se encuentran entre los *inferiores*, los heréticos.[49] Sin duda las actitudes fueron variadas en distintas épocas en cuanto a cuán positivamente se consideraba a los Samaritanos.[50] Por la evidencia que tenemos, las relaciones en el primer siglo particularmente no eran buenas, probablemente debido a los recuerdos recientes de los samaritanos dispersando huesos en el templo durante la Pascuajusto antes del 9 d.C.[51]

Algunas afirmaciones sobre la actitud de los judíos hacia los samaritanos se basan en pruebas inadecuadas y no deben seguirse. Por ejemplo, algunos sugieren que los judíos creían que aceptar la ayuda de un extranjero demora la redención de Israel.[52] Otros sugieren que los judíos maldecían a los samaritanos públicamente y oraban que ellos no compartan en la vida venidera.[53] Algunos quizá han obrado así, pero tal afirmación se basa en una apropiación indebida de la doceava parte de las Dieciocho bendiciones, que es una maldición contra los herejes.[54] Aquí se deben incluir unos textos rabínicos:

- *m. Yebamot* 16,7 dice de los levitas en el camino a Jericó (Zoar) que dejó a un compañero enfermo en una posada.[55]
- *Tanhuma Mishpatim* 6.1.1 cuenta una historia de dos conductores de burros que se odiaban. El burro de uno se reclinó y el otro hombre pasaba con su burro, pero entonces pensó en Éxodo 23.5 (que dice que uno debe ayudar en estos casos), volvió y compartió la carga. El comenzó a pensar que su colega en realidad lo amaba, y entraron en una posada y comieron y bebieron juntos.[56]
- *'Abot de Rabí Natán* 16: "Ninguno debe pensar en decir: 'Amo a los sabios pero odio los discípulos'; o 'amo los discípulos pero odio el 'am ha-'ares.' Por el contrario, ama a todos estos. Pero odia a los, sectarios, apóstatas, y los informadores." Con respecto a la práctica del amor al prójimo (Lv 19.18): "Si obra como tu pueblo, lo amarás; pero si no, no lo amarás".
- *EclesiastésRab.* 11.1.1 narra varios incidentes de un rabino ayudando a alguien en peligro. Bar Kappara había ayudado a un procónsul romano náufrago y desnudo llevándolo a la casa y dándole comida, bebida y dinero. Más tarde Bar Ka

ppara fue honrado por el procónsul. Casi la misma historia se cuenta de Eleazar ben Shummua, pero esta vez la víctima es un descendiente de Esaú que pide ayuda de los peregrinos en el camino a Jerusalén. Aunque él es un hermano, lo rechazan con desdén, pero Eleazar le ayuda y más tarde el hombre se convierte en rey y agradece la amabilidad salvando al pueblo judío de un decreto de destrucción. La similitud a la parábola de Jesús es obvia al comparar el desprecio de los "justos" con la justicia verdadera.

Comparación de los relatos

Aunque la parábola no tiene paralelos en otros evangelios, el marco anterior de los vv. 25-28 es paralelo por Mateo 22.34-40/Marcos 12.28-34, los cuales aparecen en los debates del templo justo antes del arresto de Jesús. Lucas no registra la pregunta correspondiente allí aunque incluye los otros debates. Algunos sugieren que hubo una versión del "Q" de la discusión entre Jesús y el escriba porque Mateo y Lucas concuerdan en unos puntos contra Marcos. El diálogo aquí es similar al del joven rico (Mt 19.16-22/Mr 10.17-22/Lc 18.18-23).

Es debatible si Lucas 10.25-28 es el mismo incidente que registra Mateo 22.34-40/Marcos 12.28-34. Lucas pudo haber adaptado ese material como la introducción de la parábola, que originalmente podría ser independiente, o puede que estos versículos registran un incidente similar, pero diferente, considerando Lucas que su inclusión de este incidente removió el debate posterior redundante. Vea la explicación más abajo.

Mateo y Lucas están de acuerdo en que es un intérprete de la ley (*nomikos*) que prueba a Jesús, con Mateo que especifica que es un fariseo. Marcos llama al hombre un escriba (*grammateus*). Mateo y Lucas concuerdan que el hombre está probando a Jesús y llama a Jesús un maestro. Aparte de estos paralelos menores entre Mateo y Lucas, el único paralelo cierto es que los tres textos emplean el mandamiento de amar (con una redacción ligeramente diferente en cada caso).[57] En Mateo el intérprete de la ley pregunta cuál es el gran mandamiento en la ley, en Marcos cuál es el primer mandamiento de todos, pero Lucas escribe "¿haciendo qué cosa heredaré la vida eterna?" (Idéntico al relato de Lucas de la pregunta del joven rico.) El relato de Marcos es mucho más positivo hacia el escriba que los demás. No sólo omite cualquier idea de pruebas, sino registra que el escriba afirma lo que Jesús dice y la réplica de Jesús que anuncia al escriba que no está lejos del reino de Dios.

Características del texto que merecen atención

El diálogo y la parábola se producen inmediatamente después de varios dichos que enfatizan la presencia del Reino: el envío de los setenta (10.1-16, especialmente los vv. 9 y 11), el regreso de los setenta y el anuncio de la caída de Satanás (10.17-20), alabanza por la revelación de Dios en el Hijo y el privilegio que tienen los discípulos en ser testigos de esta revelación (10.21-24). La pregunta del intérprete de la ley en el v. 25 en efecto dice: "¿Haciendo qué cosa heredaré la vida eterna?" haciéndose eco de las últimas palabras del 9. 62.

Mientras que la parábola enfoca en el mandamiento de amar al prójimo, algunos sugieren que el incidente con Marta y María (10.38-42) señala el mandamiento primero, amar a Dios, o posiblemente esa parábola y narrativa muestran la necesidad de hacer como de oír.[58]

La estructura de los vv. 25-28 es paralela cuidadosamente con los vv. 29-37. Cada una comienza revelando los motivos del intérprete de la ley. En cada una el intérprete hace una pregunta, Jesús replica con una pregunta, el intérprete de la ley responde a la pregunta de Jesús, y entonces Jesús responde a la pregunta original:

Primera ronda: el intérprete de la ley pone a prueba a Jesús

1. Intérprete, pregunta 1	¿Qué debo hacer para heredar la vida eterna?
2. Jesús, pregunta 2	¿Qué está escrito en la ley? ¿Cómo lees?
3. Intérprete, respuesta a P.2	Amarás a Dios y a tu prójimo
4. Jesús, respuesta a P.1	Haz esto, y vivirás

Segunda ronda: el intérprete procura justificarse

5. Intérprete, pregunta 3	¿Quién es mi prójimo?

6. Jesús, pregunta 4	¿Quién fue el prójimo en esta parábola?
7. Intérprete, respuesta a P.4	El que usó de misericordia
8. Jesús, respuesta implícita a la respuesta a P.3	Ve, y haz tú lo mismo[59]

El énfasis a través de todo está en la acción y especialmente en "hacer" (*poiein*, dos veces en los vv. 25, 28, 37). La parábola en sí centra en el samaritano. Tiene cuatro movimientos: la escena inicial (v. 30, veinte palabras), el sacerdote (v. 31, catorce palabras), el levita (v. 32, once palabras), el samaritano (vv. 33-35, sesenta palabras). La parábola (y todo el 9.31-10.42) sugiere movimiento, particularmente con las formas del verbo *erchesthai*. Tenga en cuenta la progresión al hombre: "descendió un sacerdote por aquel camino", "un levita llegando cerca de aquel lugar", y "un samaritano vino cerca de él".[60] Los tres viajeros vieron al hombre, pero para el sacerdote y el levita ver es motivo de alerta y autoprotección, mientras que para el samaritano ver es la fuente de la compasión que motiva su ayuda.

La parábola se ajusta al estilo y las atenciones de Lucas, especialmente el enfoque de Lucas en los samaritanos, el uso de "y viendo" (*kai idou*) en el v. 25, "un hombre" (*anthrōpos tis*) en el v. 30 y otras indicaciones de la mano de Lucas.[61]

Varias características semíticas aparecen también, en particular las frases de debate académico judío ("¿qué está escrito en la Ley?" "¿cómo lees?" y "Bien Haz respondido" en los vv. 26 y 28; "Ve, y haz tu lo mismo" en el v. 37).

Si la narrativa de viaje de Lucas es un quiasmo, el equivalente a esta parábola puede encontrarse en la parábola del fariseo y el publicano (18.9-14). Ambas representan negativamente el establecimiento religioso, ambas tienen un héroe poco probable, y ambas utilizan el verbo "justificar" (*dikaioun*).[62] Otros, sin embargo, encuentran el equivalente en el relato del joven rico (18.18-30), que también cuenta con impresionantes paralelos.[63]

B. van Elderen sugiere que el relato de Jesús que se detiene para sanar el ciego Bartimeo (Lucas 18.35-43) es el mensaje representado de esta parábola.[64]

La hipótesis de C. F. Evans de Deuteronomio considera esta parábola como paralelo a Deuteronomio 7,[65] pero ninguna conexión es obvia.

La parábola ha sido influenciada por 2 Cr 28.8-15 y posiblemente por Os 6.1-11, aunque los contactos con el último son menos convincentes.[66]

Información cultural

El descenso desde Jerusalén, que se encuentra a 2700 metros sobre el nivel del mar, a Jericó, que se encuentra a 17 kilómetros de distancia unos 800 metros por debajo del nivel del mar, es más de 200 pies por milla. El terreno es árido, casi despojado de vegetación y montañoso, con numerosos escondites para los bandidos a lo largo de este camino notoriamente traicionero.

Jericó era una residencia tan popular para los sacerdotes que las estimaciones sugieren que la mitad de las veinticuatro órdenes de los sacerdotes (cf. 1 Cr 24.1-19) vivió allí, aunque esto puede ser una exageración.[67] Cada orden podía servir en el templo durante una semana (cf. Lucas 1.8).

Los judíos creían que los samaritanos eran dudoso origen y tenían una teología inadecuada. Se creía que eran descendientes de personas traídas por los asirios (y otros conquistadores) para colonizar la tierra.[68] Eran monoteístas, aceptaron sólo la Torá y argüían que el verdadero templo estaba en el Monte Gerizim. Obviamente ellos compartían algunas convicciones con los saduceos,[69] y su rechazo del templo de Jerusalén era similar a la comunidad del Qumrán. Los judíos y los samaritanos tenían muy malas relaciones. Los siguientes textos (de ninguna manera exhaustivos) demuestran la profundidad de los malos sentimientos.

- *Sir* 50.25-26: "Dos naciones detesta mi alma, y el tercero ni siquiera es un pueblo: aquellos que viven en Seir y los filisteos y los insensatos que viven en Siquem."[70]
- *T. Levi* 7.2: "Siquem será llamada 'Ciudad de los insensatos', porque así como uno se burla de un tonto, así nos burlamos de ellos."
- Josefo, *Antigüedades judías* 12.10: en tiempos de Alejandro el Grande los judíos y los samaritanos cuestionaban si los sacrificios deberían ser enviados al templo en el Monte Gerizim o al templo en Jerusalén. Josefo informa (12.154-56) que los samaritanos hicieron muchas fechorías a los judíos, como asolando

a su tierra y llevándose algunos como esclavos. En el tiempo de Antíoco Epífanes los samaritanos negaron estar emparentados con los judíos y volvieron a nombrar su templo como un templo de Zeus para evitar la persecución (véase 12.257-64 y 2 Macabeos 6.2). Según Antigüedades judías 13,74-79, el conflicto sobre los dos templos se argumentó aproximadamente en el 162 a.C. antes de Tolomeo Filométor.

- Josefo, *Antigüedades judías* 13.275-81: Juan Hircano asedió Samaria, porque odiaba a los samaritanos, borró completamente su ciudad, cavó debajo de ella hasta derrumbarla en el río y quitó todo lo que pudiera indicar que hubo allí una ciudad (incluyendo el templo).
- Josefo, *Antigüedades judías* 18.29-30: Los samaritanos profanaron el templo de Jerusalén esparciendo huesos en él una noche durante la Pascua (poco antes del 9 d.C.).
- Josefo, *Antigüedades judías* 20.118-36: Alrededor del 50 d.C. el odio entre judíos y samaritanos aumentó. Los galileos en el tiempo de festividades habitualmente pasaban por territorio samaritano en su camino a Jerusalén.[71] Los samaritanos de la aldea de Ginaë mataron a varios de ellos. El procurador Cumano fue sobornado por los samaritanos para no vengar a los judíos. En respuesta, un grupo de vigilantes judíos quemaron y saquearon los pueblos samaritanos. Cuadrado, el gobernador de Siria, mandó crucificar a los samaritanos y los judíos que estaban involucrados. La disputa fue llevada hasta el emperador Claudio en Roma, que finalmente decidió en favor de los judíos y mandó matar a la delegación samaritana (véase *J.W.* 2.232-46). Esto es más tarde de la época de Jesús, pero revela la animosidad entre los grupos.
- *Ascensión de Isaías* 2.12–5:16 cuenta de un samaritano llamado Belkira que, dice, maltrataba a los profetas y aprendió a Isaías, que condujo a la ejecución del profeta.
- *m. Šeqalim* 1.5: El impuesto del templo de medio siclo no era aceptado de un samaritano. Probablemente esto significa también que no era permitido que un samaritano entrara en el patio del templo de Jerusalén.
- *m. Roš Haššanah* 2.2: Los judíos tuvieron que cambiar su costumbre de usar señales de fuego para indicar el año nuevo porque los samaritanos encendían fuego para confundirlos.

- *m. Gittin* 1. 5: Ninguna orden es válida si tiene un samaritano como testigo excepto una orden judicial de divorcio o una orden de emancipación. Véase los debates en b. Gittin 10a-b.
- *m. Niddah* 4.1: Las hijas de los samaritanos son percibidas que menstrúan desde la cuna y, por tanto, impuras, y los samaritanos transmiten inmundicia a todo lo que hay debajo de ellos o bajo su sombra (cf. 7.1; b. *Niddah* 31b, 56b).
- *m. Šebi'it* 8.10: "El rabí Eliezer solía decir: 'El que come el pan de los samaritanos es como a uno que come la carne de cerdo'."
- *b. Sanedrín 57a*: Diversas regulaciones se dan para las relaciones con los samaritanos (y los gentiles) de los que gobiernan las relaciones con otros judíos. Un judío no es castigado con la pena de muerte por matar a un samaritano y puede retener los salarios de un samaritano. *Y. 'Abodah Zarah* 5.4 añade que se puede añadir interés a los Samaritanos porque no son considerados israelitas en absoluto.
- *Gen. Rab*. 32.10; 81.3 y *Dt. Rab* 3.6 confirma los argumentos de los samaritanos y los judíos sobre si el Monte Gerizim o el Monte del templo en Jerusalén es superior.

Aún así la evidencia no es totalmente negativa. La declaración extrema del rabí Eliezer en *m. Šebi'it* 8.10 el rabino Akiba explícitamente la rechaza en el mismo pasaje y *t. 'Abodah Zarah* 3.1-19 muestra que se percibía más negativamente a los gentiles que a los samaritanos. La mujer samaritana podría servir como partera o nodriza. Las regulaciones rabínicas permiten comprar pan y vino de los samaritanos y otros acuerdos comerciales,[72] permiten que un samaritano sea incluido en el grupo necesario para elevar una oración común a la mesa,[73] para decir una bendición,[74] pagar los diezmos,[75] y que un samaritano podía ser un *haber* (un asociado).[76] Algunos rabinos consideraban a los samaritanos, en los mandamientos que ellos aceptaban, como más escrupulosos que los judíos.[77] No era imposible que un samaritano viajara por Judea,[78] porque las fuentes indican que el comercio y el contacto entre judíos y samaritanos eran una parte normal de la vida.

A menudo se consideraba las posadas como lugares peligrosos, pero existían algunas otras opciones para los viajeros que necesitaban alojamiento. Hay mucha evidencia que los judíos (incluyendo a los judíos escrupulosos) se alojaban en las posadas.[79] Los dos denarios pagados al mesonero habrían proporcionado alojamiento y comida para dos semanas.[80]

Explicación de la parábola

Opciones de interpretación

Cinco opciones que merecen atención.[81]

1. La exégesis patrística acordó por unanimidad que esta parábola es una alegoría de la salvación. Generalmente se destacaron cuatro temas principales: la ruina de la raza humana, la persecución del diablo, la insuficiencia de la Ley y la misericordia de Cristo. El samaritano refleja la obra salvadora de Cristo y, tanto como con cualquier parábola, prácticamente se consideró cada detalle para representar a algún punto de la teología cristiana, según lo demostrado anteriormente en la interpretación clásica de Agustín.[82] Juan Calvino es el primero en rechazar este procedimiento, pero en el período moderno algunos todavía sostienen por una alegoría cristológica.[83]
2. El estudio de B. Gerhardsson es el intento moderno más serio de abogar por una intención cristológica con el samaritano. El argumenta "¿Quién es mi prójimo?" a través de un juego de palabras hebreas entre *rēaʿ* ("prójimo") y *roʿeh* ("pastor") que implica la pregunta más profunda "¿Quién es el verdadero Pastor?" que era la preocupación original de la parábola. La víctima es Israel, y el verdadero pastor es el Hijo del Hombre, que atiende a las ovejas y guarda la Ley.[84] El énfasis fue cambiado en la iglesia primitiva por una discusión acerca del prójimo.
3. Más a menudo la parábola se interpreta como una historia de ejemplo explicada para mostrar que el amor no permite límites en la definición del prójimo.
4. Algunos sostienen que la parábola originalmente no pertenecía al diálogo sobre los mandamientos de amar y que no es una historia de ejemplo. Rechazan la categoría de historia de ejemplo (por razones diferentes a las mías) y perciben la parábola como una metáfora de la alteración de los valores que trae el Reino.[85]
5. La parábola refleja debates de la *Halajá* sobre cuál mandamiento tiene prioridad, el mandamiento de evitar la profanación del cadáver o el amor (que podría tomar la forma de ayudar a una víctima o de cumplir con la obligación de enterrar un cadáver abandonado).[86]

Decisiones sobre los asuntos

1. *¿Pertenece la historia originalmente en su contexto actual del diálogo entre Jesús y el intérprete de la ley con respecto al camino de la vida eterna y los mandamientos de amar?* Una decisión aquí depende de las evaluaciones de los paralelismos con Mateo 22.34-40 y Marcos 12.28-34 y de la disyuntiva entre el prójimo como tema de la pregunta del intérprete (v. 29) y el prójimo como tema en la pregunta de Jesús (v. 36). Mientras que uno no puede excluir que Lucas ha unido dos narrativas originalmente separadas, la evidencia para esto no es convincente. Aparte del uso de los dos mandamientos de amar, los pasajes en Mateo y Marcos tienen poco en común con Lucas y si el mandamiento de amar es tan central en la enseñanza de Jesús como los Evangelios sugieren,[87]no es sorpresa si Jesús la relató más de una vez. Otra indicación de que Lucas 10.25-29 no refiere al mismo incidente como Mateo 22.34-40/Marcos 12.28-34 es que este último tiene a Jesús citando los mandamientos de amar, mientras que en Lucas el que cita es el intérprete de la ley. Lucas, *si* es dependiente de Marcos, no es probable que tome las palabras de Jesús y las coloque en la boca del intérprete de la ley.[88]

El cambio de perspectiva de cómo se entiende "prójimo" concuerda con la práctica de Jesús en otros lugares de reorganizar el mundo del interrogador.[89] Además, para muchos el cambio en la perspectiva del entendimiento del "prójimo" es precisamente el punto de la parábola.[90] Sorprendentemente, a menudo las mismas personas que consideran el contexto como secundario y limitan la parábola a los vv. 30-35 aún comentan cómo la parábola y su contexto concuerdan apropiadamente.[91] La parábola no habría terminado con el v. 35 debido a que es necesaria alguna conclusión que muestre la importancia de la historia.[92] Al menos uno debe decir, como R. Funk, que el contexto no es inadecuado y que la parábola con o sin su contexto trata el tema del prójimo.[93] De hecho, J. Nolland acertadamente dice que la parábola necesita un marco narrativo y que es difícil pensar en una mejor que la conexión a la cuestión del prójimo.[94] Obviamente la ocurrencia de "prójimo" en el v. 36 supone que esta palabra se ha mencionado antes. Por lo tanto, aunque el pasaje sin duda está conformado por Lucas, es mejor ver los vv. 25-37 como originalmente vinculados.

El caso por la unidad del contexto y la parábola es mucho más fuerte de lo que muchos notan. Los vv. 25-37 encaja con las frases de debate académico judío, y tanto la configuración narrativa y la parábola aluden a Levíticos 18.5 (Lucas 10.28, 37), un versículo crucial en la opinión judía de la Ley, y también puede reflejar debates previos sobre ese pasaje.[95] La ocurrencia de "haciendo qué" (*poiēsas*) en los vv. 25, 37 forma una inclusión vinculando el pasaje juntos.[96]

2. *¿Qué importancia tienen otros textos sobre el mandamiento de amar, especialmente la discusión con el escriba en Mateo 22.34-40/Marcos 12.28-34 (que Lucas omite), para entender esta parábola?* Otros textos sobre los mandamientos de amar (tanto en los Evangelios y en las escrituras judías) demuestran la centralidad de los mandamientos de amar por Jesús y gran parte del judaísmo y también demuestran diferencias en la forma en que se evaluó la comprensión de los mandamientos. Ya hemos señalado la centralidad de los mandamientos de amar por Jesús, pero es casi seguro que Jesús no fue el primero en unirse al *Shema* (Dt 6.4-9; 11.13-21; Nm 15.37-41), con su llamada de amar a Dios, a la cita en Levíticos 19.18 de amar al prójimo. Deuteronomio 6.5 y Levíticos 19.18 utiliza la misma forma hebrea (*wĕʾāhabētā*) para los mandamientos de amar. Esta forma solamente ocurre en otros lugares en el Antiguo Testamento en Deuteronomio 11.1 y Levíticos 19.34. (El último, que manda amar al extranjero, bien puede que interese en la parábola debido a que el samaritano cumple con este requisito.) En la mente de los intérpretes judíos tales formas idénticas atraían el uno al otro como imanes. Varios textos judíos muestran que los dos mandamientos de amar se unieron y también confirma los esfuerzos para encapsular el Ley.[97] En Lucas, los dos mandamientos se han fusionado en uno.

Los dos mandamientos de amar son el corazón del judaísmo y el fundamento del ministerio de Jesús, su credo del cual los demás salen.[98] El Shema, por supuesto, cada varón judío debía repetir dos veces por día y también el amor al prójimo era central. Cualquier desacuerdo entre Jesús y sus contemporáneos no era sobre el significado de los mandamientos de amar sino sobre su aplicación y alcance. ¿Hasta dónde llega el amor al prójimo? Esta parábola es evidencia de lo que es obvio en otro lugar: Jesús no permitirá que se establezca límites de manera que la gente pueda sentir que ha cumplido su obligación a Dios. El amor no tiene un límite donde podemos decir que hemos amado lo suficiente, ni nos permite elegir aquellos que amaremos, aquellos que son "nuestra especie". Con la parábola Jesús dice en efecto: "Deberías saber ya por Levíticos 19.34 que el mandamiento de amar se extiende al extranjero (o viajero) en medio de vosotros."

Recientemente se ha vuelto popular interpretar el mandamiento "Amarás a tu prójimo como a ti mismo" como una justificación para el amor propio. Aunque valga tanto los esfuerzos que apuntalan la confianza en sí mismo, se debe rechazar este entendimiento del mandamiento de amar. La intención "como a ti mismo" es equivalente a "como si el prójimo fueras tú mismo."[99] La otra persona es de igual valor y debe ser tratada como te gustaría que ser tratado. "El texto no insta a un amor propio, sino al amor desinteresado por los demás... El círculo del amor propio no se expande simplemente; está fragmentado".[100] O, para decirlo de otra manera, la única manera de quererse bien está en dar la máxima dedicación a Dios.[101]

3. ¿Es esta una "historia de ejemplo", o mejor, una parábola indirecta simple o una parábola doble indirecta y si es esta última?, ¿cuál es el elemento metafórico? Este es un factor decisivo en la interpretación, que determina si la preocupación de Jesús con la parábola era enseñar acerca de las relaciones humanas y la conducta o para proporcionar una metáfora del Reino. Ya he indicado en la introducción que no creo que la "historia de ejemplo" es una categoría legítima para las parábolas de Jesús, sino que aquí es necesario un tratamiento más detallado.[102]

Desde Jülicher, cuatro parábolas (el buen samaritano, el rico insensato, el rico y Lázaro y el fariseo y el publicano) han sido etiquetadas como "historias de ejemplo".[103] El encabezamiento parece autoevidente. La del buen samaritano es explícita al concluir con "Ve, y haz tú lo mismo" (Lucas 10.37) para indicar que la parábola presenta un ejemplo a ser imitado. Las otras tres historias no son tan explícitas, pero en algún nivel cada una implica que el oyente/lector debería ver la acción de los personajes como un modelo a imitar o evitar. Sin embargo, a lo más esta categoría es incierta, si no ingenua, y los eruditos rechazan las historias de ejemplo como una categoría legítima por una de cuatro razones o una combinación de éstos.

En primer lugar, algunos rechazan esta categoría porque insisten en que las parábolas *deben* ser metafóricas y, puesto que las llamadas historias de ejemplo no lo son, ellos precisan estas historias para que sean metafóricas o las rechazan, ya sea rehabilitación o exclusión.[104] Quienes optan por rehabilitarlas piensan que originalmente tenían diferentes formas y propósitos de lo que vemos en el Evangelio de Lucas. Por ejemplo, J. D. Crossan asiente que las versiones de Lucas de estas parábolas son historias de ejemplo pero argumenta que originalmente eran metafóricas. El carácter metafórico inicial de las parábolas fue sacado, y la tradición evangélica la ha convertido en preceptos morales. Con respecto a la parábola del buen samaritano, Crossan aísla Lucas 10.30-36 como la parábola original y argumenta que el nivel literal de la historia causa que el mundo de los oyentes cambie y que el punto metafórico sea el Reino que irrumpe abruptamente en la consciencia de uno y exige el cambio de los valores. Para él todas esas historias originalmente eran parábolas de anulación para demostrar que la invasión del Reino reorienta las expectativas y los valores.[105]

Sin embargo, los intentos de mostrar que estas cuatro historias fueron originalmente metafóricas son algo flojos. Después de leer algunos análisis de parábolas que concluyen con un enfoque en la reposición, nos damos cuenta que el tema notablemente carece de especificidad y comienza a sonar hueco. La parábola del buen samaritano no menciona el Reino. ¿Hay alguna razón para pensar que una versión original de esta parábola permitiría que los oyentes vean una alteración de valores y concluyan que el Reino debe tener tal reposición?[106] No veo cómo, y una historia no metafórica puede efectuar un cambio de valores tan fácilmente como una historia metafórica. Para utilizar mi lenguaje, una parábola indirecta simple puede efectuar un cambio tan fácilmente como una parábola doble indirecta.

En segundo lugar, el rechazo de la historia de ejemplo como una categoría también a menudo se basa en un temor de moralismo simplista y excesivamente literal, como emplear la intención del buen samaritano para que los cristianos vayan y esperen en el camino para ayudar a la gente. Los eruditos a veces eluden cualquier idea de moralismo, como si un interés por la moral fuera inferior a Jesús.[107]La moral y la escatología están innecesariamente en antítesis. No creo que la historia de ejemplo es una categoría legal (por diferentes razones que las que ofrecen gente como Crossan), pero la moral y la escatología no deben oponerse. La escatología requiere una ética, y ciertamente Jesús esperaba que su visión del reino tuviera un impacto en la vida en este mundo.[108] Haríamos bien en preguntarnos por qué algunos no tienen interés en la moral, cuando muchas de la enseñanza de Jesús son precisamente sobre la moral, es decir, de cómo vivir en obediencia a Dios.

En tercer lugar, la gente rechaza la categoría porque estas parábolas en realidad no son diferentes de otras en la forma. J. Tucker en su importante estudio muestra que todas las características que distinguen supuestamente (que estas historias proveen ejemplos morales, tiene lenguaje religioso, nombra personas específicas personas, grupos o lugares) también puede ser paralelas en otras parábolas.[109] Él tiene razón. Ninguna característica o rasgo nos permite identificar estas cuatro parábolas como pertenecientes a una categoría que se distinguen por forma. Las supuestamente llamadas historias de ejemplo no son diferentes en forma o en ofrecer personas como modelos que se deben imitar o evitar. Incluso aquellos que usan la categoría "historia de ejemplo" consideran estas parábolas como un subconjunto de la categoría más grande de "parábolas narrativas".[110] Sin duda otras parábolas proporcionan gente como modelos que imitar o evitar (por ejemplo, los dos deudores, el tesoro escondido, los dos cimientos, los dos hijos).[111] Tucker sugiere que simplemente llamamos las historias de ejemplo a lo que Lucas llama: parábolas. No obstante, Lucas también llama parábola al proverbio "Médico, cúrate a ti mismo" (4.23) y pocos encuentran esto muy satisfactorio. Tucker en realidad no se ocupa de los cuatro relatos en Lucas; además, limita su análisis a una investigación de la forma de estas historias sin nunca preguntaracerca de su *función*. Él y otros asienten que estas historias no producen una comparación.[112] No son metáforas de algún otro contexto. Sin embargo, tampoco son literales. Jesús no está hablando de incidentes históricos, aunque quizá las historias se desarrollaron sobre los incidentes que él sabía. Estas historias señalan negativa o positivamente a otra cosa, la vida que Dios propone. Para algunos estas cuatro historias son similares a la sinécdoque, un todo con el nombre de una de las partes, porque ellas presentan un ejemplo concreto para demostrar un principio general.[113]

Si de hecho estas historias funcionan diferentemente, como la mayoría parece reconocer, eso puede ser decisivo de cómo ellas se clasifican. Y la cuarta razón para rechazar la categoría de historia de ejemplo, el que encuentro determinante, es la forma diferente de cómo estas historias funcionan. Ellas no centran en un elemento comparativo en otra área. Uno no mira a través de un tema o narrativa para ver otra realidad. Por ejemplo, al considerar el rico insensatouno trata directamente con el tema de la riqueza, no algún otro tema. Esto es comunicación indirecta individual. La mayoría de las parábolas son narrativas indirectas dobles, pero estas cuatro historias son narrativas indirectas individuales,[114] y quiero añadir un quinto que funciona del mismo modo, la parábola del mayordomo infiel. La comunicación directa habla específicamente sobre el oyente y el tema en cuestión. La comunicación directa acerca de la relación de Dios con Israel podría decir "Israel ha fracasado vivir como Dios quiere y está en peligro del juicio". La comunicación indirecta doble específicamente ni habla sobre el oyente ni del tema en cuestión. La parábola de la higuera estéril es comunicación doble indirecta porque no habla directamente de Dios e Israel. Utiliza otra persona, un cierto hombre y otro tema, higuera estéril del hombre, para dirigirse al oyente indirectamente (incluso con las resonancias metafóricas de la higuera). Las cinco historias en cuestión son diferentes: usan *simple* indirecta. Abordan indirectamente al lector diciéndole de otra persona, pero directamente mediante el empleo del tema que es motivo de interés. La parábola del buen samaritano se dirige al intérprete de la ley y al lector indirectamente a través de los viajeros, pero el tema es el problema, el mandamiento de amar y la definición del prójimo. Puesto que estas historias comprenden menos indirectas, se comprende mal fácilmente su intención.

La parábola del buen samaritano es, pues, una simple parábola indirecta. La etiqueta "historia de ejemplo" es inadecuada e inapropiada y debería suprimirse, no importa cómo arraigada está en las discusiones de parábolas. El buen samaritano no es una historia metafórica sobre alguna otra realidad. Se trata de un samaritano compasivo y pretende enseñar acerca del mandamiento de amar. No obstante, debemos preguntarnos sobre la presencia de alusiones o matices metafóricos. Teóricamente una simple parábola indirecta podría usar características que aluden a una realidad más grande o fijar un conjunto de resonancias en la mente de los oyentes tan fácilmente como las parábolas dobles indirectas (por ejemplo, la higuera). ¿Se refleja a Jesús en el samaritano, como a menudo la tradición de la iglesia ha argumentado? ¿Se refleja Israel en el rico insensato?[115] Mientras la teología en estas historias puede concordar con las acciones de Jesús o la historia de Israel, el interés de Jesús parece ser más la conducta y las actitudes de los individuos. La historia indirecta que puede tener una mayor preocupación es la del rico y Lázaro. La ansiedad del rico por sus cinco hermanos y la respuesta de ellos a la Ley y a los profetas reflejan la situación de Israel,sin embargo, la parábola todavía se dirige a las acciones y actitudes de los individuos.

4. ¿Acaso hay una trampa en la pregunta del intérprete de la ley respecto de la vida eterna? (v. 25).¿Acaso estaba simplemente probando el conocimiento de Jesús para determinar su competencia y para conocer su opinión sobre las cuestiones, o era hostil, tratando de atrapar a Jesús para que diera una respuesta poco ortodoxa? Si es la última, ¿cuál es la trampa y cómo podría Jesús fracasar en la prueba? La opinión está dividida,[116] y el texto no da mucha dirección. El verbo *ekpeirazein*aparece con poca frecuencia y se refiere a las pruebas en un sentido negativo excepto en la LXX Deuteronomio 8.2, 16. Pero parece ser sinónimo de *peirazein*, que se emplea de ambas formas positivamente y negativamente.[117] En otras partes de Lucas se emplea "abogado" (*nomikos*) para indicar aquellos que rechazan el mensaje de Jesús o no entienden lo que deberían, pero no se implica hostilidad contra Jesús.[118] Aunque si envuelve hostilidad, la pregunta sobre la vida eterna no tiene que ser una trampa. El joven rico hace exactamente la misma pregunta sin propósito de una trampa (18.18).

Pero puede que envuelva una trampa si el intérprete de la ley estaba ansioso de que las acciones y enseñanzas de Jesús eran poco ortodoxas. La asociación de Jesús con los marginados y los pecadores, sus acciones en el día de reposo y su falta de preocupación por cuestiones de "santidad" como tocar a los impuros (leprosos, los que tienen fiebres, flujos de sangre, los muertos, etc.) o comer con las manos sin lavarlas obviamente haría que surgiera preguntas en cuanto a cómo estaba Jesús en relación a la Ley (cf. Mt 5.17-20; 12.1-14/Mr 2.23–3.6 / Lc 6.1-11; Mt 15.1-20/Mr 7.1-23). Si la ley no marcó límites entre los justos y los injustos, como los judíos suponían, entonces ¿cuál era su propósito, era incluso útil, y qué determinaba si uno en realidad participaría en el Reino?[119] ¿Qué esperaba el intérprete de la ley que Jesús dijera en respuesta a su pregunta sobre la vida eterna?[120] ¿Había él oído lo que sabe el lector implícito, que Jesús enseñó a sus discípulos a seguirle y que para ganar la vida primero debía perderla? Tal declaración o cualquier otra respuesta que no hace a justicia a la Ley podrían generar una acusación de herejía. El giro hábil de Jesús de la conversación para que el intérprete de la ley pudiera enfocar en la intención de la Ley, evitó la acusación y creó una oportunidad para la instrucción.

Algunos sugieren que la pregunta sobre la vida eterna es una trampa para la prueba verdadera, la cual viene en la segunda pregunta, que habla sobre los límites de la palabra "prójimo".[121] Puede que esta sea correcta, pero al menos parece justo pensar que la asociación Jesús con la gente mala que condujo a la pregunta del intérprete de la ley, y si es así entonces, la pregunta no es inocente, especialmente teniendo en cuenta que el intérprete de la ley trata de justificarse a sí mismo (v. 29). Desde el punto de vista narrativo la tolerancia de Jesús de los samaritanos, incluso cuando ellos lo rechazaron (9.52-56) prepara para la pregunta del abogado y la parábola.

5. ¿Se relata la historia desde la perspectiva de la víctima? Los tratados útiles de Robert Funk han persuadido a muchos intérpretes que el oyente/lector se ve obligado a identificarse con la víctima, ya que la víctima es la única presente en cada escena. Hay problemas con este enfoque. La víctima no está presente en el v. 35 (o al menos no se menciona) cuando el samaritano se dirige al mesero[122] Además, Funk supone que la víctima está consciente y observa a los otros tres viajeros, lo cual el texto no da ninguna pista, pero que es esencial para la conclusión de Funk que "el futuro que revela la parábola es el futuro de cada oyente que capta y es captado por su posición en la zanja".[123] Las cuestiones planteadas desde la perspectiva de la víctima son útiles: ¿Acaso uno permitirá ser ministrado por un enemigo? Y cuando uno entiende que es una víctima, ¿podría acaso tener una oportunidad para entender el Reino? Pero todo esto es la meditación sobre la parábola, hacer una teología legítima generada por la parábola, pero no la intención de Jesús al narrar la historia. La historia no se relata desde la perspectiva de la víctima, sino desde el punto de vista del narrador. El oyente se mantiene con el narrador fuera de la historia observando su desarrollo y el narrador requiere que emita un juicio sobre los acontecimientos que tienen lugar.

6. ¿Hay una denuncia profética de secta, racismo y actitudes superiores o simplemente una discusión de la Halajá sobre cuál mandamiento toma precedencia, el mandamiento para evitar la impureza del cuerpo muerto o el amor? Con esta pregunta llegamos al meollo del asunto. Un número de estudiosos suponen que la parábola es un ataque contra el templo y el sacerdocio y habría acarreado actitudes anticlericales entre los oyentes.[124] A veces esto se asocia con la suposición de que el sacerdote y el levita pertenecían a las clases altas, pero muchos sacerdotes y levitas no pertenecían a tal clase. Algunos eran pobres. Además, no hay evidencia de actitudes anticlericales en el judaísmo del primer siglo excepto la que va dirigida contra la aristocracia sacerdotal que dirigía el Templo.[125]

Aparte de la limpieza del templo, poca evidencia indica que el objetivo de Jesús con sus enseñanzas iba dirigido a los sacerdotes y los funcionarios del templo. Jesús restó importancia al templo (Ej. Mt 12.6-7) y señala su destrucción venidera (Mt 24.1-2/Mr 13.1-2/Lc 21.5-6, etc.). Lucas tiene una visión positiva del templo y de las actividades sacerdotales, especialmente al principio del Evangelio y Hechos. En Lucas 5.14 (paralelo en Mt 8.4 /Mr 1.44) y 17.14 Jesús dice a los leprosos limpiados que vayan a mostrarse a los sacerdotes.

El templo no está bajo ataque en la parábola, pero la sombra del templo está claramente presente. El sacerdote está en camino de Jerusalén a Jericó, probablemente regresando a casa después de su ministerio en el templo. Además, la clave fundamental del conflicto entre los judíos y los samaritanos era el desacuerdo sobre el templo. Puede que haya una denuncia profética de la secta del templo, pero no es el tema principal. Sirve más como el contexto en el que se destacan las acciones del samaritano.

Cada sociedad y cada segmento de la sociedad pone barreras entre sí misma y otras. El racismo y tales barreras son de gran preocupación en la parábola, pero otra vez son más los medios por los cuales la parábola enseña más que el enfoque de la enseñanza. Como se nota con frecuencia, los oyentes judíos quizá hayan esperado el sacerdote, el levita, el israelita, una secuencia evidente en los textos rabínicos que demuestran una jerarquía de valor, pero algunos textos utilizan esta secuencia para argumentar que mayor conocimiento de la Torá da a un gentil o un mayor prosélito mayor valor que incluso un sumo sacerdote.[126] La aparición del samaritano trastorna las expectativas para hacer un punto similar acerca de lo que es realmente importante.

¿Es la parábola entonces simplemente un debate Halajá, como R. Bauckham argumenta,[127] es decir, que tiene prioridad, la prohibición de la profanación de un cadáver o el mandamiento de amar? El contacto con un cadáver provocaba la contaminación durante siete días y requiere medidas establecidas de purificación con costos financieros (Nm 19.11-22). Era prohibido que los sacerdotes tocaran los cadáveres, excepto el de parientes cercanos (Lv 21.1-4; 22.4-7; Ez 44.25-27), y esta excepción no era permitida para el sumo sacerdote (Lv 21.11) o un nazareo (Nm 6.6-12).[128]

Los judíos creían que la contaminación con el cadáver se transmitía no sólo por tocar el cuerpo muerto sino también por tocar lo había tocado un cadáver o incluso a través del aire, por la sombra de un ataúd o la misma sombra de uno sobre la tumba. Los textos rabínicos instruyen que uno debe mantenerse por lo menos cuatro codos (seis pies) de un muerto.[129] Ese tipo de pensamiento puede que haya sido el trasfondo de la elección del sacerdote y del levita para pasar de largo del otro lado.

Al mismo tiempo, otras dos firmes creencias son relevantes. En primer lugar, los judíos estaban obligados por motivos religiosos de enterrar un cadáver abandonado. Aun cuando un sacerdote o un nazareo no debían contaminarse con el cuerpo de un pariente muerto, ellos si podían —o se esperaba que lo hicieran— de un cadáver abandonado. De hecho, los textos debaten por cuál de ellos uno se contamina primero, por enterrar un cadáver abandonado.[130] En segundo lugar, al menos para la mayoría de los judíos, nada, ni las leyes de pureza, legítimamente impedían que se salvara una vida. Las leyes se suspendían cuando la vida corría peligro.[131]

Se describe la víctima en la parábola como medio muerto. Es decir, está cerca de la muerte y en desesperada necesidad de ayuda.[132] Si el sacerdote y el levita pensaron que estaba muerto o vivo es confuso, pero en cualquier caso, ellos tenían la obligación de ayudar, ya sea para enterrar al cadáver a pesar de la contaminación o para ayudar al hombre en necesidad. Los oyentes de Jesús puede que supongan que la víctima era un judío, y si fuera así ese no es un problema y no sería evidente a nadie puesto que fue despojado de sus ropas.[133] Además, la parábola no presta atención a los motivos del sacerdote y el levita por pasar de largo, porque temen por su propia seguridad o temor de contaminación. Aunque la propuesta de Bauckham sea tan interesante, no explica satisfactoriamente la dinámica de la parábola; en particular, prácticamente ignora al levita.[134] Más está pasando que solamente la contaminación del cuerpo y el debate Halajá.[135]

7. ¿Es "correcta" la respuesta de Jesús a la pregunta sobre la vida eterna? ¿Es esto obras de justicia? ¿Cuál es el papel de la ley del AT? ¿Qué hay de la relación con la pregunta similar del joven rico en Mateo 19.16/Marcos 10.17-22/Lucas 18.18-23? La respuesta de Jesús al intérprete de la ley sobre el camino a la vida eterna y su respuesta similar al rico o la respuesta de Juan el Bautista en Lucas 3.10-14 no son respuestas que los cristianos suelen dan, ni en la iglesia primitiva (cf. Hch 16.30-31) ni en la actualidad.[136] ¿Suena el enfoque de Jesús sobre hacer en los vv. 28 y 37 como "obras de justicia?" No debería haber dicho "Toma una decisión por mí"[137] o al menos "ten fe y sígueme".

Siempre queremos que Jesús diga palabras que encajan nuestros sistemas, pero él no se ajusta a nuestros sistemas ni aborda el problema de Pablo de justicia por las obras (por no decir nada del hecho de que Pablo ha sido malinterpretado gravemente). Nuestro sistema necesita ser reorganizados para hacer justicia a las enseñanzas de Jesús y de la iglesia primitiva. Esta parábola no aboga por "ganar la salvación";[138] sino defiende una vida de relación de pacto con Dios, lo cual es la fe cristiana y todo lo que propone la Biblia. Amar a Dios con todo el ser y al prójimo como a uno mismo no es algo *menos* que fe. Como fue evidente con la parábola de los dos deudores, uno no puede amar a Dios sin mostrar confianza y obediencia. La respuesta dada por el intérprete de la ley y clarificada por Jesús no está mal. Nosotros podemos querer agregar más, como Lucas ciertamente hace, acerca de cómo el Dios de pacto se ha revelado en Cristo, particularmente en la muerte y la resurrección de Cristo. Pero la vida, tanto ahora como en la eternidad, consiste en conocer y amar al Dios revelado en Cristo, el mismo Dios que obró a lo largo de la historia de Israel y en vivir conforme a su carácter. Cualquier afirmación de fe que no hace eso, no es fe bíblica.

8. ¿Tiene la parábola importancia cristológica? ¿Es Jesús el buen samaritano? A pesar de la frecuente afirmación que Jesús es el buen samaritano y que la parábola refleja su venida para ayudar a la humanidad, no veo una justificación en la parábola para tal identificación. El argumento de Gerhardsson que la parábola trata del verdadero Pastor es muy especulativo y poco convincente, particularmente al argüir que tanto el "samaritano" y el "prójimo" en sus formas hebreas señalan a un pastor. No hay ninguna pista del texto que pueda probar esto.[139] Algunos sugieren que Jesús contó la parábola para defender sus propias acciones y su misión,[140] incluso si esto es correcto, no hace la parábola cristológica en el sentido habitual. Otros hacen la identificación más por motivos teológicos, pero es injusto introducir a Jesús alegóricamente en la parábola (y el resto de un plan de salvación). Es una cosa decir que la teología de la parábola es también la teología que impulsa muchas de las acciones de Jesús, pero otra muy distinta es decir que él propuso representarse a sí mismos con la historia.[141] Tampoco Jesús se identifica con la víctima.[142] Todos los intentos para encontrar a Jesús (o Israel) reflejados en la parábola son alegorías ilegítimas.

9. ¿Es el propósito de la parábola principalmente escatológica o ética? Algunos estudiosos (y obviamente quienes piensan que la parábola es una metáfora del Reino) sostienen que la parábola es escatológica.[143] Es típico de Sandra Perpich, quien afirma que la parábola conmueve al lector a una nueva conciencia escatológica,[144] pero tal lenguaje es una exageración. Las preguntas de pruebas (vv. 25-28) son obviamente escatológicas, pero incluso allí el diálogo no depende del mensaje del Reino. Teóricamente el diálogo y la narración de la parábola podrían haber tomado lugar mucho antes de Jesús. No es sorpresa que uno pudiera responder a la pregunta sobre la vida eterna recurriendo a los mandamientos de amar y a Levíticos 18.5, y el mandamiento de amar al extranjero como uno mismo ya está en Levíticos 19.34. Poder decir "buen samaritano" no afecta la experiencia del Reino, y una buena acción por un extranjero despreciado no establece la presencia del Reino.[145] Uno espera que el Reino afecte tales acciones, pero este tipo de acciones, en ocasiones, ha ocurrido a lo largo de la historia humana y no constituyen en sí mismos el Reino. Lo único que hace esta parábola escatológica es el que la relata y el contexto de su misión. Sin negar de ninguna manera la base escatológica de la enseñanza ética de Jesús, esta parábola se refiere no directamente a la escatología, sino a la ética. La ética de Jesús esta enfatizada escatológicamente y condicionada por la presencia del Reino, pero se basa primero en el Antiguo Testamento.

Concluimos entonces que esta parábola pretende mostrar que el amor no permite los límites en la definición del prójimo. No es evidente cómo el intérprete de la ley esperaba que Jesús definiera "prójimo". ¿Esperaba él un límite definido por los del Pacto,[146] aquellos que son justos,[147] o incluso una respuesta abstracta e inútil como "todos"? Lo que él recibió fue una imagen concreta y contundente que eliminó cualquier pensamiento de límites para la misericordia y el amor

Los métodos más útiles para la parábola son aquellos que hacen hincapié que la disyuntiva entre la pregunta del intérprete de la ley y la respuesta de Jesús, el medio, es decir, prójimo como tema y prójimo como asunto es el punto de la parábola. La respuesta de Jesús a la pregunta del intérprete de la ley resulta ser una negación de la premisa de la pregunta que hay límites a la definición de prójimo.[148] La pregunta "¿quién es mi prójimo?" no se debe hacer. No está permitido el pensamiento que un ser humano no pueda ser un prójimo. La declaración que con frecuencia se emplean de Franz Leenhardt es contundente: uno no puede definir quién es el prójimo; uno sólo puede ser un prójimo.[149] No podemos decir de antemano quien es el prójimo; más bien, la cercanía y necesidad definen el "prójimo". Como T. W. Manson comentó: "El amor no comienza mediante la definición de sus objetos: los descubre" y "aunque la mera vecindad no crea el amor, el amor crea la proximidad".[150] S. Kierkegaard captó la meta al decir, "amar a su prójimo significa, mientras permanezca dentro de las distinciones terrenales asignadas a uno, esencialmente el deseo de cada ser humano sin excepción de existir igualmente.[151] En otras palabras, la parábola habla a sus oyentes sobre su propia identidad. ¿Acaso un sentido del prójimo radicado en los dos mandamientos de amar —amar a Dios y amar al prójimo— define a uno? Tal identidad excluye la posibilidad de preguntar sobre los límites del prójimo. Los límites son un medio importante por el cual establecemos nuestra identidad, pero una identidad que resulta de la idea de Jesús de ser un prójimo borra los límites que impiden la compasión o que permite el racismo y las actitudes de superioridad.

La parábola subraya que la compasión (el punto decisivo de la parábola, v. 33), la misericordia, y el amor son los factores clave en una vida que agrada a Dios (y por lo tanto como discípulo de Jesús). Aunque el método de Bauckham es muy limitado en su enfoque sobre el debate Halajá, tiene razón en hacer hincapié en que esta parábola enseña el principio de que el mandamiento de amar reemplaza a todos los demás, que es sin paralelo en el judaísmo.[152] La ilustración de la parábola y la acusación implícita de los funcionarios del Templo evocan la antítesis entre el sacrificio y la misericordia común en los escritos proféticos.[153] La parábola es un ejemplo más de Jesús que sustituye el código de la misericordia por el código de la santidad.[154]

La parábola sin duda está casi formada sobre 2 Crónicas 28-15, un relato anterior de los samaritanos que ayudan a los judíos en una situación desesperada. Al emplear un samaritano en lugar del supuesto laico israelita, Jesús establece una situación dificultosa para su entrevistador. El samaritano sabe mostrar compasión y entiende el amor por el extranjero (Lv 19.34); ¿cómo puedes preguntar acerca de los límites de "prójimo"?[155] Si los sacerdotes y los levitas, como todos los hombres judíos, repiten el Shemá dos veces al día, ¿por qué es un Samaritano el que muestra lo que significa el mandamiento de amar? Lucas 17.16 tiene un paralelo de vergonzoso contraste entre un Samaritano que muestra gratitud y otros nueve (presumiblemente judíos) que no lo hacen.

Con su tema fundamental de la hostilidad racial la parábola está muy cerca del énfasis de Jesús de amar a los enemigos. No podemos confinar los límites de atención y obligación a nuestro propio grupo y tener normas diferentes u hostiles hacia otros.[156] El intérprete de la ley buscaba un límite para su obligación de amar al prójimo, pero Jesús mediante el ejemplo eliminó cualquier concepto de límite. No podemos decir a Dios, "cumplí mi obligación; ya puedo renunciar ahora". La pregunta de Pedro acerca de un límite para el perdón (Mt 18.21-22) recibió una respuesta semejante.

No podemos hacer justicia a esta parábola sin destacar que ella busca acción, la gente debe poner en acción el amor al prójimo.[157] El comentario de Joel Green de Lucas que el oír se valida en hacer[158] es cierto no sólo para Lucas sino para Jesús y toda la Escritura, como evidencia una mirada a la parábola de los dos cimientos (Mt 7.24-27/

Lucas 6.47-49) o numerosos otros textos. P. Jones tiene razón en decir que la parábola expone cualquier religión con una manía por los credos y una insuficiencia de obras.[159]

La idea de que las obras es el camino a la vida,[160] preocupa a muchos que la parábola sugiera la salvación por obras. K. Bailey argumenta que la parábola anuncia el fracaso de la autojustificación y que uno no puede ganar la vida eterna,[161]pero esto es creer pensamientos que la parábola no tiene. Nuestro temor de ganar la salvación ha conducido a la idea de que el cristianismo es una religión que se enfoca sólo con lo que uno cree/piensa, no lo que uno es, pero esto es una comprensión superficial de la creencia. La parábola, como la mayoría de las Escrituras, se ocupa de la identidad. En efecto, cuando la gente preguntó a Jesús "¿Qué debo hacer?", Jesús preguntó a cambio "¿Qué clase de persona eres tú?"[162] La respuesta a la segunda pregunta también responde a la primera (al igual que en el incidente con el joven rico). El miedo a la justicia por obras se exagera mucho en la mayoría de las iglesias. ¿Habría un temor igual al ser encontrado inactivo? Sería mejor si nos damos cuenta de que las personas que no trabajan no pueden ser justas. La cuestión de la identidad nunca es simplemente una pregunta de lo que creemos como un hecho, sino lo que *somos*, particularmente lo que somos en relación a Dios y qué motiva y controla nuestro ser. Estamos indecisos de ser y de hacer, pero lo que somos no se puede separar de lo que hacemos. Lo que cuenta como la vida con Dios, y nos da esperanza de vida futura con Dios, es una relación de amor con Dios que nos da identidad y refleja ese amor a los demás (cf. Jn 17.3; 1 Jn 4.10-11). La idea de conocer a Dios y sin embargo no estar conformado a Dios es una fuente de escándalo, uno que las Escrituras siempre combate y que los cristianos modernos deben combatir también. En la parábola, Jesús busca cambiar un hombre de conocimiento por uno que práctica,[163] porque hacer menos no es suficiente para la vida eterna. Esta no es una cuestión de ganarse la salvación; se trata de ser y de la identidad que determinan las acciones. No es una cuestión de si debemos obrar. Vamos a obrar. La pregunta es con qué identidad obraremos.

Adaptación de la parábola

Adaptar algunas parábolas, y sin duda ésta, es obvio: ¡Simplemente hazlo! Sin embargo, algunos eruditos y predicadores rehúyen cualquier pensamiento moral, temerosos de que la preocupación por la moral lleva al "samaritanismo", la hipocresía y un intento de ganar la salvación, todos los fracasos evidentes para seguir Jesús. El moralismo y decir a la gente que sea bueno no es la respuesta, pero si no procuramos decir a la gente cómo vivir, ¿por qué molestarnos con la enseñanza o la predicación? Jesús (y todos los escritores del NT) ciertamente no dudaron para instruir a la gente de cómo deberían vivir. Estamos condenados al fracaso mientras la iglesia se niegue a tomar en serio lo que Jesús dijo acerca de las cuestiones de estilo de vida, guardar los mandamientos, amar a los enemigos, ayudar a los pobres y hacer la voluntad del Padre. Las parábolas no interpretan cada aspecto de sus teologías, pero la presuposición de ésta es de una vida en relación de pacto con Dios, no sólo ser bueno por sí mismo.

La parábola nos obliga a comprender la importancia del prójimo. El cristianismo es una religión relacional. No podemos tener relación con Dios por nosotros mismo, no importa cuánto tratemos; nuestra relación con Dios se expresa a través de nuestra relación con la gente que nos rodea, y es Dios quien permite nuestras relaciones con nuestros prójimos.[164]

Esta parábola se ha aplicado a prácticamente todos los aspectos de la ética. Si la compasión es la cuestión, esta parábola se aplica en particular con respecto a servicios médicos y la ayuda contra el hambre. Allen Verhey emplea la parábola como el medio para argüir la escasez de los recursos médicos.[165] Richard Hays lo aplica al aborto en relación con la madre y el feto: "Jesús, respondiendo a la pregunta del intérprete de la ley con esta parábola, rechaza los intentos particulares de encerrar nuestra preocupación moral mediante la definición de la otra como perteneciente a una categoría fuera del alcance de nuestra obligación".[166] En un mundo destrozado por la guerra y el genocidio esta parábola no permitirá que estemos pasivos. Un periodista al comentar sobre el genocidio en Darfur preguntó, "¿Dónde está la piedad cuando leemos la Biblia pero apartamos la mirada del genocidio?"[167] Esta parábola es molesta, porque no dejará que apartemos nuestros ojos.

Como varios han argumentado, esta parábola desafía al oyente a juntar dos palabras contradictorias en referencia a la misma persona: "Samaritano" y "el prójimo". De esta manera se elimina cualquier límite en nuestra obligación de ayudar a alguien necesitado. El samaritano se acercó a la víctima, mientras que los otros se mantuvieron a distancia, y él verdaderamente vio, mientras que los otros vieron superficialmente.[168] Se espera de los seguidores de Jesús que estén con la gente y los vean tal como son.[169]

Como la parábola del siervo malvado, la parábola del buen samaritano también insiste en "¿No debías tú también tener misericordia de tu consiervo, como yo tuve misericordia a ti?" (Mt 18.33). De la misma manera, la enseñanza de la parábola de la separación de las ovejas de los cabritos (Mt 25.31-46) suena como el mismo tema. La misericordia es un requisito para los discípulos del Reino; la misericordia se debe mostrar.

Sin embargo, ¿es el pensamiento de esta parábola plenamente realista? Sigmund Freud argumentó que amar a nuestro prójimo como a nosotros mismos no es ni deseable ni posible.[170] ¿Es esta parábola idealista, contrario al sentido común, y destinada para agotarnos y también nuestros recursos?[171] El problema es que queremos que cada parábola tenga toda la teología, cuando ellas solo pretenden hacernos creer *—y actuar*. Las parábolas son ilustraciones convincentes, a veces incluso las exageraciones para hacer un punto, no teologías completas.

Este no es el único texto y sus problemas no son los únicos envueltos en decidir cómo se proveerá ayuda. Hay otras preguntas o son generadas por la parábola. ¿Cuál es el riesgo en ayudar? Cualquier intento de amar es un riesgo. ¿Qué medidas habría tomado el samaritano si se hubiera acercado mientras ocurría el robo y los golpes. ¿Hay algunos límites? David Flusser, un erudito judío del NT, afirmó que el "cristianismo supera al judaísmo, al menos teóricamente, en su enfoque de amar a todos, pero es su única respuesta verdadera a las poderosas fuerzas malvadas de este mundo es "como parece", el martirio.[172] ¿Es el martirio el único resultado?

Saber cómo implementar esta parábola es una tarea mucho más difícil que entendemos, y ciertamente no es respecto del moralismo. Ni ésta ni ninguna otra sección del NT dan alguna indicación de *cómo* amar al prójimo como a uno mismo o cuáles son los límites, si es que hay, antes de martirio. El NT es más un libro de identidad que un libro de guía; dice qué es el carácter cristiano, pero no dice cómo se debe obrar en cada caso. Los discípulos de Jesús son aquellos que niegan los límites para la identificación del prójimo y en cambio aman hasta a sus enemigos. Con esa identidad en lugar, cada persona debe determinar qué camino de sabiduría expresa mejor esta identidad. Además, no debemos pensar sólo en términos egoístas. Podemos obrar más efectivamente comunalmente que individualmente. Por otro lado, muchas veces debemos actuar individualmente según se presenta la ocasión, y no podemos eximirnos de la responsabilidad esperando que la comunidad actúe. Esta parábola no puede decirnos cómo amar a nuestro prójimo como a nosotros mismos, pero ella crea una realidad que desafía nuestra pasividad e intereses particulares. Amar al prójimo como uno mismo es difícil, pero no hay otras alternativas para los seguidores de Jesús.

No podemos dejar esta parábola sin hacer explícito que confronta el pecado del racismo. Los cristianos son tan culpables como cualquier otro de permitir que existan límites ilegítimos. No debemos quedarnos callados o ser tolerantes del pecado del racismo, ya sea en los Estados Unidos o en Europa occidental o como la que existe entre los palestinos e israelíes. Guardar silencio es permitir. Sobre la base de esta parábola debemos tratar con nuestro propio racismo pero debemos también buscar la justicia y ofrecer asistencia a los necesitados, independientemente del grupo al que pertenecen.

Lectura adicional

Kenneth Ewing Bailey, *Through Peasant Eyes: More Lucan Parables, Their Culture and Style* (Grand Rapids: Eerdmans, 1980), pp. 33-56.

Richard Bauckham, "The Scrupulous Priest and the Good Samaritan: Jesus' Parabolic Interpretation of the Law of Moses," *NTS* 44 (1998): 475-89.

Georges Crespy, "The Parable of the Good Samaritan: An Essay in Structural Research," *Semeia* 2 (1980): 27-50.

RobertW. Funk, "The Old Testament in Parable: The Good Samaritan," in *Language, Hermeneutic, and Word of God* (New York: Harper & Row, 1966),pp. 199-223.

Birger Gerhardsson, *The Good Samaritan — the Good Shepherd?* (Lund: Gleerup, 1958).

Helmut Gollwitzer, *Das Gleichnis vom barmherzigen Samariter* (Neukirchen: Neukirchener, 1962).

Peter Rhea Jones, *Studying the Parables of Jesus* (Macon: Smyth & Helwys, 1999), pp. 294-324.

F. J. Leenhardt, "La Parabole du Samaritain," in *Aux sources de la tradition chrétienne* (Neuchâtel: Delachaux & Niestlé, 1950), pp. 132-38.

T. W. Manson, *The Sayings of Jesus as Recorded in the Gospels According to St. Matthew and St. Luke Arranged with Introduction and Commentary* (London: SCM, 1949), pp. 259-63.

I. Howard Marshall, *The Gospel of Luke* (NIGTC; Grand Rapids: Eerdmans, 1978), pp. 439-50.

Llewellyn Welile Mazamisa, *Beatific Comradeship: An Exegetical-Hermeneutical Study on Lk 10:25-37* (Kampen: Kok, 1987).

Werner Monselewski, *Der barmherzige Samariter. Eine auslegungsgeschichtliche Untersuchung zu Lukas 10,25-37* (Tübingen: Mohr-Siebeck, 1967).[173]

Los Obreros de la Viña (Mateo 20.1-16)

Temáticamente esta parábola se podría haber colocado fácilmente en otro lugar (por ejemplo, con las parábolas del Reino presente o con las parábolas acerca del juicio). Debido a que Mateo considera que esta parábola trata con el discipulado, este es al menos un lugar obvio para el análisis.

Para algunos, esta es una extraordinaria parábola acerca de la gracia de Dios. Hultgren la ubica en su sección de parábolas que revelan el perdón y la gracia extraordinaria de Dios. Jülicher dijo que esta parábola presenta el Evangelio en pocas palabras, Montefiore la consideró una de las parábolas más grandes de todas, y Fuchs y Jüngel la calificaron el clímax de Mateo.[174] Creo que todo esto es una hipérbole y considero esta parábola una de las tres parábolas más difíciles (juntamente con el mayordomo infiel y el relato de Mateo de la gran cena).[175] Esta parábola parece algo conectada solamente a su contexto, y la mayoría de los intérpretes quieren que diga más teológicamente que lo que es. No es que presenta numerosas cuestiones difíciles; los problemas son relativamente fáciles, excepto dos: la identidad del auditorio original y el significado de la parábola.

Tipo de parábola

Esta es una parábola narrativa doble indirecta con una introducción que indica que el Reino es el punto de referencia y con un proverbio como una declaración final (v. 16) que parece algo vagamente relacionada a la parábola. El mismo proverbio con pequeñas variaciones en la redacción también precede la parábola para formar una inclusión.

Asuntos que merecen atención[176]

1. ¿Estaba el v. 16 (el proverbio sobre el primero será el último, etc.) originalmente conectado con la parábola y concuerda con la intención de la parábola?[177]
2. ¿Está la parábola diseñada para confrontar contra la explotación de los trabajadores? Esto implica otra pregunta: ¿es el dueño una figura positiva o negativa?
3. ¿Es la parábola "alegórica" con algunos o todos los elementos de la historia correspondientes a realidades teológicas?
4. ¿A quiénes fue dirigida originalmente la parábola, a los fariseos o los discípulos de Jesús?
5. ¿Son todos los obreros aceptados como pueblo verdadero de Dios o son algunos rechazados?
6. ¿Qué quiso decir Jesús con la parábola? y ¿qué quiso decir Mateo?
7. ¿Qué comprensión teológica se puede ganar, especialmente con respecto a la cristología, la práctica económica, o la naturaleza de la recompensa?

Material útil de fuente primaria

La relevancia de algunas de las fuentes primarias puede no ser obvia, si uno está trabajando con las traducciones modernas. En Mateo 20.15 el dueño de la viña pregunta: "¿Es tu ojo malo, porque yo soy bueno?" que la NVI traduce ¿tienes tu envidia, porque yo soy bueno?" Un "ojo malo" en los textos más abajo es una expresión de envidia o avaricia.

Material canónico

- OT: Lv 19.13; Dt 24.14-15; 1 S 30.21-25; Pr 22.9; 23.6; 28.22, 27
- NT: Mt 6.22-23/Lc 11.34-36; Mt 9.37-38; Mr 10.31/Lc 13.30

Escritos judíos tempranos

- 4Q424 Frag. 1, 10: "No confíes [tu] riqueza a un hombre con ojo maligno...."
- 4 *Esdras* 5.42: Cuando Esdras está preocupado que las generaciones anteriores o posteriores pueden estar en desventaja en

el juicio final, se le responde, "compararé mi juicio a un círculo; de modo que para los que llegan últimos no haya letargo alguno, y para aquellos primeros allí, no haya prisa alguna".

- *Bar.* 30. 2: Después de la resurrección de los justos, la multitud de almas aparecerán juntas. "Los primeros se gozarán y los postreros no estarán tristes... Pero el alma de los impíos será destruido." Aquí "el primero" ni "el postrero" es un término negativo.
- Josefo, *Antigüedades judías* 20.219-20: Durante la época de Agripa, después de completarse la construcción del templo, 18 mil obreros quedaron desempleados. Su necesidad y el deseo de no tener dinero en depósito en el templo por temor a los romanos condujo a que reciban el pago de un salario diario por poco trabajo. "Por lo tanto, en consideración por los obreros y eligiendo gastar sus tesoros por ellos —porque si alguno trabajara al menos una hora del día, inmediatamente recibirá su paga para esto..."

Escritos judíos tardíos

- Algunas de las parábolas rabínicas citadas abajo son tan semejantes a las parábolas de Jesús que los eruditos arguyen sobre quien toma prestado de quien.[178]
- *m. Baba Mesi'a* 7.1-11 da regulaciones que rigen la contratación de los obreros y si ellos pueden comer los productos donde están trabajando. Los reglamentos siguen las costumbres locales sobre el tiempo de trabajo.
- *m. Baba Mesi'a* 9.12: "Las leyes *en su día le darás su jornal* [Dt 24.15], y *no retendrás el salario del jornalero en tu casa hasta la mañana* [Lv 19.13] igualmente se aplican a la contratación de un hombre o de una bestia o de los utensilios... La ley *en su día le darás su jornal* se aplica también a los residentes extranjeros, pero no la ley *no retendrás el salario del jornalero en tu casa hasta la mañana*". Consulte las regulaciones similares que asegura el pago puntual en 9.11.
- *m.'Abot* 1.3: "Antígono de Soko... solía decir: No seas como los esclavos que ministran al amo para recibir una recompensa, sino sé cómo los esclavos que ministran al amo no para recibir una recompensa; y que el temor de Dios descienda sobre ti."

- *m. 'Abot* 2.9: "Él les dijo: Anda y ve cuál es el camino bueno al que un hombre debe unirse. Rabí Eliezer dijo, el ojo bueno [otros rabinos citan otras opciones]... Vete y ve cuál es el camino malo que un hombre debe rechazar. Rabí Eliezer dijo, un ojo malo".
- *m. 'Abot* 2.11: Rabí Josué dijo: "El ojo malo y la naturaleza pecaminosa y el odio de la humanidad sacaron a un hombre del mundo."
- *m.'Abot* 2.14: "Rabí Eleazar dijo: Sean atentos de estudiar la Ley y saber cómo responder a un incrédulo; y conoce ante quién te sientas y quien es tu patrón querecompensará tu labor." Palabras similares aparecen en el 2.16.
- *m. 'Abot* 2.15: "R. Tarfon dijo: el día es corto y la tarea es grande y los obreros están desocupados y el salario es abundante y el dueño de la casa tiene urgencia."
- *m.'Abot* 5.23: "Ben He-He dijo: "Según el sufrimiento así es la recompensa." Este es un proverbio que se aplica a la labor del estudio de la Torá.
- *y. Berakot* 2.7: "Cuando R. Bun bar Hiyya murió [en una edad joven], R. Zeira vino y le elogió [exponiendo Eclesiastés 5.12].... ¿A qué [historia] se puede comparar [la vida] de Bun R. Hiyya? [A esta historia.] Un rey contrató a muchos obreros. Un obrero se destacó en su trabajo. ¿Qué hizo el rey? Lo tomó y caminó con él de frente hacia atrás [a través de las filas de los cultivos y no le permitió terminar su jornada diaria de trabajo.] Al llegar la noche, cuando todos los obreros vinieron a recibir la paga, el rey le dio la paga de un día completo de trabajo juntamente con [el resto de] ellos. Los obreros se quejaron y dijeron: 'Hemos trabajado todo el día, y éste trabajó sólo dos horas y recibió paga ¡por un día completo de trabajo! El rey dijo a ellos, "éste trabajó [y cumplió] en dos horas lo que ustedes hicieron en un día entero". Así R. Bun trabajó en el estudio de la Torá durante veintiocho años [y aprendió] más que un viejo estudiante podría aprender en cien años." Este relato con una ligera variación se encuentra también en Eclesiastés Rab. 5.17 y Cantares Rab. 6.13 y se repite en la Midr. TanFuma Ki Tissa 110.
- *b. Berakot* 7a, en respuesta a la afirmación de que Dios ora: "¿Qué ora? —R. Zutra b. Tobi dijo en nombre de Rab: 'Que mi voluntad sea que mi misericordia pueda suprimir mi ira, y

que mi misericordia pueda prevalecer sobre mis [otros] atributos, de modo que pueda tratar con mis hijos con el atributo de misericordia y, en favor de ellos, frenarme de justicia estricta.'"

- *b. Abodah Zarah* 17a: "Uno puede adquirir la vida eterna después de muchos años, ¡otro en una hora! El Rabí también dijo: Los arrepentidos no solamente son aceptados, incluso se llaman "¡Rabinos!" Esto se habla de un rabino al que se concedió la vida en el mundo venidero a pesar de visitar las prostitutas pero después de mucho buscar misericordia.
- *Sifra Behuqotai* 262 (en Lv26.9): "¿A qué se compara el asunto? Se compara con el caso de un rey que contrató un equipo grande de trabajo, y había allí un cierto obrero, que trabajó para él durante un largo período de tiempo. Los obreros llegaron a cobrar sus salarios, y ese obrero vino también con ellos. El rey le dijo: 'Hijo mío, me volveré hacia ti [y te daré atención especial]. Estos jóvenes obreros que han trabajado para mí han hecho una buena cantidad de trabajo, así que les daré un sueldo modesto, pero contigo haré un acuerdo considerable.' "Así los israelitas están en este mundo: Ellos buscan su recompensa ante el Omnipresente, y las naciones del mundo buscan su recompensa ante el Omnipresente. El Omnipresente dice a los israelitas, 'Hijos míos, les prestaré atención. Las naciones del mundo que han trabajado para mí han hecho una buena cantidad de trabajo, así que les daré un sueldo modesto, pero con ustedes haré un acuerdo considerable.'"
- *Rab Dt.* 6.2: "Es como si un rey hubiera contratado por sí mismo obreros y los trajo directamente a su huerto sin revelar qué se proponía pagar por los diversos tipos de trabajo en el huerto, para que no descuidaran la labor de poca paga por el trabajo de mucha paga. Por la noche llamó a cada uno y le preguntó: '¿Con cuál árbol has trabajado? 'Él respondió: "con este." Entonces le dijo el rey: "Este es un árbol de pimienta y el sueldo para trabajar en él es una pieza de oro." Entonces llamó a otro y le preguntó: '¿Con qué árbol has trabajado?' Y él respondió: 'Bajo este árbol.' El rey entonces dijo: 'Este es un árbol de flores blancas y la paga por trabajar con él es media pieza de oro.' Entonces llamó todavía a otro y le preguntó: '¿Con que árbol has trabajado?' Y él respondió: 'Con éste.' Por lo cual el rey exclamó: 'Este es un árbol de olivo y el sueldo para trabajar con

él es 200 *zuz*'. Los obreros dijeron al rey: "Debiste habernos informado desde el principio qué árbol tenía el mayor pago, para que trabajáramos en él. 'Entonces el rey respondió: 'Si hubiera hecho esto, ¿cómo produciría el resto de mi huerto?' Así que Dios no reveló la recompensa de los preceptos, excepto dos, el de mayor peso y el de menor peso" (la honra a los padres es el de mayor peso y liberara una ave mamá es la de menor peso). *Pesiqta Rabbati* 23/24.2 y *Midr. Sl.* 9.3 son similares.

- *Midr. Sl* 4.7: "Si tenemos mérito, trata con nosotros consecuentemente; pero si no lo tenemos, entonces muéstranos justicia y misericordia."
- *Midr. Sl* 26.3: "Así también, Salomón dijo al Santo, bendito sea: ¡Amo del universo! Cuando un rey contrata obreros diligentes y hacen bien su trabajo, y les da su paga, ¿debe ser alabado el rey? ¿Cuándo el rey debe ser alabado? Cuando contrata obreros perezosos, pero les da su paga completa. Y Salomón continuó: Nuestros padres trabajaron diligentemente y recibieron buena paga. ¿Cuál fue tu bondad en esto, acaso que ellos trabajaron y recibieron su paga? Obreros perezosos, ¡nosotros! Sin embargo, nos das buena paga, y eso sería ¡tú gran bondad! Por tanto, Salomón dijo: "*Esté con nosotros Jehová nuestro Dios, como estuvo con nuestros padres*" (1 R 8.57). También en *Pirqe Rabí Eliezer* 53; cf. *Midr. Sl.* 3.3; 105.13.
- *Midr. Sl.* 37.3: "¿Con quién podrá David compararse? Con un obrero que trabajó toda su vida para el rey. Cuando el rey no le dio su salario, el obrero preocupado dijo: '¿Me iré sin nada en mis manos?' Entonces el rey contrató a otro obrero que trabajó para el rey solo un día, y el rey puso carne ante él, le dio de beber y le dio su salario completo. El obrero que había trabajado toda su vida para el rey dijo: '¿tal recompensa para éste que no trabajó más que solo un día para el rey? Para mí que he estado trabajando para el rey todos los días de mi vida, ¡cuánto más mi recompensa!' El otro obrero se marchó, y ahora el que había estado trabajando toda su vida para el rey estaba contento en su corazón. Entonces dijo David: "Tú diste alegría a mi corazón, mayor que la de ellos cuando abundaba su grano y su vino" (Sl 4:7) De la prosperidad de los malvados en este mundo, se puede imaginar la recompensa de los justos en el mundo venidero."[179]

Características del texto que merecen atención

Esta parábola es inusual ya que contiene información y personajes que no son realmente necesarias para la trama (los obreros contratados en la hora tercera y el administrador). Asimismo, la parábola del siervo malvado tiene siervos que informan a su amo, pero tampoco son necesarios en realidad.

La introducción formularia "el reino de los cielos es como" aparece con frecuencia en Mateo (13.31, 33, 44, 45, 47), pero las construcciones similares ocurren también en Lucas (véase 13.18-21 y 6.47-49; 7.31-32).

Mientras que algunos sugieren que la parábola se compone de dos actos (VV. 1-7 y 8-15)[180] y algunos de tres (vv. 1-7, 8-11 y 12-15),[181] hay una ventaja en notar cuatro movimientos en los corchetes de la introducción y el proverbio final:

v. 1a: Introducción formularia del Reino
 VV. 1b-7: la secuencia de las contrataciones
 VV. 8-10: el pago
 VV. 11-12: la denuncia de la injusticia
 VV. 13-15: la defensa de la bondad
v. 16: proverbio de conclusión

Las contrataciones son estructuralmente paralelas.[182] En las cinco, el dueño sale, se especifica el tiempo, y los obreros son enviados a la viña. En la segunda y quinta contratación los obreros se encuentran en la plaza.[183] En la primera, la segunda y la quinta se registran el diálogo, pero sólo en la última, los contratados hablan.

Los proverbios en Mateo 19.30 y 20.16 son similares; las palabras "primeros" [*prōtoi*] y "últimos" [*eschatoi*] son plurales:

19.30: Muchos primeros (personas) serán postreros (personas), y postreros (personas), primeros.

20.16: Así, los postreros (personas) serán primeros (personas), y los primeros (personas), postreros.

Marcos 10.31 tiene el idéntico proverbio en el mismo punto en la narrativa como Mateo 19.30, pero Lucas 13.30 tiene el proverbio en un contexto no relacionado con Mateo ni Lucas y en el orden inverso como 20.16.[184] Aquellos convencidos de la existencia del Q a menudo concluyen que Mateo y Lucas indican a una versión del Q del refrán. Compare también Marcos 9.35 y Lucas 14.9.

La parábola tiene mateanismos, que no debe ocasionar alarma ni sorpresa. Note *misthos* ("recompensa", 10 ocurrencias en Mateo, uno en Marcos, y tres en Lucas), *apo... heōs* ("de... hasta", ocho, tres y dos respectivamente), *agathos/ponēros* ("bueno"/"malo", ocho, ninguno y dos). *Oikodespotēs* ("dueño la casa") ocurre solamente en los sinópticos y es más frecuente en Mateo (siete, uno y cuatro en Marcos y Lucas). Pero, es exagerada la afirmación de un número elevado de mateanismos.[185]

¿Se puede citar *Apodidōmi* ("pagar") como un mateanismos(dieciocho ocurrencias, una y ocho en Marcos y Lucas) cuando siete de las ocurrencias de Mateo aparecen en la parábola del siervo malvado? Puesto que Lucas emplea *homoios* ("como") con el verbo "ser" tanto como Mateo (ocho en cada uno, ninguno en Marcos), es justo decir que *homoia estin* ("es como") es mateana?

El contexto esta cuidadosamente enmarcado por Mateopor lo menos en el 19.13–20.34 para tratar los temas de estatus, la riqueza, la avaricia y el discipulado. El mensaje de fondo en esta sección es la revocación de los valores de este mundo.[186]

19.13-15: Los discípulos son corregidos por tratar de mantener apartados a los niños; de los tales es el Reino.

19.16-22: El joven rico es instruido sobre su fracaso de guardar la ley de amar a su prójimo, al pobre, con su riqueza y su llamado a negarse a sí mismo, a tomar su cruz y seguir a Jesús.

19.23-26: Los discípulos son instruidos sobre el engaño del dinero, tal vez la más obvia inversión de los valores.

19.27-30: Pedro pregunta que recibirán los doce (probablemente el propósito del pronombre de primera persona) por dejarlo todo y seguir a Jesús y recibe como respuesta un anuncio de su participación con el Hijo del Hombre glorificado para regir un Israel reconstituido. Se asegura a los discípulos que todo aquel que haya dejado familia y posesiones recibirá cien veces más, y heredará la vida eterna. El v. 30 es un proverbio resumen que confirma que los que estiman haber perdido todo (el postrero) serán ricamente recompensados (será primero).

20.1-16: La parábola de los obreros de la viña juntamente con el breve proverbio repetido.

20.17-19: Jerusalén no será el lugar de exaltación, sino lugar de traición y muerte, pero seguirá la resurrección.

20.20-28: La solicitud de la madre de los hijos de Zebedeo de los asientos principales para sus hijos cuando Jesús sea exaltado (cf. 19.28) se convierte en una ocasión para la instrucción en la inversión de valores. Los seguidores de Jesús no deben considerar la grandeza como lo hace este mundo. Ser el primero significa ser un siervo (ser último) y Jesús mismo es el supremo ejemplo. La parábola y el breve proverbio son una anticipación de esta sección, especialmente los vv. 24-27.

20.29-34: La sanidad de los dos ciegos describe las actitudes que se requiere de los discípulos. Aunque que los hijos de Zebedeo buscaban estatus en respuesta a la pregunta "¿Qué quieres?" (v. 21), en respuesta a la misma pregunta (v. 32) los ciegos pidieron que sean abiertos sus ojos, y como resultado recibieron la vista y siguieron a Jesús.

La identificación del dueño de la viña como "bueno" (v. 15) enlaza con el 19.17, que identifica sólo uno como bueno —Dios. Todo lo que pretende con este vínculo no está claro, pero al menos subraya dentro de la narrativa el carácter de Dios y hace evidente que Dios es el referente con el dueño de la viña.[187] Hay paralelismos entre esta parábola y la del hijo prodigo.[188] Ambas tienen una figura de autoridad que expresa generosidad inesperada, una queja contra la generosidad y una justificación de la generosidad. Esto supone, sin embargo, que el enfoque de la parábola es la generosidad, una hipótesis que se debe aprobar.

Información cultural

El cuadro que presenta la parábola utiliza características realistas pero exageradas. El dueño probablemente está bastante bien, pero no tan rico que deja la supervisión de su viña a los contratistas. La explicación de alguien que contrata jornaleros del mercado en un momento de necesidad es realista,[189] como también el monto del pago. Dos elementos son exageraciones. El número de contrataciones es excesivo y apenas concebible debido al tiempo que envuelve ir y venir desde el viñedo, a menos que el viñedo estuviera inmediatamente adyacente al mercado. ¿Por qué los últimos contratados no fueron vistos antes y por qué el dueño no pudo calcular mejor sus necesidades? Tales preguntas son pertinentes solamente si uno piensa que las parábolas siempre son válidas a la vida. Ellas no son. Las repetidas contrataciones son una trampa para permitir que la parábola exprese su opinión. También es poco realista la igualdad de remuneración para todos los obreros, el punto preciso de la parábola.[190] Una vez más vemos que las parábolas utilizan materiales cotidianos, pero no relatan sucesos cotidianos.

La vida de un jornalero en el mundo antiguo era difícil desde cualquier punto de vista. El desempleo era un problema continuo, y muchos esclavos tenían una vida más fácil porque sus dueños tenían una inversión financiera que requiere la protección y los cuidados adecuados. Pero los jornaleros no requerían esas inversiones y podrían ser contratados por períodos cortos y trabajaban con exceso o incluso eranabusados.[191] Pero eso no nos dice específicamente sobre esta parábola y su propietario. Ellos son el "mundo" que constituye el telón de fondo de la parábola.

La jornada diaria era de doce horas, desde el amanecer hasta el ocaso (Sl 104.22-23), y las quejas de los primeros contratados era que habían soportado la carga y el calor del día (v. 12) son indicadores de la dificultad del trabajo y el sol palestino.

La pobreza de los jornaleros diarios era tan obvia que la Torá exige que se les pague cada día al atardecer porque necesitaban el dinero para sobrevivir (Lv 19.13; Dt 24.14-15). Los escritos rabínicos exigían lo mismo (m. Baba Mesi'a9.12; b. Baba Mesi'a 83a, 110b).[192] La *Tosefta* menciona el engaño de los dueños que prometieron pagar más y de los obreros que no cumplieron, los obreros que sufrieron exceso de calor y las instrucciones específicas para pagar en proporción al trabajo realizado, si un obrero trabaja sólo parte del día (t. Baba Mesi' a 7.1, 3).

Un denario era considerado generalmente el salario diario promedio de un jornalero. Era el mejor salario de subsistencia. Las estimaciones generalmente son que un adulto en Palestina antigua necesitaba medio denario al día para vivir y que un ingreso de 200 denarios por año marcaba el límite de pobreza.[193] Sin embargo, 200 denarios por año apenas puede mantener una pequeña familia a flote. Como siempre, sin embargo, no todo el mundo era pobre. Los ricos "obraban suntuosamente", y la disparidad entre ricos y pobres era grande y ofensiva, como lo sigue siendo. "Amigo" (v. 13) según lo utilizado en este Evangelio lleva una connotación negativa, lo que indica un problema en la relación (cf. 22.12 y 26).

Explicación de la parábola

Opciones de interpretación

Se deben mencionar siete opciones, pero existe una miríada de matices (especialmente en la relación de justicia, obra, y la recompensa), incluyendo algunos enfoques "inusuales".[194]

1. Como era de esperar, la iglesia ha alegorizado esta parábola a lo largo de su historia. Las alegorías tomaron dos direcciones. Con frecuencia se entendía la historia como una referencia a las sucesivas edades del mundo con las cinco contrataciones que representan los períodos desde Adán a Noé, de Noé a Abraham, de Abraham a Moisés, de Moisés a Cristo y de Cristo hasta el presente. Por otro lado, se entendió la historia para representar las etapas de la vida en la cual las personas experimentan la conversión: la niñez, la adolescencia, la flor de la vida, la vejez y el punto de la muerte.[195] Esta interpretación confirmó la validez plena de la conversión tardía. Ambas interpretaciones consideraron el denario como la vida eterna o la resurrección.

2. Muchos piensan que la parábola retrata la gracia generosa de Dios, la gracia de Dios en la salvación y arguye contra la salvación por obras.[196]

3. A menudo en combinación con la opción anterior, muchos piensan que la parábola es la defensa de Jesús contra las críticas de sus opositores por su aceptación de los pecadores.[197]

4. Algunos toman la parábola (o por lo menos la comprensión de Mateo de ella) como que enseña el rechazo de los judíos y la aceptación de la gentiles.[198]

5. Algunos comprenden la parábola como que muestra el abuso de los campesinos por los ricos propietarios.[199] Si este es el caso, la gracia de Dios es comparada con la generosidad del propietario.

6. Algunos piensan que la parábola se dirige contra la envidia, la avaricia, la jactancia o cualquier tipo de ajuste de cuentas entre los discípulos de Jesús.[200]

7. Unos pocos argumentan que la parábola enseña sobre la solidaridad humana.[201]

Estas opciones no son mutuamente exclusivas, y de hecho uno encontrará a menudo dos o más que se unieron. En mi opinión 1, 4 y 5 tienen poco que mencionar para una consideración seria y el 6 tiene la mayoría en su favor, pero todo esto se debe demostrar.

Decisiones sobre los asuntos

1. ¿Estaba el v. 16 (el proverbio sobre el primero será postrero, etc.) originalmente conectado con la parábola y concuerda con la intención de la parábola? Dos de estas preguntas por lo general se contestan negativamente,[202] y es comprensible. La falta de concordancia se notó al menos tan pronto como Crisóstomo en el cuarto siglo cuarto.[203] La única conexión entre la parábola y el proverbio es que el último contratado recibe primero la paga (v. 8). El proverbio parece haber sido un refrán consistente. Su relación con su contexto es directo y claro en Lucas 13.30 pero menos directo en Marcos 10.31/Mateo 19.30, cuando "el primero" por alusión se refiere al rico de varios versículos anteriores. Mateo insertó el proverbio después de la parábola en consonancia con el enfoque de la inversión de valores en esta sección.

Más importante es la pregunta sobre qué logra el proverbio y si Mateo considera que el proverbio era el *nimshal*, la explicación, de la parábola. Por lo menos desde Jülicher, se ha argumentado que con esta adición Mateo ha convertido una parábola de gracia en una parábola del juicio.[204] Por otro lado, George Beasley-Murray cree que el proverbio concuerda a lo que Mateo hace en el contexto.[205] Aunque el v. 16 comienza con houtōs ("así"), no creo que pretenda ser el *nimshal* de la parábola. Por el contrario, se coloca aquí como un recordatorio de lo que domina 19.13–20.34. *Gar* ("porque") en 20.1 muestra que de alguna manera Mateo vio la parábola como un ejemplo del proverbio, que indica que las percepciones humanas sobre el rango son sin importancia y que no se tendrá en cuenta en el Reino, que por cierto es el mensaje de la parábola.

2. ¿Está diseñada la parábola para confrontar a la explotación de los obreros? Esto implica otra pregunta: ¿Es el dueño una figura positiva o negativa? La opinión de que la parábola confronta la explotación de los obreros y que el dueño es una figura negativa no tiene base. Debido a la dificultad de esta parábola, W. Herzog sostiene que debemos ignorar a partir de Mateo v. 1a con su referencia al Reino y que debemos entender la parábola como la representación de la opresión de un terrateniente de los jornaleros pobres. Varios intérpretes han seguido a Herzog. En su mente, la parábola originalmente no trata de la bondad de Dios sino de la injusticia del dueño, que no representa a Dios sino al terrateniente opresivo con quien Dios es contrastado. Para Herzog, Mateo ha distorsionado la parábola original de Jesús mediante la creación de una "teologuita" invistiéndola con valores teológicos para que el dueño de la viña sea Dios, que la viña sea Israel o la iglesia, que los obreros contratados primero sean los judíos o discípulos originales de Jesús, y los obreros contratados últimos sean los gentiles o conversículos recientes, etc. Herzog cree que los frecuentes viajes del dueño originalmente acentuaron su poder unilateral; el dueño presenta una propuesta de "Tómalo o déjalo" a los primeros obreros y se aprovecha de los demás obreros ofreciéndoles trabajo sin un acuerdo salarial. La revocación del orden de pago es vista como una afrenta a los primeros obreros contratados, un intento deliberado para mantenerlos subyugados. La defensa del propietario (vv. 13-15) es vista como un insulto denigrante. Además, su actitud de hacer lo que quiera con su propiedad es una blasfemia envista de la insistencia de la Torá que la tierra pertenece a Dios.[206]

Si este fuera el significado de la parábola, entonces la mayoría de la gente tendría que renunciar a cualquier esperanza de entender las parábolas de Jesús, porque nada proporciona un puente del texto a cualquiera de las conclusiones que saca Herzog.

Tal vez deseamos que Jesús haya confrontado más plenamente la opresión de los pobres —aunque su parábola el Rico y Lázaro puede ser más de lo que podemos ocuparnos— pero la propuesta de Herzog ilegítimamente impone una ideología sobre el texto. Nadie cuestiona que los jornaleros llevaran una vida difícil en el mundo antiguo, pero además de la interesante discusión de Herzog de los jornaleros, su enfoque lleva la parábola fuera de su mundo. Un viñedo, un dueño y los obreros en un contexto judío virtualmente requiere que uno entienda la historia como una referencia a Dios y la responsabilidad que el pueblo tiene con Dios, en todo caso, que al menos haya alguna indicación de lo contrario. Que Dios está presente aquí se confirma por "bueno" en 20:15, que se remonta al 19.17, la declaración que sólo Dios es bueno. El viñedo no necesariamente representa a Israel,[207] como hemos visto con otras parábolas, sino que ella representa la responsabilidad y la obediencia a Dios. Las otras parábolas de viñedo de Jesús y las parábolas rabínicas citadas anteriormente comprueban que el tema es la obra de Dios. Otros textos rabínicos describen a Dios como un empleador,[208] y si las parábolas rabínicas contrastan un ser humano con Dios, hacen el contraste explícito. Nada indica que el propietario se estaba aprovechando del acuerdo salarial o en las contrataciones posteriores. Tampoco es una blasfemia que el dueño se reserva el derecho de hacer lo que quiera con su propiedad, aunque Dios es el dueño incuestionable. De lo contrario, incluso él no podría dar sus posesiones a los pobres, que es lo que está haciendo. Según la opinión de Herzog el pago de los obreros contratados últimos no tiene sentido. Si el propietario fuera un explotador y despiadado como se sugiere, ¿por qué habría pagado tanto a los últimos obreros?[209] Nada nos mueve a aceptar el argumento de Herzog. Encuentro importante que Herzog omite las parábolas como la del hijo pródigo que no encaja en su esquema,[210] lo cual es, las parábolas en las que la figura de autoridad es de carácter positivo y de ninguna manera negativa. El enfoque de Herzog es un ejemplo de poner la cultura sobre el texto, en lugar de permitir que el texto desarrolle en su cultura y alternar entonces el texto a la propia ideología de uno.

3. ¿Es la parábola "alegórica" con algunos o todos los elementos de la historia correspondientes a realidades teológicas? Esta es una pregunta inevitable. Las parábolas son analogías y las analogías tienen correspondencias o no pueden funcionar. El mundo simbólico de las parábolas señala a Dios y a aquellos que buscan servirle, como ya se ha indicado. Sin embargo, las correspondencias que hacen que las analogías funcionan es un esfuerzo para cambiar una historia que no es alegoría en alegoría, lo cual tanto la iglesia como los eruditos bíblicos han hecho a menudo. La tentativa de ver a los judíos representados en los primeros contratados y a los gentiles en los contratados postreros, incluso en la mente de Mateo, requiere una varilla de zahorí que el texto no da. Ninguno de los obreros legítimamente puede ser identificado como personas que buscan servir a Dios o que piensan que lo hacen. El público de Jesús era judío, pero él no estaba contrastando judíos y gentiles. El público de Mateo es cristiano, mayormente judíos cristianos, pero nada en su descripción sugiere judíos y gentiles.

La suposición frecuente que para Jesús los fariseos representan los primeros contratados y los últimos contratados representan a los publicanos y los pecadores, crea dificultades serias. Quién representa los primeros y los últimos contratados, si es que son grupos específicos, es incierto y una de las preguntas más difíciles de responder.[211] Tendremos que preguntar sobre estos grupos más adelante, pero especificarlos sin pruebas es un error como la suposición que las cinco etapas de la contratación representan varias edades de la historia, las épocas de la vida humana, o los cinco sentidos, ninguna de las cuales tiene legitimidad. La carga y el calor del día no se refieren a la Ley, el mayordomo (v. 8) no representa a Cristo y el denario no representa la vida eterna.[212] No se debe tomar ninguno de estos detalles como que tienen significado alegórico.

4. ¿Fueron los destinatarios originales los fariseos o los discípulos? y 5. ¿Son todos los obreros aceptados como pueblo verdadero de Dios o son algunos rechazados? Estas dos preguntas están estrechamente relacionadas y pueden considerarse juntas. Esta parábola es el "modelo base" de J. Jeremías para la iglesia o los evangelistas por haber alterado el mensaje parabólico de Jesús mediante el cambio del auditorio. El contexto de Mateo se considera un obstáculo para la interpretación. Jeremías supone que el propósito original de la parábola era la defensa de Jesús contra sus críticos.[213] A menudo se acepta la posición de Jeremías, pero ¿cómo sabe que la parábola fue dirigida contra los críticos de Jesús? La parábola no da ningún indicio de ello. Uno podría señalar a Lucas 15.1-2, que menciona explícitamente las quejas de los escribas y fariseos sobre la aceptación de Jesús de los publicanos y pecadores y los paralelismos con la parábola del hijo pródigo. Los primeros obreros contratados de todos modos reciben su paga, y se menciona al hermano mayor todavía como "hijo" (*teknon*). ¿Reflejan estas parábolas el período previsto en la parábola de la higuera estéril (Lucas 13:6-9) cuando Jesús procuraba el arrepentimiento de Israel y sus líderes? ¿O acaso Jesús sugiere simplemente con esta parábola que los fariseos y los pecadores son tratados igual?

Mateo indica que la parábola iba dirigida a los discípulos y al problema de la envidia,[214] que tiene sentido, especialmente teniendo en cuenta la discusión frecuente de los discípulos sobre quién entre ellos es el mayor (Mt 18.1 / Mr 9.34 / Lc 9.46; Mt 20.20-28/Mr 10.35-45/Lc 22.24-27; Mt 23.11). Que todos los obreros recibieron el pago podría excluir la idea de que se trata de los opositores de Jesús, pero eso es incierto.[215] D. Via trató de evitar la conclusión de que todos los obreros son obreros verdaderos diciendo que la orden del dueño de la viña de "toma lo que es tuyo, y vete" (v. 14) es un despido, una exclusión de la viña.[216] Pocos le han seguido en esto, sobre todo porque, como él admite, los obreros estaban a punto de volver a sus casas.[217] Pocos suponen que se trata de los fariseos y que ellos reciben su pago, lo que indica que no se les excluye del Reino.[218]

Además del paralelo con Lucas 15 hay poco que sugiere que los fariseos eran el público original, y hay un buen caso para considerar a los discípulos como los destinatarios, pero posiblemente la pregunta está muy corregida. ¿Tenía Jesús tan dividido a sus discípulos de sus oyentes judíos que enseñó dos temas diferentes? ¿O eran parábolas como ésta narrada repetidamente y aplicada a diferente público como las multitudes, los opositores y seguidores cercanos? Si es así, la misma parábola o pensamiento parabólico puede que los destinarios sean los discípulos y un público más amplio. La gente supone en base a Marcos 4.11/Lucas 8.10 y Mateo 13.34/Marcos 4.34 que las parábolas no eran el método de enseñanza de Jesús a los discípulos, sino que las parábolas eran temas obvios de discusión con los discípulos, y Mateo y Lucas ambos, legítimamente, tienen varias parábolas dirigidas a los discípulos.[219]

Aunque la parábola podría haber tenido un público más amplio, parece más probable que iba dirigida a los discípulos. Si los salarios de los primeros contratados se referiría a la inclusión en el Reino, concuerda bien con lo que Jesús dice acerca de los fariseos en otros lugares (cf. Mt 8.11-12/Lc 13.27-30, este último registra la versión de Lucas del proverbio de los primeros y los postreros). Además, esta parábola no es como la del hijo pródigo. Como Pheme Perkins señala, esta parábola no da a los descontentos mucha motivación para cambiar la opinión que tienen sobre el dueño.[220] Aunque el padre sale para insistir(*parakalein*) al hermano mayor para unirse a la celebración (Lc 15.28), la respuesta del dueño en esta parábola es más una acusación de una actitud equivocada. Además, el enfoque en la envidia en el v. 15 ("el ojo malo") no concuerda con los fariseos, pero encaja bien con los discípulos, no sólo en el contexto de la pregunta de Pedro respecto a la recompensa (19.27), sino también con las frecuentes discusiones acerca de quién de ellos es el mayor.

Por otro lado, el intento de decidir si todos los obreros eran verdaderos obreros del reino de Dios y si los primeros contratados heredan el Reino parece una alegoría. Fuerza la parábola más allá de lo que pretende hacer. No debe esperarse de ninguna parábola que presente un panorama teológico detallado sobre el estado eterno de todos sus personajes. La interpretación de la parábola es sobre cómo funciona la analogía, no decidir cómo encaja cada elemento con la teología o la relación de Jesús con sus contemporáneos.

Para ser explícito en cuanto a las dos preguntas que se trata, la parábola se dirige a los discípulos, pero no busca determinar quiénes son verdaderamente el pueblo de Dios.

6. *¿Qué quiso decir Jesús con la parábola y qué quiso decir Mateo?* Determinar el significado de la parábola es difícil y se ve afectado por

la decisión sobre los destinatarios originales. Si los opositores de Jesús son el público objetivo, la parábola puede subrayar la aceptación de los publicanos y los pecadores. Si los discípulos son los destinatarios, que creo que es el caso, se pretende excluir la arrogancia, las ideas de superioridad sobre los demás en el Reino, y cualquier idea de que la evaluación de Dios se debe entender como una especie de ajuste de cuentas.

La opinión más generalizada es que la parábola es una ilustración de la gracia de Dios a los pecadores, a menudo con descripciones más bien extravagantes de Dios como sumamente generoso.[221] A menudo esto se asocia con un contraste entre la ley y el Evangelio, entre un mundo judío de mérito y un mundo de gracia, o entre las obras y la gracia.[222] Sin embargo, mientras que la parábola trata de la bondad de Dios en cierto nivel, no se trata de contrastar las obras con la gracia y tampoco se trata de la gran generosidad de Dios.B. Scott con razón se queja de que las interpretaciones que centran en la gracia y la generosidad implican un ejercicio interpretativo notable.[223] Nadie en la parábola recibe una recompensa de gracia. Todos los obreros trabajan y todos reciben su salario, aunque algunos más de lo que nadie espera. El salario entregado no es especialmente generoso (aunque esos contratados posteriormente pueden considerarlo como tal). Si la generosidad fuera el enfoque, el salario para todos los obreros no se fijaría en un denario, apenas un salario de subsistencia; por el contrario, se esperaría una cantidad exagerada, si no algo paralelo a la misericordia admirable del rey en la parábola del siervo malvado, por lo menos paralelo a las deudas canceladas en la parábola de los dos deudores. Las acciones del dueño son más caritativas que generosas.

Tampoco podemos decir que la gracia es evidente con el llamado a trabajar en la viña o que los obreros contratados después mostraron confianza y una relación con el propietario, lo cual refleja fe en el ámbito teológico.[224] Todo esto es un supuesto teológico de parábola que simplemente no existe. Tampoco el enfoque de la parábola trata de una existencia que no se basa en el mérito. No se trata de la igualdad de todas las personas o la necesaria solidaridad de las personas.[225] No muestra igual valor de los que se convierten tarde en la vida o de aquellos que se convierten en cristianos en las etapas posteriores de la historia cristiana.[226] Todas esas sugerencias, aunque puede que sean verdaderas, confunden lo que esta parábola busca expresar. La parábola centra en la bondad del propietario y la queja, *la envidia*, de aquellos que pensaron que deberían recibir más por su trabajo. *La parábola nos instruye que el trato de Dios con las personas, su juicio, no se basa en cálculos humanos ni en las pautas humanas de justicia.*

El principio de igual remuneración por igual trabajo es una suposición virtual de nuestro sentido de justicia.[227] Quienes trabajaron menos deben ser pagados menos, pero el propietario da a todos igual salario porque sin ello los contratados posteriormente no tendría suficiente para vivir. Las personas, de antes y de ahora, continuamente se comparan con los demás, tratando de evaluar la equidad y el nivel de logro, que es exactamente lo que los discípulos hicieron. El único hecho que provoca la queja de los primeros obreros contratados es la comparación de su salario con el de aquellos contratados más tarde. Como con la mayoría de los seres humanos, la justicia es en su opinión lo que no da a nadie, ni a los pobres, una ventaja; esto es una definición desde una perspectiva egocéntrica. Se da algo de importancia en la parábola a la idea de lo que correcto/justo (*dikaion* en el v. 4; adikō, 'hacer mal" en el v. 13). A la denuncia de la injusticia el propietario defiende sus acciones como justas porque pagó a los que contrató primero la cantidad acordada y porque puede hacer como quiera con su propiedad. Para la mayoría de nosotros la injusticia es lo que pasa en nuestra desventaja, mientras que lo que sucede en nuestra ventaja es buena suerte.

La regla de tensión final centra la atención en dos hechos: el "mal de ojo" de los enojados y la bondad del propietario. La expresión "un mal de ojo" es descriptiva de la envidia, los celos y la falta de generosidad.[228] Proverbios 28. 22 enlaza el mal ojo con la codicia y Proverbios 22.9 dice que la persona con ojo bueno da su pan a los pobres. Esto no es suficiente para demostrar que la parábola alude a estos textos, pero al menos ilustran las lo que incumbe a la parábola. El dueño es bueno porque da a los pobres y los obreros se quejan porque están celosos. Con esto, la declaración que sólo Uno es bueno en el 19.17 adquiere una nueva luz: Dios es bueno porque, a diferencia del joven rico, da a los pobres.

La proclamación de Jesús del reino incluye metáforas para el juicio y el asunto de la recompensa. La recompensa *no* es un mal motivo; es una forma de hablar respecto de lo que agrada a Dios y asegura que seguir a Cristo no es un esfuerzo infructuoso. Los discípulos, como la mayoría de las personas estaban conjeturando en la recompensa y en la búsqueda de privilegio. La pregunta de Pedro fue "¿Qué, pues tendremos?" (19.27), y recibió la seguridad de que la recompensa es grande. ¿Acaso la promesa de una recompensa crea una posición y rango? La solicitud de los hijos de Zebedeo es para un rango más alto, pero Jesús rechaza las conjeturas sobre el prestigio (20.20-28).Si originalmente en el contexto de la pregunta de Pedro o no, la parábola refiere la especulación acerca de la recompensa en comparación con otros. La clave en la interpretación de la parábola es el v. 10, los que primero fueron contratados pensaban que ellos habrían de recibir más.[229] La parábola rompe cualquier eslabón de lógica que conecta la recompensa, el trabajo, y las percepciones humanas de lo que es correcto. La justicia de Dios no está regulada por las percepciones humanas de la justicia,[230] y aguardando tras esa declaración hay una teología completa de la misericordia. La parábola no está tratando de decir algo acerca de salvación y el esfuerzo humano. Por el contrario, *así como nadie debe envidiar a un hombre bueno que va más allá de la justicia y da a los pobres, del mismo modo nadie debe envidiar la bondad y la misericordia de Dios como si las recompensas de Dios están limitadas a cálculo estricto.*[231] Está implícita la suposición de que el juicio de Dios será contrario a las expectativas humanas. También está implícita que la envidia, el descontento por el éxito de otra persona, es contraria al Reino. Los celos y todo pensamiento de rango o privilegio deben ser desechados. Si este es el mensaje de Jesús, Mateo tiene razón en ubicar la parábola con otros textos que expresan ideas similares.[232]

7. ¿Qué comprensión teológica se puede ganar, especialmente con respecto a la cristología, práctica económica, o la naturaleza de la recompensa? Primero, no se debe buscar la ganancia teológica de la ilustración de las contrataciones. Se puede suponer algo de los viajes repetidos del propietario, pero la parábola no trata acerca de la urgencia. Del mismo modo, el llamado a la viña no es el punto; es el telón de fondo de la parábola. El propietario nada negativo expresa al preguntar por qué algunos obreros estaban desocupados todo el día (v. 6).[233] Las contrataciones múltiples son una herramienta literaria para realzar el contraste y crear suspenso, así como el cambio del orden de pago es una herramienta literaria que permite a los primeros contratados presenciar el pago a los últimos contratados y crea la expectativa de que los primeros merecen más. También, deberíamos poner de lado cualquier noción de que la parábola trata de la fe y las obras.

No creo que haya implicaciones cristológicas. El dueño es un símbolo de Dios, no de Jesús,[234] y el mayordomo sirve sólo para crear distancia y permitir espacio narrativo para dar lugar a la murmuración.[235] Es posible que haya insinuaciones cristológicas si uno decide que la parábola es dicha por Jesús para defender su aceptación de los pecadores. E. Linnemann y algunos otros señalan a tales inferencias si Jesús defiende *sus* acciones diciendo una parábola acerca de cómo Dios obra.[236]

La práctica económica tampoco deriva de la parábola, como si la preocupación de la parábola fuera enseñar igualdad de salarios para todos. Por otra parte, tácitamente la parábola llama a la imitación del propietario. Si el propietario/Dios es bueno y da a los pobres sin a resentimiento, ¿acaso los que profesamos lealtad a Dios no debemos hacer lo mismo?[237]

Más difícil es la discusión sobre lo que debemos concluir sobre una teología de la recompensa. ¿Tiene esta parábola una sentencia firme en vista, o se ocupa más del juicio presente?[238] Puede que el juicio final este aguardando en el trasfondo, pero debemos decir, en mi opinión, que la parábola tiene poco interés en describir a qué es semejante[239] y no se debe utilizar para producir una teología de la recompensa. C. Blomberg hace justamente esto cuando concluye que, si bien existen grados de castigo (basado en Lc 12.47-48), no hay grados de recompensa, algo que en su opinión no concuerda con la idea de la perfección de la vida venidera. Todos en el Reino reciben la misma recompensa.[240]

Obviamente la versión de Lucas de la parábola de los talentos (19.11-27) no tiene dificultad en ponderar los grados de recompensas, pero ¿acaso ambas parábolas pretenden permitir que uno saque sus conclusiones sobre el juicio final?

Esto no quiere decir que la parábola es irrelevante para pensar en el juicio. Al menos la parábola advierte que deberíamos esperar ser sorprendidos en el juicio de Dios; El juicio no ocurrirá conforme a las pautas de los cálculos humanos. Como varios intérpretes han señalado, la parábola asegura que nadie tendrá menos de lo prometido o será tratado injustamente y que muchos tendrán mucho más de lo que merecen.[241] La parábola también supone la soberanía y la misericordia de Dios.[242]

Adaptación de la parábola

El lugar obvio donde nuestro pensamiento debe comprender la parábola está con los problemas de la envidia, la justicia y la bondad hacia otros, no con la llamada a la viña. ¿Por qué la bondad a menudo es la ocasión para el enojo?[243] ¿Por qué nos resulta tan difícil regocijarnos por el bien que entra en la vida de otros y por qué pasamos el tiempo calculando cómo hemos sido engañados?[244] El enfoque de Kierkegaard sobre el pecado de la comparación concuerda bien con esta parábola.[245] La vida del reino de Dios con su enfoque en el amor comunal no puede ser experimentada mientras que nos comparamos con los demás y calculamos qué se nos debe o tenemos envidia de lo que otros reciben. Incluso mientras hablamos de justicia, ninguno de nosotros está satisfecho con lo regular. Siempre creemos que merecemos un poco más.

La justicia es muy importante y no se la puede sacrificar, pero se la deberedefinir. La justicia no es un esquema frío por el cual se mantiene pobre a los pobres. Nos preocupamos por la justicia, pero muy a menudo aparentamos justicia que en realidad es celos, empleamos la justicia como un arma para limitar la generosidad.[246] Tampoco la justicia es una idea pasiva en espera de ser violada, y ciertamente no se define por intereses egoístas. La justicia requiere una acción positiva que procura el bien para todas las personas, especialmente de los pobres. Verdadera justicia, por lo menos la justicia de Dios, busca misericordia y maneras de expresar amor.[247]

Si la parábola es acerca de la bondad de Dios, entonces pide que dejemos la envidia y los cálculos de retribución y que, por el contrario, abracemos e imitemos la bondad de Dios. Eso significará que renunciamos a la búsqueda de ser primero, sabiendo que las pautas de Dios son diferentes, aquellos que parecen ser primeros serán los postreros. No podemos ignorar la relevancia de la parábola para hablar de la recompensa, pero su enseñanza es principalmente preventiva. No permitirá que elaboremos un esquema para el cálculo de las jerarquías, asignando valores relativos a las personas o el trabajo, y pensando que algunos merecen más. Dios en su soberanía juzgará como estime conveniente.

Lectura adicional

Ingo Broer, "Die Gleichnisexegese und die neuere Literaturwissenschaft. EinDiskussionsbeitrag zur Exegese von Mt 20,1-16," *BN* 5 (1978): 13-27.

W. D. Davies and D. C. Allison, *A Critical and Exegetical Commentary on the Gospel According to Saint Matthew* (ICC; Edinburgh: T. & T. Clark, 1997), 3:66-78.

Christian Dietzfelbinger, "Das Gleichnis von den Arbeitern im Weinberg," *EvT* 43 (1983): 126-37.

John R. Donahue, *The Gospels in Parable: Metaphor, Narrative, and Theology in the Synoptic Gospels* (Philadelphia: Fortress, 1988), pp. 79-85.

William R. Herzog, II, *Parables as Subversive Speech: Jesus as Pedagogue of the Oppressed* (Louisville: Westminster/John Knox, 1994), pp. 79-97.

Catherine Hezser, *Lohnmetaphorik und Arbeitswelt in Mt 20,1-16* (NTOA 15; Göttingen: Vandenhoeck & Ruprecht, 1990).

Arland J. Hultgren, *The Parables of Jesus: A Commentary* (Grand Rapids: Eerdmans, 2000), pp. 33-46.

Joachim Jeremias, *The Parables of Jesus* (2nd ed.; New York: Scribner's, 1972), 33-38, 136-39.

Pheme Perkins, *Hearing the Parables of Jesus* (New York: Paulist, 1981), pp. 137- 46.

Bernard Brandon Scott, *Hear Then the Parable: A Commentary on the Parables of Jesus* (Minneapolis: Fortress, 1989), pp. 281-98.

El Edificador de la torre y el rey que marcha a la guerra (Lucas 14.28-32)

Tipo de parábola

El edificador de la torre es una parábola interrogativa en la forma de una "¿Quién de vosotros?".[248] El rey que marcha a la guerra es también una parábola interrogativa, pero aquí la interrogante es impersonal ("¿qué rey...?"). Ambas preguntas esperan respuestas negativas: ningún edificador y ningún rey llevarían a cabo acciones sin determinar primero si tienen la capacidad para cumplir el plan. Ambas preguntas siguen las razones por la que el edificador o el rey harían primero tales cálculos.

Asuntos que requieren atención

1. ¿Pertenecieron estas parábolas originalmente a este contexto?
2. ¿Son estas parábolas auténticas de Jesús o son composiciones posteriores de la iglesia?

3. ¿Cuál es el significado de cada parábola? ¿Invitan estas parábolas a la reflexión para los que desean convertirse en discípulos, aseguran ellas que Dios no comienza una obra que no pueda completar o son declaraciones que *Jesús* es quien consideró el costo y procedió con fe?[249]
4. ¿Es posible el discipulado para todas las personas?

Material útil de fuente primaria

Material canónico

- AT: 1 R 22.1-40 es un ejemplo de un rey que busca sabiduría si debe marchar a la Guerra o buscar maneras de tratar con un enemigo superior cf. 1 S 17.1-58; Pr 24.3, 6; 2 S 8.10.[250]
- NT: Mt 8.19-22/Lc 9.57-62; Mt 16.24-27/Mr 8.34-38/Lc 9.23-26 / Jn 12.24-25; Mt 10.38-39; Lc 17.33 (todas las declaraciones sobre el discipulado)

Escritos judíos tempranos

- 11Q Rollo del Templo (11Q19) 68.1-21 da las instrucciones para el rey con respecto a cuántos soldados deben enviarse en distintas circunstancias cuando Israel es atacado. Sin embargo, (línea 18) los soldados no deben salir a la batalla hasta que el rey haya entrado ante el sumo sacerdote y el sumo sacerdote haya consultado para él la decisión del Urim y Tumin.
- Filón, *sobre Abraham* 105: Cuando el vicio y la virtud batallan, "la naturaleza de la virtud es más apacible, y es cuidadosa, así dicen, para probar su propia fuerza antes del conflicto, así que si ella puede luchar hasta el final puede tomar el campo, pero si considera su fuerza muy débil puede atemorizarse de no participar en la lucha en absoluto" para evitar la burla de la derrota.
- *Testamento de Judá* 9.7: "Entonces nos preguntaron por los términos de la paz, y tras consultar con nuestro padre les tomamos como sometidos bajo tributo." Es probable que esta obra haya sido influenciada por los cristianos.

Escritos greco-romanos

- Cícero, *De Officiis* 1.21 aconseja a todo el que entra en la vida pública no sólo pensar en el honor sino a considerar si tiene la capacidad de tener éxito y a evitar el desaliento y el exceso de confianza. "En una palabra, antes de emprender cualquier empresa, debe hacerse una preparación cuidadosa."
- Juvenal, 11.35 *Sátira*: "Si te estás preparando para defender una causa grande y difícil, aconséjate y di a ti mismo quien eres —¿eres un gran orador, o sólo un parlanchín como Curcio y Matos? Deja que un hombre tome su propia medida y considere según la medida las cosas grandes o pequeñas..."
- Epíteto, Diatr. 3.15.1-13: "En cada cosa aparte que hagas considera primero los asuntos importantes, y los que siguen después, y entonces enfoca solamente el asunto mismo. De lo contrario, al principio procederás con entusiasmo porque nunca has considerado los pasos siguientes, pero después, cuando algunos de estos pasos aparezcan, renunciarás vergonzosamente." Él analiza lo que requiere ser un atleta olímpico o un filósofo. 9: "Hombre, considera primero cuál es la labor y luego tu propia capacidad natural, lo que puedas soportar (*dynasai bastasai*)."
- Epíteto, Diatr. 3.22.9-12 aconseja consideración antes de que uno se convierta en un cínico: "Así también piensa el asunto cuidadosamente; no lo es lo que crees que es. 'Visto una capa dura tal como es, y vestiré una entonces; incluso ahora tengo una cama dura, y así la tendré entonces...." Si consideras que el asunto es así, dale amplio espacio; no te acerques a él, no es para ti. Pero si tu impresión del asunto es correcta, considera la magnitud de la labor que estás por emprender."

Escritos cristianos tempranos

- *Evangelio de Tomás* 98: "Jesús dijo: El reino del Padre es como un hombre que quería matar a un hombre poderoso. Sacó la espada dentro de su casa (y) la clavó a través de la pared,para saber si su mano sería fuerte (bastante). Luego mató al poderoso (hombre)."

Escritos judíos tardíos

- *Pesiqta de Rab Kahana* 17.2 habla de un hombre poderoso que la gente confiaba que ahuyentaría a los invasores hostiles, pero cuando llegaron los invasores éste dijo, "siento una debilidad en mi mano derecha". El punto de la parábola es que Dios nunca hablaría de esta manera.
- *Pesiqta de Rab Kahana* 24.11 narra una parábola de una ciudad que se rebeló contra su rey. El rey envió a un general para destruir la ciudad, pero el general era experimentado y calmado y aconsejó a los rebeldes, "tomen tiempo para considerar lo que están haciendo a menos que el rey destruya su ciudad como destruyo tal y tal ciudad..." Así también Oseas advirtió a Israel que se arrepienta para que Dios no hiciera con ellos lo que hizo con Samaria.
- *Pesiqta de Rab Kahana Suplemento* 7.3 narra una parábola de un rey que, debido a su ira contra su ciudad, se retiró a diez millas. Un hombre advirtió a la ciudad que el rey podría atacar y les aconsejó que fueran a apaciguar al rey. La parábola ilustra Isaías 55.6: "Buscad a Jehová mientras puede ser hallado".

Características del texto que merecen atención

Otros casos de "¿Quién de vosotros?" (*tis ex hymōn*), no todos son parábolas, muestran que la respuesta esperada en cada caso es "ninguno". Véase Mateo 6.27; 7.9; 12.11; Lucas 11.5, 11; 12.25; 14.28; 15.4; 17:7; y Juan 8.46.

Lucas 14.25-27 repite la clásica declaración de Jesús sobre el discipulado, parte del cual aparece en siete lugares en los Evangelios. Lucas está particularmente interesado con el discipulado a lo largo de su relato de viaje (9.51–19.44); vea especialmente 9.57-62 y 19.11-27, que apoya esta sección. La invitación de la anterior parábola de la gran cena (Lucas 14.15-24) es seguida por un enfoque sobre las demandas del discipulado, un movimiento que es paralelo en la parábola de Mateo de la fiesta de bodas y la perícopa que sigue del hombre inapropiadamente vestido (Mt 22.1-10 y 11-14).

Hay enlaces verbales y conceptuales, especialmente con respecto a la sabiduría, en la parábola de los dos cimientos (Lucas 6.47-49) y las diez vírgenes (Mt 25.1-13).

Las dos parábolas aquí son paralelas pero no idénticas. Ambas preguntan acerca de un asunto hipotético, analiza la competencia de los recursos para la tarea y enfoca sobre las consecuencias si los recursos no son suficientes.[251] La primera incluye al oyente/lector directamente; la segunda es menos personal, pero los riesgos son mayores. Si un constructor falla, el solamente lleva la carga del fracaso. Si un rey fracasa en la planificación para la guerra, muchos morirán o serán dominados.

Se da importancia en toda esta sección a la idea de poder (*dynamai*, 14.20, 26, 27, 33 *dynatos*, v. 31; *ischysen*, v. 30). La supuesta pregunta es qué hace a uno capaz de ser un discípulo. Con el edificador de la torre la importancia se da en la idea de la terminación.

En el 19.42 Jesús, mientras se acerca a Jerusalén y llora, usa una expresión de 14.32, "condiciones de paz" (*ta pros eirēnēn*): "Si tú, incluso tú, conocieras este día las cosas que conducen a la paz, pero ahora tus ojos están cubiertos."

Información cultural

La primera parábola especialmente es evidencia del fuerte énfasis sobre el honor y la vergüenza en la cultura mediterránea del siglo I. Aunque la burla es degradante en cualquier cultura, particularmente es ofensiva en una cultura impulsada por la vergüenza y el honor. Las torres se empleaban para una variedad de propósitos agrícolas y militares. Los agricultores construyeron torres para proteger la propiedad, especialmente los viñedos (cf. Is 5.2) y para almacenar las herramientas y la cosecha. Otros construyeron torres como miradores y puntos de aviso y para protección.[252] El tipo de edificio que se calcula en el v. 28 no parece ser importante.

La segunda parábola utiliza lenguaje típico en las descripciones de las batallas y las negociaciones para la paz.[253] Varios eventos pueden ser las fuentes comprensibles para la segunda parábola, pero ningún evento específico parece ser la fuente del pensamiento de Jesús.[254]

Explicación de la parábola

Opciones de interpretación

1. La iglesia alegorizó las dos parábolas en diferentes direcciones. La construcción de la torre se interpretó de la perfección espiritual, los

recursos que eran las capacidades espirituales o las buenas obras. El más débil de los reyes combatientes se interpretó como el cristiano, siendo el rey más fuerte Dios/Cristo (Gregorio) o Satanás (Agustín). Gregorio interpretó al poderoso rey como la venida de Cristo a juzgarnos, contra lo cual no podemos pelear, y por lo tanto debemos comprometernos en obras compasivos para ganar la paz de la misericordia.[255]

2. Algunos eruditos modernos han sugerido también que Dios es quien edifica la torre y marcha a la guerra. Las parábolas son entonces un llamado a la convicción: Dios ha comenzado su obra y nadie debe dudar que él la completará.[256] Asimismo algunos creen que Jesús es el que calcula el costo.[257]

3. En gran medida la opinión dominante es que estas dos parábolas son una advertencia a los discípulos para calcular el costo del discipulado.[258]

Decisiones sobre los asuntos

1. ¿Pertenecieron estas parábolas originalmente a este contexto? Aunque es posible que se contaran estas parábolas en relación con los versículos circundantes, particularmente esto no es probable. El contexto propio no se especifica, y la disposición de toda esta sección es al estilo de Lucas y su composición enfoca en enfatizar el tema del discipulado. Si la invitación a los pobres y los marginados es universal y gratuita (14.21-23), las expectativas que acompañan a la aceptación de la invitación son estrictas. Como está implícito en la anterior parábola de los convidados a las bodas, los principales obstáculos al discipulado (y las principales oportunidades para el discipulado) son las posesiones y la familia, puntos ya verificados en el 9.57-62 (cf. 12.22-34, 49-53). Cf. Mateo 22.1-14 con su invitación abierta seguida por la exigencia.

La estructura de esta subsección de Lucas es como sigue:

14.25: introducción a la narrativa
vv. 26-27: requisitos del discipulado
vv. 28-32: parábola doble de evaluación
v. 33: requisito adicional del discipulado
vv. 34-35: refranes sobre la sal, como Mateo 5.13, interpretada como una referencia al discipulado, seguido por el desafío de oír.

Todo este pasaje está dispuesto para promover el discipulado, y claramente tiene importancia la declaración "no puede ser mi discípulo" al final de los vv. 26, 27 y 33. La unidad de los refranes no es obvia y, como varios han señalado, si se omiten las parábolas, los textos que siguen (vv. 26-27, 33) se leen sin problemas.[259] Algunos contrastan el hecho que los vv. 26-27 y 33 tratan sobre la renuncia o la abnegación mientras que las parábolas gemelas tratan sobre el probarse a sí mismo.[260] Mientras que la conexión de las parábolas para este contexto específico es probablemente de Lucas, la concordancia de las parábolas con los refranes circundantes es mejor de lo que algunos sugieren. No se trata tanto de probarse uno a sí mismo sino acerca de evaluación de la capacidad. La palabra clave en los vv. 26, 27 y 33 es "poder" (*dynatai*, cf. v. 20), y el tema de la parábola también es lo que uno pueda lograr. La conexión está implícita en el v. 30 con "puede acabar" (*ischysen*) y explícita en el v. 31 con "si puede" (*dynatos*).[261] Los dichos sobre la sal enlazan pero son comprensibles sólo a través del paralelo de Mateo 5.13 y a través de la conexión aquí con los dichos sobre el discipulado.

2. ¿Son estas parábolas auténticas de Jesús o son composiciones posteriores de la iglesia? Aparte de los esfuerzos del Seminario de Jesús y algunos otros, no se plantearía la cuestión de la autenticidad. Por qué alguien querría escoger estas dos breves parábolas, no es obvio. Dos razones se dan como una base para rechazarlas: este tipo de pensamiento no es distintivo de Jesús pero deriva de un fondo de sabiduría proverbial,[262] y las parábolas tienen un alto grado del vocabulario de Lucas.[263]

Estas parábolas son sabiduría de sentido común,[264] pero el argumento que son de un fondo de sabiduría proverbial sugiere que alguien prestó dichos explícitos, pero no existen paralelos semejantes a estas parábolas. La suposición de que podemos aceptar de Jesús sólo lo que es característico de él es un indicio de los abusos de la norma de disparidad y deja una muy pequeña cantidad de material como auténtico.[265] Sería sorprendente si Jesús no ofreciera sabiduría del sentido común como parte de su enseñanza. No todo lo que él dijo era chocante y subversivo, como prueban las simples analogías que Dios provee para las aves y los lirios (Mt 6.26, 28-29).[266] Es de esperarse que las parábolas evidencien rasgos estilísticos de Lucas, aunque las características de Lucas particularmente no son impresionantes.[267] Y que tenga la forma de Lucas ciertamente no prueba que sea creación de Lucas. Con Jülicher y muchos otros no hay ninguna razón para dudar que estas dos parábolas son palabras genuinas de Jesús.[268]

3. ¿Cuál es el significado de la parábola? En su contexto actual las parábolas claramente tienen el propósito de advertir contra una aceptación prematura y consciente del discipulado. Varios intérpretes sugieren que las parábolas no tratan originalmente del discipulado y no pertenecen a este contexto. Argumentan que Jesús no aconsejó cautela ni pidió que se hiciera un cálculo, sino, por el contrario, pidió que lo siguieran, e inmediatamente ellos dejando todo le siguieron (por ejemplo, Mt 4.18-22/Mr 1.16-20).[269] C. Hunzinger nota también que todas las parábolas que comienzan con la fórmula "¿Quién de vosotros?" por lo general compara el comportamiento humano con el comportamiento de Dios. Es decir, si un ser humano haría tal y tal cosa, seguro que Dios haría también. De esto él concluye que estas parábolas originalmente no trataban sobre el discipulado sino que ofrecían la garantía que Dios había considerado el costo y tenía los recursos para completar la obra que había comenzado.[270] C. Quarles argumentó que la parábola del rey que marcha a la guerra retrata a Jesús mismo. Con la parábola del constructor de la torre Jesús instaba a que la gente considere el costo del discipulado, pero con el rey que marcha a la guerra, Jesús instó a la gente a tener en cuenta el costo de negarse a seguirlo.[271]

Aunque estas sugerencias sean muy interesantes, ellas no convencen que las parábolas eran originalmente sobre Dios o Jesús en lugar del discipulado. ¿Acaso alguno duda que Dios tiene la capacidad de completar sus planes? La pregunta de introducción "¿Quién de vosotros?" de hecho a menudo compara el comportamiento humano con el comportamiento de Dios, pero no siempre, y poca razón hay para pensar que ocurre aquí. Mateo 12.11 contiene tal pregunta pero claramente no se refiere a Dios.[272]

Jesús insta a reflexionar sobre qué significa el discipulado. En Mateo 8.18-22/Lucas 9.57-62 advierte a los aspirantes a discípulos,[273] y en Mateo 16.26/Marcos 8.36/Lucas 9.25 pregunta ¿qué aprovechará al hombre, si ganare todo el mundo, y perdiere su alma?, una pregunta que supone la necesidad de seria reflexión. En la narrativa de Santiago y Juan que deseaban reinar con Jesús (Mt 20.20-23), él desafía su ignorancia y les pregunta "¿podéis?"[274] La dramática historia de Mateo 4.18-22/Marcos 1.16-20 del llamado de los pescadores como discípulos es impresionante, pero un vistazo a Lucas 5.1-11 y Juan 1.35-42 sugiere que se ha reducido la historia a su esencia.[275] El discipulado no es un asunto simple, y la urgencia del llamado no menoscaba la seriedad del compromiso. Con estas parábolas Jesús no pretende disuadir el discipulado,[276] pero su objetivo no es simplemente ganar una gran cantidad de seguidores como sea posible. Es muy posible que estas parábolas se dirigieran a un grupo pequeño de seguidores o en una etapa tardía en el ministerio de Jesús,[277] pero de que trataban acerca del discipulado parece necesario.

El punto de la parábola es claro. ¿Que comenzaría a edificar una torre sin analizar si él o ella tiene los recursos para terminar la obra? No hay nadie.¿Qué rey pensaría derrotar a otro rey que ataca sin analizar antes si dispone de los recursos suficientes para la victoria o si rendirse es más recomendable? Ningún rey haría tal cosa. También qué necia sería cualquier idea de ser un discípulo sin evaluar el impacto en la vida de uno. El discipulado cambia las lealtades con familia, requiere la disposición a morir, desplaza el enfoque de sí mismo, coloca a uno a disposición del otro y cambia la manera en que uno emplea los recursos financieros. T. W. Manson, supuestamente comentó: "La salvación puede ser gratuita, pero no es barata".[278] Los protestantes a menudo yerran con el enfoque de la parábola en el esfuerzo humano y la suposición que la insuficiencia de poder niega el discipulado,[279] pero ofensivo o no, esto es la suposición de estas parábolas

Un par de otras propuestas requieren comentario. Algunos ven una alusión a la torre de Babel (Gn 11.1-9), cuya edificación no se pudo completar,[280] pero esto es poco probable. El problema no fue que empezaron a construir sin recursos suficientes; sino más bien, se previno sus esfuerzos. Tom Wright sugiere que la referencia es a Israel, que participaba en el programa de construcción más grande del día y se dirigía a la guerra más grande que combatiría. Israel estaba construyendo una torre que no podía completar y estaba a punto de participar en una guerra que podría ganar.[281] Algunas bases para reflexionar sobre esta posibilidad existe en Lucas 19.42 con la repetición de Jesús de "lo que es para tu paz" (*ta pros eirēnēn*) de 14.32 mientras llora sobre Jerusalén y anuncia su destrucción. La redacción es similar, pero la sugerencia de Wright es más una opción de las palabras de Jesús para describir a Israel, no lo que Jesús originalmente tenía en mente. Las parábolas tratan acerca del discipulado. Varios han sugerido que las dos parábolas funcionan para advertir en dos direcciones diferentes: contra una opción muy fácil de seguir y una decisión de no seguir. En palabras de A. M. Hunter, "en la primera parábola Jesús dice: 'Siéntese y calcule si puede permitirse seguirme'. En el segundo dice: 'Siéntese y calcule si puede permitirse rechazar mis exigencias'".[282]

4. ¿Es el discipulado posible para todas las personas? Esta pregunta puede parecer extraña, pero A. Hultgren sin explicación dice, "el discipulado no es para todos y ciertamente no es posible para cada uno."[283] Posiblemente Hultgren supone con C. G. Montefiore que Jesús distingue entre el discípulo pleno y la persona buena que puede entrar en el Reino aunque no sea un discípulo.[284] Es un hecho que no todas las personas serán discípulos; pero ninguna base hay para argumentar que el discipulado no es posible para todos. La iglesia implícitamente o explícitamente a menudo ha tratado de establecer dos niveles de cristianismo, uno para los verdaderamente comprometidos y otro para aquellos más comprometidos con otros aspectos de la vida. Esta idea de "práctica" no tiene base. Uno es un seguidor de Cristo o no lo es. La invitación de Jesús es universal: todos pueden y deben convertirse en discípulos. Encontrar la vida depende del seguimiento a Jesús, que significa también tomar nuestra identidad de él. La forma que toma el discipulado variará, pero no hay ningún nivel inferior a seguir a Cristo — y sí, es posible para todos.

Adaptación de la parábola

Estas parábolas difieren grandemente de la creencia fácil que marca tanto el cristianismo americano. Las iglesias instan a todos a creer, a aceptar a Jesús, pero nada exigen de los convertidos; cuantos más los adherentes mejor, incluso si el mensaje está acortado con fines de "mercadeo". Tales ideas superficiales sobre la conversión crean graves problemas para los individuos, las iglesias y las sociedades. Necesitamos hacer un mejor trabajo ayudando a la gente a entender lo que realmente es el cristianismo. La preocupación no es tanto ir al cielo, aunque el cielo sea muy importante, sino llevar ahora una vida conforme a la propia vida de Jesús.

Calcular el costo del discipulado es difícil puesto que ninguno de nosotros viene a la fe teniendo alguna idea del futuro o qué sacrificios abarcará nuestro compromiso con Cristo. Decir "Jesús es el señor", sin embargo, no significa que "Jesús es el señor a menos que..." La fe en Cristo que honra el nombre *por necesidad* significa un discipulado con todas sus consecuencias. Nos entregamos a otro que moldea nuestra vida. Las parábolas tratan más que solo la consideración del costo del discipulado. Apreciado y más significativo es el hecho de que el discipulado requiere intención, decisión, determinación y esfuerzo. No es un asunto ligero, y no ocurre casualmente. El temor que tenemos de enfocar en el esfuerzo humano debe ser descartado, porque el discipulado no ocurre sin esfuerzo humano o *simplemente por esfuerzo humano*. El discipulado no es acerca de las personas que obran por cuenta propia; es el resultado necesario y consecuencia de la fe en y por seguir a Jesús (Lc 14.26-27). La relación con Cristo activa y faculta la totalidad de la vida, pero si las personas no deciden obrar y obrar en realidad, no pasa nada.

Las cuestiones del honor y la vergüenza que sustentan estas parábolas también merecen reflexión. El honor y la vergüenza son más implícitos que explícitos en nuestra cultura occidental, pero tenemos grandes expectativas de lo que da o niega el respeto, ya sea académico, eclesial, familiar, o respeto entre pares, sólo por mencionar algunos. Lo que nuestra sociedad encuentra respetable y de dónde se origina el estatus suele ser equivocado e incluso reprobable. El discipulado significa definir la respetabilidad en términos de la instrucción y la persona de Jesús. Varios textos hablan de la vergüenza escatológica (por ejemplo, Mr 8.38/Lc 9.26; R 5.2-5; 9.33; 1 Ts 2.19); la preocupación por el honor y la vergüenza debe guiarse por el sentido del honor y la vergüenza escatológica.

Lectura adicional

Craig L. Blomberg, *Interpreting the Parables* (Downers Grove: InterVarsity, 1990), pp. 281-84.

J. Duncan M. Derrett, "Nisi Dominus Aedificaverit Domum: Towers and Wars (Lk XIV 28-32)," *NovT* 19 (1977): 241-61.

Bernhard Heininger, *Metaphorik, Erzählstruktur und szenisch-dramatische Gestaltung in den Sondergutgleichnissen bei Lukas* (Münster: Aschendorff, 1991).

Claus-Hunno Hunzinger, "Unbekannte Gleichnisse Jesu aus dem Thomas- Evangelium," in *Judentum-Urchristentum-Kirche,* ed. W. Eltester (BZNW 26; Berlin: Töpelmann, 1964), pp. 209-20.

Arland J. Hultgren, *The Parables of Jesus: A Commentary* (Grand Rapids: Eerdmans, 2000), pp. 137-45.

Charles Leland Quarles, "The Authenticity of the Parable of the Warring King: A Response to the Jesus Seminar," in *Authenticating the Words of Jesus,* ed. Bruce D. Chilton and Craig A. Evans (Leiden: Brill, 1999), 409-29.

Capítulo 9
Parábolas acerca del dinero

Tres parábolas, todas en Lucas, se centran en la riqueza: el rico insensato, el mayordomo infiel, y el rico y Lázaro. Algunos agrupan la historia del rico y Lázaro con parábolas de la escatología futura, pero, aunque esta parábola es relevante a las preocupaciones escatológicas, no es su propósito tratar de ellas. El arreglo de Lucas de la sección y la parábola misma sugieren que el uso de la riqueza es el principal interés. Estas son parábolas sobre el discipulado, pero con enfoque más específico, porque la primera pregunta sobre el discipulado es qué hace uno con el dinero.

Lucas, por supuesto, tiene una gran preocupación de cómo se utilizan los recursos y las riquezas. Casi todos los capítulos de su Evangelio y Hechos tienen alguna referencia al dinero y los recursos materiales. Su preocupación por los pobres, las denuncias de los ricos y las discusiones sobre las actitudes hacia la riqueza y su uso enfatizan repetidamente que el discipulado en el Reino de Dios requiere un nuevo enfoque de cómo uno piensa y utiliza las posesiones materiales.[1] Esto no sorprende puesto que el uso de las posesiones es una revelación de nuestro verdadero ser.[2]

El Rico Insensato
(Lucas 12.16-21)

Tipo de parábola

Esta es una parábola indirecta simple con un *nimshal* explícito (v. 21), pero esa decisión supone conclusiones a las preguntas que se discuten más abajo.

Asuntos que requieren atención

1. La variante textual en el v. 21.
2. La relación de los vv. 13-15 y 21 con la parábola.
3. ¿Es esta parábola una narrativa indirecta simple o una metáfora para el Reino?
4. ¿Cuál es la relación de la parábola con otras literaturas, especialmente Sir 11.18-19; 1 *En.* 97.8-10; y *Evangelio de Tomás* 63 y 72?
5. ¿Se basa la parábola en la suposición de que el rico quería retener el grano y subir los precios de mercado o que no tenía amigos?
6. ¿Cuál es la enseñanza de la parábola? ¿Trata esta parábola sobre la muerte del individuo o es una advertencia sobre la escatología futura, como sugiere Jeremías?[3] ¿Si trata de la muerte, es sobre la muerte inevitable que llega a todos, o habla específicamente del juicio de Dios sobre aquellos que confían en las riquezas? "¿Cuál es el propósito con "*vienen* a pedirte tu alma?" (y otras versiones parafrasean como la NVI: "te van a reclamar la vida"). ¿Qué enseña la parábola acerca de la riqueza? ¿Condena la riqueza, promueve la limosna, o qué? ¿Cuál es el error del hombre rico?

Material útil de fuente primaria

El tema de la riqueza y las denuncias de su uso indebido son *frecuentes* en el mundo antiguo. Sólo los más relevantes se incluyen aquí.

Material canónico

- AT: Job 31.24-32; Sal 14/53; 39:6; 49 (especialmente los vv. 6 y 10); Pr 3.9-10; Ecl 2.1-26; 5.10-20; 8:15; Is 2213; Jer 9.23; Os 12.8-10
- NT: Mt 6.19-21/Lc 12.33-34; Mt 16.24-26/Mr 8.34-37/Lc 9.23-25; Mt 19.16-30/Mr 10.17-31/Lc 18.18-30; Lc 12.29-34; 16.1-31, especialmente los vv. 10-13; 1 Cor 15.32; 1 Tm 6.17-19; Stg 1.9-11; 2.2-7; 4.1-5; 5.1-6

Escritos judíos tempranos[4]

- CD-A 4.14 dice que la riqueza es una de las tres redes que Belial emplea para atrapar a Israel.
- CD-A 6.14 insta a las personas que se abstengan de la riqueza mal habida, que contamina.[5]
- *Ahiqar* 13.207: "Que no diga el hombre rico: 'En mis riquezas soy glorioso'." Véase también 9.137.
- Sab 15.8: "... estos mortales que fueron formados de la tierra poco tiempo antes y después de un breve tiempo vuelven a la tierra de la cual fueron tomados todos los mortales, cuando llegue el momento de volver las almas de donde fueron prestadas."
- Sir. 5.1, 3: "no confíes en tus riquezas, o digas,'tengo suficiente',...porque de cierto el Señor te castigará".
- Sir. 11.14-20, especialmente el 18 y el 19: "Uno se vuelve rico a través de diligencia y la abnegación, y la recompensa preparada para él es esta: cuando dice, 'he hallado descanso, y ahora voy a celebrar ¡con mis bienes!' él no sabe cuánto será hasta que deja a otros sus bienes y muere."
- Sir. 29. 11: "Administra tu tesoro conforme a los mandamientos del Altísimo, y te beneficiará más que el oro." Véase también 31.8-9.

  1 En. 97.8-10: "¡Ay de vosotros que ganáis oro y plata por medios injustos!; y luego decís, 'nos hemos enriquecido y hemos acumulado bienes, hemos adquirido todo lo que hemos deseado. Así que ahora hagamos todo lo que se nos antoja; porque hemos acumulado plata, hemos llenado nuestras arcas (con dinero) como el agua. Y muchos son los siervos en nuestras casas. "Tus mentiras fluyen como el agua. Porque vuestra riqueza no perdurará sino que será quitada de vosotros rápidamente porque la habéis adquirido todo injustamente, y seréis entregado a una gran maldición." Véase también 94.7-10; 96.4-8; 98.1-3.
- Sal. Salomón 5.16-17: "feliz es (la persona) a quien Dios recuerda con una suficiencia moderada; porque si uno es excesivamente rico, peca. La (riqueza) moderada (riqueza) es adecuada, con justicia; porque con ella viene la bendición de Dios: Estar (más que) satisfecho con la justicia."

- Pseudo-Focílides 42: "El amor al dinero es la madre de todos los males". Véase también Sib. Or. 2.109-18.

Escritos greco-romanos

- P. Cair. Zen. 59.509, una inscripción de la tumba de Afrodisias (Monumento de la Antigua Asia Menor [Londres: Longmans, Gree, 1928-93], 8:569; véase comentario helenístico del Nuevo Testamento, ed. M. Eugene aburrido, Klaus Berger y Carsten Colpe [Nashville: Abingdon, 1995], pp. 439-40): "Mientras vivas, se feliz, come, bebe, vive al máximo, abraza a otros. Porque esto era el fin".
- Séneca, De la brevedad de la vida 13.7: "¡Oh, qué ceguera arroja la gran prosperidad sobre nuestra mente!"[6]
- Séneca, Ad Helviam 10.6, 10: "¿Por qué acumulas riquezas sobre riquezas? Realmente debes recordar ¡cuán pequeños son vuestros cuerpos! . . .¡Qué locura entonces pensar que es la cantidad de dinero y no el estado de ánimo lo que importa!"
- Séneca, Epístolas Morales 101,4-5, después de decir que un empresario de éxito fue arrebatado del mundo: "Pero, ¡qué tontería es exponer la vida, cuando uno no es dueño ni del mañana! O ¡qué locura es proyectar grandes esperanzas! Para decir: 'compraré y construiré, prestar y ganar dinero, lograr títulos de honor, y entonces, viejo y lleno de años, me labraré una vida fácil'. Créanme cuando digo que todo es incierto, incluso para aquellos que son prósperos. Nadie tiene derecho a reclamar por sí mismo el futuro. Las mismas cosas a las que nos aferramos se deslizan a través de nuestras manos, y la eventualidad interrumpe a la misma hora que nos sentimos muy satisfechos".

Escritos cristianos tempranos

- Frases de Sexto 21: "Considera que tu alma es una gerencia de Dios".
- Evangelio de Tomás 63: "Jesús dijo: Había un hombre rico que tenía muchas posesiones. Él dijo, usare mis posesiones para sembrar y cosechar y plantar y llenar mis graneros con fruto, para que nada me falte. Estos fueron sus pensamientos

en su corazón. Y en esa noche murió. El que tenga oídos, que oiga."

- Evangelio de Tomás 72: "[Un hombre dijo] a él: Di a mis hermanos que partan las posesiones de mi padre conmigo. Él le dijo: Oh hombre, ¿quién me puso por partidor? Y volviéndose a sus discípulos, (y) dijo: No soy un partidor, ¿acaso soy?"

Escritos judíos tardíos

- Pesiqta de Rab Kahana 10.3: "[Presten atención a] la historia de un hombre que siguió almacenando en su tienda de vino y aceite, pero nunca pagó los diezmos que debía. ¿Qué hizo el Santo? Causó que un espíritu de locura entrara en el hombre, de modo que éste tomó un palo y comenzó a quebrar sus jarras de vino y aceite".
- b. Ta'anit 11a: 'Cuando la comunidad se encuentra en problemas que ningún hombre diga, 'iré a mi casa y comeré y beberé y todo estará bien conmigo'. Porque aquel que así hace la Escritura dice, y he aquí gozo y alegría, matando ovejas y bueyes, comiendo carne y bebiendo vino —'comamos y bebamos, porque mañana moriremos. '¿Qué sigue después de este versículo? y el Señor de los ejércitos se reveló en mis oídos; ciertamente esta iniquidad no será expiada por ti hasta que mueras."
- Lev Rab. 22.1: "Un rey que está sujeto al campo (Ec 5.8). Aunque es un rey y señorea desde un extremo del mundo al otro, es un 'siervo del campo'; Si la tierra produce fruto, él puede lograr algo, si la tierra nada produce, para nada sirve él. En consecuencia, el que ama la plata no se saciará de plata (Ecl 5.9), es decir, el que ama el dinero no se saciará de dinero, y el que ama el mucho tener (hamon) no sacará fruto; también esto es vanidad, porque el que es codicioso (homeh) y ambicioso (mehammeh) por el dinero pero no tiene tierra, ¿qué beneficios tiene?" El mismo texto aparece en Ecl. Rab 5.6.

Comparación de los relatos

- Los refranes en Lucas 12.13-14 aparecen en el Evangelio de Tomás 72, Lucas 12.15 no tiene ningún paralelo en el *Evangelio de Tomás* y la parábola en el *Evangelio de Tomás* aparece más temprano que el dicho 63. La historia en el *Evangelio de Tomás* no trata de una buena cosecha y la satisfacción del hombre consigo mismo, sino que trata de un hombre que hace planes para que nada le falte. La versión en el *Evangelio de Tomás* es breve y bastante trivial. No es obvio una comparación de esta parábola para un caso de dependencia, pero el hecho que los dichos 63-65 están arreglados como una denuncia de la riqueza y que el dicho 65 parece dependiente de los sinópticos[7] hace difícil argumentar que el *Evangelio de Tomás* contiene un relato más temprano. El caso es más fuerte que el dicho 72 es dependiente de Lucas 12.14, especialmente en el uso del vocativo "oh hombre" (*anthrōpe*), que en el resto de los Evangelios ocurre sólo en Lucas 5.20; 22.58, 60.[8]

Características del texto que merecen atención

Toda la sección del 12.4-59 está hábilmente dispuesta para tratar con las cuestiones de seguridad, temor y ansiedad. A partir del 12.35 estos temas se acentúan mediante las preocupaciones de la escatología y el juicio. Varios "ganchos", ideas y conexiones unen esta sección y habrían ayudado para que los oyentes sigan el flujo y se mantengan interesados. (La mayoría del público de Lucas podía *oír* el Evangelio que les era leído).

En el 12.4-5 se dice a quien no temer y a quien temer (Dios), pero en el v. 7 dice que no deben temer, porque valen mucho más que los gorriones —un punto destacado en el v. 24. En el v. 32 otra vez dice que no deben temer porque el Padre desea darles el reino. En el 12.11 dice que no se preocupen (*merimnaō*) qué dirán cuando pasen por pruebas, y esta misma palabra se emplea en los vv. 22, 25 y 26 para instar a los oyentes a no preocuparse por las necesidades básicas. (el v. 29 emplea una palabra diferente para la misma idea).

Además, en los vv. 13-14 piden a Jesús para que persuadiera a un hermano para "partir" (*merizō*) la herencia, pero Jesús rechaza la función de "partidor" (*meristēs*) y juez. Sin embargo, en los vv. 51-53, división (*diamerismos, diamerizō*) es lo que trae y en el v. 58 se advierte de ser llevados ante el juez. (Similares "ganchos" continúan con la sección que sigue). De hecho, parece que Lucas conscientemente empleó palabras con la combinación de la escritura *meri* para unir a esta sección.

Otros "ganchos" aparecen también como: repetición de la palabra *psychē* ("alma", "vida") en los vv. 19, 20, 22 y 23; cf. *zōē* ("vida") en el v. 15; "posesiones" (*hyparchonta*) en los vv. 15, 33 y 44; cinco pajarillos en el v. 6 y cinco en una familia en el v. 52; "ladrón" (*kleptēs*) en los vv. 33 y 39; y "graneros" (*apothēkē*) en los vv. 18 y 24. Tal arte de retórica enseña por repetición, pero también aumenta nuevas ideas o establece elementos de oposición que requieren reflexión.

En la narrativa de Lucas, los vv. 13-14 presentan la ocasión, el v. 15 se da la respuesta de Jesús, en los vv. 16-20 la parábola y en el v. 21 el *nimshal.* La historia tiene cuatro movimientos: el florecimiento del campo (v. 16b), el problema (v. 17), la solución (vv. 18-19) y el interrupción del juicio de Dios (v. 20).

La parábola hace énfasis en la prosperidad del campo no la del hombre, que hace de la prosperidad casi un accidente o por lo menos separa al hombre de la razón de su prosperidad.

Existe un juego de palabras entre *euphorēsen* (v. 16) que describe la prosperidad del campo y del *euphrainou* (v. 19) que describe la intención del hombre para celebrar. K. Bailey sugiere un juego de palabras implícita en el v. 14 entre meristēs ("partidor") y *mesitēs* ("*reconciliador*").[9]

Esta es la única parábola en el NT donde Dios aparece como un actor en la narrativa.[10]

Lucas tiene una preferencia estilística de soliloquio; véase 5.21-22; 7.39; 15.17-19; 16.3; 18.4; 20.13. Tome en cuenta especialmente la estructura de la parábola con los vv. 15 y 23.

Información cultural[11]

En el 12.13-14 se pide a Jesús que resuelva una disputa. Puesto que las disputas eran a menudo sobre cómo deben interpretarse las escrituras hebreas, se pedía que juzgaran los rabinos y otros maestros respetados.[12]

Las leyes de herencia indican que el hijo mayor debe recibir una doble porción (Dt 21.15-17; véase m. Baba Batra 8.1–9.10). Que los hermanos puedan vivir juntos sin dividir la herencia era óptimo y admirable.[13] Algunos sugieren que los vv. 13-14 suponen un hermano mayor que no quiere dividir la herencia y un hermano menor que desea dividirla. Otros sugieren que el hermano mayor está reteniendo una herencia que debe ir al más joven. En cualquier caso, el hermano menor supone que la justicia está de su lado. Sin embargo, cuando las personas acercan a Jesús para una decisión sobre algún tema, él a menudo redirige el foco, como si fuera a decir "Mira a ti mismo primero".[14]

La avaricia (*pleonexia*, el deseo de tener más) era considerada una marca de depravación y el origen de otros pecados entre los judíos y no judíos.[15] La codicia eran un tema común en la instrucción moral en el mundo greco-romano y Lucas parece mostrar conciencia de esta tradición en la forma que edita material.[16]

La trilogía de "comer, beber y celebrar" es lenguaje convencional, aunque no siempre con las palabras exactas. Véase Eclesiastés 2.24; 3.13; 5.18; 8.15; Jueces 19.4-9; Tob 7.10; Isaías 22.13; 1 Corintios 15.32.[17]

Explicación de la parábola

Opciones de interpretación

1. La iglesia generalmente centra en los peligros de la codicia y la necesidad de dar limosna. Sólo ocasionalmente se alegorizó esta parábola, y no hay una alegoría exhaustiva de esta parábola en los recursos patrísticos y medievales.[18]

2. Con mayor frecuencia se ha considerado la historia como una de ejemplo negativo que muestra la insensatez de basar la vida en las posesiones.[19]

3. Algunos, especialmente aquellos que rechazan la historia de ejemplo como una categoría viable, sostienen que se trata de una parábola metafórica sobre el Reino. Según Crossan el punto trata de la necesidad de tomar una decisión apropiada cuando se enfrenta a la urgencia del mensaje de Jesús acerca del Reino.[20] Para Scott la cosecha señala el Reino y la buena vida que se pretende para la comunidad, lo cual requiere el empleo correcto de la riqueza.[21]

4. Algunos sugieren que el juicio repentino sobre el rico insensato es una metáfora para el juicio de Israel.[22]

5. Algunos sugieren que el hombre retiene el grano del mercado para alzar el precio del grano. Charles Hedrick cree que el hombre es un insensato porque derribó sus graneros en vez de cosechar su grano y que la parábola plantea interrogantes sobre el significado de la vida.[23] Inexplicablemente, Mary Ann Beavis cree que la parábola muestra la naturaleza autodestructiva de la venganza y la violencia.[24]

Decisiones sobre los asuntos[25]

1. La variante textual en el v. 21. El v. 21 se omite solamente por el Códice Bezae (D) y algunas de las viejas traducciones latinas, por lo que es un ejemplo de "No interpolación Occidental", pero la evidencia externa (la evidencia del manuscrito) por incluir el versículo es prácticamente insuperable (los principales unciales y casi todos los testigos).[26] Con respecto a la evidencia interna, no es probable que Lucas haya cambiado directamente de "Dios le dijo" en el v. 20 a "[Jesús] dijo" en el v. 22. Algunos manuscritos posteriores añaden al final del v. 21 "y diciendo estas cosas exclamó, 'el que tiene oídos, que oiga', que también se encuentra en el *Evangelio de Tomás* 63.[27] Las mismas palabras aparecen en Lucas 8.8. Como señala J. N. Birdsall, el origen de esta adición nada tiene que ver con el *Evangelio de Tomás*, sino que deriva del uso del leccionario y las necesidades de la adoración.[28] El v. 21 sin las palabras adicionales acerca de los oyentes, pertenece al texto de Lucas.

2. La relación de los vv. 13-15 y 21 con la parábola. Es difícil determinar la relación de la parábola en su contexto. Esta sección puede estar compuesta por varios dichos originalmente independientes, porque cada refrán comienza con "le dijo" (*eipen*, los vv. 13, 14, 15, 16 y 22, pero también los vv. 18 y 20 dentro de la historia). Los vv. 13-14 obviamente son una unidad que muestra una pregunta a Jesús y su respuesta al peticionario, una cierta persona del público. Sin embargo, el v. 15 y la parábola se dirige a "ellos", presumiblemente la multitud. Desde v. 22 los discípulos son los destinatarios. Jeremías argumentó que los vv. 13-15 no pertenecían originalmente con la parábola porque los dos no estaban enlazados en el *Evangelio de Tomás*, aunque consideró que la situación que se describe en los vv. 13-15 es necesaria para entender la parábola.[29] Creo que el *Evangelio de Tomás* 63 es claramente secundario, pero aunque no lo sea, nada prueba acerca de la conexión original en Lucas.[30] No mucho está en juego con los vv. 13-15. Estas palabras podrían haber sido originalmente unidades independientes que Lucas o la tradición ha reunido, pero las opciones específicas son difíciles de probar. (El lenguaje no es particularmente de Lucas). Por otro lado, aunque el *Evangelio de Tomás* ha conservado los dichos 63 (la parábola) y el 72 (v. 21) por separado, me parece poco probable que los vv. 13-14 se hayan recordado como un refrán aislado. ¿Para qué propósito pueden servir, especialmente debido a que la iglesia primitiva creía que Jesús *tenía* una función de juzgar y era eso una causa de división?[31] La parábola presupone un contexto como el del 12.13-15, y encuentro la conexión entre la parábola y al menos el v. 15 posibles. Ambas proporcionan una advertencia contra la búsqueda de la vida en las posesiones, y la parábola es una demostración del v. 15b.

Con el v. 21 tenemos un dicho que concuerda en la parábola, pero que también es similar a Mateo 6.19-21. Estas palabras pueden haber sido usadas a menudo por Jesús, y uno no puede probar ni refutar si Jesús usó tal *nimshal* aquí o si el contexto en el que la historia fue contada originalmente representa un *nimshal* superfluo. Es suficiente decir que el v. 21 es una explicación apropiada de la parábola, y necesaria en la narrativa de Lucas.[32] Aunque esto es a menudo pasado por alto, el v. 21 es una repetición del v. 20b. El acto de atesorar para sí mismo equivale a preparar para uno mismo, así que el v. 21 no altera la intención. Quienes acumulan para sí mismos en lugar de almacenar en lo referente a Dios son como insensatos prósperos que no tienen oportunidad de disfrutar de su prosperidad.[33]

3. *¿Es esta una parábola narrativa indirecta simple o una metáfora para el Reino?* J. D. Crossan sostiene que esta era originalmente una parábola metafórica sobre el Reino que la iglesia cambió en una historia de ejemplo. Su opinión se basa en su convicción de que el *Evangelio de Tomás* 63 es más original,[34] pero el arreglo de los dichos 63-65 muestra que el dicho 63 es parte del *Evangelio de Tomás* que denuncia la riqueza, la cual milita tanto contra la interpretación de la parábola como una del Reino y un argumento que la versión del *Evangelio de Tomás* es más temprana. Crossan cree que la parábola trata acerca de tomar una decisión cuando se enfrenta a la urgencia del mensaje de Jesús acerca del Reino, pero cómo llega a esta convicción absolutamente no está claro. Nada en la parábola sugiere que el Reino es el enfoque.

El argumento de B. B. Scott falla también. Él encuentra una referencia metafórica implícita al Reino en la idea de la cosecha,[35] pero la palabra "cosecha" no ocurre. Cómo la opinión de Scott se refiere realmente al Reino no está claro, especialmente debido a que él rechaza cualquier idea apocalíptica y supone que la "realidad continuará".[36] Esta no es una parábola metafórica sobre el Reino y pertenece al reino solamente en sus implicaciones de lo que significa vivir conforme al reino con respecto al uso de los recursos.

Aunque el hombre rico es un ejemplo negativo, como se señaló anteriormente, la "historia de ejemplo" es inadecuada e inapropiada como una categoría para las parábolas.[37] La parábola del rico insensato es una parábola simple indirecta. No es metafórica. Es decir, no requiere que sea trasladado a otro lugar, lo cual también excluye la sugerencia de Wright de que la parábola es un símbolo de Israel. Jesús no estaba usando el granjero rico como una perspectiva sobre algún otro tema, sino como un ejemplo negativo de un hombre que neciamente confía en sus posesiones, alguien que pierde la vida por suponer que sus posesiones son la vida.

4. ¿Cuál es la relación de la parábola a otras publicaciones, especialmente Sir. 11.18-19; 1 En. 97.8-10? La semejanza de Sirá 11.18-19 y 1 *En* 97.8-10 es sorprendente, pero se presentan diferencias significativas. En Sirá la riqueza se adquiere a través de la diligencia y la abnegación, mientras que en la parábola es *la tierra* que prospera. En 1 Enoc la riqueza se obtiene injustamente, lo cual no es un problema en la parábola, a menos que sea por implicación. Ninguna dependencia directa de estos pasajes es probable,[38] aunque se da por sentado la familiaridad de Jesús con la literatura como eclesiástico y 1 *Enoc* (o por lo menos el contenido de dicha literatura) y confirmado de otras parábolas.[39] Las actitudes compartidas hacia la riqueza y hacia lo repentino de la muerte son temas comunes en la tradición de sabiduría, una tradición que claramente influenció a Jesús, y en los escritos de los moralistas grecorromanos.[40] La parábola comparte una visión moral común con los diversos escritos pero no está directamente relacionada con alguno de ellos, en la medida que se pueda saber.

5. ¿Basa la parábola en la suposición de que el hombre rico quería retener el grano y subir los precios de mercado o que no tenía amigos? Ninguna de estas opciones es evidente en la parábola. Podemos pintar un escenario del dueño ausente, una red de clientes y administradores y la explotación de los campesinos en la recolección del grano[41] — todos son aspectos en la Palestina del primer siglo, pero esto es como hacer una hipótesis de la parábola que no existe. El único motivo que puede discernirse de la parábola es el deseo del hombre para proteger y disfrutar su buena fortuna. Una vez más el principio legitimo es que todos los intentos para entender una historia de los elementos ausentes en el texto casi seguro que son equivocados. En cuanto se refiere a la parábola, el hombre no anticipa vender sus bienes; sólo planea atender sus propias necesidades.

C. Hedrick considera el hombre rico como insensato porque planea derribar sus graneros cuando él debiera recoger sus cultivos,[42] pero no veo ninguna evidencia de tal interpretación. La parábola sólo dice que la tierra del rico floreció — no dice que es tiempo de cosecha. Obviamente el hombre cree que todavía tiene tiempo.[43]

La sugerencia de que el hombre no tiene amigos se basa en el uso del soliloquio,[44]pero tal conclusión es una deducción injustificada de la utilización de un recurso retórico. El soliloquio nada tiene que ver con si uno tiene amigos. Algunos argumentan además que el uso del hombre de la primera persona "Yo" demuestra que es egocéntrico, pero el pronombre en primera persona es típico del soliloquio y no prueban nada en sí mismos.[45] Es cierto que Lucas usa el soliloquio para representar personajes negativos, y el hombre es egoísta, pero esto se prueba por sus planes en el v. 19, no sólo por el hecho de que emplea el soliloquio. La parábola no da ninguna base para discernir las relaciones sociales del hombre.

6. ¿Cuál es la enseñanza de la parábola? Una serie de cuestiones se debe tratar. Para la tercera persona plural en el v. 20 ("vienen a pedirte tu alma [*psychē*]") se han sugerido varias posibilidades: los ángeles, las posesiones, el maltrato del hombre de sus prójimos, o una indirecta para Dios.[46] En vista de la construcción, similar a Lucas 6.38 ("medida buena... darán en vuestro regazo"; NVI "se les echará en el regazo"), esto es más probable que una indirecta para Dios,[47] pero M. Reiser señala que estas construcciones tienen la intención de suprimir el enfoque en los agentes representantes que deben recibir lo que se les debe.[48]

Se arguye si esta parábola trata de la muerte del individuo o es una advertencia sobre el juicio escatológico,[49] pero no veo nada que apoye la idea de que la parábola trata originalmente de la catástrofe escatológica que se aproxima. La parábola trata sobre la muerte de un individuo, y es evidente que el juicio está implícito, además del veredicto de Dios que el hombre es un insensato. Las consecuencias del juicio de Dios no se especifican, tampoco la misma muerte se considera como el juicio.[50] La parábola señala la incertidumbre y la fragilidad de la vida, pero se refiere más al veredicto de Dios sobre aquellos que confían en la riqueza. Ciertamente en el contexto de Lucas la preocupación es la muerte del individuo, pero esto no se debe omitir como su agenda moralizante ya que muchos de los refranes aquí son paralelos en Mateo. Gran parte de la preocupación del 12.4 es la seguridad, a menudo por la vida misma, y a quien uno debe temer. El 12.5-7 (y la mayoría del capítulo) enseña que la gente debe temer a Aquel, que tanto ama, ¡que el miedo es innecesario! Eso significa confiar en Dios y no en los bienes materiales. La parábola del rico y Lázaro centra también en la muerte del individuo, como dice el refrán en el 23.43 sobre el ladrón arrepentido en la cruz. La intervención de la muerte aborta los planes del hombre y demuestra la insensatez de tales planes. Sus posesiones no son ninguna base para la vida y la seguridad.

La parábola subraya cuán poco control en realidad el hombre tiene sobre su vida, a pesar de lo que piensa. Su prosperidad no resulta de su esfuerzo; *la tierra* prospera (v. 16), no su trabajo. Incluso lo que cree es íntimamente su propio —su alma— es sólo un préstamo y en cualquier momento se le puede demandar.[51]

Al menos hasta la intervención de Dios en el v. 20 estamos tentados a reaccionar positivamente hacia el hombre y decir "¡muy bien!" ¿Qué hizo el hombre de malo que recibir un veredicto negativo? Las sugerencias incluyen que el hombre ignoró a Dios, que fracasó en no planear para la vida después de la muerte, y que era egocéntrico y no le importó las necesidades de los demás. Estas opciones no son necesariamente excluyentes. C. Hedrick tiene razón al decir que la historia plantea de manera dramática la cuestión del significado de la vida.[52] La parábola entonces funciona como un comentario en la segunda mitad del 12.15 (la vida no consiste en la abundancia de las posesiones).[53]

Como el necio en Salmo 14.1 el hombre ignoró a Dios.[54] Buscó la seguridad en las posesiones; pero las posesiones no dan seguridad, y la vida no consiste en los "bienes". El hombre es la antítesis de la enseñanza de Jesús que un discípulo debe negarse a sí mismo y el que quiera salvar su vida (*psychē*, como en el 12.19), la perderá (9.23-24). El verdadero problema es el enfoque de la vida. El enfoque del necio se basó en preparar bienes para sí mismo (vv. 20b-21). La insensatez consiste en pensar que las responsabilidades terminan con el aseguramiento del propio futuro económico.[55] La vida no debe estar enfocada en sí mismo, sino en Dios y sus propósitos ("ser rico para con Dios"; cf. 16.13).

¿Hay algún indicio de que la parábola trata sobre dar limosna? Sin duda en el contexto más amplio de Lucas uno sabe que ser rico para con Dios incluye la atención de los pobres y dar limosna (por ej., 11.41; 12.33; 16.9). Tob 4.7-11 emplea un lenguaje similar al v. 21 para alentar el dar limosna como una manera de almacenar un buen tesoro contra el "día de la necesidad". Por lo tanto, uno puede entender que un énfasis en dar limosna a menudo se asocia con esta parábola.[56] Algunos estudiosos sugieren que el almacenamiento de grano del rico insensato para sí mismo es una alusión a José que almacena el grano del Faraón para proveer de alimentos durante la época de hambre.[57]Si esto fuera cierto, entonces la implicación de la abundancia que se emplea para ayudar a los pobres se debe aumentar, pero la historia de José trata de su perspicacia en favor de los negocios de Faraón (Gn 47.13-26), no se trata de dar limosna. Poca razón existe para ver una alusión a la historia de José. La parábola no enseña sobre la riqueza pero advierte contra el pensamiento que las posesiones son la vida. La explicación en el v. 21 extiende la parábola para dejar en claro que el enfoque en las posesiones para uno mismo conduce al empobrecimiento con Dios. La parábola no tiene ninguna implicación directa sobre la limosna, pero cualquier judío y ciertamente Jesús, sabría que ser rico para con Dios incluye la obligación de utilizar los recursos materiales para ayudar a los necesitados.

La parábola es breve pero una demostración conmovedora que la vida no consiste en los planes para nuestra propia seguridad y que la satisfacción que resulta de la posesiones es una ilusión.

Adaptación de la parábola

Las parábolas como ésta tocan un nervio sensible, especialmente cuando admitimos a nosotros mismos, como debemos hacerlo, que queremos ser como el rico insensato. Queremos decir a nosotros mismos, "tengo muchas cosas buenas (o un montón de dinero) ahorrados para muchos años; come, bebe y celebra". El comentario de Jesús en Mateo 19.23/Marcos 10.23/Lucas 19.24 que el rico con dificultad entra en el reino, nos da una breve pausa. Somos semejantes a Tevye en el "Violinista en el tejado" que canta "Si yo fuera un hombre rico" o, cuando se le dijo que el dinero es la maldición del mundo, él responde "¡que el Señor me hiera con ella, y que nunca pueda recuperarme!"

El mensaje de esta parábola es opuesta a nuestro pensamiento como cualquiera que Jesús contó. No sé de ningún tópico más difícil para aplicar personalmente o en las vidas de los cristianos occidentales modernos. Nuestras actividades principales son nuestra propia seguridad y el placer, ambos, pensamos, se alcanzan por las posesiones. Sin embargo, en realidad podría decirse, al menos en cuanto a Jesús y Lucas se refieren, que las posesiones son uno de los principales obstáculos a la salvación y la vida con Dios. Por supuesto, los recursos son necesarios para la vida y el ministerio, por ejemplo, como sabían las mujeres que apoyaban el ministerio de Jesús (Lc 8.3). Además, se necesitan recursos para aumentar los recursos. La culpa no está en los bienes mismos, sino en cuánto nos aferramos a ellos o el uso que hacemos de ellos (o rehusamos hacer de ellos). El tema es el enfoque de nuestra vida y cómo este enfoque determina el uso de nuestras posesiones. Al mismo tiempo, cualquier intento de aliviar la acusación de la parábola pensando que no es la riqueza sino sólo nuestra actitud la culpable, necesariamente fracasará.

La parábola pone de relieve que la vida es frágil e incierta y que uno necesita más que las posesiones. Todos nosotros sabemos esta verdad, pero a menudo no tiene ningún impacto sobre nuestra vida. Pocos en la sociedad occidental viven como si las posesiones y la seguridad no son los aspectos más importantes de la vida. Este capítulo de Lucas se opone a la idolatría de la seguridad e insta a una profunda confianza en Dios, no en el dinero.

Cabe hacer explícita que las parábolas como ésta no son sólo para los ricos. Una persona no tiene que ser rica para ser como el rico insensato. Puede ser más fácil para los ricos"atesorar para sí mismos", pero los que no tienen recursos pueden ser fácilmente impulsados por la avaricia y poner su enfoque en las cosas equivocadas en vez de centrar en Dios.[58]

El aspecto más obvio donde esta parábola merece atención es nuestro entendimiento de la jubilación, que se parece mucho al soliloquio del rico insensato. No estamos contentos con solamente ganar para vivir; queremos ganar más o al menos lo suficiente para jubilarnos temprano. Pero la vida no solamente es andar de vacaciones y cuidar de nosotros mismos. Ser "rico para con Dios" significa vivir productivamente, reflejando el carácter de Dios en todas nuestras relaciones.

Otras áreas donde esta parábola tiene pertinencia implican las decisiones que tomamos con nuestros recursos, principalmente en bodas y funerales. En la sociedad moderna ambos se han convertido en imágenes de fantasía y en ocasiones para gastos excesivos. Los cristianos deberían considerar lo que significa ser rico para con Dios en nuestras exhibiciones públicas.

Lucas ni Jesús están en contra de la celebración, especialmente cuando la celebración es un tema central en el Evangelio de Jesús. Curiosamente, mientras que la celebración es negativa en esta parábola, la misma palabra (*euphrainein*) se utiliza positivamente en Lucas 15.24 y 32 sobre la necesidad de celebrar por el regreso del hijo pródigo.

Lectura adicional

Kenneth Ewing Bailey, *Through Peasant Eyes: More Lucan Parables, Their Culture and Style* (Grand Rapids: Eerdmans, 1980), pp. 57-73.

J. Duncan M. Derrett, "The Rich Fool: A Parable of Jesus Concerning Inheritance," in *Studies in the New Testament* (Leiden: Brill, 1978), 2:99-120.

Herman Hendrickx, *The Parables of Jesus* (San Francisco: Harper & Row, 1986), pp. 96-107.

Peter Rhea Jones, *Studying the Parables of Jesus* (Macon: Smyth & Helwys, 1999), pp. 142-62.

John Nolland, *Luke 9:21–18:34* (WBC 35B; Dallas: Word, 1993), 682-88.

Parábola Del Mayordomo Infiel (Lucas 16.1-13)

Esta parábola es notoriamente difícil, tan difícil que casi nadie sospecha que ella puede provenir de la iglesia primitiva.[59] Ya Richard Trench en el 1864 se quejó de las interpretaciones múltiples y curiosas de esta parábola, afirmando que los "muchos intérpretes... habían 'exagerado la interpretación'".[60] Existe un desconcertante número de explicaciones, muchas de las cuales todavía son culpables de exageraciones. De hecho, uno se siente que la falta de conocimiento disponible para interpretar esta parábola es inversamente proporcional a la cantidad escrita de ella. Esta es una parábola donde uno debe llenar los espacios en blanco, y por lo tanto, hacer un análisis psicológico es más fácil aquí que en cualquier lugar. La parábola sugiere numerosas conexiones, matices y posibilidades; la mayoría de ellos son callejones sin salida.

Tipo de parábola

Etiquetar la parábola es asumir su interpretación. Esta es una parábola narrativa indirecta simple que también es una parábola "cuánto más". Tiene una explicación final en el v. 8b y una aplicación en el v. 9. Aunque varios intérpretes creen que la historia presenta un ejemplo,[61] sólo unos pocos la categorizan como una historia de ejemplo,[62] lo cual es sorprendente. La descripción que he dado se basa en las decisiones tomadas sobre el final de la parábola en el v. 9. Después de la parábola hay cuatro refranes agregados (vv. 10-13) que utilizan palabras clave de los vv. 8-9.

Asuntos que requieren atención

1. ¿Cómo se deben entender las circunstancias legales y culturales de la parábola? ¿Quién considera que el mayordomo es injusto? (¿el maestro, los deudores, el narrador?), y ¿es su injusticia (v. 8) el despilfarro de las posesiones (v. 1) o las acciones de la reducción de las deudas (vv. 5-7)? ¿Fueron sus reducciones legales/honestas o ilegales/deshonestas? ¿Entregó el mayordomo su propio beneficio o el de su maestro? ¿Quitó el mayordomo simplemente la porción de losintereses del contrato, que de todos modos habría sido ilegal que los judíos cobraran?
2. ¿Dónde termina la parábola? ¿Termina con el v. 7, v. 8a, v. 8b, o el v. 9? ¿Son la explicación en el v. 8b y la explicación y el *nimshal* en los vv. 8b-9 original y explican adecuadamente la parábola? ¿Cuál es la relación de los vv. 10-13 con la parábola? ¿Son los vv. 8b-13 o alguna parte del mismo intenta más tarde explicar la parábola, como Jeremías y muchos sugieren?[63]
3. ¿A quién *kyrios* ("amo" o "Señor") se refiere en el v. 8a? ¿Al amo en el mundo narrativo de la parábola o, como Jeremías sugiere en la analogía con el 18.6,[64] Jesús en la narrativa de Lucas?
4. ¿Quién es el enfoque de la parábola, el mayordomo o el amo? ¿Es la descripción del amo como rico con la intención de presentarlo negativamente?
5. ¿Por qué el amo (y por qué Jesús) alabaría al siervo para lo que parece ser un acto deshonesto?
6. ¿Cuál es la intención de los vv. 8b-9? Específicamente, ¿cuál es la intención en el v. 9 de "ganar amigo" "*mammon* de la injusticia, "ellas fallan" (NVI "cuando éstas falten"), y "os reciban en las moradas eternas"? ¿Es esta una parábola sobre el uso del dinero, la crisis que enfrenta Israel, o las acciones de Jesús?
7. ¿A quién se dirige la parábola, a los discípulos, como indica Lucas, a Israel en general, o a los líderes judíos, en particular los fariseos?
8. ¿Cómo funciona esta parábola y qué es su intención?

Material útil de fuente primaria

Considerando que para la mayoría de las parábolas se pueden enumerar varios paralelos útiles, con esta parábola difícil relativamente poco existe en las fuentes primarias que es verdaderamente paralela y útil.[65] Algunos materiales de fuente primaria se incluyen abajo en la sección de cultura.

Material canónico

- AT: Esdras 7.22, que enumera hasta 100 *coros* de trigo y 100 batos de aceite entre los suministros a disposición de Esdras; Véase también Pr 18.16
- NT: Mateo 6.24; 25. 21, 23/Lucas 19.17, 19; Lucas 12.42 son pertinentes para los refranes en Lucas 16.10-13, pero tienen poca influencia directa sobre la parábola.

Escritos judíos tempranos

- Pseudo-Focílides 158: "Y si alguno no ha aprendido un oficio, debe cavar con un azadón."

Escritos greco-romanos

- BGU 1.300, es un contrato del siglo II que otorga autoridad para llevar a cabo negocios como agente: "Yo he habilitado por este documento para administrar mis propiedades... para organizar nuevas concesiones... para dar recibos en mi nombre y para tramitar cualquier negocio relacionado con la administración, al igual que yo lo puedo tramitar cuando estoy presente y para distribuir las parcelas de Karamis, restituyendo a mí lo que sobra, por lo cual confío en tu buena fe, y confirmo lo que tú decidas acerca de ellos."[66]
- Dio Cassius, *Historia Romana* 52.37.5-6 aconseja mantener a los libertos y todos los demás rigurosamente bajo disciplina para no caer en descrédito por ellos. Todo lo que hacen se debe dar cuenta al dueño. Porque el dueño será considerado del mismo carácter de ellos conforme a cualquier conducta que muestren a la cual él no se oponga.
- Séneca, *De los beneficios* 4.27.5 habla de la insensatez de confiar el cuidado del patrimonio a una persona condenada por mala gestión.
- Séneca, *Epístolas Morales* 18.13: "Porque él solamente está en parentesco con Dios que ha despreciado la riqueza..."

- Quintiliano *Inst.* 6.3.93: "Otra vez cuando su mayordomo no pudo dar cuenta por cierta sumas de dinero, siguió diciendo, 'no lo he tocado: Yo vivo de pan y agua', él respondió, 'Señor gorrión, paga lo que debes'."
- Papiros selectos (LCL) 2:571 (Nº). 419) presenta una carta del primer siglo de Apolonio, un estrategos, para Akous, un toparca, exigiendo un informe inmediato para determinar si se le permitirá permanecer en servicio o será enviado al prefecto por negligencia en la recaudación.
- Papiros selectos (LCL) 2:571 (Nº 420) es una carta del primer siglo de otro estrategos llamado Paniscus a un escribiente real, explicando que debido al impuesto que los "agricultores" se negaron ofrecer por los puestos de trabajo por temor a incurrir en pérdidas, había reducido los importes de los impuestos de arrendamiento.
- Dio Crisóstomo, Oratio 66.13 habla de la dificultad frente a un esclavo tener dos amos.

Escritos judíos tardíos[67]

- Éxodo Rab. 31.2 utiliza una analogía de un hombre en problemas con el rey cuyos buenos amigos abogaron por él para mostrar que cuando uno cumple con los mandamientos, estudia la Tora y práctica la caridad, mientras que Satanás le acusa ante Dios, sus buenos amigos señalan sus buenas obras. Proverbios 18.16 se añade para su verificación.
- Pesiqta de Rab Kahana 14.5 cuenta de un rey que depositó todo lo que poseía con un administrador antes de ir de viaje. Cuando el rey regresó y preguntó por sus posesiones, el administrador negó que fuera siervo del rey y que el rey hubiera depositado nada con él. El rey hizo que lo inmovilizaran sobre el andamio de un torturador hasta que admitiera la verdad. La parábola explica la negación del Faraón de Dios hasta que finalmente confiesa de Dios en Éxodo 9.27.
- Pesiqta de Rab Kahana 19.2 emplea una parábola para explicar la hostilidad de los vecinos de Israel. Un rey no permitió que su esposa hablara, o prestara a sus vecinos. Cuando ella fue depuesta y expulsada del palacio y buscó refugio en los vecinos, nadie quiso ayudarla. Un relato similar sobre Adán aparece en el 20.6.

- Existen varios contratos por deudas de trigo y aceite, y los rabinos trataron de definir lo que es y no es usura con tales deudas.[68]

Características del texto que merecen atención

Varias otras introducciones de la parábola en esta sección son idénticas. Lucas 10.30; 14.16; 15.11; 16.1; 16.19; y 19.12 todos comienzan con "un hombre" (*anthrōpos tis*; cf. 13:6 y 18:2).[69]

La mayoría de Lucas 16 está organizada temáticamente y se refiere al dinero, lo cual, por supuesto, es uno de sus intereses de redacción más fuertes de su evangelio y Hechos. Los vv. 10-13 son refranes acerca del dinero anexos a la parábola. El dinero sigue siendo el tema en el v. 14 y al menos en parte en el v. 15 y la principal preocupación en la parábola del rico y Lázaro. Los vv. 16-18concuerdan algo difícil en esta sección, pero los vv. 16-17 anticipan la discusión en la parábola del rico y Lázaro.

Lucas 12.33, 42 y 19.17 son ideas paralelas en la parábola y sus refranes adjuntos.

Varias conexiones existen entre esta parábola y la parábola del hijo pródigo. Ambos comienzan con "un hombre" y emplea *diaskorpizein* ("malgastar"). Tanto el hijo pródigo y el mayordomo traicionan una confianza, usan soliloquio, buscan el alivio de una crisis y reciben una respuesta inesperada, un perdón que me parece injusto.

Las parábolas del deudor son un marco común para Jesús. En algunas parábolas se perdona la deuda (los dos deudores, Lucas 7.40-48 y el siervo malvado, Mt 18.23-35), pero en otras la falta de pago es una causa de juicio (por ejemplo, los labradores malvados, Mt 21.33-45/Mr 12.1-12/Lc 20.9-19, los talentos, Mt 25-30 y las diez minas, Lucas 19.11-27). El tema de las deudas aparece en Mateo 5.25-26/Lucas 12.58 y el perdón de las deudas en la oración de Jesús (Mt 6.12/Lc 11.4 la declaración anexa en Mt 6.14-15) y el enfoque en Lucas 4.18 es la liberación (perdón: *aphesis*).

El auditorio en la sección de viajes de Lucas alterna entre sus discípulos, las multitudes y los opositores, generalmente los fariseos. En el 16.1 Lucas indica que esta parábola fue dirigida a los discípulos, pero en el 16.14 dice que los fariseos oyeron lo que Jesús dijo. Esta alternancia es un conector literario que mantiene la enseñanza de Jesús y su conflicto (y diferencias de) con sus oponentes en vista. También requiere que el lector a siga preguntando, como Pedro en el 12.41, "¿dices esta parábola a nosotros?"

Se resalta hacer (*poiein*) en los vv. 3, 4, 8 (NVI "hecho") y 9 (NTV "hacer").

Los vv. 4 y 9 son similares a propósito: "para que cuando (*hina hotan*)", "me reciban me/os reciban en... (*dexōntai me/hymas eis...*)." Las palabras clave de los vv. 8-9 se repiten en los vv. 10-13: "injusto" (*Adikia* en el v. 8, *adikos* en los vv. 10 y 11), "*mammon*" en los vv. 9, 11 y 13 y "amo/señor" en los vv. 3, 5, 8 y 13.

Entre los escritores del Evangelio sólo Lucas usa *oikonomos* ("mayordomo") y *oikonomia* ("mayordomía") y todas las ocurrencias están en esta parábola excepto *oikonomos* en el 12.42.

Información cultural

El monto de la deuda es muy grande, aunque varían las sugerencias de las cifras exactas. Cien batos de aceite (un bato es una unidad de medida) sería equivalente a unos 800 o 900 galones, el rendimiento de posiblemente 150 olivos y equivalente a los salarios de unos tres años para el trabajador promedio. Cien *coros* de trigo serían casi 1100 porciones, probablemente suficiente para alimentar a 150 personas por un año, la producción de 100 acres, y equivalente a siete y medio años de trabajo para el obrero promedio.[70] En cada caso el administrador redujo la factura por la misma cantidad, unos 500 denarios o los salarios de más de dos años para un jornalero. La parábola nos habla de negocios bastante grande. Ninguna de las personas involucradas son campesinos pobres o incluso a personas con ingresos promedio. Más probable es que la parábola supone que los deudores han arrendado tierras del dueño y convinieron en darle una porción del producto. Por otro lado, los deudores podrían ser mayoristas,[71]pero esto parece menos probable. Es casi seguro que el hombre es un agente en lugar de un esclavo. Un esclavo no podría despedirse simplemente del servicio sino que recibiría algún tipo de castigo y una asignación de trabajo desagradable.

Como se indica en el contrato registrado anteriormente, esta parábola supone la costumbre de entonces en que la diligencia de un hombre es como él mismo. Derrett señala las tres grandes máximas de las leyes judías sobre el gestor: el gestor de un hombre es como él mismo, no hay ninguna representación por hacer lo incorrecto y es una especulación legal de que un agente lleva a cabo su misión.[72] Lo que hace el gestor es como si el mismo dueño lo hiciera.[73]

El otro supuesto de la parábola es una ética de la reciprocidad, que era un elemento fijo en el mundo mediterráneo. Los actos generosos o benevolentes traía con ellos la expectativa de que se les devolvería, como se muestra en Lucas 14.12-14.

Explicación de la parábola

Opciones de interpretación

El número de opciones es desconcertante, pero lo más importante para obtener una perspectiva y una visión son los siguientes.[74]

1. Con los intérpretes tempranos esta parábola fue tomada más a menudo como argumento para dar limosna. La parábola esta menos alegorizada que otras parábolas, pero en posteriores interpretaciones las alegorías se volvieron más comunes.[75]

2. La opinión tradicional de esta parábola, representada temprano y con frecuencia, es que se alaba la sabiduría del mayordomo, particularmente su sabiduría en el uso del dinero, no su deshonestidad. Su acción radical dentro de su esfera sirve como analogía para una acción radical en otra esfera. Esta posición es más atractiva cuando se combina la sabiduría con respecto a la riqueza con un énfasis en el carácter escatológico del Reino. Jesús enfatiza que la venida de su reino altera las decisiones de uno sobre el uso de los recursos financieros.[76]

3. A. Jülicher argumentó que la parábola (que el limitó a los vv. 1-7) no es acerca del uso correcto de las riquezas sino sobre el uso provechoso del presente como condición para un futuro agradable.[77]

4. J. Jeremías limita la parábola a los vv. 1-8a pero argumenta que inicialmente la parábola fue dirigida a los indecisos en la multitud para advertirles de la inminente crisis. La iglesia primitiva aplicó la parábola para el uso correcto de la riqueza, pero Jeremías considera este cambio más una actualización de la parábola que una mala interpretación.[78]

5. J. D. M. Derrett sostuvo que las acciones del mayordomo no eran deshonestas: él simplemente canceló los intereses ocultos en el contrato, que de todos modos no era permisible para los judíos. Aunque tanto el propietario y el mayordomo se vieron privados debido a las reducciones, era dinero que no les correspondía. La acción del mayordomo hace que el dueño parezca un hombre recto a los ojos de la comunidad. Si el dueño repudia la acción del mayordomo, él revela su desinterés y su

carencia de generosidad. Por aceptar la acción, ganó una reputación por su piedad. La parábola enseña sobre el uso correcto de los recursos y la validez del enfoque de las pautas de Dios.[79] Los aspectos del enfoque de Derrett se han incorporado en varios otros estudios.

6. J. A. Fitzmyer difiere ligeramente de Derrett al argumentar que el mayordomo renuncia a su propio porcentaje (usura) para ganar favor.[80] El punto de la comparación es el uso prudente de la riqueza material en vista de la actual crisis escatológica.

7. Kenneth Bailey rechazó los planteamientos de Derrett y Fitzmyer, discutiendo sobre la base de *m. Baba Batra* 10.4 que los contratos serían públicos y conocidos por el dueño. El mayordomo experimentó misericordia cuando se enteró primero y con sus sustracciones arriesgó todo en la misericordia continua del dueño. Una vez más, el dueño pudo rechazar las reducciones y enojar a los deudores o aceptarlos y el elogio que sigue. La parábola (vv. 1-8) es una advertencia escatológica a los pecadores para confiar todo a la misericordia de Dios. Los vv. 9-13 son una unidad en la raíz del 'amén y deben ser leídos por separado de la parábola.[81]

8. Stanley Porter es un defensor reciente de la posición que las declaraciones de alabanza de la parábola en los vv. 8-9 deben leerse como ironía. Él considera cualquier adaptación a los estándares del mundo (como vv. 8-9) como una contradicción del mensaje de Jesús. Los hijos de este siglo piensan que su comportamiento inteligente puede influir en la era venidera, pero nada podría estar más alejado de la verdad. El argumenta también la inclusión de los vv. 1-13 y considera el v. 13 como una pregunta irónica esperando una respuesta negativa.[82]

9. D. Flusser sostuvo que al usar los "hijos de la luz" Jesús no se estaba refiriendo a sus seguidores, sino irónicamente se refería a los Esenios, que trataban de evitar la contaminación de la abundancia de la maldad y la riqueza del mundo circundante. Jesús consideró este separatismo económico como peligroso (es decir, los hijos de este siglo son más sabios que los Esenios porque ellos mantienen contacto económico con otras personas) y llamó a compartir los bienes con todos. Los vv. 10-12 deben incluirse con la parábola.[83]

10. Para John Kloppenborg el dueño, no el mayordomo, está en juicio. La misma denominación muy "rico" transmitiría algo negativo a los oyentes campesinos. El derroche del mayordomo es fraudulento y pone en duda el buen nombre del dueño, pero el dueño no busca recuperar su honor. La parábola celebra la conversión del dueño de la miopía del honor atribuido.[84]

11. Como lo hace con muchas de las parábolas, N. T. Wright entiende ésta como una advertencia escatológica para Israel. Al igual que con el mayordomo, el juicio pende sobre Israel.[85]

12. Algunos eruditos ven a Jesús representado por las acciones del mayordomo; la parábola es su propia biografía. Según este punto de vista la parábola se dirige a los escribas y fariseos y muestra su reacción ante Jesús, a quien consideran un derrochador de la tradición religiosa. Jesús como agente de Dios somete las deudas del pueblo ante Dios, y la parábola es una defensa del hábil ministerio de Jesús de la gracia.[86]

13. Dan Via argumenta que la parábola está dirigida a los críticos de Jesús. La parábola (16.1-8a) es una comedia picaresca de un pícaro exitoso que hace que la sociedad convencional luzca ridícula, pero sin establecer ninguna alternativa positiva. Tanto él como el hombre rico son personajes negativos. La parábola dice que el presente está en crisis porque el futuro es peligroso, pero la apelación para superar este peligro se configura de manera picaresca como una vacación moral. Es un alivio cómico de la seriedad y muestra que nuestro bienestar no descansa en última instancia en nuestra seriedad.[87]

14. Algunos estudiosos sugieren que la parábola reorienta los valores. B. Scott sostiene que el mayordomo es un pícaro, pero que el hombre rico también es una figura negativa que recibe lo que merece. Mediante un poderoso cuestionamiento y yuxtaposición de imágenes, la parábola separa el vínculo entre el poder y la justicia. Ella compara la justicia y la vulnerabilidad y obliga al oyente en el mundo del reino a establecer nuevas coordenadas para el poder, la justicia y la vulnerabilidad.[88]

John Donahue cree que la historia trata acerca del dueño insensato, que no leimporta la deshonestidad de su mayordomo. Evoca un mundo donde Dios no determina el castigo sino que da tiempo y cancela las deudas incluso en medio de las maquinaciones humanas. Aunque Lucas pudo haber empleado la parábola para contradecir el miedo y la ansiedad en los líderes cristianos, los cristianos deben sentirse obligados por la historia para liberarse de la esclavitud a la riqueza *y* del temor servil de Dios.[89]

15. Algo similar es la sugerencia de que la liberación de las deudas que hiciera el mayordomo es un acto simbólico que rechaza la provisión del *prosbul*, la legislación para evitar el requisito de perdonar las deudas en el séptimo año (Deuteronomio 15.1-2),[90] y afirmando la prioridad de la ley religiosa sobre la ley económica secular.[91]

16. Algunas interpretaciones buscan una solución gramatical o lingüística. Douglas Parrott concluyó que algo está mal con la conclusión de la parábola y sugirió que originalmente terminó con una pregunta en espera de una respuesta negativa, como, "¿acaso el amo habría elogiado al mayordomo deshonesto por su sagacidad?"[92]

Algunos eruditos han sugerido que *ek* en el v. 9 no significa "ganar amigos mediante las *riquezas* injustas", sino en consonancia con la palabra aramea *min*, "ganar amigos aparte de (o sin) las *riquezas* injustas."[93]

Algunas de estas sugerencias difícilmente son creíbles. La sugerencia de Vía que la parábola es un alivio cómico de la seriedad —supuestamente no era broma— es un acto de desesperación. La sugerencia de Flusser que Jesús argumentaba contra la separación de los esenios da algo para comentarque los "hijos de la luz" no necesariamente aluden a los esenios. Varios estudios, como el de Scott, aunque dan información útil, son confusos y no muestran cómo funciona la parábola para expresar el significado que sugieren. Una parábola con un mensaje confuso e ineficaz no se habría recordado, y mucho menos dado un lugar prominente en el la narrativa del Evangelio. Cualquier otra cosa que digamos, debemos recordar que Lucas creía que esta parábola tenía gran relevancia y eficacia.

Varias de las sugerencias son temporalmente atractivas. La mayoría de los eruditos pueden hacer que su caso parezca razonable, pero en la reflexión y después de volver a leer el texto, los argumentos son a menudo mucho menos atractivos. Con frecuencia, las sugerencias a menudo enlazan en una característica de la parábola, pero no se ocupan de toda la historia y no muestran cómo funciona la parábola. De hecho, es relativamente fácil formular objeciones a la mayoría de las soluciones que se ofrecen. La sugerencia de J. Kloppenborg que la parábola trata sobre la conversión del amo a una nueva comprensión de la honra a los fundadores porque no hay indicio en el texto que sugiere que el tema es el honor del amo y sin alguna indicación en este sentido, ningún lector podría llegar a esta conclusión. Lo mismo es cierto para la sugerencia de ironía; sin alguna pista textual que indique que implica una ironía, ningún lector entendería esto.

N. T. Wright, al argumentar que la crisis del mayordomo es una figura de la crisis de Israel, pinta con un pincel muy amplio. Él nada puede señalar en la parábola que apoye su sugerencia. Que algunas parábolas envuelvan a los amos y los siervos señalan a Dios e Israel no significa que cada parábola señale lo mismo.

Del mismo modo, la opinión de que la parábola es una biografía de las propias acciones de Jesús de perdonar pecados, no se puede aceptar porque ella no trata con toda la parábola. Es posible que comprendamos que Jesús podrían ser acusado de malgastar el perdón, pero el v. 2 no tendría sentido. ¿Qué significaría para Jesús que el amo ponga fin a su administración? Si el punto era una acusación del malgasto perdón, ¿acaso el amo en la parábola no habría defendido al mayordomo contra la acusación? Además, si el perdón fuera el asunto, ¿acaso el mayordomo no hubiera perdonado las deudas enteramente?[94] Nada en la parábola nos alienta a aceptar este punto de vista.

A partir del ejemplo de esta parábola se puede entender que la interpretación de las parábolas no significa asignar correspondencias a los elementos. El amo que elogia la fechoría difícilmente "representa" a Dios, ni el mayordomo representa a cualquier persona. La parábola es un argumento analógico, no una representación alegórica.

¿Hay una manera de avanzar, dada la dificultad de la parábola y las numerosas sugerencias?

Decisiones sobre los asuntos

1. ¿Cómo se deben comprender las circunstancias legales y culturales de la *parábola?* El caso para la comprensión de las acciones del mayordomo como una honesta reducción de su propio beneficio o el retiro de interés ilegítimo (según lo sugerido por Derrett y Fitzmyer) no apoya la investigación,[95] tampoco hay ninguna base para considerar como un acto simbólico contra el *prosbul.* Que se llame al hombre "el mayordomo malo"[96] en el v. 8 sugiere que son sus acciones en los vv. 5-7 que lo califican para esta denominación, no su derroche de los bienes en el v. 1. Debido a la gran cantidad de las reducciones (el salario de tres años), si el mayordomo había estado tomando tales cantidades como propias, difícilmente estaría en una crisis inmediata, y además,en el v. 5 las cantidades claramente se debían al amo. Kloppenborg señala que las tasas de interés promedio no coinciden con las cantidades de las reducciones, de modo que los lectores no podían suponer que se quitaba el interés.[97] Lo más importante, nada en el texto prepara al lector para tal suposición. Desde un punto de vista literario ninguna parábola deja de presentar la información necesaria para interpretaciones sólo implícitas. Como señala du Plessis, "el lector no puede quedarse en la ignorancia sin pagar el precio de acabar con

una interpretación distorsionada... Sin ninguna otra información del texto el lector tiene que aceptar que el mayordomo obró deshonestamente..."[98] Su comentario es una verificación del principio de que una interpretación que se basa en lo que no hay, ciertamente es incorrecta. Que los deudores deben obrar rápidamente (v. 6) se suma a la creencia de deshonestidad. Tenemos un mayordomo de una finca que engaña a su amo con el fin de congraciarse con sus clientes y todo el mundo —el amo, el narrador, y los oyentes— lo consideraría injusto.[99]

2. *¿Dónde termina la parábola y cómo los vv. 8b-13 se relacionan con la parábola?* Las sugerencias para el final de la parábola incluyen el v. 7, el v. 8a, el v. 8b y el v. 9. Algunos piensan que el v. 9 es la clave del significado de la parábola y otros que distorsiona la intención de la parábola. Jeremías consideró los vv. 8b-13 como varios intentos para explicar la parábola, y algunos consideran los vv. 10-13 como refranes que no están directamente relacionados a la parábola, y otros ven estos mismos versículos como pertenecientes originalmente con los vv. 1-9. Con respecto al final de la parábola, posiblemente el tema es que se indica con el "fin". Si uno indica el fin de la historia, entonces el v. 8a con su informe de la respuesta del amo es el final, pero si se incluye la explicación de la parábola, entonces los vv. 8b-9 debe incluirse. La sugerencia de que la parábola concluye con el v. 7 no es convincente.[100] Sin la respuesta en el v. 8a la parábola no tiene desenlace, y uno no sabe si la acción del mayordomo fue de éxito o abortiva. Además, la parábola comenzó con una referencia a un hombre rico que tenía un mayordomo, y sería extraño si no se hubiera hecho mención adicional del amo. Probablemente la posición mayoritaria es que la parábola termina con el v. 8a, pero esto también deja incompleta a la narrativa, porque uno no tiene idea por qué se contó esta historia o por qué nadie se ocupó en recordarla. Ambos, el v. 8b y el v. 9 son necesarios para que la historia funcione y que provienen de Jesús. El v. 8b es un comentario explicativo que muestra el contexto de la relevancia de la parábola,[101] y el v. 9 es la explicación que hace la aplicación específica.

En este punto la decisión, en contra o a favor de la inclusión del v. 9, es crucial, porque si este versículo está incluido, la dirección y la intención de la parábola se establecen. Si sólo los vv. 1-8a se incluyen, la mayoría argumentará que la parábola trata de la sabiduría en la crisis escatológica. Si se aceptan los vv. 1-9, la mayoría aceptará que la parábola tiene algo que ver con el uso racional de los recursos materiales ante la crisis escatológica. Es difícil pensar que el v. 9 haya alguna vez circulado como un refrán independiente, dada la facilidad por la cual sería incomprendido *y* la manera que fue enunciado en los vv. 4 y 8, que son los versículos que dan el plan del mayordomo y la alabanza del dueño.[102] Incluso si es enigmático, estas palabras encajan con la parábola y en ningún otro lugar. Si no son originales, ellas son la explicación de Lucas de la parábola. En lugar de ser una anomalía, sin embargo, como varios eruditos discuten, el v. 9 es la clave para la parábola.[103] Las palabras "Y yo os digo" al principio del v. 9 también son un argumento para la inclusión del versículo. Estas palabras son una introducción típica para refranes importantes de Jesús y aparecen (con ligeras variaciones) particularmente en las conclusiones de las parábolas en Mateo 18.13; 21.43; 24.47 /Lucas 12.44; Lucas 11.8; 14.24; 15.7, 10; 18.8. Además, el v. 9 proporciona los elementos que conectan los siguientes versículos.

La relación de los vv. 10-13 con la parábola no es tan crucial para la comprensión de la parábola, pero ciertamente Lucas no considera estos refranes como intentos para contrarrestar o explicar una parábola vergonzosa.[104] Estos son enseñanzas adicionales sobre el mismo tema. Algunos argumentan que los vv. 10-13 originalmente fueron adjuntados a la parábola,[105] lo cual no puede ser probado ni refutado, pero tres hechos son evidentes. En primer lugar, el v. 13 utiliza "esclavo" (*oiketēs*), no "mayordomo" (*oikonomos*) como en la parábola. En segundo lugar, el v. 13 es paralelo con Mateo 6.24 sin el acompañamiento de la parábola y los refranes en Lucas 16.10-12. Por tanto, el v. 13 circuló independientemente en algunos contextos. En tercer lugar, los refranes en los vv. 10-13 van unidos al v. 9 y mutuamente a través de la repetición de las palabras clave: "injustos", "*mammón* [riquezas]" y "dueño". Lo que no es obvio en griego o en español es que "fiel" (pistos), "confiar" (*pisteusei*) y "verdadero" (*alēthinon*) en hebreo y arameo todas derivan de la misma raíz que "*mammón*", suponiendo que *mammóm* significa "aquello en que se pone la confianza" y deriva de *'amén.* Bailey sugiere que un hábil juego de palabras resuena a través de toda la sección y que se expresan concisamente en el v. 11:

> Pues si en las *riquezas* injustas
> no fuisteis fieles,
> ¿quién os confiará lo *verdadero*?[106]

Los vv. 10-12 podrían ser refranes unidos por palabras similares, o podrían haber sido una unidad desde el principio. Aunque uno no puede estar seguro, es probable que esta unidad y el v. 13 fueran adjuntados a la parábola por las palabras "injustas" y "*mammón*". (Este último se produce únicamente en este contexto y en Mateo 6.24.)

Para resumir, la parábola se extiende a través del v. 8a y los vv. 8b-9 son la explicación de Jesús de la parábola. Los otros dichos, debido a que comparten términos, se han adjuntado como comentario sobre el empleo de la riqueza.

3. ¿A quién refiere kyrios ("amo" o "Señor") en el v. 8a? Jeremías, seguido por algunos otros, opina que "amo" en el v. 8a debe entenderse como Jesús. El señaló el 18.6, donde *kyrios* al final de una parábola apunta claramente a Jesús y al hecho de que otras diecisiete ocurrencias de *kyrios* en la narrativa de Lucas aluden a Jesús.[107]

Pero lo que parece un argumento válido se desvanece en una inspección más cercana. "Y dijo el Señor" en el 18.6 claramente proviene de la parábola del juez injusto, que no es el caso con el 16.8a, así que no es paralelo. *Kyrios* se emplea con sorprendente flexibilidad en Lucas: de Dios, de Jesús, en el vocativo con una gama de significados y de amos humanos. En un versículo (12.42) se emplea en la narrativa de Jesús y en una parábola de un amo humano. Se utiliza veintidós veces de un amo humano en material parabólico, de la cuales siete están en el vocativo.[108]

Las otras cinco veces que *kyrios* ocurre en una sección de parábola sin ningún calificativo (como un genitivo o un pronombre), tres veces es respecto de un amo (12.37, 42b; 14.23) y dos veces de Jesús (12.42; 18.6). Lo más importante, a diferencia del 18.1-8, *kyrios* ocurre dos veces del amo en esta parábola (vv. 3 y 5), y el oyente/lector no tiene ningún indicio de un cambio en el tema y no lo entendería como un comentario de Jesús.

La descripción del hombre rico y sus comentarios en los vv. 1-2 introduce la expectativa de que él volverá y dará un juicio sobre las acciones del mayordomo.[109] Incluso si tenemos dificultad para saber por qué el amo elogia al mayordomo, *kyrios* en el v. 8a debe referirse al amo.

4. ¿Quién es el foco de la parábola, el mayordomo o el amo? ¿Es la descripción del amo como la intención de presentarlo negativamente como tan rico? Unos pocos que ven al amo como el foco lo consideran como gentil y amable,[110] pero la mayoría que ve al amo como el foco lo consideran negativamente, al menos hasta su "conversión" a un nuevo sentido de honor al final. El es rico, que se entiende al decir que ha defraudado a otros, y su veredicto del mayordomo sin una examinación es una indicación de su obstinación e injusticia.[111]

Las cuestiones de vergüenza y honor eran de primordial importancia en el mundo antiguo, y es cierto que Lucas no es compasivo con el rico, por decir lo menos. Un vistazo a la parábola del rico y Lázaro (16.19-31) muestra lo que Lucas quiere decir a los ricos, por no hablar de los ¡ay! de los ricos en el 6.24-26. Aun así, argumentar que la parábola trata del hombre rico, de su insensibilidad y su conversión resultante o su benevolencia es torcer la parábola en direcciones que no pretende ir. No todas las personas ricas en Lucas son condenadas por solamente ser ricas.

Sólo hay que pensar en las mujeres que apoyaban a Jesús (8.3), el amo que regresa (12.36-46), el que convidó a una gran cena (14.16), el padre del pródigo (15.11-32), Zaqueo, que específicamente se le llama rico (19.1-10), y hombre noble que da dinero para invertir (19.11-27).[112] Nada en la historia sugiere que se debe considerar negativamente al hombre rico o que él es el foco o que está preocupado por recuperar el honor.[113] Si la cuestión era la ganancia de honor mediante la reducción de las deudas, uno se pregunta por qué el amo no fue suficientemente inteligente como para regalar ¡su dinero antes! Por el contexto solo es claro que el mayordomo y sus acciones son el foco principal. El foco de la historia se debe ver en el mayordomo, sus acciones y la respuesta del amo a esas acciones.

5. ¿Por qué el amo (y por qué Jesús) alabaría el siervo para lo que parece ser un acto deshonesto? Esta es la pregunta más difícil. El texto no da ninguna pista. Existen sólo dos opciones: el mayordomo es alabado porque hizo algo justo y eficaz o injusto *pero* eficaz. Hemos visto que las teorías que dicen que el mayordomo redujo su propio beneficio o los importes usureros de los contratos son injustificados. Su reducción de las deudas fue injusta pero eficaz.

Esperaríamos que él fuera condenado. Atrapado en derroche, la opción del mayordomo es un fraude calculado.

No hay nada magnánimo o justo por su acción.[114] El amo perdió dinero debido a los acontecimientos que condujeron a la denuncia original,[115] y luego perdió más con las reducciones. En el mundo real, es más probable que el mayordomo habría sido culpado y castigado, pero las parábolas son seudorealistas y las historias como ésta encajan en un molde. Al menos parte del trasfondo contra el cual la sagacidad del mayordomo y la alabanza del amo se deben entender son las parábolas, fábulas, y las comedias del mundo antiguo. Uno tiene que pensar sólo en la sagacidad de Ahiqar, que escapa una pena de muerte y resuelve los enigmas del rey de Egipto con argucia (la argucia que no sería aceptada en el mundo real). Mary Ann Beavis apunta a tres historias en las que Esopo está en problemas con un amo o una patronay toma acción para obtener lo mejor de su superior.[116]

Más llamativas son las similitudes con las comedias grecorromanas que B. Heininger resaltan, aunque las comedias son mucho más largas.[117] Aquí uno encuentra historias con situaciones de crisis, preguntándose en voz alta la gente qué hacer, soluciones que se expresan mediante el soliloquio, los siervos triunfando sobre los amos y los amos asintiendo su sagacidad. Esto no es para sugerir cualquier dependencia de estos escritos sino para señalar un trasfondo de las historias populares y los motivos comunes mediante el cual se puede entender nuestra parábola. Si es así, el amo alabó al mayordomo por su rapidez de pensamiento, su sagacidad o sabiduría, para asegurar su propio futuro. Eso solamente se pretende y nada más. Si este es el caso, no debemos pensar que el mayordomo se pone a merced del amo.

6. ¿Cuál es la intención de los vv. 8b-9? He sostenido, como hacen los demás, que la relevancia de la historia y la alabanza del amo solamente se puede comprender con los vv. 8b-9. El v. 9 es difícil, pero el v. 8b es claro y muestra el significado de la parábola. Con el v. 8b Jesús marca dos contextos que operan en dos formas diferentes: este siglo y la generación de los hijos de luz. Claramente el mayordomo, un hijo de este siglo y sus acciones pertenecen a un contextodiferente que los hijos de luz. Las palabras "este siglo" (NVC "generación", *genea*) supone que existe otra época. Esto implica una comprensión escatológica de este siglo y los siglos venideros. Puesto que los hijos de luz ya existen y deben estar viviendo conforme a su "generación", lo que implica también la presencia de los siglos venideros.[118] Esto concuerda con la enseñanza escatológica de Jesús.[119] La alabanza de los hijos de este siglo, sin embargo, es una acusación contra los hijos de luz. El mayordomo, como hijo de este siglo, sabía cómo manejar el sistema a su mejor ventaja, pero los hijos de luz no sabían cómo vivir sabiamente dentro de *su* "sistema". Es decir, no saben cómo vivir en armonía con el reino ya presente.

El lenguaje del v. 9 es inesperado y desconcertante. Aparte de su conexión con la parábola, el refrán no sería comprensible. Tres interrogantes deben resolverse: la intención de "ganar amigos por medio de las riquezas injustas [literalmente 'mammón de iniquidad']", "cuando estas falten [literalmente 'cuando fallan']", y "os reciban en las moradas eternas".

Mammón puede ser una palabra neutra para significar dinero o la propiedad y es sinónimo de la palabra "propiedad" (*ta hyparchonta*) en el v. 1,[120] pero a menudo mammón lleva una connotación negativa.[121] Pero,¿es "riquezas de iniquidad" dinero obtenido por medios injustos, simplemente dinero que pertenece a este mundo (a la esfera de la injusticia), o que tiende hacia la injusticia, es decir, dinero que tiende a corromper? Aunque se pueda hacer un caso para las tres opciones,[122] los dos últimos tienen la mayoría en su favor y deben emplearse para producir lo que se pretende, "dinero de este mundo, que tiende a corromper".[123] Este es el significado que se supone en los versículos que siguen. En el v. 11 "riquezas injustas" se contrapone con "lo verdadero" es decir, riqueza verdadera, que obviamente señala a las posesiones eternas que no pertenecen a este, pero en el v. 13 mammón se establece como un ídolo potencial, por lo tanto su tendencia corruptora. "Ganad amigos por medio de las riquezas injustas", entonces sólo puede significar "ganad amigos mediante el uso de dinero, que tan fácilmente se emplea de modo incorrecto".

Existen tres opciones para "cuando éstas falten": cuando el dinero se haya acabado,[124] cuando la vida haya terminado (a la muerte),[125] y cuando este siglo termine (con la Parusía). Si la intención es cuando no haya dinero, no hubiera sido con propósito literal. Regalar dinero no sería la manera de prepararse para cuando el dinero se haya acabado. "Cuando el dinero se haya terminado" tendría que haber sido una forma figurativa para aludir la muerte o el fin del siglo, es decir, cuando las riquezas mundanas se hayan acabado, cuando los bienes de este mundo terminan.[126] La elección entre la muerte y el fin del siglo tiene poca diferencia práctica, porque uno no tiene opción en cualquier caso. Dada la preocupación de Lucas por lo que sucede a la muerte de dos hombres ricos (12.20; 16.22), no puede excluirse una referencia a la muerte, pero es más probable que la referencia es al fin del siglo.

Como en Lucas 12.20, el impersonal "ellos" en "os reciban" podría referirse a los pobres o a los ángeles[127] o puede ser una indirecta para Dios. En cierto sentido las tres opciones apuntan a la misma cosa. Si los pobres reciben a cualquiera en las moradas eternas, lo hacen tan sólo como los ya recibidos por Dios, y si alude a los ángeles, ellos sólo representan a Dios. Al igual que en el 12.20 lo más probable es tenemos una referencia a Dios.[128]

La expresión "moradas eternas" o "tiendas eternas" (*aiōnious skēnas*) tienen poco precedente y es bastante peculiar para sospechar que se trata de una ironía,[129] pero eso parece poco probable. La referencia es a un hogar eterno con Dios. Algunos textos muestran ideas similares, especialmente Salmos 61.4: "Yo habitaré en tu tabernáculo para siempre".[130] En *T. Ab.* 20.14 se describe a Abraham como llevado al paraíso, "donde están las moradas de mis justos".[131]

A modo de resumen entonces, el v. 9 se puede parafrasear de la siguiente manera: "Ponte en una buena posición a través de tu uso del dinero, el cual fácilmente te lleva por mal camino, para que cuando este siglo termine Dios te reciba en su morada eterna."

7. ¿A quién se dirige la parábola, a los discípulos como indica Lucas, a Israel en general, o a los líderes judíos, en particular, a los fariseos? A quien va dirigida la parábola se determina por las decisiones que se tomaron acerca de la extensión de la parábola. Si el extremo está en el v. 7 o el v. 8a, la intención es enigmática y la designación de Lucas de los discípulos como los destinatarios podría ser un resultado de su redacción. Si uno solamente acepta los vv. 1-7 o 1-8a e interpreta la parábola generalmente en términos de la crisis escatológica, uno podría argumentar que se dirige a Israel. Tiene poco a favor la sugerencia de que se dirige a los líderes o especialmente a los fariseos.[132] Si los vv. 1-9 comprenden la parábola, como yo acepto, entonces tiene sentido la indicación de Lucas de que se dirige a los discípulos. Ellos son los sabios hijos de luz menos instruidos acerca de la recepción en las moradas eternas. Sin embargo, no debemos pensar que con "discípulos" simplemente se piensa en los doce. Lucas dice que grandes multitudes iban con Jesús (14.25) y que los publicanos y los pecadores se acercaban a escucharlo (15.1). El resto de la tradición del Evangelio muestra cuán importante era para Jesús la enseñanza sobre las posesiones, y sería sorprendente que no enseñara a un grupo más amplio de discípulos sobre este tema.

8. ¿Cómo funciona esta parábola y cuál es su intención? Cualquier intento de tratar la parábola como si fuera una alegoría con el hombre rico, que representa a Dios y el mayordomo que representa a los discípulos o algún otro grupo, falla. Aunque hay correspondencias, esta es una analogía, no una alegoría. La decisión y las acciones en un contexto son análogas a aquellos en otro contexto.

La mayoría está de acuerdo que esta es una parábola de crisis. La predicación escatológica de Jesús presentó una crisis a sus oyentes en general y a sus discípulos en particular. Como las parábolas del amigo a la medianoche y el juez injusto esta es una parábola "cuanto más" que hace su punto por un *contraste*. Así como el mayordomo obró en su mundo para salvaguardar su bienestar, cuánto más en esta crisis escatológica los oyentes de Jesús deben obrar para salvaguardar su propio bienestar eterno. Así como no se permite la deshonestidad tampoco se permite la rudeza contra el amigo ala medianoche, o la falta de respecto por Dios o por la gente en la parábola del juez injusto. Lo que se elogia es la acción nacida de la sabiduría ante la crisis, similar a la parábola del tesoro escondido. Aunque algunos piensan que la parábola trata generalmente de la sabiduría en época de crisis y que ha sido adaptada a la cuestión del dinero,[133] estas preocupaciones no se deben dar y no deben separarse. El punto es sin duda la capacidad del mayordomo para enfrentar una crisis,[134] pero específicamente su capacidad en relación con el dinero. La parábola trata sobre el uso racional de las posesiones *teniendo en cuenta* la crisis escatológica. Como se observa a menudo, el lenguaje de la sabiduría en los Evangelios a menudo connota conciencia escatológica,[135] debido a que la conciencia escatológica afecta como uno considera las posesiones materiales. La sabiduría advierte que se emplee la riqueza sagazmente en vista de la presencia del Reino y del juicio venidero. En otras palabras, se debe emplear el dinero con prudencia, teniendo en cuenta la economía de Reino, en lugar de fines egoístas. Dar limosna no es la preocupación explícita,[136] y de hecho la expresión "dar limosnas" es muy débil para transmitir lo que Jesús propone. Sin embargo lo expresamos al mostrar misericordia con dinero que es una aplicación obvia de la parábola, y esta idea es reforzada por la colocación de la parábola cerca del rico y Lázaro y por la similitud del v. 9 a 12.33 ("Vended lo que poseéis, y dad limosna; haceos bolsas que no se envejezcan, tesoro en los cielos que no se agote...").

La denuncia contra el v. 9 es que parece un seguro de vida y esa filantropía motivada por el interés propio apenas concuerda con la enseñanza de Jesús,[137] pero la queja es ilegítima. El "egoísmo" merece reflexión. Nada ocurre sin interés propio. La pregunta es si el interés propio es miope y egocéntrico o verdadero interés desde una perspectiva eterna. Jesús llama a una renuncia radical al interés propio, pero sólo negarse a sí mismo que uno encuentra verdaderamente a si mismo (Mt 16.25-26/Mr 8.35-37/Lc 9.24-25). Sin leer la parábola de un modo ordinario, como el resto de las Escrituras ella supone que un juicio de Dios positivo y negativo se determinan por la obediencia a la voluntad del Padre.

La parábola pretende motivar a la acción. La palabra "hacer" (*poieō*) resalta a través de los vv. 3, 4, 8 y 9. Como el mayordomo, el oyente debe preguntar, "¿Qué haré?" y luego planear y actuar sabiamente en el empleo de sus posesiones de manera consonante con el Reino.

Existen varios matices secundarios que no se deben ignorar. La liberación de las deudas y la alabanza del amo contienen un mensaje implícito que el perdonar las deudas es una cosa buena y que uno no debe estar tan ligado al dinero que le resulte imposible perdonar (cf. Lucas 4.18-21 con sus alusiones al Jubileo). Además, se habla negativo del dinero como algo que solamente tiene valor temporal. Llegará un día cuando ya no tendrá ningún valor, así que uno debe emplearlo sabiamente ahora.[138]

Adaptación de la parábola

La acusación es dolorosamente cierta que la gente de este siglo es más sabia en su contexto que los "hijos de luz" en el suyo. ¿Acaso es porque con un ojo en este siglo y un ojo en el Reino —una necesaria división de visión— permitimos que nuestra determinación se base más por nuestro siglo que por el Reino de Cristo? Las mismas preocupaciones dominan a los cristianos que el resto de la sociedad, pero la enseñanza de Jesús tiene la intención de darnos una serie diferente de valores.

Esta parábola no se puede implementar sin una conciencia escatológica, la cual es la sabiduría que la parábola busca provocar. Si el Reino está en cierto sentido presente y si el juicio es una realidad, ambos implícitos en la parábola de la parábola, entonces las acciones y la actitud hacia la vida se deben determinar por el Reino y una conciencia de la necesidad de dar cuenta de nuestra mayordomía sobre todo de la vida y especialmente de nuestras posesiones.

La parábola transmite la urgencia que estaba presente en el ministerio de Jesús. El sentido de urgencia era diferente incluso en la iglesia primitiva, por no decir nada de hoy, pero es todavía cierto que un sentido de urgencia acompaña a la vida y el discipulado. La parábola no da respuestas fáciles sobre qué hacer con el dinero; obliga a la reflexión respecto qué significa el uso sabio de las posesiones, conforme a las condiciones del Reino.

Los sermones a menudo tratan sobre la mayordomía y dar, como debe ser apropiadamente. Un pastor que evita la predica sobre la mayordomía menoscaba la enseñanza de Jesús. Pero las iglesias y los individuos difícilmente en realidad consideran o responsabilizan a la comunidad para tomar decisiones conscientes, impulsados por el Reino con respecto a las posesiones. Tales discusiones conducirían a la reducción de la acumulación y el consumismo, cambiaria cómo vemos y alcanzamos la seguridad, activaría diversos ministerios y aliviaría el sufrimiento de los pobres. Las decisiones económicas no son fáciles, pero la iglesia no sólo debe liderar el camino sino demostrar por su uso del dinero la realidad de su Evangelio.

Una vez más puede que se sugiera el tema de la justicia por obras, pero sólo porque hemos distorsionado los temas de la fe y la obediencia. En las enseñanzas de Jesús, la obediencia a la voluntad del Padre determina el destino eterno y gana la aprobación. La idea de la fe sin tal obediencia es una presunción.

Lectura adicional

Kenneth Ewing Bailey, *Poet and Peasant: A Literary Cultural Approach to the Parables in Luke* (Grand Rapids: Eerdmans, 1976), pp. 86-118.

C.-S. Abraham Cheong, *A Dialogic Reading of The Steward Parable (Luke 16:1-9)* (Studies in Biblical Literature 28; New York: Peter Lang, 2001).

J. Duncan M. Derrett, "The Parable of the Unjust Steward," *Law in the New Testament* (London: Darton, Longman & Todd, 1970), pp. 48-77.

Joseph A. Fitzmyer, "The Story of the Dishonest Manager," in *Essays on the Semitic Background of the New Testament* (Missoula: Scholars, 1974), pp. 161-84.

Herman Hendrickx, *The Parables of Jesus* (San Francisco: Harper & Row, 1986), pp. 170-97.

Richard H. Hiers, "Friends by Unrighteous Mammon: The Eschatological Proletariat (Luke 16:9)," *JAAR* 38 (1970): 30-36.

Dennis J. Ireland, *Stewardship and the Kingdom of God: An Historical, Exegetical, and Contextual Study of the Parable of the Unjust Steward in Luke 16:1-13* (NovTSup 70; Leiden: Brill, 1992).

El Rico y Lázaro
(Lucas 16.19-31)

La singularidad de esta parábola es evidente. Sólo aquí los personajes de la parábola tienen nombres y solamente aquí una parábola de

Jesús trasciende la realidad cotidiana para centrarse en la vida después de la muerte.[139]

Tipo de parábola

Esta es una sola indirecta, una parábola narrativa de dos etapas que sirve como una advertencia. No es necesaria ninguna transferencia a algún otro tema. Esta es uno de las cuatro historias tradicionalmente denominadas como una "historia de ejemplo", pero es evidente la inadecuada denominación. No se dice lo suficiente sobre las acciones del hombre rico o de Lázaro para que en realidad sea un ejemplo. Implícitamente el hombre rico es un ejemplo negativo, pero esto se debe deducir. La historia apenas comienza y termina; no hay ninguna aplicación o explicación y ninguna transición de los refranes previos o siguientes.[140]

Asuntos que requieren atención[141]

1. ¿Es esta una parábola?
2. ¿Cuál es el origen de esta historia, y qué relevancia tiene el origen de la historia para la interpretación?
3. ¿Existe alguna relación con Juan 11?
4. ¿Cómo se debe comprender la estructura de la parábola original?
5. ¿Contenía la historia original sólo los vv. 19 al 26?¿Y fueron los vv. 27-31 una adición cristiana más tarde apuntando a la resurrección de Jesús y el fracaso de los judíos de creer?¿Son importantes las variantes textuales en el v. 31?
6. ¿Cuál es el enfoque principal?
7. ¿Qué importancia tiene Lázaro?
8. ¿Cuál es la base para el juicio que envía al hombre rico al hades y Lázaro al seno de Abraham?
9. ¿Cuál es la enseñanza de la parábola, si acaso tiene, sobre la vida después de la muerte, el "estado intermedio" y el juicio? ¿Qué se puede saber acerca de las creencias en el judaísmo del primer siglo con respecto a la vida después de la muerte? Específicamente, ¿qué significa *hądēs* realmente?
10. ¿Cuál es la enseñanza de la parábola acerca de las actitudes y las acciones con respecto a la riqueza y la pobreza?

Material útil de fuente primaria

Material canónico (*además de los textos que se citan en las dos parábolas anteriores*)

- AT: Dt 11-13; 1 S 28-19; Sal 49; 73; Is 58.6-7; 32:21 Ez-30
- NT: Mt 3.8-10/Lc 3.8-9; Lc 1.51-53; 6.20-25; 11.41; 12.29-33; 1 Tm 6.6-10, 17-19; Stg 1.9-11; 2.5-7; 5.1-6

Escritos judíos tempranos

- A partir de Sabiduría 2 y extendiendo por varios capítulos es un contraste entre el juicio de los impíos y los justos; el alma de los justos está en manos de Dios (3.1).
- *1 En.* 22.1-14 describe que Enoc fue llevado a un lugar con cuatro esquinas[142] donde el alma de los muertos *espera* juicio. Los justos están separados por un manantial de agua con la luz de tres categorías de pecadores: aquellos a los que no se promulgó juicio durante su vida, aquellos con acusaciones para presentar respecto a sus muertes y aquellos que colaboraron con los sin ley.[143]
- *1 En.* 103.5–104.6 advierte a los ricos pecadores que son impunes en la vida que experimentarán el mal, la tribulación, la oscuridad y la llama ardiente en el *Seol.* Los justos que han sido afligidos en la vida, se les aconsejó que no enfocaran en su situación, sino en su esperanza, porque las ventanas de los cielos serán abiertas para ellos. CF. 98: 1-3.
- 1QS 4.11-14: "Y las visitación de los que andan en él [los caminos de la oscuridad] será un exceso de castigos en manos de todos los ángeles de destrucción, para condenación eterna, por la ardiente ira del Dios de la venganza, por el permanente error y vergüenza sin fin con la humillación de la destrucción por fuego de las regiones oscuras. Y todas las edades de sus generaciones serán en lloro amargo duros males en los abismos de oscuridad hasta su destrucción, sin que haya un remanente o un sobreviviente entre ellos." CF. 2.4-8, que se refiere a la sombra del fuego eterno; para otros pasajes en juicio, véase 5.12-13; 1QpHab 10.12-13; 4Q542 2.8.

- Tob 4:10: "Porque dar la limosna libra de la muerte e impide que uno entre en la oscuridad."
- *4 Esdras* 7:36: "Entonces el hoyo del tormento aparecerá y opuesto al hoyo estará el lugar de reposo; y el horno del infierno será revelado y opuesto al horno, estará el paraíso del gozo. Entonces el Altísimo dirá a las naciones que se han levantado de entre los muertos... Mira a este lado y al otro lado; aquí hay placer y reposo, y allá hay fuego y tormentos! Así hablará con ellos en el día del juicio..."
- *4 Esdras* 7:75-99: En respuesta a su pregunta si el reposo y tormento ocurren inmediatamente a la muerte, se hace saber a Esdras que los espíritus de los injustos no entran en "moradas" sino que vagan en tormentos y confusión. Los justos reciben reposo y entran en cámaras esperando la gloria de los últimos días. Parte del tormento de los injustos es que ellos pueden ver la recompensa de aquellos que confiaron en el Pacto, y parte del reposo de los justos es que ellos pueden ver la perplejidad de los impíos y su tormento futuro. CF. 8:59 y 4 Macabeos 13:17.
- *Testamento de Judá* 18:2–19:1 dice que la promiscuidad sexual y el amor al dinero, entre otras cosas, distancia a uno de la ley de Dios, ciega el alma, y no permiten a uno mostrarse misericordioso con su prójimo. El amor al dinero conduce a la idolatría. El dinero vuelve irracional al que lo tiene.[144]
- *Salmos de Salomón* 14:6-10 dice que el deleite de los pecadores es breve, pero su herencia es el Hades y la oscuridad y la destrucción. Los píos heredarán la vida con gozo. Véase también 15:10.
- *T. AB* cuenta la negativa de Abraham de entregar su alma al ángel Miguel hasta que se le concede un recorrido por el mundo habitado (9.1-8). Al ver el pecado en el mundo, Abraham pide la muerte de las personas, pero por compasión Dios detiene el recorrido (10.1-15). Entonces se muestra a Abraham el gozo futuro de los justos y el juicio que espera a los pecadores para que él se arrepienta de su severidad. Con este conocimiento, Abraham intercede por los que ha pedido la muerte y ellos son restaurados. A su muerte, Abraham es conducido al cielo por los ángeles (Cap. 11–20).
- L.A.B. 33 describe el lecho de muerte de Débora advirtiendo que el arrepentimiento después de la muerte no es posible,

su súplica para la reforma a la luz de la Ley, y el rechazo de la idea de que los padres son una fuente de esperanza, a menos que uno haya vivido como ellos.

- Janes y Ja*mbres 24Apf,*describe la "sombra" de Janes (su existencia de muerte) que vuelve del Hades para advertir a Jambres del fuego y la oscuridad y para que haga el bien.

Escritos greco-romanos

Una historia egipcia de mediados del siglo cuenta de Setme, que observa el elaborado cortejo fúnebre de un hombre rico y la ausencia de cualquier procesión para un pobre llevado al cementerio. El cree que los ricos son mucho mejores, pero su hijo Si-Osire (un libertador reencarnado) expresa el deseo que Setme a su muerte experimente lo que hizo el pobre hombre. La pena de Setme por esta declaración se hace a un lado cuando Si-Osire lo lleva en una gira por el reino de los muertos. Setme ve a un hombre elegantemente vestido sentado cerca del dios Osiris; es el hombre pobre vestido con ropa de hombre rico, y es honrado porque sus buenas obras fueron más numerosas que sus pecados y no fue compensado en la tierra. El hombre rico, sin embargo, tuvo más pecados que buenas obras y es castigado teniendo un cerrojo de la puerta al reino de los muertos en su ojo derecho. Quien es bueno en la tierra, a esa persona el mundo del más allá también es bueno, y para quien sea malo en la tierra, el mundo del más allá será malo.[145]

- Platón, República 10.614B-616A habla de un soldado llamado Er que fue asesinado pero que después de doce días revivió, diciendo que fue enviado de vuelta para hablar a la gente sobre el mundo más allá. El vio dos aberturas146 en la tierra y dos en el cielo, entre las cuales se sientan los jueces y dirigen a los justos a la derecha al cielo y los injustos a la izquierda al castigo debajo de la tierra. (Estas asignaciones no son permanentes).
- Plutarco, Divina venganza 563D-568 igualmente cuenta de uno llamado Aridaeus que murió y volvió a la vida después de tres días. Aunque vio algunas almas en el gozo, la mayor parte describe aquellos que están siendo castigados, especialmente aquellos que no sufrieron castigo durante su vida.147 En Plutarco, la Señal de Sócrates 590C- 591, el alma de Timarco parte y ve islas, un mar, y dos aberturas que recibían

ríos de fuego. El también vio un gran abismo[148] lleno de oscuridad, lloros, y lamentaciones.

En varios trabajos Luciano describe viajes al Hades ya sea en sueños o por alguien que más tarde resucita. Más relevante es *Cataplus*, que cuenta de Caronte transportando los muertos al Hades y contrasta la suerte de Megapentes, un tirano rico y Micyllus, un pobre zapatero. Micyllus es vecino de Megapentes y observa su ropa púrpura, su lujo y sus festejos. Micyllus no es castigado, pero Megapentes, en lugar de ser arrojado al lago de fuego, como Tántalo está encadenado y no se le permitió beber del agua que todos los muertos beben.[149] *Diálogos de los muertos* 1.328-35 cuenta de Pollux que regresa de entre los muertos para invitar al filósofo Menipo a bajar para observar la humillación y el castigo de los ricos y asegurar a los pobres que todos son iguales después de la muerte.[150] Menipo cuenta de un filósofo con este nombre que mientras vivía descendió al Hades a través de un abismo y observó "el lago, el río de fuego y el palacio de Pluto" (10). Vio al rico separados para recibir castigo duro (11-12), pero el pobre que merece castigo recibió la mitad del castigo (14). Los muertos aprobaron una resolución condenando a los ricos, castigando sus cuerpos y enviando sus almas a entrar en los burros por 250 mil años (20).

Escritos judíos tardíos

- *y. Sanedrín* 6.6 (23 c)/ y. Hagigah 2.2 (77 d): Estas historias paralelas son una de las siete versiones judías de la historia de un erudito y Bar Ma'yan el recaudador de impuestos y sus destinos después de la muerte.[151]
- Éxodo Rab. 31.5 habla del cambio de los ricos y los pobres en el mundo venidero. En este mundo los malvados son ricos y prósperos y están seguros, mientras que los justos son pobres. En el mundo venidero, Dios abrirá los tesoros del paraíso para los justos, pero los malvados que se han beneficiado del interés y la usura crujirán los dientes.
- Rut Rab. 3.3 describe a dos hombres malvados, uno de los cuales se arrepintió antes de la muerte y termina en la compañía de los justos. El otro termina en desgracia en compañía de los injustos y puede ver a su amigo, pero no puede cambiar su destino.

- *Midr. Samos* 46.1, dice que aquellos que confiaron en su riqueza, serán castigados, que Abraham no puede libertar a los malvados, y que los justos ven a los malvados en tormento.

Características del texto que merecen atención

Esta parábola es una de cuatro parábolas de dos etapas (las otras son la Fiesta de bodas en Mateo, el Hijo pródigo y la parábola de las 10 minas en Lucas).

Son notables los contrastes y las imágenes dimensionales en la parábola. Las ilustraciones de los dos hombres y sus destinos están cuidadosamente equilibrados. La puerta en la que Lázaro descansa merece énfasis y reflexión.[152] El hombre rico vive lujosamente y recibe honor a un lado de la puerta y Lázaro del otro lado de la puerta vive miserablemente, una puerta que podría haber sido una apertura para ayudar a Lázaro y que refleja el abismo entre los hombres después de la muerte.[153]

En la inversa el hombre rico es miserable a un lado del abismo y Lázaro está en un lugar de honor y comodidad, pero no se puede cruzar el abismo. Previamente, el hombre rico hacia banquetes todos los días; después de la muerte Lázaro probablemente está en el banquete escatológico. La miseria de Lázaro es paralela por la miseria del hombre rico después del cambio. Ambos en vano desean algo simplemente pequeño para aliviar el dolor, y ambos soportan el dolor físico y el tormento. Ambos, el hombre rico y Abraham hacen tres observaciones; por coincidencia cada uno habla un total de sesenta y nueve palabras. Las respuestas de Abraham al hombre rico son más bien indiferentes.

Un cambio de fortuna ocurre antes en Lucas 1.52-53. El consejo en el 3.11 y 14.13-14 para compartir con el pobre y las bendiciones sobre el pobre y los desgracias para los ricos en el 6.20-21, 24-25 anticipa los puntos de la parábola.

Lucas 13.28-30, con su énfasis en los patriarcas, el banquete escatológico y el cambio de suerte, es casi una suposición de la parábola.

Existen varios "ganchos" entre esta parábola y la del pródigo.[154] Lázaro y el hijo pródigo en su angustia deseaban llenar su vientre (15.16: *epithymeichortasthēnai*; 16.21: *epithymōnchortasthēnai*). Ambos tienen contacto con los animales impuros. Una celebración (*euphrainesthai* en 15.23, 24, 29, 32) ocurre por el regreso del hijo pródigo, mientras que el hombre rico celebra lujosamente todos los días con una intención muy diferente (*euphrainesthai* en 16.19). Tales "ganchos" no significan que las frases o las parábolas aluden lo mismo, pero ayudan a los oyentes. Algunas personas sugieren que Abraham es paralelo al padre en la historia del hijo pródigo y que los cinco hermanos son paralelos al hermano mayor en la historia del hijo pródigo. Algunos perciben paralelismos con la parábola del buen samaritano, que también tiene una persona en necesidad y el ejemplo negativo de quienes no ayudan. En ningún caso la sugerencia tiene mérito.

Aquellos que aceptan la teoría de C. F. Evans que la estructura de Deuteronomio forma la narrativa de viajes de Lucas colocaría a Lucas 16.19–18.8 opuesto a Deuteronomio 24.6–25.3, que en parte trata de las relaciones con los pobres (cf. Dt 15.1-11).

Quienes aceptan que la narrativa de viajes de Lucas es un quiasmo extraído de una fuente más temprana de parábolas ubican esta parábola en relación al 12.13-21 (la enseñanza sobre la codicia y la parábola del rico insensato).[155]

Los vv. 14-18 más bien se ubican no competentemente entre las dos parábolas sobre el dinero. Parecen ser refranes circunstanciales con ninguna relación cercana a las dos parábolas. Un vistazo más cercano muestra que el único versículo sin relación directa es el v. 18, que trata acerca del divorcio. La historia de rico y Lázaro demuestra la validez de ambos vv. 14-15 y los vv. 16-17. Lo que el hombre valora mucha, el dinero y vivir en lujo, es abominable a Dios (vv. 14-15), y la ley y los profetas son todavía válidos para los hermanos del hombre rico, aunque ya el Reino había llegado.[156]

Las dos parábolas en Lucas 16 están estrechamente relacionadas. El comportamiento del hombre rico es lo opuesto a la del mayordomo infiel.[157] Compare 16.9 y 26: el hombre rico fracasó en "ganar amigos con las riquezas injustas" y no puede ser recibido en las moradas eternas.

Información cultural

Numerosos textos atestiguan que la ropa de lino y púrpura indican una vida lujosa, particularmente de uso adecuado para la realeza y los orgullosos de su riqueza.[158] La púrpura era rara y muy costosa debido al difícil proceso para obtener el mejor tinte de los caracoles marinos.

La comida que caía de la mesa del rico no era comida que cayó accidentalmente, pero pedazos de pan se utilizan para limpiar las manos que luego se echaban bajo la mesa.[159]

Las llagas de Lázaro y los perros que lamian sus heridas y llagas le daban una condición de estar ritualmente impuro. Los perros no eran mascotas domesticas que ayudaban a Lázaro, sino carroñeros que buscaban alimento.

Muchos judíos suponen que el hombre rico era bendecido por Dios y que el pobre hombre era maldito (Juan 9.2 y Job). El entierro era extremadamente importante en el mundo antiguo,[160] y no ser enterrado era considerado como un signo de la maldición de Dios. El funeral de Lázaro no se menciona, pero su recepción en el seno de Abraham anula cualquier pensamiento que él es maldito.[161] Su nombre, que significa "Dios ayuda", es prueba también, si los lectores sabían el significado del nombre.[162] Su nombre es una forma acortada del nombre Eliezer (o Eleazar) el nombre del siervo de Abraham en Génesis 15.2.

El seno de Abraham es claramente una señal de honor y también puede indicar la intimidad (como en Juan 1:18), pero es más probable que la intención de Lucas es que sus lectores piensen en el banquete escatológico (13.28-30) y de Lázaro, que ocupa el lugar de honor en la mesa junto a Abraham (cf. Juan 13.23).[163]

Explicación de la parábola

Opciones de interpretación

Esta parábola fue la menos alegorizada que la mayoría de las otras parábolas. Agustín y Gregorio Magno, como podría esperarse, fueron los principales alegorizadores. Los puntos más significativos en las alegorías se encuentran en la relación entre el hombre rico y Lázaro, la relación entre los judíos y gentiles (con los cinco hermanos que representan los cinco libros de la Ley) y ver las llagas como confesión. En otra alegoría, Agustín considera a Lázaro como una figura de Cristo. Tal vez la más extraña identificación alegórica es la interpretación de Ambrosio de Lázaro como Pablo.[164]

Desde los primeros días, los intérpretes han centrado en el impacto moral de la parábola con su denuncia de los ricos que descuidan a los pobres. Otras opciones son opiniones de minoría. Posiblemente el uso más vigoroso de la parábola es la que hace Juan Crisóstomo, quien predicó siete sermones sobre esta parábola dentro de un periodo breve.[165] En los estudios críticos modernos, la mayoría de los intérpretes todavía consideran que la parábola denuncia el abuso de los recursos y la desatención de los pobres.

Algunos sostienen que la parábola trata de lo que está sucediendo en el ministerio de Jesús. La acogida de los pobres en el seno de Abraham estaba teniendo lugar en la recepción de Jesús de los pecadores y era una señal de que el regreso del exilio, la resurrección, estaba teniendo lugar. Entonces, la parábola es una advertencia para los fariseos (o más generalmente para Israel) al arrepentimiento.[166]

J. Crossan elimina la parábola de su contexto, y acepta solamente los vv. 19-26 y dice que Jesús no estaba interesado en la instrucción moral acerca de las riquezas. Para él la parábola es el cambio que viene con advenimiento del Reino.[167] Es difícil imaginar cualquier otro planteamiento que no sea el segundo que hace justicia a la parábola.[168]

Decisiones sobre los asuntos

1. ¿Esta es una parábola? Los predicadores y ciertas personas a lo largo de la historia de la iglesia a veces han afirmado que esta historia no es una parábola, pero que ella representa a gente real y las consecuencias de sus vidas.[169] No estoy enterado de ningún erudito moderno que estaría de acuerdo.[170] Ciertamente Lucas consideró ésta como una parábola. Ella aparece en una colección de parábolas, posiblemente es un quiasmo paralelo a la parábola del rico insensato,[171] y utiliza las mismas exactas palabras introductorias (*anthrōpos tis*) que Lucas emplea para introducir varias otras parábolas.[172] Sin duda, esta es una parábola.[173]

La identificación de las personas a la que se dirige con esta parábola no es tan crucial como en otras partes. Puede que Lucas haya tenido a los fariseos en mente (v. 14), pero eso no es cierto. Probablemente deberíamos pensar de un público doble de discípulos y fariseos,[174] pero la ausencia de cualquier indicación del auditorio puede que sea intencional para hacer la parábola universal en su aplicación.[175]

2. ¿Cuál es el origen de esta historia y qué relevancia tiene el origen de la historia para la interpretación? Joaquín Jeremías hizo popularla sugerencia de Hugo Gressmann que esta parábola tiene su origen en la historia egipcia de Setme,[176] pero cuando uno mira todos los datos, esto es improbable. Había decenas de historias de diversas culturas durante miles de años que hablan de viajes al reino de los muertos, que a menudo castiga al rico.[177] Historias como la *Epopeya de Gilgamesh*, la *Odisea*, 1 Enoc tuvo amplia influencia y numerosos relatos griegos y judíos cuentan de las experiencias de varios héroes y de personas promedio que visitan el reino de los muertos.[178] Uno no puede descartar que la historia egipcia haya llegado a Palestina y que Jesús la adaptara y modificara. Tal uso de materiales ya existentes se evidencia en otras parábolas, lo cual no debe sorprender. En este caso, sin embargo, tal teoría es improbable e innecesaria, especialmente cuando la historia del Evangelio es tan diferente de las narrativas egipcias y judías.[179] La historia del Evangelio utiliza motivos folklóricos comunes compartidos por varias culturas: descenso al mundo del más allá, cambio de las circunstancias y la acusación a los ricos por su descuido del pobre.[180] Luciano emplea estos temas en una variedad de obras, aunque desde el segundo siglo d.C., donde muestra cuán inútil es pensar de incluso una dependencia indirecta de un relato específico. Como varios estudios recientes han concluido, no es ni convincente, útil, ni necesario argumentar en favor de la dependencia de la parábola del Evangelio sobre algunos otros relatos.[181] Esta decisión tendrá repercusiones en otros temas, especialmente la de la unidad de la historia.

3. ¿Hay alguna relación con Juan 11? Varios estudios han sugerido que la parábola se desprende del relato de la resurrección de Lázaro en Juan 11 o que la resurrección de Lázaro es una historia de la parábola.[182] Tales teorías no son sorprendentes ya que ambos relatos hablan de un hombre llamado Lázaro, que murió y ambos tienen que ver con la resurrección y la creencia, pero estos argumentos son forzados. Las semejanzas son superficiales, y Lázaro era un nombre muy común. Además, el relato en Juan 11 describe el mismo incidente —la resurrección— que la parábola excluye. Ninguno de los dos relatos se debe explicar sobre la base del otro.[183]

4. ¿Cómo se debe entender la estructura de la parábola original? ¿Era la historia original sólo los vv. 19-26 con los vv. 27-31 siendo una adición cristiana tardía apuntando a la resurrección de Jesús y el fracaso de los judíos de creer? ¿Son importantes las variantes textuales en el v. 31?

Es común la suposición de que la estructura de la original historia incluía sólo los vv. 19-26 y que los vv. 27-31 son la adición de Jesús al relato tradicional o una adición cristiana posterior que señala la resurrección de Jesús. Esta división deriva en parte de la suposición de que el origen de la parábola se encuentra en el relato egipcio de Setme anteriormente mencionado y en parte del argumento de R. Bultmann que las dos mitades de la parábola están en conflicto la una con la otra.[184] El problema de los judíos de no creer en la resurrección de Jesús y las similitudes entre los vv. 27-31 y la historia de la resurrección en Lucas

24 se consideran una evidencia adicional que esta última sección es una adición cristiana.[185] Deberíamos añadir que Bultmann pensaba que *toda* la historia era demasiado judía y había sido puesta en boca de Jesús, mientras que otros pocos considerarían la primera mitad como también judía o la segunda mitad como demasiado Cristiana.[186]

Incluso aparte de la extrañeza de la discusión que la parábola es también judía, el intento de separar los vv. 19-26 de los vv. 27-31 es engañosa. La parábola no es dependiente en la historia de Setme (o cualquier otro relato anterior) y no se puede adaptar a ella. Las dos mitades de la parábola no están en conflicto, y las similitudes con Lucas 24 son superficiales.[187] Los estudios recientes tienden a abogar por la unidad de la parábola debido a la comparación con otras historias de descenso y especialmente debido a los análisis literarios, ninguno de los cuales dividen la historia simplemente en dos secciones separadas en el v. 26, *porque esa es la mitad del diálogo entre el rico y Abraham.*

El tema de los vv. 27-31, la revelación del destino de los muertos a los vivos, se encuentra en muchas historias, incluyendo la historia de Setme y su contraparte judía, *Janes y Jambres*, y varios relatos griegos.[188] Uno esperaría una continuación tal de la historia. Si la narrativa terminó en el v. 26, la historia quedaría incompleta.

Recientes análisis literarios divide la parábola en tres partes, no dos: vv. 19-21, vv. 22-23 y vv. 24-31. La parábola proporciona dos ideas (antes y después) y un diálogo. Este enfoque preserva la unidad del diálogo, una unidad que se evidencia por los paralelos entre el v. 24 y el v. 27.[189]

Tanto el cambio de destino del rico y el pobre y el tema de la revelación del destino de los muertos, a veces incluso por resucitación, conforma el género de las historias de viaje al reino de los muertos. Por lo tanto, la mención de la resurrección y la incredulidad automáticamente no apuntan a la resurrección de Jesús o muestran que los vv. 27-31 son secundarias más que el resultado de la descripción del hijo pródigo como muerto que vuelve a la vida (*anazēsen*, 15.24). También relevante a la discusión de la resurrección es la variante textual en el v. 31, que a menudo se omite (incluido en el texto griego UBS). El manuscrito Freer (W) tiene "ir (*apelthē*) de entre los muertos, "no "levantar (*anastē*) de entre los muertos", y un escrito similar se evidencia en los manuscritos antiguos en siríacos y en latín. Este escrito es paralelo a *poreuthē* ("ir") en el v. 30, y algunos sostienen que es original.[190] "Ir de entre los muertos" no es lenguaje cristiano de la resurrección, y, si éste es el escrito correcto, la mención de la resurrección en algunos manuscritos del v. 31 es una mejora cristológica secundaria. Sin embargo, no creo que la originalidad del manuscrito Freer pueda ser probada o, si no lo es, la mención del levantamiento de entre los muertos ignora los vv. 27-31 como una referencia posterior a la resurrección de Jesús.[191] La idea del regreso de los muertos encaja bien el patrón de la historia, aunque la parábola en realidad rechaza la posibilidad de un regreso de los muertos (v. 26).[192] Sin embargo, una alusión secundaria a la resurrección de Cristo parece ser el propósito de Lucas, debido a Hechos 28. 23-24, donde Pablo trata de convencer a los judíos en Roma sobre Jesús desde Moisés y los profetas, siendo algunos persuadidos pero otros continuaron incrédulos.

5. ¿Cuál es el enfoque principal? La discusión sobre el enfoque principal de la parábola es algo presumido, porque todos los componentes son necesarios. Jeremías argumentó que como en toda parábola de dos puntos principales, la segunda parte de la parábola (vv.27-31) es el foco principal,[193] pero seguramente esto es un abuso de la regla del énfasis al final. ¿Acaso no debemos decir que al menos dos temas de la parábola —el juicio para el uso de la riqueza y la suficiencia de las Escrituras— son igualmente importantes? Se da mucha atención en la historia a las descripciones del hombre rico y Lázaro y sus cambios que no se puede dar a la primera parte de la parábola un estado secundario.

La cuestión del enfoque aparece en una forma diferente con aquellos que más bien aíslan el hombre rico o Lázaro como el personaje principal. Ciertamente la historia se narra desde la perspectiva del hombre rico Se menciona al rico en primer lugar, y tiene el papel más importante y sus preocupaciones inician ambas mitades del diálogo. Con razón algunos llaman a ésta la parábola de los seis hermanos.[194] Lázaro no actúa ni habla; aparte de desear solamente algo para comer, él es un personaje pasivo. Sim embargo, aun así,no se le considera secundario, y más atención se da a la descripción de él y su muerte que la del hombre rico y su muerte.[195] La verdad es que todos los personajes son importantes y ninguno debe dejarse de trasfondo.

6. ¿Qué significado tiene Lázaro? ¿Qué significado se debe otorgar a Lázaro y el hecho de que él y Abraham son las únicas personas que se nombran en todas las parábolas de Jesús?[196] El nombre Lázaro puede que haya sido deseable para facilitar el diálogo (aunque otros diálogos parabólicos ocurren sin nombres), puede que haya sido característico en el género de "descenso",[197] o que haya sido necesario para evitar el cambio de patrón que se aplica a toda la gente pobre.[198] Mientras que estas opciones merecen consideración, el nombre probablemente tiene un propósito diferente, si no, por lo menos un propósito adicional. "Lázaro" es una versión acortada de *'Eli'ezer* o *'El'āzār*, que significan " Dios ayuda". Si supusiéramos que los oyentes de la parábola hayan entendido este significado entonces significa la identificación de Dios con el pobre y no permite que el oyente piense que Lázaro es maldito por su condición. Él es pobre y miserable, pero Dios todavía está de su lado.[199]

7. ¿Cuál es la base para el juicio que envía al hombre rico al Hades y Lázaro al seno de Abraham? Uno de los aspectos más molestos de esta parábola es que la base para el juicio de los dos hombres no es explícita. Esperamos alguna justificación para el destino de los dos hombres, pero este "descuido" es intencional y aumenta el poder de confrontación de la historia, particularmente cuando muchos oyentes podrían suponer que el hombre rico era bendecido y que la miseria de Lázaro era algún tipo de castigo. Por otro lado, habría una censura implícita del rico para algunos en la descripción que es rico y que celebra banquetes lujosamente cada día,[200] pero uno debe oponerse a la idea de que la parábola presupone que Lázaro tiene fe o cualquier ventaja moral. Esto no es la preocupación de la parábola, y debemos recordar que las parábolas son viñetas, no sistemas, y ciertamente no son teologías sistemáticas.

Esta no es una descripción literal de cómo se llevará a cabo el juicio. Ninguna razón se da por el destino positivo de Lázaro, un movimiento narrativo que capta al lector. Por lo menos, se debe entender la parábola como la expresión de la identificación de Dios con el pobre.[201]

El cambio de las condiciones de los dos hombres concuerda con los cambios en otras tantas parábolas de Jesús, y algunos consideran la explicación del cambio en el v. 25 como la base para el juicio.[202] Sin embargo, se necesita decir más, al menos para el hombre rico. El hecho que el rico quiere que sus hermanos se arrepientan (v. 30) muestra que él reconoce su error. Seguramente su juicio se basa en la injusticia de la yuxtaposición de su riqueza y la pobreza de Lázaro y su *negligencia* de no hacer nada para ayudar.[203] El error del hombre rico es precisamente la de los de la izquierda en la parábola de la separación de las ovejas de los cabritos: abandono de los pobres y los necesitados. Sólo en hądēs el hombre rico levanta la mirada para ver, pero incluso allí, su preocupación es sólo por su propia clase, sus hermanos. La parábola obliga a la comprensión de que Lázaro, el hijo de Abraham, también era su hermano y debió haber sido el objeto de su preocupación.[204] Una intención de aludir a la pregunta de Caín "¿acaso soy yo guarda de mi hermano?" (Gn 4.9) probablemente no se justifica,[205] pero la parábola *sí* responde la pregunta.

La parábola también ataca a otro error. Ciertamente al acecho, tras la historia hay un falso sentido de la elección y la convicción de que ningún descendiente de Abraham se podría perder.[206] Que el hombre rico llama Abraham "padre" y Abraham lo llama "hijo" crea una contradicción: un hijo de Abraham está en el lugar de tormento. De este modo la parábola refuerza la advertencia en Mateo 3.8-10/Lucas 3.8-9 que nadie debe presumir decir "A Abraham tenemos como padre". Por el contrario, los hijos de Abraham son aquellos que obedecen a Moisés y a los profetas y comparten sus riquezas con el pobre.[207]

8. ¿Cuál es la enseñanza de la parábola, si acaso la hay, sobre la vida después de la muerte, el "estado intermedio" y el juicio? ¿Qué se puede saber acerca de las creencias en el judaísmo del siglo primero con respecto a la vida del mas allá? Específicamente, ¿qué significa hades realmente? Cuando volvemos nuestra atención a lo que enseña la parábola sobre la vida después de la muerte, en la mayoría de los tratados académicos encontramos la advertencia que no es la intensión de la parábola dar una descripción de la vida después de la muerte. Esta advertencia es tanto necesaria como verdadera y hay que destacarla, pero ¿cómo sabemos que la parábola no enseña sobre la vida futura?[208] Tan insensato seria ignorar la relevancia de la parábola para la escatología futura como seria también pensar que presentó un cuadro de la situación actual. El uso de los temas folklóricos y el hecho de que esta es una parábola con un propósito más que la enseñanza acerca de la vida futura debe servir como advertencia contra la toma de la ilustración muy literalmente y la conformidad con el resto de la enseñanza de Lucas (y el NT) sobre la vida futura parecería necesario para sacar conclusiones.

El problema de la comprensión del material bíblico sobre la vida después de la muerte es mucho más problemático que la mayoría de los cristianos es consciente. Sabemos mucho menos, y la Escritura es mucho menos clara, de lo que la mayoría cree. Las conclusiones se han basado en muy pocas evidencias, y es justo decir que hemos sido influenciados más por ideas greco-romanas y medievales que por las Escrituras. La palabra "infierno" tiene mucha más sustancia que el griego *gehena* o *hades*, por no decir nada del hebreo *sheol.* Parte del problema es que las palabras son tomadas del AT, el judaísmo y el mundo greco-romano, pero una variedad de significados estaba presente en esas palabras. Además, las palabras ocurren sin suficiente frecuencia que no emergen ideas claras. ¿Qué contenido vertemos en estas palabras para entender los textos bíblicos y de donde sacamos ese contenido?

El hebreo *sheol* se refiere al lugar de los muertos, pero muchas veces no parece significar nada más que la "tumba" o la "muerte".[209] Los vecinos de Israel no emplearon esta palabra para describir la vida después de la muerte, y el Antiguo Testamento casi no da ninguna información acerca del *sheol* aparte de que se encuentra debajo de la tierra, en oscuridad y en silencio. El *hades*, la palabra que la LXX emplea típicamente para traducir *sheol*, aunque en griego primero se describe como el Dios del mundo de abajo y luego del lugar. Diferentes descripciones del lugar de los muertos aparecen en las escrituras griegas, y especialmente en el judaísmo se evidencian una gran variedad de conceptos escatológicos desde 1 Enoc en adelante.[210] A veces ambos lugares, el de castigo y el de recompensa están en los cielos, y a veces, ambos los impíos y los justos están en el *hade*s. Este hecho demanda que se tenga en cuenta que se supone que Jesús está en el *hades* en Hechos 2.27.[211] ¿Acaso deberíamos, como algunos, suponer que el "Seno de Abraham" está en el *hades* o simplemente que el hombre rico está en el *hades* mientras Abraham y Lázaro están en el paraíso y que la gente puede ver de un lado al otro? Al principio, el *hades* no era tanto un lugar de castigo sino un lugar donde las personas quedan detenidas hasta el día del juicio. Más tarde, al igual que en esta parábola, es un lugar donde el castigo ya está teniendo lugar. El NT emplea *hades* sin frecuencia y sin descripción, excerpto en el presente texto; pero, semejante a *sheol* en el Antiguo Testamento, se emplea para describir la tumba (Hechos 2.27, 31) y el lugar de los muertos.

La otra palabra para el lugar del juicio es *gehena*, una palabra adaptada del hebreo *gē hinnon*, el valle de Hinom fuera de Jerusalén, que había sido un lugar de sacrificio de niños (2 R 23.10) y se hizo un foso para quemar basura. Jeremías nos asegura que el NT distingue el *hades* como la ubicación de uno durante el estado intermedio y *gehena* como el lugar de castigo después del juicio final,[212] pero esta distinción no es comprobable. En el NT *hades* sólo ocurre diez veces y *gehena* sólo doce, con prácticamente ningún detalle para explicar la referencia en cualquier caso.[213] Además, en ocasiones en escritos posteriores se emplean *gehena* y *sheol* a manera de sinónimos.[214]

Otra advertencia contra los detalles acerca del *hades* en esta parábola literalmente se evidencia en el personaje de los textos que hablan sobre sus recorridos por el infierno. Especialmente para las escrituras judías muchos funcionan como teodiceas que advierten del juicio futuro. La suposición frecuente que el justo y el malo pueden ver la felicidad o el castigo del uno del otro es necesario para demostrar a cada uno que la justicia ha prevalecido pero es una realidad terrible si se toman literalmente.[215] A menudo precisamente los documentos que resaltan este punto consideran cuán terrible tal realidad sería y tiene una persona pía que eleva oraciones implorando misericordia para poner fin al castigo.[216] En la parábola, no aparece ninguna petición de clemencia, y la capacidad de poder ver a través de la división es necesaria para que la historia haga hincapié en el juicio y su finalidad y para permitir que el hombre rico pida que se le permita a Lázaro advertir a sus hermanos. La naturaleza de la historia no permite que sea tomada como una descripción actual de la vida futura.[217]

Otro dato es relevante. La parábola afirma que ninguno en hades puede regresar a la tierra, una condena que a menudo se repite,[218] pero esto rechaza la idea de información que vuelve para los que todavía viven. Para Bauckham esto significa que la parábola utiliza el tema de un regreso a fin de rechazarla y desvirtúa su propia revelación de los lugares del muerto.[219] Esto se puede refutar solamente diciendo que Jesús con conocimiento divino propuso transmitir esa información con la parábola, pero esa no es la intención de la parábola. Por el contrario, la parábola utiliza estos temas folklóricos para resaltar su punto referente al uso de la riqueza.

Otra pregunta que surge es si la parábola representa el estado intermedio o el juicio final. Aquellos que se sienten impresionados por la distinción de Jeremías entre *hades* y *gehena*, por los paralelos entre la parábola y 1 Enoc 22 y por el hecho de que los hermanos del hombre rico todavía están vivos mientras él está en el *hades* se convencerán que la parábola trata sobre el estado intermedio.[220] Los que enfatizan la finalidad de la parábola sobre el destino del hombre rico y Lázaro argumentarán que no.[221] Lucas tiene un interés sin precedentes en la muerte de los individuos,[222] pero él no sacrifica una escatología más colectiva y general por una individual. Más bien, ambas escatologías funcionan paralelas sin ninguna explicación de su relación.[223] Lucas claramente cree en una vida consciente después de la muerte y en el juicio futuro, es más probable que hace una referencia a la condición intermedia, pero no da suficiente información para una conclusión firme. La parábola no tiene la intención de proporcionar un plan formal o detalles sobre precisamente lo que sucede después de la muerte. El "seno de Abraham" no es literal, pero apunta a un lugar de honor y de celebración. Si este detalle no es literal, entonces se debe aplicar cautela a los demás detalles también.

¿Son posibles algunas conclusiones acerca de la vida eterna? Aunque la cautela respecto de leer los detalles muy literalmente es necesaria, la relevancia escatológica de la parábola no se puede borrar. Se deben dar lo que es propio a los temas de cambio y juicio. La parábola es una advertencia a los ricos y hace hincapié en la importancia de lo que las personas hacen con el presente, y todavía enseña que los seres humanos serán juzgados por la forma en que hayan vivido y que las consecuencias serán graves.

9. ¿Cuál es la enseñanza de la parábola acerca de las actitudes y las acciones con respecto a la riqueza y la pobreza? La enseñanza principal de la parábola no es sobre la riqueza y la pobreza general, y tampoco es una advertencia general a Israel como un todo.[224] Es específicamente una advertencia a los ricos para su abandono de los pobres. Como lo indica la referencia a Moisés y los profetas, el mensaje de la parábola no estaba limitado a la hora de la llegada del Reino. Por otro lado, la proclamación de la presencia del Reino acrecentaría la necesidad del arrepentimiento, similar a la respuesta a la predicación escatológica de Juan el Bautista en 3.10-14. El arrepentimiento respecto al Reino significa el uso correcto de la riqueza y el repudio de la explotación y la injusticia.[225]

Los pretextos de la ignorancia sobre la responsabilidad respecto de los pobres son rechazados. En efecto, el ruego del hombre rico para que alguien sea enviado a sus hermanos implica que él mismo ha sido privado de conocimiento suficiente. Implícitamente se culpa a Dios por su aflicción.[226] Los vv. 27-31 frustran la queja. Moisés y los profetas son completamente claros sobre los temas de justicia y la ayuda para los pobres. Las acciones requeridas con la venida del Reino son las acciones que Dios siempre espera de los seres humanos. También es evidente aquí el rechazo del pedido de una señal, que concuerda con la negativa de Jesús de dar otras señales.[227]

La parábola queda con el final abierto. ¿Se arrepentirán los cinco hermanos? El lector debe responder esta pregunta para sí mismo antes de que sea demasiado tarde.

Adaptación de la parábola

Las personas han preguntado por qué Albert Schweitzer, dada su teología, dejó su condición de profesor, renunció a tocar el órgano, y fue al África como misionero médico. El respondió a esta pregunta señalando directamente a esta parábola. En su opinión, la parábola parecía que hablaba directamente a los europeos: "Somos acaudalados... Sin embargo, allí en las colonias, sufre miserable Lázaro".[228] La situación no ha cambiado, pero no se limita al África. Para gran parte del mundo occidental *somostodavía* muy ricos viviendo lujosamente.

Muy temprano desde Ambrosio fuimos advertidos contra la santificación de toda miseria y el vilipendio de toda riqueza,[229] lo cual es muy justo. La pobreza no es un regalo de Dios, sino un problema —a menudo es el resultado del pecado de numerosas personas— que necesita alivio.[230] La riqueza de hecho puede ser una bendición de Dios y el resultado del trabajo duro, pero también la "propiedad es una cobertura para muchos males".[231] Lo que la parábola ataca es un tipo particular de riqueza, la riqueza que no considera la pobreza y el sufrimiento. Ataca la idea de que las posesiones son para uso propio y que son propiedades sin responsabilidad a Dios y a otras personas. Esto no es así, como algunos han temido, un opiáceo para los pobres que les mantendrá satisfecho con una limosna. La parábola no dice cómo los ricos deben ayudar a los pobres, pero insiste en que los pobres son hermanos y hermanas de los ricos y *que no se puede tolerar la injusticia de la yuxtaposición de la riqueza y la pobreza*.

Cada vez más nuestras sociedades se dividen en los ricos y los pobres, especialmente mientras el mercado de valores ha subido muy alto y la tecnología ha florecido. En muchos países la disparidad es obscena. En las zonas urbanas (como Chicago) la "Costa dorada" con frecuencia eclipsa los barrios empobrecidos. Lázaro está todavía a la puerta. Las parábolas como ésta insisten que los cristianos no deben ser como el hombre rico que se preocupa sólo por su clase y que no puede ver a los pobres sino hasta que es muy tarde. No podemos atrevernos a tener un Evangelio con un énfasis en la evangelización y que no se preocupa de los pobres. Cualquier Evangelio que no es buena noticia para los pobres no es un Evangelio de Jesús (Lucas 4.18-22).

Como en la parábola del Buen samaritano, Los dos deudores y Las ovejas y las cabras, aunque no es explícito, la cuestión aquí es la voluntad y la capacidad de ver a una persona en necesidad y responder.

La riqueza del rico y su egocentrismo no le permite ver a Lázaro. Si Jesús preguntó a Simón, "¿ves esta mujer?" (Lucas 7.44), también podría haber preguntado al hombre rico, "¿ves a Lázaro?" La capacidad de ver es la marca del discipulado cristiano.

Otras lecciones evidentes se encuentran en la superficie de esta parábola. Nos recuerda que las señales especiales no son necesarias para conocer la voluntad de Dios, ni las señales pueden convencer a aquellos que no quieren obedecer. Subraya que las Escrituras hebreas —no sólo la Ley, sino la Ley y los profetas juntos— ya indican la voluntad de Dios.

Existen numerosas preguntas acerca de cómo las personas y las iglesias deben ayudar a los pobres, por no decir nada de tratar con la pobreza más sistémica o los países pobres. Hagamos nuestras discusiones sobre cómo debemos actuar y los problemas que debemos evitar. Pero que Dios no permita que no veamos, ni nos preocupemos o no obremos para aliviar el sufrimiento de los pobres. Abre los ojos para ver a Lázaro a la puerta.

Lectura adicional

Richard Bauckham, "The Rich Man and Lazarus: The Parable and the Parallels," in *The Fate of the Dead: Studies on the Jewish and Christian Apocalypses* (NovTSup 93; Leiden: Brill, 1998), pp. 97-118.

Johannes Hintzen, *Verkündigung und Wahrnehmung. Über das Verhältnis von Evangelium und Leser am Beispiel Lk 16,19-31 im Rahmen des lukanischen Doppelwerkes* (BBB 81; Frankfurt: Hain, 1991).

Ronald F. Hock, "Lazarus and Micyllus: Greco-Roman Backgrounds to Luke 16:19-31," *JBL* 106 (1987): 447-63.

Joachim Jeremias, *The Parables of Jesus* (2d ed.; trans. S. H. Hooke; New York: Charles Scribner's Sons, 1963), pp. 182-87.

Peter Rhea Jones, *Studying the Parables of Jesus* (Macon: Smyth & Helwys, 1999), pp. 163-95.

Outi Lehtipuu, "Characterization and Persuasion: The Rich Man and the Poor Man in Luke 16.19-31," in *Characterization in the Gospels: Reconceiving Narrative Criticism,* ed. David Rhoads and Kari Syreeni (Sheffield: Sheffield Academic, 1999), pp. 73-105.

Richard L. Rohrbaugh, *The Biblical Interpreter: An Agrarian Bible in an Industrial Age* (Philadelphia: Fortress, 1978), pp. 69-85.

F. Schnider and W. Stenger, "Die Offene Tür und die unüberschreitbare Kluft," *NTS* 25 (1979): 273-83.

Capítulo 10
Parábolas acerca de Dios y la oración

Tres parábolas tratan el tema de la oración, todas en Lucas: El amigo necesitado, la viuda y el juez injusto y el fariseo y el publicano. Como veremos, son menos sobre cómo orar y más sobre las actitudes que se debe tener cuando se ora.

EL AMIGO NECESITADO
(Lc 11.5-8)

Tipo de parábola

Esta es una parábola interrogativa "¿Cuánto más?" Los vv. 5-7 es una pregunta larga y el v. 8 proporciona una garantía. No se provee *nimshal*, para que el oyente deba proporcionar una interpretación que dice "Asimismo..." o "¿cuánto más?" y explica la importancia de la parábola. Yo argumento por el último.

Asuntos que requieren atención[1]

1. ¿Dónde termina la pregunta, "¿quién de vosotros?" que comienza al final del 11.5, y cuál es su respuesta correcta?
2. ¿Cuál es el significado de la palabra griega *anaideia*, que no ocurre en ningún otro lugar en el NT y solamente una vez en el LXX (Sir 25. 22)?[2] La palabra significa "desvergüenza", pero ¿es positiva o negativa? Si es negativa, significa que uno

no tiene conocimiento de lo que es vergonzoso o no duda en cometer actos vergonzosos. La persona desvergonzada no tiene un sentido adecuado de la vergüenza que guie su conducta. Si es positiva, significa que uno tiene buen sentido de la vergüenza y pretende obrar de maneras que no traerá vergüenza.

3. En el v. 8 ¿cómo se deben entender las cuatro ocurrencias del pronombre masculino en tercera persona "él/su" (*autou*)? ¿Acaso "su" descaro se refiere al solicitante que llega en medio de la noche, o se refiere al hombre en la casa que se levanta y le proporciona comida? Si la referencia es el peticionario, la desvergüenza podría ser negativa (no tiene sentido de la vergüenza que impide su venida en medio de la noche) o positiva (pide comida para evitar la vergüenza de sí mismo y de su comunidad si no fuere hospitalario). Si la referencia es el hombre que duerme, la desvergüenza seguramente sería positiva, refiriéndose al deseo del hombre de evitar la vergüenza de no ser hospitalario.
4. ¿Tiene *anaideia* alguna connotación de persistencia?
5. ¿Qué enseña este texto acerca de Dios y la oración?

Material útil de fuente primaria

Material canónico

- NT: Mateo 6.26-34, 27-30 especialmente con su forma "¿quién de vosotros?" (*tis ex hymōn*); Mateo 7.7-11/Lucas 11.9-13; Lucas 18.1-8

Escritos judíos tempranos

- Sir 25.22: "Hay ira y descaro [sin sentido de la vergüenza, *anaideia*] y gran desgracia cuando una mujer mantiene a su marido."[3]
- Josefo, *J.W.* 1.84: "Cuánto más, cuerpo desvergonzado (*sōma anaidestaton*), detendrás el alma..." La misma expresión ocurre en el paralelo en *Ant.* 13.317.
- *J.W.* 6.199: Josefo describe a las personas durante la hambruna (causado por el asedio romano de Jerusalén) comiendo cuero y hierba marchita y luego dice: "¿Pero por qué contar

de recursos desvergonzados de artículos inanimados como los alimentos inducido por la hambruna, considerando que aquí voy a describir un acto sin precedentes en la historia de los griegos o los bárbaros...?"[4] Entonces cuenta de una mujer que cuece y se come a su niño de pecho.

Escritos greco-romanos

- Aristóteles, *Tópicos* 150b: "Desvergüenza" (*anaideia*) se define como "compuesta de coraje y falsa opinión."
- Platón, *Leyes 647a*: "¿Acaso, entonces, el legislador y todo hombre que vale todo, no tiene este tipo de miedo en alta posición, y la llama 'modestia' (*aidōs*); y a la confianza que es contraria a ella, acaso no la llama 'inmodestia' (*anaideia*) y afirma que para todos, tanto públicamente como en privado, es un mal muy grande?"
- Demóstenes, *Discurso* 21 (*contra Meidias*) 62: "Nadie ha estado tan perdido en la vergüenza (*anaideia*) para intentar una conducta como ésta."
- Demóstenes, *Discurso* 24 (*contra Timócratas*) 65: "Me parece que, en cuanto al descaro (*anaideia*), tal hombre está dispuesto de hacer cualquier cosa."
- Comedia filosófica de Menandro, *Fragmento* 1090.1-2: "... quien sabe ni rubor ni temor, él tiene las primeras cosas de cada desvergüenza."[5]
- Plutarco, *Moralia* fragmentos 31.2: "Esto es el colmo del mal. Porque cuando la desvergüenza (*anaideia*) y los celos rigen a los hombres, la indignación y la vergüenza (*aidōs*) dejan completamente nuestra raza, puesto que la desvergüenza y los celos son la negación de estas cosas... aunque la desvergüenza (*anaideia*) no es una falsificación de la vergüenza, sino que es lo opuesto, disfrazándose como expresión de franqueza."
- Plutarco, *Isis y Osiris 363F-364A*: "Dios aborrece *anaideia*."[6]
- Dion Casio, *Historia romana* 45.16.1. Describe a los romanos de un periodo determinado que aborrecen aquellos que actúan con insolencia (*anaideia*) incluso en los asuntos más pequeños.

Escritos cristianos tempranos

- Hermas, *Visiones* 3.3.2: "Sin embargo no dejarás de pedir revelaciones, porque eres desvergonzada (*anaidēs*)."
- Hermas, 3.7.5 *Visiones*: "Estaba aún sinvergüenza (*anaideusamenos*) y le pregunté si realmente todas estas piedras que han sido desechadas..."
- Hermas, *Mandatos*. 11.12: "...el hombre que parece tener un espíritu propio que se exalta a sí mismo y desea ocupar el primer lugar, y es súbitamente insolente y descarado (*anaidēs*) y charlatán, y vive en grandes lujos y en muchos otros engaños..."
- Basilio, *Sobre la renuncia al mundo* 31.648.21: "La humildad es la imitación de Cristo, pero la altanería, la osadía y la desvergüenza (*anaideia*) son la imitación del diablo."

Escritos judíos tardíos[7]

- *b. Berakot* 31b: "¿A qué es semejante este asunto? A un rey que hizo un banquete para sus siervos y un hombre pobre vino y se paró a la puerta y les dijo: Dame un bocado, y nadie le prestó atención, entonces forzó su entrada ante la presencia del rey y le dijo: Su Majestad, de todas las fiestas que has hecho, ¿acaso es tan difícil ante tus ojos darme un bocado?"Esta parábola se cuenta al describir la oración de Ana por un hijo en 1 Samuel 2.
- *Midr. Sal.* 28.6: "R. Simón contó una parábola de un rey que tenía una sola perla. Cuando vino su hijo, y le dijo: 'Dame la perla', el Rey contestó: 'No es tuya'. Pero agotándole su hijo con sus ruegos, el rey dio la perla a su hijo. Así, Israel cantando... al Santo... le rogó que les diera la Torá. Entonces, Dios les dijo: 'Ella no es tuya. Pertenece a los de arriba.' Pero entonces ellos agotándole con sus ruegos, Él se la dio a ellos, como dice el Señor ha dado fortaleza a su pueblo."

Características del texto que merecen atención

La sección central de Lucas, la "narrativa de viaje", es en gran parte un quiasmo, y esta parábola intencionalmente corresponde a la parábola de la viuda y el juez injusto (Lc 18.1-8). Note el paralelo entre "no me molestes" en 11.7 (*mē moi kopous pareche*) y "porque esta viuda me es molesta" en 18.5 (*dia ge to parechein moi kopon*).[8]

La parábola del amigo necesitado no se registra en los otros Evangelios, pero el resto del material en Lucas 11.1-13 está en Mateo en dos lugares diferentes. Mateo tiene el Padrenuestro en 6.9-15 y tiene paralelos en la mayoría de Lucas 11.9-13 y el 7.7-11. Mateo 7.9 incluye un refrán que Lucas no tiene: "¿Qué hombre hay de vosotros, que si su hijo le pide pan, le dará una piedra?" Lucas probablemente omite este refrán porque ya tenía registrada la parábola sobre un amigo que pide pan. Lucas tiene un refrán adicional en 11.12 que Mateo no tiene: "¿O si le pide un huevo, le dará [el padre] un escorpión?"

Lucas tiene una redacción de énfasis en la oración y ha organizado el material en 11.1-13 alrededor de este tema. En otros lugares Lucas hace hincapié en la vida de oración de Jesús mediante la inclusión de siete referencias que no se registran en Mateo ni en Marcos: en su bautismo, 3.21; después de la limpieza del leproso y antes del conflicto con las autoridades, 5.16; antes de elegir a los doce, 6.12; antes de la confesión de Pedro y la predicción de la pasión, 9.18; en la Transfiguración, 9.28; el Padrenuestro 11.1; y en la cruz en 23.34 (omitido en varios manuscritos), 46 (véase también 22.41, que tiene paralelos, y el 44, que también se omite en varios manuscritos). Las parábolas en 18.1-14 también tratan de la oración.

El Padrenuestro y la parábola están conectados porque en ambas hay petición de pan.

Las dificultades de esta parábola pueden que en parte se deban al impacto del arameo o el hebreo.[9]

Información cultural

Una suposición fundamental es el fuerte sentido de la responsabilidad para la hospitalidad en el mundo antiguo, que era parte del sistema contrario de la vergüenza y del honor del mundo antiguo. Las pensiones no eran numerosas y, aunque se utilizaban, a menudo eran lugares de corrupción, por lo que los viajeros dependían de la hospitalidad. El anfitrión tenía la responsabilidad de cuidar de su huésped, y el hombre que dormía tenía la obligación de ayudar a su vecino. La parábola parece suponer que la casa del hombre que dormía era pequeña (pero no necesariamente una sola habitación).

El cocido del pan a menudo se realizaba en un horno ubicado en el patio y podría envolver la ayuda de toda la familia (cf. Jer 7.18), de modo que un vecino podría saber quién había preparado pan recientemente. Había panaderos profesionales en las ciudades,[10] pero estas cuestiones no hacen ninguna contribución a la comprensión de la parábola. Varios detalles se debaten: el tamaño de los panes, cuántos eran necesarias para una comida, con qué frecuencia se horneaba el pan,[11] y si la llegada tarde de un visitante era inusual o común debido a que la gente viajaba por la noche para evitar el calor del día. La comprensión de la parábola no depende de esas preguntas, ni se pueden contestar satisfactoriamente.

Explicación de la parábola

Opciones de interpretación

1. La iglesia entendió que la parábola trataba sobre la oración y la alegorizó para que el pan represente algún tipo de beneficio espiritual, el amigo represente a Cristo, y el peticionario represente a un creyente. También, aparecen varias otras explicaciones más detalladas.[12]

2. Varios enfoques muy diferentes enfatizan que esta es una parábola "¿cuánto más?, es decir, que su lógica es de menor a mayor, o, como la expresión rabínica afirma *qal wahomer* "liviano y pesado". Si se aplica una conclusión en un caso fácil, también se aplica en uno más importante. Si las personas responden a una petición, ¿cuánto más Dios responde?

2a. Muy temprano y a menudo se entendió la parábola que insta a la persistencia y a la oración.[13] Si una persona responde para evitar pedidos persistentes, ¿cuánto más responderá Dios?

2b. Un buen número de personas piensan que la parábola trata acerca del hombre dentro de la casa que procura evitar la vergüenza. Si una persona responde para evitar la vergüenza, ¿cuánto más lo hará Dios?[14]

2c. Otros piensan que el enfoque está en la desvergüenza del que pide. Si una persona responde, aunque alguien no tenga ningún sentido de la vergüenza, ¿cuánto más Dios responderá la petición legítima de uno?[15]

3. Herman C. Waetjen considera que *anaideia* se utiliza positivamente aquí por primera vez y que la parábola altera el concepto de uno acerca del mundo.[16]

4. Se hizo la sugerencia de que la parábola enseña que las personas deben ayudar a otras.[17]

5. Unos centran en los códigos de honor en el mundo antiguo y en la hospitalidad e insisten que la parábola enfoca en la amistad como uno de los valores del Reino.[18]

Decisiones sobre los asuntos

1. ¿Dónde termina la pregunta "quién de vosotros" que comienza en el 11.5, y cuál es la respuesta correcta? Las traducciones a menudo cambian la cuestión a una afirmación como "suponga que uno de vosotros...", lo cual es confuso. Esta es una parábola interrogativa; consiste en una pregunta extensa y la respuesta de Jesús a su propia pregunta. La pregunta se extiende desde el v. 5 a través del v. 7: "¿Quién de vosotros que tenga un amigo, va a él a medianoche y le dice: 'Amigo, préstame tres panes, porque un amigo mío ha venido a mí de viaje, y no tengo que ponerle delante; y aquel, respondiendo desde adentro, le dice: No me molestes; la puerta ya está cerrada, y mis niños están conmigo en cama; no puedo levantarme, y dártelos?'."[19] El punto es que nadie diría tal cosa como negarse a levantarse y dar a su amigo lo que necesita. Esta clase de rechazo es absurdo. La pregunta, "¿quién de vosotros? (*Tis ex hymōn*) ocurre once veces en los Evangelios.[20] En todos ellos la pregunta es si alguien haría algo hipotético y en cada caso la respuesta implícita es "nadie". Por ejemplo, en Lucas 14.28 las palabras "¿quién de vosotros, queriendo edificar una torre, no se sienta primero y calcula los gastos?" dando a entender que "obviamente nadie podría edificar sin calcular primero el gasto". Las interrogantes como éstas, fuerza a los oyentes a sacar conclusiones obvias conforme al nivel de la vida cotidiana que luego se debe transferir al nivel de la enseñanza de Jesús.

Los comentaristas *regularmente* suponen que el amigo que dormía inicialmente rechazó la petición pero luego cedió o que el peticionario golpea la puerta repetidamente o pide reiteradamente.[21] La parábola no tiene negativa y no menciona que se golpea a la puerta en absoluto, ni menciona cualquier repetición de la solicitud. La parábola es meramente una pregunta directa que describe las circunstancias de una solicitud que nadie negaría. Las ideas de tocar y pedir continuamente provienen de los vv. 9-10, pero estos *no* son parte de la parábola, y es importante que no se lean como parte de la parábola.

2. ¿Cuál es el significado de la palabra griega anaideia? Si la "desvergüenza" es una cualidad negativa, significa que uno no tiene entendimiento de lo que es vergonzoso o no duda en cometer actos vergonzosos. La persona desvergonzada no tiene sentido adecuado de la vergüenza que guíe su conducta. Si es positiva, significa que uno tiene un sentido apropiado de la vergüenza y pretende obrar de maneras que no ocasionen vergüenza. Esta pregunta ha causado mucha incertidumbre en la interpretación de la parábola. Las traducciones con frecuencia empeoran el problema al interpretar *anaideia* como "importunidad" (RVR) o "persistencia" (DHH, NVI). La "importunidad" es una palabra que ya casi no se usa, pero transmite la idea de pedir persistentemente. La NTV audazmente y sin ninguna base agrega en el v. 8 las palabras "Si sigues tocando a la puerta el tiempo suficiente" y traduce *anaideia* como "audaz insistencia". La NVI cambió la "persistencia" y sustituyó por "audacia", pero aún así es engañosa. De las principales traducciones, sólo la NEB da una traducción clara y viable conservando "desvergüenza".[22]

Usando el final del cuarto siglo d.C. como un nivel razonable para el análisis, la base de datos de *Thesaurus Linguae Graecae* incluye al menos 258 ocurrencias de *anaideia*,[23] las cuales son obviamente negativas, excepto donde los escritores cristianos asignaron un uso positivo en dependencia de Lucas 11.8. Esta palabra se refiere a las personas que no tienen un sentido apropiado de la vergüenza y voluntariamente participan en conductas impropias, como muestra el material de fuente primaria anteriormente mencionado y muchos otros ejemplos. Ningún uso positivo de esta palabra ocurre, refiriéndose a un buen sentido de lo que es vergonzoso y un deseo de evitarlo, excepto donde los cristianos lo hayan adaptado después del comienzo del segundo siglo en relación con Lucas 11.8.

La mayoría de los eruditos del NT sabe que esta palabra es negativa, pero algunos, porque no pueden hacer que la parábola provea una enseñanza suficientemente significativa sobre la oración de un significado negativo argumentan que *anaideia* es un término positivo, aplicado al hombre de *adentro* que se levanta para *evitar la vergüenza*.[24] Cuando va unida con un enfoque sobre las actitudes del Medio Oriente acerca de la hospitalidad,[25] esta posición es falsamente atractiva, una que al principio pensé era correcta, pero es insostenible a la luz del uso completamente negativo de *anaideia*, que se utiliza en asociación con una serie de otros términos para el comportamiento escandaloso y ofensivo como la imprudencia, la insolencia, el desorden, y el proceder grosero y desenfrenado. En lugar de representar cómo evitar la vergüenza, la palabra expresa una ignorancia o desconocimiento de lo que es vergonzoso y la ausencia de todo sentido de conducta apropiada.[26] Especialmente con tales afirmaciones como "Dios aborrece la *anaideia*",[27] es muy difícil hacer que la palabra suene positiva.

La pregunta obvia es si Lucas 11.8 es la primera ocurrencia de un uso positivo o simplemente un uso negativo que se convierte más tarde en el catalizador para un uso positivo por los cristianos. Sólo el último es factible. Ninguna conexión existe para que un oyente o lector pudiera entender cómo evitar la vergüenza o desvergüenza positiva, según se da más tarde en el uso cristiano. En Lucas 11.8 *anaideia* se refiere a la insensibilidad, la rudeza del hombre que viene a pedir en medio de la noche, según la nueva traducción.[28] Es como si el hombre dentro de la casa evaluara la conducta del que pide.[29]

Aun así, los eruditos del NT han trabajado arduamente para que *anaideia* suene positivo. J. Jeremías siguió A. Fridrichsen, quien argumentó que la desvergüenza era una característica que el durmiente quería evitar,[30] pero sin ofrecer justificación cambió la cualidad negativa que debe evitarse por una cualidad positiva para preservarse. En efecto, cambió la desvergüenza en honor.[31] J. Derrett sugirió que la palabra se había vuelto neutral en la época de Lucas, pero todo su argumento está adulterado por el hecho de que trata sólo palabras relacionadas o similares. Por ejemplo, encuentra evidente Sirácides 4.21: "Hay una vergüenza que lleva al pecado, y hay una vergüenza que es la gloria y el favor". Sin embargo, la palabra dos veces traducida "vergüenza" allíes *aischynē*, no *anaideia*.[32] K. Bailey, a pesar de saber que todas las ocurrencias anteriores son negativas, igual interpretó *anaideia* como refiriéndose a la evasiva del durmiente de la vergüenza. Baley ofreció las posibilidades de que *anaideia* originalmente era *anaitios* ("sin falta") o el *aidōs* (usado para vergüenza como una cualidad negativa) además de un alfa específico que causa "que se evite la vergüenza", sobre la base de que dos negativos hacen un positivo.[33] Esto no es álgebra, y tampoco las sugerencias son probables. B. Scott con cierta dificultad, retuvo el significado negativo "desvergüenza", pero asignó su referencia a la vergüenza del hombre dentro de la casa, que no obró por honor (amistad), sino por desvergüenza para evitar la deshonra. "El obró por desvergüenza, cuando debía obrar por honor."[34] Esta tentativa exige demasiado de un lector y no hace justicia a lo que la "desvergüenza" propone, a saber, que una persona no sabe ni le importa la vergüenza.[35]

Herman Waetjen reconoce mi trabajo anterior que demuestra que *anaideia* es completamente negativa, sin embargo, todavía argumenta que el uso de Jesús en esta parábola es el primer uso positivo. El protesta que debo llegar afuera de la parábola al v. 13 para el contraste "¿cuánto más?", lo cual es cierto, pero no importa qué enfoque uno toma, uno debe salir fuera de los vv. 5-8 para la solución. El retraso de la mención explícita del argumento "¿cuánto más?" hasta el v. 13 parece ser una estrategia retórica de Lucas para provocar a la reflexión y elaborar un clímax.[36] Debemos señalar también que el quiasmo paralelo de esta parábola, la parábola del juez injusto en 18.1-8, también funciona con un argumento "Cuánto más". Lo que Waetjen supone *no* está en la parábola, es decir, que el peticionario repetidamente llama a la puerta, que el hombre dentro de la casa inicialmente se niega a levantarse y dar pan, que la *anaideia* del peticionario es "algún tipo de respuesta emocional a la negativa escandalosa del vecino para ayudar" y que el hombre dentro de la casa decide ayudar solamente después del arrebato emocional.[37] La parábola nada dice acerca de golpear; eso es de los vv. 9-10, que no forman parte de la parábola, y su paralelo en Mateo 7.7-8 no está conectado al Padrenuestro. La parábola nada dice sobre el hombre dentro de la casa que se niega a levantarse.Los vv. 5-7 presentan una extensa pregunta que espera la respuesta "nadie"[38] y si no, no hay negativa.[39]

Waetjen presupone que todas las parábolas deben socavar nuestra visión del mundo y que ésta lo hace muy bien, pero no todas las parábolas funcionan así. Algunas son simples y sencillas (Ej. Marcos 13.28-29). Su conclusión es que Dios, como el referente metafórico del que duerme, no responde en base a la reciprocidad de la amistad. Por el contrario, Dios es libre y responde a todas las peticiones humanas. Waetjen también aboga por una desvergüenza positiva, insolencia o conducta deshonrosa que se está justificada por Dios en la búsqueda de justicia. No tengo ninguna duda que Dios es libre y no responde sobre la base de la reciprocidad, pero si ese es el punto de esta parábola, ¿cómo se supone que uno llegue a esta conclusión? Esta es una conclusión que se debe presentar no sólo fuera de la parábola, sino fuera del contexto de Lucas y que no concuerda fácilmente con el contexto de Jesús. La parábola no enfoca en la amistad; el significado que se sugiere no es paralelo en material no parabólico, y es difícil imaginar que Jesús estaba preocupado para transmitir tal significado.

"La desvergüenza" no puede tener un significado positivo en este pasaje. Es un término negativo, que describe la rudeza del hombre que pide pan.

3. En el v. 8 ¿cómo deben las cuatro ocurrencias del pronombre masculino tercera persona "él/su" (autō/autou) entenderse? Obviamente las decisiones aquí se ven afectadas por la determinación del significado de *anaideia*. Quienes han comprendido *anaideia* como evasión de la vergüenza podrían entender "su" del peticionario o el durmiente. Ambos puede que estén tratando de mantener el honor y mostrar hospitalidad. Pero si, como creo que he demostrado, es una palabra completamente negativa, entonces "su desvergüenza (*autou*)" se refiere al peticionario que llega a la medianoche.

En cualquier composición las referencias a la gente de la parábola son confusas. "Amigo" ocurre cuatro veces: en el v. 5a y 5b, ambos sobre el que duerme, en el v. 6 del viajero y en el v. 8 del que duerme. "Él" se refiere al que duerme en el v. 5 y al viajero en el v. 6. En el v. 8 todas las cuatro ocurrencias de "él" o "su" se refieren al que pide. Claramente ambas ocurrencias de "él" se refieren al que pide en la frase "le dará". La primera ocurrencia de "su" también es para "amigo" que se refiere al que duerme.[40] Incluso si esto no fuera el caso, *anaideia* es tan negativo que el segundo "su" todavía tiene que referirse al hombre que pide. Entonces, el v. 8 se debe entender así:

> Os digo que, incluso si [el que duerme] habiéndose levantado no dará [al que pide] porque ser su amigo [el que pide], sino por su desvergüenza [del que pide], levantándose, le dará [al que pide] todo lo que necesite.

4. ¿Tiene Anaideia alguna connotación de persistencia? No es sorpresa, generalmente se interpreta esta parábola como que fomenta la persistencia en la oración, ya que este tema sigue en 11.9-10. Lucas enfoca en promover la fidelidad en la oración, pero la traducción de *anaideia* como "persistencia" o "importunidad" en cinco de las siete traducciones mencionadas es alarmante. Los comentarios sorprendentemente siguen diciendo que *anaideia* significa persistencia, cuando existe poca o ninguna evidencia para tal conclusión. La conexión de la parábola con el énfasis en llamar y pedir en 11.9-10 y los paralelismos con 18.1-8 han contribuido a esta interpretación, pero no la palabra *anaideia* y esta parábola. *El hombre de la parábola ni golpea ni repite su pedido.*[41]

Dos sugerencias pretenden justificar una connotación de persistencia con *anaideia.* K. Bailey argumentó que la LXX usa la expresión similar *apostrophēnanaidē* ("rechazo desvergonzado") para traducir *měšubâh niṣṣahat* ("apostasía perpetua") en Jeremías 8.5 proporciona una referencia clara de *anaidēs* que significa "continua". Posiblemente esto es relevante, pero no se sabe si el traductor de la LXX procuró expresar la idea de persistencia o para indicar la desvergüenza de la apostasía.[42]

David Catchpole supone que algunas de las referencias de Flavio Josefo expresan persistencia,[43] pero un examen de los textos citados prueba que esto no es cierto. Sin duda, la desvergüenza a menudo se puede expresar en una conducta persistente o constante, pero eso no significa que *anaideia* lleva la connotación de persistencia. En *J.W. 1.84/Ant.* 13.317, encontramos "Cuánto más, cuerpo desvergonzado (*sōma anaidestaton*), detendrás el alma..." Que "desvergonzada" ocurre en la misma frase con "Cuánto más" no prueba que "desvergüenza" lleva la connotación de persistencia. Esta declaración es simplemente la culpa de quien quiere morir. En *J.W. 6.199* Josefo describe las personas que durante el asedio romano de Jerusalén comieron cuero y hierba marchita y luego dice: "¿Pero por qué voy a hablar de recursos desvergonzados de artículos de alimentos inanimados inducido por la hambruna…?" y luego habla de la extrema tragedia de una mujer que come a su propio hijo. Las hambrunas por naturaleza son persistentes, pero el uso de *anaideia* aquí se refiere a la audacia y el desorden que instigó a la gente a causa del hambre, no la persistencia del hambre. La ocurrencia de *anaideia* en *Antigüedades* 17.119 ("Por cierto tanta confianza tienes en tu desvergüenza que pides ser sometido a la tortura...") también fracasa en probar que esta palabra significa "persistencia". Más bien, la palabra transmite audacia descarada.

Otros dos textos existen donde uno podría argumentar más plausible quepersistencia es inherente a la palabra. En Hermas, *Visiones* 3.3.2 la "señora" que revela todo a Hermas pide que no la moleste acerca de la revelación porque estas revelaciones se cumplieron. Entonces ella le dice, "pero no dejarás de pedir revelaciones, porque eres desvergonzado (*anaidēs*)". *Anaidēs* aquí no significa persistente; ella todavía significa desvergüenza, pero lo desvergonzado es que Hermas continua pidiendo. Este texto no se puede emplear para encontrar el significado de Lucas 11.8 porque se ha sido influenciado por el texto de Lucas. Note que la petición de no ser más molestado (*kai mēketi moi kopous pareche*)deriva de Lucas 11.7.

El único texto relevante para sugerir que *anaideia* connota persistencia es aquella en que Plutarco describe el error de la conformidad y habla del "odiar y resentir la importunidad descarada (*anaideia*) que derrota y controla nuestra razón."[44] Se arguye si "importunidad descarada" es la traducción correcta o si"desvergüenza" es la adecuada, pero el contexto siguiente muestra que la persistencia está presente en este contexto. La siguiente frase se refiere a "aquellos que sacan ventajas de nosotros por su importunidad", pero el griego traducido "importunidad" aquí es *tous dysōpountas.* Unas líneas después Plutarco añade, "Por ser demasiado débiles para rechazar prometemos a los persuasivos persistentes (*tois liparousin*) muchas cosas más allá de lo que podemos..." ¿Es persistencia inherente aquí en *anaideia*, o deriva de las otras palabras utilizadas en el contexto? Este último es más probable: la desvergüenza aquí sólo adquiere un carácter particular. Aunque si *anaideia* implica aquí persistencia, que es una débilevidencia para un argumento que significa persistencia y así se debe traducir en Lucas 11.8.[45] Orar continuamente y fielmente es una buena cosa, pero la persistencia, especialmente la persistencia como oración repetitiva, no debe presentarse en esta parábola.[46]

5. ¿Qué enseña este texto acerca de Dios y la oración? Han surgido problemas con esta parábola porque los intérpretes han querido una aplicación más directa a una teología de la oración de lo que la parábola parece ofrecer. Suponemos que debe ser una comparación que trata con la oración, pero muchas parábolas no son comparaciones. Queremos saber cómo se compara Dios con el que duerme y cómo la gente que ora es como el que pide. De hecho, parece que el deseo de alejar las malas percepciones acerca de la oración ha llevado a tratar de entender la parábola sobre la evasión de la vergüenza del que duerme. El punto de la parábola, sin embargo, es que Dios *no* es como el que duerme. Esta es una parábola que contrasta a Dios con el que duerme.[47] La parábola es más difícil por el hecho de que no tiene ningún *nimshal*, ninguna declaración explícita que pruebe su propósito e intención. Como la mayoría de los intérpretes están de acuerdo, es un argumento del más débil al más fuerte. Es un argumento "cuanto más", un procedimiento común en la hermenéutica judía, pero el lector debe proveer el elemento "más fuerte" que hace explícita la intención de la parábola.[48] Un segundo argumento "Cuánto más" es explícito en 11.13 y muestra cómo se debe interpretar la parábola en 11.5-8. Lucas aparentemente consideró que era poderoso incluir la declaración "cuánto más" sólo después de los refranes en los vv. 9-12 y así evitar la redundancia de colocarlo en ambos lugares. En efecto, la parábola dice: "Si una persona obviamente se levanta en medio de la noche para conceder la petición incluso de un amigo impertinente, ¿acaso Dios no contestará sus peticiones?" La principal preocupación parece ser la petición de pan en el Padrenuestro (11.3). Si uno responde a la petición de pan de un amigo impertinente, ¿cuánto más Dios proveerá pan en respuesta a las peticiones de su pueblo?[49] La parábola expresa con referencia a la oración precisamente el punto de Mateo 6.26-34/Lucas 12.22-34: libres de la ansiedad. Note especialmente en Mateo 6.27 con su forma "¿quién de vosotros?" (*tis ex hymōn*). Si Dios cuida de las aves y las flores, ¿acaso no cuidará mucho más de vosotros? Si un amigo se levanta y da pan a una persona porque lo necesita, ¿acaso no hará lo mismo tu Padre celestial?

La parábola no invita a la impertinencia en la oración ni sugiere que Dios duerme. La parábola no enseña que Dios es un amigo,[50] ni que recibiremos respuesta si le cansamos mediante la oración continua.[51] Esta parábola no es como Midr. Salmos 28.6, que sugiere que Dios se cansa de las suplicas repetidas y entonces responde. La parábola aborda la cuestión implícita: "¿responderá Dios a la oración?" y argumenta de la siguiente manera: "Si las personas responden a una solicitud aun cuando o porque es impertinente, cuánto más tu Padre celestial responderá a tus peticiones."[52] Indirectamente la parábola fomenta la audacia en la oración. Si uno tiene la seguridad de ser oído receptivamente, y sobre todo si uno piensa en Dios como un Padre para sus hijos como en el v. 11, orar con denuedo es mucho más fácil. Uno puede decir legítimamente que Lucas 11.9-10 y la relación estructural entre la parábola del amigo necesitado y la viuda y el juez injusto (Lc 18.1-8)[53] fomenta la perseverancia en la oración y uno puede entender por qué la iglesia adaptó la parábola en esta dirección. Sin embargo, nada en la parábola del amigo necesitado enseña persistencia en la oración. Más bien la parábola enseña la certeza de un Dios que oye la oración y responde.

Adaptación de la parábola

No debemos cambiar el enfoque de esta parábola y hablar de persistencia. La parábola no tiene continua petición ni golpea la puerta y ninguna negativa inicial. Haríamos bien en recordar la advertencia de Jesús contra las vanas repeticiones, pensando que seremos escuchados por nuestra palabrería (Mt 6.7). Si un motivo de preocupación continúa, por supuesto que debemos continuar orando, pero los argumentos de persistencia suelen implicar que si hablamos bastante y apasionadamente, Dios cambiará su manera de pensar.

¿Qué clase de Dios está encerrado con tal teología y qué decimos cuando no funciona la fórmula? La fe sugeriría algo diferente, y la fe es una suposición esencial de la parábola, considerando el carácter de Dios. ¿Es Dios de tal carácter que responde a las oraciones? La parábola responde, "¡por supuesto!" Más allá de lo que podría hacer una persona, Dios responderá. La convicción de Jesús es que Dios escucha ávidamente las oraciones de su pueblo, es parcial a su favor y se puede confiar que responderá. La parábola afirma la importancia de la oración y es una invitación a orar. ¿Debe una persona de fe orar fielmente como parte de un continuo caminar con Dios? ¡Claro! Si pide y espera la ayuda de un vecino, ¿cuánto más debe buscar y esperar la ayuda de Dios?

Lectura adicional

Kenneth Ewing Bailey, *Poet and Peasant: A Literary Cultural Approach to the Parables in Luke* (Grand Rapids: Eerdmans, 1976), pp. 125-33.

David Crump, *Knocking on Heaven's Door: A New Testament Theology of Petitionary Prayer* (Grand Rapids: Baker, 2006), pp. 60-76.

J. Duncan M. Derrett, "The Friend at Midnight: Asian Ideas in the Gospel of St. Luke," in *Donum Gentilicum: New Testament Studies in Honour of David Daube,* ed. E. Bammel, C. K. Barrett, and W. D. Davies, (Oxford: Clarendon, 1978), pp. 78-87.

Joachim Jeremias, *The Parables of Jesus* (2d ed.; trans. S. H. Hooke; New York: Charles Scribner's Sons, 1963), pp. 157-60.

Alan F. Johnson, "Assurance for Man: The Fallacy of Translating *Anaideia* by 'Persistence' in Luke 11:5-8," *JETS* 22 (1979): 123-31.

Klyne Snodgrass, "*Anaideia* and the Friend at Midnight (Luke 11:8)," *JBL* 116 (1997): 505-13.

Herman C.Waetjen, "The Subversion of 'World' by the Parable of the Friend at Midnight," *JBL* 120 (2001): 703-21.

Parábola de la viuda y el juez injusto
(Lc 18.1-8)

Considero esta parábola como una de las más difíciles. Si la introducción de cualquier parábola parece fuera de lugar, sería aquí. La parábola misma (vv. 2-5) es breve, y sin su explicación (vv. 6-8) hay poco indicio de su propósito.

Tipo de parábola

Las indicaciones de la categoría en la cual se debe ubicar esta parábola no son tan claras como en otras partes, pero sobre todo porque la parábola trata de dos personas específicas en una localidad específica (algo que no es cierto de las similitudes) esta es una parábola de doble narrativa indirecta que funciona como un *contraste*. Tiene una lógica "cuanto más" y va acompañada por una llamada para ejercer discernimiento (v.6), tres garantías de reivindicación de la misericordia de Dios (una fuerte afirmación bajo la forma de una pregunta, v. 7a; una declaración o posiblemente una pregunta en el v. 7b; y una posterior declaración en el v. 8a) y una pregunta si la fe existirá cuando llegue la vindicación (v. 8b).

Asuntos que requieren atención

1. ¿Pertenecen los vv. 2-8 juntos como una unidad, o son los vv. 6-8 adiciones posteriores a la parábola?
2. ¿Está la introducción en el v. 1, que especifica la intención de la parábola como promoviendo la oración continua, en consonancia con la parábola y en contradicción con el enfoque en la vindicación de los elegidos en los vv. 6-8.
3. ¿Hasta qué grado se determina la interpretación de esta parábola por 11.5-8 u otros paralelos como *Sirácides* 35.12-20.
4. ¿Es la intención con *ekdikein* (vv. 3 y 5) y su similar *ekdikēsis* (vv. 7-8) "vengar" o "reivindicar/conceder justicia"?
5. ¿Cómo se debe entender la motivación del juez de tomar acción? ¿Teme él una violencia física de parte de la mujer? ¿Se debe entender literalmente *hypōpiazein* como violencia física (cf. 1 Co 9.27, su otra única ocurrencia en el NT) o metafóricamente de que el juez teme que la mujer le agote la paciencia (molestarlo) o posiblemente que ella le avergüence? ¿Conecta *eis telos* (literalmente: "hasta el fin") en el v. 5 con el participio *erchomenē* ("viniendo") o con el verbo principal *hypōpiazein* (NVI: "me agote"). Es decir, ¿es la preocupación del juez que la viuda venga continuamente, que le haga la vida insoportable, o que ella finalmente le ataque (dependiendo de cómo se entienda *hypōpiazein*)?

6. ¿Cómo se debe entender el v. 7? Las traducciones cubren sobre las dificultades en este versículo complejo, para lo cual se han sugerido nueve diferentes opciones.[54]
7. ¿Significa *tachei* en el v. 8a "rápidamente/pronto" o "repentinamente" como varios sostienen?[55]
8. ¿Cuál es el significado de la parábola?

Material útil de fuente primaria

Material canónico

Para los pasajes que describen la situación de las viudas en el AT y el favor de Dios hacia ellas, véase Éxodo 22.22; Deuteronomio 24.17; 27; Jeremías 22.3; y Zacarías 7.10. Dios es su ayudador y refugio, véase en Deuteronomio 10.18; Salmos 68.5; 146.9; Proverbios 15.25. Se espera que el pueblo de Dios cuide de las viudas (Is. 10.2; Jer 7.6), especialmente los jueces y dirigentes y Dios mismo como testigo contra los opresores de las viudas (Mal 3:5). La trilogía de las viudas, los huérfanos y los extranjeros es una descripción modelo de aquellos que son vulnerables.

- Otros textos en el AT: Éxodo 34. 6; Proverbios 25
- NT: Mateo 15.22-28/Marcos 7.24-30; Lucas 12.45-46; 21.36; 22.44; 1 Corintios 9.27; 2 Pedro 3.4-12

Escritos judíos tempranos[56]

- Eclesiástico 35.14-25(11-23): "No le ofrezcas un soborno, porque él no lo aceptará; y no dependas de un sacrificio deshonesto; porque el Señor es el juez, y con él no hay parcialidad. No mostrará parcialidad al pobre; sino que escuchará la oración de quien ha sufrido injusticia. No ignorará las súplicas del huérfano, o de la viuda cuando ella exprese su queja. ¿Acaso no corren las lágrimas de la viuda por su mejilla cuando ella clama contra aquel que las provoca? El Señor aceptará aquel cuyo servicio le resulta agradable, y su oración alcanzará los cielos.
- La oración de los humildes penetra las nubes y no parará hasta que alcance su objetivo; no desistirá hasta que el Altísimo responda y haga justicia por los justos y ejecute juicio. De hecho, el Señor no demorará (*ou mē bradynein*) y como un

guerrero no será paciente (*oude mē makrothymēsei ep' autois*) hasta que aplastelos lomos del inclemente y haga venganza (*ekdikēsin*) sobre las naciones; hasta que destruya la multitud del insolente y rompa los cetros de los injustos; hasta que recompense a los mortales según sus actos y las obras de todos según sus pensamientos; hasta que juzgue el caso de su pueblo y les haga regocijarse en su misericordia."

- Bar 4:21-25 "Cobrad valor, hijos míos, clamen a Dios, y Él os librará del poder y la mano del enemigo... gozo me ha venido del Santo, debido a la misericordia que pronto (*en tachei*) viene de tu Salvador eterno... Porque como los vecinos de Sion ahora han visto tu captura, pronto así también (*en tachei*) verán la salvación de Dios... Hijos míos, soporten con paciencia (*makrothymēsate*) la ira de Dios que ha llegado a vosotros. Tus enemigos te han invadido, pero pronto (*en tachei*) veréis su destrucción y pisarás sobre su cuello".
- Filón, Moisés 1.47 describe a Moisés en Arabia orando a Dios para salvar los oprimidos y castigar los opresores. Dios oyó la oración de Moisés, pero mientras se esperaba el juicio divino, Moisés se disciplinó para estar en buena condición para la vida.
- *Corpus Inscriptionum Iudaicarum* 725 es una súplica a Dios para vengar rápidamente la sangre inocente, el asesinato de una joven.[57]

Escritos grecos-romanos

- Plutarco, Mor. 179C-D (refranes de los reyes y los comandantes, Felipe el padre de Alejandro 31): "Cuando una pobre mujer insistió que su caso debía ser escuchado ante él y a menudo le causaba molestia, él dijo que no tenía tiempo para gastar, porlo cual ella reclamó, "entonces renuncia a ser rey". Felipe, asombrado de sus palabras, de inmediato procedió a escuchar no sólo su caso sino el de los demás."[58] El mismo relato se menciona en *La vida de Demetrio* 42 como un contraste con la falta de recepción que las personas encontraron con Demetrio.
- *Papiro Michigan* 29 es una carta de una viuda pidiendo ayuda para recuperar un burro robado.[59]

- *Papiro Selecto* (LCL) 2.271 (P. Tebt. 776), una petición en la que una mujer busca restitución de una dote dada a un cobrador de impuestos para excluirla de sus derechos: "Por tanto, siendo yo una mujer indefensa, le ruego y pido que no permitas que sea privada de lo prometido para mi dote a través de la mala conducta del acusado..."

Escritos cristianos tempranos

- *Clemente* 23.1–24:1 enfatiza la compasión de Dios sobre aquellos que vienen a él y que su voluntad será cumplida rápidamente y de repente. Véase especialmente 23.5.

Escritos judíos tardíos

- *m.'Abot* 4.8: "Él [Rabí Ismael] solía decir: No juzgues solo, porque nadie debe juzgar solo, excepto Uno." 4.22 expresa la creencia de que Dios pedirá cuenta a cada uno y será el Juez, Testigo y Querellante.
- Véase Midrash Salmos 28.6.

Características del texto que merecen atención

Además de la información sobre el enfoque de Lucas en la oración mencionada, los temas en la parábola se reflejan en 12.35-46 (especialmente vv.45-46); 21.36; y 22.40-46.

Esta parábola también comparte temas con ambas secciones las anteriores y las siguientes. Con la sección anterior comparte el tema de la escatología, y la parábola sirve como la conclusión para el discurso escatológico, que se extiende desde 17.20 al 18.8. Las parábolas proporcionan la conclusión de otros discursos principales o secciones en Lucas (véase 6.46-49; 19.11-27).[60] El enfoque en la fe en el 18.8 ya es el tema en el 17.5-6, 19.

Esta parábola comparte con la parábola del fariseo y el publicano, que sigue, el tema de la oración y el énfasis que se da a las palabras en el grupo de palabras el *dikaios* ("honesto, justo"), del cual esta parábola tiene *antidikos* ("el adversario", v. 3), *Adikia* ("injusto", v. 6), *ekdikein* ("vindicar", vv. 3, 5) y *ekdikēsis* ("vindicación", vv. 7, 8).[61] Esas dos parábolas y la parábola de los talentos en Lucas (19.11-27) son las únicas donde una explicación precede a la parábola.

La repetición da énfasis a la descripción del juez (vv. 2 y 4) como una característica central para el entendimiento.[62] El hecho que él no teme a Dios ni respeta a las personas constituye una violación doble del mandamiento de amar.[63] Las viudas reciben especial atención en Lucas-Hechos: Ana en 2.36-38; la viuda de Sarepta en 4.25-26; la viuda de Naín en 7.11-17; la denuncia de los escribas que devoran las casas de las viudas en 20.47; la ofrenda de la viuda en 21.1-4; la distribución de alimentos a las viudas en Hechos 6.1-6; y las viudas que lloraban por la muerte de Dorcas en Hechos 9.39-41.

Información cultural

Las viudas se reconocían fácilmente por su atuendo distintivo, que indica su estado (véase Gn 38.14, 19; Jdt 8.5; 10.3; 16.8). Puesto que las mujeres se casaban en su adolescencia temprana, las viudas eran numerosas pero no necesariamente viejas.

A menudo las viudas quedaban sin los medios para su sostenimiento. Si su marido la dejaba una finca, ella no la heredaba, aunque se disponía provisiones para su mantenimiento. Si ella permanecía en la familia de su esposo, ella tenía una posición inferior, casi servil. Si ella regresaba a su familia, el dinero que se intercambiaba en la boda tenía que ser devuelto. Las viudas eran tan abusadas que a menudo eran vendidas como esclavas para pagar deudas.[64] Note el paralelismo en Lamentaciones 1.1-2.

Varios comentaristas discuten la estructura judicial del judaísmo antiguo. J. Derrett argumenta que había dos sistemas judiciales, el judío y el gentil y entiende que el juez de la parábola es un juez gentil.[65] La Mishná (*m. Sanedrín* 1.1) indica que tres jueces deben decidir casos relativos a la propiedad, aunque el Talmud (*b. Sanedrín 4b-5a*) permite más tarde que un juez autorizado decida asuntos de dinero. Josefo afirma que ha nombrado a los tribunales locales con siete jueces en Galilea (*J. W. 2.569-71*).

Sin embargo, la información acerca de cómo funcionaba el sistema judicial en Palestina del siglo I es a lo más insuficiente.[66] El refrán en Mateo 5.25-26/Lucas 12.57-59 supone una corte con un juez, y podría ser que solo un juez se menciona aquí en consonancia con la brevedad de las parábolas.[67] La interpretación de la parábola no da un conocimiento específico sobre el tipo de corte. Uno sólo necesita saber la situación desesperada de muchas viudas y la posibilidad de jueces indiferentes o corruptos.[68]

Explicación de la parábola

Opciones de interpretación

1. Agustín ya había reconocido que esta parábola, con los vv. 6-8, proporciona una comparación negativa y un argumento "cuanto más": Si el juez malvado podría dejarse convencer por la súplica persistente, cuánto más seguro debemos estar que Dios oye nuestras oraciones. Agustín alegorizó a la mujer como la iglesia y la venganza como la muerte o la conversión de la maldad o la derrota final del diablo.[69]

2. Muchos estudiosos hoy siguen considerando la parábola como una comparación negativa y un argumento "mucho más" que hace hincapié en la necesidad de la oración fiel, pero si ellos identifican a la mujer, la correspondencia es con el creyente.[70] Existe una variedad de puntos de vista para decidir el significado del v. 7 y para entender la naturaleza de la reivindicación. El enfoque de la parábola se puede considerar como la necesidad de la oración y la certeza que Dios oye la oración, o ambas cosas.

3. Además del argumento "cuánto más" el énfasis a veces se pone en la perseverancia durante la opresión y la afirmación del valor de la oración, no la repetición de las mismas oraciones. La cuestión está en ser hallado fiel en lugar de darse por vencido.[71]

4. Particularmente cuando la parábola se limita a los vv. 2-5, varios sugieren que la parábola tiene algo que ver con la búsqueda de la justicia, aunque los intérpretes llegan a esta opción por caminos muy diferentes. H. Hendrickx aplica la parábola a la jerarquía y la burocracia de la sociedad de hoy y el soborno y la venalidad de los jueces, por lo que los cristianos deben buscar justicia.[72] W. Herzog interpreta la escena como una clara violación de la práctica legal judía, puesto que sólo un juez está presente. La viuda se niega a mantenerse en silencio y por su comportamiento desvergonzado alcanza un veredicto justo. Él concluye que los oprimidos deben planear en su opresión para que el sistema funcione y por implicación sugerir un rechazo de acomodarse al sistema.[73] Wendy Cotter piensa que la parábola es una burla de todo el sistema de justicia y ofrece una comprensión profética sobre el poder de la justicia disponible para aquellos que permanecen independientes de los códigos sociales.[74]

5. Varias soluciones novedosas son interpretaciones "singulares"; las cuales no tienen apoyo de otros eruditos. Dan Vía toma un enfoque de Jung y considera que la parábola presenta un problema en la psicología masculina. El ego masculino se niega a responder al ánima, el arquetipo de una mujer en el inconsciente de un hombre.[75] B. Scott centra en la viuda que continua molestando al juez como una metáfora para el Reino. El Reino sigue avanzando, sigue golpeando independientemente del honor o de la justicia y quizá puede venir bajo la apariencia de importuno.[76] C. Hedrick argumenta que la parábola presenta al juez como un hombre completamente honesto que al final transige su integridad para su propia comodidad, que debe conducir a los lectores a reflexionar sobre la integridad de sus propias concesiones.[77]

Decisiones sobre los asuntos

Como será evidente, no encuentro mucha base para las sugerencias que la parábola trata generalmente sobre la justicia o sobre lo que se encuentra de cualquiera de los "diferentes" enfoques, pero todo eso depende de las decisiones sobre los asuntos. Aunque los problemas en el v. 7b causan consternación, la intención de la parábola es clara. Independientemente de cómo se toman las decisiones sobre los asuntos, Jesús dirigió esta parábola a sus discípulos,[78] y es una parábola"¿cuánto más?" utilizando el razonamiento típico de "liviano a pesado".[79] Si incluso un juez injusto vindicará a una viuda que sigue viniendo junto a él, ¿cuánto más Dios contestará los clamores de reivindicación de su pueblo? Con esta ilustración de los elegidos que claman vindicación a Dios, uno debe compararla con Apocalipsis 6.10.

1. *¿Pertenecen juntos los vv. 2-8 como una unidad, o son los vv. 6-8 adiciones posteriores a la parábola?* Se cuestiona la coherencia del material en estos ocho versículos, y una decisión sobre la inclusión de los vv. 6-8 es determinante. Si están incluidos estos versículos, de alguna manera la parábola tiene que ver con la oración; Si se quitan estos versículos, poca orientación queda para la interpretación de la parábola. Debido a que el v. 1 es claramente una introducción de Lucas[80] y los vv. 6-8 son una explicación, los eruditos a menudo separaban los vv. 2-5 como la parábola, a la cual se agregaron los vv. 6-7, 8a y 8b en una etapa previa a Lucas. Se dieron varias sugerencias,[81] incluyendo algunas que sostienen que la parábola es de un profeta cristiano temprano o de Lucas,[82] pero otros eruditos arguyeron con vehemencia que los

vv. 2-8[83] o al menos los versículos 2-8a pertenecían juntos desde el principio y proceden de Jesús.

Los vv. 1 y 6a ("y dijo el Señor") son claramente de Lucas. El resto del v. 6 solo sirve para llamar la atención, una convocatoria de discernimiento similar a "el que tenga oídos para oír, que oiga", que es una característica evidente de la enseñanza de Jesús.[84] La redacción de los vv. 6-8 no es de Lucas y tiene características semíticas. Existe la posibilidad de que los vv. 2-5 son la parábola original, a la cual los otros refranes se unieron más tarde, pero el problema es que los vv. 2-5 por sí mismos son enigmáticos y no dan ninguna pista como referente (s) de la parábola. La parábola necesita alguna explicación,[85] y los vv. 7-8a proporcionan una explicación que no es forzada. Hacen explícito a lo que la parábola apunta.

Otra razón para pensar que los vv. 7-8 (o por lo menos 8a) pertenecen a la parábola es el paralelismo con *Sirácides* 35.14-25(11-23). Cuanto más ese texto se vea como el que proporciona los bloques de construcción para la parábola, cuanto menos se podrá separar la parábola de las palabras que le siguen. Los paralelismos entre los dos demuestran que la parábola ha prestado y adaptado a las características del texto anterior.

La parábola	***Sirácides 35.12-20***
Una viuda continuamente pide a un juez injusto que le haga justicia de su adversario y no para hasta recibirla (vv. 2-5).	Una viuda derrama su queja a Dios, el juez justo y sus clamores acusan al hombre que provocó sus lágrimas (vv. 14-15).
Dios hace justicia a sus escogidos que claman a él día y noche (v. 7a).	Dios escucha el ruego del huérfano, la viuda y del piadoso que no deja de orar hasta que se haga justicia (v. 17).
Dios tiene paciencia con ellos (*makrothymei ep' autois*, v. 7b).	Dios no será paciente con los impíos (*mē makrothymēsei ep' autois*, v. 18).

Dios pronto (*ekdikēsin*) les hará justicia (v. 8a).	Dios enviará retribución (*ekdikēsin*) sobre los paganos ("naciones") (v. 18).

Aunque los dos relatos tienen diferentes interpretaciones de "paciencia" y "reivindicación", las similitudes son muy cercanas para ser ocasional.[86]*Makrothymein* ("tener paciencia") no es una palabra de uso frecuente, y su presencia pone de relieve la relación de estos dos textos.

Puesto que existen paralelismos en los vv. 2-5 y vv. 7-8, la parábola y su explicación probablemente estaban juntas desde el principio. Algunos argumentan que la presencia de un juez injusto motivó una interpretación indispensable,[87] pero en cualquier caso, la interpretación concuerda bien en la parábola.[88] Al menos los vv. 7-8a pertenecieron originalmente con la parábola. Uno podría considerar el v. 8b como un dicho incierto que Lucas adjunta aquí debido a preocupaciones similares en el anterior discurso escatológico (17.20-37). Las expresiones Hijo de Hombre aparecen en el 17.22, 24, 26 y 30 y fe/fidelidad[89] se acentúa en el 17.5-6 y 19.

Por otro lado, D. Catchpole ha presentado un caso fuerte para 18.2-5 y 7-8, incluyendo el 8b, como una unidad que es desde el principio. Argumenta que un patrón está presente en los pasajes que arguyen *makrothymia* ("paciencia") con la conclusión que la paciencia y el juicio coexisten y que la paciencia atenúa la intensidad del juicio.[90] Otra razón que el v. 8b pertenece con la parábola es que, si *pistis* se entiende como fidelidad, como creo que debe ser, en lugar de fe (o el acto de creer o el contenido de la creencia), entonces este refrán se adapta a la parábola y su contexto escatológico. Jesús pregunta si el Hijo del Hombre hallará personas que han sido fieles y por lo tanto está listo para su venida.[91]

Si los vv. 7-8 pertenecen con la parábola, no se trata de las personas que buscan justicia, aunque este tema sea muy importante.

2. *¿Está la introducción en el v. 1, que especifica la intención de la parábola que promueve a la oración persistente, en consonancia con la parábola, y está en contradicción con el enfoque en la reivindicación de los elegidos en los vv. 6-8?* Aquí es determinativa la cuestión de la relación de la parábola con el discurso escatológico en 17:20-37.

A primera vista 18:1 parece una apropiación indebida obvia de la parábola, pero este no es el caso. El comentario introductorio de Lucas no es un estímulo a la oración persistente *en general*, una suposición que a menudo se hace debido a la influencia del 11.5-8, aunque no se debe forzar el juez injusto a conformarse a la parábola anterior. La preocupación de Lucas en el 18.1 no es la oración en general, sino orar y no cansarse (o darse por vencido, *enkakein*)[92] con respecto al *eschaton*, el tiempo cuando viene la liberación. El mandato de orar y no rendirse deriva su significado del contexto de todo el discurso escatológico, que comenzó en el 17.20. Los discípulos desearán ver uno de los días del Hijo del Hombre, pero no será así (17.22), y la gente continuará con sus afanes cotidianos y se hallarán desprevenidos como en casos anteriores de juicio. Lo opuesto de cansarse es la firmeza, fidelidad y preparación.

Parte del problema es que los intérpretes centran ya sea en el juez o en la viuda, pero indudablemente la parábola trata del proceso que envuelve ambas partes, incluso si el juez recibe más énfasis.[93] El contraste representado entre el juez y Dios es con respecto al oír que cada uno da al peticionario. Para que funcione el contraste analógico, la parábola supone que la gente que ora está en mayor ventaja en relación a Dios, que es justo y ama y oye a sus escogidos, que la viuda con el juez injusto, a quien nada le importa.[94] La preocupación de Lucas es que los creyentes no desmayen mientras esperan su vindicación, que en este contexto está muy unido a la venida del Hijo del Hombre. Para Lucas, la fe, la fidelidad y la oración son ingredientes necesarios para que estemos listos para la liberación escatológica.[95] Los comentarios de Charles Talbertson apropiados: los discípulos deben seguir orando "que venga tu reino", y el sustento de la fe depende de la persistencia en la oración.[96] Si este es el caso, entonces la introducción de Lucas a la parábola no es inapropiada.

3. ¿Hasta qué grado es la interpretación de esta parábola determinada por el 11.5-8 u otros paralelos como Sirácides 35.14-25? Lucas 11.5-8 es un paralelo obvio a esta parábola como las semejanzas verbales y la estructura de quiasmocomo muestran las narrativas de viajes de Lucas.[97] Ni la una ni la otra parábola trata de la persistencia en general.[98] Su principal similitud es el uso de un argumento "¿cuánto más?, en relación a que Dios oye la oración. Aun así, la parábola en el 18.1-8 proporciona un mayor contraste (Dios no es como el juez) y la estructura del 11.5-8 con supregunta "¿Quién de vosotros...?" la hace un tipo completamente diferente de parábola. La parábola en el 11.5-8 *no* se debe utilizar como una trama a la que el 18.1-8 se debe conformar.[99]

Ya he mostrado cómo *Sirácides* 35.14-25(11-23) proporciona los materiales para la construcción de la parábola. La parábola de Jesús usa los temas de *Sirácides* pero los altera. Donde *Sirácides* dice que Dios no tendrá paciencia hacia las naciones y se centra en su retribución sobre ellas, Jesús dice que Dios tendrá paciencia hacia los elegidos y centrará en su reivindicación.

4. ¿Es la intención con ekdikein *(vv. 3 y 5) y su similar* ekdikēsis *(vv. 7-8) "vengar" o "reivindicar/hacer justicia?* "Este asunto se puede tratar rápidamente. Seguramente la intención con *ekdikein* y *ekdikēsis* en este contexto jurídico es "reivindicar /hacer justicia", en lugar de "vengar".[100] La mujer quiere que se le haga justicia, casi con certeza la devolución de los bienes tomados ilegalmente de ella. Más difícil y más importante es el significado de *ekdikēsis* en el v. 7, que habla de la reivindicación de Dios a sus escogidos. ¿Qué acto de Dios está en mente? Esto se tratará a continuación.

5. ¿Qué se debe entender por el motivo del juez para tomar acción? ¿Qué temía él que la mujer haría? Aunque *hypōpiazein* connota la violencia física, su uso aquí es sin duda metafórico o sarcástico.[101] El juez no teme que la mujer le cause daño físico, sino que ella lo moleste hasta la muerte.[102] Si *eis telos* ("hasta el fin") en el v. 5 se conecta al participio "venida" o *hypōpiazein* es menos clara. En cualquier caso, sin embargo, el juez teme que no tendrá fin la venida de la viuda y la molestia que le causa.[103]

6. ¿Cómo debe entenderse el v. 7? Comparare las siguientes traducciones:

> NVI: ¿Acaso Dios no hará justicia a sus escogidos, que claman a él día y noche? ¿Se tardará mucho en responderles?
>
> RVR 1995: ¿Y acaso Dios no hará justicia a sus escogidos, que claman a él día y noche? ¿Se tardará en responderles?
>
> NTV: Si hasta él dio un veredicto justo al final, ¿acaso no creen que Dios hará justicia a su pueblo escogido que clama a él día y noche? ¿Seguirá aplazando su respuesta?
>
> TLA: ¿Creen ustedes que Dios no defenderá a las personas que él eligió, y que día y noche le piden ayuda? ¿Creen que tardará él en responderles?
>
> *Una traducción literal* ¿Acaso Dios no ofrecerá ciertamente justicia (subjuntivo aoristo) para sus escogidos que claman a él día y noche? Y él tiene paciencia (presente indicativo) con ellos.

El problema está en la segunda oración.[104] ¿Acaso se debe entender como una pregunta, como la primera cláusula (como en la NVI y RVR 95), una declaración (como en mi traducción literal), una cláusula de concesión (como en la RV) o una cláusula relativa ("los elegidos... a quienes él oye amablemente")?[105] Además, ¿acaso *makrothymein* significa "tener paciencia" (y si es así, en qué sentido), "tarda" o "es amable?"[106] ¿Cómo este versículo, con su sugerencia de algún período de tiempo,[107] concuerda con el siguiente versículo, que afirma que Dios hará rápidamente justicia para los elegidos?

Las sugerencias de que la segunda frase deba interpretarse como una concesión o como si se tratara de una cláusula relativa no son convincentes ni factibles.[108] Si debe resaltar como una afirmación o una pregunta es confusa, pero al final no cambia la intención. Si es una pregunta, se conecta con la pregunta anterior y también espera una respuesta afirmativa contundente ("por supuesto que él tendrá paciencia con ellos"), lo cual se comprueba por el v. 8a. Si es una declaración, es gramaticalmente independiente de la cláusula anterior y afirma que Dios de hecho tiene paciencia. El cambio de tiempo del aoristo subjuntivo *poiēsē* al presente indicativo *makrothymei* sugiere que es una afirmación, aunque esto hace que la conexión con el v. 8a menos flexible.

Con respecto al significado de *makrothymei*, la evidencia de la "tardanza" no es fuerte.[109] La versión LXX usa del grupo de palabras *makrothymos* en referencia a las acciones de Dios con su pueblo que muestra convincentemente que estas palabras expresan que Dios retiene misericordiosamente su ira en el trato con su pueblo.[110]

Esta declaración en Lucas 18.7 entonces va incluida en la pregunta como una manera de aumentar el contraste con el juez injusto. La intención es ¿acaso no creen que Dios hará justicia a su pueblo escogido que clama a él día y noche [ya que], él es misericordiosamente paciente con ellos?" Considerando que al juez no le importa, esta cláusula hace hincapié de que Dios se interesa por su pueblo. Sin esta paciencia no se puede esperar una sentencia favorable. Como sugieren varias personas, la implicación es que el pueblo de Dios necesita examinarse a sí mismos mientras esperan la reivindicación de Dios.[111] Aunque la reivindicación es todavía futura (vv. 7a y 8a), la paciencia de Dios está obrando en el presente (v. 7b, que explica el cambio al tiempo presente).

7. ¿Acaso en tachei *en el v. 8a significa "rápidamente/pronto" o "repentinamente" como varios sostienen?*[112] Quizás la intención del *en tachei* es el problema más difícil en el texto. Sin duda la intención inquietante con esta expresión es que algo sucederá rápidamente o pronto, incluso si solo se refiere a cuán pronto quizá no sea claro.[113] La evidencia para el significado "de repente" es menos convincente.[114] Sin embargo, el problema es que Lucas parece que tiene en mente "repentinamente". En el 17.26-37 el mensaje es que la venida del Hijo del Hombre será como fue en tiempos de Noé y Lot. La gente seguía con sus rutinas diarias, y de repente vino la destrucción. De la misma manera, cuando el Hijo del Hombre venga, el que está en el techo no debe bajar a la casa para sacar sus cosas, ni es el que está en el campo debe volver a casa. Dos personas que están trabajando juntas y de repente una será tomada y la otra dejada. También en el 21.34-36, que está estrechamente relacionada con el pensamiento de la parábola, los creyentes deben cuidarse de no cargarse de los afanes de esta vida y que venga "aquel día" sobre ellos "de repente" (*aiphnidios*). Por supuesto, "de repente" y "rápidamente" no están muy separados, como se evidencia en *1 Clemente* 23.5, que utiliza juntos los dos en referencia a la venida de Dios.

Aun así, el énfasis de ambos espacios de tiempo y la rápida reivindicación parece en desacuerdo. No deberíamos concluir que Dios pone a prueba a los elegidos por no responder inmediatamente[115] o que esa oración o las buenas obras acortan el tiempo hasta la parusía.[116] Por el contrario, la tardanza y la rápida reivindicación con frecuencia son temas paralelos en la escatología bíblica y judía. Posiblemente es más instructivo Habacuc 2.3: "Aunque la visión tardará aún por un tiempo, más se apresura hacia el fin, y no mentirá: aunque tardare, espéralo, porque sin duda vendrá, no tardará." La interpretación del Qumrán es muy imponente: "Se entenderá el tiempo final e irá más allá de todo lo que los profetas dicen, porque los misterios de Dios son maravillosos. Aunque puede que el tiempo final tarde, espéralo; el tiempo final definitivamente vendrá y no tardará" (1QpHab 7.7-10). Es también instructivo el uso de *en tachei* y *makrothymein* en Baruc 4.24-25.[117] La gente tiene que soportar con paciencia en vista de que la salvación pronto vendrá. Como nuestra parábola, Baruc busca dar la seguridad de que Dios vindicará su pueblo a pesar del largo tiempo sin vindicación. Esto parece lenguaje convencional para expresar la certeza de Dios que invade en los asuntos humanos para reivindicar su pueblo.[118] De la misma manera Santiago 5.7-9 pone en evidencia el llamado a los creyentes a la paciencia y al mismo tiempo da una afirmación que la venida del Señor está cerca.

Por consiguiente, la espera y pronto se consideran en tensión, pero "rápidamente" (*en tachei*) no hace ninguna declaración sobre el tiempo de la *parusía.*[119] Sin duda Lucas no quita la idea de la expectativa cercana en este texto, pero se interesa menos con el tiempo de la parusía que con su impacto porque él sabe que existe un intervalo antes de la venida del Hijo del Hombre (17.22-23). Su interés principal es la realidad de la aparición del Hijo del Hombre, que traerá vindicación y será una intrusión repentina en los asuntos humanos.

8. ¿Cuál es el significado de la parábola, particularmente con respecto a la reivindicación (ekdikēsis)? Dos problemas relativos a la escatología se tratan en la parábola: una escatología que se comprende excesivamente y la duda que la liberación vendrá.[120] La reivindicación sin duda llegará, pero eso no es motivo de negligencia. Esta parábola, como 17.22-37, advierte que la reivindicación está muy lejana y que la gente anhela que llegue. La liberación no vendrá inmediatamente, y se requiere preparación y fidelidad. La oración acompaña y capacita a la disposición de estar preparado.

¿A qué se refiere la pronta reivindicación? Bastante podemos decir que la pregunta sobre la intención de Jesús con sus enseñanzas acerca del tiempo de la reivindicación futura es la parte más difícil de su mensaje. ¿Acaso estaba Jesús simplemente equivocado? ¿Apunta Jesús principalmente a la resurrección o la destrucción de Jerusalén? ¿Anticipó Jesús la venida del Hijo del Hombre en una fecha no específica? Spencer y Spencer sugieren que esta parábola apunta hacia el final de la persecución romana.[121] Bailey argumenta que la reivindicación está también presente en la muerte y la resurrección de Jesús.[122] John Nolland sugiere que para Lucas el momento de la muerte de uno, el tiempo de la destrucción de Jerusalén y el tiempo del juicio final y la reivindicación están estrechamente relacionados.[123] La única otra ocurrencia en Lucas de *ekdikēsis* se refiere a la destrucción de Jerusalén (21.22), pero esto no ayuda mucho en la interpretación de 18.8 ya que habla de la destrucción de Jerusalén, no de la reivindicación. Ella implícitamente advierte que el *ekdikēsis* puede no ser lo que la gente espera que sea.

Nolland puede que tenga razón para conectar los diferentes puntos, pero seguramente el énfasis principal es la sentencia final y la reivindicación final. Podemos sospechar que la tensión entre ahora y lo por venir que es una gran parte de la escatología del NT está presente aquí, pero la parábola en sí misma no es explícita. La parábola asegura que Dios vindicará su pueblo. La preocupación no es el momento del evento, a pesar de *en tachei*, sino la paciencia de Dios hacia su pueblo, la certeza de sus actos en nombre de ellos, y la necesidad de que ellos vivan preparados y sean fieles. La parábola luego aborda la cuestión implícita "¿responderá Dios a las peticiones de liberación de su pueblo?" cuya respuesta es "sí", pero se agrega una segunda pregunta: ¿Permanecerá su pueblo fiel?"[124]

Adaptación de la parábola

Peticiones reiteradas aparecen en otros dos lugares que merecen reflexión. Jesús escuchó los clamores reiterados de la mujer Siro-fenicia, no respondió inicialmente pero luego concedió su petición (Mt 15.22-28.). Jesús mismo elevó repetidas oraciones en el Getsemaní (Mt 46/Mr 14.32-42/Lc 22.39-46), pero, aunque él fue fortalecido por un mensajero divino, no se le concedió su petición. Isaías 64.7-12 también merece reflexión en relación con esta parábola. En el v. 7 el profeta reconoce que, en efecto, nadie permanece fiel. En consecuencia, la gente está en una situación desesperada (vv. 9-11). El versículo 12 pregunta si Dios estará quieto, guardará silencio y castigará severamente a la gente. Aquí y en otras partes la cuestión de la demora de Dios para traer justicia es un factor importante de la vida. Esta parábola no ofrece ninguna respuesta en cuanto a por qué Dios es lento en traer justicia y la reivindicación final, pero insta a llevar una vida de oración y fidelidad en confianza de que Dios actuará.

La parábola no trata de la persistencia en la oración o que importunamos a Dios hasta que logremos lo que deseamos. El mensaje de la parábola debe centrar en dos áreas principales: el carácter de Dios, que no es como el juez injusto, indiferente, sino que es misericordioso, paciente y deseoso de ayudar a su pueblo, y la necesidad de permanecer vigilantes y listos para la reivindicación y el juicio de Dios. La reivindicación ha comenzado con el Reino y la resurrección de Jesús, pero espera la acción escatológica futura de Dios. La oración es la evidencia de la fidelidad y el principal medio para seguir fieles y vigilantes, constantes en comunicación con Dios mientras comprendemos y tratamos con el mundo en el que vivimos.[125]

Lectura adicional

Kenneth Ewing Bailey, *Poet and Peasant: A Literary Cultural Approach to the Parables in Luke* (Grand Rapids: Eerdmans, 1976), pp. 127-41.

George Beasley-Murray, *Jesus and the Kingdom of God* (Grand Rapids: Eerdmans, 1986), pp. 203-9.

David R. Catchpole, "The Son of Man's Search for Faith (Luke XVIII 8b)," *NovT* 19 (1977): 81-104.

Gerhard Delling, "Das Gleichnis vom gottlosen Richter," *ZNW* 53 (1962): 1-25.

John Mark Hicks, "The Parable of the Persistent Widow (Luke 18:1-8)," *ResQ* 33 (1991): 209-23.

Joachim Jeremias, *The Parables of Jesus* (2d ed.; trans. S. H. Hooke; New York: Charles Scribner's Sons, 1972), pp. 153-56.

I. Howard Marshall, *Commentary on Luke* (NIGTC; Grand Rapids: Eerdmans, 1978), pp. 669-77.

John Nolland, *Luke 9:21–18:34* (WBC 35B; Dallas: Word, 1993), pp. 864-71. Wilhelm Ott, *Gebet und Heil. Die Bedeutung der Gebetsparänese in der lukanischen Theologie* (Munich: Kösel, 1965), pp. 13-72.

Susan M. Praeder, *The Word in Women's Worlds: Four Parables* (Wilmington: Michael Glazier, 1988), pp. 51-71.

William David Spencer and Aida Besançon Spencer, *The Prayer Life of Jesus: Shout of Agony, Revelation of Love: A Commentary* (Lanham: University Press of America, 1990), pp. 39-64.

El Fariseo y el Publicano (Lucas 18.9-14)

Tipo de parábola

Esta es una parábola simple de narrativa indirecta. Técnicamente es una "syncrisis", una comparación de los opuestos por yuxtaposición.[126]

Asuntos que requieren atención[127]

1. ¿Es esta una parábola de narrativa indirecta o una historia metafórica de cambio en el Reino?

2. ¿Debe el orden de las palabras ser *statheis tautaproseūcheto* ("puesto en pie", oraba consigo mismo de esta manera", es decir, en silencio o posiblemente "oraba de sí mismo") o *statheispros heauton tauta* ("puesto en pie, oraba estas cosas")?
3. ¿Fue dirigida la parábola originalmente a los discípulos, los fariseos o el público en general?
4. ¿Cuánto de este pasaje pertenece a la parábola originalmente? ¿Pertenecen los vv. 9 y 14a? ¿Pertenece el 14b, o es una palabra que se agrega como comentario?
5. Se describe al fariseo como presuntuoso y arrogante, o, debido a la similitud con Deuteronomio 26, se presenta como sincero, haciendo lo que estaba obligado por la Torá? Asimismo, ¿las descripciones que Lucas hace del fariseo y el publicano son exageraciones o evaluaciones sencillas?
6. ¿Por qué se asigna la absolución al recaudador de impuestos y no el fariseo? ¿Cuál es el error del fariseo?
7. ¿El hecho de que las oraciones ocurren en el templo acaso significan que la oración del recaudador de impuestos quiere decir "que el sacrificio que ahora se realiza sea a favor de mí"?[128]
8. ¿Es la parábola contraria a la Torá o antisemita?
9. ¿Cuál es la enseñanza de la parábola?

Material útil de fuente primaria

Material canónico[129]

- AT: Dt 26-19; Sal. 79.9 (LXX 78.9 c: *hilasthēti tais hamartiais hēmōn*, "Perdona nuestros pecados", que está cerca de *hilasthēti moi tō hamartōlō*, "Ten piedad de mí, pecador", en Lucas 18.13); Esdras 9.6. Véase también Sal 51.1-4;[130] 78.38; Prov 3.34; 27.2; 29.23; LXX Ez. 21.26 (31); 33.13; y "Los Salmos de la inocencia": 5, 7, 17 y 26.
- NT: Mt 5.3; 23.1-36; Lc 1.51-52; 16:14-15; 1 Cor 4.7; 8.1-3; 2 Cor 1:9; Fil 3.3-11; Ap 3.17

Escritos judíos tempranos

- 1QH 15.34-35: "[Te doy gracias], Señor, porque no dejaste que mi suerte caiga en la congregación de los falsos, ni has puesto mi ley en el consejo de los hipócritas, pero me has conducido] a tu favor y tu perdón..."

- *1 En.* 13:5 describe los ángeles caídos como incapaces de levantar los ojos al cielo a causa de sus pecados.
- *4 Esdras* 8:47-50: "Porque no puedes amar mi creación más de lo que yo la amo. Porque con frecuencia tú mismo te has comparado a los injustos. ¡Nunca lo hagas! Pero incluso en este sentido serás digno de alabanza ante el Altísimo, porque te has humillado, y has sido hallado bueno antes sus ojos, y no has considerado a ti mismo como incluido entre los justos. Tú recibirás la mayor gloria, porque muchas miserias afectarán aquellos que habitan en el mundo en los últimos tiempos, porque ellos han andado con gran orgullo."
- *Oración de Manasés* 1.8-9: "Por tanto tú, Oh Señor, Dios de los justos, no has determinado el arrepentimiento para los justos, para Abraham, Isaac y Jacob, que no han pecado contra ti, pero has determinado el arrepentimiento para mí, que soy un pecador. Porque los pecados que he cometido son más numerosos que la arena del mar; mis transgresiones se han multiplicado, Oh Señor, ¡ellas se multiplicado! No soy digno de levantar el rostro y ver la altura de los cielos debido a la multitud de mis iniquidades."
- *José y Asenet* 10:2–13:15 (primer siglo a.C. o d.C.) describe a Asenet varias veces como golpeando su pecho, inclinando su cabeza y sin ninguna confianza al acercarse a Dios cuando busca el perdón por su pecado.
- Josefo, *Antigüedades judías* 11.143 describe a Edras como avergonzado de levantar el rostro al cielo a causa de los pecados cometidos por el pueblo (véase Esdras 9.6).
- *Testamento de Moisés* 7.9-10 hablando de los gobernantes impíos: "Y aunque sus manos y mentes tocan cosas inmundas, sin embargo su boca deberá hablar grandes cosas, y deberán decir además: 'No me toques porque contaminarás el lugar (donde estoy)...'."[131]

Escritos greco-romanos

- *Fábulas de Esopo* 666 (en el apéndice de Perry, LCL, p. 575) contiene una historia sobre un hombre que ora, "Señor Dios, mira tú con favor sobre mí y mi esposa y mis hijos y sobre nadie más". Otro hombre escucha y ora: "Señor, Señor, Dios Todopoderoso, confunde a ese hombre y su esposa y sus hijos, y nadie más."

- Platón, *Alcibíades* 2.148-49 dice de los atenienses que preguntan al Dios Amón por qué ellos siempre fueron derrotados por los espartanos a pesar de que sacrificaron diligentemente y no los espartanos. La respuesta de Amón fue: "Prefiero tener la reserva reverente de los espartanos que todo el ritual de los griegos."

Escritos cristianos tempranos

- *1 Clemente* 38. 2: "El que piensa que es humilde no dé testimonio de su propia humildad, sino deje que otros den testimonio; el que es puro en la carne no sea jactancioso, sabiendo que es otro el que le otorga su continencia."
- *Didaché* 8.1: "Que tus ayunos no sea con los hipócritas, porque ellos ayunan los lunes y jueves, pero tú ayunas los miércoles y viernes."

Escritos judíos tardíos

- *m.'Abot* 2.5: "Hillel dijo: No seas independiente de la congregación y no confíes en ti mismo hasta el día de tu muerte, y no juzgues a tu compañero hasta que hubieres entrado a su casa..." Es obvio que no todas las opiniones judías eran legalistas o condescendientes.
- *b. Berakot* 28b: "Gracias te doy, oh Jehová Dios mío, porque tú has puesto mi porción con aquellos que se sientan en el Beth ha-Midrash y no has puesto mi porción con aquellos que se sientan en las esquinas [de las calles], porque me levanto temprano y ellos se levantan temprano, pero yo me levanto temprano por las palabras de la Torá y ellos se levantan temprano para hablar frivolidades; yo trabajo y ellos trabajan, pero yo trabajo y recibo una recompensa y ellos trabajan y no reciben una recompensa; yo corro y ellos corren, pero yo corro a la vida del mundo futuro y ellos corren al pozo de la destrucción." Note el paralelo en *y. Berakot* 4.2, pero tenga en cuenta también la actitud diferente en *b. Berakot* 17a, en

la que los rabinos expresan su conocimiento del pecado y la finitud humana y una renuencia a juzgar.

- *b. 'Erubin* 13b: "Esto te enseña que el que se humilla, el Santo, bendito sea,levanta, y el que se exalte, el Santo, bendito sea, humilla; aquel que que busca la grandeza, la grandeza huye, pero quien huye de la grandeza, la grandeza le sigue..."[132]
- *b. Menahot* 43b: "R. Judá solía decir, un hombre está obligado a decir las siguientes tres bendiciones diariamente: [Bendito seas...] que no me has hecho un pagano... que no me has hecho una mujer, y... que no me has hecho un hombre impío." La misma oración se registra en *y. Berakot* 9.1 y *t. Berakot* 6.18.

Características del texto que merecen atención

La estructura del pasaje es clara; ella consta de: una introducción narrativa que explica la intención (v. 9), la historia (vv. 10-13), que incluye las descripciones de la oración del fariseo (vv. 11-12) y la oración del recaudador de impuestos (v. 13), la declaración del narrador del juicio sobre los dos individuos (v. 14a) y una explicación de la base del juicio (v. 14b).

Ambas oraciones comienzan de la misma manera dirigiéndose a Dios. La postura del fariseo se describe brevemente mientras que su oración es larga; la oración del recaudador de impuestos es breve, pero su postura se describe extensamente. La descripción del recaudador de impuestos es conmovedora. Él se encuentra lejos y no levanta los ojos al cielo, seguramente porque siente que no merece estar en medio del pueblo de Dios y en conversación con Dios. Golpea repetidamente (*etypten*, tiempo imperfecto) su pecho y emplea el artículo definido para describir a sí mismo como *el* pecador, posiblemente empleando una burla ofensiva con la que otros se habían dirigido a él.

Esta parábola está ligada a la parábola anterior por asunto de tema (oración y juicio) y por varias ocurrencias de *dikaios* ("justos") del grupo de palabras: *ekdikeō/ekdikēsis* ("reivindicar"/"reivindicación") en 18.3, 5, 7 y en el 8; *antidikou* ("oponente") en 18.3; *Adikia* ("injusticia") en 18:6; *dikaios* ("justos") en 18.9; *adikos* ("injustos") en 18.11; y *dikaioō* ("absolver, declarar justo") en 18.14. El material que sigue en 18.15-17 también destaca la importancia de la humildad, especialmente cuando se compara con Mateo 18.1-5; 19.13-15. Gran parte del material de Lucas hace hincapié en la aceptación de los inferiores y la exclusión de personas en el Reino.

Esta parábola, la parábola anterior del juez injusto y el de las diez minas en 19.11-27 son las únicas por la cuales el propósito de la parábola se declaró antes de la parábola.[133]

El contraste en esta parábola refleja el contraste en la parábola del hijo pródigo (Lc 15.11-32) entre la desesperada y humilde confesión del hijo pródigo y el distanciamiento y desdén del hermano mayor. La actitud del fariseo se refleja también en 7.36-50 con el desdén de Simón el fariseo por la mujer que lava los pies de Jesús. La parábola del buen samaritano es similar con su contraste del samaritano con el sacerdote y el levita (10.25-37).[134] Otros contrastes que merecen reflexión incluyen aquellas entre el rey y el siervo malvado en Mateo 18.23-35, los dos hijos en Mateo 21.28-32, y los invitados distinguidos que se niegan a venir y los marginados que aceptan la invitación en Lucas 14.15-24.

El Evangelio de Lucas tiene varios relatos que involucran a los recaudadores de impuestos o a los fariseos. Con frecuencia se describe a los fariseos como murmuradores, pocos receptivos o inseguros acerca de Jesús y su mensaje,[135] pero no siempre. En el 13.31 los fariseos buscan ayudar a Jesús advirtiéndole acerca de Herodes. Se describe a los recaudadores de impuestos como receptivos y que encuentran la salvación. El trato de Zaqueo en 19.1-10 refleja el perdón del recaudador de impuestos en la parábola.

El lenguaje de la parábola es fuertemente semítico. Tenga en cuenta las ocurrencias de *asyndeton*[136] en los vv. 11, 12 y 14, *heis... heteros*(“el uno... el otro”) en el v. 10 y *par' ekeinon* (“en lugar de aquél”, aparentemente traducción aramea *min*, “de”).[137]

Información cultural

Los fariseos eran muy respetados entre la mayoría de los judíos y eran considerados justos, escrupulosos en sus esfuerzos por obedecer a Dios. Sus enseñanzas para la adoración, la oración y la vida recta tenían gran influencia en la cultura judía religiosa.[138] El fariseo en esta parábola va más allá de todos los requisitos de la ley. El ayuno era requerido de los judíos solamente en el día de la expiación. Como lo atestigua la Biblia, las personas que enfrentaban crisis también ayunaban y particularmente los piadosos que ayunaban con mayor frecuencia.[139] En el ayuno dos veces a la semana, al parecer el lunes y el jueves,[140] el fariseo probablemente consideraba su propio ayuno para hacer expiación por todo Israel. Al diezmar de todas sus posesiones, el fariseo diezmaba artículos que había comprado que otras personas ya habían diezmado. *M. Demai* considera las regulaciones que produce diezmar cuando uno no está seguro si ya ha sido diezmado.

Si se respetaran a los fariseos, las actitudes hacia los recaudadores de impuestos hubieran sido el extremo opuesto del espectro. Los recaudadores de impuestos hacían una oferta y compraban el derecho para recaudar impuestos de una región específica, y varias clases de impuestos se recaudaban: los impuestos de censos, impuestos a la hacienda, gastos de viaje y el transporte de mercancías de una región a otra, impuestos a las ventas, impuestos de herencia. Todo lo que los recaudadores de impuestos y peajes agregaban más allá de sus contratos era puro beneficio. Al menos en Judea, los recaudadores de impuestos judíos —y el recaudador de impuestos en la parábola es ciertamente judío— eran considerados traidores porque había convenido con los gobernantes para recaudar impuestos y peajes o eran subordinados contratados por estas personas para operar como recaudadores.[141]

La carga fiscal civil era onerosa, a la que se agregaba el impuesto del templo. El estado del hombre en la parábola es incierto; puede que haya sido un recaudador bastante rico o posiblemente uno de nivel inferior.[142] Las actitudes hacia los recaudadores de impuestos y especialmente hacia los colectores de peaje fueron muy negativas.[143] Tales personas eran notorias por su falta de honradez y en la Mishná se clasificaban con los asesinos y ladrones, con los tales uno no necesariamente tiene que decir la verdad. Por lo menos después que fueron privados de los derechos cívicos y no podían ser jueces o testigos en la corte.[144]

Algunos sugieren que ninguno hubiera oído de un recaudador de impuestos que vaya al templo a orar,[145] pero esto es una exageración. La gente a menudo se ve obligada a ejecutar acciones que preferirían no hacer y todavía busca la comunión con Dios. Los recaudadores de impuestos no temían el reconocimiento público cuando se acercaron a Juan el Bautista para ser bautizados y para recibir instrucción para la vida (Lc 3.12-13).

Los lectores modernos deben comprender cuán sorprendente y llamativo hubiera sido para los oyentes de Jesús que el recaudador de impuestos fuera declarado en lo correcto. Eso contravendría todo lo que sabían.

Las palabras "subieron"/"descendió" se utilizan por la elevación del Monte del Templo. Tenga en cuenta los Salmos de ascensión, especialmente los Salmos 122, 134 y 135. Aunque ciertamente las personas oraban en otras ocasiones, el horario habitual de oración eran las 9:00 de la mañana y las 15:00 de las tarde de los sacrificios de la mañana y tarde (cf. Hch 2.15; 3.1). Después del sacrificio y durante la quema de incienso, la congregación se reunía para observar el proceso y ofrecer oraciones (*m. Tamid* 5.1; véase Sir 50.5-18; Jdt 9.1).[146] A "los impuros" se les permitía mantenerse en pie a la Puerta Oriental (*m. Tamid* 5.6). Es incierto a quienes se refiere la Mishná por "impuros", pero incluso si se refiere sólo a aquellos que estaban temporalmente ritualmente impuros, revela una actitud que explica por qué el recaudador de impuestos se mantuvo a distancia.[147]

Se describen diversas posturas para la oración, pero estar de pie es común (véase 1 S 1.26; 1 R 8.14, 22; Mt 6.5; Mr 11.25). Levantar los ojos es común en la oración; note que Jesús levanta sus ojos para orar en Mateo 14.19 / Marcos 6.41 / Lucas 9.16; Marcos 7.34; Juan 11.41; 17.1. La restitución de dinero ganado por extorsión requiere que se añada la quinta parte (Lv 6.1-5). La situación del recaudador de impuestos sería inútil, porque él nunca podría conocer a todos lo que hizo mal.[148]

Explicación de la parábola

Opciones de interpretación

1. Mayormente la iglesia no alegorizó esta parábola, sino que la había interpretado en términos de su enseñanza sobre el orgullo y la humildad. Agustín, seguido por un número de otros, interpretó el fariseo y el publicano como representación de los judíos y gentiles.[149]
2. La parábola se interpreta con frecuencia como un contraste entre la justicia propia y la pobreza o humildad espiritual.[150] A veces la justicia propia se conforma como legalismo judío.[151]
3. J. D. Crossan, habiendo expuesto los vv. 9 y 14b y rechazado la historia ejemplo como categoría considera la parábola como un cambio, cuyo punto metafórico es el cambio del juicio humano aceptado por lo cual el Reino fuerza su entrada al entendimiento humano.[152]
4. Algunos ven la parábola como una llamada a la reforma del Templo. La presuposición aquí es que los impuestos abusivos del Templo se asocian con el fariseo al que se le considera como un empleado del sistema del Templo.[153]

5. Algunos consideran a uno o ambos como una ironía. Con este enfoque el recaudador de impuestos puede ser una figura positiva, o ambos hombres son vistos como inaceptable alternativas.[154]
6. Unos piensan que el fariseo se describe como que hace exactamente lo que Deuteronomio 26 prescribe respecto de traer sus diezmos y confirmar su obediencia al pacto.[155]
7. Un número significativo considera que el problema del fariseo está en el desdén que muestra para con otros y específicamente por el cobrador de impuestos.[156]

Aunque varios aspectos de algunas de estas opciones pueden ser ciertos, voy a argumentar que una combinación de las opciones dos y siete proporciona la mejor comprensión de la parábola.

Decisiones sobre los asuntos

1. ¿Es esta una parábola narrativa indirecta simple o una historia metafórica del cambio en el Reino? He sostenido que la "historia de ejemplo" es inadecuada como categoría,[157] y eso es especialmente cierto con esta parábola. Los dos hombres funcionan en parte como ejemplos positivos y negativos, pero, como hemos visto, numerosas parábolas dan personas como ejemplos. Exactamente lo que se debe imitar o evitar aquí con cualquiera de los dos no está claro, y aún con el recaudador de impuestos no podríamos decir, "ve y haz tu lo mismo".[158] También, la "historia de ejemplo" es muy limitada para abarcar lo que la parábola tiene que enseñar acerca de Dios.

Por otro lado, el argumento de que la parábola es una metáfora de la revocación del juicio realizado por el Reino tampoco es convincente. La parábola tiene un cambio de las expectativas, pero no es metafórica. No debemos ver a través de los dos personajes alguna otra realidad; por el contrario, debemos verlos. La parábola es una narración indirecta simple encerrada como un syncrisis (una comparación de los opuestos por yuxtaposición). Ella habla sobre las oraciones de un fariseo particular y un recaudador de impuestos particular y lo que se puede aprender de ellos.

2. ¿Debe el orden de las palabras ser statheis tauta pros heauton prosēucheto *("puesto en pie, oraba consigo mismo") o* statheispros heauton tauta prosēucheto *("parándose, estas cosas oraba")?* El anterior a veces se entiende como que el fariseo oraba en silencio, pero también puede significar "oraba consigo mismo".[159] La segunda comprensión puede que indique que el fariseo estaba parado solo, lo que indica que tomó una posición prominente o que se separó de otros para evitar el contacto. Una decisión sobre esta variante textual es difícil porque cada interpretación tiene sentido y la evidencia textual es bastante equilibrada.[160] La evidencia del manuscrito para *statheis tauta pros heauton prosēucheto* ("parándose, estas cosas oraba con/sobre sí mismo") incluye P75,[161] *pero statheis pros heauton tauta prosēucheto* ("puesto en pie, oraba estas cosas")[162] parece ser la interpretación más difícil y la única que puede explicar la ocurrencia de las otras. Y si el enfoque está solamente en el fariseo puesto de pie, entonces la parábola habla de ambos hombres que oran separados de otras personas.

Además, los significados propuestos de *statheis tauta pros heautonprosēucheto* tienen poco en su favor. Algunos han sugerido que el fariseo ora consigo mismo, pero difícilmente esa puede ser la intención ya que ambas oraciones comienzan dirigiéndose a Dios. La gente en la antigüedad por lo general oraba en voz alta, así que no es probable que la intención sea que el fariseo ora en silencio. El tercer significado que se sugiere, una supuesta *pros* ("hacia") de referencia, lo que significa que el fariseo oraba "acerca" de sí mismo, a lo más es incierta.[163] *Proseuchesthaipros* nunca tiene ese significado en la LXX o el NT. *Pros* se refiere en cambio a la persona a la que se dirige.[164] Debido a que los significados propuestos para esta interpretacion alterna no parecen concordar,deberíamos concluir que la interpretación correcta es *statheis pros heauton* y quedescribe al hombre parado solo.[165]

3. ¿Se dirigía la parábola originalmente a los discípulos, los fariseos o el público en general? El arreglo del contexto es de Lucas, y no tenemos información sobre el contexto en el que se relató la parábola. Puede que se haya narrado en más de una ocasión y en cualquier contexto judío, ya seaa los discípulos de Jesús, los judíos en general, o específicamente a los fariseos. Habría sido más concluyente si se hubiera dicho en Jerusalén, lo cual parece probable. Lucas ha colocado la parábola en su narrativa de viaje y mientras que no hay muchos indicadores geográficos acerca de este viaje ni se registra mucho progreso, la sombra de Jerusalén cubre todo el relato (9.51 13.4, 22, 34-35; 17.11 18.31; 19.11). A lo largo de la narrativa de viaje la enseñanza de Jesús se dirige en distintos momentos a sus discípulos, a la multitud, o a los fariseos, tanto que Pedro debe preguntar en el 12.41 a quien se dirigía la parábola. En Lucas parece que los fariseos oyen incluso cuando el material va dirigido a los discípulos (por ej., 16.14).[166] Me parece más probable que esta parábola iba dirigida a la multitud en general o a los discípulos. Si era dirigida a los fariseos, hubiéramos esperado alguna reacción de parte de ellos. Lucas ha mantenido deliberadamente al público general: "A unos que confiaban en sí mismos".[167] Aunque la parábola fue dirigida originalmente a los fariseos, Lucas quería que sus lectores cristianos supieran que estaban igualmente en peligro del fracaso que representa.

4. *¿Cuánto de este pasaje pertenece a la parábola originalmente? ¿Pertenecen al pasaje los vv. 9 y 14a?* El v. 9 claramente es una introducción de Lucas que proporciona la intención de la parábola por adelantado y formada del v. 14a. Por presentar la intención primero, la narrativa centra más en el fariseo como una figura negativa y disminuye el suspenso y el choque que habría tenido la parábola original sin la introducción. Algunos sugieren que la parábola terminó con el v. 13, especialmente aquellos que piensan que ambos hombres son figuras negativas,[168] pero nada en la parábola sugiere que el recaudador de impuestos es una figura negativa. Con respecto a la lógica y la forma, el v. 14a debe considerarse la conclusión original a la parábola.[169]Sin ella la parábola no tiene ningún significado. Con respecto a la forma, los paralelismos entre "subieron" (*anebēsan*, v. 10) y "descendió" (*katebē*, v. 14a) y entre "este recaudador de impuestos" en el comentario despectivo del fariseo (v. 11) y en el veredicto "éste" (v. 14a) muestra que el v. 14ª es parte inherente del relato. El contraste aquí es similar al contraste entre la mujer pecadora y el fariseo en el 7.36-50, y como se observa a menudo, el contraste en el v. 14a es exclusivo: "éste descendió a su casa justificado antes que el otro."[170]

5. *¿Pertenece el v. 14b, o es una palabra que se agregó como un comentario?* El v. 14b podría ser una declaración explicativa originalmente empleada por Jesús con la parábola o una palabra agregada a la parábola por tradición o vuelta a usar aquí por Lucas como una declaración explicativa.[171] Nada está realmente en juego con cualquiera de estas opciones, porque sin duda Jesús hablo un principio general en varias ocasiones, como ocurre en Mateo 23.12 y Lucas 14.11 lo confirma. Curiosamente, ambas ocurrencias aparecen en contextos que tratan con los fariseos. Algunos piensan que Lucas es responsable por el v. 14b porque utiliza el tiempo futuro y apunta a un cambio escatológico, considerando que en el v. 14a el recaudador de impuestos ya ha sido absuelto.[172] A. Feuillet sostiene que el v. 14b es original porque

cree que Isaías 53, el otro texto con la combinación de la justificación, la humillación y la exaltación (*dikaioun, tapeinoun y hypsoun*), sirve de apoyo a la parábola.[173] Creo que no podemos probar que el v. 14b perteneció o no originalmente con la parábola. Sin embargo, podemos decir que es una conclusión adecuada que proporciona un principio general que se refleja en la parábola.

6. ¿Se presenta al fariseo como hipócrita y arrogante, o debido a la similitud con Deuteronomio 26, o se presenta como sincero, cumpliendo lo que estaba obligado por la Torá? Por lo general la oración del fariseo se entiende como pretenciosa, orgullosa y de justicia propia, particularmente cuando hace cinco veces referenciaal "yo". Esto es comprensible para los cristianos que se han acostumbrado a las descripciones negativas de los fariseos, y no es difícil encontrar pruebas de presunción, moralidad o desdén por la *'am ha-areṣ* entre los fariseos o en otros grupos (incluyendo los cristianos en escritos posteriores).[174] Siglos de interpretación nos han llevado a considerar al fariseo como un personaje negativo, pero los judíos que escuchaban a Jesús suponían que el fariseo era un hombre justo.

Los paralelos entre el Deuteronomio 26 y la parábola nos invitan a pensar que el fariseo no es pretensioso.[175] En Deuteronomio 26.12-15 los individuos deben venir con sus diezmos, afirmar su obediencia a Dios y pedir su bendición. Sin embargo, el fariseo de la parábola no trae diezmos, no ora para una bendición y no afirma que ha cumplido los mandamientos. En cambio, agradece a Dios que no es como otros y afirma que cumple más allá de los mandamientos. Al final la conexión con Deuteronomio 26 no es tan fuerte.

Independientemente de cualquier conexión a Deuteronomio 26,[176] el error no es que el fariseo es obediente o que dice que él es obediente. Los "Salmos de la inocencia" muestran a los peticionarios que afirman que han hecho lo que Dios había mandado.[177] Por lo menos, la oración del fariseo es egocéntrica. A diferencia de Deuteronomio 26, no hay ningún enfoque en Dios como aquel a quien se le debe lealtad y de quien la bendición viene y no hay ningún enfoque sobre los pobres, a quienes se deben dar los diezmos.

7. ¿Son las descripciones de Lucas del fariseo y el publicano exageraciones o evaluaciones sencillas?[178] Los dos hombres se presentan como polos opuestos, lo cual es la naturaleza de la *syncrisis*, pero ninguna de las descripciones son exageraciones. La actitud del fariseo es evidente en las fuentes primarias,[179] y nada en el texto indica que es una exageración. Menos razón aún hay para considerar el recaudador de impuestos como una exageración.

8. ¿Por qué se asigna la absolución al recaudador de impuestos y no al fariseo?¿Cuál es el error del fariseo? El error del fariseo, que sorprendentemente algunos se esfuerzan por encontrar,[180] es evidentemente que él piensa que puede ser obediente a Dios y todavía tener desprecio por la gente como el recaudador de impuestos, es decir, que él puede cumplir lo que la Torá exige sin poner atención a al mandamiento de amar.[181] Él está seguro de que sus obras le ponen en favor con Dios y que sus actos piadosos lo hacen mejor que sus contemporáneos. Lo que puede haber comenzado como una legítima afirmación de que él ha mantenido el Pacto se ha desviado en desdén y autoelogio. Jesús frecuentemente enfatizó que uno no puede ser obediente a la ley de Dios sin amar al prójimo como a sí mismo,[182] y repetidamente desafió a quienes estaban seguros de sus buenas relaciones con Dios a reconsiderar.[183]Esta parábola expresa ambos temas.

La base de la absolución del recaudador de impuestos no se expresa a menos que uno toma el v. 14b como original con la parábola. La introducción de Lucas muestra que su preocupación es sobre todo con el fariseo. La falta de ninguna otra base para el veredicto resalta la impresión de que se da el juicio de justo a la persona equivocada. Implícitamente, la base de la absolución es el recaudador de impuestos siente su necesidad, al entregarse a la misericordia y la compasión de Dios que perdona a los pecadores, otra vez estos son temas recurrentes en la representación de Lucas del mensaje de Jesús.

9. El hecho de que las oraciones tengan lugar en el Templo ¿significa acaso que la oración del recaudador de impuestos dice, "que el sacrificio que ahora se hace sea para mí"? Para algunos, el hecho que los dos hombres suban al templo al mismo tiempo indica que debemos pensar en las oraciones en relación al sacrificio de la mañana o el de la tarde.[184]Otros piensan que asignar un tiempo para la oración es especulación innecesaria porque entre las horas de los sacrificios, las personas subían al templo para orar en privado.[185]Uno no puede estar seguro, pero la evidencia sugiere fuertemente que la mayoría de los oyentes judíos habrían pensado de las oraciones en el momento del sacrificio. Lucas menciona el sacrificio diario en varios otros contextos. Lucas 1.5-23 describe a Zacarías que ofrece el sacrificio por la tarde, y Hechos 3.1 dice que Pedro y Juan subían juntos al templo a la hora novena, la de la oración, la hora del sacrificio por la tarde. Una alusión al sacrificio diario se lee en Lucas 24.50-53 y posiblemente otros textos.[186] Además, la expresión *hilasthēti moi* en la oración del recaudador de impuestos tiene connotaciones de sacrificios, incluso si se tradujera "ten misericordia de mí" en lugar de "sé propicio a mí".[187] Incluso si uno decide que la hora de la oración es irrelevante, el contexto de la oración en el templo, el lugar de la presencia de Dios y su perdón, todavía es determinante para la comprensión de la intención de la oración. La oración del recaudador de impuestos es una súplica conmovedora para que el sacrificio sea lo suficientemente eficaz como para permitir a Dios que tenga piedad de él.

Esto hace poco probable las opiniones de que la parábola es una crítica del templo o del sistema de impuestos del templo. No hay ninguna acusación del templo en la parábola, o evidencia de cualquier actitud negativa hacia el templo, y si estas opiniones eran correctas podríamos esperar que la figura contrastante sea un sacerdote o por lo menos un levita en lugar de un fariseo. Una vez más se afirma el principio: cualquier interpretación basada en lo que no está en la parábola es sin duda equivocada. Las parábolas no siempre describen sus funciones, pero dan la información necesaria para designar el contexto para la interpretación.

10. ¿Es la parábola contraria al Torá o antisemita? El antisemitismo es un problema grave, pero esta parábola no es contraria al Torani antisemita.[188] No pone la ley ni la gracia la una contra la otra, ni es una condena del judaísmo o incluso el fariseísmo, aunque Jesús en Lucas a menudo se queja de los fariseos. Esta es una parábola acerca de un fariseo en particular, no todos los fariseos. Establece un malentendido de la Tora, como la obediencia al ritual pero sin amor al prójimo,- contra la misericordia y el amor, que Dios requiere y que muestran el carácter de Dios. Como el hermano mayor en Lucas 15.25-32, que no había transgredido los mandamientos pero todavía sentía desdén por su hermano,[189] el fariseo cree que él es fiel a las estipulaciones de la Torá pero no considera la intención de la Torá de amar al prójimo (cf. Mt 23.23). Lucas 17.7-10 ya indica la actitud adecuada al afirmar obediencia propia. Uno debe decir: Siervos inútiles somos; pues lo que debíamos hacer, hicimos".

11. ¿Cuál es la enseñanza de la parábola? La parábola trata la cuestión implícita "¿qué se considera como justicia ante de Dios?" Las obras de justicia sin compasión ni amor, Dios no las considera justas. La decisión de Jesús de cual hombre era justo debe haber sonado contradictoria, sorprendente y tal vez incluso inaceptable a sus oyentes. Esta parábola, como algunas otras, es una bofetada en la cara. Jesús llamó a justo a un hombre que era conocido por ser injusto y rechazó esta descripción de un hombre a quien todo el mundo reconocería como justo, quien había hecho buenas obras, incluso más allá de lo que esperaba la ley —es decir, a menos que Jesús presento a sus oyentes sobre la importancia del mandamiento de amar.

Los lectores modernos deben hacer el esfuerzo para comprender la sorpresa de la declaración de Jesús a sus oyentes judíos del siglo primero. Implícitamente, esta parábola también sirve como una defensa de Jesús por comer con los publicanos y pecadores e instruye contra el desdén por al que supuestamente se llama injusto.[190] M. Hengel señala que la persona orgullosa de su ortodoxia y ortopraxis está en mayor peligro y, por el uso de un juego de palabras, resume la parábola diciendo que aquellos rechazados en otros lugares, son aceptados por Dios en el evangelio.[191] "Una oración orgullosa... es un esfuerzo contradictorio".[192] Por el contrario, la humildad es un aspecto esencial de la verdadera oración.

Que el recaudador de impuestos está justificado porque suplica por misericordia está en consonancia con el enfoque de Jesús sobre el perdón y la misericordia que se cita en otros lugares, más obviamente en la parábola del siervo malvado (Mt 18.21-35, especialmente en los vv. 27, 32), y también en otros textos (Mt 5.3-7; Lc 6.20-21; 7.36-50). "Justificado" (del verbo *dikaioō*) es el lenguaje jurídico que significa "probado que está justo", "absuelto". La palabra ocurre con frecuencia en los Evangelios, pero no debe saturarse muy rápidamente con connotaciones paulinas.[193] Los evangelios no contrastan la ley y la gracia como lo hace Pablo. Por otro lado, es legítimo decir que la enseñanza de la justificación de Pablo tiene su origen en y es una extensión de la enseñanza de Jesús en textos tales como este.[194] Los verbos pasivos en el v. 14 ("justificado", "humillado", "exaltado") son pasivos divinos; señalan a Dios como el que obra.

Esta parábola tiene implicaciones cristológicas. Jesús tenía la confianza para declarar la mente de Dios con respecto al juicio. Eso no prueba que encaja en alguna categoría trascendente, pero ciertamente su declaración es una afirmación inesperada de autoridad.[195]A. Feuillet encuentra implicaciones cristológica aún más fuertes porque cree que la parábola se basa en Isaías 53, el único otro texto bíblico que combina la justificación, la humillación y la exaltación (*dikaioun*, *tapeinoun* y *hypsoun*).[196] Las conexiones que Feuillet encuentra son intrigantes, pero no creo que haya demostrado su caso.

Las implicaciones que tiene la parábola acerca de Dios son aún más fuertes porque contiene una revelación de Dios. De hecho, las actitudes de los dos hombres revelan dos aspectos de Dios, la que el fariseo supone, la cual es falsa, y la del recaudador de impuestos que espera pero no supone, que es la actitud correcta.[197] Dios no se impresiona con actos piadosos y sentimientos de superioridad. Es, por el contrario, un Dios de misericordia que responde a las necesidades y a las oraciones honestas de las personas. Por otro lado, la misericordia de Dios no puede darse por sentado. En la parábola, el recaudador de impuestos ni siquiera sabe el resultado de su oración. El veredicto de absolución se encuentra fuera de la parábola. No hay ninguna base para que se felicite a sí mismo.

Esta parábola es menos acerca de la oración que es sobre las actitudes hacia uno mismo y al prójimo, tampoco es la única enseñanza acerca de la oración que es necesaria. No se hace mención de arrepentimiento o restitución, ni que debemos esperarlo. Las parábolas no hacen ningún intento de cubrir todo lo relacionado con sus tópicos.

Adaptación de la parábola

Martin Lutero dio por lo menos trece diferentes sermones sobre este texto,[198] el cual todavía merece una atención reiterada en las iglesias de hoy. Los cristianos son tan fácilmente culpables de autosatisfacción como el fariseo, como muestra la denuncia de la iglesia en Laodicea (Ap. 3.17) ya muestra. Es siempre muy fuerte la tentación para orar con ese tono, "Gracias a Dios que no soy como el fariseo o como los incrédulos." El sermón de Søren Kierkegaard sobre esta parábola destaca tres puntos sobre la penitencia: estar a solas con Dios, porque cuando estamos a solas con Dios nos damos cuenta de cuán lejos de Dios estamos; mirando hacia abajo, porque cuando vemos la santidad de Dios nos damos cuenta de nuestra propia miseria; tenemos la conciencia de estar en peligro ante Dios, porque si nos sentimos seguros como el fariseo, ciertamente estamos en peligro.[199] H. Thielicke, entre otros, sostuvo que es erróneo tomar "el orgullo del publicano" para mostrarse absolutamente como vil balbuceando constantemente sobre el pecado como si Dios se complaciera con la autohumillación y advierte que la gracia fácilmente puede desviarse de nosotros y conducirnos a un orgullo farisaico.[200] J. S. Glen acertadamente afirmó que el equivalente del fariseo moderno sería recibido en cualquier comunidad respetable, religiosa o social, y puesto en una buena posición. Es sorprendente cuánto egoísmo y devoción rigurosa serán toleradas si una persona es justa y decente y da de sus bienes.[201]

La parábola plantea la cuestión de cómo nuestra evaluación de la gente concuerda con la evaluación de Dios. Con demasiada frecuencia, como Simón el fariseo (Lc 7.39-40), secretamente juzgamos a las personas como inferiores de nosotros mismos. De esta manera somos culpables del pecado de comparación, contra el cual advierte Kierkegaard, y revelamos cuán lejos estamos de la mente de Dios. En la exclusión de las personas estamos en peligro de excluir a nosotros mismos de Dios. La parábola, por lo tanto, plantea la cuestión de la separación del pueblo de Dios de la gente pecadora. ¿Cómo lidiamos con ambas, con la separación y demostramos gracia? ¿Cómo aplicamos la actitud en el Salmo 1 de no elegir el camino de los pecadores y mostramos la humildad que este texto pide? La parábola no responde a esa pregunta, pero excluye todo pensamiento que elevaría a uno por encima de otras o que pudiera considerar a otros con desdén.

Lectura adicional

Kenneth Ewing Bailey, *Poet and Peasant: A Literary Cultural Approach to the Parables in Luke* (Grand Rapids: Eerdmans, 1976), pp. 142-56.

Craig A. Evans, "The Pharisee and the Publican: Luke 18:9-14 and Deuteronomy 26," in *The Gospels and the Scriptures of Israel,* ed. Craig A. Evans and W. Richard Stegner (Sheffield: Sheffield Academic, 1994), pp. 342-55.

Charles W. Hedrick, *Parables as Poetic Fictions: The Creative Voice of Jesus* (Peabody: Hendrickson, 1994), pp. 208-35.

Joachim Jeremias, *The Parables of Jesus* (2d ed.; trans. S. H. Hooke; New York: Charles Scribner's Sons, 1963), pp. 139-44.

John Nolland, *Luke 9:21–18:34* (WBC 35B; Dallas: Word, 1993), pp. 872-79.

Franz Schnider, "Ausschließen und ausgeschlossen werden. Beobachtungen zur Struktur des Gleichnisses vom Pharisäer und Zöllner, Lk 18,10-14a," *BZ* 24 (1980): 42-56.

Luise Schottroff, "Die Erzählung vom Pharisäer und Zöllner als Beispiel für die theologische Kunst des Überredens," in *Neues Testament und christliche Existence,* ed. Hans Dieter Betz and Luise Schottroff (Tübingen: Mohr-Siebeck, 1973), pp. 439-61.

******

Las parábolas en este capítulo no tratan tanto acerca de la oración como el Dios a quien oramos y las actitudes que debemos tener en la oración. El enfoque en la oración está en el carácter del Dios a quien oramos. Estas parábolas hacen hincapié en que Dios es misericordioso y deseoso de escuchar la oración, pero también que es un Dios de justicia. La gente en las parábolas oran buscando ayuda, justicia y perdón. Estas parábolas enseñan que Dios está dispuesto a ayudar y perdonar; son parábolas de aliento. Por otro lado, Lucas no enseña que uno puede doblegar la voluntad de Dios doblegando primero su disposición de oír.[202]

Tampoco existe un conflicto entre el enfoque de Lucas en la oración sin darse por vencido y la advertencia contra la oración repetitiva en Mateo 6.7. Lucas no simplemente llama a la oración repetitiva, sino para un estilo de vida fiel que permanece alerta y preparada por estar en conversación con Dios. La oración es en sí misma la defensa contra el cansancio y el darse por vencido.[203] Ella no es el medio para adquirir lo que uno desea, sino el medio por el cual los deseos de uno se da a conocer a Dios y que se ponen en conformidad con la voluntad de Dios, independientemente de las circunstancias.

Las dos parábolas en Lucas 18 también enseñan que a Dios le incumbe la justicia y se ocupará en hacerla realidad. Pero con su enfoque en la justicia, ellas también se convierten en advertencias para el que ora a fin de examinarse a sí mismo. La oración siempre es semejante a una actividad peligrosa y es en particular para el que no reflexiona.

Capítulo 11
Parábolas de escatología futura

Otra vez empezamos con la negación de que nuestras agrupaciones de las parábolas ponen un esquema sobre ellas que no les hace plena justicia. Las parábolas que tratan acerca de Israel son de relevancia escatológicas evidentes, y en lugar de ellas, las parábolas que se agrupan en otras categorías fácilmente podrían colocarse aquí. Más obviamente, las parábolas del trigo y la cizaña, el siervo malvado, la viuda y el juez injusto y el rico y Lázaro, que puse en otro lugar, se deben incluir en cualquier entendimiento de las parábolas donde Jesús enseñasobre la escatología futura.

Incluso con un enfoque innegable de la presencia del Reino, Jesús aun así enseñó a sus discípulos que oraran, "venga tu reino".[1] Sin embargo, la característica central de la predicación de Jesús todavía no fue alcanzada totalmente. El Reino en su plenitud era todavía una esperanza futura para Jesús, y las parábolas de la escatología futura nos ayudan a entender en parte lo que envuelve esa esperanza. Como veremos sin embargo, la mayor parte del enfoque no está en el carácter del reino futuro sino en el carácter de aquellos que esperan su llegada.

La Enseñanza de Jesús con respecto al futuro es uno de los temas más cruciales y más discutidos en los estudios del NT. Un tratamiento adecuado desviaría nuestra atención de las parábolas, pero se deben tratar algunas cuestiones. Los eruditos, del pasado y presente, desde Adolf Harnack hasta Marcus Borg, han intentado quitar el enfoque escatológico del mensaje de Jesús. Por ejemplo, Borg sostiene que Jesús no predicó el fin del mundo, que los dichos del Hijo del Hombre no son auténticos, y que, aunque Jesús creía en el juicio final, el lenguaje del Reino era un símbolo para evocar toda la historia de la relación de Dios con Israel y la humanidad.[2] N. T.Wright argumenta también contra la idea que Jesús proclamaba el fin del mundo, pero lo último que haría es pensar en un Jesús no escatológico. Aunque Borg termina con una comprensión del Reino que se extiende desde el principio del tiempo hasta el final, Wright sostiene que el Reino se entiende como el cumplimiento en las obras de Jesús las promesas del AT, que Dios regresaría como rey para restaurar sus promesas. El enfoque no es el fin del mundo sino una nueva creación. Él entiende los textos acerca de la venida del Hijo del Hombre como una referencia de Jesús a la destrucción venidera de Jerusalén a manos de los ejércitos romanos.[3] Dale Allison ofrece una tercera alternativa. Dale argumenta que Jesús vino como un profeta milenario enfocado en la restauración de Israel, y que predicó, erróneamente, el fin del mundo durante el tiempo de vida de su generación y que sus referencias a la venida del Hijo del Hombre eran alusiones literales.[4]

Estas son sólo tres alternativas en una discusión desconcertante, y revelan las hipótesis y las cuestiones. Pero no estoy convencido que cualquiera de las tres hace a justicia a los pasajes del Evangelio. ¿Qué podemos decir para guiar nuestra investigación de las parábolas sobre el futuro?

Ningún mensaje sobre el Reino de Dios puede tener sentido si no expresan por lo menos la esperanza del cumplimiento del gobierno universal de Dios. Tendría que incluir el cumplimiento de las promesas a Israel. La predicación del Reino no podría significar menos. Hemos visto el enfoque sobre el Reino presente y respecto de las advertencias y las esperanzas de Israel en capítulos anteriores, pero aun con esos temas el mensaje está incompleto. La historia de Jesús es una historia inconclusa, no solamente desde el punto de vista de la iglesia primitiva, ni en términos de lo que esperaba el judaísmo, sino también desde la perspectiva del propio mensaje de Jesús.[5] Jesús, justa o injustamente, no pensó que su historia terminaba con su llegada a Jerusalén. Si podemos saber algo acerca de Jesús, su mensaje destacó la crisis del juicio, la destrucción de Jerusalén, el cumplimiento de las promesas a Israel y la venida del Hijo del Hombre con gran gloria. Pero ¿cómo se relacionan estos temas? Algunos textos señalan claramente al juicio sobre los contemporáneos de Jesús,[6] mientras que otros señalan al juicio final.[7] Algunos textos señalan la presencia del Reino y las promesas que se cumplen en el ministerio de Jesús.[8] Otros señalan cumplimientos futuros.[9]

Como es obvio con las opiniones de Borg, Wright y Allison, los eruditos del NT discrepan vigorosamente sobre cómo debe entenderse el lenguaje de Jesús acerca de la venida del Hijo del Hombre y si este lenguaje incluso es de Jesús. ¿A qué se refiere Jesús con la venida del Hijo del Hombre y con la expresión "esta generación", y cuando pensaba él que iba a suceder? ¿Pensaba Jesús que el fin del mundo o la nueva creación sucedería durante la vida de sus discípulos? ¿Cómo se relaciona "la venida" a la advertencia de Jesús de la destrucción de Jerusalén? La dificultad incrementa porque los discursos escatológicos en Mateo 24-25/Marcos 13/Lucas 21 vinculan preguntas sobre la destrucción de Jerusalén y la venida de Jesús/ el Hijo del Hombre (véase Mt 24.3 en particular). Hoy la mayoría estaría de acuerdo que Jesús esperaba morir; la muerte de Juan el Bautista y la de los profetas hicieron fácil tal expectativa. La mayoría estaría de acuerdo también que Jesús esperaba ser justificado, pero cómo a menudo no se especifica. ¿Cómo coincide su expectativa del futuro con su anticipación de su propia muerte?

No se puede hacer justicia a estas preguntas, pero en mi estimación ciertas opciones están excluidas. En primer lugar, Jesús no proclamó un reino eterno como un símbolo para evocar toda la historia de la relación de Dios con Israel y la humanidad. Eso no hace justicia parala idea del cumplimiento y el enfoque que el Reino se ha acercado o llegado. Si los Evangelios apuntan a algo, no es a un reino eterno, sino que algo nuevo tiene lugar con Jesús para cumplir las promesas de Dios. En segundo lugar, la venida del Hijo del Hombre con gran gloria no se puede comparar con la destrucción de Jerusalén como sugiere el N. T.Wright.[10]Jerusalén fue destruida en el 586 a.C. y fue otra vez en el 135 d.C. ¿Por qué la destrucción en el año 70 d.C. es tan crucial que podría describirse como la venida del Hijo del Hombre, y por qué la iglesia primitiva considera esa destrucción sin tanta importancia que nunca se la menciona? La destrucción de Jerusalén no es suficiente, en mi opinión, para ser llamada como la reivindicación de Jesús o la victoria de Dios. La iglesia primitiva vio la reivindicación y la victoria en la resurrección, en el derramamiento del Espíritu Santo y en la esperada parusía.[11]En tercer lugar, Jesús no predijo el fin del mundo o la nueva creación durante el tiempo de su generación. El referente más obvio de los textos que enfocan en lo que pasa con esa generación es la destrucción de Jerusalén. Lo cual parece seguro para Mateo 23.36 / Lucas 11.51 y más probable para Mateo 24.34 / Marcos 13.30 / Lucas 21.32, pero se arguye fuertemente el último refrán[12] y considerada difícil por la unión de la destrucción de Jerusalén y la venida del Hijo del Hombre. La afirmación en el mismo contexto[13] que "el día y la hora" nadie sabe, ni el Hijo, recibe muy poca atención,[14] pero al menos debe prevenir la suposición de que "el fin" iba a ocurrir durante el tiempo de la generación de Jesús.

Estas cuestiones nos llevan al centro del círculo hermenéutico, porque las parábolas sobre el futuro *son un recurso para la comprensión de la expectativa de Jesús*, y sin embargo necesitamos saber su expectativa para interpretar las parábolas. Sabiendo que las parábolas pertinentes deben incluirse en el panorama más amplio de la enseñanza de Jesús, ellas también se deben estudiar por derecho propio, incluso si no contestan directamente nuestras preguntas. Ellas son evidencias de primera mano de lo que Jesús creía que sucedería, las parábolas son meramente vasijas pasivas que deben llenarse con el contenido de las teorías reconstruidas de su enseñanza. Como en otras partes, debemos correlacionar lo que Jesús enseñó en las parábolas con sus enseñanzas en material no parabólico. Además, debemos tener un enfoque bipolar en la interpretación de las parábolas. Debemos preguntarnos qué y cuán extensa fue la expectativa de Jesús en su confrontación con la nación de Israel, pero también debemos preguntar cómo esa expectativa se dispuso después de la resurrección y la venida del Espíritu Santo puesto que la iglesia primitiva continuó enseñando este material.

Antes de analizar las parábolas que tratan con la escatología futura, son necesarios algunos bosquejos textuales de la expectativa de Jesús. Más importante son los hechos que Jesús esperaba juicio sobre sus contemporáneos, su propia muerte, una posterior reivindicación/resurrección y la venida del Hijo del Hombre con gran gloria para traer la salvación y el juicio final. Aunque algunos dudan que Jesús hablara de su propia venida (parusía), las parábolas escatológicas evidencian que lo hizo,[15]pero ¿qué decía? Entiendo que con la venida del Hijo de Hombre Jesús se refería a sí mismo[16] y que su alusión a Daniel 7.13 por lo menos en parte proclamó su certeza de vindicación. Jesús no pudo haber pensado que iba a morir y que eso era todo, que el Reino fracasaría. Nadie acepta el martirio con tales expectativas. Como otros judíos, claramente Jesús creía en la resurrección y al igual que la madre y sus siete hijos en 2 Macabeos 7.1-42 fue a la muerte seguro de la resurrección y la restauración del reino de Dios, donde él todavía tiene una función crucial.[17]Parece que la única solución posible es que Jesús esperaba un intervalo de duración desconocida entre los acontecimientos inmediatos relacionados con su muerte y la reivindicación con respecto a la venida del Hijo del Hombre. Varios textos apuntan en esta dirección y no se puede poner de lado.[18] Por ejemplo:

> ¿Acaso pueden los que están de bodas tener luto entre tanto que el esposo está con ellos? Pero vendrán días cuando el esposo les será quitado, y entonces ayunarán (Mt 9.15 / Mr 2.19-20/Lc 5.34-35).
>
> Habrá un tiempo de persecución (Mt 5.10-12/Lc 6.22-23; véase Mt 10.16-23; 23.34-36; Mt 24.9-14/Mr 13.9-13/ Lc 21.12-19).
>
> Habrá guerras y hambre y terremotos, pero no marcan el final (Mt 24.6-8/Mr 13.7-8/Lc 21.9-11)
>
> He aquí vuestra casa os es dejada desierta, porque os digo que desde ahora no me veréis, hasta que digáis: Bendito el que viene en el nombre del Señor (Mt 23.38-39/Lc 13.35).
>
> Y os digo, que desde ahora no beberé más de este fruto de la vid, hasta aquel día en que lo beba nuevo con vosotros en el reino de mi Padre (Mt 26.29/ Mr 14.25; véase Lucas 22.16, 18).[19]
>
> Tiempo vendrá cuando deseareis ver uno de los días del Hijo del Hombre, y no lo veréis (Lc 17.22).
>
> ¿Y acaso Dios no hará justicia a sus escogidos, que claman a él día y noche? ¿Se tardará en responderles? Os digo que pronto les hará justicia. Pero cuando venga el Hijo del Hombre, ¿hallará fe en la tierra? (Lc 18:7-8)

Varias de las parábolas de Jesús son también evidencia de un intervalo en la idea de Jesús de la expectativa del futuro. La parábola del crecimiento de la semilla, el grano de mostaza, la levadura, el siervo fiel y prudente, el trigo y la cizaña, la higuera estéril, el juez injusto, las diez vírgenes, los talentos y especialmente las 10 minas todas señalan al menos un periodo de tiempo. Por lo tanto, un bosquejo de la expectativa de Jesús incluye su propia muerte y posterior reivindicación, un intervalo de tiempo que no se sabe, juicio sobre Israel/Jerusalén y la venida del Hijo del Hombre para reunir a los elegidos y para juzgar.[20]

Ya he indicado que la destrucción de Jerusalén no es lo que Jesús tenía en mente cuando habló de reivindicación o la llegada del Hijo del Hombre. La venida del Hijo del Hombre es un momento de crisis y traerá bendición y juicio, pero las muchas advertencias que Jesús da señala varias crisis: la crisis de su propio ministerio, su muerte inminente, la destrucción de Jerusalén, la muerte del individuo y el juicio final. Estas diversas advertencias no pueden anularse sobre un referente, sobre todo, no respecto de la destrucción de Jerusalén,[21] aunque podría destacarse el papel central que la restauración de Israel tiene en el ministerio de Jesús. Sin embargo, el juicio es sólo una parte de la imagen, porque la plenitud del Reino trae ambos juicio y bendición/salvación. Jesús proclamó el juicio sobre la nación de Israel, pero también sobre toda la humanidad en particular.[22] Él también prometió recompensar y un banquete mesiánico para el fiel y misericordioso. La restauración de Israel no será completa hasta que llegue el Reino en su plenitud. Las parábolas en este capítulo señalan a la esperada plenitud del Reino.

Existen varias teorías para explicar la variedad de las expectativas en los refranes escatológicos,[23]pero el argumento de G. B. Caird es más útil en la explicación de que los diversos refranes de Jesús son muy parecidos al de los profetas del AT, que pudieron ver una imagen del futuro inminente unida con otra del futuro definitivo. Con esta visión doble la crisis histórica que enfrenta Israel está vinculada a y es una lente para la crisis del juicio final (y viceversa).[24]

Esto es la razón por la que la pregunta de los discípulos acerca de la destrucción de Jerusalén se responde por refranes que tratan con el final y por quése debe comprender las porciones del discurso escatológico como una referencia a dos eventos diferentes, la destrucción de Jerusalén y el tiempo final.[25] La inminencia de la crisis y la incertidumbre del tiempo deben mantenerse juntos,[26] algo que muchos eruditos son incapaces de hacer.

A pesar de la popularidad de la asunción, no creo que el retraso de la parusía causó la revisión de la escritura de la escatología de la iglesia.[27] En el NT, en lugar del problema de una demora, más evidencia existe para el problema de una escatología muy comprendida, la suposición de que la parusía está muy cerca o que la resurrección ya ha tenido lugar (Véase 2 Ts 2.2; 2 Ti 2.17-18).[28]

Si este bosquejo provisional es adecuado depende del grado de apoyo que recibe mediante la investigación de las parábolas mismas sin imponer las parábolas en un sistema.

La red
(Mateo 13.47-50)

Es un tema que se debate si esta parábola trata principalmente de la escatología futura y que se la debe tratar aquí o que además trata sobre la escatología presente y debe tratarse en ese capítulo. Su similitud con la parábola del trigo y la cizaña sugiere que se debe tratar con las otras parábolas en Mateo 13, pero me parece que esta parábola está fuertemente orientada a la escatología futura que debe tratarse aquí, aunque su separación de Mateo 13 es confusa. Todas las parábolas en Mateo 13 tratan sobre el Reino presente y, excepto la del trigo y la cizaña y especialmente su interpretación, a lo sumo son sólo un indicio del Reino futuro. El lenguaje utilizado en la parábola de la red es similar al lenguaje de juicio en la interpretación del trigo y la cizaña, pero hay diferencias. El tratamiento de esta parábola simple implica más preguntas de lo que uno esperaría, pero algunas de ellas son el resultado de los intérpretes dilucidando su teología en la parábola.

Tipo de parábola

Esta es una similitud,[29]pero a diferencia de muchas otras similitudes (como la semilla de mostaza, la levadura, el tesoro escondido y la perla de gran precio en Mateo 13) tiene una *nimshal* explicativa.[30] No desarrolla ninguna trama.

Asuntos que requieren atención

1. ¿Son la parábola y su interpretación auténticas enseñanzas de Jesús?
2. ¿Qué textos del AT, si los hubiere, forman el trasfondo de la parábola y con qué significado?
3. ¿Hasta qué grado esta parábola refleja la comunidad de Mateo? ¿Es esta una parábola acerca de la condición mixta de la iglesia?

4. ¿Hasta qué grado las características de esta parábola tienen importancia alegórica? ¿Hay significado cristológico?
5. ¿Cuál es la enseñanza de la parábola?

Material útil de fuente primaria

Material canónico

- AT: Ec 9.12; Ez 47.10; Dn 3.6; Hab 1.14-17
- NT: Mt 3.12 / Lc 3.17; Mt 7.17-18/Lc 6.43; Mt 12.33; 13.39-42; 22.9 - 10; 25.31-32[31]

Escritos judíos tempranos

- 1QH 13.7-9: "Has hecho mi habitación con muchos pescadores, aquellos que extienden la red sobre la superficie del agua, aquellos que salen a cazar a los hijos de la injusticia. Y allí me has establecido para el juicio y has fortalecido en mi corazón el fundamento de la verdad."
- 1 *En.* 56.1: "Entonces vi allí un ejército de los ángeles del castigo, marchando con redes de hierro y bronce."

Escritos greco-romanos

- *Fábulas de Esopo*, Babrio 4, tiene un relato de un pescador que saca con la red peces pequeños y grandes. Los peces pequeños escapan a través de la red, pero los grandes quedan atrapados. La explicación es que ser pequeño previene problemas, pero ser uno de gran reputación tiene muchos riesgos. La relevancia para la parábola de Jesús es mínima.

Escritos cristianos tempranos[32]

- *Evangelio de Tomás* 8: "Y él dice: El hombre es semejante a un pescador sabio que echó su red al mar. La sacó del mar cuando se llenó de pececillos. Entre ellos el pescador sabio descubrió un pez grande y bueno. Aquel pescador sabio devolvió todos los pececillos al mar (y) escogió sin vacilar al pez grande. Quien tiene oídos para oír, que oiga."

Escritos judíos tardíos[33]

- m.'Abot 3.17: "Todo se da contra una garantía, y la red se echa sobre todo ser viviente; la tienda está abierta y el marchante da crédito, pero el libro de cuentas se encuentra abierto y se escribe en él y todo aquel que desea tomar prestado dejadle que pida prestado; pero el cobrador va continuamente todos los días y el pago exacto de los hombres con su consentimiento o sin su consentimiento y tienen lo que esperan; y el juicio es un juicio de verdad; y todo está preparado para el banquete.
- *'Abot de Rabbi Nathan* A 40 describe cuatro tipos de peces (un pez inmundo, un pescado limpio, uno del Jordán y uno del "Gran mar"). Los impuros se interpretan como un joven pobre que estudia y no tiene entendimiento; los tres peces siguientes son todos limpios y se refieren a diferentes niveles de comprensión.

Comparación de los relatos

Marcos ni Lucas tiene esta parábola, pero el *Evangelio de Tomás* 8 tiene una parábola similar, aunque algunos piensan que no está relacionada a la de Mateo.[34] Hay diferencias significativas, pero no son distintas a las diferencias entre las versiones de Mateo y del *Evangelio de Tomás* de la parábola del tesoro escondido.[35]

Mateo compara el Reino a una red que es echada en el mar, pero el *Evangelio de Tomás* compara el "hombre" a un pescador sabio que arroja su red en el mar. El *Evangelio de Tomás* no tiene paralelo con la versión de Mateo "recoge de toda clase de peces". Ambos tienen la red que se recoge cuando está llena, pero mientras que Mateo señala el lugar como "a la orilla", el *Evangelio de Tomás* describe el contenido de la red llena "de pececillos" El *Evangelio de Tomás* no tiene un paralelo a la descripción de Mateo de los pescadores (literalmente "ellos") sentados separan el pez bueno de los malos, ni hay ningún paralelo con los vv. 49-50 con su descripción del juicio. En cambio, en el *Evangelio de Tomás* el pescador sabio encuentra un pez grande, bueno, y arroja todos los pececillos en el mar y escoge un pez grande sin dificultad. A esto le sigue el mandato de aquel que tiene oídos, que oiga.

La versión del *Evangelio de Tomás* tiene algunas similitudes con la fábula en Babrio 4pero enfoca en una dirección totalmente diferente. El cambio del reino al "hombre" a menudo se considera como una adaptación al gnosticismo, como que el enfoque está en un pez grande a la exclusión de los otros, una idea paralela en el *Evangelio de Tomás* 107, en la cual la oveja perdida es la más grande y la que el pastor ama más que las demás que ha dejado en el redil. Algunos han argumentado que la versión del *Evangelio de Tomás* de la red es independiente y preferible.[36] Es más probable que es secundario, aunque no directamente dependiente de Mateo, pero parece que ha sido influenciada por la parábola de Mateo de la perla preciosa (13.45-46).[37] Su similitud a la parábola de la perla es reconocida por ambos lados del debate.[38]

Características del texto que merecen atención

Todos los discursos en Mateo cierran con un refrán sobre el juicio, cuatro de los refranes son parábolas de juicio, y la red cumple este papel por el discurso de las parábolas. En el *Evangelio de Tomás*, la red es la primera parábola en el Evangelio.

Se debe tomar una decisión sobre el significado de "también" (*palin*) en el v. 47. La misma introducción se produce para la parábola de la perla en el v. 45. ¿Acaso "asimismo" enlaza la parábola de la red a las parábolas del tesoro escondido y la perla preciosa de alguna manera esencial de modo que las dos parábolas anteriores determinan en parte su interpretación,[39] o es "también" simplemente un conector, que dice "aquí está otra similitud"? Creo que es simplemente un conector, no un determinante del significado.

El arreglo de las parábolas en Mateo 13 artísticamente está diseñado para proporcionar comentario implícito. La parábola del trigo y la cizaña y su interpretación apoya la parábola de la semilla de mostaza y levadura, todas comunican la presencia del Reino, a pesar de las apariencias. La interpretación del trigo y la cizaña y la red apoyan la parábola del tesoro escondido y la perla preciosa, haciendo hincapié en la apatía por este reino incomparable y sus implicaciones éticas conduce a un juicio severo.[40]

Hay paralelismos entre esta parábola y Mateo 13.2. Ambos tienen una forma de "recoger" (*synagō*), una forma de las palabras "sentar" (*kathēmai* en el v. 2, *kathizō* en el v. 48) y "orilla" (*aigialos*), que ocurre nada más en Mateo. ¿Es esto una inclusión planeada para que el lector compare el pez separado con la gente ante Jesús, una inclusión sin significado interpretativo (es decir, simplemente indicando el final de la sección), o es simplemente una coincidencia resultante del asunto del tema? En mi opinión, a lo sumo las conexiones sólo indican el cierre de la sección y no son pistas que indican algo.[41]

De más importancia son los paralelos entre Mateo13.38-43 (la interpretación del trigo y la cizaña) y los vv. 48-50. Ambos centran en lo bueno (*kalon*, vv. 38 y 48) y en los justos (*dikaioi*, vv. 43 y 49) como designaciones de los hijos del Reino, ambos utilizan lenguaje idéntico para referirse al fin del siglo (*synteleia aiōnos*, vv. 39-40 y 49),[42] ambos usan "recoger" (*syllegō*, vv. 40-41 y 48) para el proceso de separación, ambos refieren a los ángeles que hacen la separación, los vv. 42 y 50 son idénticos al describir a los rechazados que son echadosen el horno de fuego donde hay llanto y crujir de dientes (*balousin kai autouseis tēn kaminon tou pyros; ekei estai ho klauthmos kai ho brygmos tōn odontōn*).

No se deben pasar por alto las diferencias. Un enemigo o el diablo no aparecen en la parábola de la red y su interpretación. En la parábola del trigo y la cizaña, el elemento rechazado se introduce más tarde, pero en la red los "buenos" y los "malos" son capturados al mismo tiempo. Con la red, la división ocurre inmediatamente, y no después de un tiempo de espera. La interpretación del trigo y la cizaña tiene un enfoque equilibrado en los buenos y en malos en el juicio; la red enfoca casi exclusivamente en el juicio de los malos. El Hijo del Hombre envía a los ángeles en la interpretación del trigo y la cizaña, pero no se menciona en la red. Aun así, del resto de todo lo que se dice Mateo ha dado forma a la interpretación de la red para repetir y poner en paralelo mucho con lo que se encuentra en la interpretación del trigo y la cizaña.

Varias expresiones de Mateo están presentes en la parábola y en su interpretación: "El reino de los cielos"; "el fin del siglo" (13.39, 40, 49, 24.3; 28. 20; en otras partes solo en He 9.26), el contraste del mal y del bien (*ponēros* y *agathos*, 5.45, 12.34-35; 22.10),[43] los ángeles como agentes del juicio final (13.39, 41, 49; 16.27; 24.31; 31) y posiblemente el "llanto y crujir de dientes" (que ocurre seis veces en Mateo y en otros lugares solamente en Lucas 13.28).[44]El tema del juicio ocurre con frecuencia en Mateo; note 3.10-12; 5.21-26, 29-30; 7.13-14, 19, 23, 24-27; 8.11-12; 10.15, 28, 32-33; 11.20-24; 12.31, 34-37; 13.39-43, 49-50; 16.27; 18.6-9, 34-35; 22.13; 24.51; 25.30, 31-46.

Daniel 3.6 puede estar detrás del horno de fuego imaginario, pero el lenguaje de fuego y horno para el juicio es común.[45]

A veces los verbos pasivos *blētheisē*: y *eplērōthē* (vv. 47-48) son vistos como pasivos divinos, pero esto es poco probable. Ambos son perfectamente usuales en la narración de la parábola.

Información cultural

Hay varias palabras diferentes para las redes de pesca con una flexibilidad entre ellas. Aquí, la palabra *sagēnē*, es un tejido o red. Tal red podría ser bastante larga con flotadores de corcho a lo largo que indican el peso de la parte inferior. Podría estirarse entre dos barcos o disponerla desde un barco y luego estirarla a la orilla mediante cuerdas. Todo a su paso quedaría atrapado a medida que se la estira.[46] Heródoto (Historias 6.31.1-2) utiliza la forma del verbo relacionado metafóricamente para describir una larga fila de soldados unidos de brazos y marchando a través de una isla para "enredar" a todas las personas.

Hay tantos aproximadamente veinte y cuatro especies de peces en el mar de Galilea.[47] Mientras que cualquier pescador podía clasificar su captura para excluir los peces no comestibles o criaturas indeseables, la ley judía requería la clasificación, porque ella permitía sólo peces con escamas y aletas como aptas para consumo.[48] El pez "malo" (*sapra*) sería sin escamas ni aletas —"impuro" para los judíos, no el pez que se había podrido.[49]

Explicación de la parábola

Opciones de interpretación

Sabemos que las parábolas que comienzan como ésta no significan simplemente que el Reino es como el primer elemento que se ha mencionado. Hubiera bastado un símil si ese fuera el propósito. Por el contrario, tales principios significan que el Reino es como todo el proceso descrito. ¿Pero es todo el proceso semejante en enfoque? Al centrarse en un aspecto del proceso, se cambia el significado. Las opciones para interpretar esta parábola resultan de los que hacen hincapié en un aspecto más que los otros y no son bilateralmente exclusivos. Ellos incluyen:

1. Algunos dicen que la parábola trata acerca del ministerio de la iglesia. La red es la iglesia, el mar es el mundo y se incluyen

las personas de todo el mundo. La iglesia es un *cuerpo permixtum* del bien y del mal, que se separará un día en el juicio. Con algunas variaciones esta es la interpretación de la alegoría tradicional desde el siglo III hasta el periodo moderno.[50]

2. Algunos ignoran la interpretación de Mateo en los vv. 49-50, centran en la expresión "de toda clase" y dicen que la parábola apunta a la universalidad del ministerio de Jesús y su asociación con toda clase de personas.[51]
3. Otros centran en la expansión de la red y consideran que la parábola Enseña también la escatología presente.[52]
4. Algunos consideran la parábola que refleja el carácter mixto de la iglesia de Mateo y una advertencia de juicio a los falsos discípulos.[53]
5. Finalmente, algunos centran principalmente en la separación y consideran la parábola como una advertencia sobre el juicio en general.[54]

Decisiones sobre los asuntos

1. ¿Son las parábolas y su interpretación auténticas enseñanzas de Jesús? A pesar del rechazo del Seminario de Jesús de esta parábola,[55] la mayoría de los enfoques aceptan que al menos parte de ella es de Jesús. Algunos aceptan que sólo el v. 47 es de Jesús y algunos solo los vv. 47-48, pero los eruditos por lo regular desechan la interpretación en los vv. 49-50 porque es muy mateana en lenguaje y pensamiento e idéntica a la v. 42. La diferencia entre la parábola y la interpretación se considera significativa con la parábola de Jesús que centra principalmente en el recogimiento mientras que la interpretación de Mateo centra exclusivamente en el juicio.[56] La parábola centra en el recogimiento si uno la limita al v. 47, pero entonces a lo más el sentido para la interpretación es implícito. Algunos dicen que incluso con el v. 48 la parábola es ambigua.[57]No hay duda que los vv. 40-50 son de Mateo en palabras y pensamiento y tomadas del final de la interpretación del trigo y la cizaña. La pregunta es si la interpretación está en consonancia con la intención de la parábola. J. Liebenburg sugiere que los vv. 49-50 no son tanto una explicación como una elaboración que supone la intención metafórica de la parábola y explica en lenguaje apocalíptico-escatológico el juicio que refiere la separación.[58] La parábola concluye con los peces malos echados fuera; la interpretación va mucho más allá de eso y cambia totalmente la imagen. Ya no estamos tratando con los peces en la interpretación. Si la separación en la similitud de Jesús apunta al juicio final, Mateo ha subrayado y hecho concreto la intención de dar una advertencia, como tiene al final de otros discursos de Jesús. Al hacerlo, Mateo eliminó la distancia metafórica de la parábola e hizo su tema tan obvio que no se puede ignorar el mensaje. El juicio es parte muy importante del mensaje de Jesús y los vv. 49-50 enlaza con ese énfasis, pero esta puede ser una parábola con un propósito más amplio reducida por la *nimshal* proporcionada, o por lo menos en forma, por el evangelista. En otras palabras, los vv. 49-50 encaja con los aspectos de la enseñanza de Jesús, pero podría ser del evangelista.

2. ¿Qué textos de AT, si los hubiere, forman el trasfondo de la parábola y con qué significado? El trasfondo del AT de la ilustración de esta parábola inexplicablemente muchos lo han ignorado. Hacer caso omiso de este trasfondo y considerar la parábola independiente de la interpretación de Mateo se puede afirmar que no hay razón para suponer que esta es una parábola de juicio.[59] Sin embargo, la red y la ilustración de la pesca tienen una extensa historia del AT que representa dificultad, cautiverio y el juicio de Dios. Por ejemplo, Habacuc 1.14-17 considera que Dios hace que los hombres sean como peces y ha permitido que Babilonia pueda recogerlos en redes y luego hacer sacrificios a sus redes.[60] Ezequiel 32.3 dice que Dios extenderá su red sobre Faraón y te harán subircon mi red.[61] El salmista de 1QH 13.8-9 emplea una red de pesca para describir el instrumento para la tarea del juicio que Dios le ha encomendado.[62]Luego en *m.'Abot* 3.17 se emplea una red como un símbolo para el juicio aunque no encaja la ilustración de préstamos y los libros de cuentas, que es el verdadero tema del refrán.[63] Claramente puede esperarse que una red evoque pensamientos de juicio en los oyentes judíos. Si fuera así, proveen tres resultados: es menos probable que cualquiera pensaría que la parábola fue positiva y enfocada solamente en el proceso de recogimiento, no sorprende que el comentario interpretativo de Mateo centra en el juicio negativo a la negligencia del pez "bueno", y el comentario interpretativo de Mateo, aunque si exagerara, es en el sentido mismo de la parábola.

La red no es sólo una imagen del juicio negativo. En Ezequiel 47.10 la pesca con redes a lo largo del río que procede del templo escatológico es un signo de bendición. El origen de la parábola "de toda clase" podría ser este versículo. Esto no es seguro, pero si hay una unión de la metáfora negativa con este texto, podría explicar los aspectos positivos de la parábola.[64]

3. ¿En qué medida esta parábola refleja la comunidad de Mateo? ¿Es esta una parábola sobre el estado mixto de la iglesia? Con optimismo hemos visitado el pasado pensando que cada detalle en los Evangelios es un reflejo de la situación en las iglesias de los evangelistas, pero a menudo se arguye que la separación de los buenos de los malos en la parábola refleja la comunidad mixta de Mateo. Nadie ha discutido este caso más que J. Kingsbury. Él distingue entre esta parábola, que considera que trata el problema del "malo y el bueno" en la iglesia y la del trigo y la cizaña, que considera que trata con el problema de "creer que Israel" (la iglesia) se opone a la "Israel incrédula" (judaísmo fariseo). En su opinión las dos parábolas no son compañeras. El malo (o inútil) en la red se entiende de aquellos en la iglesia que son culpables de debilidad moral. La expresión "de entre los justos" se toma como prueba que refiere a falsos cristianos. Kingsbury concluye de esto, como algunos hacen con la cizaña, que ningún esfuerzo debe hacerse para establecer una comunidad pura. La separación viene solamente al final.[65]

Es difícil aceptar que Mateo tiene un enfoque diferente con la red que la que tiene con el enfoque del trigo y la cizaña y su interpretación, especialmente teniendo en cuenta el lenguaje idéntico en la red y la interpretación del trigo y cizaña. El asunto del estado mixto de la iglesia de Mateo fue tratado en conexión con la parábola del trigo y la cizaña.[66] Con esa opción rechazada para el trigo y la cizaña, nada justifica que se la repita aquí. Tampoco hay ninguna base en esta parábola para decir que Mateo aconsejó contra la búsqueda de una comunidad pura. Eso simplemente no encaja con el resto del Evangelio (especialmente 18.15-18). La separación de los malos "de entre los justos" (v. 49) no es su retiro de la iglesia, sino su exclusión del Reino. Mateo advierte de los falsos profetas y los cristianos indiferentes (7.15-23), pero nada indica que este es su enfoque con la parábola de la red.

"De toda clase" a veces se interpreta que Mateo expresa un enfoque universal y como una anticipación de la Gran Comisión en el 28. 19-20, especialmente porque "clase" (*genos*) se emplea para razas o naciones.[67] Esto es posible, pero difícil de verificar. Es fácil hacer una hipótesis de lo que Mateo pudo haber tenido en mente, pero ¿podría esperarse que un lector discierna esto? Más importante aún, si buscamos oír la voz de Jesús,[68] ¿qué habría sido su intención? La palabra "clase" es perfectamente común al hablar de clases de peces. Josefo la emplea de esta manera.[69] Si hay un énfasis universal aquí, es porque el *Reino* es universal y no simplemente por la expresión "de toda clase".

No veo ninguna base para detectar algo específico sobre la comunidad de Mateo de la redacción de la parábola y su interpretación.

4. ¿En qué medida las características de la parábola tienen importancia alegórica? ¿Hay significado cristológico? No nos sorprende que cualquier parábola fuera alegorizada por la iglesia, sino que una similar alegorización todavía ocurre entre los eruditos, particularmente donde la crítica de la redacción se enfatiza fuertemente. La explicación de J. Kingsbury sorprendentemente parece semejante al enfoque alegórico de la iglesia. Para él el mar es una metáfora judía para las naciones y la captura de los peces prefigura la misión cristiana. Jesús *Kyrios* llama a los hombres de todas las naciones ("de toda clase") a participar del gobierno real de Dios como embajadores terrenales, de modo que para fines prácticos, la red se convierte en una figura de la iglesia. "Y una vez llena" (*hote eplērōthē*) se refiere al final del siglo y la venida del Hijo del Hombre con los ángeles para ejecutar el juicio final.[70] U. Luz juzga la posición de los pescadores sentados que evoca al Hijo del Hombre, sentado como el juez del mundo (19.28; 31; 26.64) y sugiere que la parábola tiene un significado cristológico.[71] No tengo ninguna objeción a la búsqueda de correspondencias, tan traicionero a veces como es la tarea, pero encuentro todo esto algo exagerado. Mateo declaró en 13.41-43 que el Hijo del Hombre juzgará, pero esa afirmación no se repite aquí. Los sentados (plural) en la parábola corresponden a los ángeles en la interpretación, así que es difícil pensar que Mateo aludía al Hijo del Hombre sentado como juez. Según veo, esta parábola no hace ninguna declaración cristológica.

Además, no creo la red es la iglesia o el evangelio o que hay una alusión a la misión a los gentiles en la parábola. Incluso la interpretación exagerada de Mateo no presta atención a esta posibilidad. Las cuestiones de método permanecen al frente y en el centro. ¿Cuánta correspondencia entre la figura y la realidad debemos buscar? ¿La realidad de quien suponemos que representa —la de Jesús, de Mateo, de la iglesia, o incluso nuestra propia? Leemos estereoscópicamente ambos para el *Sitz im Leben* de Jesús y la de Mateo, aunque sea tan difícil, pero el primer nivel tiene que ser la realidad de la proclamación del Reino de Jesús. Si la teología en general de Mateo o la situación llega a ser evidente, ese un beneficio extra, pero Mateo cree que nos habla acerca de la enseñanza de Jesús.

Otra vez debemos recordar que el Reino no es como la red o cualquier característica particular de la parábola; el Reino es como todo el proceso. Ni la red, el mar, la orilla, los pescadores o las barcas representan nada. El Reino es como el proceso de pesca con las redes, que al final requiere separación de modo que uno mantiene lo que vale y descarta lo inservible. Eso es todo. La interpretación da información adicional, mucho más explícita sobre la naturaleza de la separación y especialmente el desecho, sin atención a conservar lo que es valioso. No necesitamos buscar significado alegórico en cualquiera de las características, aunque hay evidentes correspondencias entre el bueno y el justo, lo inservible y el malo, los pescadores que separan y los ángeles que separan y los que se echa fuera y lo que se arroja en el horno de fuego. Por necesidad las analogías tienen correspondencias, pero eso no las convierte en alegorías.[72]Hace mucho tiempo Origen, quién podría alegorizar con lo mejor, sin embargo reconoció que "... en el caso de las similitudes en el Evangelio, cuando el Reino de los cielos se asemeja con algo, la comparación no se extiende a todas las características de aquello con que se compara el Reino, sino solamente aquellas características que requiere el argumento en el momento."[73] Que él y todos nosotros recordemos eso.

5. ¿Cuál es la enseñanza de la parábola? Si nos preguntamos a qué interrogante la parábola da una respuesta, yo sugeriría que esa pregunta es: "Si el Reino está presente, ¿por qué el mal todavía está aquí?" La parábola del trigo y la cizaña muestra que la maldad existe juntamente con el Reino y que el tiempo del ministerio de Jesús no es el tiempo para el juicio. Esta parábola es diferente ya que hace hincapié en que la separación y el juicio por cierto ocurrirán. La parábola del trigo y la cizaña centra en la presencia del Reino; pero la parábola de la red no lo hace. Por el contrario, supone la presencia del reino con el aoristo pasivo blētheisē: (literalmente "habiendo sido echados) y el presente *synagagous*: ("recoge"); el Reino trabaja, pero hay muy poca descripción de cómo el Reino está presente. Un enfoque en el recogimiento sugiere que cada persona está atrapada en la red del Reino, pero esta parábola no enseña universalismo. La preocupación con "recoge" no es hacer de la gente "pescadores de personas" (4:19) o un llamado a la gente para entrar en el Reino. Se trata de recogerlos para el juicio.[74] El Reino es como un proceso de recogimiento y separación.[75] La regla de cierre o tensión final demanda que el enfoque de la parábola no sea el proceso de recogimiento o la asociación implícita de Jesús con los pecadores, sino el proceso de separación (v. 48b).

El enfoque principal de la parábola es que ocurrirá la separación,[76] que al final el malo será excluido del Reino de Dios. Esto no era una nueva revelación, porque cualquier judío que espera el Reino creería eso, pero fue una confirmación de Jesús que su reino presente de hecho conduciría al tiempo cuando el malo sería destruido. La clasificación no ocurre hasta que la red esté completa y sacada a la orilla, hasta el final del siglo. Ni el tiempo de Jesús ni el de Mateo es el tiempo de la separación, sin embargo, la separación ocurrirá. Esta es una promesa y una advertencia. El texto de Mateo refleja la advertencia en 8.11-12/Lucas 13.28-29, que los hijos del Reino serán echados a las tinieblas de afuera, donde será el lloro y el crujir de dientes. La base de la separación no es limpieza ritual, como es con el pez, o cualquier otra característica externa como su grupo étnico. La base del juicio es ético, si se juzga a uno como bueno/justo o injusto/malo.[77]

El juicio consiste en ser echados a un horno donde hay lloro y crujir de dientes.

Adaptación de la parábola

El juicio en nuestro tiempo bien puede ser la doctrina descartada. Nos acobardamos ante el lenguaje exagerado acerca del juicio, y lamentamos que la iglesia a menudo haya abusado del lenguaje del juicio para criticar y asustar a los pecadores. No necesitamos eso, pero tenemos que recuperar una comprensión sana del juicio, que sin lugar a dudas era una característica central del mensaje de Jesús con respecto a Israel y como parte de su predicación del Reino. El juicio es una parte esencial del mensaje cristiano.[78] No debemos olvidar que sin juicio no hay necesidad para la salvación. Sin juicio se menoscaba la vida, porque lo que hacemos no importa. Con Jesús y su reino lo que hacemos es importante. ¿Cómo puede la iglesia moderna encontrar el equilibrio para hacer justicia a la gracia y el gran amor de Dios y al mismo tiempo tratar equitativamente las advertencias del juicio, metafórico como sin duda lo son? De todo lo que hacemos, fracasamos si no proveemos la advertencia de cuán importante es ante Dios cómo vivimos y quedaremos cuenta por nuestra vida. La separación y la responsabilidad ante Dios son parte del Reino y su futuro. Me refiero, por supuesto, al juicio de Dios al final del siglo, no que las personas condenan la una a la otra.

Lectura adicional

Arland J. Hultgren, *The Parables of Jesus: A Commentary* (Grand Rapids: Eerdmans, 2000), pp. 303-9.

Jack Dean Kingsbury, *The Parables of Jesus in Matthew 13: A Study in Redaction- Criticism* (Richmond: John Knox, 1969), pp. 117-25.

Jacobus Liebenberg, *The Language of the Kingdom: Parable, Aphorism, And Metaphorin the Sayings Material Common to the Synoptic Tradition and the Gospel of Thomas* (BZNW 102; Berlin: Walter de Gruyter, 2001), pp. 258-75.

Ulrich Luz, *Matthew 8–20* (trans. James E. Crouch; Minneapolis: Fortress, 2001), pp. 281-84.

Discurso escatológico

Debe prestarse atención al contexto literario en el que los evangelistas han colocado las parábolas escatológicas. Voy a tratar sólo las parábolas narrativas más largas (el siervo fiel, las diez vírgenes, las talentos/las 10 minas y las ovejas y los cabritos) y dar solo una atención de paso a dichos metafóricos más cortos (por ejemplo, los siervos vigilantes). David Wenham sugiere que los escritores del Evangelio conocían un discurso escatológico previo que concluyó con varias parábolas.[79] Aunque la sugerencia no es crucial o determinante para el tratamiento de las parábolas, me parece que una comparación de la evidencia sinóptica y el uso de estas imágenes en otros lugares parecen apoyar esto. Los evangelistas siguen esencialmente el mismo orden a través de Mateo 24.36 / Marcos 13.32 / Lucas 21.33, pero luego tanto las diferencias como las similitudes merecen atención.

Marcos 13.33-37 contiene advertencias y la breve analogía del portero.	Lucas 12.35-38 tiene una analogía similar de los siervos que espera.[80]
Mateo 24.37-44 emplea los días de Noé se utiliza como análogo a la venida del Hijo del Hombre para servir como una advertencia y también utiliza la analogía del ladrón.	Lucas 17.26-36 utiliza tanto los días de Noé y de Lot como análoga a la venida del Hijo del Hombre para que sirvan como una advertencia. 12.39-40 contiene la analogía del ladrón.

Mateo 24.45-51 — la parábola del siervo fiel o el siervo malo	Lucas 12.42-46 — la parábola del siervo fiel o el siervo infiel
Mateo 25. 1-13 — la parábola de las diez vírgenes	
Mateo 25:14-30 la parábola de los talentos	Lucas 19.11-27 — la parábola de las 10 minas
Mateo 25.31-46 — la parábola de las ovejas y las cabras	

El principio de la parábola del portero de Marcos es bastante similar al principio de Mateo de la parábola de los talentos por lo que Wenham sugiere que Marcos comenzó a incluir esta parábola, pero que luego la dejó.[81] Lucas obviamente ha distribuido los materiales del "Discurso del olivar" a lo largo de los capítulos 12, 17, 19 y 21 de su narración del viaje, pero la semejanza de redacción entre Mateo y Lucas es muy similar para la analogía del ladrón y la parábola del siervo infiel y en menor grado con la analogía de los días de Noé. Pablo, el autor del Apocalipsis y el autor de 2 Pedro tienen refranes que emplean la figura del ladrón, el que vela, y el Apocalipsis emplea también el llamado a la puerta lo cual sugiere una fuente escatológica (o por lo menos una colección de refranes) que eran bien conocidos (véase 1 Ts 5.2, 4; 2 P 3.10; Ap 3.3, 20; 16.15).[82]El propósito del discurso escatológico no es dar una secuencia detallada de los eventos sino proporcionar instrucción alentadora ante la catástrofe en Jerusalén, teniendo en cuenta la victoria final de Dios y en vista de las distracciones que impiden que la gente viva como deberían. El enfoque está en el engaño, las dificultades, la persecución, la tribulación, la venida del Hijo del Hombre, la incertidumbre del tiempo de su venida y las exhortaciones a velar, que es una metáfora del servicio activo y diligente.[83] Mateo tiene cinco refranes que resaltan que no se sabe el tiempo de la venida (24.36, 42, 44, 50; 25.13).

Las parábolas en el discurso de Mateo no se arreglan al azar (y el arreglo de Lucas tampoco es casual).[84] La parábola del siervo fiel/infiel recibe un lugar de preferencia en Mateo como una declaración introductoria o un resumen del material que sigue.[85] La parábola de las vírgenes y la de los talentos ambas son comentarios sobre la parábola del siervo fieles o siervo infiel (y las exhortaciones que la preceden en el 24.43-44) y tienen palabras en común que se conectan a esta parábola. La parábola de las 10 vírgenes desarrolla los temas de la sabiduría, la preparación y el estar vigilantes y conecta con las ideas de tardanza (*chronizō*, 24.48; 25) y el tiempo que no se sabe (24.50; 25.13). La parábola de los talentos desarrolla el tema de la fidelidad (24.45; 25.21, 23) y se conecta con las ideas de las posesiones (liberalidad; 24.47; 25.14) y la exclusión y el lloro y el crujir de dientes (24.51; 25.30). Las parábolas del siervo fiel y de las diez vírgenes tratan con el tema de la preparación, pero con diferentes enfoques. La parábola de los talentos y la de las ovejas y las cabras demostrara lo que significa estar preparado.

Al tratar con cada una de las siguientes parábolas, se debe deducir la información pertinente de las otras parábolas en este capítulo.

El Siervo Fiel y Prudente (Mateo 24.45-51; Lucas 12.42-46)

Pese a la importancia que Mateo coloca en esta parábola, no muchos comentarios ni tratados sobre las parábolas le dan mucha atención.

Tipo de Parábola

Esta parábola, comúnmente clasificada como una parábola de crisis, es una similitud doble antítesis, una syncrisis.[86] Es una analogía *implícita* de contrastar los ejemplos, expresados como una pregunta metafórica con una respuesta positiva breve y la promesa de recompensa, seguida por un ejemplo negativo y la amenaza de advertencia. No hay ningún *nimshal.*

Asuntos que requieren atención

- ¿Acaso "mi señor tarda" presupone el retraso de la parusía y la ansiedad teológica de la iglesia sobre respecto a la tardanza? Si es así, ¿indica esto que la parábola fue creada por la iglesia

primitiva en respuesta a una crisis provocada por la tardanza de la parusía?
- ¿Tiene el señor un referente y si es así, es una figura de "Dios" o una figura de un "Cristo"?
- ¿A quién va dirigida la parábola? ¿Corresponde el siervo a los discípulos o a los judíos fieles y los infieles? ¿Tiene un enfoque en los líderes de la iglesia?
- ¿Hay en ella una referencia a la parusía?
- ¿Qué significa *dichotomēsei* (RV "pondrá su parte", Mt 24.51 / Lc 12.46)? ¿Por qué ocuparse en asignar un lugar con los hipócritas/infieles si esa persona ha sido cortada en pedazos?
- ¿Cuál es la enseñanza de la parábola?

Material útil de fuente primaria

Material canónico

- AT: Salmo 37, especialmente los vv. 9-13 y 34-40
- NT: Mateo 26-41/Marcos 14.37-38/Lucas 22.45-46; Lucas 12.35-38; 1 Corintios 4.1-2; 1 Tesalonicenses 5.6-8; 2 Pedro 3.10; Apocalipsis 3.3, 20; 16.15

Escritos judíos tempranos

- Susana 1.55, 59 (el castigo de dos ancianos por su falsa acusación de Susana): "Y Daniel dijo: '¡muy bien! Esta mentira te ha costado la cabeza, porque el ángel de Dios ha recibido el juicio de Dios e inmediatamente te cortara en dos.'...Daniel le dijo: '¡muy bien! Esta mentira te ha costado también la cabeza, porque el ángel de Dios está esperando con su espada para partirte en dos, con el fin de destruir a ambos.'"
- 1QS 2.16-17: "Que Dios le separe para el mal, y que sea cortado de en medio de todos los hijos de luz debido a su extravío de Dios para seguir a todos sus ídolos y el obstáculo de su iniquidad. Que sea asignada su suerte con los malditos para siempre."
- 4Q171 (4QPs37) 2.1-2 dice que impío morirá por la espada y será cortado. Se enfoca específicamente la hipocresía. Que el impío será cortado se repite en 3.11-13 ("cortado y exterminado para siempre") y 4.1, 18 ("perece y cortado").

Escritos cristianos tempranos

- *Didaché* 16.1: "Mirad' sobre vuestra vida: 'No dejes que tus lámparas se apaguen ni que vuestros lomos dejen de estar ceñidos', sino 'estad listos, porque no sabéis la hora cuando el Señor vendrá'."
- *Sib. Or* 2.177-86 se ha enmarcado en la parábola de Jesús de los fieles o siervo infiel. Describe como Benditos aquellos a quienes el señor halle velando cuando llegue.
-

Escritos judíos tardíos

- En las versiones siríaca, arábiga y armenia de *Ahiqar 3.2; 4.15; 8.38*, se describe a Natán, el sobrino malvado de Ahiqar, que come y bebe con los glotones y golpea a los esclavos varones y mujeres. Al final se hincha, revienta, muere, y en la versión arábiga también va al infierno.
- *b. Šabbat 153a/Ec. Rab. 9.8.1* tienen una parábola sobre los invitados al banquete de un rey pero el tiempo no se designa. Los sabios se preparan y están listos; los necios que no se preparan no se les permitirán participar.

Comparación de los relatos

Los relatos en Mateo 24.45-51 y Lucas 12.42-46 son muy similares y proporcionan un buen ejemplo de las razones para argumentar en favor de una fuente "Q". En la mayor parte de la parábola los dos relatos no sólo tienen las mismas palabras,[87] incluso *dichotomēsei* que ocurre en ningún otro lugar en el NT y sólo una vez en el LXX (Éx 29.17), sino que ellas también difícilmente se desvían en el orden de las palabras. Las variaciones son menores, principalmente de índole estilística y con poca importancia para la interpretación. La mayoría de los estudiosos sostienen que Mateo ha preservado la "Q" mejor (¡si es que existe "Q"!), con excepción de unas pocas palabras. Las diferencias que merecen mención son:

> Aunque Mateo usa "siervo" (*doulos*) a lo largo de todo, Lucas 12.42 utiliza "mayordomo" (*oikonomos*), pero luego cambia a "siervo".

Las otras ocurrencias de *oikonomos* en los evangelios están en Lucas 16.1-8.

Mateo llama al siervo "malo" (*kakos*) en 24.48, que no está presente en Lucas. Mateo señala el destino del siervo malo con los "hipócritas", mientras que Lucas tiene "infieles", que puede ser más adecuado para su auditorio gentil, particularmente en vista de 1QS 2.16-17.[88]

Mateo tiene "allí será el lloro y el crujir de dientes", pero no ocurre en Lucas.

En otros lugares en el NT esta expresión ocurre sólo en Mateo 8.12; 13.42, 50; 22.13; 25.30; Lucas 13.28. ¿Es esta una expresión que Mateo ha enfatizado o una que los otros evangelistas no resaltaron (o la omitieron)? El lenguaje proviene de la AT.[89]

Características del texto que merecen atención

Otras parábolas tríadicas tienen una figura de autoridad que juzga entre dos subordinados o grupos: los dos hijos, los talentos/las 10 minas,[90] las diez vírgenes, las ovejas y las cabras, y el hijo pródigo. A veces la figura de autoridad está fuera de la narrativa de la parábola o va implícita como en la parábola del prudente y el insensato, los dos deudores, el rico y Lázaro y el fariseo y el publicano.

Cinco parábolas incluyen una salida del señor y su regreso: ésta, el portero (Mr 13.34-36), los talentos (Mt 25-30), las 10 minas (Lc 19.11-27) y los labradores malvados (Mt 21.33-44; Mr 12.1-12; Lc 20.9-19). También hay parábolas rabínicas con este tema.[91]

Véase arriba para las conexiones entre la parábola de Mateo y su contexto inmediato. Tenga en cuenta la repetición de comer (aunque con diferentes palabras griegas) y beber del 24.38 y en el v. 49.

En el relato de Lucas el enfoque a lo largo del capítulo 12 es sobre las ideas escatológicas y las advertencias de no dejarse dominar por las actividades mundanas. El contexto del tesoro en el cielo, la seguridad y el significado de la vida prepara para los temas sobre el velar y la fidelidad. Hay una simetría entre 12.37 y los vv. 43-44 en el uso de una bendición al que le sigue una recompensa que comienza con "en verdad, os digo".

Lucas tiene un énfasis correspondiente sobre la fidelidad y la sabiduría 16.8-12 y fidelidad en 19.17.

La idea de ser puesto sobre todos los bienes de su señor (Mt 24.47 / Lc 12.44) se refleja en Mateo 25. 21, 23/Lucas 19.17-19, donde se da autoridad a los siervos sobre muchas cosas o ciudades.

Cultural información

Con *doulos* en esta parábola probablemente estamos tratando con un esclavo, aunque la palabra se utiliza también para los siervos. No es inusual que se ponga a un esclavo como encargado de los bienes. El mejor ejemplo bíblico y con redacción similar a la parábola es el relato de José que recibe autoridad sobre los bienes de Potifar y la que le otorga el Faraón. Véase LXX Génesis 39.4-8; 41.39-43; y Salmos 104 (105). 21. Imagínense cuán poderoso sería el esclavo encargado del suministro de alimentos. Él o ella literalmente controlaban la salud y el bienestar de los otros esclavos.

La embriaguez y golpear a los esclavos son ambas descripciones tradicionales de una vida descontrolada. Véase Ahiqar 3.2; 4.15; Lucas 21.34; Efesios 5.18; 1 Tesalonicenses 5.7.

Sobre el significado de la palabra *dichotomeō*, véase abajo, pero que la gente, los esclavos y los mártires fueron, —y lamentablemente todavía son— cortados en dos (o en pedazos) es un hecho de la vida y el mundo antiguo. Véase1 Samuel 15.33; Hebreos 11.37; *Martirio de Isaías* 5.1-14; *Vida de los profetas* 1.1; 3 Bar. 16.3; *b. Sanedrín* 52b.

Explicación de la parábola

Opciones de interpretación[92]

1. La iglesia entiende la parábola que describe la relación de Cristo como señor a sus discípulos, los líderes que tienen la encomienda del cuidado de la iglesia. En ocasiones la parábola se aplicaba a la entrega de limosnas para el pobre.[93]
2. Un número de intérpretes niegan que esta sea una parábola de Jesús debido a la mención de una tardanza y por las correspondencias alegóricas. Se entiende como una creación cristiana temprana dirigida a los líderes cristianos para instarlos a cumplir sus responsabilidades pastorales.[94]
3. Algunos interpretan esta parábola como una advertencia de Jesús a los líderes judíos que viene un día de dar cuentas o una

acusación por la infidelidad de ellos. La única crisis es la que trae la venida de Jesús. Cuando esa situación había pasado, la iglesia aplicó la parábola a su propia situación.[95]

4. A menudo la parábola se considera como la instrucción de Jesús a sus discípulos a permanecer fiel en su ausencia antes de la venida del Reino final o del Hijo del Hombre, los cuales implicaría juicio.[96] En este caso que las correspondencias provienen de Jesús.

Decisiones sobre los asuntos

Esta parábola no se queda en su plano narrativo. Es una analogía *implícita* y discernimos rápidamente que no se refiere a sirvientes literales debido a su contexto en la enseñanza de Jesús, su exageración, y el hecho de que la referencia propuesta empieza a revelarse a través de la elección de tales palabras como "bendito", "hipócritas"/"infieles" y "lloro y crujir de dientes". No es inusual que las parábolas no se queden enteramente dentro del plano metafórico, sobre todo si no hay necesidad de "tergiversar la verdad"[97] y es particularmente cierto de las parábolas escatológicas.

La parábola comienza con una pregunta: "¿Quién es el siervo fiel y prudente...?" Una pregunta introductoria en una lengua semítica puede funcionar como el equivalente de la prótasis de un juicio condicional (por ejemplo, Mt 12.11 / Lc 14.5; véase Lc 6.9),[98] que sería equivalente a "Si un siervo fiel y prudente..." Eso probablemente es la intención aquí, pero al menos el formato de la interrogante hace que el lector considere qué significa el servicio fiel y prudente.[99] Sólo un siervo está en mente con dos posibles cursos de acción,[100] y ambos desde el punto de la regla de tensión final y por la cantidad de palabras empleadas, el énfasis cae sobre el ejemplo negativo.

1. ¿Acaso "mi señor se tarda" presupone la tardanza de la parusía y la ansiedad teológica de la iglesia sobre la tardanza? Si es así, ¿indica esto que la parábola fue creada por la iglesia primitiva en respuesta a una crisis provocada por la tardanza de la parusía? Algunos piensan que la mención de tardanza prueba que la iglesia creó la parábola o la volvió a escribir extensivamente,[101] pero la demora es necesaria por la trama. En la segunda escena el siervo es tentado a eludir su responsabilidad sólo debido a la tardanza.[102]*Chronizein* ("tarda" "persistir") no es un lenguaje técnico o habitual para la tardanza[103] y fuera de esta parábola ocurre solamente en la parábola de las diez vírgenes (Mt 25.5), por la tardanza de Zacarías en salir del templo (Lc 1.21) y en Hebreos 10.37, una cita de Habacuc 2.3, prometiendo que no habrá tardanza. Como hemos visto, tardanza e inminente se apoyan en la profecía del AT y los escritos judíos apocalípticos.[104] Incluso más determinativo es que esta parábola no trata de la tardanza sino la falta de preparación para cuando regrese el señor *antes* de lo esperado.

Joseph Fitzmyer sostiene, correctamente en mi opinión, que es una simplificación de los datos del NT atribuir refranes solamente sobre la vigilancia como creación de la iglesia. Con frecuencia se insta a la vigilancia y la expectativa en relación con el día escatológico de Jehová en el AT.[105] De hecho, sería extraño que Jesús prometiera una futura venida del Reino o del Hijo del Hombre y no advirtiera de la necesidad de la preparación en vista de la venida. Esta parábola concuerda con otras parábolas de Jesús con los temas similares de la partiday el retorno. Considerando esto y no habiendo razón para decir que la expectativa equivocada del siervo de que su señor tardara, apunta a la tardanza de la parusía, hay pocas razones para pensar que la parábola tiene su origen en la iglesia.[106]

2. ¿Acaso el amo/señor tiene un referente, y si es así, es una figura de "Dios" o la figura de "Cristo"? Las investigaciones no pueden tener éxito que niegan cualquier importancia escatológica de la parábola, como si se tratara originalmente sólo sobre la mayordomía con ningún contenido representativo asignado para el amo, su venida o los siervos.[107] Cuanto más compleja es una parábola más correspondencias son necesarias para transmitir el punto y esta parábola es bastante compleja. Pero, ¿A quién debemos entender que se va y vuelve? Algunos refranes indican que Jesús enseñó que se iría,[108] y algunos que anunció su muerte, pero en otros textos y en las parábolas judías una figura de 'Dios' es la que parte.[109]¿Refiere la parábola a la crisis actual en el ministerio de Jesús (como en las parábolas de Israel),[110]a la venida de Dios en el tiempo del Reino futuro, o la venida del Hijo del Hombre en el tiempo del Reino futuro? Obviamente ambos evangelistas sitúan la parábola en relación a la venida del Hijo del Hombre, pero la decisión aquí depende en parte a quienes se dirige. La misma ambigüedad acerca de la identidad de una persona que vuelve encontraremos en la parábola de las diez vírgenes y los talentos/las 10 minas. Posiblemente Jesús pudo haber advertido a sus oyentes a estar alertas y a seguir fieles en vista de la crisis de su propio ministerio a Israel, y luego la iglesia primitiva pudo haber adaptado lógicamente las advertencias a sus expectativas de la parusía. Lo más probable, dado que Jesús anticipó un intervalo, las advertencias se aplican al aspecto final de los tiempos y la completa manifestación del Reino, ya sea que se considere la venida de Dios o del Hijo del Hombre. Para mí es inconcebible que Jesús esperara un intervalo pero no dio indicaciones para la vida durante ese intervalo ni señaló al tiempo del cumplimiento. Cuanto más esta parábola se agrupa con otras parábolas acerca de velar, según los evangelistas las han arreglado, es menos probable que se refiera a la crisis que Jesús presenta a la nación. ¿Por qué enfatizar velar por algo que ya se ha producido?[111] Esta parábola, sin embargo, se enfoca más con el tiempo durante el intervalo que con el retorno.[112]

Si este es el caso, la parábola es una prueba más que Jesús habló de un intervalo de incertidumbre antes de la llegada del Hijo del Hombre.[113] Habrá un tiempo de cumplimiento cuando Jesús completará la obra que Dios le haya encomendado, o por lo menos cuando su obra se haya cumplido. Cualquier cosa menos no dará como resultado la derrota del mal y la reivindicación de los seguidores de Jesús. Un intervalo no atenúa el enfoque en lo repentino de la venida. Esta parábola centra en lo imprevisto de la venida, y el siervo se encuentra desprevenido. Por otro lado, la siguiente parábola en Mateo, las diez vírgenes, centra en la imprudencia de aquellas que no anticipan una tardanza. En ambos casos, el énfasis está en la preparación y en velar, independientemente de si el tiempo es breve o mucho.

Al final, si la parábola se refiere a la venida de Dios o la venida del Hijo del Hombre es relativamente poco importante. Ambas figuras apuntan al Reino final que viene con poder y gloria.

3. ¿A quién se dirige la parábola? ¿Corresponde el siervo a los discípulos o a los judíos fieles e infieles? ¿Hay en ella un enfoque en los líderes de la iglesia? En ambos, en Mateo y Lucas la parábola va dirigida explícitamente a los discípulos de Jesús (Mt 24.3; Lc 12.22).[114] Lucas obliga al lector a considerar la relevancia de las parábolas para los discípulos en 12.35-40 al incluir la pregunta de Pedro si esta parábola era solo para ellos o para todos (12.41). La pregunta no se contesta, lo cual aumenta la participación del lector con la importancia y la aplicación de ese material y lo que sigue.[115]

Jeremías asiente que los discípulos podrían ser los destinatarios pero arguyó que no deberíamos ignorar el contexto en los Evangelios y a después de Dodd, concluyó que las personas a las que originalmente se advirtió de velar y cumplir con su tarea fueron los líderes judíos, especialmente los escribas que poseen las claves del Reino.[116] Uno puede apreciar la tentativa de oír a Jesús dirigiéndose al pueblo judío, pero es difícil imaginar que Jesús con esta parábola se dirige a los líderes judíos. ¿Acaso describiría Jesús a los líderes religiosos con la ilustración de un siervo comilón y borracho que golpea a sus ayudantes?[117] Es más, si lo hubiera hecho, ¿acaso los líderes, la gente, o incluso sus discípulos hubieran reconocido su intención?

La parábola no se dirige a la multitud en general sino a los que están en una relación de servicio, es decir, aquellos que han profesado compromiso. La parábola puede que vaya dirigida a los discípulos con el encargo de la responsabilidad de cuidar a Israel mediante la proclamación del Reino, la sanidad y el echar fuera malos espíritus, por los cuales darían cuenta.[118] Esto me parece una alegoría, y yo creo que la parábola es más probable que se dirija al grupo de seguidores de Jesús en general, no sólo a los dirigentes o a los doce. En la interpretación de las parábolas, Jeremías da poca atención a la enseñanza de Jesús a los discípulos. Con su enfoque sólo tres parábolas claramente se dirigen a los discípulos (la higuera, el amigo necesitado y el juez injusto).[119]Jesús seguramente trato de preparar a sus discípulos para los eventos después de su muerte (por ejemplo, Lc 22.31-32), y si lo hizo, es difícil imaginar que las parábolas no fueran parte de la conversación.

Esta parábola se aplica fácilmente a los líderes de la iglesia y especialmente es probable que Lucas considerara los líderes, pero la descripción del siervo malvado no simplemente no concuerda allí más que en la afirmación de que ella describe a los líderes judíos.[120]La descripción es una hipérbole, pero probablemente es mejor que esta representación contraria de la fidelidad se entendiera como dirigida a todos los seguidores de Jesús, y no solamente a los líderes.[121]

4 ¿Hay en ella una referencia a la parusía? No podemos excluir la posibilidad de que esta parábola trata sobre la proclamación de Jesús de la venida de Dios para establecer el reino, no la parusía del Hijo del Hombre. Nada en la parábola en sí misma es explícita respecto de la identidad del amo de los siervos (*kyrios*, "amo" o "señor"). El contexto de Mateo y Lucas es el que especifica que la referencia es al Hijo del Hombre. Hay una verdadera vacilación de parte de algunos para creer que Jesús pudiera haber hablado de su propia venida futura,[122] pero esa duda debe ser cuestionada. Si Jesús no habló de su venida, ¿por qué y cómo la iglesia primitiva desarrolló tal creencia tan rápido, lo suficientemente rápido para que sea declarada en la oración aramea fundamental *Marana tha*?[123] Jesús esperaba vindicación de Dios. Con esta interrogante, estamos en una encrucijada. Si Jesús creía en la resurrección y si creía que el reino de Dios vendría, sin importar lo que le pasara a él, es difícil pensar que anticipó la plenitud del reino de Dios y que él no tuviera parte con él. Su historia necesita un final.[124] Si él proclamó la restauración escatológica de Israel y consideró a sí mismo con una función fundamental en la restauración,[125] su partida no puede ser el final. Por necesidad, él también es restaurado. Dale C. Allison con justicia pregunta: "Y… ¿acaso las posibilidades son tan increíbles contra la idea de que Jesús, como J. Jeremías arguyó, anunció vindicación escatológica, que a veces asoció con la resurrección y otras veces con las visiones de Daniel 7.14, y que la iglesia posterior de la Pascua introdujo los ajustes necesarios a la luz de su fe en la resurrección?"[126] Las palabras exactas que Jesús empleó no se puede determinar, pero que predijo a sus discípulos su restauración después de su partida me parece un hecho. La única otra opción es que Jesús murió con desilusión y el clamor de haber sido abandonado es la única pista de la circunstancia verdadera. Si Jesús anticipó su restauración, esta parábola debe entenderse como un estímulo y una advertencia para los discípulos durante su ausencia. En nuestro lenguaje, esto habla de la parusía.

5. ¿Qué significa dichotomēsei *(RVR "su parte" Mt 24.51 / Lc 12.46) es decir?* ¿Por qué asignar un lugar con los hipócritas/infieles si esa persona ha sido partida en pedazos? Esta palabra rara significa "cortada en dos" o "cortada en pedazos" y aunque algo moderado, demuestra tanto la crueldad del mundo antiguo[127] y lo sorprendente de algunas de las parábolas de Jesús. Debido que al ser puesto con los hipócritas/infieles después de ser cortado en dos parece dudoso, algunos sugieren que *dichotomēsei* alude a la muerte física y que se ubica con los hipócritas/los incrédulos al castigo eterno. Algunos siguen la sugerencia de O. Betz que *dichotomēsei* es una representación más literal y dramatizada de una expresión hebrea que significa "cortado de en medio de". Los paralelos similares en 1QS 2.16-17 para ambas partes del dicho del juicio de la parábola se ofrecen como evidencia de la opinión de Betz.[128] La parte más intrigante de la sugerencia de Betz, sin embargo, se ha ignorado. Él aludió la importancia del Salmo 37 como el fundamento del concepto de Qumrán que Dios corta (véase 4QPs37) y sugirió que la parábola de Jesús es una versión escatológica del Salmo. Los paralelismos entre la parábola y el Salmo son notables: los justos esperan pacientemente en

Jehová (Sal 37.7, 9, 34), dan generosamente (vv. 21, 26) y heredarán la tierra (vv. 9, 11, 22, 29, 34); los impíos abusan de otros (vv. 12, 14, 32), perecerán (VV. 15, 20, 38), serán cortados (vv. 9, 22, 28, 34, 38) y crujen los dientes (v. 12). *La parábola de Jesús parece una versión escatológica del Salmo 37 aplicado a discípulos* a través del empleo de la metáfora del siervo. El Qumrán corrobora la importancia del Salmo y que fue interpretado escatológicamente. Este mismo Salmo, por supuesto, es la base de la tercera bienaventuranza (Mt 5.5, tomadas de Salmo 37.11). Si este Salmo respalda la parábola de Jesús, es otro ejemplo de la influencia del AT en la formación de las parábolas.

El argumento de Betz que se debe entender *dichotomēsei* como "cortado de en medio de" no es tan convincente,[129]como el resto de su argumento. Dado que la palabra significa "cortado en dos" o "cortado en pedazos", ¿acaso significa esto literalmente o metafóricamente? En el contexto de la parábola, la palabra significa literalmente,[130]pero, ¿qué significa realmente decir que la palabra es literal en una analogía? La palabra es una hipérbole fascinante para subrayar el castigo del siervo infiel, el polo opuesto de la bendición para el siervo fiel. Puede que otro factor haya llevado al empleo de esta palabra. Para algunos el castigo de ser cortado en dos refleja la lealtad dividida que ya se manifiesta en el siervo infiel.[131]

El "lloro y el crujir de dientes" denota la emoción y tristeza extrema.[132] Esta expresión se produce sólo siete veces en el NT, de las cuales seis están en Mateo (Mt 8.12 / Lc 13.28; Mt 13.42, 50; 22.13; 24.51; 25.30), todas ellas denotanla exclusión en el tiempo final de las bendiciones de Dios. Cinco de estas ocurrencias están en declaraciones de conclusión de las parábolas de Mateo.[133]

6. ¿Cuál es la enseñanza de la parábola? El empleo de Jesús de esta parábola para instruir a los discípulos concuerda con su enfoque en otras partes de la fidelidad (por ejemplo, Mt 25. 21-23; Lc 16.10-13; 19.17). La relación amo/siervo, que es una ilustración establecida del AT para Dios y su pueblo, es frecuente en los refranes parabólicos y no parabólicos de Jesús.[134] Obviamente si la parábola apunta a Jesús, una cristología está implícita, pero en cualquier caso en la parábola el que viene es responsable del juicio.[135] La antítesis de las opciones del fiel y el infiel y sus resultados alienta al oyente a la fidelidad y le advierte contra la infidelidad. La fidelidad en cuestión, tanto en la parábola como en otros lugares, no es la fidelidad en general sino la fidelidad en vista del escatón. En esencia, el cristianismo es una religión escatológica, y ser un cristiano significa tener una conciencia de vivir entre los tiempos, una conciencia de que el Reino ha llegado justo en medio del tiempo antiguo, pero no ha alcanzado aún la consumación. También significa ser fiel, no simplemente creer ciertas ideas. Esta fidelidad, nace de la convicción y emprendida con incertidumbre, era necesaria para los discípulos de Jesús debido a que ellos enfrentarían el tiempo cuando él ya no estaría presente. Es todavía necesaria con toda su convicción y la incertidumbre del tiempo después del Pentecostés. La parábola es un aliento a vivir justa y sabiamente. El siervo prudente es el que entiende la importancia del final, ya sea pronto o tarde, y vive en consecuencia. La sabiduría es una virtud escatológica.

Adaptación de la parábola

La iglesia no puede permitirse descuidar el aspecto escatológico de su mensaje. Una comprensión del evangelio que no incluya el futuro no es el evangelio cristiano y es insuficiente para tratar el problema del mal. Richard Bauckham va mucho más para decir que aparte de la parusía no se podría llamar a Jesús el Cristo en el significado de la palabra en el NT.[136] Él tiene razón. Al mismo tiempo los cristianos deben evitar cualquier fascinación y especulación sobre el final. La naturaleza de los documentos no alienta ni permite el diseño de gráficos y agendas para trazar la secuencia de los eventos. Cualquier intento de hacerlo socava la evidencia misma del NT, y esto no fue el propósito de la enseñanza escatológica. Su finalidad fue dar aviso, para dar esperanza y para enseñar a la gente a vivir en el presente.

El lenguaje violento de "cortar en dos" es ofensivo y produciría una visión terrible de Dios si se toma literalmente, pero el propósito no es una figura literal del juicio. Con frecuencia Jesús utilizó la hipérbole, y ese lenguaje se emplea por su fuerza de alarmar. El juicio es grave en la enseñanza de Jesús, pero lo que decimos teológicamente acerca del juicio debe ser mucho más resaltado sin disminuir su gravedad.[137]

La ética cristiana es escatológica determinada. Las actitudes y el comportamiento que se espera de los cristianos (por ejemplo, amor no egoísta) se basan en una teología del Reino presente y venidera. Sin tal fundamento en el futuro, la ética es verdaderamente irracional.

Al mismo tiempo, la vida a largo plazo plantea un desafío agudo a la fe cristiana. ¿Cómo puede la Iglesia reconocer su propia larga historia y su esperanza viva sin parecer pueril? Tanto la paciencia como la impaciencia son respuestas necesarias y legítimas. Dada la importancia que el NT resalta respecto de que nadie sabe el tiempo ni la medida del tiempo que ha pasado, se requiere paciencia, porque el tiempo y los propósitos de Dios nunca se ajustan a nuestra agenda. La paciencia sostiene la vida fiel que es el enfoque principal de esta parábola. El cristiano sabio y fiel es el que entiende la importancia del final y sirve activamente, sin que importe que el tiempo sea corto o largo. Asimismo se menciona la impaciencia. Deberíamos estar impacientes con quienes afirman que conocen el tiempo y preparan gráficos escatológicos. Deberíamos estarimpacientes con aquellos que niegan la importancia de la reivindicación futura de Jesús. Además, deberíamos estar impacientes por la venida del final, cansados del mal y deseando ese tiempo cuando seremos separados del mal y se establezca la justicia. La fe cristiana es siempre la fe en puntas de pie, anhelando ese día y debido a ese día, viviendo de acuerdo con gran anticipación.[138]

El enfoque en la fidelidad nos recuerda otra vez que la fe cristiana no es creer ciertas ideas sino vivir con convicción por largo plazo. La iglesia a menudo se impresiona con las declaraciones de fe. Las afirmaciones y una fe breve no sirven para nada. Lo que cuenta es la fidelidad hasta el final.

Lectura adicional

Otto Betz, "The Dichotomized Servant and the End of Judas Iscariot," *RevQ* 5 (1964): 43-58.

Ulrich Luz, *Matthew 21–28: A Commentary* (trans. James E. Crouch; Minneapolis: Fortress, 2005), pp. 222-25.

I. Howard Marshall, *Commentary on Luke* (NIGTC; Grand Rapids: Eerdmans, 1978), pp. 532-45.

John Nolland, *Luke 9:21–18:34* (WBC 35B; Dallas: Word, 1993), pp. 697-705.

Weiser, *Die Knechtsgleichnisse der synoptischen Evangelien* (SANT 29; Munich: Kösel, 1971), pp. 131-225.

Las Diez Vírgenes (Mt 25.1-13)

Claramente a algunos eruditos no les importan esta parábola, y a menudo se las omite o las trata brevemente.[139] Por otro lado, D. Flusser, piensa que esta es una hermosa parábola, editada sólo ligeramente, y un excelente ejemplo de la habilidad de Jesús como narrador de parábolas.[140] Al igual que la parábola anterior, no tiene muchas discusiones útiles. Más que con cualquier otra parábola, lo que uno piensa sobre la enseñanza escatológica de Jesús es determinante. Sin embargo, la parábola merece atención por derecho propio como posible *evidencia* de la escatología de Jesús.

Tipo de parábola

Esta doble parábola de narrativa indirecta es también una syncrisis,[141] una analogía implícita de ejemplos contrastantes. Compara la preparación para participar en la celebración de una boda con la preparación para participar en el reino venidero.[142] No hay ningún nimshal interpretativo, pero el v.13 es una aplicación adjunta.

Asuntos que requieren atención

1. ¿Cómo debe entenderse la circunstancia de la boda? ¿A la casa (o a qué lugar) viene el novio?
2. ¿Es la referencia a la venida de Dios o la venida de Jesús? La respuesta consiste en decidir si Jesús empleó la ilustración del novio como una imagen mesiánica.
3. ¿Tienen los elementos de la parábola, especialmente el novio, las vírgenes y el aceite tienen un significado alegórico?
4. ¿A quién se dirige la parábola? ¿A los contemporáneos judíos de Jesús? ¿A los discípulos de Jesús? ¿A los que serían discípulos?
5. ¿Es la "tardanza" un elemento esencial de la parábola, o se refiere a la experiencia de la iglesia del problema de la tardanza de la parusía y para demostrar un origen en la iglesia en lugar de Jesús?
6. ¿Tiene "dormir" algunas connotaciones negativas en esta parábola?
7. ¿Son éticamente culpables las vírgenes prudentes por no compartir?
8. ¿Concuerda el v. 13 con su exhortación de velar con la parábola ya que todas las diez vírgenes se durmieron?
9. ¿Cuál es la enseñanza de la parábola?

Material útil de fuente primaria

Material canónico

- AT: Sal 45, especialmente los vv. 14-17; Cnt 3.4-11; 5.2; Is 22.22; 61.10; 62.4-5
- NT: Mt 7.22; Mr 13.32-33; Lc 12.35-40; 13.25-27; 21.34-36; 1 Ts4.15–5.11; Ap 3.2-3, 7

Escritos judíos tempranos

- 1Macc 9.37-42 describe una matanza que tiene lugar durante la celebración de una boda. La novia era llevada desde su hogar en una procesión ruidosa con una gran escolta y mucho equipaje. El v. 39 indica que el novio salió para reunirse al séquito con sus amigos y hermanos con panderetas, músicos y muchas armas. Después de la llegada del novio, el séquito fue emboscado.
- 4 *Esdras* 10.1 cuenta de un novio que se cayó y murió al entrar en su cámara nupcial, y en consecuencia todos los participantes en la fiesta de bodas apagaron sus lámparas.

Escritos greco-romanos

- Plutarco, *Mor.* 798B (Preceptos de gobierno 1), como una analogía de inutilidad, se refiere a aquellos que limpian sus lámparas, pero no vierten aceite en ella.

Escritos cristianos tempranos

- *Didaché* 16.1: "Vigila sobre tu vida: No permitan que sus lámparas se apaguen ni que sus lomos dejen de estar ceñidos, sino listos, porque no sabéis la hora en la cual vendrá nuestro Señor."
- *Epistula Apostolorum (Epístolade los Apóstoles)* 43-45 alegoriza partes de esta parábola para definir quienes estarán en el Reino y por consiguiente cómo la gente debe vivir en el presente.[143] De más importancia en esta supuesta discusión de Jesús con

sus discípulos es que los discípulos están tristes y preocupados por aquellos que están excluidos. Ellos incluso preguntan si el sabio no abre la puerta u ora al novio para que abra la puerta. A lo cual el Señor responde "quien está fuera está fuera".

Escritos judíos tardíos

- *m. Sonah* 9.14: "Durante la guerra de Vespasiano [69-79 d.C.] prohibieron las coronas de los novios y el tambor [de boda]. Durante la guerra de Tito prohibieron las coronas de las novias y que un hombre enseñara griego a su hijo. En la última guerra [132-135 d.C.] prohibieron que la novia vaya en alboroto dentro de la ciudad; pero nuestros rabinos permitieron que la novia avance con bullicio dentro de la ciudad."
- *t. Berakot 4.9* habla de una costumbre en Jerusalén tocante a los invitados a las comidas: "Ellos extendían un paño en la puerta. Mientras el paño se extendiera en la puerta, los huéspedes podían entrar. Una vez que se haya quitado el paño, ya no se permitía que los huéspedes entraran."
- *Mekilta Bahodesh* 3.115-19 interpreta Éxodo 19.17 (donde habla de Moisés que trae al pueblo al pie del monte Sinaí para recibir Dios) la venida del señor para recibir a Israel como un novio que viene a reunirse con su novia. Con respecto a este mismo de texto el *Pirqe* del rabino Eliezer 41 describe a Moisés exhortando a los israelitas a despertar del sueño para recibir la Torá: "Levantaos vosotros del sueño, porque he aquí que Dios desea darte la Torá. Ya el novio desea llevar a la novia y entrar en la cámara nupcial. La hora ha llegado para darte la Torá, como dice 'Moisés sacó del campamento al pueblo para recibir a Dios" (Éx 19.17)."[144]
- *Sifra Shemini* 99.2.5 (sobre Levítico 9) aplica Cantares 3.11 a la consagración del tabernáculo. Este versículo insta a las hijas de Jerusalén a salir y dar la bienvenida al rey Salomón que lleva una corona en el día de su boda, y *Sifra* entiende que esta boda representa la venida de la presencia de Dios en el tabernáculo.
- *b. Šabbat*153a relata una parábola que contrasta con los huéspedes sabios y necios que un rey convocó a un banquete sin especificar el tiempo. La parábola se interpreta del mundo

venidero. Eclesiastés Rab. 9.8.1 emplea esta parábola para interpretar la declaración "En todo tiempo sean blancos tus vestidos" y también incluye una parábola sobre la esposa de un marinero que mantuvo ella adornada con el fin de estar preparada si él viniera repentinamente.[145]

- *Pesiqta de Rab Kahana* 19,4 registra una parábola de un rey que, deseando casarse con una noble, le prometió varios tesoros y luego se fue a un país lejano y se mantuvo allí durante muchos años. La gente se burlaba de ella por esperar su regreso, y ella misma se consolabacon la lectura del acta de matrimonio. Después de muchos años el rey regresó y se impresionó que ella le hubiera esperado. La parábola se interpreta como las naciones se burlan de Israel por esperar a Dios, porque Israel lee en las sinagogas las promesas de Dios para ella y el tiempo venidero de la redención.
- *Pesiqta de Rab Kahana Suplemento* 6.5: "El esplendor que viste el Mesías se entenderá desde el fin del mundo hasta el fin del mundo, como es implícita por las palabras 'como a novio me atavió (Is 61.10). *Pesiqta Rabbati* 37.2-3 interpreta el novio y la novia de Isaías 61.10 como el Mesías e Israel y tiene la misma interpretación de Isaías 61.10 como referencia de Dios que viste al Mesías.
- *Midr. Salmos* 10.2 cuenta una parábola de un viajero que rechazó una oferta de un refugio en un puesto militar. A la medianoche regresó y pidió entrar pero le dijeron que no se pueden abrir las puertas. La parábola es del rechazo de Dios de oír a Israel debido a que Israel se negó a oír a Dios.
- *Éxodo Rab.* 15.31 considera este mundo como un tiempo de compromiso de Israel, Dios y el acto matrimonio como que ocurre en el tiempo mesiánico.

Características del texto que merecen atención

Varios temas reciben relevancia en esta sección: la quíntuple repetición que nadie sabe el día ni la hora (24.36, 42, 44, 50; 25.13), "velar" (*grēgoreō*, 24.42-43; 25.13 — tenga en cuenta la similitud de 24.42 y 25.13), "sabio" (*phronimos*, 24.45; 25, 4, 8, 9), preparado (*hetoimos*, 24.44; 25. 10) y la tardanza (*chronizō*, 24.48; 25.5).

El lenguaje con respecto a las bodas, los novios, y la novia no es frecuente. "La boda" (*gamos*) ocurre ocho veces en Mateo 22.2-12 y Mateo 25. 10; Lucas 12.36; 14.8; Juan 2.1-2; Hebreos 13.4 (del estado de estar casado); Apocalipsis 19.7, 9. Fuera de las cuatro ocurrencias en esta parábola (vv. 1, 5, 6, 10) "novio"*(nymphios)* ocurre sólo en Mateo 9.15/Marcos 2.19-20/Lucas 5.34-35; Mateo 22.1-14; Juan 2.9; 3.29; 18.23. "Novia" (*nymphē*) ocurre sólo en Mateo 10.35 / Lucas 12.53; Juan 3.29; 18.23; 21.2, 9; 22.17.

El contraste entre dos personas o grupos, uno justo y otro no, aparecen en otros lugares en la enseñanza de Jesús: Mateo 7.13-20/ Lucas 13.24; 6.43-45; Mateo 7.24-27/Lucas 6.47-49; Mateo 12.33, 35; 21.28-32; 24.45-51; 31-46; Lucas 7.41-43; 12.51-53; 15.11-32; 16.19-31; 18.9-14. En este contexto el contraste entre el sabio y el necio refleja el énfasis que uno es tomado y el otro dejado en Mateo 24.40-41.

El lenguaje similar en Lucas 12.35-38; 13.25 lleva algunos a concluir que Lucas conocía esta parábola, pero que no la utilizó. Por lo menos muestra el enfoque sobre el tema de la preparación en la enseñanza de Jesús.

Esta es la única parábola para comenzar con el *tote* ("entonces"). Esta palabra es tan frecuente con Mateo que podría ser simplemente un conector, pero es más probable que se refiere a la venida del Reino futuro, que se alude en 24.50-51.

El futuro *homoiōthēsetai* ("le compararé") en el NT ocurre solamente aquí y en Mateo 7.24, 26, donde de nuevo el contraste es entre el prudente y el insensato. Como en otras partes, la venida del reino es comparado a todo el curso de los acontecimientos en la parábola, no sólo a las diez vírgenes.

El v. 1 funciona como un título para la toda parábola,[146] que excluye cualquier idea que las vírgenes salieron dos veces (vv. 1 y 6).

En los vv. 11-12 con la puerta cerrada, la llamada "Señor, Señor", y el lenguaje de rechazo que ya no estamos limitados al mundo de la historia. Hemos pasado más allá de la parábola a la realidad que representa. El velo de la parábola se ha vuelto diáfano, revelando el juicio escatológico que refleja. Todas las parábolas son hasta cierto punto creadas en el marco de la realidad que reflejan y con algunas parábolas esa realidad se evidencia más que las otras. Particularmente al final de las parábolas, es más probable que la realidad se muestrea medida que un autor pretende enfatizar el punto. El resultado es una mezcla de lenguaje parabólico y no parabólico.[147] La realidad se nota más a menudo en dos circunstancias: la denuncia profética de los adversarios[148] y la conversación con los amigos donde uno no necesita ser cauteloso. El lenguaje está sin duda formado por Mateo (véase 7.21-23), pero la única pregunta es si Jesús dio tales advertencias y desafío a sus seguidores, lo cual creo que no hay duda.[149]

Información cultural

Las mujeres jóvenes en edad para contraer matrimonio pueden ser de doce años para arriba. Típicamente el novio habría sido de dieciocho a veinte años de edad.

La frustración de todos los intérpretes de esta parábola, es que la información sobre las costumbres de la boda en el mundo antiguo es relativamente escasa, y es posible que las prácticas hayan diferido de un lugar a otro. Típicamente el compromiso se realizaba en casa del padre de la novia y era una ocasión festiva con bendiciones, velas y celebración. Durante el período comprendido entre el compromiso y el matrimonio, que podría extenderse varios años, la joven permanecía en casa de su padre. Cuando llegaba el día de la boda, después que la novia convenientemente fuera adornada y perfumada, era llevada en una procesiónfestiva a la casa del novio (o la de sus padres, si la pareja fuera a vivir allí). Acerca del anochecer comenzaba la procesión y la novia era escoltada a la casa del novio por un séquito preparado con antorchas o lámparas.[150]El novio salía a recibir a la novia para llevarla a su casa donde las bendiciones y la celebración se extendían hasta siete días.[151] En algunos textos la novia y el novio iban acompañados por un cortejo por las calles hacia el lugar de la celebración de la fiesta. Era un deber religioso de aquellos que observaban que seunieran a la celebración.[152] Si se emplearon fuentes grecorromanas y si se supone que las costumbres palestinas eran similares, lo cual no es ilógico, se entiende que el novio lleva de vuelta a su novia a la casa de él (o a la de sus padres) después de celebrar un banquete en la casa de la novia. Entonces, las vírgenes esperaban en la casa del novio.[153] Esta es una explicación atractiva y da buena lógica del texto, pero no se sabe con certeza dónde ellas están y exactamente qué se describe.

Hay considerable debate sobre si las diez vírgenes llevaron antorchas o lámparas,[154] e incluso si el problema con el aceite está en relación con la reserva de aceite o si las insensatas no trajeron aceite.[155]

Puesto que dicen "nuestras lámparas se apagan", es probable que las insensatas no trajeran el aceite extra.

Las tiendas no habrían estado abiertas a la medianoche, ¿pero es la intención a la medianoche o simplemente "bien entrada la noche"?[156] En *Semahot* 8.10 una parábola habla de las personas que abandonaron el banquete de un rey en varias ocasiones. Algunas salieron a la segunda y la tercera horas de la noche cuando algunas tiendas seguían abiertas.[157] En cualquierlugar, la gente local sabe a quién contactar en caso de necesidades de emergencia, especialmente si se celebraba un gran banquete.[158]

Las parábolas no siempre son realistas y no necesitan ser. La parábola supone que las vírgenes tuvieron éxito en encontrar aceite. Las palabras "no os conozco" en el v. 12 pueden reflejar una fórmula de prohibición por la cual un discípulo tiene prohibido el acceso a un maestro.[159]

Explicación de la parábola

Opciones de interpretación

1. Como era de esperarse, en la historia de la iglesia esta parábola se ha entendido como una alegoría del juicio final empleándose la mayoría de las características en la alegoría. Aunque existe una variedad considerable, típicamente el novio es Cristo, las vírgenes son aquellos que han aceptado la fe del cristianismo, el aceite son las buenas obras o el amor y el sueño es la muerte, pero hay varias opciones para interpretar el número diez y los vendedores. Los pastores y los eruditos todavía emplean tales explicaciones.[160]
2. Algunos como G. Bornkamm a menudo suponen que Mateo propuso una alegoría de juicio bastante similar a la forma en que la iglesia la ha tomado. Sin embargo, él considera los acontecimientos mencionados como en conflicto con las costumbres de la boda del siglo primero, él entiende que la parábola es una creación artificial de Mateo que está dominada por su intención escatológica. La parábola no es de Jesús pero es parte del proceso por el cual la Iglesia trató con la tardanza de la parusía.[161] J. Lambrecht tiene dudas sobre el origen de la parábola, pero, debido a su dureza, va tan lejos como para inquirir si la parábola se debe eliminar del leccionario de la iglesia.[162]

3. La posición que se hizo popular por C. H. Dodd y Joachim Jeremías es que la parábola era originalmente la advertencia de Jesús de la crisis inherente a la venida de Dios para el juicio sobre Israel. La venida del novio es representativa de la venida de Dios. Sólo más adelante, después de la resurrección, la iglesia adaptó la parábola como una parábola de la parusía con las alteraciones necesarias e interpretándose las vírgenes insensatas como Israel y las prudentes como los gentiles.[163] A menudo los estudiosos siguiendo este enfoque despojan la parábola de cualquier característica que pueda tener un significado alegórico (como tanto o todo delos vv. 5 y 11-13) y terminan con una versión destruida.[164] Sin embargo, otros como Craig Blomberg,[165] aceptó la parábola tal como es, pero todavía la considera que se dirige originalmente a Israel y luego adaptada por la iglesia a la parusía.
4. Otros, como W. G. Kümmel y I. H. Marshall,[166] I. Instan que la parábola trata de la propia venida de Jesús en el futuro. Ellos aceptan que la parábola es de Jesús, que ella anticipa un intervalo, y que advierte a los oyentes para estar listos para la próxima parusía.
5. Interpretaciones feministas de la parábola a veces la vuelven a escribir, de modo que nadie sea excluido.[167]

Varias otras opciones existen pero no tienen mucho a su favor, tales como que la parábola trata de problemas pastorales causados por la muerte de los cristianos o el juicio de los israelitas cuando comienza el Milenio, o que es una alegoría sobre la hipocresía de los estudiosos de la Torá.[168]

Decisiones sobre los asuntos

1. ¿Cómo debe entenderse la circunstancia de la boda? ¿A la casa de quien (o a qué lugar) viene el novio? Debido a la escasez de buena evidencia, esta es una de las decisiones más difíciles. Implícita en la interrogante hay una determinación del *realismo* de la boda. Para algunos, si la descripción no concuerda con lo que se conoce de las bodas palestinas, la falta de realismo significa que la iglesia creó la parábola. Las fuentes primarias anteriores muestran cierta variedad. Las explicaciones generalmente suponen que la novia es escoltada hasta la casa del novio (o sus padres), donde la boda lleva a cabo, pero incluso eso no es seguro. Se han sugerido varias opciones:

> Las vírgenes están en casa de la novia y la boda se llevará a cabo allí, que es menos común pero posible.[169]
>
> Las vírgenes están en casa de la novia y el novio llega allí para encontrar a su novia y llevarla a su casa en una procesión festiva.
>
> Las vírgenes han salido de la casa de la novia y han parado en algún lugar en el camino para esperar al novio,[170] de lo cual no conozco hay ninguna evidencia. Esta opinión parece haber surgido de un malentendido de 25. 1, que debe considerarse como un título para toda la parábola, y no evidencia de que las vírgenes salieron dos veces.
>
> Las vírgenes y la novia ya están en la casa del novio a la espera de su llegada, que no es el patrón habitual.
>
> Las vírgenes están en la casa del novio y esperan su regreso *con* su novia.[171]

Con excepción de una variante textual inferior en el 25.1,[172] nunca se menciona a la novia, como sucede con todos los otros textos sinópticos que mencionan un novio o una fiesta de bodas,[173] así que no hay pistas. La decisión dependerá de cómo se evalúa la necesidad del realismo en las parábolas, cómo se entiende la escasa evidencia y cómo se lee el 25.10b. Quienes piensan que la parábola no es realista suponen que el v. 10b muestra al novio entrando en la casa donde ha llegado y que las fiestas tienen lugar allí, no que el novio lleva a la novia a la casa de él, pero esa suposición en sí puede ser incorrecto.[174] Hay varias posibilidades, porque la evidencia para las bodas puede recogerse en la casa de la novia o novio. Cantar de los Cantares 3.4-11 parece que una boda tiene lugar en casa de la novia, pero eso no dice lo que esta parábola supone. Las vírgenes pueden estar esperando con la novia en la casa del novio,[175] pero eso me parece improbable.

Es difícil hablar de realismo cuando hay poca información sobre las bodas palestinas del siglo primero, y no es lo mismo como las bodas árabes o indias de épocas posteriores, aunque estas sean interesantes.[176] Sin duda, las prácticas variaban en diferentes lugares y en diferentes circunstancias, como cuando el novio o la novia residían a distancia.[177]Los textos antiguos alegan que un novio que sale para reunirse con su novia cuando ella es traída a él y a la celebración de la venida del novio.[178]Si las vírgenes esperan en la casa del novio, ellas forman parte de su clan y él probablemente escolta a su novia a su casa *después* de un banquete en casa de la novia.[179] Si están en casa de la novia, entonces son amigos de la novia y esperan con ella la llegada del novio. Saldrán a reunirse con él cuando se haya anunciado su venida y le acompañan a la casa. Cualquiera de estas opciones es posible, pero la primera parece más probable. Lo más importante es que la llegada del novio es un indicador para que comiencen las festividades. La parábola no es idealista. Ella está bien dentro de los límites de lo que se conoce, aunque presenta circunstancias inusuales, funciona, y es clara su advertencia de estar preparados.[180]

Surgieron preguntas sobre el realismo de otras características como son: (1) ¿Estarían abiertas las tiendas en medio de la noche? (2) ¿Tardaría el novio hasta la medianoche?(3) ¿Acaso los vv. 11-12 superan cualquier conversación razonable entre los participantes? El primero fue tratado anteriormente, y, a menos que se interpreta explícitamente, no es un factor desorientador. Si el novio estaba en un banquete en la casa de la novia, la tardanza de la venida es comprensible. La tercera cuestión será tratada a continuación. En cualquier caso, las cuestiones de realismo no pueden ser el factor determinante en la interpretación. Algunas parábolas son realistas (como el buen samaritano), mientras que otras son seudorealistas y pueden contener características inusuales (como los labradores malvados). La pregunta principal es si la parábola funciona como una narrativa que desarrolla con trama suficiente y solución que los oyentes atenderían. Ese es el caso aquí.

2. ¿Es la referencia a la venida de Dios o a la venida de Jesús? La respuesta consiste en decidir si Jesús empleó el novio como una ilustración mesiánica. Para formular la pregunta de otra manera, ¿deben los oidores ubicarse ellos mismos al principio de la parábola antes que las vírgenes se duerman o hacia el final de la parábola justo antes de la llegada del novio?[181] El primero puede suponer una parábola del regreso futuro de Jesús y el segundo la crisis de la venida de Dios en el reino en el ministerio de Jesús.

J. Jeremías, entre otros, sostuvo que la metáfora del Mesías como un novio es ajena al AT y la literatura del judaísmo tardío. Esto se toma como evidencia de que la parábola trata del de la venida de Dios, no la parusía y para algunos, evidencia que el origen de la parábola está en la iglesia. Jeremías argumentó que Jesús contó una historia de una boda real y que sus oyentes no habrían pensado del Mesías con la figura del novio. Como en otros lugares, lo que Jeremías se lleva con una mano, otorga con la otra, puesto que sugiere que la parábola a lo sumo contiene una referencia mesiánica que sólo los discípulos podían entender.[182] Por supuesto, si los discípulos entendieron la referencia mesiánica, entonces la intención de Jesús y lo que otros pueden haber entendido son interrogantes sin responder.

En el AT Dios se compara a un novio en relación con Israel,[183] y tendría buena razón si Jesús se refería a la venida de Dios. Un número importante de estudiosos juzgan que esta es la intención de la parábola de Jesús. Ella concuerda con la predicación de Jesús del reino venidero, y la parábola expresa el gozo de la salvación presente con Jesús y advierte a la gente a no desaprovechar este tiempo de gozo.[184] Un requisito es necesario. La referencia debe ser todavía a algo futuro, no a lo que ya ha sucedido. El reino se hizo presente con Jesús, pero aún se espera su plenitud y una intervención final de Dios. El Reino aún tiene un futuro. El mandamiento de estar preparado o despierto no tiene sentido alguno si el evento ya ha ocurrido.[185]

Otros argumentan que Jesús se refirió a sí mismo con la imagen del novio,[186]al que debe prestarse un peso considerable debido al empleo de los términos como una auto referencia en Mateo 9.15/Marcos 2.19-20/Lucas 5.34-35 (cf. Juan 3.29).[187]

Generalmente se cree que la evidencia para el novio de una imagen del Mesías, es tardía[188] pero dos textos del Qumrán sugieren replantear esta conclusión. La lectura de Isaías 61.10 en 1QIsa sugiere que este capítulo se entendía del Mesías de Aarón, como argumentó William Brownlee hace mucho tiempo. En lugar de la palabras representada por el texto Masorético "como novio que se atavía a sí mismo".[189] 1QIsa se ha ataviado "como un sacerdote".[190] Más convincente, si se restaura correctamente, es 4Q434a fragmentos 1 y 2, 6-7, que, incluso si refiere a Dios, por lo menos describe los tiempos mesiánicos cuando se serán eliminadas las naciones y el mal, y toda la tierra sea llena de su gloria, y los pecados expiados. A continuación, se nos dice, "como aquel cuya madre lo consuela, así será él que les consuela en Jerusalén [...como un novio] con su novia vivirá para siempre [...] su trono es por los siglos de los siglos..." La asociación de un novio con ideas mesiánicas no es tarde.

Además, si la aplicación de la imagen del novio a Jesús fue hecha por la iglesia, uno habría esperado que la novia sea incluida también.[191]

Otras imágenes o prerrogativas de Dios (como "pastor", "el rey" y el que perdona) son aplicados al Mesías o tomadas por Jesús,[192] y no sería sorpresa si fuera también la imagen del novio. Yo diría que la imagen del novio es un autorreferencia de Jesús.

Sin embargo, se debe argüir la forma en que la cuestión se plantea con el contraste de la venida de Dios o la venida de Jesús. ¿Acaso Jesús habría hecho esa distinción? Acaso los eventos como la entrada triunfal concuerdan con los refranes de Jesús (como Lc 4.18-21; Mt 11.4-6/Lc 7.22-23) para sugerir que en *su* ministerio Dios viene para establecer su reino?[193]Los pasajes rabínicos que centran en un novio, aunque sean tarde o no, no tienen ninguna dificultad para usar la imagen de Dios y el Mesías *en el mismo contexto.*[194] Todavía quedamos con la pregunta si la parábola se refiere a la venida de Dios en el ministerio de Jesús o a la parusía en el futuro, que se abordará más adelante. Los oyentes no pueden saber de la parábola si se ubican en su apertura o a su conclusión sino sólo que deben estar preparados, lo cual se adapta con la repetición quíntuple de Mateo que la hora no se puede saber.

3. ¿Tienen los elementos de la parábola, especialmente el novio, las vírgenes y el aceite un significado alegórico? Como siempre, la intención de la introducción de la parábola es para decir que el Reino es semejante a todo el proceso que se narra en la historia, no sólo las vírgenes. En la analogía, hay correspondencia entre el reino venidero (y por consiguiente el rey) y la llegada del novio y entre los que se han preparado o no y los dos grupos de vírgenes. Se han sugerido muchas otras asociaciones, pero es dudoso que ninguno sea válido. Las vírgenes no son la novia o la iglesia, las dos clases de vírgenes no representan los gentiles y los judíos, el número diez no tiene ningún significado particular, dormir no sugiere falta de vigilancia, dormir y despertar del sueño no refieren a la muerte y la resurrección, la medianoche no alude a la expectativa de que la parusía viene en la noche, y el aceite no refiere a las buenas obras o al Espíritu Santo.[195] Todas esas ideas son proyecciones sobre Jesús (y Mateo), no son evidentes del texto y no amplían la analogía, que enfoca en promover la preparación.

4. ¿A quién va dirigida la parábola? ¿A los contemporáneos judíos de Jesús? ¿A los discípulos de Jesús? ¿A los que serían discípulos? La respuesta a esta pregunta está ligada a la identificación de la imagen del novio. Si uno piensa que el novio es una referencia a Dios, entonces el público original sería considerado como los judíos contemporáneos de Jesús. Si el novio es una auto-referencia del mismo Jesús, entonces los oyentes podrían ser los contemporáneos de Jesús o susdiscípulos.[196] Al igual que la parábola del siervo fiel y siervo infiel, no se puede excluir ninguna opción.[197] Es posible y sin dificultad que la iglesia haya adaptado una advertencia a Israel con respecto a la preparación de la venida de Dios con la preparación para la venida de Jesús. Mateo obviamente dirige la parábola a los discípulos de Jesús, y esto es más probable en el final. El leguaje similar en el 7.21-23 se dirige a los que piensan que son seguidores de Jesús. Aunque la similitud aquí es el resultado de la conformación de Mateo, Lucas también emplea un lenguaje similar en el 12.35 para dirigirse a los discípulos. Si uno acepta que Jesús anticipó un intervalo entre su muerte y la reivindicación final, entonces se plantearía a los discípulos con la enseñanza acerca de la preparación para la parusía.[198] Sugiero que este es el caso.

5. ¿Es la "tardanza" un elemento esencial de la parábola, o refiere ella a la experiencia de la iglesia del problema de la tardanza de la parusía y muestra un origen en la iglesia en lugar de Jesús?[199] El tema de la importancia de la tardanza es un asunto crucial. Uno no puede eliminar la tardanza como una característica secundaria o sin importancia. La parábola está enmarcada en el hecho de la tardanza, y sin la tardanza no hay parábola. La tardanza es necesaria para que las lámparas se apaguen y para dar tiempo para que las vírgenes se duerman. La tardanza es la que demuestra la sabiduría o la insensatez de las participantes.[200] Sin embargo, ¿es la tardanza solamente una característica necesaria de la parábola o una indicación de la experiencia de la tardanza en la iglesia primitiva? El argumento de Jeremías que la tardanza fue causada por las negociaciones en el contrato matrimonial no inspira seguridad.[201] Del mismo modo, la afirmación de que la tardanza era una característica estándar de las bodas judías no tiene pruebas suficientes.[202] Sin embargo, si la razón de la tardanza es el banquete en la casa de la novia,[203] nada falso está implicado.

Tampoco la parábola o Mateo traicionan ninguna incertidumbre por la tardanza de la parusía.[204] Mateo sólo enfatiza que no se sabe el tiempo de la venida y que uno debe estar preparado, temas pertenecientes a la enseñanza de Jesús. *Chronizō* (el verbo para "tardanza" en el v. 5) no es lenguaje técnico para la tardanza de la Parusía. En la parábola del siervo infiel se usó *chronizō* (24.48) para representar una venida antes de lo esperado, pero en la parábola de las diez vírgenes se usó (25.5) para representar una llegada más tarde de lo esperado. Mateo está considera la preparación, no la tardanza de la parusía.[205]

Bornkamm y otros sin justificación han impuesto una preocupación por la tardanza en esta parábola y la compararon con la situación en 2 de Tesalonicenses.[206]

Varios hechos se repiten: Jesús declaró que no sabía la hora de "aquel día" (Mt 24.36 / Mr 13.32; Lc 12.40), anticipó un intervalo de una duración,[207] y advirtió a sus discípulos en lenguaje parabólico y no parabólico a estar preparados (Mt24.37-51; Mr 13.34-37; Lc 12.35-40; 21.34-36). Esta parábola es coherente con estos hechos y es una prueba más de la expectativa de Jesús de un intervalo antes de su vindicación.[208] La parábola merece ser interpretada en el contexto de Jesús y no llenarse con matiz alegórico ni ser analizada como una expresión de la experiencia de la iglesia de la tardanza de la Parusía. El problema del final de la parábola (vv. 11-13) todavía se debe considerar.

6. *¿Acaso "dormir" lleva algunas connotaciones negativas en esta parábola?* No hay ninguna razón para pensar que dormir lleva alguna connotación negativa, porque ambas duermen, las vírgenes prudentes y las vírgenes insensatas. Dormir se usa negativamente en los textos como Mateo 26. 38-46 / Marcos 14.34-42/Lucas 22.45-46, pero ninguna evaluación negativa del dormir surge del texto de la parábola.

7. ¿Son éticamente culpables las vírgenes prudentes por no compartir? Varias personas objetan que esta parábola es la antítesis de la enseñanza de Jesús, porque ella expresa opresión, el novio es descortés y las vírgenes prudentes no comparten o practican la solidaridad.[209] Tales prácticas traicionan una insensibilidad a la situación representada y también de cómo funcionan las historias. Si el aceite que las prudentes trajeron para sus lámparas se dividieran con las insensatas, todas las lámparas se hubieran apagado y la celebración no se podría continuar en la oscuridad. Más al punto, estas quejas muestran un fracaso rotundo para entender cómo funcionan las parábolas. La parábola y la realidad no están conectadas con signos de igualdad. Las parábolas no son imágenes directas de la realidad y no pretenden ilustrar la vida como ella debe ser. Ellas asignan sólo parcialmente las realidades que buscan revelar.[210] Además, esta es un syncrisis, que por su propia naturaleza contrasta los procesos positivos y negativos o entidades. Esta parábola no trata sobre ética sino sobre la prudencia y la insensatez con respecto a estar preparados. Nunca entenderemos las parábolas si no estamos dispuestos a enfocarnos en la función de la analogía,[211] y haciendo así se evitará este tipo de quejas.

8. ¿Concuerda el v. 13 con su exhortación de velar con la parábola debido a que todas las diez vírgenes se han dormido? En la superficie la advertencia de velar (*grēgoreō*) no concuerda con la parábola puesto que incluso las prudentes duermen. *Grēgoreō* literalmente significa "ser o estar despierto" pero metafóricamente se emplea con el sentido de "estar alerta". Velar no es una actividad pasiva, simplemente velando para que un evento ocurra, sino una metáfora para la preparación y el fiel cumplimiento del llamado cristiano.[212] En ese sentido es una descripción que concuerda con la meta de la parábola y nada tiene que ver con dormir y despertarse en la parábola.[213]David Flusser argumentó que Jesús empleo esta frase final como el final original de la parábola, aunque el refrán es más antiguo que la parábola.[214] *Más probable es que este fue un tema repetido de la enseñanza de Jesús a sus discípulos que Mateo coloco aquí como una conclusión adecuada. La similitud de la redacción en el 24.42-43 indica una forma mateana.*

9. ¿Cuál es la enseñanza de la parábola? Esto no es simplemente una parábola sobre la sabiduría sino específicamente sobre la sabiduría necesaria a la vista del eschaton. Como en la parábola anterior que el enfoque está en la parte negativa del contraste, como es evidente en los vv. 10-12. Con estos versículos ya no estamos ligados al mundo metafórico. La imagen de un novio no es muy adecuada para una advertencia de juicio inminente,[215] y aquí al final la parábola refleja más la realidad que representa, es más reveladora sobre la identidad del novio ("Señor, Señor") y las consecuencias de no estar preparadas y vuelve a enfocar sobre el Reino del v. 1. El lenguaje está formado a los temas de Mateo, como es evidente en comparación con el 7.22-23, pero los temas de rechazo y una puerta cerrada no son únicamente de Mateo (véase Lucas 13.25).[216] Tal lenguaje apunta al juicio final y la futura parusía. Como en todas partes, la enseñanza es que el Reino será un tiempo de separación.[217]La parábola subraya que la sabiduría significa entender la perspectiva escatológica de la enseñanza de Jesús y entonces vivir de una manera consecuente con la expectativas de la reivindicación y la plena venida del reino de Dios. Creo que esta parábola debe entenderse como que Jesús insta a sus discípulos a vivir con tal sabiduría. Si la preocupación original era para que sus contemporáneos judíostengan una sabiduría similar acerca de su propio ministerio, el efecto práctico no es muy diferente, y la iglesia sólo ha ampliado el mensaje. El punto importante es que la sabiduría esta escatológicamente definida. La sabiduría y la preparación son sinónimos virtuales.

La parábola insta a la previsión, la preparación, en vista de la venida del Reino. La parábola anterior advirtió que el Reino puede venir antes de lo esperado, pero este que puede venir más tarde de lo esperado. Se desconoce el tiempo; la certidumbre y la importancia de la venida se toman por sentado. La parábola no dice en qué consiste la preparación; eso se describe en las próximas dos parábolas, pero para Mateo y sus lectores esto ya es obvio por lo se ha dicho sobre el discipulado a través del Evangelio.

En instar a la sabiduría y la preparación, esta parábola es semejante a la parábola del juez injusto (Lucas 18.1-8): ella también proclama la certeza de la venida del Reino, a pesar de las apariencias, y en efecto pregunta si el Hijo del Hombre hallará fe en la tierra cuando llegue. Las parábolas del constructor de la torre y el rey que se marcha a la guerra tienen un enfoque similar sobre la sabiduría.

Adaptación de la parábola

El enfoque escatológico de esta parábola no debe perderse. Las sugerencias que la parábola se aplica a la muerte, la pérdida de oportunidad o la responsabilidad[218] quizá no sea totalmente inadecuada, pero ellas representan la parábola simple y sin fuerza. En el corazón de la fe cristiana esta la expectativa de que un día Dios hará justicia, que el reino vendrá y que Jesús será reivindicado y su sueño se hará realidad.[219] Vivir como sabios significa estar preparado para el reino de Dios. La preparación es una actitud, un compromiso y un estilo de vida. Significa vivir de una manera que coincide con el carácter del reino y ser fiel en todo momento.

La parábola no trata de la tardanza de la parusía, sino que la tardanza es un factor para nosotros. No podemos, y no debemos, vivir en entusiasmo e inquietud escatológica, algo que el NT nunca sugiere. La longitud desconocida del tiempo no es la cuestión. Los factores determinantes son el carácter de Dios y nuestra respuesta a él. Mal y la injusticia siguen siendo grandes problemas. La enseñanza de Jesús y la visión cristiana de Dios insisten que ellos no tienen la última palabra. Esa es una postura de fe, pero pide fidelidad y misión en el cumpliendo de los propósitos de Dios para la creación. O, como dice Richard Bauckham, "la tardanza de la parusía está llena con la misión de la iglesia".[220]

Lectura adicional

W. D. Davies and Dale C. Allison, *A Critical and Exegetical Commentary on the Gospel According to Saint Matthew* (3 vols.; ICC; Edinburgh: T. & T. Clark,

1988-97), 3:374-77, 391-401.

David Flusser, *Die rabbinischen Gleichnisse und der Gleichniserzähler Jesus* 1: *Das Wesen der Gleichnisse* (Bern: Peter Lang, 1981), pp. 177-92.

Joachim Jeremias, *The Parables of Jesus* (2d ed.; trans. S. H. Hooke; New York: Charles Scribner's Sons, 1963), pp. 51-53, 171-75.

Evald Lövestam, *Spiritual Wakefulness in the New Testament* (trans. W. F. Salisbury; LUÅ 55; Lund: Gleerup, 1963), pp. 108-22.

Susan Marie Praeder, *The Word in Women's Worlds: Four Parables* (Wilmington: Michael Glazier, 1988), pp. 72-98.

Armand Puig i Tarrech, *La Parabole des Dix Vierges. Mt 25,1-13* (AnBib 102; Rome: Biblical Institute, 1983).

Ruben Zimmermann, "Das Hochzeitsritual im Jungfrauengleichnis.

Sozialgeschichtliche Hintergründe zu Mt. 25:1-3," *NTS* 48 (2002): 48-70.

Los talentos y las diez minas (Mt 25-30; Lc 19.11-27)

Estas dos parábolas han sido desatendidas inexplicablemente, tampoco se las ha analizado en varios libros sobre las parábolas, aunque se encuentran entre las parábolas de narrativas más extensas y son muy importantes para los evangelistas. Además, el material de fuente primaria es menos útil para estas parábolas y ninguna de las explicaciones de los estudiosos es plenamente satisfactoria, para no decir nada del hecho de que a muchas personas no les gustan estas parábolas.

Tipo de parábola

La versión de Mateo es una parábola de narrativa indirecta doble bastante sencilla sin un *nimshal.* El *nimshal* es innecesario porque la realidad representada puede brillar a lo largo de la narración de la historia y por el contexto en que ella desarrolla. La versión de Lucas es una parábola de narrativa indirecta doble con dos tramas entrelazadas y también sin un *nimshal*. Al igual que en Mateo, el contexto permite que la realidad brille de modo que un *nimshal* es innecesario.

Asuntos que requieren atención[221]

1. ¿Cuál es la relación de las parábolas en Mateo y Lucas? ¿Puede determinarse la versión más temprana?
2. ¿Ha cambiado la intención original de las parábolas por las adiciones alegóricas (por ejemplo, en Mateo: "después de mucho tiempo" en el v. 19, "entra en el gozo de tu señor" en los vv. 21 y 23, echadle en las tinieblas de afuera en el v. 30; en Lucas: la orden directa de "negociad" v. 13, los elementos para reclamar el trono y la autoridad sobre ciudades en los vv. 17 y 19)?
3. ¿A quién va dirigido cada parábola?
4. ¿Cuál es el fracaso del tercer siervo? ¿Se habrían identificado los oyentes de Jesús con el tercer siervo en Mateo como que toma una decisión segura, o con Lucas que agrega el mandamiento explícito de "negociad" para establecer la culpabilidad del hombre?[222]
5. ¿Alude la narrativa de Lucas a los acontecimientos que rodearon a Arquelao después de la muerte de Herodes el grande?
6. ¿Señalan estas parábolas el retorno de Jesús después de un intervalo o a su anuncio de la pronta venida de Dios para el juicio? Es decir, ¿es el amo una figura de "Dios", una figura de "Cristo" o ninguno? ¿Están los lectores/oyentes cerca del comienzo de la narrativa cuando el amo se va o al final o cuando regresa?
7. ¿Cuál es el significado de Lucas 19.11? ¿Dijo Jesús esta parábola para prevenir el entusiasmo escatológico entre sus seguidores o para anunciar la inminencia del Reino?
8. ¿Cuál es la enseñanza de cada parábola?
9. ¿Acaso el lenguaje severo en Mateo 24.20-30 y Lucas 19.26-27 pertenecen a las versiones originales? ¿Cómo se debe manejar esta severidad?
10. ¿Son las parábolas antisemitas?

Material útil de fuente primaria

Material canónico

- NT: Mateo 13.12/Marcos 4.25/Lucas 8.18; Mateo 24.45-51; Marcos13.33-37; Lucas12.35-40, 41-46; 16.10-12; 19.43-44; 22.29; Apocalipsis 2.26

Escritos judíos tempranos

- *Ahiqar 192*: "Si tu amo confía agua para que lo cuides [y no eres digno de confianza con el agua, ¿cómo puede él] confiar oro en tu mano?"
- *Tobías*1.14; 4.20-21; 5.3: Tobías deja diez talentos de plata en confianza con un cierto Gabriel/Gabael en Media y veinte años más tarde le dice a su hijo Tobías sobre el dinero guardado en fideicomiso. El resto del libro trata sobre el viaje de Tobías para recuperar el dinero. El dinero es devuelto *con los sellos intactos* (9.5). Obviamente esto era dinero para guardarse, no dinero para invertir.
- *Josefo*, *J.W.* 2.1-38, 80-111; *Ant.* 17.208-49, 299-320: Estos pasajes hablan de los acontecimientos tras la muerte de Herodes el grande. Arquelao y su séquito viajó a Roma para persuadir a César que le confiera la autoridad para suceder como rey a Herodes (Antipas también hizo el viaje como un solicitante del trono). Además, una delegación de cincuenta judíos de Israel, sumados a 8 mil judíos en Roma,[223] compareció ante César para argumentar contra la petición de Arquelao de ser nombrado rey. Aunque estos textos hablan que Arquelao mandó matar 3 mil judíos problemáticos antes de ir a Roma, no se dan detalles de la venganza de la delegación judía en Roma que se oponían a él. Josefo dice, "Arquelao, al tomar posesión de su gobierno, no se olvidó de las viejas enemistades, pero trató no sólo con los judíos sino incluso los Samaritanos con gran brutalidad" (J.W. 2.111).[224]
- *3 Bar.* 12 – 16 (que era posiblemente más adelante y vuelta a escribir por los cristianos) habla de tres grupos de ángeles portadores de cestas de flores que representa las virtudes de los justos. Los ángeles con cestas llenas son para recompensar una cien veces a "nuestros amigos" que diligentemente han

hecho buenas obras. Aquellos cargados con medias cestas son para premiar consecuentemente, y los ángeles con las cestas vacías son los responsables de provocar aflicciones con plagas con plagas y castigar con la espada y la muerte y dejar sus hijos con los demonios. En la versión eslava Baruch pide a llorar a favor de ellos y se le permite hacerlo.

Escritos cristianos tempranos

- *Evangelio de Tomás* 41: "Quien tiene (algo) en su mano, a él se dará (más). Y quien no tiene, se le quitará aún lo poco que tiene."
- *El evangelio de los nazarenos* (según se registra por Eusebio, *Teofanía* 4.22)[225] "Pero desde que el Evangelio [escrito] en caracteres hebreos, ha llegado a nuestras manos, entra la amenaza no contra el hombre que había escondido [el talento], sino contra aquel que ha había vivido disolutamente, porque él [el amo] tenía tres siervos: uno que malgastó la propiedad de su amo con prostitutas y mujeres de vida fácil, el que multiplicó la ganancia y el que escondió el talento; por consiguiente uno fue aceptado (con gozo), el otro simplemente reprendido y el otro echado en la cárcel. Me pregunto si en Mateo la amenaza que se pronunció después de la sentencia contra el hombre que nada hizo puede que se refiera no a él, sino por epanalepsis[226] al primero que había derrochado y bebido con los borrachos."

Escritos judíos tardíos

- *m.'Abot* 3.1: "Considera tres cosas y no caerás en manos de la transgresión. Conoce de dónde has venido y adónde vas y ante quien darás cuenta. "De dónde has venido' —de una gota pútrida; 'y a dónde vas' —al lugar de polvo, gusano y larva; 'y ante quien darás cuenta y recibirás juicio' —ante el Rey de reyes, el Santo, bendito sea él."
- *m.'Abot* 3.17 se refiere al juicio como dar cuentas.
- *m.'Abot* 4.2: "Apresúrate para cumplir con el deber más ligero como el más pesado y huye de la transgresión; porque una

tarea atrae a otra y una transgresión atrae a otra transgresión; porque la recompensa de un deber [hecho] es un deber [para hacer], y la recompensa de una transgresión es [otra] transgresión." Véase Mateo 25.29/ Lucas 19.26.

- *b. B. Mesi'a* 42a: "Samuel dijo: El dinero sólo puede estar seguro [poniéndolo] en la tierra." La sección correspondiente de la Mishná, *m.Baba Mesi'a* 3.10-12 trata la responsabilidad del dinero que se guarda como ahorro. De acuerdo a 3.10 "si un hombre deja que su compañero cuide su dinero, y su compañero lo toma y lo pone sobre sus hombros… él es responsable." Sin embargo, el dinero que se deja en confianza es diferente al dinero que se deja para inversión.[227]
- *Abot de RabíNatán 14*: Cuando el hijo de Rabban Yohanan ben Zakkai murió, sus discípulos vinieron a consolarlo. Cuatro rabinos trataron de consolarlo señalando a Adán, Job, Aarón, y David, los cuales todos tuvieron hijos que murieron y todos aceptaron consuelo, pero estos rabinos sólo añadieron a la angustia del padre. R. Eleazar b. Arakh, dijo: "Yo te diré una parábola: ¿A qué esto se compara? A un hombre con quien el rey entregó un objeto. Cada día el hombre lloraba y clamaba, diciendo: '¡Ay de mí!, ¿cuándo saldré de esta confianza en paz?' Tú también, amo, tuviste un hijo: él estudió la Torá, a los profetas, las Sagradas Escrituras, estudió el Mishná, Halajá, Agada y partió del mundo sin pecado. Y debiste ser consolado cuando devolviste lo que se te confió." El rabino aceptó esto como consuelo apropiado.[228]Sin embargo, otra vez, esta parábola trata de algo valioso que se entrega para guardarse, no dinero para invertir.

Comparación de los relatos

Marcos 13.34 tiene una analogía de un versículo de un hombre que se va lejos y da autoridad a sus siervos para trabajar. Aunque el contexto en el discurso escatológico y en la redacción inicial es similar a la de Mateo, la comparación de Marcos carece de cualquier trama narrativa o desarrollo. Es más el uso de imágenes similares que un paralelo. Como se indicó anteriormente, considero convincente el argumento de Wenham que había un discurso escatológico pre sinóptico concluyendo con varias parábolas, uno de ellas fue la de los Talentos/las 10 Minas.[229]

Mateo coloca su parábola de los talentos en su discurso escatológico, después de la entrada triunfal de Jesús en Jerusalén, el incidente del Templo, y las preguntas para atrapar a Jesús. Los eventos de la pasión siguen inmediatamente después del cierre de este discurso. Lucas coloca su parábola de las 10 Minas después del incidente con Zaqueo en Jericó y justo *antes* de la entrada de Jesús en Jerusalén.

De las 301 palabras en la versión de Mateo y 281 en la de Lucas, solamente cincuenta son idénticas, y sólo diez más son las mismas palabras en diferentes formas o un parecido. Hay mucho mayor similitud en las parábolas de la tradición triple que en las parábolas común a Mateo y Lucas. Considerando que los primeros tienden a ser muy semejantes, la disparidad en algunas de las parábolas de doble tradición es suficiente para cuestionar si uno está tratando con la misma historia. (Véase la parábola de la oveja perdida y el banquete/fiesta de bodas).

El relato de Mateo es más coherente y se divide fácilmente en tres secciones, cada una con tres movimientos correspondientes a los tres siervos: la distribución del dinero (vv. 14-15); la acción de los siervos (vv. 16-18); el juicio final (vv. 19-30). La narrativa de Lucas es menos equilibrada debido a la introducción y la intercalación de dos tramas, la de los siervos y la del demandante del trono: Introducción (v. 11), la distribución del dinero (vv. 12-13), el odio de los conciudadanos y el envío de una embajada (v. 14), el juicio de los tres siervos (vv. 15-26) y la decapitación de los ciudadanos rebeldes (v. 27).

Las diferencias principales entre los relatos son:

Mateo	**Lucas**
	Introducción sobre las expectativas cerca de Jerusalén (v. 11).
Un hombre que se va de viaje distribuye uno, dos y cinco talentos a sus siervos conforme a su capacidad (vv. 14-15).	Un hombre noble va a un país lejano específicamente para recibir un reino y distribuye diez minas entre diez siervos, una mina cada uno (vs. 12-13).

	En Lucas se dice específicamente a los siervos que "negocien" hasta que el regrese, pero no se da ninguna descripción de sus esfuerzos (v. 13).
Los siervos no necesitan que les diga qué hacer con el dinero, pero sus esfuerzos se detallan: los dos primeros siervos doblan su cantidad, mientras que el tercer siervo escondió el dinero en la tierra (vv. 16-18).	
	Conciudadanos rebeldes le aborrecen y envían una embajada en rechazo de este rey (v. 14).
El día de dar cuentas se produce después de un largo tiempo, y las mismas palabras se dicen a los primeros dos siervos: "bien, buen siervo y fiel; sobre poco has sido fiel, sobre mucho te pondré; entra en el gozo de tu señor" (vv. 19-23).	El día de dar cuentas ocurre después de que el noble haya recibido el reino y desea saber lo que han ganado sus siervos. Sólo tres de los diez siervos aparecen. El primero ganó diez minas y el segundo cinco. Al primer siervo le dice: "Está bien, buen siervo; por cuanto en lo poco has sido fiel, tendrás autoridad sobre diez ciudades."Al segundo simplemente se le dice, "tú también sé sobre cinco ciudades" (vv. 15-19).

El tercer siervo dice que conocía que el Señor era hombre duro (sklēros), que siega donde no sembró y recoge donde no esparció, y por temer fue y enterró el dinero que ahora devuelve (vv. 24-25).

El tercer siervo escondió su mina en un pañuelo. Tenía miedo porque sabía que el hombre era severo (austēros), que toma lo que no puso y que siega donde no siembro (vv. 20-21).

El señor llama al tercer siervo malo y negligente (o posiblemente perezoso) y afirma que, dado el conocimiento que el siervo tenia del hombre, que debería haber dado el dinero a los banqueros de modo que él hubiera recibido interés (vv. 26-27).

El señor le pregunta al siervo, dado su opinión, por qué no puso el dinero en el banco (vv. 22-23).

Se da la orden de quitarle el talento y darle al siervo que tiene diez talentos (v. 28).

Se ordena a los que están presentes de quitar la mina del siervo y darla al siervo que tiene diez (v. 24) y los espectadores responden (v. 25, pero algunos textos omiten este versículo). No se menciona ningún otro castigo para el tercer siervo.

El proverbio: "Porque al que tiene, le será dado, y tendrá más; y al que no tiene aun lo que tiene le será quitado" (v. 29).

El refrán, "todo el que tiene se le dará; mas al que no tiene, aun lo que tiene se le quitara" (v. 26).

La orden de decapitar a los rebeldes (v.27).

Se da la orden de echar al siervo inútil en las tinieblas de afuera, donde será el lloro y crujir de dientes (v. 30).

Si estas dos parábolas derivan del mismo original, entonces las tradiciones que Mateo y Lucas dependen debieron haberse diferido muy temprano. Debe prestarse atención seria al hecho de que estas parábolas son dos similares, pero independientes.

Características del texto que merecen atención

Mateo y Lucas

La responsabilidad asignada a los siervos les da una obligación, y entonces estas parábolas son semejantes de aquellas donde aparecen los deudores. La obligación/deuda es un tema importante en las parábolas de Jesús. Además de estas dos parábolas, compare las parábolas del siervo malvado (Mt 18.23-35), los dos hijos (Mt 21.28-32), los labradores malvados (Mt 21.33-45/Mr 12.1-12/Lc 20.9-18), los dos deudores (Lc 7.41-43), el mayordomo infiel (Lc 16.1-13), el siervo fiel y prudente (Mt 24.45-51; Lc 12.42-46), y el hombre que se va lejos (Marcos 13.34-36).

El dispositivo de diálogo entre un amo y un subordinado (o subordinados) en el mal aparece también en la parábola del siervo malvado (Mt18.23-35), los obreros de la viña (Mt 20.11-15), la fiesta de bodas (Mt 22.11-13), las diez vírgenes (Mt 25. 1-13), las ovejas y las cabras (Mt 31-46), el hijo pródigo (Lc 15.11-32) y el rico y Lázaro (Lc 16.19-31).

Se dirige al amo en estas parábolas con la palabra griega *kyrios*, que es la palabra correcta para el uso de un amo humano, pero también se emplea en referencia a Dios, o más tarde en la iglesia, el Cristo exaltado. ¿Qué otro matiz podemos asignar a esta palabra flexible, particularmente cuando el Hijo del Hombre como juez se le trata de *Kyrie*en Mateo 25.37 y 44, pero otra palabra no es apropiada para un siervo/esclavo de un amo? Compare en Lucas 19.33-34 el uso de *Kyrioi* para los dueños del pollino que Jesús montó y el uso de Jesús de *Kyrios*, el amo verdadero del polillo/Señor.

Específico a Mateo

Como se indicó anteriormente, Mateo tiene un énfasis quíntuplo respecto de que nadie sabe la fecha de la venida del Hijo del Hombre (24.36, 42, 44, 50; 25.13) y da importancia a los temas como la vigilancia, la sabiduría, y la fidelidad.[230]Observe aquí además la alabanza a los siervos fieles (24.45-46 25.21, 23; 25.34), el enfoque en las posesiones (24.47; 25.14) y las exclusiones de la presencia del amo/ Señor queregresa (24.51; 25.10, 30, 46, con lloro y crujir de dientes en 24.51; 25.30).

La parábola del siervo infiel (Mt 24.45-51) es bastante similar a la de los talentos. En ambas un amo da una responsabilidad a un siervo/ siervos en su ausencia y recompensa a los fieles con responsabilidad adicional y castiga a los infieles duramente en un lugar donde hay lloro y crujir de dientes.

Hōsper gar ("Porque es cómo", v.14) no debe entenderse que la parábola es vista simplemente como una explicación del v. 13 y la idea de estar alerta. Más probable es que ilustra los temas más amplios de toda la sección, como sus paralelos con 24.45-51 muestran.

La estructura de la parábola es clara: Los vv. 14-15 presentan las circunstancias, los vv16-18 describe la actividad de los siervos, el v. 19 establece la escena del regreso del amo para saldar cuentas, los vv. 20-23 emplean lenguaje idéntico para describir los informes de los dos primeros siervos y las respuestas del amo y los vv. 24-30, la sección más extensa de la parábola, describe el informe del tercer siervo y la respuesta del amo, con los vv. 28-30 que dicen del castigo decretado.

Específico a Lucas

La colocación de Lucas de la parábola después del incidente de Zaqueo y antes de la entrada triunfal merece especial atención. La declaración a Zaqueo, "hoy ha venido la salvación a esta casa" (19.9), proporciona la razón dentro de la narrativa porque algunos pensaban que el reino iba aparecer inmediatamente. Varias características de la narrativa de Lucas de los últimos días en Jerusalén conectan a las características de la parábola: en los relatos de la entrada triunfal, solo Lucas tiene a Jesús proclamado como "el rey" (19.38), los ciudadanos rebeldes y su destrucción en la parábola se reflejan en el lloro de Jesús por Jerusalén (19.41-44), y la actitud de los ciudadanos rebeldes se refleja en la actitud de los principales sacerdotes, los maestros de la ley y los principales del pueblo (19:47).[231]

Esta sección de Lucas es dramática en la forma que describe la llegada de Jesús cerca de Jerusalén. Jesús estaba cerca de Jerusalén (*engys*) (19.11), prosiguió (*emprosthen*, también en el v. 27) y subiendo a la ciudad, cerca de (ēngisen) Betfagé (v. 28), iba delante (*engizontos*) cerca de la bajada del monte de los Olivos (v. 37) y llegando cerca (ēngisen), vio la ciudad y lloró. Se utilizan dos ortografías diferentes de Jerusalén: *Ierousalēm* (v. 11) y *Hierosolyma* (v. 28).[232]

Compare los diez siervos de Lucas, que solamente son tratados tres de los cuales, a la parábola de los obreros de la viña (Mt 20.1-16), que cuenta con cinco grupos de contratados, y sólo son tratados dos de los cuales.

La idea que los justos son puestos sobre las ciudades (o las naciones, 19.17, 19) es paralela con la idea de las recompensas a los justos que se describe en Apocalipsis 2.26-27 y Sabiduría 3.8. El v. 25 no está presente en unos manuscritos: Los Códices Bezae y Washington, ocho minúsculas (no citadas por UBS4) y algunos leccionarios y evidencia de versión. Generalmente se acepta como parte del texto, pero la transición del nivel "D" de confianza para colocar el versículo en corchetes individuales en UBS1 a la "A" para su inclusión sin corchetes en UBS4 es sorprendente. Aunque este versículo dice que el primer siervo tiene diez minas, en realidad este siervo tiene once. El versículo no contribuye mucho, lo cual pudo haber llevado a su omisión.

Información cultural

No es ninguna sorpresa que los acuerdos económicos entre aquellos con recursos y los obreros eran comunes en el mundo antiguo, como atestiguan varias de las parábolas de Jesús y varias otras fuentes.[233] Se arguye si las personas en la parábola a las que se les confía con dinero eran esclavos o siervos. *Doulos* puede significar ambas. Derrett argumentó que eran siervos porque los esclavos no habrían tenido los poderes que un agente requería para los intercambios comerciales.[234] Otros insisten en que los eran esclavos de gestiones,[235] que es más probable, pero ciertamente no es posible. La distinción hace poca diferencia en la parábola, pues el amo tiene un control absoluto sobre el futuro de ellos, ya sea porque son esclavos o porque la realidad representada por la parábola así lo muestra.

La ley del AT prohibía que los israelitas cobraran intereses a otros israelitas (Éx 22.25; Lv 25. 35-37; Dt 23.19-20), una ley que a menudo se quebrantaba (véase Sal 15.5; Jer 15.10; Ez 18.8, 13, 17; 22.12), pero se podía cobrar interés a los no israelitas (Dt 23.20). Además, la discusión sobre el interés en la antigua Palestina es complicada y puede ser que no estaba en efecto la prohibición de los préstamos *comerciales* en el siglo primero.[236] En el material rabínico se realizó considerable esfuerzo para distinguir el interés del incremento legítimo.[237]

La definición que sabemos de "talento" refiriéndose a la habilidad humana deriva de esta parábola, y, aunque mucho antes la gente interpretó el "talento" en relación con la habilidad, este uso de la palabra no surgió hasta el siglo XV. Para los lectores modernos este significado es por lo menos distractor y potencialmente engañoso. Un talento en el mundo antiguo era un peso monetario de aproximadamente 60 a 90 libras. (Había una variación significativa en diferentes tiempos y lugares). Dependiendo del metal en cuestión, el valor de un talento era equivalente al salario de 6 mil días de un jornalero (más o menos veinte años de trabajo), así que el siervo que recibió cinco talentos le tocó una gran suma. Obviamente el siervo con "un talento" aún tenía una gran cantidad.[238] Los valores son tan grandes que algunos piensan que las cantidades en Mateo son el resultado de sus cambios de redacción, como se alude también por la enorme suma en su parábola del siervo malo. Sin embargo, aunque las parábolas tienen a menudo una hipérbole, la base de esta decisión es insegura.

Las cantidades de Lucas son mucho más pequeñas pero todavía implican una cantidad significativa. Cada siervo recibió una mina, el equivalente de unos 100 días de salario para un obrero común.

Esconder el dinero en la tierra era una medida de seguridad común. El rollo de cobre de Qumrán (3Q15) es una lista de los tesoros escondidos.

Explicación de la parábola

Opciones de interpretación

La interpretación alegórica de la iglesia consideraba el hombre que se marcha como Cristo que asciende al cielo, su regreso como la parusía y las recompensas y los castigos como la decisión para los salvos y los perdidos. La parábola se entendía más específicamente sobre la recepción del Evangelio. Con algunas variaciones el primer siervo representa la conversión de los judíos, el segundo la conversión de los gentiles y el tercero al no converso. Algunos consideraron que los siervos refieren a los maestros, el primero enviado a los judíos, el segundo a los gentiles, y el tercero como ministros negligentes que no hicieron su trabajo. Que el señor siega donde no sembró era entendido a veces como que señala a los salvados a través de la ley natural, a veces como que refiere sólo al castigo y a veces sólo como una falsedad.[239]

2. Muy popular entre los predicadores y algunos estudiosos es la interpretación de esta parábola principalmente en términos de administración con poca o ninguna atención a temas escatológicos. Luego la parábola enseña que la recompensa se gana sólo con esfuerzo, que la fidelidad lleva al éxito, y que falta de fidelidad a pérdida.[240]

3. La parábola representa el tiempo de la muerte y resurrección de Jesús a la parusía y se dirige hacia los discípulos para animar a vivir conforme al Reino. Esta es la comprensión tradicional más obvia de la forma actual de la parábola.[241]

4. Lo que ahora es una parábola parusía originalmente era una parábola contra los líderes judíos, que construyeron una cerca alrededor de la ley y crearon una religión estéril, o especialmente contra los escribas, a quienes se les confió la palabra de Dios.[242] Más adelante, la iglesia primitiva dio a la parábola características éticas y escatológicas.

5. La parábola en Lucas no señala la tardanza, sino que *anuncia* la manifestación del Reino *inmediatamente*. Lucas Johnson abogó por este enfoque y ha sido seguido por varios, especialmente N. T. Wright, que considera la entrada de Jesús en Jerusalén como una representación simbólica de Jehová que viene a Sion para juzgar y salvar. Él ve la parábola como la clave explicativa del enigma que muestra la importancia de la llegada de Jesús. En lugar de estar al principio de la historia, los oyentes aparecen al final de la historia cuando el amo está a punto de regresar.[243]Algo relacionado es el enfoque que interpreta la parábola de Jesús como la predicación del Reino y la recepción por sus oyentes.[244]

6. El amo en la parábola no es una figura positiva, sino una negativa, y la acción del tercer siervo es encomiable. Para un campesino este es un texto de terror; la parábola funciona como una advertencia a quienes maltraten a los pobres. R. Rohrbaugh inició este enfoque y varios otros han ampliado su punto de vista, especialmente W. Herzog, quien sugirió que los dos primeros siervos obraron "con diligencia" y que el amo pensaba que la explotación y la vida derrochadora eran honorables.[245]

Decisiones sobre los asuntos

1. ¿Cuál es la relación de las parábolas en Mateo y Lucas? ¿Puede determinarse la versión más temprana? Parábolas tan divergentes como los relatos de dinero que se registran en Mateo y Lucas generan numerosas teorías sobre su historia de tradición. El enfoque académico típico de estas parábolas argumenta:

a. que las dos versiones son diferentes relatos de un original, aunque es difícil de rastrear la relación de los relatos al Q, que el relato de Mateo es más cercano al original, pero Mateo ha dado forma a la parábola alegóricamente para reflejar un interés por la escatología y la tardanza de la parusía colocándola en su discurso escatológico, por varias adiciones algunas de las cuales pueden que sea debido a la tradición ("después de mucho tiempo" en el v. 19 "entra en el gozo de tu señor" en los vv. 21 y 23, el proverbio en el v. 29, echado en las tinieblas de afuera en el v. 30) y por el cambio de las *minas* a los *talentos*, y
b. que Lucas de alguna manera ineficazmente unió las dos parábolas (el de las minas y del demandante del trono) y ha dado también forma al resultante escatológico de la parábola colocándola justo antes de la entrada a Jerusalén, por su introducción en el v. 11 y por una orden directa de "negociad" en el v. 13.

Sin duda, ambos relatos han sido formados y tienen anomalías, especialmente la de Lucas, y uno puede entender cómo surgen estas reconstrucciones eruditas. Al mismo tiempo cada vez más desconfío de los métodos y los resultados. Casi invariablemente los métodos y las suposiciones de los eruditos se aplican mecánicamente, y las reconstrucciones son representaciones cortas y poco atractivas. ¿Podemos realmente separar tradición y redacción tan fácilmente como algunos sugieren? Tener entendimiento de la incertidumbre no impide que se ofrezca reconstrucciones. J. Lambrecht supone que el texto original debe estar libre de todas las adiciones y ediciones de Mateo o Lucas,[246] y Alfons Weiser supone que él puede distinguir lo que proviene de la fuente especial de Mateo, de la redacción de Mateo, y del Q, aunque reconoce que la fuente especial y la redacción de Mateo son muy semejantes en composición y substancia.[247]Las estadísticas de palabras y las tendencias en las composiciones, aunque son de gran ayuda, no demuestran el origen. Las ideas o relatos que un evangelista haya recibido fueron *preservados* y *reformados* según su propio estilo. Además, uno debe admitir que el lenguaje y pensamiento del evangelista no sólo forma la tradición, *sino que igualmente son formados por la tradición que él valora*. Excluir todo material que muestra tendencias de redacciones, como hacen Lambrecht y otros, invariablemente excluirá material auténtico. Cuando uno toma en serio lo que todos admiten, que la mayoría de las historias de Jesús fueron contadas en numerosas ocasiones, debe dejarse cualquier idea de volver a un original prístino.

Algunos eruditos reconocen que no podemos volver a una forma original, aunque a menudo estas mismas personas todavía ofrecen reconstrucciones breves de las parábolas de Jesús. B. Scott y otros sostienen por una estructura originaria, pero las reconstrucciones aquí no son diferentes ni son más convincente o útiles.[248]

El comentario de Dale Allison en una denuncia de la norma intenta reconstruir los dichos originales, "nos debe inquietar que ninguna de nuestras historias –tradiciones especulativas jamás pueden ser falsificadas."[249] La subjetividad que da forma a Jesús para adaptarse a nuestro criterio vicia nuestros llamados métodos críticos. Si Jesús estaba enfocado escatológicamente como Allison argumenta, entonces deben desecharse las presuposiciones sobre las cuales se ha reconstruido esta parábola. Otros, en particular, tan diferentes como son, N. T. Wright y Luise Schottroff, también carecen de confianza en los métodos antiguos y los evitan.[250] Lo que se necesita de todos los eruditos es más cautela y humildad.[251]

> Teniendo en cuenta las diferencias significativas entre los dos relatos, tres opciones son posibles:
>
> Tenemos dos parábolas independientes que desarrollan la misma tramacon el reclamante del trono que es original a la parábola de Lucas.
>
> Tenemos dos parábolas independientes, pero Lucas (o su tradición) añadió el los elementos del trono.
>
> Tenemos un original común que desarrolló en dos direcciones y que Lucas (o su tradición) modifico por la fusión de los elementos del demandante del trono.

Ninguna de estas opciones puede excluirse. Por lo menos tres parábolas además de estas dos tratan los mismos temas de los bienes que se entregan, la ausencia de un amo y más tarde un ajuste de cuenta: el siervo fiel o siervo infiel (Mt 24.45-51), el hombre que va de viaje (Marcos 13.34-36) y los labradores malvados (Mt 21.33-45/Marcos 12.1-12/Lucas 20.9-18). Otras parábolas están estrechamente relacionadas y las parábolas rabínicas emplean los mismos temas.[252] Puesto que tales historias se contaron a menudo y debido a la falta de lenguaje común entre Mateo y Lucas, no creo que los dos relatos provean la misma parábola o tienen alguna relación genética. Una de las dos primeras opciones es más probable.

2. ¿A quién va dirigida cada parábola? Esta es una pregunta crucial. La explicación de C. H. Dodd y J. Jeremías que Jesús contó originalmente estas parábolas contra los líderes judíos o escribas ha sido influyente,[253] pero tiene poco a su favor. Si el tercer siervo refleja a los líderes judíos a quienes se les confió la Ley, ¿a quienes reflejan los dos primeros siervos? Aunque el énfasis se coloca en el tercer siervo, las parábolas tratan sobre la fidelidad/recompensa y la infidelidad/castigo. Si se tenía en vista a los líderes judíos, esta podría haber sido una parábola sobre un sólo siervo o un grupo de siervos infieles. Además, no se puede acusar a los líderes judíos y los escribas de "enterrar" lo que recibieron o de ser perezosos. Ellos estaban continuamente comprometidos con la enseñanza de la ley y en extender su influencia, como evidencia Mateo 23.15. Tampoco la parábola va dirigida a los judíos en general. Es mucho más probable que ambas versiones fueron dirigidas originalmente a los discípulos de Jesús o al menos aquellos que habían respondido positivamente a su prédica del Reino.[254] Oír el mensaje del Reino no es sólo un privilegio, sino una responsabilidad, y la gente será responsable de lo que hacen con el mensaje.

3. ¿Cuál es el fracaso del tercer siervo? Los intentos para sugerir que los oyentes de Jesús se habrían identificado con el tercer siervo o le habrían considerado como que había tomado una decisión encomiable[255] seguro no va a funcionar. Tampoco es probable que Lucas cambiara la intención de la parábola añadiendo el mandato de hacer negocios para hacer que el tercer siervo sea más culpable. Los pasajes rabínicos indicaron en argumentos que la acción del tercer siervo era encomiable (m. Baba Mesi'a 3.10 y b. Baba Mesi'a 42a) arguyendo que el dinero fue puesto en lugar seguro. En ese caso, enterrar el dinero es apropiado, pero el dinero en la parábola no se entregó para guardarse. La suposición, que todos pueden reconocer, es que los siervos deben utilizar el dinero para crear beneficios, o "a cada uno conforme a su capacidad" en Mateo 25 no tendría sentido. Otras opciones en relación con el tercer siervo serán tratadas más adelante. Lucas 19.13b sólo hace explícito lo que todos suponen.

A diferencia del procedimiento con otras parábolas que los problemas podrían tratarse en secuencia, los relatos de Mateo y Lucas son tan diferentes que desde este punto es necesario tratarlos por separado. Los temas para cada parábola se tratarán según corresponda.

4. Cuestiones restantes específicamente en cuanto a Mateo. ¿Ha cambiado la intención original de la parábola por las adiciones alegóricas? En Mateo los asuntos son: "después de mucho tiempo" en el v. 19, "entra en el gozo de tu señor" en los vv. 21 y 23 y "echadle en las tinieblas de afuera" en el v. 30. Tales expresiones rompen los límites de la historia de modo que la realidad propuesta se evidencia. Esto no es necesariamente pruebas de interpretación de la redacción. Hemos visto antes que Jesús o los profetas del AT no siempre mantienen una estricta separación de la imagen y los hechos en las parábolas. Las parábolas más probables de permanecer completamente dentro de la historia son las que se dirigen a los opositores a quienes la verdad está oculta hasta que son "seducidos a la verdad", y se les urge a cambiar. Las parábolas que más probablemente permiten que el hecho se evidencie son las que se dirigen a los seguidores o aquellas con el propósito de enfrentar directamente a los opositores.[256] Las palabras "después de mucho tiempo" (v. 19, literalmente "después de mucho tiempo") algunos suponen que señala la tardanza de la parusía,[257] pero era necesario algún periodo de tiempo para que los siervos realizaran sus responsabilidades, y puede que esto sea todo lo que significa. Si Mateo agregó esta declaración, no sacó mucho de ella. Una decisión acerca de las palabras como "entra en el gozo de tu señor" dependerá de otras decisiones sobre la parábola y de y una consideración mayor acerca de Jesús y la tradición de los Evangelios. Ellas podrían ser el resultado de la tradición o el énfasis de Mateo de lo que está en juego, pero si Jesús dirigió la parábola a sus discípulos, puede que el lenguaje sea de él, según lo sugerido por su promesa de que los doce se sentarán en doce tronos para juzgar a las tribus de Israel (19.28) o los comentarios que impulsó la petición para que Santiago y Juan se sentaran el uno la derecha y el otro a la izquierda de Jesús (20.21). Una vez más tenemos una parábola diáfana.

Las decisiones sobre el final de la parábola son más complicadas y se tratan más adelante.

La pregunta si Mateo cambió las minas por los talentos para exagerar la cantidad de dinero es relativamente poco importante, pero ya sea cambiada por Mateo u original, ¿cómo puede el amo decir al siervo que recibió cinco talentos (el salario de ¡cien años!) y al que recibió dos (el salario de 40 años) que habían sido fieles sobre *poco* (vv. 21 y 23)? Otros textos tienen igualmente grandes sumas,[258] y no debemos sólo suponer que Mateo hizo el cambio. Aunque no es completamente satisfactorio, es más probable que el dinero mismo sea considerado como insignificante en contraste con el mayor regalo escatológico que se haya otorgado.

5 ¿Señalan estas parábolas el retorno de Jesús después de un intervalo o el anuncio de Jesús de la pronta venida de Dios para el juicio? ¿Aparecen los lectores/oyentes al inicio de la narrativa cuando el amo se marcha o cuando finalmente regresa? N. T. Wright argumenta que las parábolas en Mateo 25 no tratan sobre el retorno de Jesús, sino el juicio próximo sobre Jerusalén y sus líderes. Para él los oyentes aparecen al final del relato.[259] Mateo, creo que es seguro decir, entendió que la parábola refiere la época entre la partida de Jesús y su regreso, pero sugiero que la parábola de Lucas toma un rumbo diferente. Con Mateo nos quedamos con las mismas opciones que con las dos parábolas anteriores. Es posible que Jesús contó una parábola acerca de la venida del reino de Dios y que la iglesia volvió a aplicar la parábola a su situación después de la muerte y resurrección de Jesús. Sin embargo, está menos claro de cómo encajaría esta parábola con un enfoque en el Reino presente o sobre el juicio de los dirigentes de Israel. Si ambos fuera el propósito de la parábola, ¿por qué centrarse tanto en las actividades de los dos siervos fieles? La parábola es un llamado a la fidelidad y una advertencia contra la infidelidad. Ella anticipa el paso del tiempo cuando es necesaria la fidelidad. También, al menos en su forma actual la parábola habla del juicio final, no la destrucción de Jerusalén. En la versión de Mateo nada hay que sugiera la destrucción de Jerusalén.

6. ¿Cuál es la enseñanza de la parábola de Mateo? Tres preguntas deben abordarse en la interpretación de la parábola de los talentos:

> *¿Dijo Jesús esta historia para acentuar la mayordomía y sin intereses escatológicos?*

¿Fue la parábola original de Jesús una advertencia sobre el maltrato a los pobres?

¿Qué enseña la parábola con respecto a la expectativa de Jesús del reino venidero?

Para apoyar el énfasis en la mayordomía *en lugar* de la escatología David Flusser puede argumentar legítimamente que al marcharse el amo en las parábolas rabínicas era un modo técnico para describir cómo los seres humanos se comportarían si creían que Dios no estaba presente.[260] La parábola trata acerca de la mayordomía, pero ¿es la mayordomía el tema en general o específicamente mayordomía *en relación* con el Reino? Si la parábola se coloca en el contexto de la enseñanza de Jesús, que es muy diferente a la de los rabinos,[261] es difícil negar la intención escatológica de la parábola. La enseñanza de Jesús constantemente apunta a una crisis y juicio para sus oyentes. Los temas de mayordomía son importantes, pero deriva su significado en el contexto de la enseñanza de Jesús sobre el Reino y el futuro.

El argumento de que esta parábola es una advertencia acerca del maltrato a los pobres se basa en los planteamientos que sostienen que el amo y los dos primeros siervos son figuras negativas y el tercer siervo es una figura positiva cuyas acciones habría sido consideradas encomiables.[262] Este enfoque evita ver la dureza y el juicio del amo como que habla de Dios, pero es más una usurpación de la parábola que una interpretación. Si esta es una advertencia acerca del maltrato a los pobres, es en extremo ambigua. La descripción del siervo del amo como severo no es compatible con las acciones del amo con los primeros dos siervos y no se afirma en la narrativa.[263] Las palabras del tercer siervo son meramente la base en la cual él es juzgado. Difícilmente los oyentes se identificarían con el tercer siervo y su miedo,[264] que le lleva a esconder el dinero, y sus acciones son apenas el desafío de un sistema opresivo. [265]Como se indicó anteriormente, enterrar el dinero (como se registra en Mateo) no es una acción loable, lo cual el relato de Lucas lo hace más culpable porque el siervo esconde el dinero en un pañuelo. El dinero no se dejó para guardarse, sino para su inversión, incluso sin el mando directo de hacer negocios en Lucas 19.13b, como evidencia las acciones de los primeros dos siervos. La parábola supone que no invertir el dinero es una negligencia del deber. Además, la regla de tensión final pone el énfasis en el juicio del amo, no en las acciones del tercer siervo.[266] El tercer siervo es un ejemplo totalmente negativo y esta parábola nada tiene que ver con la advertencia contra el maltrato del pobre.

La acusación de severidad, en efecto, pone el amo en juicio, pero no se presta atención a la imputación. Ésta no se responde explícitamente, pero el trato que el amo da a primeros dos siervos sugiere que la acusación no tiene fundamento.[267]

La intención de Mateo con la parábola es clara. Él entendió la parábola como una exhortación para los seguidores de Jesús de ser fieles en su obediencia hasta su regreso. Hay poca evidencia que *esta* parábola trata el tema de la tardanza de la parusía, pero debe ser considerada como evidencia de un intervalo esperado cuando Jesús ya no esté con sus discípulos. A menos que el bosquejo de la expectativa futura de Jesús que se da arriba sea equivocado,[268] entonces el amo refleja a Jesús mismo antes que a Dios. Ciertamente esta es la intención de Mateo. Si Jesús anticipó un intervalo de duración desconocida, entonces es perfectamente lógica una parábola a sus discípulos acerca de la fidelidad al Reino durante ese intervalo. Debemos esperar que Jesús preparara a sus discípulos para la ausencia causada por su muerte. Sin embargo, el asunto no es establecer una agenda para el futuro. De hecho, Jesús constantemente evitó tales especulaciones apocalípticas.[269] La parábola supone más la escatología de lo que la enseña. Sin duda no se debería alegorizar para que la marcha del amo sea la ascensión y cada detalle signifique algo, pero la parábola anticipa la ausencia y el retorno de Jesús y la recompensa (probablemente el banquete mesiánico) y el castigo, como la mayoría de otros textos que tratan del juicio.[270]No necesitamos alegorizar los talentos u otros aspectos de la parábola para saber cómo funciona la analogía. Los talentos no significan nada excepto el gran valor del Reino y la importante responsabilidad que requiere.[271] Como un amo que premia o castiga a sus siervos por su productividad durante su ausencia, así Jesús pedirá cuenta a sus seguidores por su productividad en el Reino durante su ausencia.

7. ¿Pertenece el lenguaje áspero en Mateo 25.29-30 a la versión original? ¿Cómo debe manejarse esta dureza? El v. 28 no es una conclusión satisfactoria de la parábola, porque los oyentes esperan algo más negativo para el tercer siervo que la pérdida de algo que él no quería de todos modos.[272] El proverbio en el v. 29 es paralelo en la parábola de Lucas (19.26) pero también se registra en Mateo 13.12 y Marcos 4.25 / Lucas 8.18, todos en cercana semejanza a la parábola del sembrador. En estas tres ocurrencias el proverbio se aplica a cómo uno responde al mensaje del Reino, que no está lejos de su uso en las parábolas bajo consideración. A quien responde, se da más; a quien no responde, incluso lo que tiene pierde. Si el primer uso del proverbio estaba en relación con la proclamación del Reino o las parábolas no se pueden determinar aquí,[273] pero es más probable que el proverbio se haya originado en otro lugar, que fue utilizado a menudo, y fue agregada a esta parábola por Jesús o en la tradición. También parece que de alguna forma el dicho del castigo siempre estuvo presente en el final de la historia. De lo contrario el fracaso del tercer siervo no tiene resultado negativo.

Tratar con la dureza del lenguaje es más bien un problema con el texto de Lucas que el de Mateo, pero aquí es necesario algún comentario.[274]El tema del juicio no es atractivo para la mayoría de nosotros, y a menudo los eruditos no sólo evitan las ideas de juicio sino que también le restan responsabilidad moral, como si las lecciones morales de alguna manera sean inferiores. Al pensar así, se desprecia la vida, porque nuestras acciones no significan nada. Varios intérpretes sostienen incluso que esta parábola trata de la gracia,[275]en parte porque el dinero fue hecho disponible por el amo. H. Weder va más lejos como para negar que Jesús siquiera dice algo del juicio con esta parábola, y A. Puig Tarrech afirma que Jesús no amenaza a los oyentes.[276] Tales esfuerzos parecen ser intentos de poner la enseñanza de Jesús en línea con las ideas de la justificación por gracia y para evitar el moralismo. Las parábolas de Jesús, y ciertamente ésta, enfatizan la responsabilidad moral y lleva una amenaza inevitable de juicio. Los profetas usan lenguaje fuerte y este lenguaje funciona para sorprender, arrestar y forzar a la consideración. Si el Reino trata de algo, trata de la responsabilidad a la voluntad del Padre.

Echados en las tinieblas de afuera se menciona en otros lugares y sólo en Mateo 8.12 y 22.13 significa separación de todo lo bueno, específicamente de Dios. A todas las tres ocurrencias le siguen porque "allí será el lloro y el crujir de dientes". El uso de "echaran en el horno de fuego" en el 13.42 y 50 verifica que Mateo ha pensado del Gehena. Esto concuerda con la advertencia de Jesús sobre el castigo en el Gehena en otros textos.[277] No podemos evitar el enfoque sobre el juicio en la enseñanza de Jesús, pero nuestro enfoque debe ser con la función del lenguaje de arrestar, advertir y obligar a tomar en cuenta, no dar una descripción del juicio.

8. ¿Es esta parábola antisemita? Esta parábola no ataca al pueblo judío y obviamente si la parábola de Mateo está dirigida a los discípulos, la parábola no es antisemita. Ella se preocupa que los discípulos puedan fracasar en ser discípulos.

Cuestiones restantes específicamente con respecto a Lucas. Algunas de las decisiones tomadas en el análisis de la versión de Mateo se aplicarán aquí también. ¿Ha cambiado la intención original de la parábola por adiciones alegóricas? En Lucas, las cuestiones son la orden directa de "negociad" en el v. 13 (que fue tratado anteriormente), los elementos del peticionario del trono (vv. 12a, 14 y 27) y la autoridad sobre las ciudades en los vv. 17 y 19.

Ambas versiones de esta parábola tienen anomalías, pero la versión de Lucas de la parábola es mucho más difícil. Los elementos del reclamante del trono cambia el foco de la parábola y teje una segunda trama que provoca unas pérdidas No se menciona el castigo del tercer siervo en Lucas, una característica que se perdió en el anuncio del castigo a los ciudadanos rebeldes. Diez siervos reciben una mina, pero sólo tres se encuentran en el juicio final, lo cual deja un sentido que falta algo por completar. En Mateo, los siervos que reciben grandes sumas de dinero se les dice que han sido fieles sobre *poco*. Una anomalía similar ocurre aquí. ¿Por qué cuestionar que se da una mina (aproximadamente el salario de tres meses de un jornalero) a un hombre que tiene no sólo diez minas, sino diez ciudades? La recompensa de las ciudades proviene directamente de la figura del demandante del trono. Existen otras parábolas de "doble trama" —el hijo pródigo, el rico y Lázaro, y la versión de Mateo del banquete de bodas—, pero las tramas generalmente se mantienen separadas.[278] También, en relación al sentido que algo queda sin terminar, la parábola de los obreros de la viña habla que cinco grupos son contratados pero solo trata del primer y el último grupo en el día de dar cuentas.[279]

La mayoría de los estudiosos aceptan que los elementos del reclamante del trono fueron agregados más adelante, aunque algunos sostienen que el relato de Lucas conserva una parábola original esencialmente según lo que dijo Jesús.[280] Nadie puede estar seguro y no hay mucho que perder. Lo más importante es entender lo que Lucas pretende transmitir por contar la historia como lo ha hecho y lo que Jesús quería decir con estas dos tramas. Aunque Jesús podría haber contado una historia tan complicada, las anomalías favorecen la opinión de que Lucas o su tradición unieron dos parábolas que trata con un amo que se marcha y regresa para arreglar cuentas.[281]

9. ¿Alude el relato de Lucas a los acontecimientos que rodearon a Arquelao después de la muerte de Herodes el grande? Nadie servía como un vasallo del rey sin el permiso de Roma, y las personas solicitaban al emperador el derecho a gobernar. Herodes el grande así lo hizo, y sus hijos Antipas y Arquelao, entre otros, también viajaron a Roma para solicitar el derecho a ser rey. Lo que Josefo registra respecto al intento de Arquelao suena sorprendente como los eventos de la parábola. Después de muerto Herodes, Arquelao fue a Roma para obtener el derecho a ser rey. Una embajada judía siguió para peticionar a César el rechazo de la petición de Arquelao, y aunque no hay ningún informe explícito de la venganza de Arquelao, Flavio Josefo menciona las "viejas enemistades" y la brutalidad de Arquelao.[282]El palacio de Arquelao estaba en Jericó,[283] la ciudad que Jesús acababa de salir en la narrativa de Lucas. Aunque algunos consideran difícil de pensar que Jesús alude a Arquelao de manera positiva,[284]los paralelos son tan sorprendentes que es difícil pensar de otra manera o creer que los oyentes no habrían pensado de Arquelao. En efecto la parábola implica que algunos de los judíos estaban resistiendo el reinado del Mesías como si él fuera Arquelao. Este es un buen ejemplo de una parábola que se emplea como un arma y da a la parábola de Lucas un énfasis diferente al de Mateo, aunque la segunda trama en relación con la fidelidad aún está presente.

10. ¿Señalan estas parábolas el retorno de Jesús después de un intervalo o el anuncio de Jesús de la pronta venida de Dios? Es decir, ¿es el amo una figura de "Dios", una figura de "Cristo" o ninguna? ¿Aparecen los lectores/oyentes al principio de la narrativa cuando el amo se marcha o al final cuando regresa? ¿Cuál es el significado de Lucas 19.11? ¿Dijo Jesús esta parábola para prevenir el entusiasmo escatológico entre sus seguidores o para anunciar la inminencia del Reino? Si es el anterior, que es la comprensión tradicional, la parábola señala a un intervalo cuando Jesús no estaría con sus seguidores y a un tiempo después cuando regresaría. Si es el posterior, Jesús estaba promulgando el prometido regreso de Jehová a Sion. La intención de 19.11 se ha convertido en un factor decisivo para la interpretación. Debido al número de lucanismos, esta narrativa es casi ciertamente de Lucas. Pero, ¿por qué Lucas hizo este comentario cuando sus lectores después de la resurrección ya sabían que el reino no apareció cuando Jesús entró en Jerusalén? ¿Acaso trataba Lucas de corregir algunos malentendidos acerca de la escatología, quizás que la resurrección (o la ascensión) era la parusía?[285] Eso es posible, pero sería difícil distinguir esto de este texto específico.

Recientemente, en parte debido a la influencia de Luke Johnson, algunos han argumentado que la comprensión tradicional de este texto está mal. En lugar de refutar las expectativas de que el Reino vendría con la entrada de Jesús en Jerusalén, Johnson sostiene que Jesús contó la parábola para confirmar estas expectativas. Entonces, la parábola no trata sobre la segunda venida, sino sobre la inminente venida del reino cuando Jesús entra en Jerusalén y es aclamado como rey.[286] Para apoyar este punto de vista Johnson arguyó sobre el 19.11, aunque *anaphainō* generalmente significa "aparecer", aquí significa "ir para declararse" y no es lenguaje técnico para la parusía.[287]En lugar de minimizar las expectativas, se entiende que Jesús como una confirmación de una manifestación inmediata del reino de Dios. El argumento de Johnson con respecto a *anaphainō* no está avalado por la evidencia y existen otros problemas con su teoría, no menos importante de las cuales son que el reino no sea realizado plenamente y la masacre de los rebeldes debe interpretarse simbólicamente como el rechazo de los líderes judíos.[288]

Del mismo modo N. T. Wright argumenta que el tercer siervo representaIsrael y sus dirigentes y que la parábola expande Malaquías 3.1-3 para representar la pronta venida de Jehová en juicio sobre Israel.[289] Los aspectos de este enfoque son atractivos, pero tiene serias dificultades. Si Jehová está representado por un hombre noble que se marcha a un país lejano para recibir un reino, ¿de quién lo recibe? Además, el enfoque del juicio no funciona. ¿Podemos interpretar la parábola como una advertencia del inminente juicio si el juicio no ocurre por cuarenta años más? Más aún, encuentro difícil de pensar que la inminente aparición del reino se ha asociado con la destrucción romana de Jerusalén.[290] Sin embargo, Johnson y Wright plantean cuestiones que obligan a una mejor comprensión de esta parábola. ¿Por qué, si Lucas 19.11 explica la preocupación de minimizar el entusiasmo, acaso el resto de la narrativa de la entrada lo aumenta? ¿Cuál es la relación del reino de Jesús (presente) y el reino de Dios? ¿Cómo es posible que el reino ha llegado (11.20) y aún está por venir (11.2)?

Hay muchas razones para creer que Lucas ha informado correctamente el entusiasmo de los discípulos a medida que se acercaban a Jerusalén.[291] Los pasajes como Mateo 20.20-21/Marcos 10.35-37 y Lucas 9.54 suponen tal emoción. Pero el enfoque de Lucas no es meramente histórico, y su texto toma un giro sorpresivo. El reino final de Dios, como Lucas y sus lectores saben, es todavía futuro (Lucas 22.16, 18, 28-30). Al menos tres otras veces en Lucas-Hechos alguien pregunta a Jesús cuándo vendrá el Reino (17.20; 21.7; Hechos 1.6), y en cada caso Jesús desalienta cualquier pensamiento de una pronta aparición del Reino. La intención de 19.11 es refutar las ideas que el reino aparecería cuando Jesús llegara a Jerusalén. Al mismo tiempo, la relación de la parábola en su contexto es sorprendente, porque aunque la parábola mantiene a distancia cualquier idea de que el Reino aparecerá inmediatamente, la narrativa muestra que Jesús aparece como rey (19.38, en el cual la palabra *basileus* —"rey"— se ha agregado a la cita del Salmo) y es crucificado como rey (23.2-3, 37-38).Además, no se debe leer la parábola separada del material que sigue. Mientras que la parábola no asocia la venida del Reino y la destrucción de Jerusalén, la parábola y la narrativa siguiente resalta la rebelión de los ciudadanos contra el rey y su masacre se refleja en el lloro de Jesús sobre Jerusalén porque Jerusalén no conocía lo que conduce a su paz ni el tiempo de la visitación de Dios y ella será destruida (19.41-44). La parábola y su contexto tratan con la presencia y el futuro del reino.[292]Se podría decir que el reino no vendrá inmediatamente, pero el rey ha llegado.[293] Esto puede minimizar la presencia del Reino muy severamente, pero la parábola mantiene la expectativa, afirma la función del rey, pide fidelidad y advierte contra la infidelidad y la negativa de reconocer al rey. Todavía hay un intervalo antes que el Reino llegue completamente.

Para Lucas, también el hombre noble corresponde a Jesús, no la venida de Dios, pero una vez más, la venida de Jesús y la venida de Dios no deben establecerse el uno contra el otro.[294]La decisión sobre el asunto del tiempo donde aparecen los oyentes es más difícil. Ni la salida ni regreso parece correcto. Lucas considera que Jesús no necesita marcharse para recibir el Reino, porque ya se le ha otorgado, como muestran la narrativa de la entrada y el 22.29-30. Este último texto afirma que el Padre ya ha asignado el reino a Jesús —aoristo *dietheto*— y da el reino a los discípulos para que puedan sentarse en doce tronos y juzgar a las tribus de Israel, lenguaje para la reconstitución de Israel. La parábola supone que se ha concedido el reino pero el juicio aún no ha tenido lugar. No da ninguna información adicional sobre el tiempo del juicio, y por tanto no se debería considerar como una parábola de la parusía, aunque podría aplicarse en ese sentido. Todo lo que hace la parábola es que supone un tiempo cuando la gente tendrá que ser fiel antes de que llegue el Reino. Eso concuerda no sólo con las parábolas en este capítulo, sino también con el enfoque sobre la fidelidad en Lucas 16.10-12 y con la pregunta si el Hijo del Hombre hallará fe/fidelidad en la tierra según Lucas 18.8. Si creemos que Lucas ha unido dos parábolas o que Jesús contó una parábola tan compleja originalmente, las ideas y los temas están totalmente en consonancia con la enseñanza de Jesús en otros lugares.

11. ¿Cuál es la enseñanza de cada parábola? Véase arriba con respecto a la enseñanza de la parábola de Mateo, porque muchos de los mismos puntos se aplican a Lucas. Aquí también el enfoque escatológico debe tenerse en consideración. La cuestión es la fidelidad en vista del Reino presente y futuro.

Muchos intérpretes intentan leer la parábola como si se tratara de una alegoría en la cual cada evento correspondía a una realidad en la historia de Jesús y la iglesia. A primera vista parece que esto concuerda: Jesús es el hombre noble, el país lejano es el cielo, el viaje es la ascensión, el retorno y pedir cuentas son la parusía y el juicio final, los siervos son los discípulos fieles e infieles, los ciudadanos rebeldes son los judíos y su matanza es la destrucción de Jerusalén. Pero las parábolas son analogías, y tales alegorías no funcionan. Nadie que oía a Jesús tendría o podría haber interpretado la historia así. Ya hemos visto que Jesús no necesita marcharse para recibir el Reino. El aparece como rey en Jerusalén. La ascensión y la parusía no están en consideración. En la parábola, la matanza de los rebeldes sigue el regreso y juicio, pero Lucas y sus lectores conocen que la parusía y el juicio final no preceden a la destrucción de Jerusalén.

En lugar de alegorizar esta parábola, debemos una vez más entender cómo funciona la analogía. Dada la suposición de que se necesitaba un intervalo porla próxima muerte de Jesús, la analogía funciona fácilmente. En forma presente de trama doble la analogía proclama: como algunos judíos que resistieron el reinado de Arquelao, así también algunos resisten el reinado del Mesías, pero ellos recibirán juicio;[295] además, los adherentes del Mesías también serán juzgados con respecto a su fidelidad. Ambos temas encajan bien en los últimos días del ministerio de Jesús. La parábola sirve como una advertencia a los judíos contemporáneos de Jesús, tanto aquellos que le siguieron y a los que no.

12. ¿Pertenece a la parábola original el lenguaje severo en Lucas 19.26-27? ¿Cómo debe manejarse esta severidad? El lenguaje del 19.27 es sorprendentemente duro, algo que no se asocia a menudo con la enseñanza de Jesús. Por esta razón la gente a menudo asigna este versículo a Lucas o la tradición. Esta ruta escapista resuelve el problema sólo brevemente y cambia la culpa al evangelista o la tradición, cuyo pensamiento es siempre inferior al nuestro. Por tanto, vale la pena la reconsideración del lenguaje.

Jesús no necesita ser protegido de la dureza, pero vale la pena recordar varios puntos. El lenguaje incómodo ocurre en el *plano parabólico* y es una advertencia del juicio, no una representación realista del juicio. Son las palabras del rey de las parábolas y no la enseñanza directa de Jesús. Otra vez, el principio es importante que la enseñanza que no se valida por, ni se conforme con, el material no parabólico no puede tomarse que describe la "teología" de Jesús. Esto no significa que el idioma es irrelevante. Ella *es* parte de la enseñanza de Jesús y tiene un propósito. Las parábolas son instrumentos proféticos y este es lenguaje profético empleado para sorprender y obligar a la reflexión y no se debe entender directamente como la realidad. La violencia de la historia, por supuesto, concuerda con el mundo antiguo, *y el moderno*, pero los profetas a menudo utilizan tal lenguaje áspero para describir el juicio de Dios, a veces transmitiendo el lenguaje áspero como las palabras mismas de Dios. La gente olvida la dureza y el choque del lenguaje profético, pero página tras página en los escritos proféticos detallan el juicio que Dios trae sobre Israel y las naciones circundantes. A veces el castigo llega por manos de ejércitos invasores, pero a veces es por la mano de Dios. Por ejemplo:

> He aquí el día de Jehová viene: día terrible, de indignación y ardor de ira… Castigaré al mundo por su maldad… Cualquiera que sea hallado será atravesado, y cualquiera que por ellos sea tomado caerá a espada (Is 13:9, 11, 15-16).

> He aquí que Jehová te transportará en duro cautiverio, y de cierto te cubrirá el rostro. Te echará a rodar con ímpetu, como a una bola por tierra extensa (Is 22.17-18a).

> Porque Jehová está airado contra todas las naciones… las destruirá y las entregará al matadero (Is 34.2).

> Por tanto, vendrán días, dice Jehová, en que no se dirá más Tofet… sino valle de la Matanza (Jer 7.32).

> He aquí que yo, yo mismo, haré venir sobre vosotros espada... Pondré los cuerpos muertos de los hijos de Israel delante de sus ídolos (Ez 6.3b, 5a).

Decenas de tales textos podrían citarse. Nos gustaría oír solamente del Dios que salva, pero los profetas y Jesús ambos subrayan que la venida de Dios siempre implica la salvación y el juicio. El lenguaje duro de Jesús tiene el propósito de sorprender para que la gente tome la advertencia en serio.

Otro hecho se debe mencionar. Como Lucas y sus lectores sabían, en lugar de cometer la matanza, el sacrificado es Jesús. Está atrapado en el juicio que anuncia, pero todavía hay día de ajuste de cuentas.

13. ¿Son las dos parábolas antisemitas? Lucas no es más antisemita que Mateo o los profetas que, como Jesús, anunciaron el juicio con lágrimas.[296] Con su trama de dos puntos la parábola está dirigida a los discípulos y a la nación judía, especialmente al liderazgo. La parábola pretende implorar, no rechazar, a los contemporáneos de Jesús y a los lectores de Lucas, independientemente de la identidad étnica de los lectores.

Adaptación de la parábola

Con 2 mil años de historia de la iglesia que nos precede, la enseñanza escatológica del NT provoca dificultad para aquellos que tratan de adaptar el texto a la vida moderna. Los cristianos en la actualidad parecen no estar más listos para tratar con la escatología de Jesús de lo que estaban Jülicher y Harnack. En consecuencia, los sermones sobre estas parábolas tratan a menudo sólo con los temas relacionados a la mayordomía. Algunos centran en la "ley de incremento", una forma de pensamiento positivo, ideologías y actitudes que se basan en la abundancia y el éxito que atrae y produce más abundancia y éxito.[297] No usar los dones o talentos resulta en pérdida. Tales declaraciones pueden ser verdaderas, pero esta parábola no trata sobre el pensamiento positivo y el uso de las habilidades. La "ley de aumento" que el proverbio (Mt 25.29 y Lucas 19.26) se ocupa es el uso que uno hace del mensaje del Reino.

El tema de la fidelidad debe tratarse directamente en relación con la enseñanza de Jesús sobre el Reino presente y futuro. Conocimiento del reino de Dios y la salvación trae consigo responsabilidad adicional. Aceptar el reino y su salvación es aceptar una esperanza.[298] El reino recluta a uno como agente en nombre del Reino, y todos aquellos afiliados serán recompensados o juzgados en términos de su fidelidad a su tarea. Una vez más se acentúa el tema de la responsabilidad de obrar. Es importante tener en cuenta que en Mateo se dicen las mismas palabras al segundo siervo así como se había dicho al primero. Aunque el primer siervo tenía mayor capacidad, su recompensa no fue mayor. Los siervos fueron juzgados en base de su fidelidad.

La cuestión de la tardanza de la parusía no niega la fe escatológica; en cambio plantea la cuestión de la fidelidad.[299]Todavía vivimos en "ahora y todavía no" de toda la escatología del NT (por ejemplo, 1 Jn 3.2). Sabemos que Dios ha actuado decisivamente en la vida, muerte y resurrección de Jesús, y seguimos creyendo que un día Dios alcanzará la victoria final. Un día el mal será erradicado. La cuestión es cómo vivimos en el tiempo intermedio.

A veces las expectativas escatológicas se exageran de modo que la gente está segura que el fin del mundo está a punto de ocurrir, pero las parábolas sobre el futuro no pretenden establecer una secuencia de eventos. Por el contrario, "uno habla del juicio futuro en aras del presente".[300] El enfoque está en vivir rectamente. Tenemos que seguir recordando que nadie sabe el tiempo del fin. El tiempo de la iglesia todavía podría ser bastante largo. Lucas 19.11 se refiere a las personas que acompañan a Jesús, pero sirve de alerta para nosotros también. Del mismo modo, el lenguaje duro de la parábola no se debe exagerar sino tomar por lo que es, una declaración enfática que obliga a la consideración.

El segundo argumento de la parábola en la versión de Lucas es también pertinente. Así como los líderes judíos del primer siglo, también podemos en nuestra propia manera resistir al Mesías como si fuera Arquelao. El ego humano puede encontrar razones ilimitadas por las que nadie debe reinar sobre nosotros (Lc 19.14). La parábola no nos dice cómo obtener la salvación, pero nos llama al compromiso con el que realmente es el rey y a la fidelidad de sus propósitos.

Lectura adicional

George Beasley-Murray, *Jesus and the Kingdom of God* (Grand Rapids: Eerdmans, 1986), pp. 215-18.

W. D. Davies and Dale C. Ailison, *A Critical and Exegetical Commentary on the Gospel According to Saint Matthew* (3 vols.; ICC; Edinburgh: T. & T. Clark,
1988-1997), 3:374-77 and 401-12.

Werner Foerster, "Das Gleichnis von den anvertrauten Pfunden," in *Verbum Dei Manet in Aeternum. Eine Festschrift für D. Otto Schmitz,* ed. Werner Foerster (Witten: Luther, 1953), pp. 37-56.

V. Fusco, "'Point of View' and 'Implicit Reader' in Two Eschatological Texts (Lk 19,11-28; Acts 1,6-8)," in *The Four Gospels 1992: Festschrift Frans*
Neirynck, ed. F. Van Segbroeck, et al. (Leuven: Leuven University Press, 1992), pp.1677-96.
Luke Timothy Johnson, "The Lukan Kingship Parable (Lk. 19:11-27), *NovT*24 (1982): 139-59.
John Nolland, *Luke 18:35–24:53* (WBC 35C; Dallas: Word, 1993), pp. 908-19.
Richard L. Rohrbaugh, "A Peasant Reading of the Parable of the Talents/ Pounds: A Text of Terror?" *BTB* 23 (1993): 32-39.
N. T. Wright, *Jesus and the Victory of God,* vol. 2 of *Christian Origins and the Question of God* (Minneapolis: Fortress, 1996), pp. 631-39.
M. Zerwick, "Die ParabelvomThronanwärter," *Biblica*40 (1959): 654-74.

LAS OVEJAS Y LOS CABRITOS
(Mateo 25.31-46)

Tipo de parábola

Esta no es realmente una parábola. A lo más, tenemos un refrán parabólico sobre la separación de las ovejas de los cabritos en los vv. 32-33, que proporciona una analogía, una semejanza implícita, a la separación que se llevará a cabo en el juicio final. A esto le sigue una explicación detallada de la razón y la importancia de esta separación en los vv. 34-46. Se podría decir que tenemos una analogía de dos versículos y que el resto es una explicación.

Asuntos que requieren atención

1. ¿Es este relato de Jesús, o deriva de Mateo o algún otro cristiano temprano?
2. ¿A quién va dirigido este material?
3. ¿Acaso 'todas las naciones" refiere universalmente a todas las personas,excepto los cristianos, o todas las personas excepto los judíos? ¿A quiénes se reúne para el juicio?

4. ¿Se refiere "uno de estos más pequeños" a todos los pobres y necesitados, los judíos, los misioneros cristianos, o todos los cristianos? ¿Están estos más pequeños incluidos en el juicio, o están exentos?
5. ¿Cómo encaja la figura del juicio en base a los actos de amor expresados en este pasaje con la salvación que se basa en la fe y la confesión de Jesús? ¿Cuál es la relación entre la salvación que se otorga en el v. 34 y los actos que se citan en los vv. 35-36? ¿Enseña este pasaje las "obras de justicia", es decir, que uno puede ganar la salvación haciendo buenas obras?
6. ¿Qué ensena este pasaje, especialmente con respecto al juicio eterno?

Material útil de fuente primaria

- AT: Job 31.16-23, 31; Sal 41.1; Pr 14.31; 19:17; Is 58.7; 66.18; Ez 18.7, 16; 34:15-24; Dn 7.13-14, 22; 12:2; Jl 3.1-21; Sof 3.8

- NT: Mt 7.21-23; 10.32-33/Lc 12.8-9; Mt 10.40-42/Mr 9.41/Lc 10.16/Jn 13.20; Mt 13.36-43, 47-50; 16.27 (véase Mr 8.38/Lc 9.26); Mt 24.30-31/Mr 13.26-27/Lc 21.27-28; Mt 18.5/Mr 9.37/Lc 9.48; Mt 19.28; 28.19; Lc 21.36; Jn 5.27-29; 13.20; He 13.2-3; Stg 1.27

Textos antiguos del Cercano Oriente

- El *Libro de los Muertos* 125: una persona fallecida tiene que confesar ante Osiris, una lista larga de pecados que él o ella no ha cometido y una lista corta de las buenas obras que él o ella haya realizado: dar pan al hambriento, agua al sediento, vestido al desnudo y transporte para aquellos sin barcos.[301]

Escritos judíos tempranos

- Sirácides 7.32-36: "Extiende tu mano al pobre, para que tu bendición sea completa. Da generosamente a todo viviente; no retengas la bondad incluso de entre los muertos. No evites aquellos que lloran, sino llora con los que lloran. No vaciles en visitar a los enfermos, porque por tales actos serás amado. En todo lo que hagas, recuerda el final de tu vida, y entonces nunca pecarás.

- Tobías 1.16-17: Tobías cita actos de caridad que él ha hecho: da de comer a los hambrientos y vestido a los desnudos y enterrar los cadáveres abandonados.
- Tobías 4.7: "Dad limosnas de tus posesiones y no dejes que tus ojos resientan cuando des el regalo. No te escondas del pobre y Dios no apartará su rostro de ti".
- Tobías 4.16: Parte del consejo ético que Tobías da a su hijo es que comparta de sus alimentos con los hambrientos y algunos de sus vestidos con los desnudos.
- 1 *En*. 90.17-42 es significativo porque es precristiano y porque constituye la conclusión de una historia con el pretexto de una visión de los animales y su trato con Israel, siendo este último designado "las ovejas". En esta sección el Señor de las ovejas toca la tierra para castigar a los otros animales y las aves y entonces manda abrir los libros para dar el juicio de los pastores culpables y las ovejas son echadas a un abismo lleno de fuego y llamas. Se construye una casa nueva donde se reúne a las ovejas y los otros animales que quedan. Los capítulos 94-108 hablan de las aflicciones para los pecadores, de los ángeles que reúnen a las personas para un juicio severo, y las bendiciones de los justos.

Se debate la fecha de la sección central de 1 *Enoc*, especialmente la supuesta llamada *Similitudes de Enoc* (Cap. 37–71), porque ninguno de estos capítulos se ha encontrado en el Qumrán aunque si todos los otros capítulos. Algunos sugieren que derivan del siglo primero, pero otros argumentan por una fecha en el siglo III d.C. Varios capítulos describen al Elegido o al Hijo del Hombre sentado en un trono de gloria para juzgar a los justos y los injustos. Aunque no se puede emplear estos capítulos para determinar el origen de estas ideas, las suposiciones relativas al juicio por el Hijo del Hombre son similares a las de Mateo y merecen atención.

- *1 En*. 45.3-6: "En ese día, mi Elegido se sentará en el trono de gloria y hará una selección de sus obras... Pero los pecadores han venido ante mí para que por sentencia los destruya de la faz de la tierra."En el capítulo 46 este Elegido se conoce como el Hijo del Hombre.

- *1 En.* 61.8: "Él puso al Elegido en el trono de gloria; y él juzgará todas las obras de los santos en el cielo, pesando en la balanza sus obras."
- *1 En.* 62.2, 6, 11: El Señor de los espíritus se ha sentado en el trono de su gloria, y el espíritu de justicia ha sido derramado sobre él. La palabra de su boca juzgará a todos los pecadores y todos los opresores serán eliminados de su presencia... y gran dolor sentirán cuando vean el Hijo del Hombre sentado en el trono de su gloria... Entonces Él los entregará a los ángeles para recibir el castigo y se ejecute la venganza.
- *1 En.* 69.29: "Entonces nada corruptible se hallará; porque el Hijo del Hombre ha aparecido y se ha sentado en el trono de su gloria; y todo mal desaparecerá de su presencia... "
- *2 En.* 9.1: El paraíso es el lugar preparado para los justos, aquellos "... que ejecutan justos juicios, dan pan al hambriento y vestidos para cubrir al desnudo y levantan al caído, y ayudan a los heridos y los huérfanos..." En 10.2-6 se muestra a Enoc un lugar de tormento, fuego negro y hielo para aquellos que abusan de los hambrientos y desnudos, y en el 42.8 y 63.1 alegría y recompensa se otorgan a quienes vistieron al desnudo y alimentaron los hambrientos.
- *2 En.*44.2: "El que trata con desprecio a cualquier persona trata con desprecio al Señor".
- *2 Bar.* 72.2: "...cuando venga el tiempo de mi Ungido, él llamará a todas las naciones y algunas de ellas perdonará y otras matará." Véase 4 Esdras 7.37-38.
- *T. Zeb.* 5.3: "Ten piedad en vuestro ser interior, hijos míos, porque lo que uno hace a su vecino, el Señor hará con él".
- *T. Zeb.* 6.6: "...porque quien comparte con su vecino recibirá multiplicado del señor."
- *T. Zeb.* 7.1–8.6 refiere un incidente de proveer ropa a un hombre en apuros e insta a la compasión con misericordia a toda persona "para que el Señor sea compasivo y misericordioso contigo."
- *T. Jos.* 1.5-7: José estaba con hambre, débil, en prisión, etc., y Dios le ministró en cada aspecto.
- *T. Benj.* 10.6: Cuando la salvación de Dios sea revelado a todos los gentiles, entonces veras a Enoc, Noé, Sem, Abraham,

Isaac y Jacob exaltados a la mano derecha en gran gozo. Es posible la influencia cristiana en esta sección.
- *T. Ab* 12.1–14.15 describe a un hombre maravilloso, Abel, sentado sobre un trono terrible con un ángel a su derecha registrando los actos justos y otro a su izquierda registrando los pecados. A este juicio le sigue el juicio por las doce tribus de Israel y el juicio final por Dios.

Escritos grecos-romanos

- Homero, *Odisea* 11.568-71 describe a Minos, hijo de Zeus, que juzga a los muertos desde su trono.
- Virgilio*, Eneida* 6.540-43: "Este es el lugar, donde el camino se parte en dos: a la derecha... es nuestro camino a Elysium, pero el de la izquierda trae el castigo de los impíos; y los envía al tártaro despiadado." El 6.548-751 describe la tortura del tártaro y la bienaventuranza de Elysium.
- Plutarco, *Moralia* 167A Señala la creencia popular en el castigo por el fuego y la tortura.
- Platón, *Fedón* 113D-114A describe a las personas que son juzgadas según sus méritos, y donde ciertamente el malvado es enviado al Tártaro, del cual no saldrá.
- Platón, *República* 10.614 615, C, D habla de un viaje al mundo de los muertos donde hay dos aberturas en la tierra y dos en el cielo, con jueces sentados entre ellos. Los justos van a la derecha y arriba, al cielo y los injustos a la izquierda y hacia abajo.
- Luciano, *Menipo* 10-15 describe el lugar de los muertos con su río de fuego, sus torturadores y los castigos para los infractores. Véase también su escrito *Funerarias* 7-9, que describe también el juicio de los buenos y los malos.

Escritos cristianos tempranos

- *4 Esdras* 2.20-21: "Protege los derechos de la viuda, haz justicia para los huérfanos, da a los necesitados, defiende al huérfano, viste al desnudo, cuida de los heridos y los débiles, no te burles del hombre cojo, protege a los mutilados y deja que el ciego tenga una visión de mi gloria." Esta y la sección siguiente forman parte de una adición posterior y son dependientes de Mateo.

- *4 Esdras* 2.34-41: "Por tanto os digo que, o naciones que oigan y entiendan, ' espera a tu pastor; él te dará descanso eterno, porque el que viene al final de los siglos está cerca. Prepárate para las recompensas del Reino..." El resto del pasaje trata principalmente acerca del gozo que espera a los que cumplan con la ley.
- *Sentencias de Sexto* 378: "Si cuando puedes no das a los necesitados, cuando estés en necesidad no recibirás de Dios."
- *Visión de Esdras* 27–32 describe a los ángeles que sumergen a los pecadores en una corriente de fuego, en parte porque no recibieron a los extraños ni dieron limosna. *2 Clem.* 17.4 comenta sobre Isaías 66.24 para describir el juicio final según las obras y la tortura en el fuego que no se apaga que espera a los injustos.
- *Testamento de Isaac* 6.21: Aquellos que han mostrado misericordia dando un vaso de agua fría se les concede una vida en el Reino. Es probable que este documento sea un escrito judío redactado por los cristianos.
- *Testamento de Jacob* 2.23: "Bendito sea el que hace misericordia en honor de tus varios nombres y dar un vaso de agua para beber... o es hospitalario con los forasteros, o visita a los enfermos y consuela a sus hijos o viste al desnudo..."
- *Testamento de Jacob* 7.23-25: "...haz por el pobre lo que aumenta la compasión por ellos aquí y ahora, para que Dios te dé el pan de vida eterna en su reino. Porque el que da pan a un pobre en este mundo, Dios le dará una porción del árbol de la vida. Viste al pobre que está desnudo en la tierra, para que Dios te vista con la ropa de gloria en el reino de los cielos..."

Escritos judíos tardíos

- *Abot de Rabí Natán* 7 cuenta del pobre que habla de lo que comieron y bebieron en la casa de Job y cómo vestía al desnudo, extraído de Job 31.16-23. *Mekilta Pisha* 14.99-100 (sobre Éx 12.41): "Asimismo encontrará que dondequiera que Israel fuera exiliado, la Shekinah, por decirlo así, fue al exilio con ellos". *Mekilta Amalec* 3245-246 (sobre Éx 18.12): "... cuando uno da la bienvenida a su prójimo, se considera como si acogiera con beneplácito la presencia divina."

- *Oráculos Sibilinos*2,78-94 cita vestir al desnudo, alimentar al hambriento y recibir a los indigentes entre las obras de caridad que se evalúan en el juicio. 2.80: "Quien da limosnas sabe que está dando a Dios". Véase el texto similar en *Seudo - Phocylides* 22-29.
- *b. Sona* 14a (sobre el significado de "andaréis en pos de Jehová vuestro Dios", Dt 13.5): "Mas [el significado es] anda según los atributos del Santo, bendito sea él. Como Él viste al desnudo, porque está escrito, y el Señor Dios hizo para Adán y su mujer abrigos de piel y los vistió, así también viste tú al desnudo. El Santo, bendito sea él, visitó al enfermo, porque está escrito, *y el Señor se apareció a él cerca de Mamre*, así también visita tú al enfermo. El Santo, bendito sea él, consoló a los abatidos, porque está escrito, *y aconteció que después de la muerte de Abraham, que Dios bendijo a Isaac su hijo*, así también tú conforta a los abatidos. El Santo, bendito sea él, enterró al muerto, porque está escrito, *y lo enterró en el valle*, así también entierra tú al muerto." Véase el texto similar en Tárgum Seudo-Jonatán sobre Deuteronomio 34. 6.
- *b. Šabbat* 127a: "La hospitalidad a los caminantes es tan 'grande' como la temprana asistencia en el Beth Hamidrash... La hospitalidad a los caminantes es mayor que dar la bienvenida a la presencia de la *Shechinah*... Hay seis cosas, del fruto del cual come el hombre en este mundo, mientras que el principal le espera para el mundo venidero, a saber: La hospitalidad a los caminantes, visitar a los enfermos, la meditación en la oración, la asistencia temprana en el Beth Hamidrash, la crianza de los hijos en el estudio de la Torá y juzgar al prójimo en la escala de mérito."
- *b. Nedarim* 40a: "El que no visita al enfermo es como un derramador de sangre... El que visita al enfermo será librado del castigo del gehena, porque está escrito, *bienaventurado el que piensa en el pobre: el Señor le librara en el día del mal.*"
- *Rut Rab.* 5.9: "El pobre está parado en la puerta, y el Santo, bendito sea él, está a su diestra. Si le das, quien se encuentra a su diestra te bendecirá, pero si no, te castigará, como se dice,

porque él está a la diestra del pobre [Sal 109.31]". Prácticamente el mismo texto aparece en Levítico Rabí. 34. 9.

- *Derek Ereş Rab.* 2.21: "Con respecto a los que son misericordiosos, que alimentan a los hambrientos, dan de beber a los sedientos, visten al desnudo y distribuyen limosnas, la Escritura declara, '*decid al justo que le irá bien*' [Is 3.10]."
- *Midr. Tanaim* en Deuteronomio 15.9: "y entonces el Santo, bendito sea él dijo a Israel, 'hijos míos, cuando dieres de comer a los pobres se te contará como si dieras a mí.'" Véase Proverbios 19.17.
- *Midr. Sal* 90.12 (sobre el Sal 90.3): El huerto del Edén y gehena son dos de las siete cosas que preceden a la creación del mundo por dos mil años. "El huerto del Edén estaba a la diestra del Santo, bendito sea él, y el gehena a su izquierda."
- *Midr.Sal* 118.17 (sobre 118.19): En el mundo venidero se preguntará a la gente lo que han hecho. A quienes responde que han alimentado a los hambrientos, dado de beber al sediento, vestido al desnudo, criado al huérfano, dado limosnas, o han hecho obras de bondad se les dirá: "Ésta es la puerta del Señor. Entrad por ella." Compare con el Libro egipcio de los Muertos125.
- Los relatos de juicio y de los juicios basados en las buenas obras aparecen en una variedad de textos, incluyendo por supuesto muchos textos bíblicos. Véase *Midras Salmos* 1.22; 31. 5-6; *Pesiqta Rabbati* 35.

Características del texto que merecen atención

Mateo 16.27 y 19.28, como también el 25. 31-46, vinculan el trono del Hijo del Hombre y el juicio. Los tres textos fueron extraídos de Daniel 7.13-14 (y están en paralelo con los pasajes en *1 Enoc*). Véase Juan 5.27-29 y Mateo 26.64/Marcos 14.62/Lucas 22.69. Los cinco discursos principales de Mateo terminan con un enfoque en el juicio, que es solamente una característica del enfoque de Mateo en el juicio a lo largo de su Evangelio. El juicio se anuncia ya en el 3.7-12. El refrán de sentencia en este quinto discurso desempeña una función crucial para Mateo y el juicio de "todas las naciones" (*panta ta ethnē*) anticipa el uso de la misma frase en la Gran Comisión (28. 19-20). Este pasaje correctamente puede verse como el punto culminante de la enseñanza de Jesús en el Evangelio.

En la narrativa de la infancia (2.6), ya se anuncia a Jesús como el pastor de Israel sobre la base de la profecía de Miqueas 5.2. Mateo hace hincapié en el mandamiento de amar (5.43-48; 19.19; 22.34-40; véase 7.12) y la misericordia (5.7; 6.2-4; 9.13; 12.7; 18.33; 23.23). El cuidado por los afligidos se describe en las Bienaventuranzas y en la directiva de Jesús al joven rico de vender sus posesiones y dar las ganancias a los pobres (Mt 19.21 / Mr 10.21 / Lc 18.22).

La cuádruple repetición de las obras de misericordia les da una prominencia inevitable. La descripción tiene un acortamiento gradual.

Los dos refranes *amēn* ("de cierto os digo") en los vv. 40 y 45 están de acuerdo salvo que este último omite "hermanos" e inserta "no" dos veces, según quiere la lógica.

Ni Marcos ni Lucas tienen un paralelo a Mateo 26.1, 2, que registra el anuncio de Jesús de la crucifixión del Hijo del Hombre. La relación de estos versículos con el 25.31-46 es sorprendente. El Hijo del Hombre que vendrá en gloria a juzgar a las naciones, él mismo será crucificado. Su juicio, basado en el tratamiento del oprimido, proviene de su propia solidaridad con el agobiado.[302]

Información cultural

Las "ovejas" es una designación frecuente para Israel como pueblo de Dios en el AT y los escritos judíos (por ejemplo, Ezequiel 34; 1 *En.* 89-90), pero no las "cabras".

Algunos sugieren que se separaban las ovejas de las cabras cada noche porque las cabras eran más vulnerables al frío y necesitarían más protección.[303] Esta explicación se ha repetido a menudo debido a la influencia de Jeremías, pero carece de fundamento. Klaus Wengst demuestra que esta teoría se basa en un malentendido de un comentario de G. Dalman y no es aceptable de la Palestina temprana. Él sugiere que la división tuvo lugar para separar los machos jóvenes para la matanza.[304] Otros sugieren que es la separación de las ovejas para el ordeño. No es seguro que se tenga en consideración "las cabras", porque la palabra así traducida, *eriphos*, se refiere a un hombre joven.[305] Por último, ninguna razón se da para la separación y el texto no dice que tal separación se lleva a cabo cada noche. La razón de la separación no afecta la interpretación.

Las cabras, si esta es la traducción correcta, no llevan una connotación negativa en la antigua Palestina; se valoraban las ovejas y las cabras y eran pastoreadas juntas. La analogía se basa sobre la separación a la derecha y la izquierda, no en el carácter o la valoración de las cabras, aunque las ovejas habrían sido de mayor valor.[306]Nada cultural prepara al lector para la enérgica condena de las cabras.

La derecha y la izquierda se asocian tradicionalmente, pero no necesariamente (cf. 20:21, 23), con lo positivo y el negativo respectivamente. Según la tradición rabínica tardía, ambos la gehena y el Huerto del Edén existen desde mucho antes del mundo, el primero a la izquierda del trono de Dios y el segundo a la derecha.[307]

Explicación del pasaje

Opciones de interpretación

Esta historia, que parece tan sencilla, siempre ha sido problemática y en los últimos años se ha convertido en la fuente de graves desacuerdos entre intérpretes.[308] Desde el principio, Orígenes se preocupó que la gente suponga que podría obtener la salvación mediante obras de caridad, y él y otros dieron significado espiritual a estas obras (por ejemplo, recibir a los extranjeros significa recibir a Cristo en nuestro corazón).[309] Los principales puntos de disputa son el significado de las expresiones "estos mis hermanos" y "todas las naciones". Existen cuatro opciones principales para la interpretación:

1. El *enfoque universal/no restrictivo* interpreta este pasaje que describe el juicio final de todas las personas, incluyendo los judíos, los cristianos y los no cristianos. Los "hermanos más pequeños" son las personas muy necesitadas, y el criterio del juicio es el amor y la compasión que se haya mostrado al necesitado.[310]

2. El *enfoque restrictivo/eclesiástico*, que era la interpretación más frecuente a lo largo de la historia de la iglesia hasta el siglo XX, interpreta el pasaje que se refiere al juicio de los cristianos. Los no cristianos y los judíos a menudo ni siquiera son considerados, y los "hermanos más pequeños" son cristianos necesitados.[311]

3. El *enfoque exclusivo/misionero o particularista*, que al parecer primero fue afirmado en el siglo XVIII,[312] interpreta el pasaje que se refiere al juicio de las naciones no cristianas por su recepción de los

hermanos más pequeños de Jesús, los discípulos/misioneros que están propagando la fe. Por la recepción de los mensajeros estas naciones demuestran su actitud hacia el mensaje, pero la narrativa se considera como una palabra de consuelo para una iglesia oprimida como también una declaración sobre el juicio del no-cristiano. Esta opinión supone que Mateo implica dos juicios, un juicio de los cristianos y un juicio de las naciones.[313]

4. El *enfoque de la dispensación*, que surgió en el siglo XX, interpreta el pasaje que se refiere no al juicio final sino el juicio de las naciones o los individuos por su tratamiento de los judíos ("hermanos más pequeños" de Jesús) durante la tribulación. Aquellos que fueron compasivos a los judíos durante la tribulación se tendrán acceso al reinado milenario.[314]

Según el análisis de Gray, a lo largo de todas las épocas de la historia de la Iglesia alrededor del 59% de los intérpretes entienden "todas las naciones" en el v. 32 que se refiere al juicio de toda la humanidad. La interpretación de los "hermanos más pequeños" ha sido menos clara porque muchos intérpretes no revelan si la consideran como "los más pequeños" entre todas las personas o la limita de alguna manera. Si se excluyen los testigos "neutrales", alrededor del 39% de los intérpretes han restringido la referencia a los cristianos (o los misioneros cristianos), y aproximadamente el 21% han entendido que la expresión refiere a cualquiera. La posición universal/no restrictiva es representada más fuertemente en el siglo XX.[315]Se debe emplear cautela al evaluar la historia de la interpretación, porque, como señala Luz, los debates cristianos de este pasaje en la era post-constantiniana a menudo ignoraba la existencia de los no cristianos.[316]Las escrituras que pretendían motivar la compasión cristiana en la comunidad cristiana no siempre revelan lo que se entiende sobre la necesidad de mayor compasión o el juicio universal.

Hay variaciones en las cuatro opciones.[317] J. Jeremías entendió que el pasaje se refiere a la sentencia de los "paganos", aquellos que nunca han conocido a Cristo. Los cristianos son juzgados en base de una fe que se practica, pero los no cristianos son juzgados en base a las obras de amor.[318] T. Preiss vio en este texto la base de un misticismo jurídico en que el Hijo del Hombre se hace uno con aquellos que necesitan ayuda. Cristo estaba misteriosamente presente en los desventurados, en sus hermanos que están hambrientos, desnudos, enfermos, y en la prisión.[319]Además, varios intérpretes sostienen que Jesús habló del juicio universal de *Dios* basado en las obras de compasión pero Mateo cambió el relato para que hablara del juicio de *Jesús* de las naciones por su recepción de los misioneros.[320]

Decisiones sobre los asuntos

Algunas de las opciones para la interpretación se pueden dejar de lado rápidamente. Nada en el pasaje o su contexto justifica o prepara al lector para pensar conforme a la interpretación de la dispensación. ¿Cómo puede un lector saber que este juicio no es el juicio final sino un juicio de los que viven durante la gran tribulación, el cual evalúa sus cuidados de los judíos durante la tribulación para determinar si califican para entrar en el Reinado del Milenio? Ningún lector de Mateo puede discernir esto. Esto prueba un sistema establecido en el texto en lugar de una interpretación que surge del texto.

También es injustificado el intento de Jeremías de restringir al tema de este pasaje al juicio de los "paganos", los que no han oído de Cristo. El contexto en Mateo no indica ni prepara a uno para tal cambio. Aquí y con muchas interpretaciones de esta narrativa, los sistemas teológicos y las suposiciones están más en control que una lectura del texto.

1. ¿Es este un relato de Jesús, o deriva de Mateo o algún otro cristiano temprano? Algunos intérpretes atribuyen este pasaje completamente a Mateo.[321] Otros lo ven como que contiene alegorías de Mateo de una sencilla parábola del juicio final,[322] y algunos desconfían de la transición del Hijo del Hombre en el v. 31 al de rey en el v. 34. Sin duda el material ha sido editado por Mateo, como se esperaba; las características de Mateo incluyen "entonces" (*tote*) en el v. 31, "reunidas" (*synagó*) en el v. 32 (pero con el sentido de "mostrar hospitalidad" en los vv. 35, 38 y 43), "mi Padre" (*patēr mou*) en el v. 34 y el énfasis en el juicio. Los mateanismos se limitan principalmente a los vv. 31y 32a y no es tan evidente en los vv. 32b-46.[323]Me sorprende la duda frecuente de la transición de "Hijo de Hombre" a "rey". Mateo podría ser el responsable de la transición, pero en el v. 31 ya está implícito un rey, que dice que el Hijo del Hombre se sienta en un trono glorioso, y esta ilustración tiene su origen en Daniel 7.13-14, donde el Hijo del Hombre recibe dominio, gloria y un reino eterno.[324]Si "Hijo de Hombre" fue una designación del propio Jesús, dada la forma y el interés de Mateo, poca razón hay para cuestionar que la autenticidad de esta enseñanza proviene de Jesús.

Algunos sostienen la autenticidad del refrán parabólico y la explicación quela acompaña con el argumento de que la enseñanza original de Jesús solamente trataba del juicio de *Dios* (ya sea sobre Israel o con mayor frecuencia sobre toda la humanidad) y Mateo la ha reducido a un enfoque sobre los discípulos y cambió el significado de los "hermanos más pequeños" de modo que ahora el pasaje trata del juicio de las naciones por su recepción de la discípulos.[325] Es cierto que se emplea "el rey" regularmente en las escrituras judías en referencia a Dios, pero tal reorientación del pasaje no es convincente ni útil. Más adelante se tratara este tema con respecto a la cuestión de la identificación de los "más pequeños".

2. ¿A quién va dirigido este material? Uno puede imaginar que Jesús usa ese material con un público judío como parte de su enseñanza sobre el Reino y como una advertencia del el juicio venidero, pero el efecto no sería diferente si este material fue dirigido a la discípulos.[326]Sin embargo, debemos recordar que la preocupación de Jesús típicamente no era el mundo en general sino aquellos en Israel que escucharon sus palabras sobre el Reino. Incluso si el enfoque aquí es el juicio universal en consonancia con las preocupaciones apocalípticas en otros lugares, la advertencia es para los contemporáneos de Jesús. Los temas de la compasión y el juicio eran características regulares de la enseñanza de Jesús tanto generalmente y a los discípulos. Mientras que una decisión sobre los destinatarios no cambia las cosas, Mateo registra estas palabras como dirigidas a los discípulos con la recordatoria de Jesús, y a los cristianos tardíos, del criterio para el juicio y alentándolos a mostrar misericordia y amor. Según Luz comenta, "toda la parénesis del 24.32–25.30 no tiene sentido si no terminan con una escena de juicio que incluye la iglesia".[327] En el contexto de su discurso escatológico, todas las cuatro parábolas de Mateo en 24.45–25.46 pretenden fomentar la vigilancia, la sabiduría y a llevar una vida fiel en anticipación de la parusía venidera.[328]

3. ¿Acaso "todas las naciones" (panta ta ethnē) refiere a todas las personas universalmente, a todas las personas excepto los cristianos, o todas las personas excepto los judíos? ¿A quiénes se reúne para el juicio? Las identificaciones de "todas las naciones" y "estos hermanos más pequeños" prácticamente determinan todo lo demás. *Ethnē* (plural de *ethnos*) puede traducirse como "naciones" o "gentiles" y pueden referirse a los cristianos o no cristianos (por ejemplo, Ef 3.1; 4.17). En la LXX se emplea "todas las Naciones" con mayor frecuencia de todas las naciones que no sea Israel (por ej., Éx 33; Dt 7.7), pero de vez en cuando de todas las naciones, incluyendo a Israel (por ejemplo, LXX Sal 48.2; Is 25.6-7). Principalmente, teniendo en cuenta el hecho que Mateo 31-32 alude a Daniel 7.13-14, "todas las naciones" ocurre en la LXX Daniel 7.14 en la declaración de que todas las naciones servirán al Hijo del

Hombre. En el NT "naciones" se emplea de los gentiles en oposición a los judíos (Ro 1.5) y de los no cristianos, incluyendo los judíos (Lc 24.47). Como siempre, el significado sólo puede determinarse en contexto. En Mateo *ethnē* se utiliza de las naciones gentiles (por ej., 10.5) y probablemente de todas las naciones, incluyendo los judíos (20.25). La expresión "todas las naciones" aparece tres veces en Mateo fuera de este pasaje (24.9, 14; 28.19), y los tres parecen incluir a los gentiles y a los judíos, aunque esto es motivo de debate. En el 24.14 y el 28.19 la expresión indica el ambiente para la proclamación del Evangelio.

Este lenguaje proviene de varios textos del AT (Jl 3.2 [He 4.2]; Is 66.18; Sof 3.8; Zac 14.2) donde habla que todas las naciones se reunieron para el juicio, por lo cual el LXX utiliza las mismas palabras griegas o compuestos como Mateo 25.32 *(panta ta ethnē* y *synagein*). Isaías 66. 18-24 con su lenguaje del gusano que nunca muere y el fuego que no se apaga fue especialmente influyente para las descripciones posteriores del juicio. Los textos judíos tardíos también anticipan que todas las naciones serán reunidas para el juicio (por ej., 11QMelchizedek 2.7-25; 1 *En.* 90–91; Sal Salomón 17.21-35; 2 *Bar.* 72:2; 4 Esd 7.37-38). Aquí las naciones son juzgadas en lugar de Israel, y el juicio incluye el sometimiento a Israel.

Así como es importante la comprensión de "todas las naciones" del mismo modo también es la enseñanza de Jesús sobre el juicio y en Mateo. Aparte de Mateo 31-46 la enseñanza de Jesús sobre el juicio centra en Israel, no sobre las naciones o los gentiles, excepto para señalar que algunos gentiles les irá mejor que Israel en el juicio.[329] ¿Es probable acaso que Jesús en este punto deje Israel fuera del juicio? No, más bien su representación del juicio altera el cuadro usual mediante la colocación de Israel con las otras naciones. Con respecto a Mateo, no existen pruebas que él restringe el juicio a los no cristianos, o que tiene dos juicios, uno para los cristianos y el otro para los no cristianos.[330]Por el contrario, este Evangelio advierte repetidamente de un tiempo de separación de los justos de los injustos y que los seguidores de Jesús también serán llamados a cuenta en este juicio (7.21-23; 13.30, 36-43, 47-50; 16:27; 18.23-35; 22.10-14).[331] Es más probable que este pasaje describe el juicio escatológico de todas las personas con la frase "todas las naciones". Esto tendrá que verificarse mediante la averiguación del resto de la narrativa.

4. ¿Hace referencia "estos más pequeños" a todos los pobres y necesitados, los judíos, los misioneros cristianos o todos los cristianos? ¿Están estos más pequeños menos incluidos en el juicio, o están exentos? En relación surge la pregunta si las dificultades enumeradas son aquellas de los pobres y los afligidos o las que enfrentan los misioneros cristianos.

La identidad de los "hermanos más pequeños" es la cuestión determinante en la interpretación del pasaje. A primera vista, parece obvio que la referencia sea a cualquier necesitado, pero en los últimos años la opinión de que los "hermanos más pequeños" sean los propios discípulos de Jesús ha ganado mayor aceptación cada vez entre algunos estudiosos de NT (no entre los cristianos en general). Esta posición merece seria consideración y ha ganado apoyo por tres razones: es más fácil de tratarla teológicamente debido a que no sugiere la salvación por obras; más importante aún, el análisis del lenguaje de Mateo muestra que él utiliza "mis hermanos" y "más pequeños" en otra parte en referencia de los discípulos; y los refranes en Mateo y los otros evangelios registran la enseñanza de Jesús que alude recibir a sus discípulos es como recibir al mismo Jesús. El paralelo más pertinente es Mateo 10.40-42:

> El que a vosotros recibe, a mí me recibe; y el que me recibe a mí, recibe al que me envió. El que recibe a un profeta por cuanto es profeta, recompensa de profeta recibirá; y el que recibe a un justo por cuanto es justo, recompensa de justo recibirá. Y cualquiera que dé a uno de estos pequeños un vaso de agua fría solamente, por cuanto es discípulo, de cierto os digo que no perderá su recompensa.

La idea de haber encontrado a Jesús en otra persona y la mención de dar de beber a alguien son paralelismos sorprendentes. La frecuencia de los pasajes que tratan el tema de encontrar a Jesús en sus discípulos (Mr 9.41; Mt 18.5 / Mr 9.37 / Lc 9.48; Lc 10.16/Jn 13.20; Didaché 11.2) resalta la importancia de estas ideas. Entonces, el argumento es con este material Jesús reafirma a sus discípulos que todas las naciones serán juzgadas en base a su tratamiento de ellos, similar a la forma que algunos judíos esperan que las naciones sean juzgadas por su tratamiento de los judíos (por ejemplo, *1 En.* 62.9-13; 90.17-42; 103.7-104.5; *2 Bar* 72. 2-6).

Existen dos alternativas con este punto de vista. Para algunos el tema es el tratamiento de los cristianos en general, el pueblo oprimido de Dios que será reivindicado en el día del juicio final.[332] Para otros, el asunto es el trato específicamente de los misioneros cristianos, aquellos que proclaman la Palabra. Al mostrar cómo responden a los mensajeros, las naciones muestran su respuesta al mensaje.[333]

A pesar de la reciente popularidad de este enfoque, los análisis más cercanos sugieren que los paralelos son más ilusorios que convincentes. Mateo utiliza *adelphos* ("hermanos" o "hermanos y hermanas") treinta y ocho veces, de los cuales veinte se refieren a hermanos literales. Al menos ocho de las dieciocho ocurrencias metafóricas no tienen el sentido del "discípulo" pero se emplea genéricamente en el sentido del prójimo (por ejemplo, 5.22: "...cualquiera que se enoje contra su hermano...").[334] Las ocurrencias más importantes que sugieren que "hermanos" se refieren a los discípulos son 12.46-50; 23.8; y sobre todo 28.10. ¿Son suficientes estas ocurrencias por sí solas para elevar "hermanos" al nivel de un título para los discípulos de modo que la mera apariencia de la palabra en 25.40 indica que el asunto es la recepción de los cristianos, o más específicamente de los misioneros cristianos? ¿Acaso "hermano" considera sólo a los hermanos y hermanas cristianos? El uso metafórico como 5.22 sin duda argumenta contra dicha constricción de la palabra.

El argumento que la adición "más pequeños" (*elachistos*, superlativo de *mikros*)[335] a "hermanos" señala también a los discípulos al principio tiene lógica, pero aquí, también, la averiguación de la evidencia sugiere lo contrario. Los discípulos de Jesús se refieren como "*pequeñitos*" (*mikroi*) por lo menos cuatro veces (Mt 10.42; 18.6, 10, 14),[336] pero no como *elachistoi* a menos aquí en el 25.40. De hecho, la palabra se utiliza con una connotación negativa para discípulos en 5.19.[337] La evidencia no excluye una referencia a los cristianos o los cristianos evangelistas, pero tampoco es una base fuerte para tal interpretación.

Algunos de los dichos paralelos son impresionantes, pero otros no lo son. Marcos 9.41, que es paralelo a Mateo 10.42, habla explícitamente del vaso de agua fría que se da de beber a los discípulos "porque sois de Cristo",[338] pero en Mateo 25. 35-37 se da de beber sin ninguna conciencia de que se está sirviendo a Cristo. Mateo 18.5/Marcos 9.37 / Lucas 9.48 afirman que aquellos que reciben a un niño (un niño literal) en nombre de Cristo, recibe Cristo. Esto puede favorecer el 25.40 como que dice que quienes atienden a los necesitados, mensajeros no cristianos, ministran a Cristo. El lenguaje de las obras de benevolencia es de poca ayuda en la toma de una decisión. Las obras son descripciones tradicionales de ayuda a los necesitados, pero se puede hacer el caso que ellas son paralelas a las dificultades que los misioneros cristianos enfrentan, por ejemplo en 2 Corintios 11.23-29.[339] Sin embargo, debe admitirse, que esa interpretación espera mucho de los lectores.

Aunque la identificación de los hermanos como los cristianos o los misioneros alivia la preocupación de una salvación que se basaen obras, ella crea mayores problemas interpretativos y teológicos. ¿Acaso hay evidencia en otros lugares donde Mateo considera que se determinaría el juicio por las obras de benevolencia a los cristianos en general?[340] Me parece difícil de imaginar, y es difícil aceptar esta interpretación sin que haya refranes paralelos que refuerzan esa idea. ¿Acaso hay pruebas en otros lugares que Mateo o Jesús consideraban que la entrada al Reino se podía obtener simplemente por ser amable con los misioneros, independientemente de la teología y la conducta? El apoyo del 10.40-42 para este punto de vista es superficial, y es enfoque requiere del lector demandas muy severas que es difícil pensar que ésta sea la intención de Mateo o la intención original de la enseñanza. El refrán en el 10.40-42 estaba en quince capítulos anteriores. Allí el contexto trata de la misión, pero aquí no es así. ¿Acaso puede esperarse que el lector recuerde y haga la conexión cuando nada en el texto indica ese punto? Es más, ¿acaso es claro en el 10.42 que los "más pequeños" eran misioneros?[341] Lo que se arguye también con esta posición es que el verdadero asunto no es la respuesta a los misioneros como tales, sino la respuesta a su mensaje. ¿Qué ayuda al lector para hacer este cambio? Aún más, si cualquiera de estas alternativas es la opinión de Mateo, uno debe decir que esta es una teología muy estrecha, y las denuncias contra ella son justificadas.[342]

La cuestión es el propósito de la frase parabólica y su explicación. ¿Acaso es la intención de su colocación en Mateo para consolar a los cristianos amenazados, como argumenta Stanton, o para motivar al discipulado fiel que se evidencia por la misericordia y el amor?[343] El último es el objetivo, tanto por el contexto y las preocupaciones de Jesús y Mateo. La enseñanza de Jesús y este Evangelio centran tanto en la misericordia como en el amor y, de hecho, en el juicio que se basa en la misericordia y el amor.[344] De primordial importancia es el enfoque sobre el juicio en el 7.21-23. La entrada en el Reino se basa en hacer la voluntad del Padre, y el juez se dirige a quienes han quebrantado la ley (y paraambos, Jesús y Mateo, la ley está encapsulada en los mandamientos de amar) y les dirá "Apartaos de mí", muy similar al 25.41. A menos que el estándar del juicio cambiara en algún lugar en el Evangelio, para lo cual existe fundamento, este pasaje es una paráfrasis del

7.21-23. El discurso en los capítulos 24 y 25 tiene el propósito de aumentar la fidelidad, no proveer consuelo. En lugar de interpretar el 25. 31-46 a la luz del10.40-42, sería mejor que lo interpretáramos a la luz de los pronunciamientos del juicio al final de los otros cuatro discursos (Cap. 7, 13, 18 y 25). Esto nos permitirá considerar el 10.40-42 como una aplicación específica a la misión de asuntos más amplios acerca del juicio. Y ninguna base hay para pensar que "más pequeños" se refiere solamente a los judíos. "Estos pequeñitos" deben entenderse generalmente de los necesitados.[345]

Me parece interesante que los partidarios de la visión particularista (el "menor" como cristianos o misioneros) a menudo argumentan que esta es la opinión de Mateo y que Jesús habló originalmente un pasaje sobre el juicio universal de Dios,[346] o al menos que debemos entender que la parábola habla del juicio universal, incluso si Mateo trata de decir algo diferente.[347] Si las personas encuentran atraídas por la comprensión más universal, ¿por qué es necesario pensar que Mateo tenía una opinión más restringida, especialmente cuando ésta no funciona bien?

La opinión particularista generalmente considera a los más pequeños exentos del juicio. Ellos están parados con el Hijo del Hombre y no están a la izquierda ni la derecha, pero Mateo ni Jesús tienen un grupo exento del juicio.[348] Este es un refrán parabólico y una explicación, no un retrato realista del juicio. Los diálogos entre el juez y los dos grupos tienen solamente el propósito de establecer las bases del juicio. Los hermanos más pequeños son necesarios para hacer este caso y no son una base para un grupo exento.

Con respecto a si el pasaje era originalmente sobre el juicio de Dios, los intérpretes eligieron éste debido al uso judío del "rey" como una metáfora para Dios y la suposición de que Jesús no referiría a sí mismo como rey. Pero "rey" concuerda con el lenguaje de Hijo del Hombre, y este último no puede fácilmente, y no debe, suprimirse del texto.[349] Y no es sorprendente que Jesús empleara la expresión "rey" de sí mismo. Como agente de Dios, Jesús proclamó representar el reino de Dios y obró de maneras que condujo a su crucifixión como rey de los judíos. ¿Qué otra cosa puede significar que Jesús como rey diga que tomó sobre si la tarea de reconstituir Israel bajo su propio liderazgo?[350] Cualquier pensamiento de su parte de asumir una función mesiánica implicaba las ideas de ser rey. Uno de los resultados "altamente probables" de E. P. Sanders sobre Jesús es que sus discípulos lo consideraron como "rey" y que Jesús ya sea explícitamente o implícitamente aceptó el oficio de rey.[351]El Hijo del Hombre/Rey en el pasaje no desplaza a Dios sino que es un agente de Dios. Un intento de reconstrucción de esta narrativa con Dios en el centro no sólo sufre por la falta de controles metodológicos, sino que también no hace a justicia a la fluidez de opiniones en el judaísmo y el NT de cómo se llevará a cabo el juicio. En el judaísmo, los ángeles ejecutan el juicio, Abel, el Mesías, Melquisedec, el Ungido, Elías, el Hijo del Hombre, y Dios.[352]Si hay dichos que otorgue a los discípulos el privilegio de sentarse en tronos y juzgar a Israel (Mt 19.28 / Lc 22.30), no es imposible que Jesús cautelosamente y entre sus discípulos empleo la expresión rey de sí mismo. El refrán parabólico y su explicación señalan la hora de vindicación cuando todos serán juzgados.

5. ¿Cómo concuerda la imagen del juicio en base a los actos de amor que se expresan en este pasaje con la salvación que se basa en la fe y la confesión de Jesús? ¿Cuál es la relación entre la salvación que se otorga en el v. 34 y las obras que se citan en los vv. 35-36? ¿Ensena este pasaje "obras de justicia", es decir, que uno puede ganar la salvación mediante las buenas obras? Estas preguntas reflejan un debate sobre el significado de "para" o "porque" (*gar*) al principio del V. 35 y el v. 42. Los exégetas católicos históricamente han argumentado que "para" indica a la base de la decisión, mientras que los protestantes han argumentado que indica el resultado, la evidencia de la redención.

La preocupación sobre la "obras de justicia" proviene de nuestras opiniones incorrectas del Evangelio. Se buscaron algunas salidas porque nuestros sistemas, especialmente los sistemas formados por los conflictos de la Reforma, son sospechosos de cualquier texto que conecta la salvación con las buenas obras. Sabiendo que la salvación es por la fe y que nadie puede ganar la salvación, obligamos la adaptación de los textos. El problema es que ni Jesús ni Mateo establecen la fe sobre las obras. Además, hemos a menudo malinterpretado a Pablo y hemos reducido la fe a tales nociones banales que poco se parece con el tipo de vida que Jesús, Pablo, y otros cristianos tempranos tenían en mente con la palabra. Aquí, también, debemos recordar que las parábolas no son sistemas completos de teología. Ellas son analogías limitadas y las interpretamos correctamente sólo cuando nos mantenemos dentro de las analogías que proponen.

Esta imagen del juicio propone instar a los discípulos para que sepan que sólo la fiel obediencia a la voluntad del Padre, obediencia marcada por el amor y la misericordia, bastaría en el juicio. Este axioma de Mateo crea dificultad para los intérpretes modernos que temen que este pasaje complica la confesión cristológica (véase 10.32-33) o enseña obras de justicia.[353] En consecuencia, algunos intérpretes suponen o tratan de mostrar que la fe o la gracia se suponen en este texto,[354] pero este relato no pretende ser una declaración completa de la opinión de Mateo sobre el discipulado o la condición para la salvación.[355] La narrativa es una parte del Evangelio, no su teología entera en miniatura. Para debatir sobre la implicación de "por" para la teoría de la salvación que se enseña aquí es promover el pasaje más allá de sus intenciones. Advierte que el juicio será determinado por las obras de misericordia, pero no trata si esta misericordia sea el resultado de la redención o su causa.

Esta ansiedad acerca de la salvación por las buenas obras es ajena a Mateo. Aunque ni Jesús en los Evangelios ni Mateo habla de la gracia (*charis*),[356] ambos enfatizan que el perdón y el Reino son dones del favor y amor de Dios.[357]La fe desempeña un papel importante en el Evangelio (sin embargo, no la fe en el sentido que tiene en las cartas de Pablo), pero no es necesario tratarse en este pasaje. En consonancia con el rechazo de Jesús de la hipocresía de los fariseos, este Evangelio tiene mayor interés sobre la falta de obediencia auténtica que sobre cualquiera que trate de ganarse la salvación por obras. Para plantear el problema de las obras de justicia es imponer sobre Jesús y Mateo una preocupación que no le corresponde. Su interés es un discipulado que se manifiesta en amor y misericordia. El juicio que se evidencia en esta narrativa no pregunta si una persona ha acumulado un número determinado de obras de misericordia, sino"¿qué clase de persona eres?" La identidad es siempre el asunto. ¿Eres una persona que se caracteriza por el amor y la misericordia que se evidencia en el Reino de Jesús, que es todo lo que la fe representa, o eres una que se caracteriza por no mostrar interés por los necesitados? La salvación requiere tales obras.[358] El punto es que una persona no puede afirmar la identidad sin evidenciarla en obras de misericordia. Los pecados de omisión se juzgan tan duramente como las obvias obras pecaminosas.

6. ¿Qué ensena este pasaje, especialmente con respecto al juicio eterno? Aunque el lenguaje del juicio capta tanto nuestra atención, esta no es la enseñanza más importante en este material. El énfasis está en la responsabilidad de la compasión y la advertencia de que la gente dará cuenta de su trato de los oprimidos. La idea fundamental es que la relación con Dios se vive por necesidad en relación con los seres humanos. No es necesario pensar que la sorpresa de los justos señala a los "cristianos anónimos".[359] La sorpresa es un dispositivo literario que indica que los servicios prestados no fueron hechos por una recompensa.[360] Tampoco deberíamos pensar de un misticismo jurídico en el que Cristo está presente en los oprimidos.[361] Un enfoque en los cristianos anónimos o el misticismo jurídico saca la narrativa fuera de su contexto en el ministerio de Jesús a Israel y hace que responda preguntas que no fue diseñada para responder.[362] Al mismo tiempo hay una suposición que al tratar con alguien en la imagen de Dios que tenemos que hacerlo con Dios, lo cual se expresa también en las escrituras judías.

Este material también hace hincapié en la identificación de Jesús con los pobres y los oprimidos, que se evidencia en parte en su bautismo y por comer con los publicanos y los pecadores. La identificación de Dios con los pobres se expresa más explícitamente en el AT y en las escrituras judías,[363] pero la yuxtaposición del 25.31-46 con su retrato del Hijo del Hombre en gloria identificándose con los oprimidos y con el 26.2, que anuncia la pronta crucifixión del Hijo del Hombre, es sorprendente. El rey que se identifica con los pobres y los oprimidos lo hace de su propia experiencia. Otros escritores del NT también saben que Jesús es el verdadero destinatario del trato que se da a otras personas (véase Hch 9.4; Ro 14.15, 18; 1 Co 8.12; Ef 6.5, 7).

Con respecto al juicio, debemos ser cautelosos de las conclusiones que sacamos de este material. Su propósito es promover la compasión y advertir de una responsabilidad de la cual uno dará cuanta. Aquí y en otras partes, Mateo da ilustraciones limitadas y evocadoras[364] del juicio final de todas las personas para motivar el discipulado. Él no da una imagen unificada de modo que se pueda describir literalmente el juicio. Usa lenguaje convencional para el juicio,[365]que deriva sin duda de textos como Joel 3.1-21 y Daniel 7.13-14 y de conceptos judíos comunes, como se evidencia en los paralelos de *1 Enoch*.[366] Aun así, como es evidente con otras parábolas y refranes, el lenguaje del juicio es fuerte, incluso áspero y crea malestar. Los profetas anuncian juicio; ellos *quieren* que sea incómodo. Jesús como profeta enfatizó el juicio suficientemente que por lo menos una cuarta parte del material de refranes tradicionales se estima enfocan en el juicio.[367] El juicio propio es simplemente decir la verdad, pero las consecuencias del juicio son más graves. A diferencia de los profetas del AT, con Jesús los problemas se agudizan, porque el habla del juicio eterno, que podría interpretarse como duradero por toda la eternidad o que tiene consecuencias eternas.[368] El punto, por supuesto, es que la gente debe cambiar de rumbo y vivir compasivamente como parte de la enseñanza de Jesús.

En varias ocasiones hemos visto que el reino viene con gracia ilimitada en medio de un mundo malvado, pero con ello viene una demanda ilimitada. Este pasaje representa la segunda mitad de esta declaración. C. Leslie Mitton señaló hace mucho tiempo que la enseñanza de Jesús y de Pablo nos presenta un dilema: nuestra aceptación con Dios es un don de Dios otorgado por medio de Jesucristo, pero sólo aquellos que aman a sus prójimos y muestran compasión a los oprimidos son aceptables para Dios.[369] La iglesia, especialmente la rama de la Reforma, ha enfatizado a menudo la primera pero en negligencia de la segunda. Tanto es este el caso que Ulrich Luz considera el juicio conforme a las obras una imposibilidad teológica, que, sin embargo, es antropológicamente necesaria. Es decir, como seres humanos necesitamos la idea de juicio, incluso si no concuerda con el Dios revelado en Jesús.[370] Pero, ¿acaso no es éste una distorsión del mensaje bíblico? Ni el AT, la enseñanza de Jesús, ni ninguna parte del NT considera difícil la idea de juicio según las obras. De hecho, la enseñanza es consistente a lo largo de ambos Testamentos.[371] ¿Acaso debemos volver y arreglar la enseñanza de los profetas del AT sobre el juicio, o acaso el carácter de Dios requiere que las personas sean responsables de tal manera que lo que hacen tiene consecuencias? El juicio no es sólo un elemento de la escatología judía sino el elemento más importante y no es probable que Jesús predique el reino de Dios sin hablar de juicio.[372] Además, el juicio no es un concepto teológico inferior, sino un ingrediente necesario para hablar de la justicia de Dios y la importancia de la vida humana. Es importante, lo que las personas hacen o no hacen. El presente no es banal y sin importancia, sino la arena que determina nuestro destino eterno.[373] Ninguno de los puntos del dilema de Mitton puede ser despreciado. La verdad obvia es que los escritores del NT no pueden imaginar una persona que anda en asociación con Jesús que no tenga amor evidente en su vida.

Este pasaje no es sobre la cristología, sino que sus implicaciones cristológicas deben notarse. Jesús como Hijo del Hombre tiene la autoridad para convocar a todas las naciones y de emitir un juicio. Los ángeles lo acompañan, y él es el que ejecuta los deseos del Padre.

Adaptación de la narrativa

Si el NT, las Escrituras judías, las fuentes grecorromanas y el Libro egipcio de los Muertos pueden concordar que el juicio se basa en la misericordia y la compasión, ¿por qué muchos de los credos fracasan en este punto? No importa que nuestros desacuerdos, compasión y misericordia tengan más sentido que cualquier otra agenda opositora. Puesto que esta narrativa no dice todo lo que debe decirse, por lo menos dejemos lo que dice. Uno no puede ser un seguidor de Jesús y no tener compasión, que es el centro de su Evangelio. ¿Por qué tantos cristianos han pensado que podemos tener la gracia sin la demanda?

Esto siempre se encuentra entre los textos parabólicos más influyentes, y los cristianos con frecuencia lo han empleado para la predicación y el pensamiento ético. Posiblemente nadie hizo un uso más eficaz que Juan Crisóstomo, en cuyas obras no hay menos de 170 citas y 220 alusiones a este pasaje. Fue la base de su énfasis sobre la justicia social y un factor de motivación para su ministerio,[374] y con justa razón. Otros aspectos del pensamiento cristiano necesitan incluirse, pero la teología inherente en este texto es esencial y formativa. Una persona no es un discípulo de Cristo sobre la base de su linaje, acto ritual o confesión litúrgica. Uno es discípulo verdadero si imita la compasión de Jesús y la obediencia a la voluntad del Padre.

Esto no es justicia por obras; los actos de misericordia no se hacen como un medio para un fin, sino que son expresiones del conocimiento del amor de Dios. Algunos han sugerido que la narrativa sostiene una ética inferior que no es específicamente cristiana, pero no hay ninguna ética más alta que el mandamiento de amar. El cristianismo no trae una nueva ética que otros seres humanos no saben. El cristianismo trae una nueva motivación, empoderamiento y la comprensión de la medida que el amor está dispuesto a ir (véase 1 Juan 2.7-11).

El pasaje centra en los "más pequeños" por una buena razón. Si la gente hubiera sabido la identidad del rey, habría obrado de otra manera. A los reyes tratamos bien; la gente inferior, les ignoramos, lo cual sólo demuestra que obramos por motivos egoístas. Pero la compasión no tiene otro motivo que satisfacer una necesidad. Ella brota de una identidad formada por su Creador.

Adaptar este texto es prestar atención a sus advertencias y saber que todas las personas y especialmente los cristianos, darán cuenta por su respuesta a la voluntad de Dios, especialmente en obras de compasión. El recordatorio que el juicio es una evaluación no sólo de lo que hemos hecho sino también de lo que no hemos hecho —pecados de omisión— nos hace sentir incómodo, pero este pasaje no busca nuestra comodidad. Nuestra iglesia (y nuestra sociedad) no da mucha atención al juicio y explica la fe de tal manera que poco se requiere de los cristianos individuales. La enseñanza de Jesús es diferente en ambos relatos.

El juicio es parte de la predicación cristiana o de lo contrario nadie necesita las buenas nuevas. No debemos pretender saber qué supone el juicio y debemos evitar el sensacionalismo. El juicio no es la única motivación para llevar una vida de misericordia y compasión, sino que es necesaria. El testimonio más fuerte del Evangelio será una vida de misericordia y compasión.

No podemos separar nuestra relación con Dios de nuestra relación con la gente. Experimentar la compasión de hace Dios hace de uno un medio de compasión y en las necesidades de los demás encontramos nuestra propia relación con Dios. Para aquellos que están en Cristo el origen y destinatario de cada acto es Cristo mismo.[375]

Este pasaje no responde si la salvación es posible aparte de Cristo.[376] En base a Romanos 2 he argumentado que el juicio es conforme a las obras en base a la luz que hemos recibido,[377] que no es sólo completamente defendible, sino que alivia mucho la tensión en las explicaciones tradicionales del juicio. La escena del juicio en este texto fácilmente corresponde con tal explicación, pero no exige tal conclusión.

Lectura adicional[378]

George Beasley-Murray, *Jesus and the Kingdom of God* (Grand Rapids: Eerdmans, 1986), pp. 307-12.

W. D. Davies and Dale C. Allison, *A Critical and Exegetical Commentary on the Gospel According to Saint Matthew* (3 vols.; ICC; Edinburgh: T. & T. Clark, 1988-97), 3:416-35.

David A. De Silva, "Renewing the Ethic of the Eschatological Community: The Vision of Judgment in Matthew 25," *Koinonia3* (1991): 168-94.

John R. Donahue, "The 'Parable' of the Sheep and the Goats: A Challenge to Christian Ethics," *TS* 47 (1986): 3-31; see also his *The Gospel in Parable* (Philadelphia: Fortress, 1988), pp. 109-25.

Sherman W. Gray, *The Least of My Brothers: Matthew 25:31-46, a History of Interpretation* (SBLDS 114; Atlanta: Scholars, 1989).

Ulrich Luz, "The Final Judgment (Matt 25:31-46): An Exercise in 'History of Influence' Exegesis," in *Treasures New and Old: Recent Contributions to Matthean Studies,* ed. David R. Bauer and Mark Allan Powell (Atlanta: Scholars, 1996), 271-310.¾¾¾. *Matthew 21–28* (trans. James E. Crouch; Hermeneia; Minneapolis: Fortress, 2005), pp. 263-96.

J. Ramsey Michaels, "Apostolic Hardships and Righteous Gentiles," *JBL* 84 (1965): 27-37.

Theo Preiss, *Life in Christ* (trans. Harold Knight; Chicago: Allenson, 1954), pp. 43-60.

Graham N. Stanton, "Once More: Matthew 25.31-46," in *A Gospel for a New People: Studies in Matthew* (Edinburgh: T. & T. Clark, 1992), pp. 207-31.

***

Si reflexionamos sobre estas cinco parábolas sobre la escatología futura, ellas nos dicen relativamente poco sobre el Reino futuro. Breves referencias aparecen sobre el privilegio, el honor y el gozo del Reino, pero la bondad del Reino se supone más de lo que describe. No se describe mayor detalle respecto del carácter del juicio, aunque se emplea más lenguaje gráfico, lenguaje que los judíos y los gentiles emplean tradicionalmente para describir el juicio. Las descripciones son evocadoras, las hipérboles captan y demandan atención. Claramente las descripciones del futuro no pretenden dar un retrato teológicamente preciso del Reino o del juicio.

Tampoco estas parábolas dan mucho énfasis a la cristología. Ellas suponen la autoridad de Jesús como el agente de Dios para separar el mal del mundo de Dios. Ellas son testigos necesarios a la expectativa de Jesús de un intervalo en el cual sus discípulos necesitan vivir la identidad a la que él les ha llamado, pero también expresan una convicción y esperanza con respecto al futuro. Incluso con la cruz inminente ante Jesús, el futuro de Dios y la derrota del mal son todavía seguros.

Más que nada, sin embargo, las parábolas del futuro no son sobre el futuro. Ellas tratan sobre la vida en el presente. Cada una de las cinco parábolas en este capítulo mantiene dos caminos, uno que conduce a la vida y uno que conduce a la muerte. Las parábolas convocan a la gente a llevar una vida sabia y fiel. Su único propósito es persuadir a la gente, teniendo en cuenta el futuro de Dios, para hacer la voluntad del Padre y para mostrar su compasión. Todo lo demás es suplementario.

Epílogo

He buscado la intención de Jesús con las parábolas, sabiendo muy bien que cada relato de una historia, incluso por la misma persona, es una nueva comunicación. El relato de Mateo de la parábola del sembrador no es idéntica en significado a la de Jesús o a la de Marcos o Lucas, pero la interpretación de las cuatro se lleva a cabo en base a las relaciones de Jesús y su misión, no en el campo de la teología patrística, la psicología moderna o cualquier otro campo de nuestra elección. Las parábolas son un medio de comunicación con el fin de persuadir. Otros matices son importantes, pero lo que realmente cuenta es lo que *Jesús* pretendía comunicar. Las parábolas tienen numerosas implicaciones y significados dentro de esa intención. El significado es contextual porque es el valor que se asigna a un conjunto de relaciones.

Si uno cambia el contexto, entonces cambia la historia. Mi preocupación ha sido en cuanto sea posible de mantener a la gente en el contexto de Jesús. Si queremos oír las parábolas en el contexto que Jesús cuenta, eso será más que suficiente, pero es muy diferente que contar su historia en otro contexto. Todos admiten que las parábolas son la fuente más segura que tenemos de la enseñanza de Jesús. Si las ponemos en algún otro contexto, no oiremos a Jesús ni entenderemos quién era él. Las parábolas necesitan ser escuchadas en base a su propósito con Israel en el primer siglo.

Si las parábolas del AT, las grecorromanas y las rabínicas nos enseñan algo, es que las analogías tienen correspondencias, pero lo importante es entender el propósito y los límites de una analogía. Las analogías regularmente tienen características contextuales y explicaciones. Lo cual es como las parábolas funcionan.

Las parábolas informan, pero su propósito principal es provocar una respuesta. La respuesta es avanzar positivamente hacia Jesús y su mensaje o negativamente de él y de sus propósitos. En la búsqueda de una respuesta, las parábolas apelan a las emociones. Las descripciones del amor extravagante y la gracia de Dios y del juicio grave, las antítesis de la sabiduría y la insensatez, y las características comunes de la vida cotidiana y las relaciones están enmarcadas para instar a la gente a entender que el Reino de Dios ya está en marcha y para advertir para que decidan participar en ese reino. La respuesta que las parábolas requierenes la acción; no es suficiente estudiar las parábolas, admirarlos y reflexionar sobre ellas.

Como gran parte de las Escrituras, las parábolas enfocan principalmente en la identidad, incluso si tratan más directamente con algún otro tema, como el reino presente. ¿Qué identidad resulta para los lectores ideales de las parábolas? Las identidades formadas por las parábolas conducen a las personas para que entiendan la gracia y sus demandas y lo toman suficientemente en serio como para responder, que conocen el gozo del Reino y están dispuestos a celebrar, que son cambiados y pueden ver a la gente; no sólo mirarlas, que aman a su prójimo y cuidan de los pobres y los oprimidos, y que son sabios y fieles en vista de la derrota futura de Dios del mal con la venida del Hijo del Hombre.

Además, las parábolas nos dan el lenguaje con el cual pensar y hacer teología. Abren mundos imaginativos que obligan a pensar, y poseen las metáforas principales que se convierten en instrumentos para la teología, como se evidencia en expresiones tales como "Lázaro está todavía a la puerta" o "la disposición de aceptar". Ellas merecen toda la atención que podamos dar.